哈尔滨工程大学精品教材出版资助工程

船舶与海洋工程系列教材

潜艇水动力模型试验技术

主编　李宏伟

参编　常文田　孙华伟

哈尔滨工程大学出版社
Harbin Engineering University Press

内容简介

近年来,潜艇水动力模型试验常规技术已形成比较完整的体系,非常规技术也在不断地创新和发展完善。本书旨在引导读者从基本原理出发,了解潜艇水动力模型试验的目的和关键测试设备,掌握潜艇水动力模型试验的基础知识,并能够对试验的新方法与新技术有较为全面的了解。全书共分6章,分别介绍了潜艇水动力模型试验的主要研究内容与发展趋势、关键测试仪器与低速风洞、潜艇快速性模型试验技术、潜艇操纵性模型试验技术、潜艇耐波性模型试验与近水面水动力的测量、潜艇非常规模型试验技术案例等。

本书内容较为全面,包括了作者多年研究工作的经验与总结,可作为高等院校船舶与海洋工程专业的教材,也可作为从事模型试验研究的工程技术人员的参考用书。

图书在版编目(CIP)数据

潜艇水动力模型试验技术 / 李宏伟主编. -- 哈尔滨 : 哈尔滨工程大学出版社, 2025. 6. -- ISBN 978-7-5661-4803-2

Ⅰ. U674.76

中国国家版本馆 CIP 数据核字第 20251JL504 号

潜艇水动力模型试验技术
QIANTING SHUIDONGLI MOXING SHIYAN JISHU

选题策划 史大伟
责任编辑 唐欢欢
封面设计 李海波

出版发行 哈尔滨工程大学出版社
社　　址 哈尔滨市南岗区南通大街 145 号
邮政编码 150001
电　　话 0451-82519989
经　　销 新华书店
印　　刷 哈尔滨市海德利商务印刷有限公司
开　　本 787 mm×1 092 mm　1/16
印　　张 22.75
字　　数 595 千字
版　　次 2025 年 6 月第 1 版
印　　次 2025 年 6 月第 1 次印刷
书　　号 ISBN 978-7-5661-4803-2
定　　价 95.00 元

http://www.hrbeupress.com
E-mail:heupress@hrbeu.edu.cn

前　　言

潜艇作为海军的主要装备和现代海战的主要兵器，以其独特的隐蔽性和良好的机动性，在两次世界大战和其后的历次重大战争中都发挥了重要作用，显示出令人生畏的威力和在现代战争中作为主要海军装备的重要地位。

潜艇的水动力性能是潜艇最为基础与重要的性能。现阶段对于潜艇水动力性能的研究与预报仍然离不开模型试验。学习潜艇水动力模型试验技术有益于开拓船舶与海洋工程专业学生的知识面，使他们初步具备自主创新实践、组织工程试验的能力。

本书系统地介绍潜艇水动力模型试验技术。全书共 6 章，第 1 章为潜艇水动力模型试验研究概述，主要介绍潜艇水动力试验与性能设计之间的关系、潜艇水动力试验的技术特点、潜艇水动力试验技术的发展趋势等基本知识；第 2 章介绍潜艇水动力试验所使用的关键测试仪器与风洞设备；第 3 章介绍潜艇模型静水阻力试验、螺旋桨敞水试验、自航试验、低速风洞伴流场测量试验等快速性方面的各项主要试验；第 4 章介绍潜艇操纵性方面的水动力系数测量试验和潜艇自由自航模型试验技术；第 5 章介绍潜艇耐波性模型试验技术和近水面水动力测量技术；第 6 章介绍近年来发展的非常规模型试验案例，包括应急上浮试验和潜艇救生舱浮力发射模型试验。

书中第 1、4、5、6 章由李宏伟编写，第 2 章由常文田编写，第 3 章由孙华伟编写，全书由李宏伟统稿。

在本书的编写过程中，哈尔滨工程大学的庞永杰教授和中国船舶集团公司七一九研究所的闫学琳研究员提出了许多宝贵的意见，中国航空工业集团公司哈尔滨空气动力研究所焦仁山研究员、陈昊高级工程师、牛中国高级工程师在风洞试验技术方面提供了大量素材，在此向他们表示衷心的感谢。

由于编者水平有限，书中难免有不当之处，敬请读者批评指正。

编　者

2024 年 10 月

目　　录

第 1 章　潜艇水动力模型试验研究概述

潜艇是现代海军中具有重要战略威慑意义的武器装备。随着我国综合国力的不断增强,面向海军战略转型与未来作战的需求,我国更加注重潜艇的发展,一直将潜艇列为海军的重点发展装备之一,同时对于潜艇的各项性能指标的要求也明显提高,其中最迫切的是提高潜艇的机动性、隐身性与应急安全性能。

潜艇总体技术是潜艇装备最为关键的技术。它是潜艇理论和工程学科的综合集成技术,涵盖了潜艇的基本理论、力学、总体设计、新船型、总体性能、建造模式等技术领域。可以说,潜艇总体技术是潜艇工程系统的"龙头"。流体力学是支撑潜艇总体性能设计工作中航海性能设计的重要理论基础,并以其创新性的研究成果推动潜艇总体设计的技术创新与潜艇的更新换代[1]。同时,流体力学和潜艇水动力学的发展,又始终被潜艇总体技术发展的需求牵引,并在潜艇以外的其他相关领域,如载人深潜器、无人潜水器的航行性能设计方面也有广泛的应用。

模型试验作为潜艇水动力性能研究的重要手段,具有无可替代的优越性,所以过去和现在一直处于实船建造前的主导地位,在今后相当长的时间内,这种状况的本质也不会改变。本章从潜艇航行性能设计与水动力试验之间的关系、潜艇水动力模型常规试验的研究内容与技术特点和潜艇水动力模型试验技术的主要发展趋势等 3 个方面对现阶段潜艇水动力模型试验研究的基本理念做概括性介绍。

1.1　潜艇的航行性能设计与水动力试验

潜艇与水面舰船一样,必须具有一定的航海性能,航海性能通常也被称为航行性能。潜艇航行性能主要包括静力学性能和动力学性能两部分。静力学性能主要包括浮性、稳性和抗沉性;动力学性能表征了潜艇在运动状态时的特性,主要包括快速性、操纵性和适航性(通常也被称为耐波性)。浮性和稳性是潜艇航行性能中最重要的基础性能。抗沉性是关乎潜艇生命力的最重要而基本的性能。快速性和操纵性是潜艇航行、机动、作战中重要而基本的性能;耐波性是对潜艇的水面航行、近水面航行及发射水中兵器有重要影响的航行性能。

从潜艇总体性能技术的发展程度来看,随着计算机辅助设计技术的飞速发展,关于浮性、稳性和水面破舱稳性等静力学指标的计算预报精度已经能够满足工程的需要。从潜艇作战与安全的实用性角度来看,随着反潜能力的提高——雷达的应用和航空兵的出现——潜艇经常在水面活动的可能性已经很小了,现代潜艇的水下最大航速高于水面最大航速成为其普遍的特点,水面航速及其续航力也已经不作为现代潜艇的主要战术性能指标[1],潜艇水下状态和近水面状态的动力学性能变成被重点关注的航行性能技术指标。潜艇在水下发生如舱室进水、舵卡和火灾等事故时,也必须依靠实施正确的应急操纵来实现动力抗沉,只有这样才能最终保障潜艇的安全。因此,实现常规工况下优良的动力学性能设计和能够比较准确地预报出危险工况下的安全界限已成为当前潜艇水动力学的主要研究任务。

数值计算、模型试验、实船试验是现阶段潜艇动力学性能研究的主要技术手段,它们之间的关系是相互结合、相互补充、相互促进并共同发展的。从设计层面讲,三者共同为本阶段和下一阶段的潜艇航行性能综合评价与预报程序的研发提供技术支撑;而从现实角度来看,数值计算与模型试验相结合是实船开工建造前最为完善的研究路线。

作为潜艇航行性能设计典型技术路线的举例与参考,图 1.1 给出了加拿大国防研究与发展部公布的对其购买的维多利亚级常规潜艇航行性能进行综合评价的技术路线示意图。图 1.2 给出了美国海军公布的弗吉尼亚级攻击型核潜艇航行性能设计的技术路线示意图。

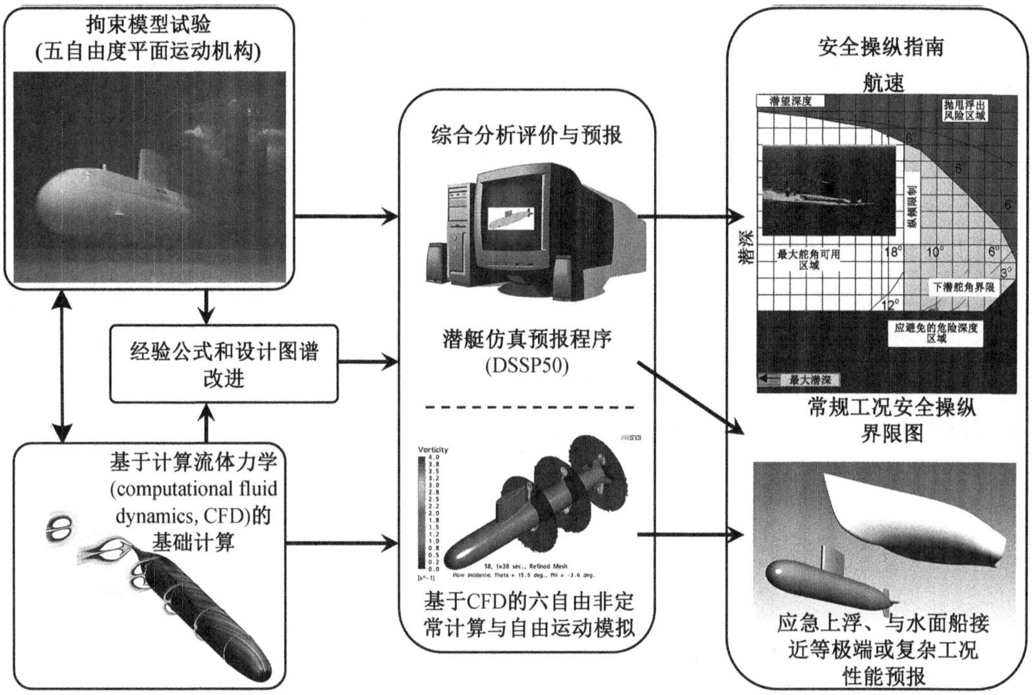

图 1.1　加拿大维多利亚级常规潜艇航行性能综合评价的技术路线[2]

可见,目前潜艇技术尚处于发展与完善阶段的加拿大对于外购潜艇航行性能的自主性综合评价手段以拘束模型试验和数值模拟为主。而潜艇技术体系已经相当完备的美国的潜艇航行性能设计工作涵盖了数值计算与数值模拟、拘束模型试验、小尺度自由自航模型试验、大尺度自航模试验、实船试验等目前几乎全部可用的技术手段。综合这两个国家关于潜艇航行性能研究的典型技术路线可以看到:模型试验在潜艇航行性能设计的整个技术环节中起到关键性的主导作用。

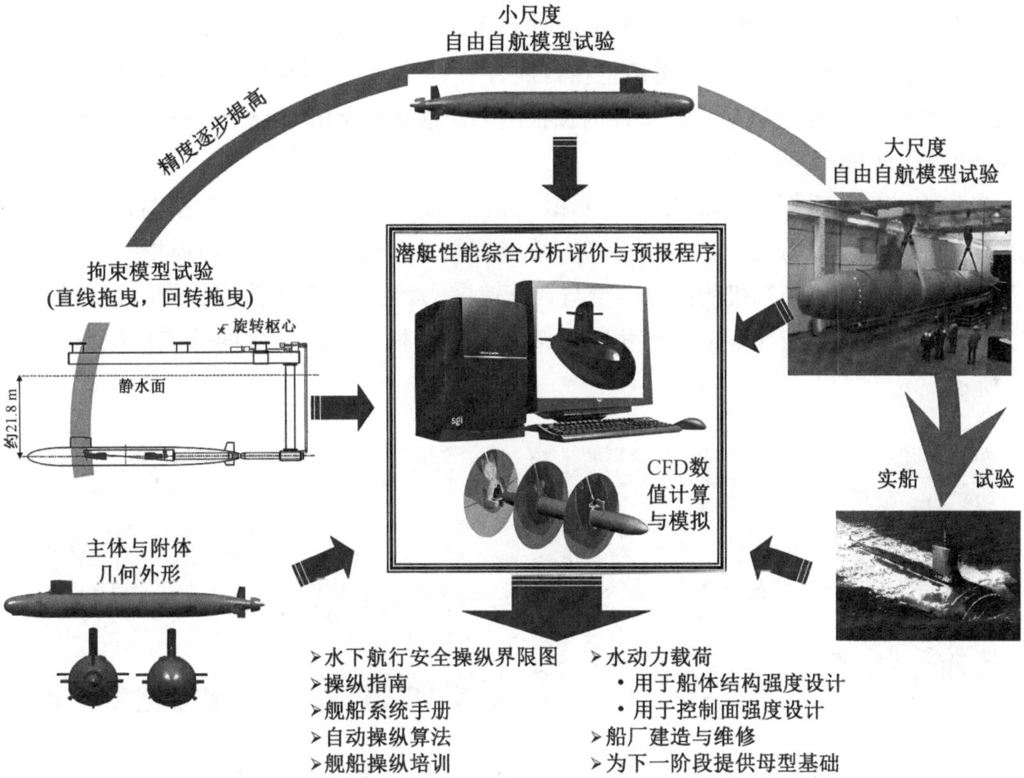

图 1.2　美国弗吉尼亚级攻击型核潜艇航行性能设计的技术路线[3]

下面对数值计算、模型试验和实船试验在现阶段潜艇性能设计工作中的具体功用进行进一步的概括性介绍。

1. 数值计算

目前,关于潜艇水动力性能的数值计算研究主要包括基于势流理论的数值计算和基于非定常雷诺平均纳维-斯托克斯方程(unsteady Reynolds-averaged Navier-Stokes equations, URANS)的数值模拟等两个方面。

对于潜艇操纵性方程中的加速度系数,利用势流理论中的面元法已能给出满足工程使用精度的计算结果。基于势流理论的数值计算方法还主要应用于潜艇水面状态和近水面状态耐波性的理论预报工作。特别是对于目前模型试验还难以准确测量的波浪中近水面航行状态的二阶平均波浪力,一般采用基于势流理论的数值计算方法获取。

在潜艇快速性和操纵性研究中,主要使用有限体积方法求解 URANS 方程,给出作用于潜艇的流体动力载荷、潜艇周围速度场和表面压力场的数值计算结果。目前,已有多个成熟的计算流体力学(computational fluid dynamics, CFD)软件,如 OpenFOAM、STAR-CCM+、Fluent、REX 等,不但可以对潜艇的各类水动力系数进行数值计算求解,还可以对带操纵控制的自由自航模型试验、空间大角度机动如操舵上浮出水进行数值模拟。

在 URANS 方程的数值计算精度方面,对于常规船型的小攻角、小漂角和小舵角情况(角度在 4°以内的线性区),数值计算与拘束模型试验的对比误差一般可以控制在 10%以内。但是对于大攻角、大漂角(角度大于 10°时)等非定常分离流状态,基于 URANS 方程的数值计算,无论是在拘束计算方面还是在自航计算方面,与相应模型试验的对比误差普遍在 15%~30%,只能定性地给出趋势性的预报结果。这显然是由 URANS 方程及其使用的湍流模型的近似局限性导致的。

近年来,已有不少学者采用大涡模拟(large eddy simulation,LES)和湍流直接模拟(direct numerical simulation,DNS)的手段开展潜艇水动力性能方面的数值模拟研究工作,但是受限于现阶段超级计算机的内存容量与计算速度,大涡模拟和湍流直接模拟还不能用于较大尺度模型在机动情况下的数值模拟。潜艇自航和操舵上浮出水的数值模拟场景如图 1.3 所示。

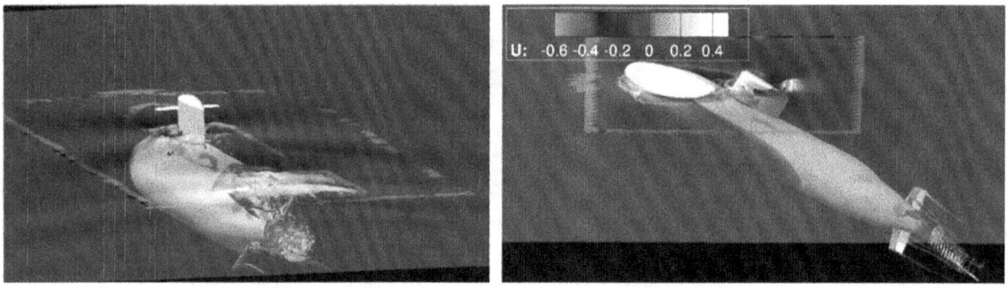

(a)潜艇自航　　(b)操舵上浮出水

图 1.3　潜艇自航和操舵上浮出水的数值模拟场景[4]

目前,基于 URANS 方程的数值计算主要用于潜艇水动力布局方案的初步设计、试验模型流体动力载荷的估算和经模型试验结果校正优化后进行数值外推预报估计等方面。例如,可通过数值计算结果剔除一些在趋势上就已经存在明显缺陷的设计方案;在型线方案初步定型后,进行细致的数值计算,估算潜艇水动力的大小或航行时的姿态,为制定模型试验实施大纲、选择合适的试验设备与测试仪器提供技术支撑;在模型试验完成之后,通过精细调整数值计算的网格方案和求解器的设置参数,进一步提高数值计算的精度,即实现试验在一定允许误差范围内的数值重构,从而可以对试验未能开展的相近工况进行数值外推预报、对限于试验技术条件未能测量的物理量进行数据补充。

2. 模型试验

自 1871 年弗劳德(Froude)主持建造了世界上第一座用拖车拖曳的船模试验水池开始,模型试验技术一直伴随造船科学发展至今。此外,航空、航天和水下兵器等诸多运动载体领域也将模型试验作为重要的研究手段,并且一直在大力发展相关的模型试验技术。

与水面船舶水动力模型试验研究的手段相似,潜艇水动力模型试验也主要分为拘束模型试验和自航模型试验两类(分别如图 1.4 和 1.5 所示)。拘束模型试验主要用于潜艇流体动力载荷、伴流速度场和表面压力场的测量;自航模型试验则是利用相当于具有实船全部或主要操纵功能的缩比样机,对实船的各种航行、操纵和事故状态进行直接的物理模拟,从而实现对实船各类航行性能指标的预报与评价。

图 1.4　低速风洞中的拘束模型试验[5]

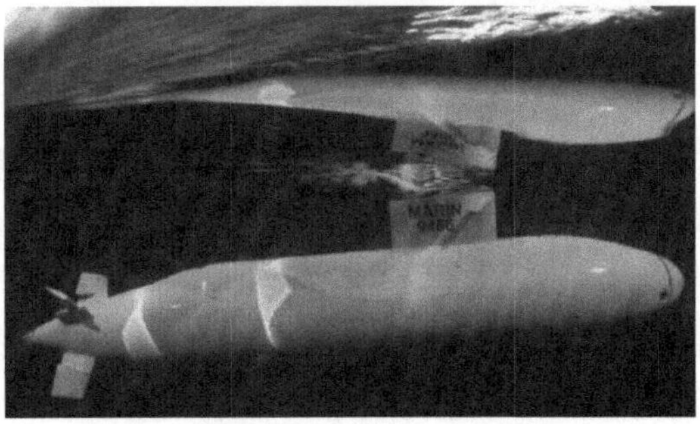

图 1.5　水池环境中的自航模型试验[6]

就科学研究而言,对于研究潜艇新的布局方案、探讨影响潜艇航行性能的各种因素、较准确地预报出潜艇在各种极端工况下的安全界限而言,最有效的途径是进行模型试验。通过模型试验,研究人员可以对潜艇在航行、作战和应急机动中所发生的物理过程有更深刻的理解。模拟试验可以促进理论工作的进一步开展,使工程设计中所应用的计算方法不断完善,提高研究人员的理论研究和工程设计能力,从而改进潜艇的航行性能。

为达到上述目的,必须使模型试验能够正确比拟实船的力学行为,这种有效比拟的理论基础是流体力学中的相似理论。以水面船舶为主要研究对象的《船舶原理》[7]《船舶与海洋工程流体力学试验技术》[8]等专著或教材已经详细介绍了船舶水动力学所涉及的主要相似准数和确定具体试验相似准数个数的量纲分析方法,这些理论也同样适用于潜艇,因此,本书不再重复介绍这两个方面的具体内容。但是,由于潜艇的特殊性,潜艇不同类型的水动力模型试验要求各相似准数应满足的具体数值条件是不同的,关于潜艇各类水动力模型试验需要遵循的具体相似准则将会在后续的章节中详细介绍。

由于模型试验无法满足全部相似准数与实船相等(除非采用 1 : 1 的全尺度模型,但对于现阶段的潜艇研究而言是不现实的),船模与实船的试验结果之间会存在一定的差异,这种差异被称为“尺度效应”,因此,潜艇研究人员通常在当前产品的这两种试验结果中找出它们之间的内在联系,建立必要的数据修正方法并积累经验,为下一次潜艇模型试验的方法改进和数据修正提供技术支撑。由于“尺度效应”的必然存在、潜艇技术指标要求的不断提升和水动力预报内容的不断拓展,在现阶段和未来一段时间内,模型试验还不能完全取代实船试验。

随着海军对潜艇机动性、隐身性和应急安全性指标的日益关注,目前模型试验的内容不但包含了潜艇快速性、操纵性、耐波性等常规性能试验,还初步发展了应急上浮、大型集体救生舱浮力发射等非常规性能试验,并且研究人员在大攻角状态下水动力特性测量、模型绕流场和表面脉动压力测量等机理性研究方面不断地探索可靠的试验方法。

模型试验尽管有一定的局限性,但它具有其他研究方法无法比拟的优势,如能够精确地控制试验环境条件,受有害干扰和时间周期的影响较小,通过精心的试验设计能够给出评价实船非常规和危险工况性能的量化考核方案,试验容易重复进行,也比较安全。总体来说,模型试验结果比较准确、可靠,成本低,效率高,是目前指导潜艇航行性能技术设计和施工设计的最可靠手段之一。

3. 实船试验

实船试验是能最直观地研究与评价潜艇航行性能的研究途径。以数值模拟和模型试验为基础的性能预报是否反映了客观实际，都必须以实船试验为最终的检验标准。不仅如此，实船试验能够直接鉴别潜艇的种种开环和闭环响应特性，并从中得到准确的航行性能指标，这往往是理论分析难以做到的。当前，实船试验结果与理论预报结果之间的差异，是指导后续新艇研制或进行改进设计时最重要的技术资料。

实船试验内容主要包括快速性试验、操纵性试验和耐波性试验。其中技术难度较大、试验科目较多的是实船操纵性试验。潜艇作为一种既能航行于水上又能航行于水下的战斗舰艇，良好的操纵性是其各项性能的基本保障，从试验技术角度来看，实船的快速性试验和耐波性试验也需要在航态保持操纵的条件下开展。下面大致介绍一下实船操纵性试验的主要内容。

潜艇的实船操纵性试验，按其试验目的大体有3类。第一类试验是通过实际航行直接鉴别和掌握潜艇的各种航行性能。为此，试验中需操纵潜艇去完成在实际航行中所有可能出现的各种机动任务，以了解实艇的响应特性，主要包括[9]以下几方面。

(1)航态保持性：在各种海况下(包括在有斜流和有密度梯度的深水中，近水面、接近不规则海底等)保持深度和航向的性能、低速和悬停性能、坐卧海底性能等；

(2)航态改变特性：水平转向性能、潜浮性能、加减速性能等；

(3)应急机动特性：满舵急转向、速潜、应急吹出和抛载上浮、动力抗沉、倒车制动等；

(4)特种作业性能：一般是指潜艇的各类武器发射过程对潜艇的影响。

图1.6是正在开展试验或训练的国外著名核潜艇。

第一类试验对于操艇人员掌握潜艇的固有属性来说是非常必要的。但是从性能理论分析和设计的角度来说，潜艇操纵性的优劣应当通过各种稳定性准数和机动准数来评定。为此，国际水池会议在总结许多实船试验经验的基础上，制定了一些专用性的实船试验来测定这些准数，即第二类试验。第二类试验也被称为限定性试验，在这一类试验过程中，潜艇的机动并不一定是实际航行中会出现的机动，而是设计一些规定的动作，使试验简便易行而又便于分析，一方面可以直接测定若干参数，另一方面可以从试验结果中进一步分析出操纵性准数。实船的限定性试验主要包括：水面/水下回转试验、水面/水下Z形试验、水下变深度试验、水下升速测定试验等。

第三类实船试验的目的在于从试验中直接测定作用在潜艇上的水动力，为约束模型试验的数据换算和修正提供依据。这一类试验目前还只能比较可靠地测定若干垂直面水动力系数。近年来，逐渐发展完善的“系统辨识”技术在通过小尺度水下航行器数值仿真辨识同尺度拘束模型测定的系数方面获得了较为理想的辨识效果。“系统辨识”技术将为实船试验开辟一条新的研究途径。

目前，模型试验技术和实船试验技术均已发展成各自相对独立的技术体系。总体来说，实船试验技术远比模型试验技术复杂，模型试验技术中的有关理论与方法也是继续深入研究实船试验技术的基础。

(a) 俄罗斯亚森级攻击型核潜艇

(b) 美国弗吉尼亚级攻击型核潜艇

(c) 俄罗斯北风之神级战略型核潜艇

(d) 美国俄亥俄级战略型核潜艇

图1.6 正在开展试验或训练的国外著名核潜艇

作为基础性教材,本书只介绍潜艇水动力模型试验技术,并以基础性的宏观试验为主要内容。

1.2 常规试验的研究内容与技术特点

如前所述,当前潜艇水动力学的主要研究任务是既要实现常规动力学性能的优良设计,又能够比较准确地预报出危险工况下的安全界限。模型试验作为支撑潜艇航行性能设计的最可靠手段,其研究内容也主要体现在常规试验和非常规试验两个方面。

需要指出的是,随着潜艇技术和模型试验技术的不断发展,"常规"和"非常规"之间的界限也在不停地变化。从模型试验技术的角度来看,所谓"常规"是指目前试验测试方法及试验数据的处理和使用方法已经相对成熟的试验技术,而"非常规"是指针对潜艇性能指标要求的不断提高,近些年才开始进入实质性的研究环节,目前还在不断创新和发展完善的试验技术。

本节对潜艇水动力常规模型试验的研究内容与技术特点进行概括性介绍，对于非常规模型试验，将在1.3节中介绍其主要的发展趋势，并在第6章中给出若干已经能够在一定程度上指导实船设计的试验案例。

1.2.1 研究内容

潜艇作为一种既能在水面又能在水下一定深度航行并战斗的舰船，其典型的航行状态可分为水面、水下和近水面状态。潜艇水动力常规模型试验主要针对这3种典型的航行状态开展。

1. 水面状态

尽管现代潜艇以水下航行状态为主，相对于一般的水面舰船，潜艇的水面航行性能显得次要一些，但并不是不重要。特别是在耐波性方面，常规潜艇水下状态工作所需的能源毕竟是有限的，经过一段时间的航行后，必须浮至水面航行或充电，如果耐波性太差会影响常规潜艇的使用；研究潜艇应急上浮时，也必须结合耐波性问题综合评价出水后的安全性。

因此，水面状态作为一种不可缺少的典型航行状态，仍然需要对其开展快速性、操纵性和耐波性等全部性能方面的模型试验，用于校核潜艇水面状态的动力学性能。现阶段潜艇水面状态水动力模型试验的主要内容包括以下3个方面。

(1)快速性方面：主要开展水面状态阻力试验、对应于实船水面状态螺旋桨浸没深度的桨模敞水试验、水面状态自航试验等。

(2)操纵性方面：一般只在技术设计阶段和施工设计阶段开展，以自航模型试验为主，包括回转试验、Z形试验、回舵试验、制动试验、倒航试验、航向保持试验等。

(3)耐波性方面：主要开展静水衰减试验、规则波和不规则波中的运动测量试验。

2. 水下状态

潜艇的水下状态是指其在远离近水面的深水海域航行的状态，此时潜艇潜深大于潜艇最大直径的3倍，同时水深大于潜艇的总长。潜艇周围流体的运动边界条件可近似为无限深广条件，这也是潜艇最为基础和重要的运动状态。水下航行性能是潜艇水动力布局设计、推进器设计和外型线优化设计的出发点，模型试验的内容也最为丰富。由于该状态下潜艇所受水动力不受自由液面和海底的影响，所以水下状态的模型试验主要包括快速性和操纵性两个方面。

(1)快速性方面：主要开展水下状态阻力试验、水下螺旋桨模型敞水试验、水下状态自航试验、伴流场测量试验、模型表面压力测量试验等。

(2)操纵性方面：包括拘束模型试验和自由自航模型试验两类。拘束模型试验内容主要包括低速风洞(拖曳水池)试验、旋臂水池试验和平面运动机构试验，用于水动力系数的测定；自由自航模型试验内容不仅包括实船操纵性中的全部限定性试验和水动力系数测定试验，而且还包括舵卡、舱室进水挽回等应急操纵模拟试验。

3. 近水面状态

近水面状态是一种重要的运动状态，一般包括通气管深度状态、潜望镜深度状态，以及风浪能影响到的导弹武器发射深度状态。由于受到水表面的影响，潜艇所受的水动力特性不同于水下状态。

现代常规潜艇在距离水面一定深度时，会隐蔽地利用通气管装置从水面吸入新鲜空气以供舱室通风和柴油机对蓄电池充电，通气管航速和续航力成为常规动力潜艇一项非常重要的战术技术指标。此外，潜艇用低速在波浪中近水面定深航行时，在波浪力的作用下，可能会出现非意愿的上浮，甚至出现被上抛露出水面的非线性现象。这种“上浮露背”的定深不稳定问题，是近水面操纵性研究的重点，特别是对通气管深度状态、潜望深度状态和核潜艇发射弹道导弹的深度保持更有现实价值。从力学原理上讲，潜艇在波浪中近水面的定深稳定性的预报属于操纵性与耐波性相结合的问题，因此，本书将静水中近水面和波浪中近水面的相关测力试验统称为近水面水动力测量试验。

现阶段潜艇近水面状态水动力模型试验内容主要包括以下 3 个方面。

(1)快速性方面：主要开展通气管深度状态阻力试验、对应于实船通气管深度状态螺旋桨浸没深度的螺旋桨模型敞水试验、通气管深度状态的自航试验等。

(2)耐波性方面：主要采用具有自动操纵系统的自航模型，在各典型深度下分别开展规则波和不规则波中的运动测量试验。

(3)近水面水动力测量方面：主要采用拘束模型开展静水中近水面水动力系数测量试验、波浪中近水面一阶波浪力和二阶平均波浪力测量试验。

1.2.2　技术特点

潜艇作为一种排水型的船舶，其单纯水面状态模型试验的技术原理与方法和单体排水型水面船几乎是一致的。潜艇水动力模型试验技术的特点主要体现在水下状态的相关模型试验中。为便于理解、学习，本节主要从潜艇与普通单体水面船水动力模型试验相区别的角度，对潜艇水动力模型试验的技术特点进行介绍。与水面船水动力模型试验相比，潜艇水动力模型试验的特点主要表现在以下 3 个方面。

1. 具有开展风洞试验的可行性

潜艇在水下状态航行机动的主要运动特点，使得在低速风洞中开展潜艇宏观水动力性能的模型试验较水面船舶的风洞重叠模型试验具有更合理的可行性。

对于几何相似的物体来说，当其在无限深广的流体中运动时，由相似理论可知：在定常运动的情况下，流体动力的相似性主要是由黏性力相似决定的，即雷诺数 *Re*(Reynolds number)是定常试验相似准则放宽条件下的相似准数；在非定常运动的情况下，流体动力的相似性主要是由黏性力相似和周期性非定常惯性力相似决定的，即雷诺数和斯特罗哈尔数 *St*(Strouhal number)同时是非定常试验相似准则放宽条件下的相似准数。

基于这个意义，如果不考虑空化问题且在相应动力相似准数相等时，潜艇拘束模型试验是可以在任何不可压缩的流体介质中进行的，此时流体和模型的运动速度、模型所受的流体动力载荷等主要宏观物理量的绝对量值对于实船而言是没有实际意义的，但是与流体动力相关的各种无因次系数(如伴流分数、剩余阻力系数、水动力系数)在工程上可以认为是与实船近似相等的。此外，对于现阶段的潜艇实船而言，其水下最大航速普遍在 20~

35 kn[1]，尚且不至于引起主船体的空化。对于常规 4～6 m 级模型满足临界雷诺数要求的风速一般也在 80 m/s 以内，此时空气的可压缩性是可以忽略的。以上就是潜艇流体动力试验可以在低速风洞中进行的理论与现实依据。所以，在低速风洞中对模型进行气动特性试验所得的流体动力系数，只要与水池试验中的相似准数相等，是完全可以用来计算深水中实船运动的水动力的。目前，低速风洞主要用于潜艇水动力系数测量、伴流速度场测量、表面压力分布测量等性能试验。

利用风洞开展潜艇流体动力性能的研究，具有无水密问题、可重复性好、便于附体部件研究、常规测力试验可以扣除水池试验目前无法有效解决的支杆干扰、试验效率高等若干比较明显的技术优势，因此，研究人员利用风洞能够以比较成熟的航空气动力试验技术为基础，开展潜艇专项试验技术研究和潜艇流体动力特性基础研究。这有助于逐步形成试验数据库和完善工程估算方法，并为潜艇计算流体力学、航行性能综合评估方法和仿真技术提供试验验证。

2. 水下状态拘束模型支撑方式的特殊性

在进行流体动力载荷测量的拘束模型试验方面，水面船模试验通常只考虑船模和支撑装置的刚强度问题，支撑方式一般只有单支杆和双支杆两种方式。潜艇模型水面状态试验的支撑方式通常与水面船模一致，但是水下试验状态的情况却大有不同。水下状态模型试验不但要考虑支撑的刚强度问题，而且要根据试验测试类别、结合所使用的设备条件选择合适的支撑方式，并且还需要设法扣除或评估支杆对测量的干扰。

在进行潜艇水下状态拘束模型试验时，模型的拘束方式主要有支杆从模型主体下方穿入的腹支撑、支杆从模型主体舷侧穿入的侧支撑和支杆从模型主体艉端穿入的艉支撑 3 种。如图 1.7 所示为潜艇水下状态拘束模型典型支撑方式示意图。

（1）腹支撑

由于潜艇客观上具有指挥室围壳结构，在拖曳水池进行水下阻力、自航试验，垂直型平面运动机构垂直面水动力系数测量试验，以及在旋臂水池进行水平面水动力系数测量试验时，一般采用腹支撑的方式，即模型倒装。这种支撑方式可有效避免支杆与围壳之间的相互干扰。为减小支杆对流场的扰动，在支杆的外端一般装有流线型导流罩（一般选择 NACA① 翼型），但是导流罩不能与模型的外表面接触。带翼型导流罩的支杆通常被称为支撑剑。支杆数量一般为单根和双根，旋臂水池试验一般采用单支杆支撑，平面运动机构试验采用双支杆支撑，水下阻力、自航试验较多采用双支杆支撑，也有研究机构采用单支杆支撑方式的。

在低速风洞进行测力试验时，单支杆和双支杆腹支撑也是常用的支撑方式，此时模型为正装方式。当支杆外端装有整流罩时（在风洞试验中通常被称为风挡），试验机构需要解决模型改变漂角时导流罩也要始终迎流的问题。严格的风洞试验必须进行支杆干扰修正的辅助试验（详见 4.2.1 节），也可以采用不带整流罩的光杆支撑，此时一般多为单支杆状态，为使支杆的干扰系数在试验常用的变风速范围内近似稳定，支杆的截面形状较多采用正 24 边形[10]。

① NACA 为美国国家航空咨询委员会，全称为 National Advisory Committee for Aeronautics。

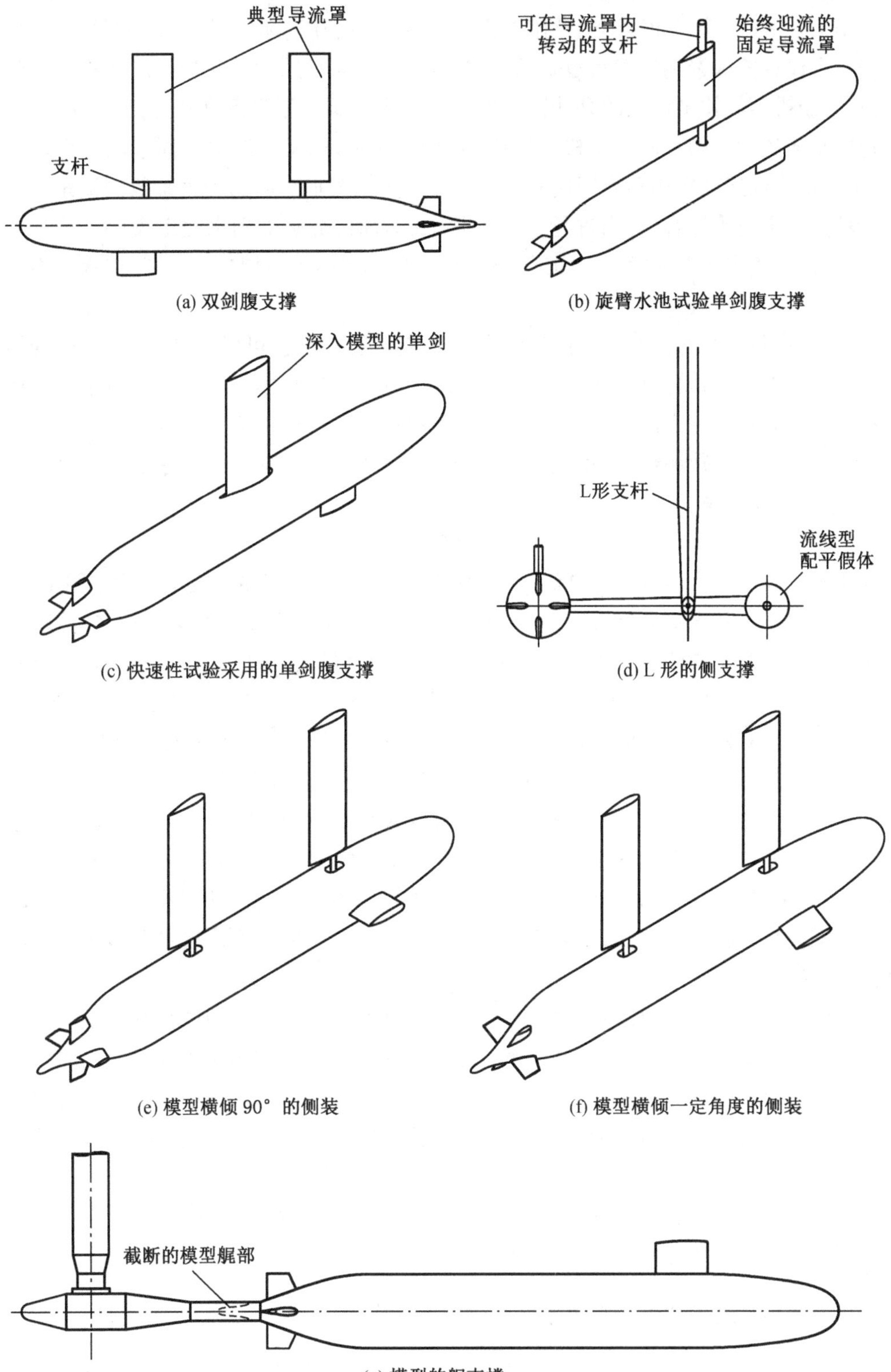

(a) 双剑腹支撑　(b) 旋臂水池试验单剑腹支撑

(c) 快速性试验采用的单剑腹支撑　(d) L 形的侧支撑

(e) 模型横倾 90° 的侧装　(f) 模型横倾一定角度的侧装

(g) 模型的艉支撑

图 1.7　潜艇水下状态拘束模型典型支撑方式示意图

(2)侧支撑

如图 1.7(d)所示,真正意义上的侧支撑为 L 形支杆,在实际使用中并不常见,一般性的公开资料中仅见美国泰勒旋臂水池采用[11]。实际中较为常用的是模型一舷朝正下方的侧装,即将潜艇模型绕体坐标系的纵轴转动 90°后,再次安装于原腹撑支杆上,如图 1.7(e)所示。拖曳水池的垂直型平面运动机构采用模型侧装的方式实现对水平面水动力系数的测量,而水平型平面运动机构则采用模型侧装的方式实现对垂直面水动力系数的测量。特别是一般的拖曳水池水深有限,当进行大攻角状态试验时,势必受到水池水表面兴波与池底的影响,因此采用水平型大振幅平面运动机构并结合模型侧装的方式是目前在水池中开展大攻角试验的主要手段。

此外,当进行某些受到客观条件限制或特殊需要的试验时,可以选择模型非 90°的转动侧装[图 1.7(f)]。例如,当进行水下状态阻力测量时,如果水池深度较浅,可以考虑采用这种支撑方式达到尽量减小试验误差的目的;当使用平面运动机构或旋臂水池进行不同角速度之间耦合水动力系数测量时,可以采用这种支撑方式,实现模型体坐标系下角速度分量的引入(参考 4.1.3 节)。

(3)艉支撑

采用艉支撑的方式,可进一步减少支杆对模型的干扰。典型的艉支撑方式如图 1.7(g)所示。艉支撑在国外水平型平面运动机构、空间运动机构试验方面的应用较多,美国泰勒旋臂水池也采用艉支撑的方式进行了偏航与纵倾角速度耦合水动力系数的测量。此外,在潜艇模型风洞试验方面,艉支撑的方式也有应用,如韩国国防发展局开展的 2 m 级模型、加拿大国防研究与开发中心开展的 6 m 级模型的空间静态状态大攻角测力试验[12]等。

由艉支撑结构形式的特点可知,艉支撑时需要对模型进行必要的截艉设计,并且难以开展带推进器动力影响的试验。此外,当模型尺度较大时,势必会产生有害的振动,直接影响模型试验的安全性和数据的准确性。从国外研究机构发表的艉支撑试验的最终数据的质量来看,似乎已经解决了 6 m 级大尺度模型艉支撑结构刚度的设计问题或在一定振动影响下的数据分析问题,但是国内在潜艇大尺度模型单纯艉支撑的测量技术方面还处于研究和探索阶段。

关于潜艇拘束模型水池试验的支杆干扰问题,目前还没有完善的试验修正手段。一般情况下采用内置天平测量,并且如果能够保证试验时支杆的导流罩始终处于迎流状态,工程上即认为可以忽略支杆干扰的影响。对于无法安装支杆导流罩的试验,研究人员利用现代潜艇主体为回转体(或近似回转体)的特性,也提出了一些可行的试验修正手段,具体的方法将在第 4 章中介绍。

此外,对于近水面状态的拘束模型试验,也需要考虑模型支撑方式的问题,有关近水面拘束模型试验现阶段推荐使用的支撑方法将分别在第 3 章和第 5 章中介绍。

3. 自由模型与实船的设计等效性

与水面船舶自由模型试验(包括有动力和无动力情况)的要求一致,潜艇的自由模型试验也必须在满足模型与实船静力学属性相似的前提下开展。从现实角度来看,一般水面船模的物理属性的可调余地很大,甚至在模型的甲板上也可以布置压载,用来调节模型的重心和转动惯量等物理属性。因此，一般水面船模的设计往往仅从模型强度的角度考虑，如无特殊试验需要（如破舱稳性问题），水面船模一般不考虑与实船舱室结构布置相似的问题。如图 1.8 所示为典型的水面自由模型。

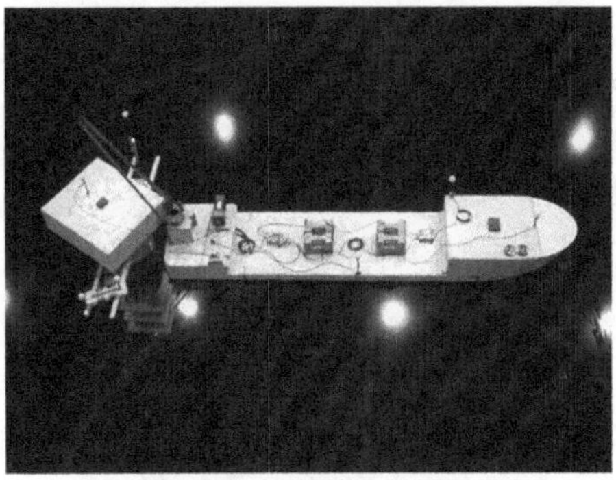

(a) 无动力的海洋工程模型

(b) 有动力的自航模型

图 1.8　典型的水面自由模型

潜艇的情况则大有不同。由“潜艇原理”课程所讲述的内容可知，现代潜艇的艇体结构形式主要有单壳体、双壳体和单双壳体混合式 3 种[13]，如图 1.9 所示。无论哪种结构形式的潜艇，一般均具有上层建筑和艏艉非水密区域、耐压船体和压载水舱等结构特征，客观上造成了潜艇水下和水面状态分别具有不同的静力学属性。更准确地说，在采用压载水增减的方式控制潜艇姿态或潜浮的过程中，潜艇水密船体（耐压船体和水舱部分）的静力学属性每一时刻都在发生变化。

从试验模拟的角度来看，一个理想的潜艇自由模型应该具备模拟实船静力属性连续变化的功能。这就需要模型与实船在内部结构形式上也要具有比较严格的几何相似性和气、水控制功能的相似性。然而在现实中，上述要求在常用的中小尺度模型上是很难实现的，其原因主要表现在以下几个方面。

(1) 模型内部的空间狭小，难于放置得下与实船具有相似容积的液舱和高压气吹除设备，模型艉部的舵机、主推电机的驱动轴系占据的非水密空间也难以做到与实船几何相似；

(2) 虽然实船的耐压船体外形以等径圆柱面为主，但是艉段一般为圆锥面，艏部和舯段的局部也存在一定的曲面特征，实船的各种水舱一般也依附于耐压船体和潜艇外形的内曲面开展设计，在模型上制造出与实船严格几何相似的耐压船体与各种水舱，既不经济也不便于模型耐压舱内测试设备的装配；

(3) 中小尺度模型的外壳一般采用玻璃增强塑料或碳纤维增强塑料制造，为保证壳体强度，常规厚度一般在 2~5 mm，已经超过了实船非耐压船体外形壳板厚度的几何缩比值，这在客观上就已经造成了几何上的不相似。

因此，在设计潜艇自由模型时，必须从等效比拟的角度出发，进行耐压船体、各种液舱、上层建筑和艏艉非水密区域的合理简化设计，尽可能地在模型设计阶段就保证模型的水密船体、非水密区域的属性与实船大体相似，从而使得模型在经过一系列的精确调试后，能够较好地模拟出试验所需实船状态的静力学属性。

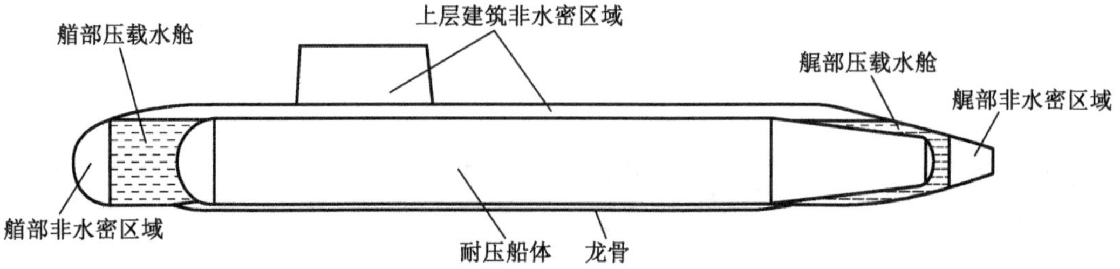

(a) 单壳体潜艇

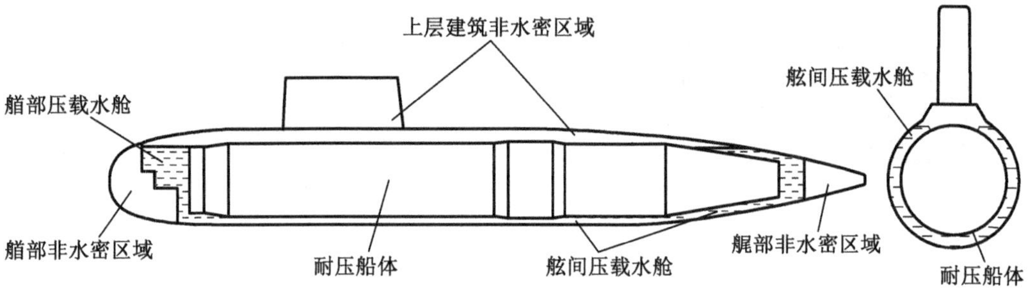

(b) 双壳体潜艇

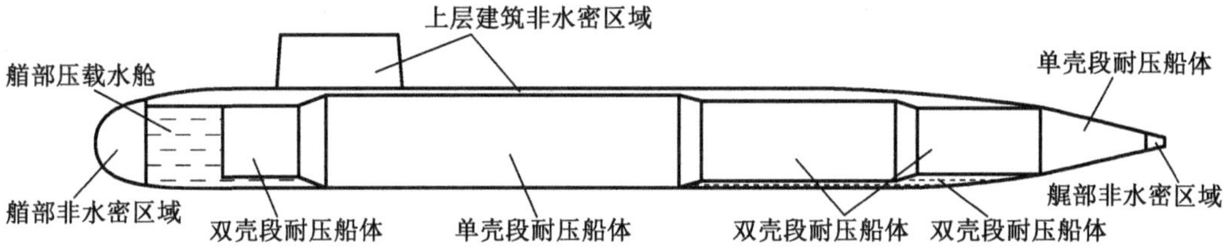

(c) 单双混合壳体混合式潜艇

图 1.9　潜艇典型结构形式的示意图

此外，自由模型按照属性等效的原则设计，客观上也将存在非水密区域，增加了模型物理属性匹配试验的难度。潜艇模型物理属性的精确匹配一般采用全三维设计与类似于实船标定性试验相结合的方法，如倾斜试验、自由衰减试验等。关于自由模型与实船的等效设计方法和属性匹配标定方法，将分别在第 5 章的潜艇耐波性模型试验技术与第 6 章的潜艇应急上浮模型试验等相关内容中详细介绍。

1.3　潜艇水动力模型试验技术的主要发展趋势

传统潜艇水动力学研究中广泛引用布莱恩(Bryan)在 1911 年提出的“缓慢运动”假设。所谓“缓慢运动”，是指以速度和加速度为标志的物体运动状态，物体随时间的变化比较缓慢地运动。“缓慢运动”虽然是非定常运动，但其加速度随时间的变化率很小，其极限状态就是恒定加速度的运动，所以也称其为“准定常运动”。因此，常规的潜艇水动力模型试验也主要在定常或准定常的状态下开展，所预报的内容也主要为攻角、漂角在$-12°\sim12°$的正常机动工况。

目前，随着潜艇机动性、隐身性与应急安全性要求的日益提高，潜艇大攻角上浮下潜、满舵偏转及全速回转等大机动航态下性能的准确预报已成为现阶段总体设计中的重要任务。在水动力测试技术高速发展的背景下，研究人员不仅试图通过宏观的测力试验和运动试验建立能够准确描述潜艇极端运动的数学模型，而且也通过流场精细测量试验获取潜艇周围流场信息，从微观的流动机理角度分析潜艇宏观运动的影响机制[14]。在隐身性方面，潜艇在水下高速航行时，表面脉动压力是水动力噪声的重要来源，直接关系到潜艇水下航行时的隐蔽性。声隐身作为潜艇水下作战性能的重要指标之一，使得潜艇模型表面脉动压力的准确测量得到了越来越多的关注。

本节从大攻角状态水动力特性的测量、潜艇模型绕流场的精细化测量和潜艇模型表面脉动压力的测量等 3 个方面对现阶段潜艇水动力模型试验技术的主要发展趋势进行概括性介绍。

1.3.1　大攻角状态水动力特性的测量

潜艇水下操纵性的安全界限是由艉升降舵卡、舱室进水等两类主要事故工况下的应急挽回操纵运动特性决定的。艉升降舵卡下潜满舵与耐压船体进水事故的恢复性应急挽回操纵，实际上主要是供气紧急吹除主压载水舱的操纵[15]，即实施应急上浮。此外，应急上浮能够快速改变潜艇的潜深，也可以作为一种有效躲避鱼雷攻击的战术手段。应急上浮时潜艇的运动是个行为复杂的大机动空间运动，属于极端操纵工况。潜艇在应急上浮过程中时常会出现较大的攻角，零航速状态下的攻角甚至可以达到 90°。在大攻角状态下，潜艇主体与附体会出现严重的流动分离，致使潜艇的水动力特性与常规机动状态存在显著的区别。

目前，潜艇的操纵性预报仍然广泛使用 1967 年美国泰勒海军舰船研究和发展中心（David Taylor Naval Ship Research and Development Center, DTNSRDC）发表的格勒特（Gertler）和哈根（Hagen）标准运动方程，方程中所用的水动力系数是由攻角在 0°～18°范围内的拘束模型试验测定的。实践表明：在大多数的情况下，该方程可以对潜艇水下前进运动的轨迹和常规机动做出精度相当高的预报，与实艇试验结果吻合得好，重复性也好[15]。但是，数值仿真和实船情况也均表明这套方程并不适用于诸如应急上浮、高速大舵角回转等水下大机动运动的预报。

对大机动运动性能的研究，关键是需补充大攻角（和漂角）范围的水动力特性。因此，国内外研究机构均针对大攻角状态开展了一系列的拘束模型试验研究，主要内容包括在拖曳水池或低速风度中开展的全附体模型大攻角状态的变攻角试验、空间耦合变攻角和漂角试验、空间耦合变攻角和舵角试验；在旋臂水池中开展的变攻角变俯仰角速度试验等[16]。其中，比较著名的是加拿大国防研究与开发中心学者瓦特（Watt）等通过大型低速风洞艉支撑模型试验（其试验类型的本质仍是空间耦合变攻角和漂角试验）建立的一个以流动入射角和流动方位角为参数表示线速度黏性力，并包括原标准运动方程中全部流体惯性力项和角速度黏性力项的准定常大攻角水动力构型[17]。

应急上浮本是左右舷几何对称潜艇的垂直面运动行为，但潜艇在快速上浮时，往往会伴随较大的横倾和艏向角的改变，这种现象充分表明在大攻角状态下，存在着空间水动力的强耦合效应。然而,基于静态大攻角拘束模型试验(从体坐标系的角度来看,旋臂水池试验也是一种静态试验)给出的准定常仿真计算结果并不能解释常规潜艇各种应急上浮工况试验中横倾不稳定性的早期形成原因,Watt 自己列举的相关实船试验结果也证实:即使其准定常理论中考虑了初始横倾的影响,所预报出的横倾力矩和潜艇接近水面时的横倾角仍然偏小。

可见,现阶段基于静态大攻角模型试验构型的方程预报精度仍然较差,目前主要还是依靠非常规自由模型应急上浮试验(典型曲线如图 1.10 所示),对潜艇应急上浮的水下运动稳定性、穿水时的姿态与出水后的大幅摇荡做出较准确的预报(详见 6.1 节)。

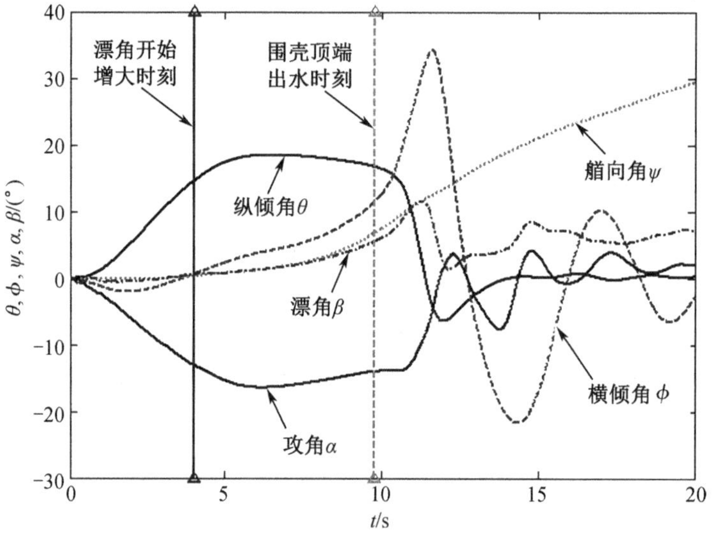

图 1.10　非常规自由模型应急上浮试验的典型曲线

从力学机理的角度来看,当物体在流体中加速运动时,其水动力载荷不但包括物体加速度产生的非定常惯性水动力,而且包括由于前体涡脱落进入尾流而产生的运动历史效应,即客观存在非定常黏性力的影响。在现有潜艇应急上浮的理论预报与运动稳定性分析中,尽管考虑了大攻角情况下垂直面攻角对水平面的影响,但是其大攻角水动力模型是通过静态试验数据回归的,从而使得现有判据存在明显的判断滞后性,没有预测出在相对较小的攻角时就已经发生的横倾不稳定。

2020 年,国外学者研究了不包括任何附体的回转型潜艇主体在横向脉冲、持续横移和纯横荡加速操纵过程中受到的非定常黏性力的影响及其建模。由其研究的大幅纯横荡运动可以看到,由于加速运动而产生的附加非定常黏性力的漂角动态变化(其研究对象为回转体,漂角和攻角在无界流域内是一致的)过程是十分明显的,在其对纯横荡运动的模拟中,非定常黏性力出现了与空气动力学中飞机大迎角机动类似的“迟滞环”现象,如图 1.11 所示。图中,Y'_r 为扣除横向加速度引起的流体惯性力后剩余的横向力;N' 为整体的偏航力矩(未扣除回转体主体很小的附加质量静矩);k 为表征非定常程度的减缩频率。

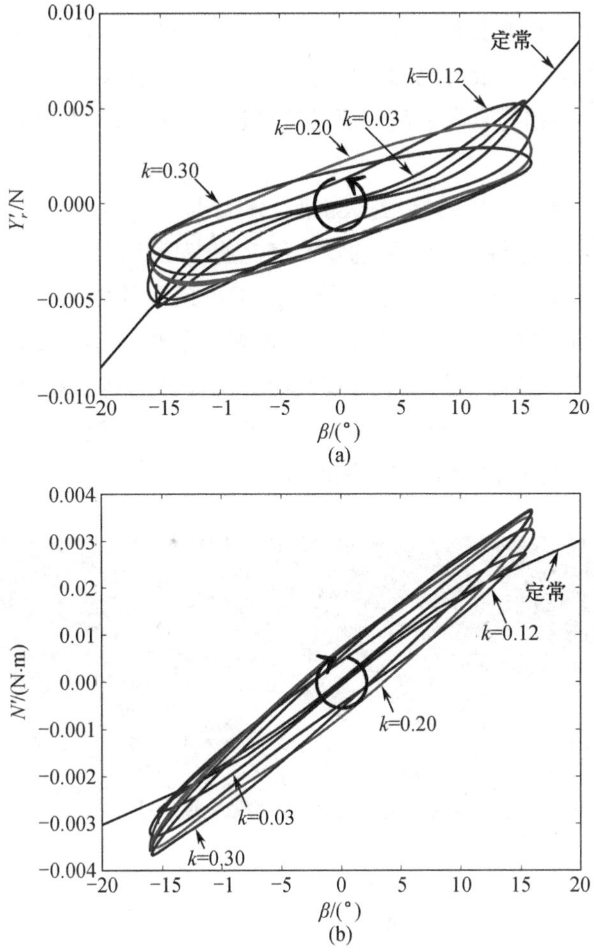

图 1.11　不同频率纯横荡运动过程中的非定常黏性力[18]

通过分析自由模型试验曲线并结合国外新近的研究结果可以得出：由较大剩余浮力驱动的应急上浮大攻角机动，在运动早期至上浮速度相对平稳期间，垂直面的加速度变化显著，不满足“缓慢运动”的假设，由加速度引起的非定常黏性水动力的影响是不能忽略的。

可见，为建立准确的大攻角状态水动力模型，采用大振幅平面运动机构或空间运动机构开展大攻角非定常水动力构型机理的研究将成为今后拘束模型试验的必然趋势。

1.3.2　潜艇模型流场的精细化测量

潜艇与流体相互作用的宏观表现是潜艇的水动力性能，而微观表现则为潜艇周围水质点的绕流状态。潜艇在运动状态下由于附体的存在，其周围流场的流动状况十分复杂，具有主体与附体分离流动这一主要特征，具有在时间和空间上都呈现出强烈脉动特性的湍流，存在不同时间尺度和不同空间尺度的相互干扰，充满了形式各异的大小旋涡。流场特性直接关系到潜艇的阻力性能、推进性能以及振动与噪声性能。

近年来，随着水动力学研究的深入，越来越多的研究人员通过研究细节流场流动来寻找影响宏观上水动力及噪声的最本质原因。通过精细流场测量设备进行潜艇周围精细流场测量研究,从精细流场的角度来认识与深入理解艇体和附体的分离涡流、螺旋桨盘面处的伴流场分布特征、尾流场区域的流动分离、湍流特性、旋涡结构的空间分布等宏观力学性能变化的内在流体本质因素,形成了基于流场的潜艇设计方法与基于流动机理分析的潜艇相关性能优化方法。

在测量技术方面,模型流场的接触式测量技术目前已经发展得比较完善,如在低速风洞中采用五孔探针测定的螺旋桨盘面处的稳态伴流速度场结果和采用热线风速仪(hot-wire anemometry,HWA)测定的湍流特性结果已能满足工程预报的要求。在现阶段的科研与工程试验研究中,五孔探针和热线风速仪等接触式测量仪器仍然是主要使用的测试手段。通过将早期提出的烟流法流场可视化技术与现代激光图像处理技术相结合,也已能够成功地获取 2 m 级模型静态攻角状态下分离涡的主要几何信息,为潜艇大攻角机理问题的深入研究提供了现实依据。如图 1.12 所示为常规烟流显示与激光烟流对于模型分离涡流的捕捉。

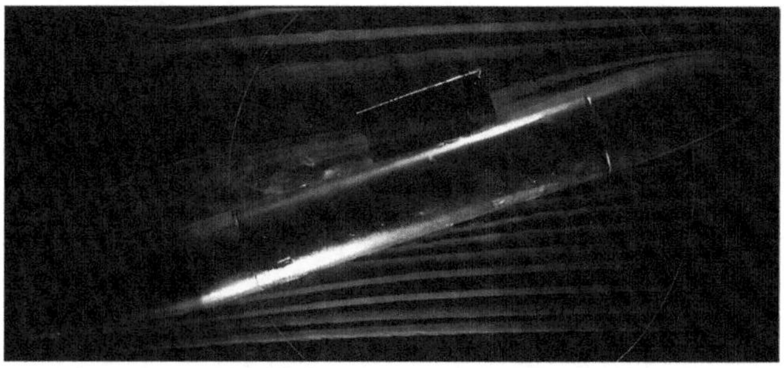

(a) 普通闪光灯光源条件下模型静态攻角状态风洞流场的烟流显示(攻角为 18°)

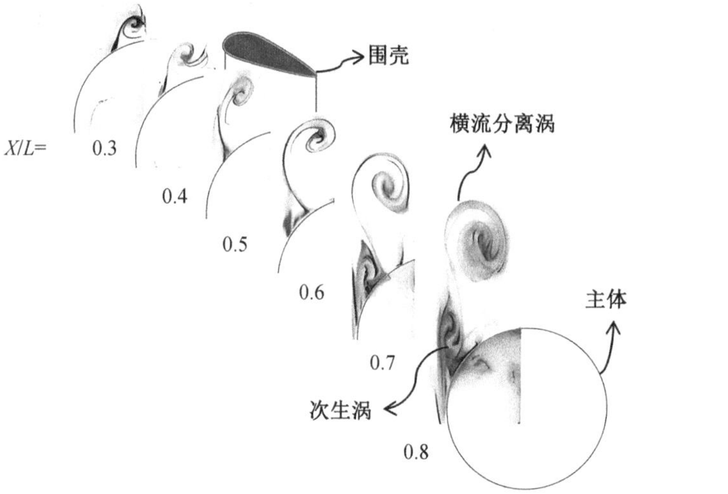

(b) 激光光源柱面透镜透射条件下模型静态攻角状态不同横截面处的分离涡(攻角为 15°)

图 1.12　常规烟流显示与激光烟流对于模型分离涡流的捕捉[19]

近年来,随着光学、微电子、计算机等科学技术的快速发展,复杂流场精细测量技术与设备能力也得到了快速提升。测量技术从单点的有接触测量发展到单点的非接触测量,从二维平面测量发展到三维立体空间测量,从粒子示踪测速发展到分子示踪测速,数据处理的时间也从几小时下降到几分钟。

激光器、高速数字频率处理器、高性能图形工作站的发展，使得激光测速技术得到了突飞猛进的发展，并大量应用在各类测试中，包括激光多普勒测速技术（laser doppler velocity measurement），粒子图像测速技术（particle image velocimetry，PIV），激光诱导多普勒综合测速技术（doppler global velocimetry，DGV），激光片光诱导荧光测量密度、温度、速度技术（planar laser-induced fluorescence，PLIF），光学层析术（optical tomography，OT），滤波瑞利散射技术（filtered rayleigh scattering，FRS），激光干涉表面摩擦力仪技术（laser interferometric surface frictionmeter，LISF），相干反斯托克斯-拉曼散射（coherent anti-stokes raman scattering，CARS）成像技术，快速响应压力敏感漆测量技术（pressure-sensitive paint，PSP）和快速响应温度敏感漆测量技术（temperature-sensitive paint，TSP）等。这些新技术和方法的发展极大地满足了对于流场数据的定量测量与流动特性的精细显示能够同步实现的研究需要。

在这些新发展的测速技术中，目前发展迅速并有较好应用前景的是 PIV。PIV 不但综合了热线风速仪、激光多普勒测速仪（laser doppler velocimeter，LDV）等具有较高测量精度和烟流显示技术的优点，而且克服了只能单点测量和烟、油流无法量化流速的弱点，已经在风洞和水池环境下潜艇模型绕流场特性的研究方面得到了广泛应用。

图 1.13、图 1.14 分别是风洞和水池的 PIV 测量。

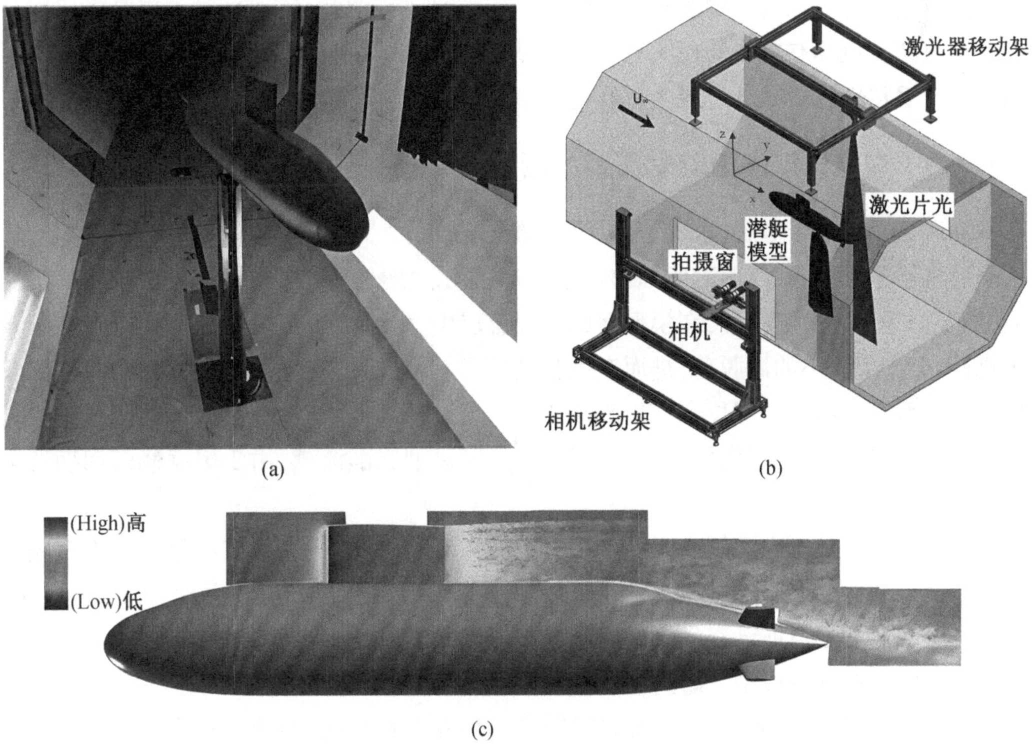

图 1.13　风洞的 PIV 测量[20]

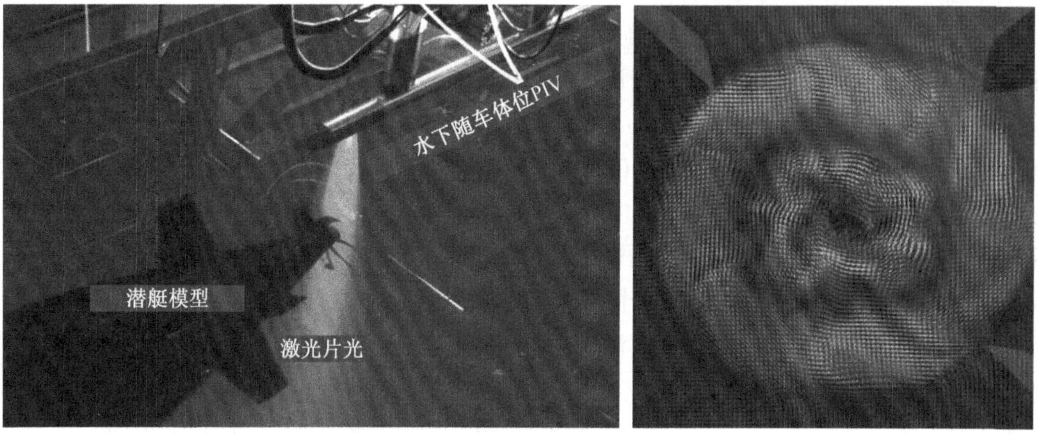

(a)　　(b)

图 1.14　水池的 PIV 测量[21]

目前,在潜艇绕流场的精细化测量方面,主要针对直航或斜航的状态即定常攻角或漂角状态开展。在非定常状态特别是非定常大攻角状态下,潜艇主体和附体势必将产生大量更为复杂的分离涡流,并且存在强烈的耦合作用。这种复杂流场的瞬时精细化测量不但对非定常大攻角状态下水动力构成机理的研究具有重要的科学意义,而且对于提高潜艇隐身性能的预报精度也具有重要的现实意义。可见,采用 PIV 开展潜艇非定常运动状态下艇体及附体分离涡特性的研究已经成为可视化试验方面的必然趋势。

1.3.3　潜艇模型表面脉动压力的测量

脉动压力是相对于稳态(静态)压力而言的,指的是压力不是均匀地作用于物体上,压力大小通常不是稳定的,作用时间通常也不是连续的。潜艇表面的脉动压力按产生的机制不同,主要分为 3 种。第一种,在模型表面的湍流层中,水流由于在时间和空间上存在分布的随机性,会产生较小的涡脱落,进而产生脉动压力。第二种,在主、附体的结合部位,以及模型表面其他有凸出体的部位会产生脉动压力。这一种类似于圆柱绕流,水流绕过障碍物会产生较大的涡旋,进而产生脉动压力。第三种,在模型艉部流域,由于螺旋桨的周期性运动而产生脉动压力。

模型试验测量是研究潜艇表面脉动压力与流噪声的重要手段,目前测量潜艇模型表面脉动压力的方法主要有水洞测量方法(图 1.15)、拖曳模型测量方法和无动力上浮(下沉)测量方法。水洞测量目前已经发展成为技术相对成熟的方法,它是将试验载体或其模型用流线型支架安装在试验段中,保持模型不动而流体流动,从而进行表面脉动压力的测量。

为了减少背景噪声的影响,目前应用较多的是重力式水洞,即预先将水抽到一个高处的水箱中,试验时利用重力让水流通过预先设计好的收缩段进入管道,最后流入地下的蓄水池,消除了电机、泵的噪声干扰。拖曳模型测量方法指在拖曳水池中用一套低噪声的装置拖带模型运动而流体不动的测量方法,这种测量方法对拖车以及轨道提出了很高的要求。无动力上浮(下沉)测量方法指仅依靠重力和浮力作用使模型实现上浮(下沉)运动,并对该过程产生的噪声信号进行测量的一种方法[22]。无动力上浮测量方法与其他测量方法相比最大的优点是没有拖曳系统噪声和推进系统噪声,要是选择环境较好的水库进行试验的话,背景噪声几乎可以达到最小,但是这种方法试验组织难度大、试验周期长。

(a)垂直试验段　　(b)水平试验段

图 1.15　重力式多功能水洞

目前,潜艇模型表面脉动压力试验研究的方向主要集中在测量压力脉动均方根值、频率谱、时-空相关系数谱,测量壁面压力脉动和边界层速度脉动之间的相关性,探究壁面压力模式与边界层相干结构之间的关系等方面。一个完整的压力脉动测试系统包含脉动压力传感器、信号放大器、数据采集仪器、计算机及数据分析软件。其中传感器用于感知压力信号并将其转换成可测量的电信号(电压、电流等)进行输出;信号放大器用于对传感器输出的原始电信号进行滤波降噪、倍数放大处理,以降低外界干扰及方便采集仪器采集;数据采集仪器用于将接收的电信号转换为计算机可识别的数字信号并送给计算机进行处理;在计算机上安装驱动程序及数据分析软件,即可对采集的数据进行处理。

由于脉动压力对于传感器的形式和尺寸较敏感,而且脉动压力具有非常广泛的时间与空间尺度,因此和其他潜艇水动力测量试验相比,表面脉动压力测量具有一定的难度。现有脉动压力测量传感器多为压电式传感器,市场上该类传感器的大部分结构核心元件为压电陶瓷,技术成熟,已广泛应用于空气动力学和水下流噪声的研究。但是,压电式脉动压力传感器的传输损耗大,往往需要配备分体式的电压、电荷放大器,否则无法实现远距离的数据传输;另外对于阵列测量也很难做到信号的串联,对于需要布置多测点的应用环境,往往测量系统庞大。此外,常用的压电式传感器还存在高分辨率与小体积结构之间的矛盾,对于测量系统的布置提出了很高的要求,这些都是未来潜艇模型表面脉动压力测量试验技术需要解决的问题与研究的方向。

参考文献

[1] 马运义,许建. 现代潜艇设计原理与技术[M]. 哈尔滨:哈尔滨工程大学出版社,2012.

[2] BETTLE M C. Unsteady computational fluid dynamics simulations of six degrees-of-freedom submarine manoeuvres[D]. [n. p.]:University of New Brunswick,2006.

[3] HESS D,FU T,CUBBAGE S,et al. Naval maneuvering research and the need for shear stress measurements (invited) [C]//48th AIAA Aerospace Sciences Meeting Including the New Horizons Forum and Aerospace Exposition. Orlando,Florida:AIAA,2010:497.

[4] PABLO M. CFD simulations and experiments of a maneuvering generic submarine and prognosis for simulation of near surface operation [C]//The 31st Symposium on Naval Hydrodynamics ,USA,2016.

[5] QUICK H. Phase I experimental testing of a generic submarine model in the DSTO low speed wind tunnel[R]. Defence Science and Technology Organisation 2012.

[6] OVERPELT B. Free running manoeuvring model tests on a modern generic SSK class Submarine (BB2)[C]. Pacific 2015,Sydney,Australia,2015.

[7] 盛振邦,刘应中. 船舶原理:下册[M]. 上海:上海交通大学出版社,2004.

[8] 胡开业,丁勇,王宏伟. 船舶与海洋工程流体力学试验技术[M]. 哈尔滨:哈尔滨工程大学出版社,2020.

[9] 陈厚泰. 潜艇操纵性[M]. 北京:国防工业出版社,1981.

[10] 郑新军,焦仁山,苏文华,等. 低速高雷诺数风洞腹撑支架干扰研究[J]. 空气动力学学报,2017,35(6):870-874.

[11] FELDMAN J P. Method of performing captive-model experiments to predict the stability and control characteristics of submarines [R]. Naval Surface Warfare Center Carderock Div Bethesda Md Hydromechanics Direct,1995.

[12] WATT G D,BOHLMANN H J. Submarine rising stability:quasi-steady theory and unsteady effects[C]. 25th symposium on naval hydrodynamics,St. John's,2004:6-18.

[13] 苏玉民,庞永杰. 潜艇原理[M]. 哈尔滨:哈尔滨工程大学出版社,2005.

[14] 郭春雨,郤云飞,韩阳,等. 舰船流场试验测试技术研究进展[J]. 中国舰船研究,2022,17(5):103-115.

[15] 施生达. 潜艇操纵性[M]. 北京:国防工业出版社,2021.

[16] 何春荣,赵桥生,马向能. 潜艇大攻角操纵运动预报[J]. 船舶力学,2010,14(4):340-346.

[17] WATT G D. Modelling and simulating unsteady six degrees-of-freedom submarine rising maneuvers[R]. Defence R and D Canada Atlantic Dartmouth,NS,2007.

[18] DOYLE R A. Predicting the transient hydrodynamic loads on submarine hulls in unsteady maneuvers[D]. New Brunswick:University of New Brunswick,2020.

[19] SAEIDINEZHAD A, DEHGHAN A A, DEHGHAN MANSHADI M. Experimental investigation of hydrodynamic characteristics of a submersible vehicle model with a non-axisymmetric nose in pitch maneuver[J]. Ocean Engineering, 2015, 100: 26-34.

[20] FUREBY C, ANDERSON B, CLARKE D, et al. Experimental and numerical study of a generic conventional submarine at 10° yaw[J]. Ocean Engineering, 2016, 116: 1-20.

[21] DI FELICE F, PEREIRA F. Developments and applications of PIV in naval hydrodynamics [M]. Berlin, Heidelberg: Springer Berlin Heidelberg, 2008.

[22] KUDASHEV E B, KOLYSHNITSYN V A, MARSHOV V P, et al. Experimental simulation of hydrodynamic flow noises in an autonomous marine laboratory[J]. Acoustical Physics, 2013, 59(2): 187-196.

第 2 章 关键测试仪器与低速风洞

潜艇水动力模型试验的内容丰富，常规试验主要测试物理量，可以分为拘束模型的力与力矩的测量，伴流速度场与表面压力分布特性的测量，自由自航模型的姿态、速度和位移的测量等几个方面。主要试验设施与设备有拖曳水池、水平型循环水槽、低速风洞、平面运动机构、旋臂水池、操纵性与耐波性水池、自由自航模型系统等。

本章首先介绍潜艇水动力性能模型试验所涉及的杆式应变天平、光纤罗经和流速测量仪器等具有独立功能的关键仪器的基本使用原理。在典型的试验设备方面，关于拖曳水池、水平型循环水槽、操纵性与耐波性水池的设备性能已有多部关于水面船舶试验技术的专著进行了详细介绍，本书不再重复。因此，本章在试验设备方面只重点介绍与潜艇水动力学研究密切相关的低速风洞设备的基本性能。

关于潜艇水动力模型试验所涉及的其他专用测试仪器如螺旋桨动力仪、水下自航动力仪等和其他专用试验设备如平面运动机构、旋臂水池、自由自航模型系统等，将在后续讲述试验技术的章节中结合具体试验项目的测试原理与方法进行介绍。

2.1 杆式应变天平

测力天平是潜艇快速性、操纵性等拘束模型试验中最重要的测量仪器，用于测量作用在模型上的水动力载荷或空气动力载荷的大小、方向与作用点。潜艇测力性质的试验既有定常性质的，如位置力的测量，也有非定常性质的，如平面运动机构的简谐运动试验。现阶段开展拖曳水池操纵性试验时，定常测量试验与非定常测量试验通常用同一个模型在同一台平面运动机构设备上一并测试完成，这就要求测力天平不但应具有较高的精度与准度，还应具有较高的固有频率，以能够同时满足定常测力与非定常测力试验的需求。此外，在潜艇拘束模型的测力试验中，很多情况下会需要同步测量分别作用于模型主体与附体的流体动力载荷情况，如在快速性中的强迫自航试验中，需要同步测量模型的阻力和螺旋桨的推力、扭矩，这就需要多台天平进行组合；还会需要同步测量模型的受力和其他相关物理量，这就需要天平的输出信号具有较好的可融合性。因此，为提高试验效率与测量的自动化水平，现阶段潜艇模型的测力天平一般选用具有较高精准度并具有较强适应性的应变天平。

应变天平是一种单分量或多分量的测力传感器，主要类型有杆式、盒式、轮辐式、环式与片式，其中能够同时较好地适用于潜艇模型水池试验和风洞试验且能够方便实施可靠水密封的是杆式应变天平。

应变天平属于专业集成度较高的精密仪器。本节不讲述应变天平的设计方法，仅从应变天平的测量原理，杆式应变天平的典型结构和力(矩)的分解原理、静态校准、水密封方法等几个方面对潜艇水动力模型试验所用的杆式应变天平做简单介绍，以便读者能够在实际的试验工作中正确使用和维护好测力天平这一重要仪器。

2.1.1　应变天平的测量原理[1]

在进行定常测力试验时，应变天平承受作用在模型上的流体动力载荷，并且把载荷传递到支撑系统上。天平元件在载荷作用下产生变形，其应变与外力大小成正比。粘贴在天平元件表面的应变计也同时产生变形，使其阻值发生变化，有一个增量。由应变计组成的惠斯通电桥(Wheatstone bridge)测量电路把电阻增量转换成电压增量信号，该电压增量与应变天平所承受的载荷值满足一定的数量关系。将电压增量信号通过模数转换(aralog to digital conversion，A/D 转换)后，输入到计算机上进行处理，即可得到作用在模型上的力和力矩，其转换过程如图 2.1 所示。

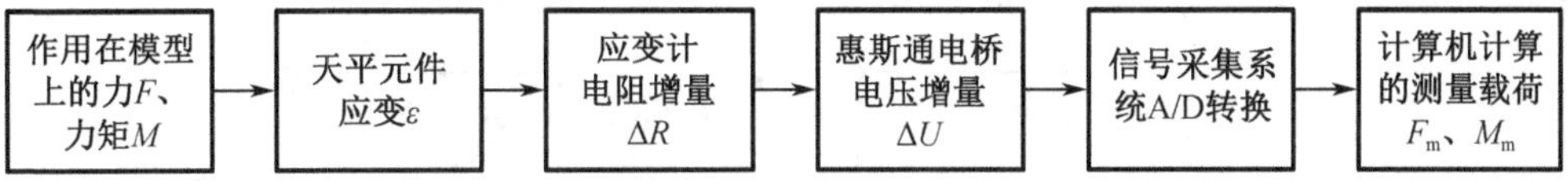

图 2.1　模型受力与力矩转换过程

下面以测量最基本的悬臂梁元件的受力和力矩为例进行说明。

1. 悬臂梁元件的应变

如图 2.2 所示，悬臂梁元件端部在力 F 或力矩 M 的作用下，梁的上表面产生拉伸应变(拉应变方向以正号“+”表示)，下表面产生压缩应变(压缩应变方向以负号“-”表示)。由材料力学相关知识可知：当应变在悬臂梁的弹性限度内时，应变 ε 与力 F 或力矩 M 的大小成正比，即

$$\varepsilon_F = \frac{Fl}{EW} \tag{2-1}$$

$$\varepsilon_M = \frac{M}{EW} \tag{2-2}$$

式(2-1)和(2-2)中，l 为悬臂梁元件长度；E 为材料的弹性模量；W 为材料的抗弯截面系数。

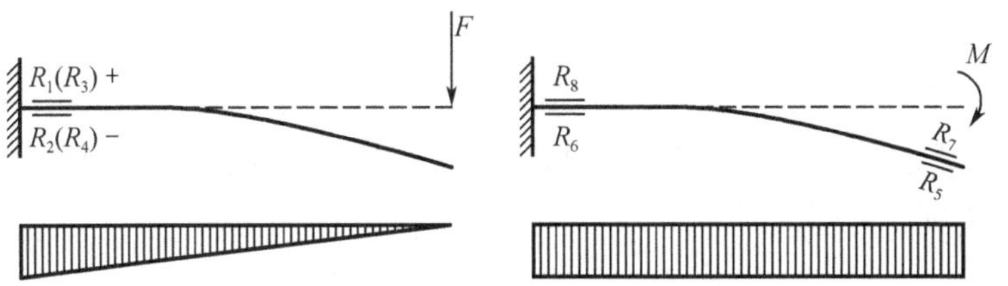

图 2.2　悬臂梁元件受力示意图

2. 应变计电桥电压增量

在力 F 或力矩 M 的作用下，悬臂梁元件表面所产生的应变通过图 2.2 所示的应变计转换为电阻增量。悬臂梁元件在力 F 的作用下，元件根部的上、下表面产生的应变最大，因此，应变计应靠近元件根部粘贴；在力矩 M 的作用下，元件从根部到端部的上、下表面所产生的应变大小相等，因此，应变计可粘贴在元件上、下表面上的任何位置。根据应变计的工作原理，电阻增量为

$$\Delta R = K\varepsilon R \tag{2-3}$$

式中，K 为应变计灵敏度系数；R 为应变计电阻。

由于 K 和 R 对于选定的应变计而言是定值，所以 ΔR 和 ε 成正比。

天平元件的测量电桥，一般选用桥臂阻值相等的全桥测量。如图 2.3(a)所示，将粘贴在元件根部上、下表面的 R_1、R_2、R_3 和 R_4（阻值均为 R）四片应变计按对臂同性组成测量力 F 的惠斯通电桥。图 2.3 中，U 为供桥电压，ΔU 为电桥输出的电压信号。

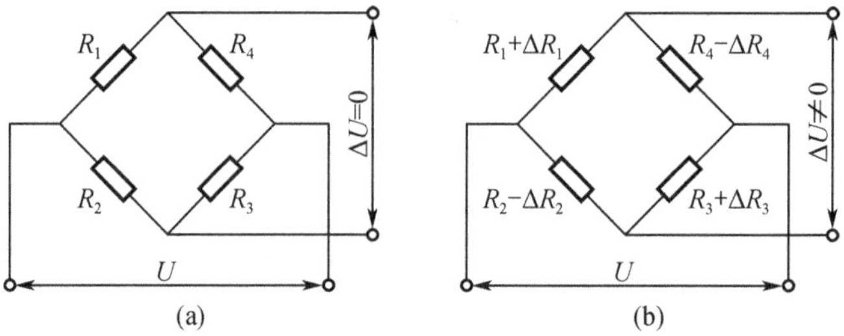

图 2.3 惠斯通电桥测量悬臂梁端受集中力情况

根据电路原理，得

$$\Delta U = \frac{R_1R_3 - R_2R_4}{(R_1 + R_4)(R_2 + R_3)}U \tag{2-4}$$

当电桥的输出电压 $\Delta U=0$ 时，电桥处于平衡状态。因此，电桥的平衡条件是

$$R_1R_3 = R_2R_4 \tag{2-5}$$

当电桥两个相对桥臂阻值乘积相等时，电桥处于平衡状态。若悬臂梁在力 F 的作用下产生弯曲变形，则各桥臂应变计产生增量 ΔR[图 2.3(b)]，这时电桥将失去平衡。由于 $R_1=R_2=R_3=R_4=R$，$|\Delta R_1|=|\Delta R_2|=|\Delta R_3|=|\Delta R_4|=\Delta R$，所以式(2-4)经化简后可写成

$$\Delta U = \frac{\Delta R}{R}U \tag{2-6}$$

上述即基本元件的惠斯通全桥电路测量模式，目前应变天平大多采用全桥测量电路，其原因是全桥测量无非线性误差，可以提高电压输出信号灵敏度，降低天平各分量间的相互干扰，并具有温度自补偿效果。

2.1.2 杆式应变天平典型结构形式与力(矩)的分解

目前，对于精准度要求较高的应变天平，其技术指标按照《风洞应变天平规范》[2] 的要求进行设计。图 2.4 在一台典型的杆式六分量应变天平的测力中心处绘出了通用的体轴系

坐标系 $Ox_by_bz_b$。

在进行定常测力试验时，应变天平可以在体轴系中同时输出作用在模型上的流体动力载荷，即图 2.4 中所示的 3 个力与 3 个力矩，按风洞试验的习惯分别称为法向力 Y_b、轴向力 X_b、横向力 Z_b、俯仰力矩 M_z、偏航力矩 M_y 和滚转力矩 M_x。

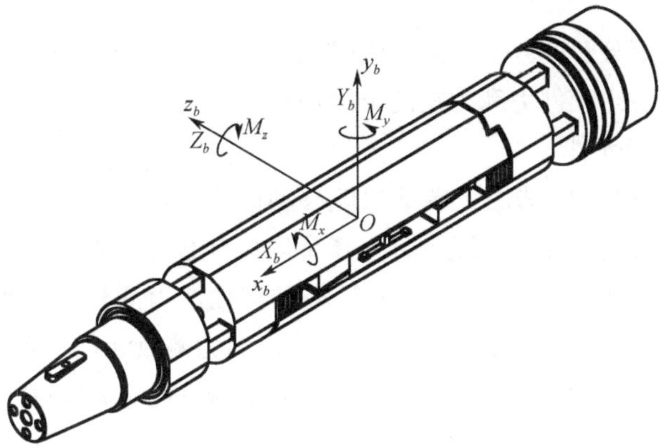

图 2.4　杆式六分量应变天平的通用坐标系

1. 杆式六分量应变天平的典型结构形式

如图 2.5 所示，典型杆式六分量应变天平由模型端、天平测量元件与天平支杆端等部件组成。天平模型端与模型相连接，天平支杆端与支杆相连接。一般在杆式应变天平中间设置轴向力元件，在杆式应变天平设计中心前后对称设置测量法向力、横向力、俯仰力矩与滚转力矩的四梁柱型组合元件。

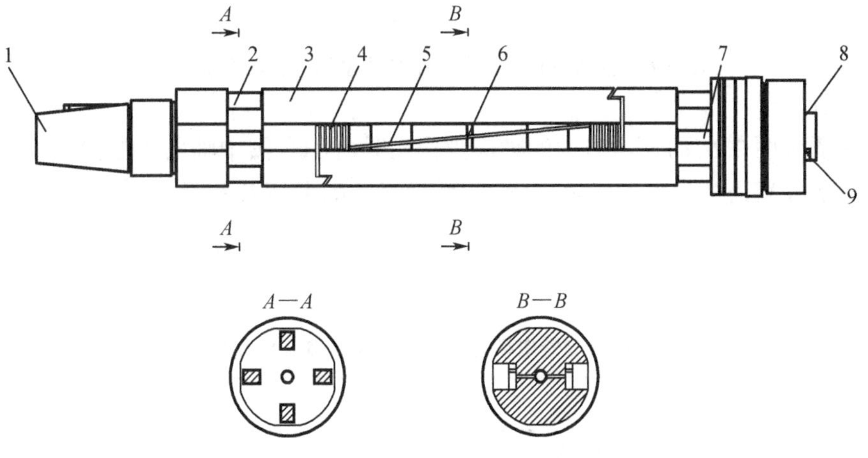

1—模型端；2—前四梁柱；3—轴向力元件；4—支撑片；5—斜槽；
6—轴向力测量元件；7—后四梁柱；8—支杆端；9—定位销。

图 2.5　典型杆式六分量应变天平的结构形式

一般来说，杆式应变天平用斜槽将天平分成两个框体，使天平元件受载荷作用后产生变形。轴向力元件的测量元件与支撑片将天平两个框体连接起来，组成四边形机构，将作用在模型上的流体动力载荷由天平模型端传到天平各测量元件后,再通过天平支杆端传到模型支撑装置上。天平与模型一般采用锥面连接,天平与支杆可以采用锥面连接,也可以采用定位销加螺栓的方式连接。

2. 杆式六分量应变天平力和力矩的分解原理[1]

应变天平力和力矩分解的3个要素是天平元件、应变计粘贴位置和测量电桥。下面分别介绍杆式应变天平各组元件力和力矩的分解原理。

(1)轴向力 X_b 测量元件

轴向力 X_b 测量元件一般选用上端部只能移动而不能转动的竖直梁式元件,在轴向力 X_b 作用下产生双弯曲变形(又称S形变形),其简化受力形式如图2.6(a)所示。

如图2.6(b)和(c)所示,应变计尽量靠近粘贴在轴向力测量元件承受的最大弯矩处,并组成轴向力 X_b 测量电桥,如图2.6(d)所示。当轴向力测量元件不受轴向力作用时,桥臂应变计阻值均相等,根据电桥平衡条件可知:$(R_1+R_2)(R_5+R_6)-(R_3+R_4)(R_7+R_8)=0$,这时电桥没有输出,$\Delta U=0$。

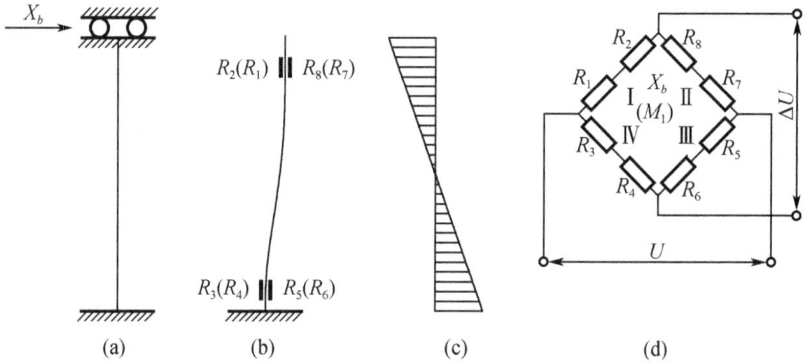

图2.6　轴向力元件应变计粘贴位置和测量电桥组成

当天平受到图2.6(a)所示方向的轴向力作用时(注意:图中轴向力方向与天平坐标系方向相反),各桥臂应变计阻值发生变化,产生增量 ΔR,其正负符号如表2.1所示,轴向力 X_b 测量电桥输出为 $\Delta U=-\dfrac{\Delta R}{R}U$。

表2.1　轴向力测量电桥各应变计理论阻值变化及输出信号

载荷	电桥桥臂								ΔU
	Ⅰ		Ⅱ		Ⅲ		Ⅳ		
	ΔR_1	ΔR_2	ΔR_3	ΔR_4	ΔR_5	ΔR_6	ΔR_7	ΔR_8	
X_b	−	−	+	+	−	−	+	+	$-U\cdot\Delta R/R$
Y_b	+	+	+	+	+	+	+	+	0
M_z	0	0	0	0	0	0	0	0	0

表 2.1(续)

载荷	电桥桥臂								ΔU
	Ⅰ		Ⅱ		Ⅲ		Ⅳ		
	ΔR_1	ΔR_2	ΔR_3	ΔR_4	ΔR_5	ΔR_6	ΔR_7	ΔR_8	
Z_b	0	0	0	0	0	0	0	0	0
M_y	0	0	0	0	0	0	0	0	0
M_x	+	−	−	+	−	+	+	−	0

轴向力元件在其他 5 个分量载荷作用下的受力情况示意图如 2.7 所示。

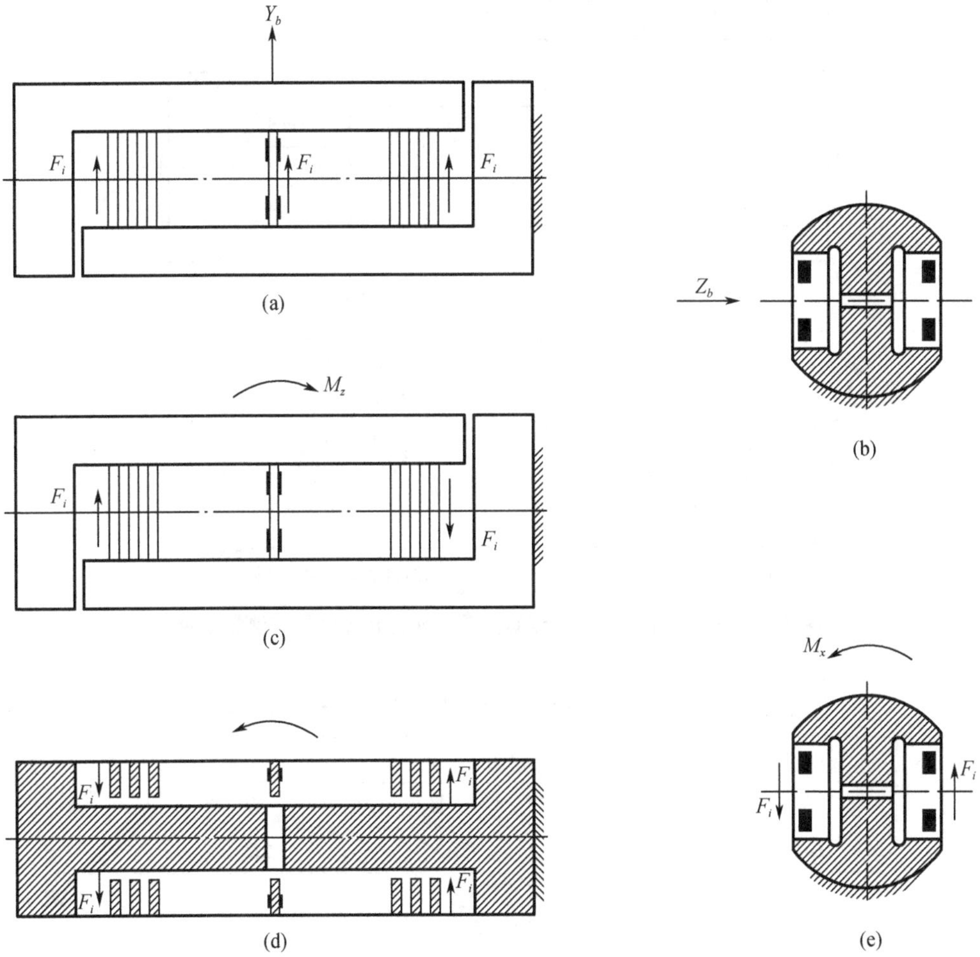

图 2.7　轴向力元件在其他 5 个分量载荷作用下的受力情况示意图

其中受法向力 Y_b 作用时,轴向力测量元件被拉伸（$Y_b=\sum F_i$）；在俯仰力矩 M_z 作用下,力 $F=M_z/L$ 由轴向力测量元件的支撑片承受;在横向力 Z_b 作用下,轴向力测量元件受横向力的作用将产生 S 形变形,若测量元件选用等截面竖直梁[图 2.7(c)]且应变计精准地按小梁中心线对称粘贴，则 $\Delta R=0$；在偏航力矩 M_y 作用下，由于轴向力测量元件在天平横向对称面内，理论上 $\Delta R=0$；在如图 2.7(e)所示的滚转力矩 M_x 作用下，轴向力测量元件的两个梁分别受等值力的拉压作用，电桥理论上也没有输出。

(2)法向力 Y_b 和俯仰力矩 M_z 测量元件

法向力和俯仰力矩共用一套测量元件，对称地布置在阻力元件两端的四梁柱中的上下对称的两梁上。其在力或力矩的作用下，均可简化成一个悬臂梁。测量法向力的应变计选在测量元件的外侧组成法向力 Y_b 的测量电桥，测量俯仰力矩的应变计选在测量元件的内侧组成法向力 M_z 的测量电桥，如图 2.8 所示。法向力、俯仰力矩测量电桥在各分量载荷作用下应变计阻值变化及输出信号分别如表 2.2 与表 2.3 所示。

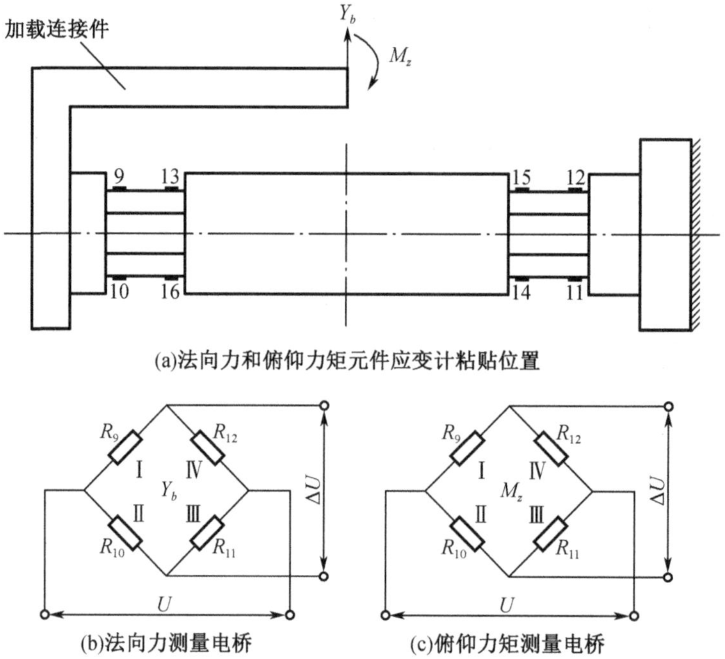

图 2.8　法向力和俯仰力矩测量元件应变计粘贴位置和测量电桥

表 2.2　法向力测量电桥各应变计理论阻值变化及输出信号

载荷	电桥桥臂				ΔU
	Ⅰ	Ⅱ	Ⅲ	Ⅳ	
	ΔR_9	ΔR_{10}	ΔR_{11}	ΔR_{12}	
Y_b	+	−	+	−	$U\cdot\Delta R/R$
M_z	−	+	+	−	0
Z_b	0	0	0	0	0
M_y	0	0	0	0	0
M_x	0	0	0	0	0
X_b	−	−	−	−	0

表 2.3　俯仰力矩测量电桥各应变计理论阻值变化及输出信号

载荷	电桥桥臂				ΔU
	Ⅰ	Ⅱ	Ⅲ	Ⅳ	
	ΔR_{13}	ΔR_{14}	ΔR_{15}	ΔR_{16}	
M_z	−	+	−	+	$-U \cdot \Delta R/R$
Y_b	+	+	−	−	0
Z_b	0	0	0	0	0
M_y	0	0	0	0	0
M_x	0	0	0	0	0
X_b	−	−	−	−	0

(3)横向力 Z_b 和偏航力矩 M_y 测量元件

与垂直面的测量类似,横向力和偏航力矩也共用一套测量元件,对称地布置在阻力元件两端的四梁柱中的左右对称的二梁上。测量横向力、偏航力矩的应变计的粘贴位置与测量电桥如图 2.9 所示。横向力、偏航力矩测量电桥在各分量载荷作用下应变计阻值变化及输出信号分别如表 2.4 与 2.5 所示。

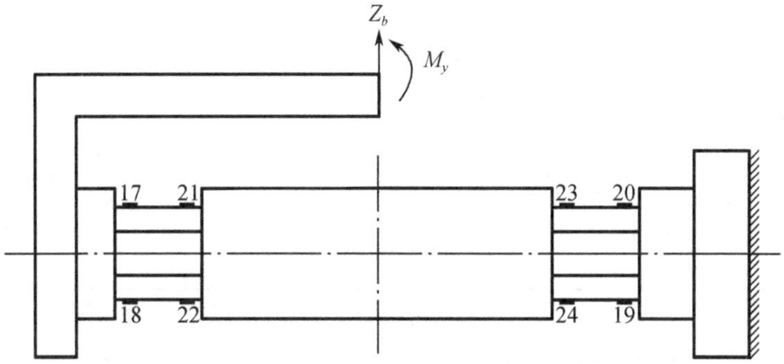

(a)横向力和偏航力矩元件应变计粘贴位置

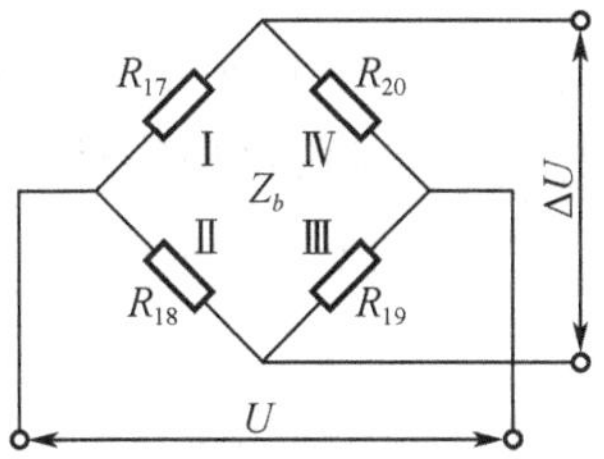

(b)横向力测量电桥

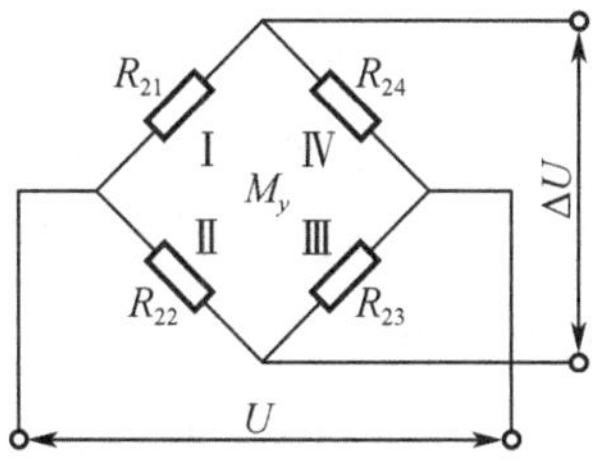

(c)偏航力矩测量电桥

图 2.9　横向力和偏航力矩元件应变计的粘贴位置和测量电桥

表 2.4　横向力测量电桥各应变计理论阻值变化及输出信号

载荷	电桥桥臂				ΔU
	Ⅰ	Ⅱ	Ⅲ	Ⅳ	
	ΔR_{17}	ΔR_{18}	ΔR_{19}	ΔR_{20}	
Z_b	+	-	+	-	$U \cdot \Delta R/R$
M_y	+	-	-	+	0
Y_b	0	0	0	0	0
M_z	0	0	0	0	0
M_x	0	0	0	0	0
X_b	-	-	-	-	0

表 2.5　偏航力矩测量电桥各应变计理论阻值变化及输出信号

载荷	电桥桥臂				ΔU
	Ⅰ	Ⅱ	Ⅲ	Ⅳ	
	ΔR_{21}	ΔR_{22}	ΔR_{23}	ΔR_{24}	
M_y	+	-	+	-	$U \cdot \Delta R/R$
Z_b	+	-	-	+	0
Y_b	0	0	0	0	0
M_z	0	0	0	0	0
M_x	0	0	0	0	0
X_b	-	-	-	-	0

为在相同的应变下增大信号的输出，目前对于四梁柱测量单元多采用联合组桥的测量方式，即前后测量元件上的应变计分别组成测量电桥，通过数学计算求得实际力和力矩的电压增量。如对于法向力、俯仰力矩的测量，可以按图 2.10 组成 M_2、M_3 两个电桥，而对于横向力、偏航力矩的测量，可按图 2.11 组成 M_5、M_6 两个电桥，这种编号原则将 M_1 和 M_4 两个编号留给了仍使用单独组桥测量方式的轴向力测量元件（M_1）和后续介绍的滚转力矩测量元件（M_4），已经成为通用的习惯。

由图 2.10 结合表 2.2 及表 2.3 可知：当测量元件分别受到法向力和俯仰力矩作用时，法向力电压增量 $\Delta U_{Y_b}=\Delta U_{M_3}-\Delta U_{M_2}=-2U\Delta R/R$，俯仰力矩电压增量 $\Delta U_{M_z}=\Delta U_{M_3}+\Delta U_{M_2}=-2U\Delta R/R$；由图 2.11 结合表 2.4 及表 2.5 可知：当测量元件分别受到横向力和偏航力矩作用时，横向力电压增量 $\Delta U_{Z_b}=\Delta U_{M_5}-\Delta U_{M_6}=2U\Delta R/R$，偏航力矩电压增量 $\Delta U_{M_y}=\Delta U_{M_5}+\Delta U_{M_6}=2U\Delta R/R$。可见，联合组桥测量时，力和力矩输出信号的大小成倍增大。

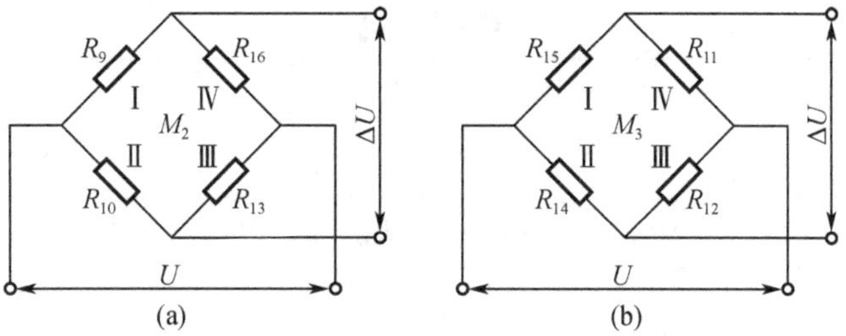

图 2.10　对于法向力、俯仰力矩联合组桥测量模式

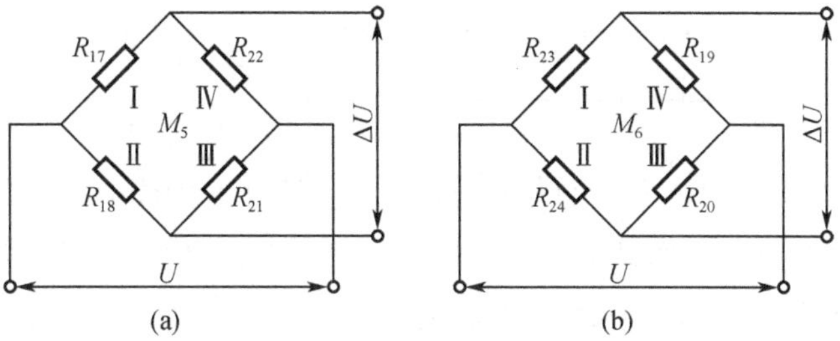

图 2.11　对于横向力、偏航力矩联合组桥测量模式

(4)滚转力矩 M_x 测量元件

滚转力矩测量元件与横向力、偏航力矩元件为同一组小梁。在滚转力矩作用下，前后小梁受弯扭组合作用。力 F 为小梁受滚转力矩 M_x 作用时产生的弯曲力。根据力 F 对小梁作用产生的变形选择应变计粘贴位置并组成滚转力矩测量电桥，如 2.12 所示，滚转力矩测量元件在各分量载荷作用下应变计阻值变化及输出信号如表 2.6 所示。

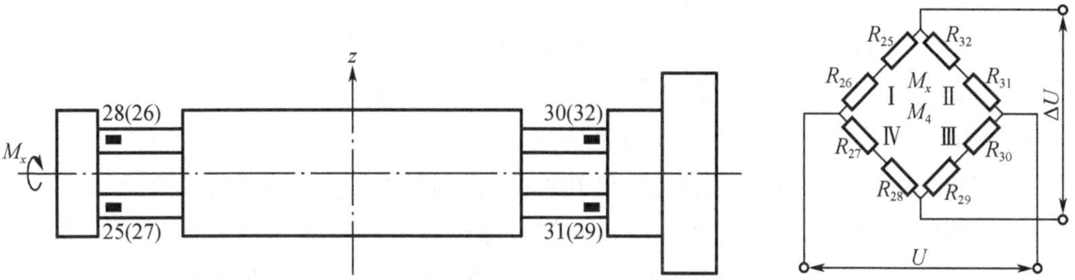

(a)滚转力矩元件应变计粘贴位置　　(b)滚转力矩测量电桥

图 2.12　滚转力矩元件应变计粘贴位置和测量电桥组成

表 2.6　滚转力矩测量电桥各应变计理论阻值变化及输出信号

载荷	电桥桥臂								ΔU
	Ⅰ		Ⅱ		Ⅲ		Ⅳ		
	ΔR_{25}	ΔR_{26}	ΔR_{27}	ΔR_{28}	ΔR_{29}	ΔR_{30}	ΔR_{31}	ΔR_{32}	
M_x	+	+	−	−	+	+	−	−	$U\cdot\Delta R/R$
Y_b	+	−	−	+	+	−	−	+	0

表 2.6(续)

载荷	电桥桥臂								ΔU
	Ⅰ		Ⅱ		Ⅲ		Ⅳ		
	ΔR_{25}	ΔR_{26}	ΔR_{27}	ΔR_{28}	ΔR_{29}	ΔR_{30}	ΔR_{31}	ΔR_{32}	
M_z	−	+	+	−	+	−	−	+	0
Z_b	0	0	0	0	0	0	0	0	0
M_y	+	−	+	−	+	−	+	−	0
X_b	−	−	−	−	−	−	−	−	0

通过对杆式应变天平力和力矩的分解,从表 2.1~表 2.6 中能够得出各测量元件只对本身所测量的分量有信号输出,而其他分量对该分量的干扰输出等于零的结论。

实际上,由于对力和力矩作用形式的简化、天平支撑部分的刚度假设、天平加工误差和应变计粘贴位置不准确等因素的影响,尽管测量分量为输出的主项,但在所测量分量的元件上还是会有各非测量分量干扰载荷的作用,非测量分量的电桥输出信号不可能等于零。因此,应变天平在完成设计、加工、应变计的粘贴和测量线路的连接等工作后,在用于试验之前,必须进行校准。

2.1.3 杆式应变天平的静态校准

天平校准就是模拟天平的实际工作状态(包括受载情况和环境常温变化)对天平进行标定,鉴定天平的性能,为天平的使用提供必要的技术数据。按校准时对天平施加的载荷性质的不同,天平校准可分为静态校准(静校)和动态校准(动校)。动态校准一般通过风洞标准模型试验开展,鉴于潜艇目前所用水动力表达构型的准定常特性,现阶段用于潜艇模型试验的应变天平仍以试验前的静态校准为主。

静态校准是在天平校准设备上,按已知的坐标系模拟天平在试验时的受力状态,对天平精确地施加静态载荷,求得天平各分量的信号输出与校准载荷之间的变化关系,即天平校准公式,以便在试验中根据天平各分量的信号输出,求得作用在模型上的流体动力载荷。另外,计算天平静校精度、准度与不确定度,给出天平弹性角修正公式,确定必要的温度补偿电路,也是天平静校时的工作内容。

现阶段对天平静校时,已经广泛采用体轴系校准设备。天平受载后产生变形,会使施加载荷的方向与天平体轴系不一致,所谓体轴系校准设备是指具备自动调整系统,以保证施加加载的方向始终与天平体轴系一致的专用设备。目前,天平的校准一般采用能更真实地模拟天平工作状态的混合多元校准方法,这就要求校准设备能同时对各分量精准施加载荷。

图 2.13 是中国航空工业集团公司哈尔滨空气动力研究所最新建造的 BACS3000 高精度体轴复位式应变天平校准台及其自动加载系统,其校准能力和精准度已达到国际先进水平。

(a) 设备全景

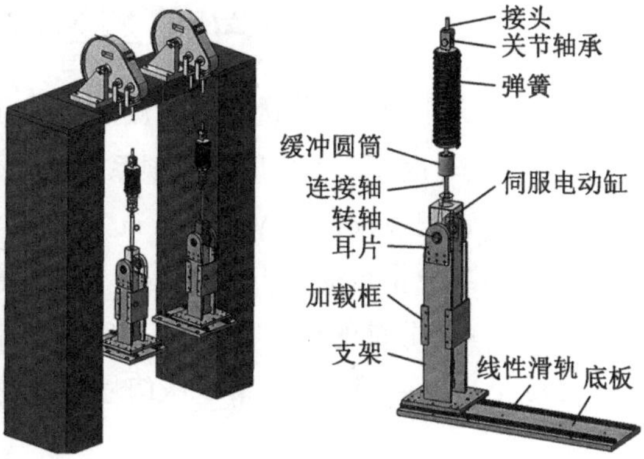

(b) 自动加载系统

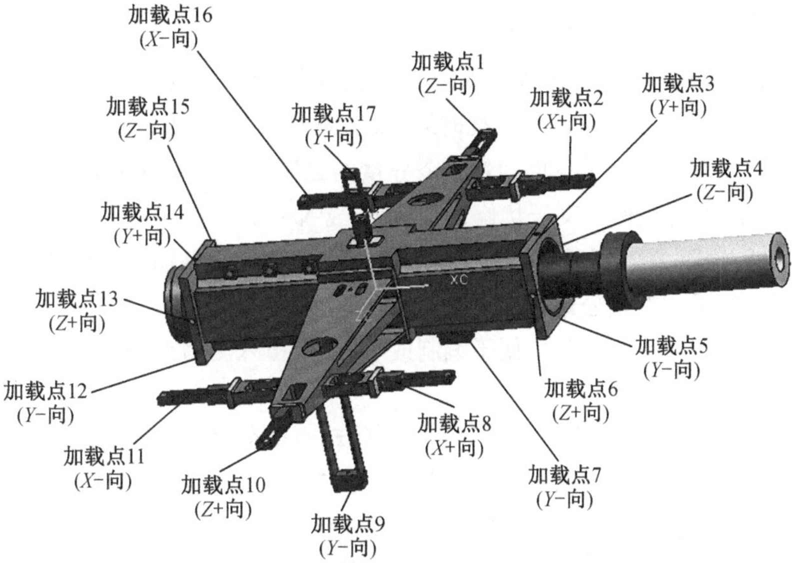

(c) 天平加载架

图 2.13　BACS3000 高精度体轴复位式应变天平校准台及其自动加载系统

该校准台由钢架系统、复位系统、自动加载系统、传力系统以及光学测量与天平辅助测试设备等组成。其中复位系统与自动加载系统是该校准台的重要组成部分。复位系统在天平校准过程中，通过六自由度平台使加载架始终与天平坐标系重合，消除形变量的影响。自动加载系统是施加天平预定校准载荷的装置，并且在校准过程中始终调整加载值，消除由复位引起的加载值的改变，该装置主要由伺服电机、伺服电动缸、加载缓冲器和线性滑轨等组成。传力系统通过钢带将加载系统产生的载荷作用在天平的加载架上，加载架上共配置了 17 个加载点，每个加载点均对应一个自动加载系统，可在 20 h 以内实现 144 个点的多元混合加载，在光学测量与辅助设备的配合下完成天平定位安装，通过各系统的配合工作实现天平高精度校准。

利用混合多元加载数据，采用逐步回归分析方法，可以得到不考虑一次非对称干扰项与三次立方干扰项时天平的显式公式(2-7)和隐式公式(2-8)[2]：

$$F_i = \sum_{j=1}^{6} a_i^j \Delta U_j + \sum_{j=1}^{6} \sum_{k=j}^{6} c_i^{jk} \Delta U_j \Delta U_k \quad (i = 1,2\cdots,6) \tag{2-7}$$

式中 F_i——天平第 i 个分量的载荷测量值,N 或 N · m;

a_i^j——$i=j$ 时第 i 个分量的主项系数和 $i \neq j$ 时其他分量载荷对第 i 个分量的一阶干扰修正系数,N/μV 或 N · m/μV;

c_i^{jk}——各分量载荷在 $j=k$ 时对第 i 个分量的二阶平方项干扰修正系数和 $j \neq k$ 时对第 i 个分量的交叉干扰修正系数,N/μV^2 或 N · m/μV^2;

ΔU_j、ΔU_k——第 i、k 分量电压信号输出的增量值,μV。

$$F_i = A_i \Delta U_i + \sum_{6} B_i^j P_j + \sum_{j=1}^{6} \sum_{k=j}^{6} C_i^{jk} P_j P_k \quad (i = 1,2\cdots,6) \tag{2-8}$$

式中 A_i——第 i 个分量的主项系数,N/μV 或 N · m/μV;

B_i^j——其他分量载荷第 i 个分量的一阶干扰修正系数,N 或 N · m;

P_j、P_k——对第 i 个分量产生干扰的第 j、k 分量载荷,N 或 N · m;

C_i^{jk}——各分量载荷在 $j=k$ 时对第 i 个分量的二阶平方项干扰修正系数和 $j \neq k$ 时对第 i 个分量的交叉干扰修正系数,N 或 N · m。

当采用显式公式(2-7)计算载荷时,直接将天平各测量元件输出的电压增量分别代入公式计算即可。当采用隐式公式(2-8)计算载荷时,需要进行迭代计算,一般迭代 6~7 次即可满足工程使用精度。隐式公式便于编制成子程序,植入测力或平面运动机构试验数据处理主程序中。

在进行风洞测力试验时,作用在模型上的空气动力载荷会使天平及其支撑机构产生弹性变形,因此,模型的实际姿态角与风洞变角机构指示的角度会有微小差别,需要进行弹性角修正。为此,可在天平静校时测量弹性角随载荷的变化关系,即弹性角修正系数。现阶段假设不同分量载荷引起的弹性角可线性叠加,对于杆式六分量应变天平,与潜艇模型测力试验相关的弹性角计算的一般公式为

$$\begin{cases} \Delta\alpha = K_\alpha^{Y_b} Y_b - K_\alpha^{M_z} M_z \\ \Delta\beta = K_\beta^{M_y} M_y - K_\beta^{Z_b} Z_b \end{cases} \tag{2-9}$$

式中 $\Delta\alpha$、$\Delta\beta$——模型受力后引起的攻角和漂角增量;

$K_\alpha^{Y_b}$、$K_\alpha^{M_z}$、$K_\beta^{M_y}$、$K_\beta^{Z_b}$——弹性角修正系数,表示单位载荷所引起的弹性角变化。

在进行试验数据处理时,按式(2-9)计算出攻角和漂角增量后,对名义支撑攻角或漂角进行修正。

2.1.4 杆式应变天平的水密封方法

当在拖曳水池、水平型循环水槽等水下环境中开展潜艇水下快速性和操纵性拘束模型试验时,为减小支杆干扰造成的测量误差,一般采用内置天平,此时即需要所用天平具有可靠的水密性。由于天平元件尺寸的限制,不可能使用防水应变计,因此,只能在设计天平结构时采用必要的密封措施,并且所用的水密封方案应尽量降低对天平测量精度的影响。

由图 2.5 可知,杆式应变天平测量元件的布局为纵向展开,几乎占据了天平绝大部分的纵向空间,因此简洁可行的水密封方案为套筒式密封,图 2.14 给出了经过多次实际试验验证的、切实可行的一种套筒式水密封方案的示意图。

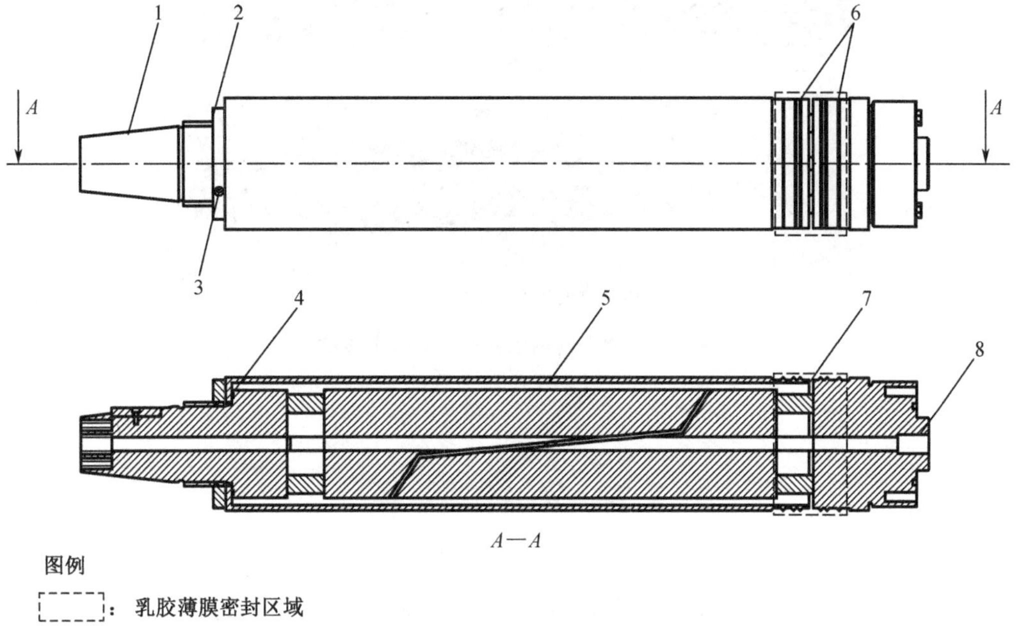

1—天平模型端;2—锁紧螺母;3—防松顶丝;4—O 形密封圈;
5—水密封套筒;6—密封薄膜支撑凸起;7—伸缩缝;8—水密接插件连接螺纹孔。

图 2.14　杆式六分量应变天平典型水密封方案示意图

由图 2.14 可见,天平结构设计时,在前端轴肩面布置 O 形密封圈沟槽。薄壁不锈钢水密封套筒 5 通过锁紧螺母 2 旋紧挤压 O 形密封圈 4;O 形密封圈 4 变形到位后,对称安装防松顶丝 3,从而实现天平前端的水密封。在设计水密封套筒 5 的尾端及天平模型端 1 的圆台表面时布置若干道环向突起,两者之间按天平最大变形量并适当增加余量留有伸缩缝 7。在进行艉端密封作业时,将具有良好伸缩性、长度适当的乳胶薄膜管小心地套在图 2.14 所示的密封区域。套好乳胶薄膜管后,首先使用具有一定伸缩性的自粘橡胶防水绝缘胶带在伸缩缝 7 的两端进行环向缠绕密封,形成均匀缠绕层后,再使用普通型防水绝缘胶带进行保护性封装。对于天平的出线端,可采用多芯水密接插件或常规的穿壁孔密封方式。当采用多芯水密接插件方式时,在天平尾端按接插件规格设计水密接插件连接螺纹孔 8 即可。图 2.15(a)给出了水密封后的杆式应变天平实物。

该密封方案实施较为方便,并且天平在使用范围内受载后,水密封套筒、密封薄膜均不与天平的测量元件接触,水密封套筒自重、装配应力仅对天平的零点电压输出产生较小影响,但是试验测量的是模型有无水动力载荷作用时,天平各分量的电压增量信号,水密封对零点的影响可通过模型零状态下的测试数据扣除。此外,类似密封方案还同样适用于较小尺度的杆式天平的水密封,如图 2.15(b)所示,采用双套筒结合乳胶薄膜的密封方式,实现了水下快速性试验中测量螺旋桨推力、扭矩所用的二分量天平的水密封。

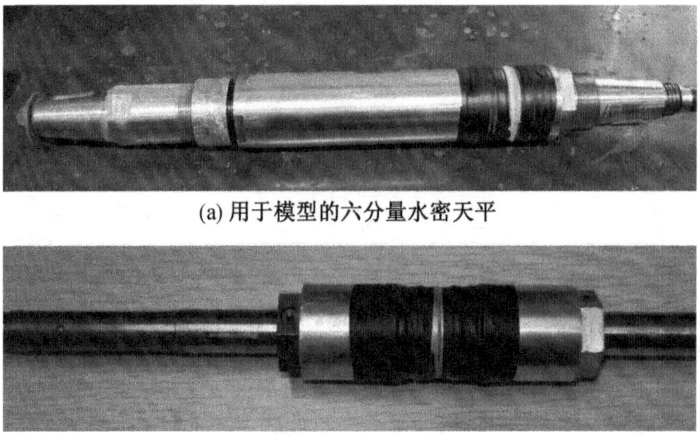

(a) 用于模型的六分量水密天平

(b) 用于螺旋桨的二分量水密天平

图 2.15　水密封后的杆式应变天平实物

2.2　光 纤 罗 经

模型的姿态角、速度和位移是潜艇自由自航模型试验中非常重要的测量物理量。模型的姿态角可以采用多种类型的陀螺仪或光学仪器测量。对于模型速度和位移的测量，现阶段主要有光学仪器测量、水声定位和惯性导航定位 3 种测量方案。可用于潜艇模型水下试验的光学仪器主要为由多个水下高速摄像机组成的测量系统，其可测量的空间范围与精度受到摄像头的数量、布置方式与标定经验水平的限制。水声定位系统一般由模型上安装的水声发射器和多个水声接收器组成，水声定位系统的精度受到水温、水声发射源功率及水声接收位置的显著影响。光学和水声的测量方法均属于外测系统模式，设备所需投资相对较大。

光纤罗经(fiber optic gyro compass，FOG Compass)是光纤陀螺仪型捷联式惯性导航仪的通俗称谓。相较于传统的电罗经和磁罗经，光纤罗经具有更高的精度、更好的稳定性和更强的抗干扰能力，其外形尺寸和仪器质量能够满足小型自航模型的使用需求，仪器成本也相对较低，是目前短时测量潜艇自航模型位姿参数综合性能最优的测试仪器。

惯性导航是一门理论性很强的专业技术，本节不涉及导航算法的具体实现过程，仅从捷联式惯性导航基本原理、光纤陀螺仪和加速度计的测量原理等方面对光纤罗经做一个简单介绍，旨在使读者在实际的试验工作中能够正确选型和使用光纤罗经这一重要仪器。

2.2.1　捷联式惯性导航基本原理[3]

1. 主要坐标系

在研究载体的运动时，需要建立参考坐标系。惯性导航常用的坐标系主要有惯性坐标系、地球坐标系、当地导航坐标系和载体坐标系。

(1)惯性坐标系(简称 i 系)

由于宇宙间的一切物体,包括空间都在运动,因此,绝对不动的或做等速直线运动的惯性空间是不存在的,要采用惯性坐标系来表示适用于牛顿定律的惯性空间,只能根据需要选择某些近似系统作为惯性坐标系,导航中常用的是地心惯性坐标系。

以地心为球心,半径无穷大的球体称为天球。地球赤道面无限延伸后截天球所得的圆称为天球赤道,地球公转平面无限延伸后截天球所得的圆称为天球黄道。天球赤道和天球黄道在天球上相交得到春分点和秋分点,如图 2.16 所示。由于天球赤道平面垂直于地球自转轴,天球黄道平面垂直于地球绕太阳的公转轴,而地球的自转轴和公转轴在惯性空间内保持指向不变,所以春分点和秋分点在惯性空间内保持不变,且位于无穷远处。

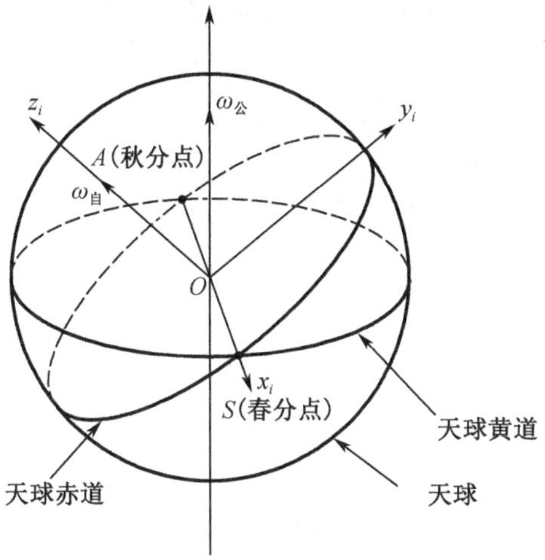

图 2.16　由春分点定义的地心惯性坐标系

根据春分点可定义出地心惯性坐标系 $Ox_iy_iz_i$:原点位于地心 O,x_i 轴指向春分点,z_i 轴沿地球自转轴,y_i 轴与 x_i、z_i 轴构成右手直角坐标系。

由于春分点在无穷远处,所以在地球的公转(角速度为 $\omega_{公}$)轨道上,无论地球运行到何处,各处地心与春分点的连线始终保持平行,因此 $Ox_iy_iz_i$ 的各轴相对于惯性空间的指向保持不变,这样定义的坐标系称为地心惯性坐标系。坐标系 $Ox_iy_iz_i$ 不与地球固联,不参与地球的自转,陀螺仪、加速度计等惯性器件的测量输出都是相对于地心惯性坐标系的。

(2)地球坐标系(简称 e 系)

如图 2.17 所示,地球坐标系的原点 O_e 与地心惯性坐标系原点一致,z_e 轴和地球自转轴重合,x_e 轴在赤道平面内指向格林威治本初子午线,y_e 轴在赤道平面内指向东经 90°子午线,$x_ey_ez_e$ 轴构成右手直角坐标系。地球坐标系与地球相固联,参与地球自转,它相对于地心惯性坐标系的转动角速度等于地球自转角速度 ω_{ie}^{i}(关于上下标的表示含义将在后续关于运动学参数的投影描述中介绍,地球自转角速度大小约为 $7.292\ 115\times10^{-5}$ rad/s)。因此,地球相对于惯性空间的转动,可用地球坐标系相对于地心惯性坐标系的转动来表示。地球坐标系通常也被称为地心(地固)坐标系。

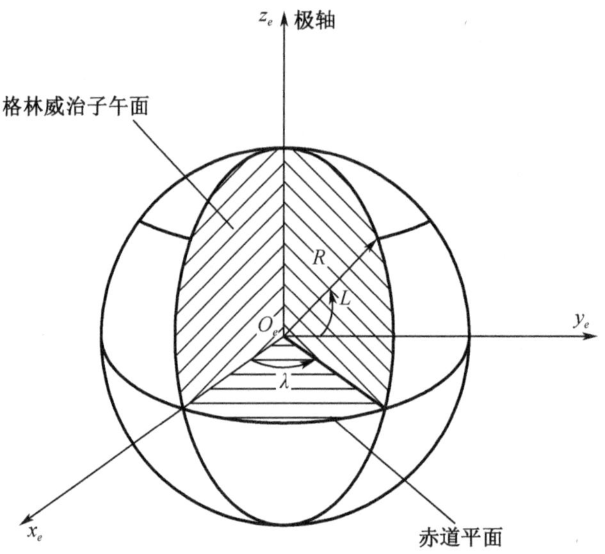

(a) 地球坐标系（图中 L 表示地心纬度）

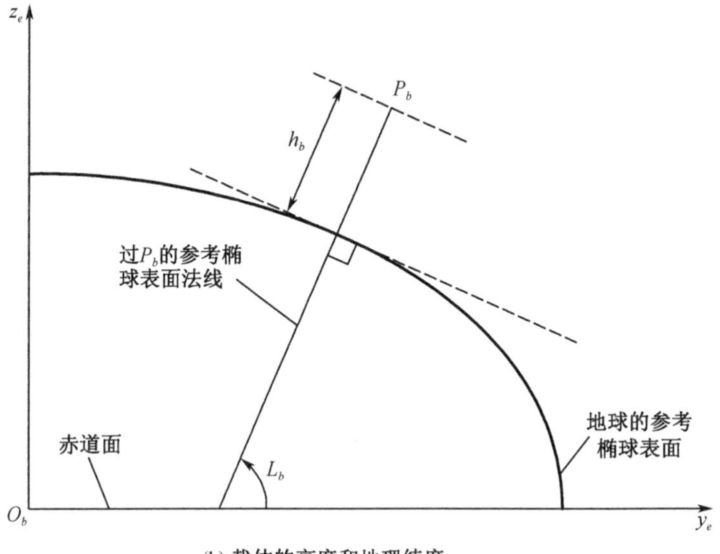

(b) 载体的高度和地理纬度

图 2.17　地球坐标系的定义与载体位置的常用表示

在进行外场试验时一般想知道的是被测载体相对于地球的位置，因此 e 系在导航中非常重要，它既可作为参考坐标系使用，又可作为投影坐标系使用。

对于地球附近的任意载体 P，惯性导航中常用该物体重心 P_b 的经度 λ_b[与图 2.17(a)中 λ 的含义一致]、地理纬度 L_b 和高度 h_b（对于潜艇而言是深度）来表示其位置，即 $P_b(\lambda_b, L_b, h_b)$。

(3) 当地导航坐标系（简称 n 系）

当地导航坐标系，也称当地水平坐标系，通常将在载体重心处建立的地理坐标系取为当地导航坐标系。一般定义坐标轴方向与地形方向一致,坐标轴可按“东、北、天”“北、西、天”或“北、东、地”的顺序构成。本书按照潜艇操纵性的习惯,采用“北、东、地”的顺序,即定义的 z_n 轴为地球参考椭球表面的法线方向,近似为重力方向(两者偏差一般不超过 30″),又称为地向(down,D)轴,x_n 轴称为北向(north,N)轴,在垂直于 z 轴的平面内,指向北极的方向,由此得到的右手坐标系的 y_n 轴总是指向东向,因此 y_n 轴又被称为东向(east,E)轴,如图 2.18 所示。

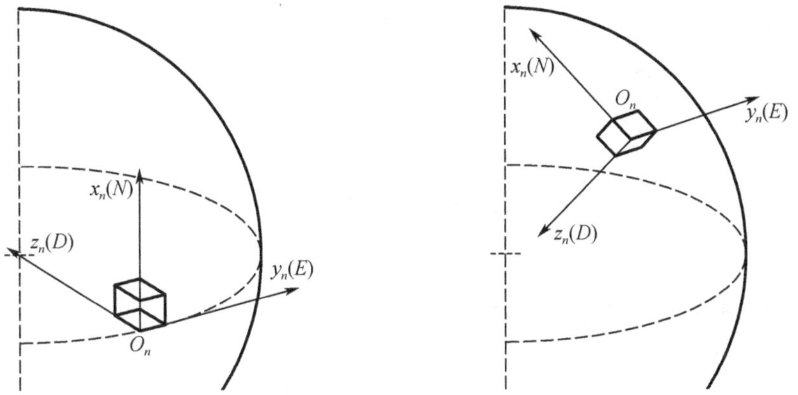

图 2.18　当地导航坐标系的原点和坐标轴

当地导航坐标系跟随载体运动,在惯性导航中很重要,可以作为便利的投影坐标系用来表示位置和速度,但是不能作为位置或速度的参考系使用。

(4)载体坐标系(简称 b 系)

载体坐标系即通常所谓的体轴系,其原点 O_b 取在载体的重心,即与当地导航坐标系的原点重合,但坐标轴却与载体固联。如图 2.19 所示,对于类似潜艇这种具有左右对称特性的航行载体而言,定义 x_b 轴沿载体纵轴,则指向前向(如潜艇的 x_b 轴平行于潜艇基线,则指向艏部);y_b 轴垂直于载体中纵剖面,指向右方;z_b 轴在中纵剖面内,垂直于纵轴,指向下方。可见,这样定义的载体坐标系的坐标轴按“前、右、下”的顺序构成,与当地导航坐标系坐标轴采用“北、东、地”时的顺序相对应,为避免混乱,当导航坐标系的坐标轴构成顺序改变时,载体坐标系的坐标轴构成顺序也应做出相应调整。例如,当导航坐标系的坐标轴构成顺序采用“东、北、天”时,载体坐标系的坐标轴构成顺序宜采用“右、前、上”。

载体坐标系相对于当地导航坐标系的方位关系即为载体的姿态,载体坐标系也可以作为投影坐标系用来表示位置和速度,但是同样不能作为位置或速度的参考系使用。

在导航中,载体坐标系是基础,因为它表征的是导航结果所描述的对象。惯性测量中测量器件的测量结果的本质是载体坐标系相对于地心惯性坐标系的运动。当载体在地球上运动时,载体相对于地球的位置不断改变;同时地球上不同点的当地导航坐标系相对于地球坐标系的角位置是不同的。也就是说,载体相对于地球运动引起当地导航坐标系相对于地球坐标系转动。这时,当地导航坐标系相对于地心惯性坐标系的转动角速度包括以下两个部分:一个是当地导航坐标系相对于地球坐标系的转动角速度;另一个是地球坐标系相对于惯性坐标系的转动角速度。在外场进行大尺度自航模型试验时,确定载体的地理位置,就是确定当地导航坐标系相对于地球坐标系的方位关系。

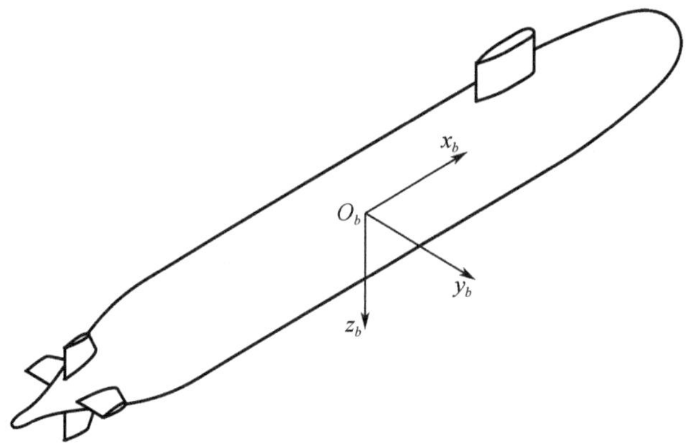

图 2.19　载体坐标系

2. 载体姿态、向量的投影描述与坐标系转换矩阵

(1)载体姿态角的定义

如前所述,载体的姿态实际上就是载体坐标系和当地导航坐标系之间的角度方位关系。导航中载体姿态角的定义如图 2.20 所示。

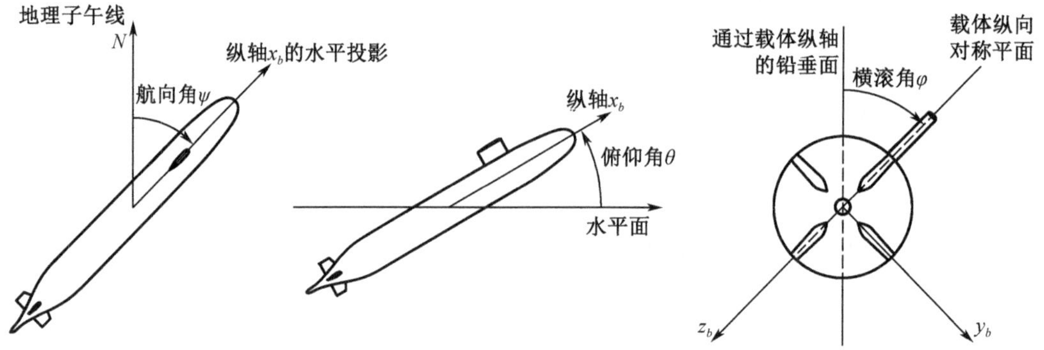

(a)航向角　(b)俯仰角　(c)横滚角

图 2.20　导航中载体姿态角的定义

假设载体未运动时,载体坐标系与当地导航坐标系重合。当载体绕 z_b 轴转动时,载体纵轴 x_b 在水平面上的投影与地理子午线 N 之间的夹角称为航向角,用 ψ 表示,它是以地理北向为起点按顺时针方向计算的,其定义域为[0°,360°];当载体绕 y_b 轴转动时,载体纵轴 x_b 与水平面之间的夹角称为俯仰角,用 θ 表示,俯仰角从纵向水平轴算起,向上抬头为正,向下低头为负,一般定义域为[-90°,90°];载体纵向对称平面(x_bOz_b)与通过载体纵轴的纵向铅垂面平面之间的夹角称为载体的横滚角,即载体绕纵轴 x_b 的转角,用 φ 表示,从铅垂平面算起,左高右低为正,其定义域一般为[-90°,90°]。

由以上对姿态角正向定义的描述可见,姿态角的正增量方向满足载体坐标轴右手螺旋法则,这种描述方法称为姿态的欧拉角(Euler angle)描述。

(2)向量的投影描述

一个坐标系的线运动和角运动都是相对于另外一个坐标系而言的。潜艇自航模型试验涉及的模型位置、线速度、线加速度、角速度和角加速度等向量均涉及 3 种坐标系:

①描述运动物体的坐标系,即描述坐标系,不失一般性,记为 α;

②运动所参照的坐标系,即参考坐标系,不失一般性,记为 β;

③用于表现运动的坐标系,记作投影坐标系,不失一般性,记为 γ。

描述坐标系 α 与参考坐标系 β 不能相同,否则将不存在运动;表征线速度或位置时,两者原点也不能相同,例如,讨论载体坐标系相对于当地导航坐标系的线速度是没有意义的。投影坐标系可以是描述坐标系、参考坐标系,也可以是其他坐标系,投影坐标系的选择不影响向量的模。

为完整、清晰地描述运动矢量,对这 3 种坐标系必须明确定义。惯性导航中采用以下符号表示位置、线速度、线加速度和角速度等力学向量:

$$\boldsymbol{x}_{\beta\alpha}^{\gamma}$$

向量 $\boldsymbol{x}_{\beta\alpha}^{\gamma}$ 描述了坐标系 α 相对于坐标系 β 的运动学特性,以及在坐标系 γ 中的投影表示。例如,$\boldsymbol{\omega}_{ib}^{b}$ 表示载体坐标系 b 系相对于惯性坐标系 i 系的线速度向量在载体坐标系 b 系中的投影表达,$\boldsymbol{v}_{eb}^{n}$ 表示载体坐标系 b 系相对于地球坐标系 e 系的线速度向量在当地导航坐标系 n 系中的投影表达等。

(3)坐标系转换矩阵

惯性导航中涉及多个坐标系,对于同一个力学向量,可以在多个投影坐标系中表达,坐标系转换矩阵就是用于计算不同投影坐标系向量表达之间关系的重要数学工具,通用表示为 $\boldsymbol{C}_{\alpha}^{\beta}$。通过左乘适当的坐标变换矩阵,一步就可以完成向量在两个投影坐标系之间的转换。即对于任意向量 $\boldsymbol{x}$,有

$$\boldsymbol{x}^{\beta} = \boldsymbol{C}_{\alpha}^{\beta}\boldsymbol{x}^{\alpha} \tag{2-10}$$

式中,$\boldsymbol{x}$ 的上标表示投影坐标轴;矩阵 C 的下标表示源坐标系,上标表示目标坐标系。

由数学中的场论可知,坐标转换矩阵中各元素可由两个坐标系的单位向量点乘得到,分别等于各个相应轴夹角的余弦,因此坐标系转换矩阵又常被称为方向余弦矩阵。还可证明,坐标系转换矩阵具有如下性质:

$$(\boldsymbol{C}_{\alpha}^{\beta})^{-1} = (\boldsymbol{C}_{\alpha}^{\beta})^{\mathrm{T}} = \boldsymbol{C}_{\beta}^{\alpha} \tag{2-11}$$

式中,上标 T 表示矩阵的转置运算。

下面以当地导航坐标系经连续 3 次欧拉角转动转换到载体坐标系为例,给出重要的坐标转换矩阵 $\boldsymbol{C}_{b}^{n}$ 导出过程。

设起始时刻当地导航坐标系与载体坐标系重合,当地导航坐标系 3 次连续转动过程如下(图 2.21)。

第一次,坐标系 $Ox_ny_nz_n$ 绕 Oz_n 轴转动航向角 ψ:$Ox_n \to Ox_1$,$Oy_n \to Oy_1$。

第二次,绕 Oy_1 轴转动俯仰角 θ:$Ox_1 \to Ox_b$,$Oz_n \to Oz_1$。

第三次,绕 Ox_b 轴转动横滚角 φ:$Oy_1 \to Oy_b$,$Oz_1 \to Oz_b$。

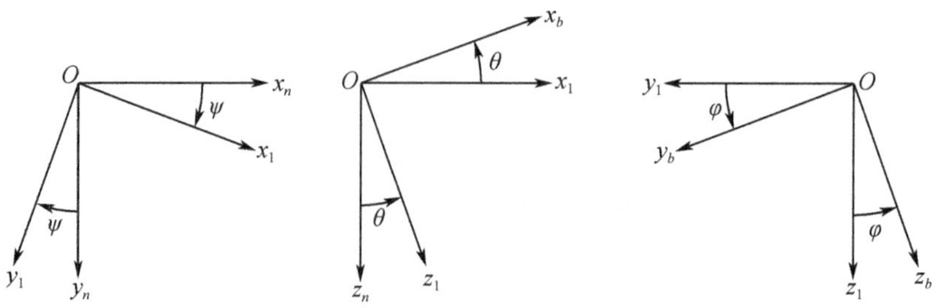

(a)第一次　　(b)第二次　　(c)第三次

图 2.21　由当地导航坐标系到载体坐标系的 3 次转动

参看图 2.21,第一次绕 Oz_n 轴转动 ψ 后,则有

$$\begin{bmatrix} x_n \\ y_n \\ z_n \end{bmatrix} = \begin{bmatrix} \cos\psi & -\sin\psi & 0 \\ \sin\psi & \cos\psi & 0 \\ 0 & 0 & 1 \end{bmatrix} \begin{bmatrix} x_1 \\ y_1 \\ z_n \end{bmatrix} \tag{2-12}$$

第二次绕 Oy_1 轴转动 θ 后,则有

$$\begin{bmatrix} x_1 \\ y_1 \\ z_n \end{bmatrix} = \begin{bmatrix} \cos\theta & 0 & \sin\theta \\ 0 & 1 & 0 \\ -\sin\theta & 0 & \cos\theta \end{bmatrix} \begin{bmatrix} x_b \\ y_1 \\ z_1 \end{bmatrix} \tag{2-13}$$

第三次绕 Ox_b 轴转动 φ 后,则有

$$\begin{bmatrix} x_b \\ y_1 \\ z_1 \end{bmatrix} = \begin{bmatrix} 1 & 0 & 0 \\ 0 & \cos\varphi & -\sin\varphi \\ 0 & \sin\varphi & \cos\varphi \end{bmatrix} \begin{bmatrix} x_b \\ y_b \\ z_b \end{bmatrix} \tag{2-14}$$

综合式(2-12)~式(2-14),可以得到 b 系到 n 系的坐标转换关系为

$$\begin{bmatrix} x_n \\ y_n \\ z_n \end{bmatrix} = \begin{bmatrix} \cos\psi & -\sin\psi & 0 \\ \sin\psi & \cos\psi & 0 \\ 0 & 0 & 1 \end{bmatrix} \begin{bmatrix} \cos\theta & 0 & \sin\theta \\ 0 & 1 & 0 \\ -\sin\theta & 0 & \cos\theta \end{bmatrix} \begin{bmatrix} 1 & 0 & 0 \\ 0 & \cos\varphi & -\sin\varphi \\ 0 & \sin\varphi & \cos\varphi \end{bmatrix} \begin{bmatrix} x_b \\ y_b \\ z_b \end{bmatrix} \tag{2-15}$$

由式(2-15)可知:

$$\begin{bmatrix} x_n \\ y_n \\ z_n \end{bmatrix} = \boldsymbol{C}_b^n \begin{bmatrix} x_b \\ y_b \\ z_b \end{bmatrix} \tag{2-16}$$

坐标转换矩阵 $\boldsymbol{C}_b^n$ 的具体表达式为

$$\boldsymbol{C}_b^n = \begin{bmatrix} \cos\psi\cos\theta & \cos\psi\sin\theta\sin\psi - \sin\psi\cos\varphi & \cos\psi\sin\theta\cos\varphi + \sin\psi\sin\varphi \\ \sin\psi\cos\theta & \sin\psi\sin\theta\sin\varphi + \cos\psi\cos\varphi & \sin\psi\sin\theta\cos\varphi - \cos\psi\sin\varphi \\ -\sin\theta & \cos\theta\sin\varphi & \cos\theta\cos\varphi \end{bmatrix} \tag{2-17}$$

一般情况下，C_b^n 的具体表达式由当地导航系、载体坐标系的坐标轴构成顺序定义和欧拉角的转动顺序决定。事实上，欧拉角组中可以有不同的转动顺序，唯一的限制是，任意两个连续的旋转必须绕着不同的转动轴旋转，按照 ψ、θ、φ 的转动顺序已成为惯性导航中的习惯。

将 C_b^n 定义为如下形式：

$$C_b^n = \begin{bmatrix} T_{11} & T_{12} & T_{13} \\ T_{21} & T_{22} & T_{23} \\ T_{31} & T_{32} & T_{33} \end{bmatrix} \tag{2-18}$$

如果能够获得这些元素值，则载体的姿态角可计算如下：

$$\begin{cases} \psi = \arctan_2\left(\dfrac{T_{21}}{T_{11}}\right) \\ \theta = -\arcsin(T_{31}) \\ \varphi = \arctan_2\left(\dfrac{T_{32}}{T_{33}}\right) \end{cases} \tag{2-19}$$

现阶段的捷联导航仪器，关于当地导航系、载体坐标系的坐标轴构成顺序的定义还未形成统一的习惯，主要分为 n 系采用"东、北、天"、b 系相应采用"右、前、上"和 n 系采用"北、东、地"、b 系相应采用"前、右、下"两类。当使用"东、北、天"构成顺序的仪器时，需要注意 C_b^n 的具体表达式与式(2-17)不同。

参照与从 n 系到 b 系相类似的转动过程，可以得到地球坐标系和当地导航坐标系之间的坐标变换矩阵 C_n^e 的表达式：

$$C_n^e = \begin{bmatrix} -\sin L_b \cos \lambda_b & -\sin \lambda_b & -\cos L_b \cos \lambda_b \\ -\sin L_b \sin \lambda_b & \cos \lambda_b & -\cos L_b \sin \lambda_b \\ \cos L_b & 0 & -\sin L_b \end{bmatrix} \tag{2-20}$$

将式(2-21)表示的地球自转角速度向量左乘式(2.20)后，可将地球自转角速度向量表示为大地纬度的函数[式(2-22)]。

$$\boldsymbol{\omega}_{ie}^i = \boldsymbol{\omega}_{ie}^e = \begin{bmatrix} 0 \\ 0 \\ \omega_{ie} \end{bmatrix} \tag{2-21}$$

$$\boldsymbol{\omega}_{ie}^n = \begin{bmatrix} \omega_{ie} \cos L_b \\ 0 \\ -\omega_{ie} \sin L_b \end{bmatrix} \tag{2-22}$$

C_b^n 与 C_n^e 是惯性导航中最为重要的两个坐标变换矩阵，在捷联式导航仪器中，这两个坐标变换矩阵作为导航算法中的关键"桥梁"，实现将陀螺仪、加速度计等惯性器件的测量输出最终转化为用户所需坐标系表示的被测载体的姿态、速度和位置。

3. 比力与比力方程

加速度是物体运动的一种状态，加速度计是通过测量加速度产生的惯性力来获得加速度的，因此，加速度计实质上是测力计。

加速度计测量的理论基础是牛顿定律。物体在宇宙空间，就不可避免地受到力的作用，物体在地球表面运动时，一般不考虑地球以外其他天体的引力作用。因此，比力的定义是：相对于惯性坐标系，作用于单位质量物体上的除地心引力之外的力，导航中常用符号$\boldsymbol{f}$表示。

加速度计作为一种惯性测量器件，当三个加速度计与三个陀螺仪组成捷联式导航仪固联于被测载体时，其输出为$\boldsymbol{f}_{ib}^{b}$。

由于地球的自转影响，地球坐标系不是惯性坐标系，以其作为参考坐标系，计算被测载体在当地导航坐标系下的加速度投影$\dot{\boldsymbol{v}}_{eb}^{n}$时，除$C_b^n\boldsymbol{f}_{ib}^{b}=\boldsymbol{f}_{ib}^{n}$项外（称为相对加速度），还有地球自转和重力产生的影响项，这些影响项被称为有害加速度。但是，加速度计本身不能分辨出运动载体的相对加速度和有害加速度。因此，必须从加速度计所测得的比力中补偿掉有害加速度，才能得到$\dot{\boldsymbol{v}}_{eb}^{n}$。现不加推导地直接给出$\dot{\boldsymbol{v}}_{eb}^{n}$的计算公式：

$$\dot{\boldsymbol{v}}_{eb}^{n}=\boldsymbol{f}_{ib}^{n}-(\boldsymbol{\Omega}_{en}^{n}+2\boldsymbol{\Omega}_{ie}^{n})\boldsymbol{v}_{eb}^{n}+\boldsymbol{g}_{b}^{n}(L_b,h_b) \tag{2-23}$$

式(2-23)反映了比力与载体相对加速度之间的关系，通常被称为比力方程。

式(2-23)中，符号$\boldsymbol{\Omega}$表示角速度向量的反对称矩阵，例如$\boldsymbol{\omega}_{ie}^{n}$的反对称矩阵$\boldsymbol{\Omega}_{ie}^{n}$为

$$\boldsymbol{\Omega}_{ie}^{n}=\omega_{ie}\begin{bmatrix}0 & \sin L_b & 0\\ -\sin L_b & 0 & -\cos L_b\\ 0 & \cos L_b & 0\end{bmatrix} \tag{2-24}$$

$\boldsymbol{\omega}_{en}^{n}=[\omega_{enx}^{n}\quad \omega_{eny}^{n}\quad \omega_{enz}^{n}]^{\mathrm{T}}$的反对称矩阵$\boldsymbol{\Omega}_{en}^{n}$为

$$\boldsymbol{\Omega}_{en}^{n}=\begin{bmatrix}0 & -\omega_{enz}^{n} & \omega_{eny}^{n}\\ \omega_{enz}^{n} & 0 & -\omega_{enx}^{n}\\ -\omega_{eny}^{n} & \omega_{enx}^{n} & 0\end{bmatrix} \tag{2-25}$$

这里再补充一个$\boldsymbol{\omega}_{en}^{n}$的计算公式：

$$\boldsymbol{\omega}_{en}^{n}=\begin{bmatrix}\dfrac{v_{eby}^{n}}{R_E(L_b)+h_b}\\ -\dfrac{v_{ebx}^{n}}{R_N(L_b)+h_b}\\ -\dfrac{v_{eby}^{n}\tan L_b}{R_E(L_b)+h_b}\end{bmatrix} \tag{2-26}$$

式中，$R_N(L_b)$和$R_E(L_b)$分别为地球子午圈和卯酉圈在纬度L_b处的曲率半径。

潜艇自航模型试验主要针对操纵性能的测试，试验时长一般较短，因此，关于式(2.23)中的重力模型$\boldsymbol{g}_{b}^{n}(L_b,h_b)$以采用简化的重力模型为主，即将重力加速度向量近似为垂直于当地水平面的常向量。

4. 捷联式惯性导航算法原理简介

“捷联”（strapdown）这一术语的英文原意是“捆绑”，因此，所谓的捷联式导航仪就是将

惯性测量装置的敏感器(陀螺仪和加速度计)直接固联在被测载体上。陀螺仪和加速度计分别用来测量载体的角运动和线运动信息,导航计算机根据这些测量信息解算出载体的姿态(包括航向)、速度及位置等信息。

图 2.22 和 2.23 分别给出了非极区捷联式惯性导航仪基本原理示意图和以最为常用的当地导航坐标系为结果输出的导航算法模块简图。

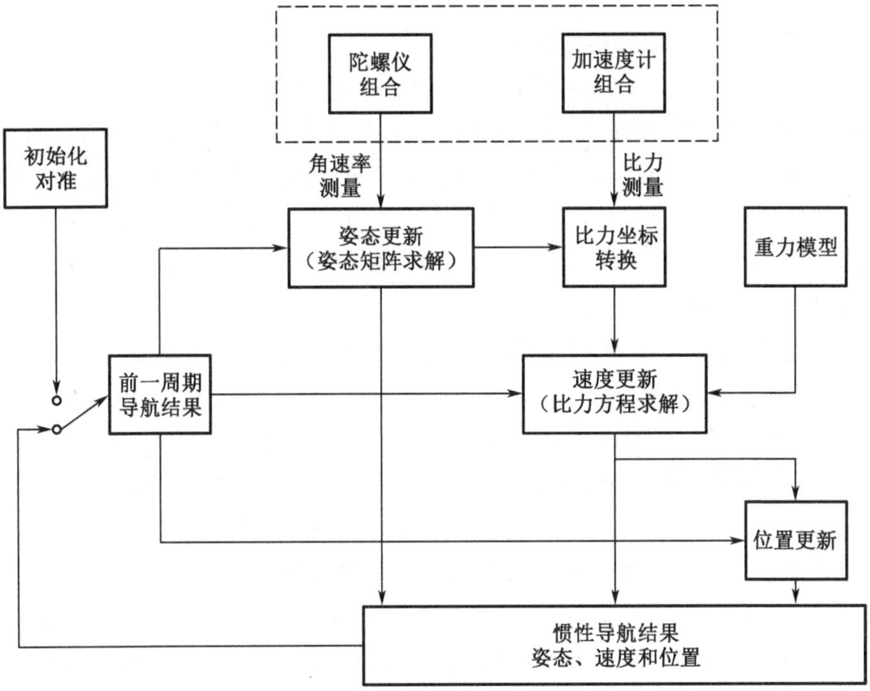

图 2.22　非极区捷联式惯性导航仪基本原理示意图

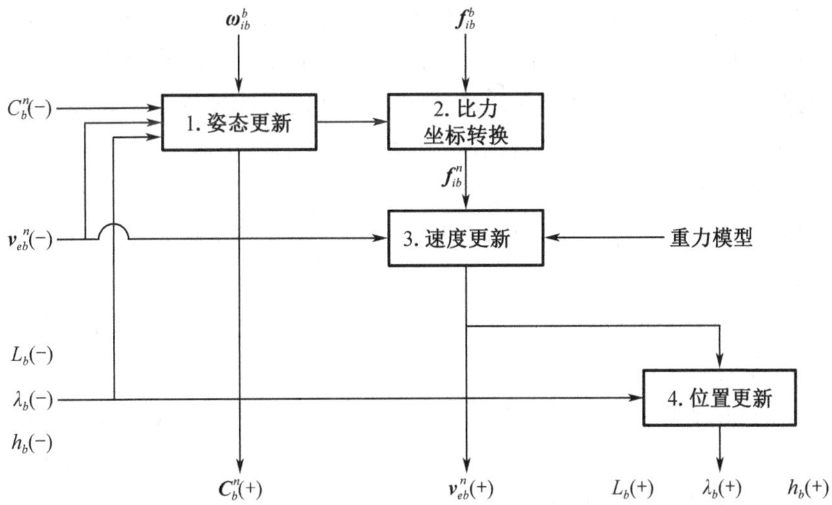

图 2.23　当地导航坐标系下导航算法模块简图

由图 2.22 可见,捷联式惯性导航的解算是一种按时间循环迭代的计算过程,坐标变换矩阵的实时更新是其解算算法的关键。

图 2.23 中,标识(+)代表当前时刻导航参数的计算结果,(-)代表前一时刻导航参数的计算结果。由图 2.23 可知,当地导航系导航计算姿态更新 $\boldsymbol{C}_n^b$,从而由式(2-19)得到姿态角时,除了用到角速率测量值以外,还需利用位置和速度结果。这是因为导航系统相对于地球运动时,北、东、地 3 个轴的指向也会变化。通过数学推导可以给出姿态微分方程:

$$\dot{\boldsymbol{C}}_b^n = \boldsymbol{C}_b^n \boldsymbol{\Omega}_{nb}^b \tag{2-27}$$

经推导可将式(2-27)右端拆成 3 项:

$$\dot{\boldsymbol{C}}_b^n = \boldsymbol{C}_b^n \boldsymbol{\Omega}_{ib}^b - (\boldsymbol{\Omega}_{ie}^n + \boldsymbol{\Omega}_{en}^n)\boldsymbol{C}_b^n \tag{2-28}$$

式中,第一项是载体相对于惯性系的转动角速率,由陀螺仪测量得到;第二项是由于地球相对于惯性系转动导致的;第三项,也被称为转移角速率,是由于当地导航坐标系原点相对于地球运动时产生的在当地导航系各轴向投影的转动角速率。值得一提的是,即使当载体系相对于当地导航系的姿态保持常值时,导航仪也需要对陀螺仪所测量的地球自转角速率进行修正,以确保姿态不变。

可见,导航解算的过程就是利用数值方法实时求解姿态微分方程(2-28)和比力方程(2-23)并循环更新的过程。导航结果的每一次迭代,都需要利用前一次的结果作为其初始值。因此,在使用捷联式惯性仪器测量时,必须进行初始化。初始化一般包括初始位置、速度等初始信息的装定、姿态矩阵初始值的确定和惯性仪表的校准 3 个方面。

对于潜艇自航模型水下试验,初始位置一般由模型试验初始点(水池静水状态下,模型仅受微小外界扰动,但并未开始操纵机动状态)的位置信息给定;但由于扰动,初始零速不能像车载导航一样人为设置零速,一般采用灵敏度高的陀螺仪信息和其他辅助信息(如深度计测量值),综合判断模型是否处于静基座(发送“机动”命令前)或伪静基座(试验结束后漂浮于水中)状态下。姿态初始化又称为系统的自主式对准,可分为粗对准和精对准两个阶段。在粗对准阶段,根据地球重力矢量和地球自转角速率的测量值,直接估算从载体坐标系到当地导航坐标系的初始变换矩阵 $\boldsymbol{C}_b^{n'}(0)$;在精对准阶段,通过处理惯性仪表的输出信息,采用最优估计方法,使得导航计算机计算出的坐标系不断地趋于真实的当地导航坐标系,从而建立起准确的初始变换矩阵 $\boldsymbol{C}_b^n(0)$。惯性仪表的校准主要是在静基座状态下对陀螺仪的常值漂移、随机漂移等进行标定,对加速度计的零位误差、干扰加速度等进行标定并确定两者的误差补偿模型。以上 3 个方面的初始化是相互依赖的。现阶段已有多种初始化算法可供不同场合试验条件下选择使用[4]。目前,适用于潜艇模型试验的高精度捷联式导航仪初始化对准时间一般需要 8~10 min。

关于捷联式导航解算的具体算法,包括适应全姿态的四元数求解、涡卷效应补偿等多个方面,可以参考诸多惯性导航技术方面的专著。

这里还要说明的是惯性导航方程与潜艇水下空间操纵方程之间的关系。在潜艇空间操纵方程的运动学辅助方程中,给出了运动坐标系(即载体坐标系)与固定坐标系(惯性坐标系)之间的姿态、速度的转换关系。这个转换关系是将潜艇运动初始点处建立的当地导航坐标系近似作为惯性坐标系的结果,这种近似主要考虑的是评价潜艇的操纵性能的实船试验、自由自航模型试验一般为短时试验,在进行操纵性理论预报时,不考虑地球自转影响的空间操纵方程的形式最为简单,并且求解结果已能满足工程上的使用需求。

然而,在使用捷联式惯性导航仪测量自航模型的姿态、速度和位置时,则必须考虑地球自转的影响,这是由惯性测量器件的基本测量特性决定的。正如前面所述,即使模型相对于当地水平面保持静止,导航仪也需要对陀螺仪所测量的地球自转角速率进行修正,以确保输出的姿态角度不变。

基于这个意义,实际试验时,可将导航仪在载体坐标系下输出的瞬时速度视为操纵性方程中运动坐标系下的速度,用于操纵运动过程中攻角和漂角的计算;将导航仪在当地导航坐标系下的速度输出视为操纵性方程中潜艇相对于固定坐标系的速度,并将导航仪输出的“经、纬、高”的位置信息转化为相对于运动初始点的“前、右、下”位移,有利于对潜艇操纵性能进行直观评价。

2.2.2　光纤罗经的系统组成与核心测量元件

光纤罗经由惯性敏感组合测量装置(三轴光纤陀螺仪和三轴加速度计)、陀螺仪信号处理板卡、惯性信号处理板卡、姿态解算板卡与电源板卡等硬件组成,典型仪器的内部构造如图 2.24 所示。

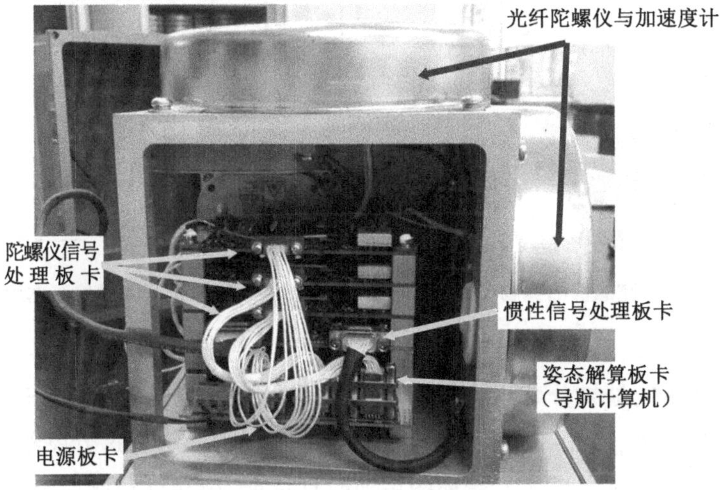

图 2.24　光纤罗经的内部构造

三轴加速度计与三轴光纤陀螺仪采用一体化安装方式,以保证载体的角运动信息和线运动信息测量的一致性。陀螺仪信号和惯性信号处理板卡分别用来处理光纤陀螺仪和加速度计的测量信号并发送给姿态解算板卡,即导航计算机,导航计算机将解算出的姿态、速度和位置信息实时发送给用户计算机。

由捷联式惯性导航基本原理可知,光纤陀螺仪与加速度计是光纤罗经的核心测量元件。下面对广泛使用的干涉型光纤陀螺仪和石英挠性加速度计做一简要介绍。

1. 干涉型光纤陀螺仪

陀螺仪原本是指利用陀螺的力学性质所制成的测量角速率的机械装置,目前将利用其他原理制成的角速率测量仪器也称为陀螺仪。

干涉型光纤陀螺仪是第一代光纤陀螺仪,研发最早,技术最为成熟,也是捷联式导航仪中最常用的光纤陀螺仪。因此,干涉型光纤陀螺仪也通常直接被简称为光纤陀螺。

干涉型光纤陀螺仪基于萨格纳克(Sagnac)效应,即沿闭合光路相向传播的光波返回到起始点干涉后,干涉信号的相位差正比于闭合光路所构成平面垂直轴的角速度,通过检测这个相位差变化,可以连续监测和计算出载体的瞬时旋转速率。光纤陀螺仪的实物如图2.25所示。

干涉型光纤陀螺仪由激光器、分束器、准直透镜、光纤环圈和探测器组成,其基本原理光路如图2.26所示。

图2.25 光纤陀螺仪的实物

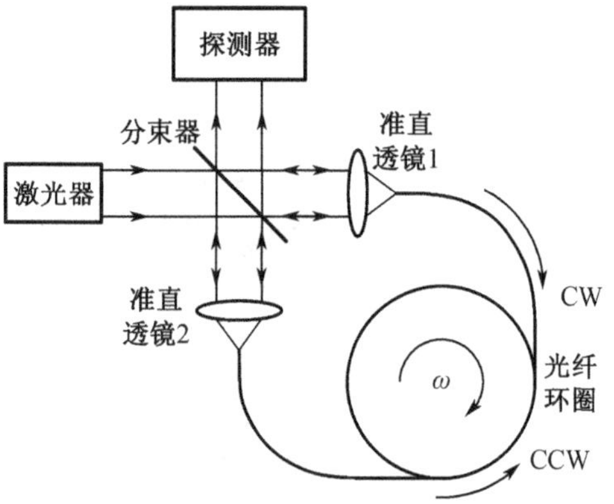

图2.26 干涉型光纤陀螺仪基本原理光路示意图

从激光器发出的光波被分束器分为两束:一束透射过分束器后经准直透镜1耦合进入光纤环圈后顺时针传播,由光纤环射出后经准直透镜2后再次透射过分束器;另一束被分束器反射后经准直透镜2耦合进入光纤环圈后逆时针传播,由光纤环圈射出后经准直透镜1准直后再次被分束器反射。两束光会合后将产生干涉信号,干涉信号的强度随光纤环圈法向的输入角速度变化而变化。通过探测器检测干涉信号的强度变化,可以获得输入的角速度变化。下面简单介绍一下基于Sagnac效应的测量原理。

在1913年,法国著名学者Sagnac通过试验证明了一个现象:沿不转动的闭合光路中两个相反的方向发射光波,两束光传播路径的长度是相同的;然而,如果闭合光路绕着它所构成平面的垂直轴存在转动角速度ω,从惯性坐标系来看,由于光速c不变,与转动同向的光束和会合点之间的距离变远;相应地,与转动反向的光束和会合点之间的距离变近。

如图2.27所示,由P点发出的一束光被分为两束,在同一个环路内循环一周后会合,如果角速度为零,那么两束光的光程相等。当圆环以角速度ω顺时针旋转时,由于相对速度的存在,逆时针传播(以CCW表示)的光和顺时针传播(以CW表示)的光将在A点会合,即存在光程差。假设光波的波长是 λ_0，则两束光传输时会有时间差 Δt，随之产生的相位之间的差值 $\Delta\Phi_c$ 为

$$\Delta\Phi_c = 2\pi\frac{c\Delta t}{\lambda_0} = \frac{8\pi S}{\lambda_0 c}\omega = \frac{4\pi lr}{\lambda_0 c}\omega \qquad (2-29)$$

式中，S、l、r 分别是闭合环形光路的面积、周长和半径。

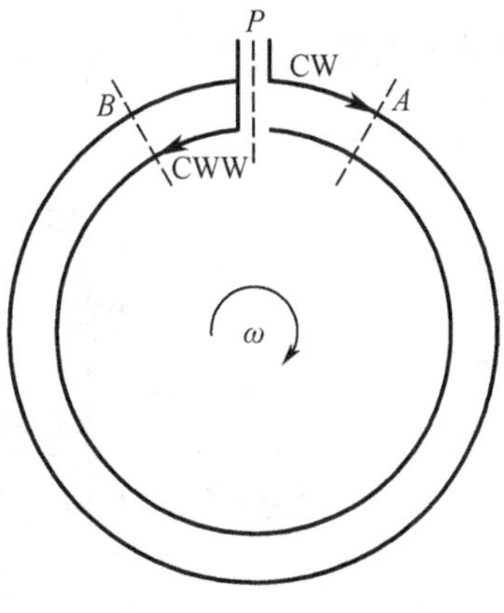

图 2.27　Sagnac 效应原理示意图

可进一步说明，式(2-29)所表述的内容具有普适意义，即它也同样在光纤构成的其他封闭环路中适用。因为光速 c 较大，而相位差值 $\Delta\Phi_c$ 较小，为改善角速度的测量精度，应增加 $\Delta\Phi_c$。这可以通过增加环形光路的面积 S 或环路周长 l 来达到要求，但受限于产品的尺寸不能过大，面积 S 或环路周长 l 增加会有上限值。因此，在现实应用中，光纤陀螺仪的感应线圈常为多匝的结构。若线圈的平均半径是 r，则 N 匝线圈的长度就可表示为 $l_0=Nl$，这样，N 匝线圈引起的相位差理论上将是单线圈的 N 倍，光纤陀螺仪的感应效果也会提高。

光纤陀螺仪无运动部件，相比于其他类型的光学陀螺仪（如激光陀螺仪）和转子陀螺仪（机械陀螺仪）的元器件更少，可靠性更高。适用于潜艇自航模型试验测量的光纤陀螺仪的角速度敏感范围应不小于±600°/s，常温下零偏稳定性应优于 0.01°/h，标度因数稳定性应优于 5×10^{-6}。

2. 石英挠性加速度计[5]

加速度计是用来感受、输出与载体运动加速度（或比力）成一定函数关系的电信号的测量装置。它是惯性导航仪确定载体速度、运动距离和所在位置等导航参数的基本元件，也是实现捷联式惯性导航仪初始对准不可缺少的传感器。从系统的角度看，加速度计测得的加速度信号是惯性导航仪最重要的输入信号。因此，加速度计的测量精度对惯导的姿态精度和定位精度有直接的影响。

石英挠性加速度计是在金属挠性加速度计的基础上发展起来的一种新型加速度计，它把挠性杆和电容信号器片做成一体，因而具有结构简单、体积小、精度和灵敏度高、启动快、抗冲击的优点，是目前应用最为广泛的加速度计。

下面主要介绍石英挠性摆式加速度计的结构组成与工作原理。石英挠性摆式加速度计由表头部分和配套电路组成，具有力反馈的平衡调节系统。表头部分由惯性质量摆（其上有力矩线圈）、力矩器、位置检测器、石英挠性铰链（摆支撑部分）等组成，如图 2.28 所示。

检测质量摆是敏感惯性力测量加速度的关键部件。石英挠性加速度计的整体摆组件由熔融石英材料经化学刻蚀方法加工而成，它没有像宝石轴承那样的摩擦效应和磨损特性，同时稳定性好。加速度计的摆质量由两个挠性平桥支撑，这种特定的结构只允许摆质量沿输入轴方向做直线运动，而对其他轴方向的运动刚度很大，因此，能使摆敏感轴保持稳定的方向。在质量摆中心装有力矩器动线圈，它的引线由石英摆片的镀金引线通过石英挠性支承引出。在力矩器线圈外部石英片摆上的镀金膜板组成电容器的两个极板，上下两个

极板和接地的力矩器组成一个差动电容器。这种传感器与高性能的配套电路相结合，可以使仪表具有很高的偏值稳定性和很小的交叉耦合误差与振动整流误差。

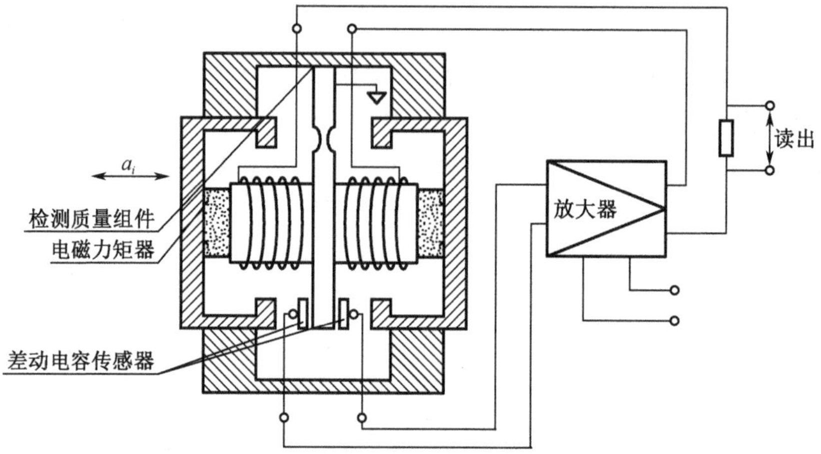

图 2.28　石英挠性加速度计的基本组成

石英挠性摆式加速度计的检测质量组件通过石英挠性铰链与壳体连接，并用闭环伺服系统的力矩器把检测质量稳定在一个平衡位置上。检测质量感受到加速度并在摆上形成惯性力矩，它由伺服回路的反馈力矩平衡。加速度计通过测量流过力矩器的电流即可得到反馈力矩，进而得到所感受的加速度量值。适用于潜艇自航模试验测量的加速度计的量程范围为 $-25g \sim 25g$，零偏稳定性应优于 50 μg，标度因数稳定性应优于 3×10^{-5}。

2.3　流速测量仪器

潜艇绕流场直接关系到潜艇的快速性、振动、噪声等多项性能，通过精细流动信息与流动特征研究宏观水动力积分量变化是精细流场测量的科学意义所在。

五孔探针、热线风速仪、激光多普勒测速仪和粒子图像测速仪是目前在模型流场测量方面主要使用的仪器。五孔探针、热线风速仪属于接触式的测速仪器，其测量技术也较为成熟可靠。现阶段在风洞中进行潜艇伴流速度场湍流度测量时，热线风速仪仍是首选的仪器。激光多普勒测速和粒子图像测速属于非接触式的测量方法，激光多普勒测速的主要优势在于极高的测量精度，更适用于边界层及动态流动现象的捕捉；粒子图像测速则在大范围流动信息的获取方面更具优势，其在风洞和水池流场测量与流动同步显示方面的应用也最为广泛。

本节简单介绍五孔探针、热线风速仪、激光多普勒测速仪、粒子图像测速仪的基本原理和仪器系统的组成。

2.3.1　五孔探针

在风洞流场测量试验中，五孔探针［图 2.29(a)］是一种非常重要的工具。在流场中某一点的总压、静压、流速、方向未知的情况下，可采用五孔探针测量。风洞所用五孔探针的测量原理与水池船模艉流场测量试验所用五孔毕托管的原理一致，均为不可压缩流体的伯努利方程。但五孔探针相比于五孔毕托管的体积更小，常规探针的直径一般在 2~6 mm。五孔探针在航空领域中具有广泛的应用，在潜艇模型流场试验方面应用也较多。由多支五孔探针组成的探针耙[图 2.29(b)]，通常用于风洞中潜艇模型桨盘处伴流场的测量。风洞五孔探针的常用测量方法与水池五孔毕托管所用的一般测量方法[6]略有不同。下面以球形五孔探针为例，简单介绍低速风洞试验所用五孔探针的基本原理与测量方法。

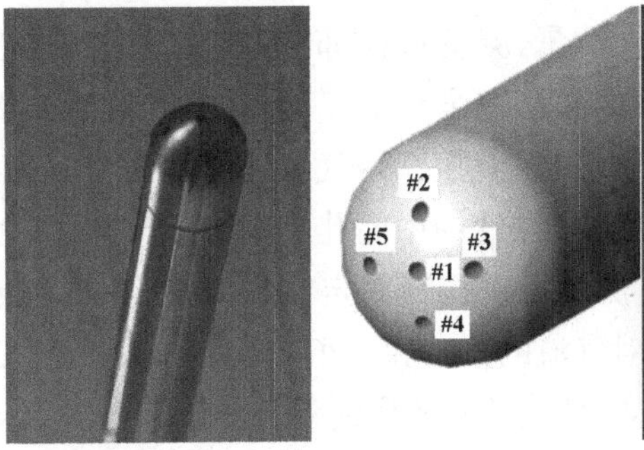

(a)五孔探针

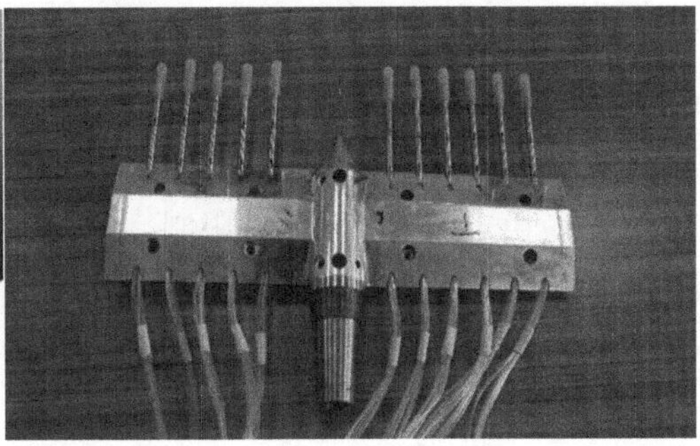

(b)探针靶

图 2.29　五孔探针和探针耙

五孔球形探针各孔编号的一般规范性定义和坐标系如图 2.30 所示，探针水平放置时，2 号孔向上。以探针头部球心点为探针坐标系的原点 O，并以通过探针头部球心且与过探针头部顶点的切平面平行的平面为前视投影面，探针对称轴向前为 x 轴正方向，在前视投影面内，2 号孔投影的中心指向 4 号孔投影的中心为 z 轴正方向，y 轴的正方向按右手法则定义，即由 3 号孔投影的中心指向 5 号孔投影的中心。

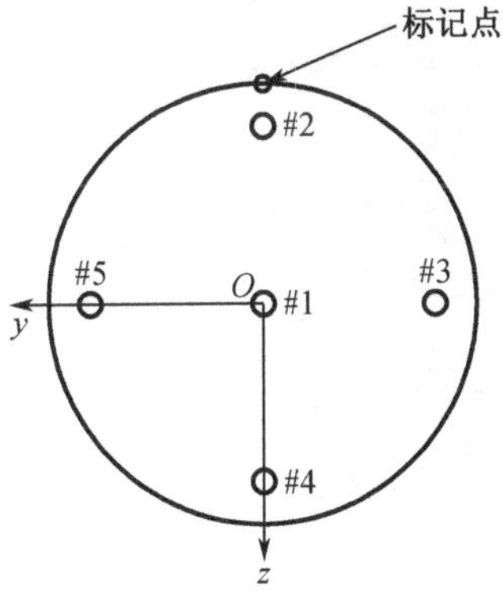

(a)

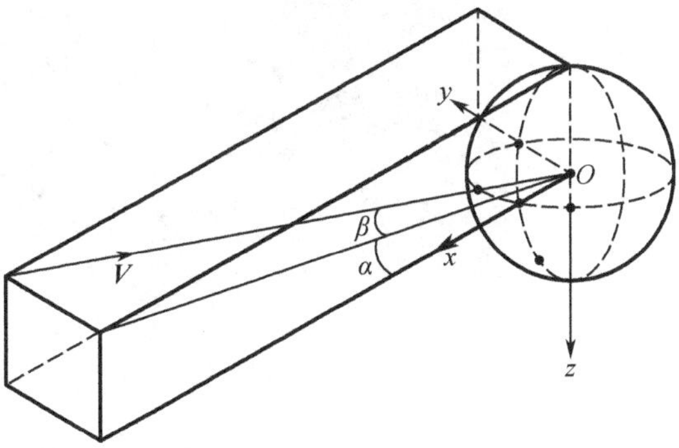

(b)

图 2.30　五孔探针编号、坐标系与方向描述

图 2.30 中，五孔探针相对于气流的方向特性可由探针的迎角和侧滑角来描述。定义来流 $\boldsymbol{V}$(矢量)在 Oxz 平面(垂直面)内的投影与 Ox 轴的夹角为迎角(攻角)α，以探针抬头为

正;V 与 Oxz 平面(水平面)的夹角为侧滑角(漂角)β,以探针右偏(由尾向头看)为正。探针每个孔分别通过探针体内的引压管与外部的压力传感器相连,由传感器测量出的各孔压力分别为 P_1、P_2、P_3、P_4 和 P_5。目前,通常采用具有实时修正热误差功能的电子压力扫描系统,实现对各孔压力的精确测量,在工作温度 0~70 ℃范围内,测量精度为 ±0.05% FS。可见,使用五孔探针测量三向气流速度时,其关键在于建立各孔所测压力与方向特性和流速大小(速压)之间的关系。由不可压缩理想流体中球体表面压力分布特性可知:当侧滑角为零时,迎角与流速的大小仅与 P_2、P_1 和 P_4 有关,当迎角为零时,侧滑角与流速的大小特性仅与 P_3、P_1 和 P_5 有关。

五孔探针的测量方法有 3 种:第一种是全对向测量,测量时靠同时具有变迎角和侧滑角功能的探针支撑机构(坐标器)的转动,使探针的中心孔完全对准气流方向,此时需要使探针 2、4 孔压力相等,且探针 3、5 孔压力也相等,由此可以直接获得气流速度偏角与流速,但在一般情况下,由于测量时的条件限制,一般较难实现探针的中间孔完全对准气流,所以在实际测量中很少被采用。第二种是非对向测量,测量时将探针固定在支撑机构上,在测量过程中,探针固定不动,根据 5 个孔测出的压力,对气流的方向和大小进行解算,因此需要事先在专用的校准风洞中进行校准(图 2.31),获得解算偏角和速压的校准公式。第三种是半对向测量方法,探针坐标器可以在单平面内变角,此时可以直接获得某一方向的偏角,另一偏角和其余气动参数仍需要通过校准公式求出。

尽管探针的校准工作量较大,校准公式的拟合也较麻烦,但使用时的试验效率高,且非常适用于使用探针耙进行多点同步测量的情况,因此在实际试验中广泛采用的是非对向测量。

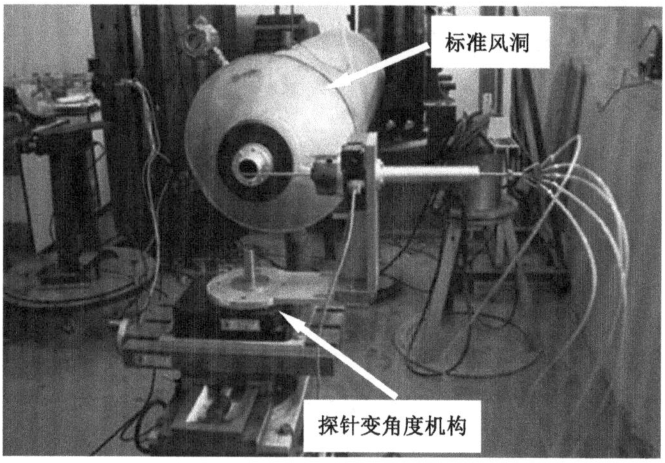

图 2.31　五孔探针的校准

关于五孔探针校准系数的定义方法与拟合公式的表达有多种方式[7-8],这里以一种适用于满足一般潜艇低速风洞伴流场试验(气流速度角度在-10°~10°范围内),比较简单的校准与解算方法为例,介绍五孔探针的校准流程。

分别定义迎角系数 K_α 和侧滑角系数 K_β 如下:

$$\begin{cases} K_\alpha = \dfrac{P_4 - P_2}{P_1 - \dfrac{1}{2}(P_2 + P_4)} \\ K_\beta = \dfrac{P_5 - P_3}{P_1 - \dfrac{1}{2}(P_3 + P_5)} \end{cases} \tag{2-30}$$

在进行校准时，首先利用激光水平仪、钳工平台等辅助工具保证探针的 3 号孔和 5 号孔高度相等，探针轴线位于初始水平。校准风洞风速稳定后，利用探针支撑机构控制迎角运动，使探针迎角从−10°到 10°以固定间隔（一般为 1°或 2°）变化，在每个迎角状态下采集压力数据，对数据按多项式拟合，得到形如下式的迎角拟合公式：

$$\alpha = C_1 K_\alpha^4 + C_2 K_\alpha^3 + C_3 K_\alpha^2 + C_4 K_\alpha + C_5 \tag{2-31}$$

保持探针零迎角，用同样的方式可以得到侧滑角的拟合公式：

$$\beta = C_1 K_\beta^4 + C_2 K_\beta^3 + C_3 K_\beta^2 + C_4 K_\beta + C_5 \tag{2-32}$$

式（2−31）和（2−32）中，$C_1 \sim C_5$ 即为校准系数，需注意两式中具体系数值是不同的。

需要指出的是，实际中通常根据 K_α 和 K_β 的具体数值与拟合效果确定多项式的阶数或分段采用不同系数的公式。以某探针为例，当$-0.5 \leqslant K_\alpha \leqslant 0.5$ 时，采用 1 阶公式即可给出很高的精度，而在 $K_\alpha > 0.5$ 和 $K_\alpha < -0.5$ 的情况下，则需要分别采用不同系数的 4 阶公式。

除需获取方向校准系数外，在进行校准试验时，还需要获取速压的校准系数。在各攻角（侧滑角）状态下，根据各孔压力，可以求出当前状态的名义速压 q_f：

$$q_f = P_1 - \frac{1}{4}(P_2 + P_3 + P_4 + P_5) \tag{2-33}$$

通过标准毕托管测量得到标准速压 q，并定义速压修正系数 δ：

$$\delta = \frac{q}{q_f} \tag{2-34}$$

将式（2−34）也用多项式拟合，可以得到不同迎角下的速压修正校准系数：

$$\delta_\alpha = C_1\alpha^5 + C_2\alpha^4 + C_3\alpha^3 + C_4\alpha^2 + C_5\alpha + C_6 \tag{2-35}$$

一般情况下，速压修正系数校准多项式的系数比角度校准多项式的阶次高 1 次，并且正（通常包括零）、负迎角状态所回归出的校准系数也不同，即在 $\alpha \geqslant 0$ 和 $\alpha < 0$ 两种情况下，公式的形式一致，但速压修正校准系数 $C_1 \sim C_6$ 的具体数值是不同的，同样也可以得到正、负两套与侧滑角相关的速压修正校准系数。

在测量实际流场时，由各孔测量压力值按公式（2−30）得到 K_α、K_β，将其分别代入式（2−31）（2−32），可以解算出迎角 α 和侧滑角 β（注意按上文所述，选择具体的实际公式）。由式（2−33）得到名义速压 q_f，将计算出的迎角代入式（2−35）可得到当前状态下的速压修正系数 δ_α，再乘上名义速压 q_f 即可得到当前状态下的实际速压 q，根据伯努利方程计算修正后的风速大小：

$$V_\alpha = \sqrt{\frac{2q}{\rho}} \tag{2-36}$$

式中，ρ 为空气密度，kg/m³，可查阅与温度和当地大气压相关的标准密度表获得。

同样,将解算出的侧滑角代入相应的速压修正系数公式也可计算出风速 V_β,将两个风速取平均值后作为实际风速 V 的测量结果。最后根据图 2.30 中迎角、侧滑角、风速的三角对应关系,即可获得测量点在探针坐标系中的三向速度分量。

由上述过程可见,这种简单的校准与处理方法实际上忽略了探针在两个坐标面之间的耦合影响,实践证明,对于气流角度不大的测量,其精准度已能够满足工程的需要。

近年来,五孔探针测量技术发展迅猛,校准试验已由单平面的标校发展为空间状态的标校,对于校准数据的处理也有多项式拟合、样条曲线插值、分段线性插值等多种方式,适用的测速范围也从低速发展到马赫数 0.6 以上,在这些方面可参考文献[9-11]。

2.3.2 热线风速仪

在风洞试验中,较广泛地采用热线风速仪测量气流速度和气流脉动速度。热线风速仪作为一种接触式测量流体速度的仪器,具有探头尺寸小、频率响应高、测量精度高、测量速度范围大且可测量多个速度分量及脉动量等特点,是风速和湍流尺度测量的重要仪器。热线风速仪的基本原理是把一根细的金属丝(一般直径小于 5 μm)放置在流场中,并把金属丝加热到高于流体介质的温度,则金属丝和流体介质间将发生热交换。由于金属丝热量损失取决于流体介质的流速、热线与流体介质间的温度差、流体介质的物理特性以及金属丝的物理性质和几何尺寸 5 个因素,其中后 4 项是确定的值,热线的热量损失仅取决于流体介质的流速,故可用来测定流体的流动速度。

热线风速仪主要有两种形式,即恒温式(constant temperature anemometer, CTA)和恒电流式(constant current anemometer, CCA)。恒温式热线风速仪的主要特点是,供给热线的加热电流随热线电阻的变化而变化,以保持热线的电阻不变,也即热线在工作过程中保持恒定的温度。恒电流式热线风速仪则是保持流经热线的加热电流不变。

低速风洞一般采用的是恒温式热线风速仪,由于热线通常采用由石英或硼硅玻璃制成的热膜作为探测元件,因此也被称为热线热膜风速仪。精细流场试验所用的恒温式热线风速仪测量系统主要由热线探头、自动标定器、信号处理器与 A/D 转换模块组成,具有较高的信噪比和较宽的响应带宽。近年来,各大品牌的温式热线风速仪均在硬件方面优化了二维/三维标准热线探头和边界层热线探头的结构形式,因此流场测量精度也在不断提高。温式热线风速仪的配套软件一般具有优异的高通滤波功能、较高的增益和偏置调节精度,并具有湍流数据处理与分析模块。标定器本质上是一个低湍流度的风洞,具有一个高精度的压力传感器,此压力传感器能实时把压力信号传递到计算机,软件据此计算出当前速度值,并与当前探头传感器的电压值建立对应关系,完成系统标定。

风洞模型流场测量试验所用热线风速仪的技术指标需至少达到以下要求:测速范围为 0.5~300 m/s,采集最大频率为 512 kHz(至少 6 通道同步)、速度测量精准度为 1%~2%。目前,国际上的主流温式热线风速仪测量系统主要包含丹麦 Dantec Dynamics 公司的 Streamline Pro(探头如图 2.32 所示)以及美国 TSI 公司的 IFA300(图 2.33),两者在硬件参数上基本一致,但 Streamline Pro 探头更小巧,对流场的扰动更小,测量精度更高。

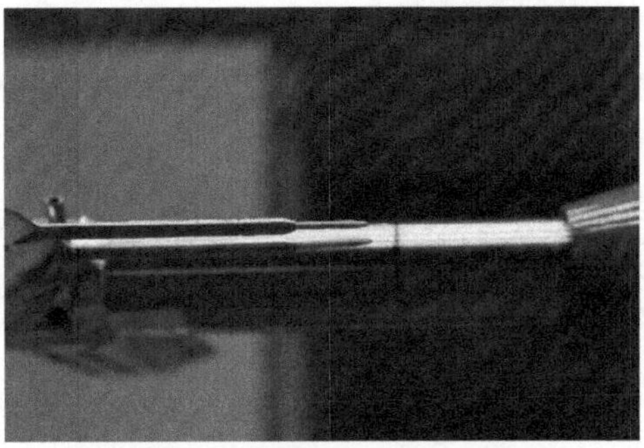

图 2.32　测量轴向湍流特性的 Streamline Pro 单热线探头

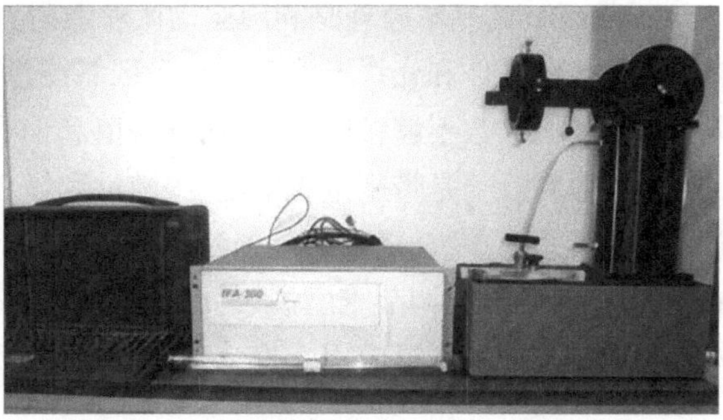

图 2.33　热线风速仪主机(左)与标定系统

(美国 TSI 公司的 IFA300)

2.3.3　激光多普勒测速仪

激光多普勒测速仪利用运动微粒发出的散射光的多普勒效应,检测散射光和入射光之间光波的频率差——多普勒频移,依据多普勒频移与流体携带的微粒的速度之间的线性关系,测量出该点的流动速度。

激光多普勒测速仪可应用在风洞和水池中,是一种非接触测量仪器,对流场不产生任何干扰,便于测量旋转流场、反向流场等对干扰十分敏感的一些流动以及测量环境恶劣(如火焰流、腐蚀性流体等)和无法安放机械探头的流动。多普勒频移仪与流体速度之间保持严格的线性关系,与流体的种类、状态(温度、压力、密度等)无关,可以用于高温、高压、多相流和有相变或有化学反应的物理-化学等流动的测量中。动态响应频率快、空间分辨率高(0.3 mm),不仅可以测量空间 3 个方向的平均速度,还可以测量脉动速度,适用于研究湍流等非定常流动。在光路中配置频移装置后,具有方向灵敏性,容易实现流向判别,可测量分离流或流向有往复变化的复杂流动。此外,激光多普勒测速仪具有空间分辨率高(0.3 mm)、测量速度范围宽($7\times10^{-5}\sim2\ 000$ m/s)、标定简单等优点。这些优点显然是其他流速测量仪器所无法比拟的,因此,激光多普勒测速技术已成为流体力学试验研究的重要手段之一。激光多普勒测速原理和国际主流测量系统如图 2.34 所示。

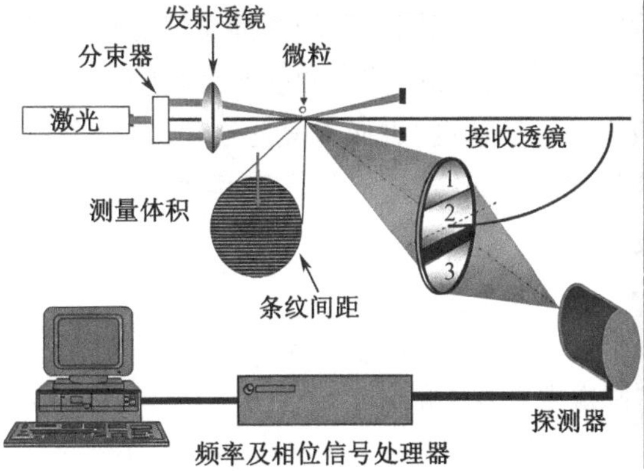

(a) 激光多普勒测速原理

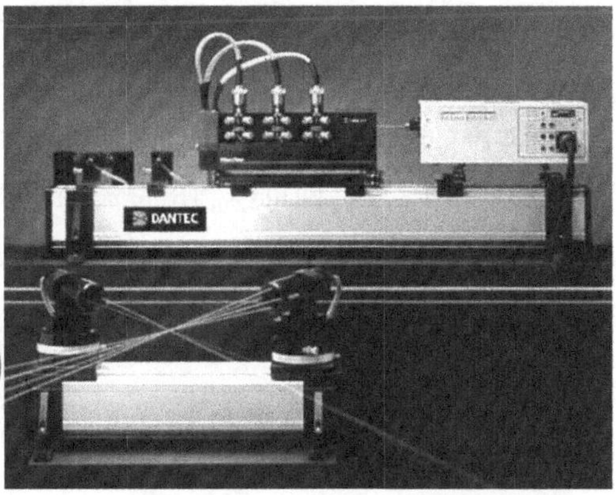

(b) 丹麦 Dantec Dynamic 公司 LDV 测量系统

图 2.34　激光多普勒测速原理和国际主流测量系统[12]

由于 LDV 的基本原理是利用运动微粒散射光的多普勒频移来获得速度信息的,因此不能用于非透明流体和光线不可及的流动区域测量。由于流动中必须存在散射微粒,若流动本身携带的微粒数不够,则会产生信号脱落和信号率不足。因此一般情况下需要在流体中加入散射微粒。于是带来微粒浓度、跟随性和微粒散射光清晰度等问题。多普勒电信号的形式受光学系统参数、微粒条件和流动状态的影响极大,故对信号处理器的要求高。此外,单点测量、光学系统调节难度高、易受振动以及价格昂贵等因素也使激光测速仪在模型主体流场测量方面的广泛应用受到一定限制。

2.3.4 粒子图像测速仪

PIV 是 20 世纪 70 年代末发展起来的一种非接触式的测量手段,是实验流体力学领域中集现代材料技术、激光技术、数字成像技术、计算机技术和图像分析技术于一身的最新发展成果,是一种无干扰、不接触流场的流动显示和测量技术。与单点测量仪器相比,粒子图像测速仪可以对二维平面或三维立体空间全场的二维或三维瞬时速度场进行测量。近年来,高速成像系统和激光技术的快速发展,进一步推动了 PIV 朝着高分辨率、时间解析以及三维测量的方向发展,显著推进了湍流统计理论的研究进程。

相比于热线风速仪测速、激光多普勒测速等方法来说,PIV 具有以下几点优势:一是已经完全摆脱了单点测试的局限,能进行二维和三维全场瞬时测量;二是对流场干扰小并可以获得流动的瞬时速度场、涡量场、雷诺应力分布等各项参数,非常适用于研究涡流、湍流等复杂的流动结构;三是在多相流动流场方面,它完全摆脱了两相或多相流动内部的相间耦合的复杂问题。下面从 PIV 原理、系统组成、拖曳水池典型随车式水下 PIV 测量仪器等方面进行介绍。

1. PIV 原理

PIV 原理相对简单,如图 2.35 所示,在待测流场中散布跟随性较好的示踪粒子,以粒子速度代表其所在流场内相应位置处流体的运动速度。利用强度均匀的片光源照亮待测区域的示踪粒子,用高速相机以固定的位置、方向和相同时间间隔连续两次对被片光源照亮的示踪粒子进行曝光,曝光后的图像分别记录在两张粒子图像中。将图像划分为等像素大小的细小的判读窗口,通过对时间序列上前后两帧图像中相同位置的判读窗口进行互相关运算得到判读窗口内示踪粒子的平均位移矢量,并根据已知的前后两帧照片跨帧时间求得速度,该速度就是判读窗口内所覆盖的流体微团的运动速度,进而重复此过程,对整个测量平面进行互相关分析,即可绘制出全流场范围的速度分布,从而可计算出其他运动参量,得到流场速度矢量图、速度分量图、流线图、旋度图等。

2. PIV 的系统组成

PIV 系统通常由示踪粒子、激光光源和高速摄像机等 3 部分组成。

(1)示踪粒子

PIV 系统测速方法有多种,无论何种形式的 PIV 系统,其速度测量都依赖于散布在流场中的示踪粒子,都是通过测量示踪粒子在已知很短时间间隔内的位移来间接地测量流场的瞬态速度分布的。若示踪粒子有足够高的流动跟随性，则示踪粒子的运动就能够真实地反映流场的运动状态。因此示踪粒子在 PIV 测量中非常重要。

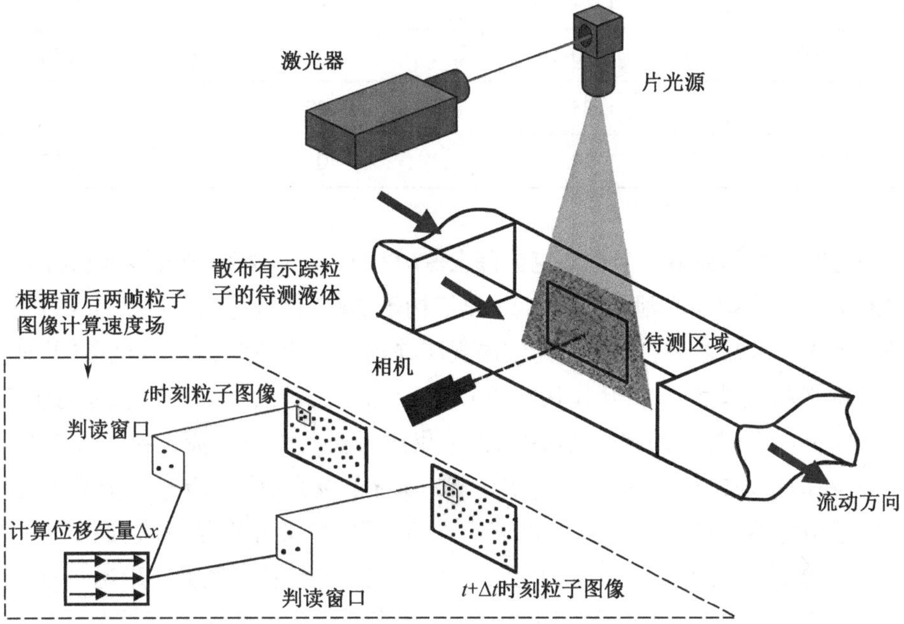

图 2.35　PIV 原理示意图

示踪粒子的性能指标：直径、密度、形状、光反射性能等。

对于示踪粒子的选择，要求如下：

首先，要保证其满足一般要求，无毒性、无腐蚀性、化学性质稳定等。

其次，保证其流动跟随性、反光性。粒子的密度尽量等于流体的密度，粒子的直径要在保证散射光强的前提下尽可能小，一般为微米量级。

再次，示踪粒子尽可能避免带导电性的微粒，以防止微粒飘散进入 PIV 装置的激光器电源内造成其损坏。

最后，对于大范围水体使用示踪粒子，要保证其价格低廉以便大量使用。

在试验研究中，还必须考虑粒子质量浓度问题。当粒子的质量浓度很高时，粒子像会重叠在一起，由于激光为干涉光，所以在底片上会形成激光散斑而不是独立的粒子像。虽然用激光散斑同样可以测取散斑场的位移，但对于流场而言，由于散斑场的稳定性较差，因而提取散斑场的位移相对比较困难。当粒子质量浓度太低时，粒子对的数目可能太少，结果将得不到足够多点的流速，也就得不到足够准确的流速分布。一般而言，示踪粒子的质量浓度维持在 20~25 mg/mL 时，具有良好的跟随性和散光性，能够保证 PIV 图像清晰，且由拍摄图像计算出的流场准确性高。

目前，国内各研究机构开展的船舶领域 PIV 流场试验，在大范围水体中普遍使用的示踪粒子主要有：聚酰胺微珠、尼龙微珠、空心玻璃微珠等。各示踪粒子的基本参数详见表 2.7。

表 2.7 液体流场中常用的示踪粒子

名称	密度/(g · cm^{-3})	平均粒径/μm	折射率
尼龙微珠	1.14	4	1.53
空心玻璃微珠	1.10	10	1.50
聚酰胺微珠	1.03	5,20	1.50
空心玻璃微珠	1.10	10	1.52

在美国海军水面作战中心卡德洛克分部(NSWCCD)、美国爱荷华大学水利科学和工程中心(IIHR)及意大利船模水池(INSEAN)3 家机构于 2007 年进行的一次实船 PIV 测量中,使用了硅藻土作为示踪粒子。但在小范围内观测并提高分辨率时,需要减小粒子的直径来保证其不与所观测流体发生相互作用。直径小于光波波长的示踪粒子具备接近瑞利散射(Rayleigh scattering)标准的特性,会对图像采集产生极大影响。荧光粒子可以有效地解决这一问题,在图像采集时,采集直径为 200~300 μm 的荧光粒子图像。荧光粒子的使用有利于解决粒子跟随性和反光性与直径要求矛盾的问题,但荧光粒子的表面很容易附带电荷,导致粘连或者附着在边界,并且粒子反射光的衰减会导致粒子图像产生尾线效应。

潜艇 PIV 模型试验需要拍摄的范围较大,并且高速相机距离拍摄物体截面较远,所需的示踪粒子量巨大,国内部分研究者使用直径为 50 μm 的聚苯乙烯(polystyrene,PS)作为示踪粒子,以满足对粒子跟随性和散光性的需求。聚苯乙烯是指由苯乙烯单体经自由基加聚反应合成的聚合物,化学式是$(C_8H_8)_n$。它是一种无色透明的热塑性塑料,熔点为 240 ℃,因此经常被用来制作各种需要承受开水温度的一次性容器以及一次性泡沫饭盒等。聚苯乙烯的密度为 1.05 g/cm^3,接近水的密度,故其跟随性相对较好;折射率为 1.55,具备良好的散光性。

(2)激光光源

用于照射动态微粒场的片光源由脉冲激光通过透镜形成,一般来说,曝光脉冲要尽可能短(一般为微秒至毫秒量级),片光要尽可能薄(1 mm 以下),同时曝光间隔要能够随流场速度及其分辨率的不同而进行调节。曝光时间和曝光能量的要求很难同时满足,为了把有限的光能量都用于曝光,PIV 系统一般采用双脉冲激光器作为光源。一般水中曝光脉冲能量在几十毫焦耳就可以得到理想的曝光图像。

目前 PIV 系统主要采用的激光器有两种:

一种是钕-钇铝石榴石(Nd:YAG)激光器(图 2.36),激光波长为 1 064 nm 和 532 nm,具有较高的激光放大性能和良好的力学和热性能。YAG 基质有非常好的物理、化学、机械特性,其强度和硬度很高,从最低温度到熔点,它的结构都很稳定,是大功率激光器首选的增益介质之一。较长的荧光寿命和较大的受激发射截面的乘积能够使激光器高增益和低阈值地工作。在生长方面,用提拉法也容易生长出高质量、大尺度的晶体。在 Nd:YAG 中,3 价钕代替 3 价钇,这两种稀土离子的半径差大约为 3%,过量掺杂会导致晶体应变,所以,Nd:YAG 中掺杂钕离子的质量分数限制在 1.5% 以内。目前,闪光灯泵浦和激光二极管(laser diode,LD)泵浦的 Nd:YAG 激光器占固体激光器的 90%左右。

图 2.36　钕-钇铝石榴石(Nd:YAG)激光器

另外一种是钕-钇锂氟化物(Nd:YLF)激光器(图 2.37),激光波长为 1 053 nm 和 526 nm,广泛应用于高速 PIV 系统中,其能够实现可见光波长的高效频率转换,激光频率可至 10 kHz。相比于其他掺 Nd 的激光材料,Nd:YLF 晶体因其特殊的性质,拥有能级寿命长、荧光线宽、输出线偏振、热透镜效应小、自然双折射远大于应力双折射的优点,用 Nd:YLF 调 Q 脉冲激光作为参量振荡器的泵浦光,可以获得较高的参量转换效率。

图 2.37　钕-钇锂氟化物(Nd:YLF)激光器

(3)高速摄像机

高速摄像机用于捕捉激光照射后示踪粒子的运动情况。早期 PIV 系统大多采用照相底片作为记录,由于照相底片需要经湿处理,不能实时展示粒子图像的记录结果,因此逐渐为电荷耦荷器件(charge coupled device,CCD)相机和互补金属氧化物半导体器件(complementary metal oxide semiconductor,CMOS)相机所取代,两次曝光的粒子图像可以记录在同一帧上,分辨率也有所提高,从 512 像素×512 像素到 4 096 像素×4 096 像素。

此外,目前还有跨帧 CCD 相机或 CMOS 高速相机(图 2.38),可以使二次曝光的粒子图像记录在前后两帧上,或者连续记录粒子图像,并可以通过互相关法处理数据。跨帧相机与普通相机不同的是采用了特殊的芯片,该芯片除有一般芯片的光电转换阵列和采样传送功能外,还附有作为快速缓存的存储器,对应每一个像元都有一个存储单元。当第一帧光脉冲曝光后,第一帧光电信号立即被存储到存储器上,在做 A/D 转换和数据传输前,CCD 器件的芯片即可接受第二个光脉冲的曝光(第二帧图像)。由此不但实现了将二次光脉冲曝光分别记录在相继的两个图像上,并且保证了二次光脉冲的时间延时范围在 200 ns~1 μs 内且可以调整,与脉冲激光器组系统同步工作。

图 2.38　CMOS 高速相机

3. 船模水池典型 PIV 系统[13]

PIV 系统在船舶与海洋工程领域内的应用主要包含岸基式 PIV 测量系统和随车式 PIV 测量系统两种,前者多用于空泡水筒、循环水槽等试验设备,后者主要用于船模拖曳水池之中。岸基式 PIV 测量系统多用于空泡水筒内螺旋桨和翼型艉流场的测量,测量对象均为小尺度的缩比模型,存在一定的尺度效应。在大型循环水槽内进行船模流场测试时设备布置难度大,且不可避免地存在池壁效应。随车式 PIV 测量系统多用于水面船舶、水下潜艇的绕流场测量方面,测量系统整体跟随拖车一起前进,在测量过程中模型存在姿态变化和产生自由表面兴波时,测量结果更接近于真实航行状态下艇体的绕流场。

2003 年,意大利船模水池 INSEAN 开发了拖曳水池应用的第一个水下立体 PIV 系统,该系统由一个精简鱼雷壳体、一个高能量激光发射装置和高分辨率摄像机组成,可以实现对平面内速度的 3 个分量的测量。系统测量区域可达 400 mm×300 mm,并且可以根据几种不同的测量方式需要进行重构,三维流场信息由两个相机捕获并合成,如图 2.39 所示。

现以哈尔滨工程大学船模拖曳水池实验室定制的水下拖曳 SPIV(体位粒子图像)测量系统为例介绍随车式 PIV 测量系统。该系统与 INSEAN 水池的仪器基本相似,由丹麦 Dantec Dynamics 制造,包含一个模块化组合的可完全浸没于水下的雷体、流线型翼型支架、激光系统、控制与采集系统和粒子播撒系统等。

该仪器的图像采集系统由两组丹迪公司的 FlowSense 4M Mk Ⅱ 12 位精度 CCD 相机组成,相机上安装有 85 mm 和 50 mm f/1.8 的佳能镜头,每个相机被安装在具有旋转功能的平台上以便实现 Scheimpflug 状态。激光系统由一台 Litron 激光公司提供的 200 mJ、15 Hz 的钇铝石榴石双腔脉冲激光器,一组导光臂,一套全反射镜,一组柱面镜等组成。详细的 SPIV 水下雷体布置如图 2.40 所示,通过一台同步控制器实现整套系统的整体联调。其中:

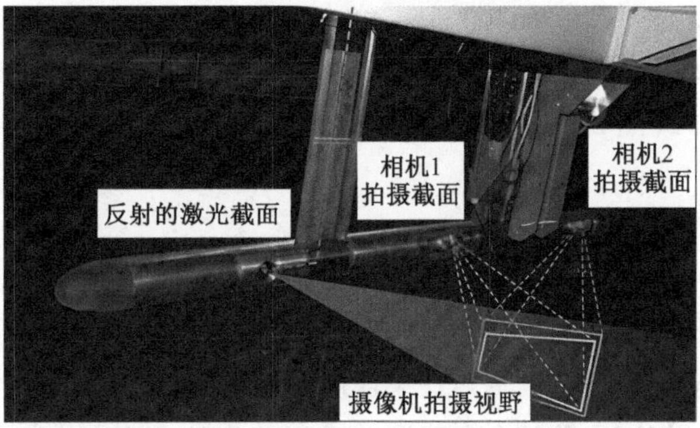

图 2.39　船模水池 INSEAN 安装的世界第一套随车式 PIV 系统

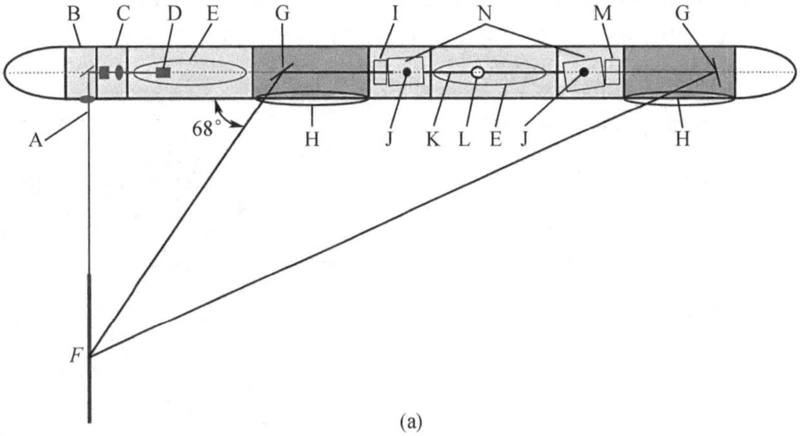

(a)

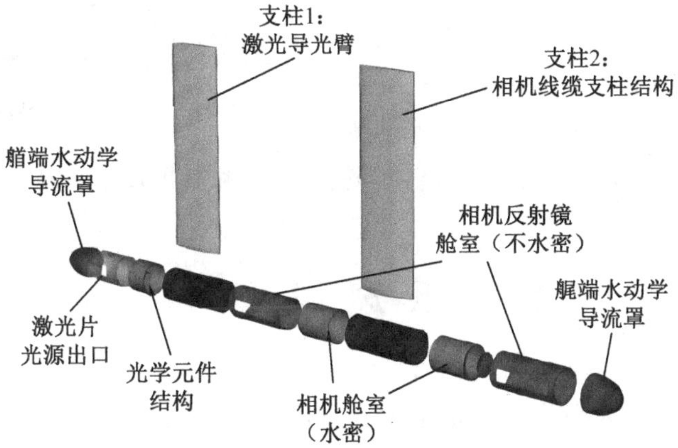

(b)

图 2.40　非对称式 SPIV 测量系统

A：激光发射孔，发射波长为 532 nm 的 Nd：YAG 激光，激光持续时间为 4 ns。

B：激光反光镜，使激光可以垂直于雷体射出。

C：棱镜，激光点光源经过棱镜形成扇形片光源，其光源厚度为 0.6 mm。

D：激光导光臂，通过流线型支架连接至激光发生器。

E：流线型支架，连接水下雷体与激光系统。

F:测量区域,最大测量区域为 400 mm×400 mm。

G:相机反射镜,相机 1(图 2.40(a)标识 N 的左侧)反射镜夹角为 56°,相机轴线与图像视线夹角为 68°;相机 2(图 2.40(a)标识 N 的右侧)反射镜夹角为 19°,相机轴线与图像视线夹角为 38°。

H:相机拍摄窗口。

I、M:相机镜头,焦距为 50 mm、光圈为 f/1.8 的 Canon EF 镜头。

J:旋转平台,具有旋转功能,以方便实现 SPIV 拍摄所需 Scheimpflug 条件。

K、L:相机连接电缆及电缆臂,通过支架连接计算机采集系统。

N:两台 FlowSense 4M Mk Ⅱ 12 位拍摄精度的 CCD 相机,其分辨率为 2 048 像素×2 048 像素。相机 1 轴线和图像视线之间的角度为 68°,相机 2 轴线和图像视线之间的角度为 38°。

SPIV 测量设备通过固定在拖车横移测桥上的底座与拖车系统相连,固定基座上配备的升降台能帮助 SPIV 雷体(即主测量设备)在垂直面上升降,其升降范围为 0~1 m,前后移动范围为-2~2 m,水平移动范围为-1~1 m,移动精度 1 mm,升降能控制雷体浸入水中的深度,雷体最大浸没深度为 400 mm,通过调整雷体相机、激光发生器绕雷体轴线的旋转角度,SPIV 设备可对水下 1 000 mm 以上的潜艇模型的周围流场进行精确测量,图 2.41 给出了典型试验场景的照片。

图 2.41 椭球体模型绕流场测量试验场景

PIV 是一门跨学科的测速方法,综合了激光、数字信号处理、图像图形处理、计算机、现代光学应用和微电子等技术,一般的 PIV 设备均有配套的后处理软件供用户使用。PIV 测量图像的具体处理算法与速度场的分析技术已超出本书所讲述的范围,读者可参阅《船舶绕流场精细测试和分析技术》[14]等技术专著。

2.4 低速风洞[1,15]

风洞是进行风洞试验必需的设备,它是一种产生可控气流的试验装置。一般要求在其试验段要获得稳定、均匀的可控气流,来满足模型试验的需要。在不同的速度范围内,空气动力学都有一些特殊的问题,为了满足不同试验风速、试验雷诺数的要求,根据试验风速的不同,风洞分成了亚声速风洞、跨声速风洞、超声速风洞和高超声速风洞。

在亚声速风洞中,当风速相应的马赫数 $Ma \leqslant 0.3$ 时,称为低速风洞。就空气动力学的研究范围来说,空气是可压缩气体,但在低速风洞试验中,空气的压缩性可以忽略不计。对于几何相似的模型而言,当只考虑其在无限深广的流体中的宏观运动性能时,雷诺数是主要的相似准数。因此,低速风洞成为开展潜艇模型伴流场测量、表面压力系数测量和操纵性水动力系数测量等方面研究的重要试验设备。

为在各类模型试验工作中正确选择和使用低速风洞设备，有必要对低速风洞的各项基本性能有充分的了解，本节主要从低速风洞类型与构造、风洞流场品质的描述与要求两个方面对低速风洞本身的基本性能进行介绍。

2.4.1　低速风洞的类型与构造

1. 风洞类型

从洞体结构上讲，风洞有两种基本类型。第一类是直流式(open circuit)风洞，即从大气中吸进空气，经过风洞后再回到大气，在风洞中使用的是完全新鲜的空气。直流式风洞一般有进气口、防风和出气口装置。进气口装置的主要功用是消减突风对试验段流场均匀性的影响，防止雨水、昆虫、鸟类等进入风洞；防风装置的主要功用是消除自然风对试验初读数的影响，改善洞内工作人员的工作环境；出气口装置的主要功用是防止昆虫与鸟类进入。例如，中国空气动力研究与发展中心的 FL-13 风洞就是一个典型的直流式风洞。第二类称为回流式(return flow)风洞，此类风洞有连续的空气回路，空气在风洞中循环使用。回流式风洞与水平型循环水槽的总体布局极为相似，是最为常见的风洞类型。例如，1955 年在哈尔滨军事工程学院建造完成的 FL-5 风洞，就是在新中国成立后我国建造的首座研究型的回流式低速风洞。FL-5 风洞和潜艇模型测力试验的场景如图 2.42 所示。

(a)FL-5风洞　　(b)潜艇模型测力试验的场景

图 2.42　FL-5 风洞和潜艇模型测力试验的场景

直流式和回流式两种类型的风洞各有优缺点。两者的比较如表 2.8 所示。

表 2.8　直流式与回流式风洞的比较

项目	直流式	回流式
试验流场	如果入口或出口与室外大气相通，则试验流场受到影响	试验流场不受大气的影响
气流温度	与室外大气温度相同	风洞运行使温度上升，要有冷却设施
运行耗能	能量利用率低	能量利用率较高
环境噪声	较大	较小
试验类型	适合进行烟流、油流等有排放物的试验	不适合有排放物的试验

风洞试验段横截面的形状可以是正方形、长方形、带圆角的长方形、八角形、圆形和椭圆形。试验段可以是完全闭合的(闭口试验段),也可以简单地由一个开口空间构成,空气由收缩段流经这个开口空间进入扩散段。现代回流式低速风洞多采用开、闭两用单回路形式,即可以根据不同的试验需求切换试验段。

2. 风洞的构造

无论是直流式风洞还是回流式风洞,其工作原理是一致的,都是通过风扇电机的转动来带动气流,通过对风扇电机的控制来产生可控气流。工作原理的一致性决定了低速风洞构造的相似性,直流式和回流式风洞主要都由以下几个部分组成。图 2.43 和 2.44 分别给出了直流式风洞和回流式风洞的结构示意图。

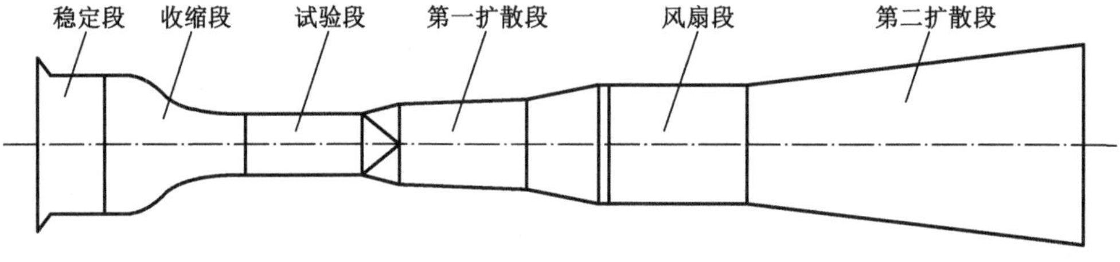

图 2.43　直流式低速风洞结构示意图

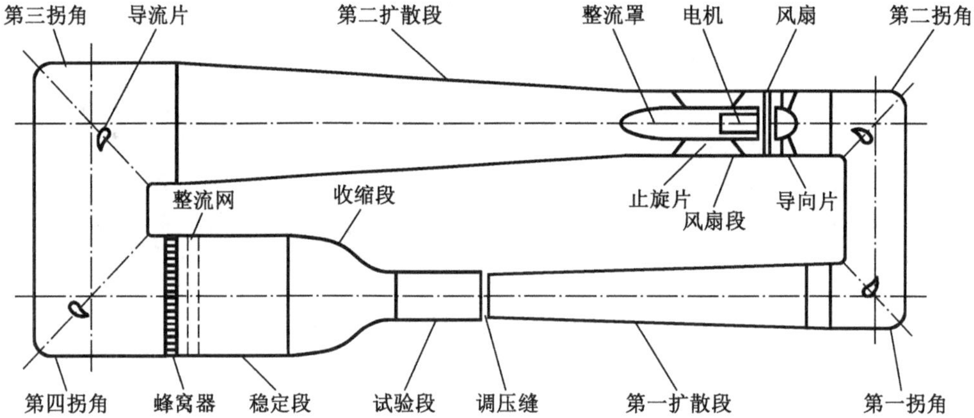

图 2.44　回流式低速风洞结构示意图

(1)稳定段

在直流式风洞中,稳定段位于风洞前端、进气口后;在回流式风洞中,稳定段一般位于第四拐角后。稳定段的作用在于使紊乱的气流有足够的时间稳定下来,使气流中的旋涡衰减,最终目的是提高气流速度的均匀性。通常,稳定段的横截面是风洞中最大的一段,且是气流速度最低的一段。在稳定段前端一般都装有蜂窝器、阻尼网等整流装置,以改善气流品质。

（2）收缩段

收缩段位于试验段的前面，是连接稳定段和试验段的沿气流方向横截面不断减小的一段光滑的过渡管道。其主要作用是使气流均匀加速到试验段内所要求的流动参数值。

（3）试验段

试验段也称工作段，是一个紧接于收缩段出口的等截面段。试验段内装有试验模型，当气流流过此模型时，即可进行流体动力测量和必要的观察。在闭口试验段中，风洞气流沿边界上没有法向速度；在开口试验段中，风洞沿气流边界的压力理论上是不变的。近年来建造的风洞大多实现了开闭两用或多类型的试验段可更换。

（4）扩散段

扩散段的主要用途是将试验段流出的气流动能尽可能地转变成压力能，从而减少能量损失。

（5）驱动装置

驱动装置是产生气流的装置，一般是风扇或螺旋桨。如果能量没有损耗，那么不从外部供给能量也能保持定常流动。但实际上，由于有涡流和紊流的产生，动能会转变成热能而损失。此外，因为扩散段不能无限制扩散，所以在扩散段出口处也有动能损失，这种能量同样是由于气流和周围的空气相混合后转变成热能了。因此，为保持风洞内空气的流动，应不断地供给能量。

对于回流式风洞，在 4 个转角处要安装导流片，以提高流场均匀性，并减小气流偏角。

目前国内可严格按照潜艇模型试验要求（临界雷诺数、阻塞度等）开展潜艇流体动力试验的大型低速风洞很多，主要分布在哈尔滨、北京、上海周边、无锡、南京、以及西安、绵阳等地。表 2.39 列出了这些风洞的主要特性。

表 2.39　国内部分大型低速风洞

名称	项目			
	风洞类型	试验段尺寸/m（长×宽×高）	风速范围/$(\mathrm{m \cdot s^{-1}})$	建成时间/年
中国船舶科学研究中心（无锡）02 风洞	闭口回流式	8.5×3×3	3~93	1971
北京空气动力研究所 FD-09 风洞	闭口回流式	12×3×3	<100	1966
中国空气动力研究与发展中心（四川绵阳）FL-13 风洞	闭口直流式（双试验段）	15×8×6 25×12×16	10~85 5~25	1978
中国空气动力研究与发展中心（四川绵阳）FL-12 风洞	闭口直流式	8×4×3	10~100	1971

表 2.39(续)

名称	项目			
	风洞类型	试验段尺寸/m (长×宽×高)	风速范围 $/(m\cdot s^{-1})$	建成时间
中国航空工业集团公司哈尔滨空气动力研究所 FL-10 风洞	开闭两用 开口回流段 闭口回流段	 12×8×6 20×8×6	 15~85 15~115	2015
中国航空工业集团公司哈尔滨空气动力研究所 FL-51 风洞	开闭两用 开口回流段 闭口回流段	 6.5×4.5×3.5 10.0×4.5×3.5	 5~85 5~100	2014
西北工业大学 NF-3 风洞	闭口直流式 (三试验段)	8×3×1.6 4.2×2.5×2.5 12×3.5×2.5	<130 <145 <90	1995
南京航空航天大学 NH-2 风洞	闭口直流式 (双试验段)	7×5.1×4.25 6×3.0×2.5	<31 <93	1982

2.4.2 风洞流场品质的描述与要求

风洞流场品质主要是指风洞试验段内的气流参数在时间和空间上的均匀程度。这些气流参数包括气流速度、方向、动压、静压、温度、湍流度和噪声等。试验模型的气动载荷是试验段内气流与模型相互作用的结果。显然,当风洞流场品质不同时,模型上的气动载荷就会发生变化,使试验结果的不确定性增加。为减小风洞试验结果的不确定性,需要对风洞流场品质提出一定的要求,通常要求风洞试验段气流参数在时间和空间上尽可能均匀。

1983 年高低速试验数据精准度会议提出制定“国内低速风洞流场校测规范”。1991 年颁布了国家标准《高速风洞和低速风洞流场品质规范》(GJB 1179—1991),明确规定了低速风洞流场品质指标。2012 年,又对该规范进行了更新——《低速风洞和高速风洞流场品质要求》(GJB 1179A—2012),该规范是针对以航空、航天飞行器试验为主要任务的生产型风洞而制定的,但对于潜艇、鱼雷等潜体的风洞试验也是适用的。国家颁布的《低速风洞中潜艇模型伴流速度场试验规程》(CB/Z 20013—2012)船舶行业标准中关于低速风洞流场的指标要求与 GJB1179—1991 中的合格指标要求是一致的。

风洞流场品质规范中与潜艇模型风洞试验相关的风洞流场品质要求主要包括动压、方向场、轴向静压梯度、气流温度、湍流度等方面。

1. 动压

(1)动压稳定性

动压也称速压,在风洞试验中常用符号 q 表示。动压稳定性是指气流动压随时间脉动的情况，一般用动压稳定性系数 η 定义。《低速风洞和高速风洞流场品质要求》(GJB 1179A—2012)规定用下述方法获得 η：在模型区中心处装标准风速管一支，在全部可用动压范围内，用精密压力传感器仔细测量动压随时间的变化。在 1 min 内测量次数不少于 120 次，按式(2-37)计算：

$$\eta = \frac{q_{max} - q_{min}}{q_{max} + q_{min}} \tag{2-37}$$

式中，q_{max} 与 q_{min} 分别为 1 min 内测量得到的最大动压与最小动压，Pa。

《低速风洞和高速风洞流场品质要求》(GJB 1179A—2012)要求，在常用动压下，其动压稳定性系数需达到：合格指标为 $\eta \leqslant 0.005$；先进指标为 $\eta \leqslant 0.002$。

(2)参考点动压修正系数

在进行风洞试验时，不可能在试验段模型区内用风速管来测量动压，一般均是在收缩段的进口和出口设置一组参考测压孔，获得压差 Δp。在空风洞时进行校测得到该压差与试验段动压 q 的关系——参考点动压修正系数，即通常所说的落差系数：

$$\zeta = \frac{q}{\Delta p} \tag{2-38}$$

《低速风洞和高速风洞流场品质要求》(GJB 1179A—2012)要求，在任一速压下重复测量 7 次，动压修正系数的均方根偏差需达到：$\sigma_{\zeta} \leqslant 0.002$。

(3)动压场

动压场系数 μ_i 用来反映气流速压在空间的分布情况，即

$$\mu_i = \frac{q_i - q_{pj}}{q_{pj}} = \frac{q_i}{q_{pj}} - 1 \tag{2-39}$$

$$q_{pj} = \frac{1}{m}\sum_{i=1}^{m} q_i \tag{2-40}$$

式(2-39)与(2-40)中，μ_i 为第 i 点速压场系数；q_i 为第 i 点速压，Pa；q_{pj} 为模型区内各测点速压平均值，Pa；m 为试验段内测点个数。

《低速风洞和高速风洞流场品质要求》(GJB 1179A—2012)要求，测量截面不少于 5 个(常规模型长度区域内不少于 3 个)，截面上的测点间距不大于 $\sqrt{A}/15$(A 为试验段横截面积)，测点范围应超出模型截面区。对模型区中心截面要在常用动压、最大动压及最小动压下测量，其他截面在常用动压下测量。要求模型区内速压场系数 μ_i 差需达到：合格指标为 $|\mu| \leqslant 0.5\%$；先进指标为 $|\mu| \leqslant 0.2\%$。

2. 方向场

(1)局部气流偏角

局部气流偏角是指试验段内任何一点的气流方向与风洞轴线之间的夹角。《低速风洞和高速风洞流场品质要求》(GJB 1179A—2012)要求，模型区域内的局部气流偏角达到以下指标。合格指标为：$|\Delta\alpha_i| \leqslant 0.5°$，$|\Delta\beta_i| \leqslant 0.5°$，先进指标为：$|\Delta\alpha_i| \leqslant 0.2°$，$|\Delta\beta_i| \leqslant 0.2°$，其中 $\Delta\alpha_i \Delta\beta_i$ 分别为模型区域内任何一点 i 处的纵向和横向气流偏角。

(2)平均气流偏角

平均气流偏角是指试验段模型区气流的平均方向与风洞轴线夹角,要求试验段平均气流偏角达到:$|\Delta\alpha_{pj}|\leqslant 0.2°$,$|\Delta\beta_{pj}|\leqslant 0.2°$。

3. 轴向静压梯度

轴向静压梯度反映了试验段内静压沿轴向的分布情况。《低速风洞和高速风洞流场品质要求》(GJB 1179A—2012)要求,测量沿试验段中心线的轴向静压梯度进行,测点间距小于试验段长度的5%,并在模型区内,轴向静压梯度$\frac{dC_p}{dx}$的指标为

$$L\cdot\left|\frac{dC_p}{dx}\right|\leqslant 0.005 \tag{2-41}$$

式中,L为模型区长度。

4. 气流温度

气流温度变化使风洞内空气密度和黏性系数发生变化,进而导致试验雷诺数变化。风洞温度过高还会带来诸多不利因素,如驱动电机温度过高、模型的临时填料很快软化等。《低速风洞和高速风洞流场品质要求》(GJB 1179A—2012)要求,在常用动压下,气温温升每小时不应超过 15 ℃,最高温度不超过 45 ℃。

5. 湍流度

气流中存在微小的旋涡运动,因而试验段里任意一点的气流速度总存在微小脉动,通常用湍流度衡量气流脉动的强度。气流湍流度一般定义如下:

$$\varepsilon=\frac{\sqrt{\frac{1}{3}\left(\overline{v_x'^2}+\overline{v_y'^2}+\overline{v_z'^2}\right)}}{v} \tag{2-42}$$

$$\begin{cases}\overline{v_x'^2}=\frac{1}{t}\int_0^t v_x'^2\,dt\\\overline{v_y'^2}=\frac{1}{t}\int_0^t v_y'^2\,dt\\\overline{v_z'^2}=\frac{1}{t}\int_0^t v_z'^2\,dt\end{cases} \tag{2-43}$$

式(2-42)与(2-43)中,v为气流平均速度,m/s;v_x'、v_y'、v_z'分别为风洞轴向、侧向和垂向方向速度的脉动值,m/s;t为时间,s。

《低速风洞和高速风洞流场品质要求》(GJB 1179A—2012)要求模型区中心的湍流度指标为:$\varepsilon\leqslant 0.2\%$。

以上仅从描述低速风洞流场品质的参数内容和指标要求方面,对流场品质进行了简单的介绍,未涉及流场品质参数的具体测量方法,关于风洞流场品质参数的具体测量方法,可以参考《风洞试验手册》等技术专著。

参考文献

[1] 李周复. 风洞试验手册[M]. 北京:航空工业出版社,2015.
[2] 中华人民共和国国家军用标准. 风洞应变天平规范:GJB 2244A—2011[S]. 北京:总装,2011.
[3] GROVES P D. Principles of GNSS,inertial,and multisensor integrated navigation systems (second edition)[M]. Norwood,MA:Artech House,2013.
[4] 徐旭,何昆鹏,张琳. 在水池中精确测量潜器模型运动参数方法[J]. 哈尔滨工程大学学报,2020,41(7):1010-1015.
[5] 邓志红,付梦印,张继伟,等. 惯性器件与惯性导航系统[M]. 北京:科学出版社,2012.
[6] 俞湘三,陈泽梁,楼连根,等. 船舶性能实验技术[M]. 上海:上海交通大学出版社,1991.
[7] 林其勋. 热工与气动参数测量[M]. 西安:西北工业大学出版社,1995.
[8] 钟兢军,宋彦萍,芦文才,等. 五孔探针非对向测量法在风洞自动测试系统的应用[J]. 哈尔滨工业大学学报,1997,29(3):4.
[9] 岳国强,韩万金,芦文才,等. 五孔探针实验数据处理的线性插值法[J]. 热能动力工程,2004,19(5):526-529.
[10] 牛文敬,孙科,卢予恩. 五孔探针校准曲线角度系数处理的分段线性插值法[J]. 工程与试验,2022,62(3):12-14.
[11] 符澄,彭强,李先锋,等. 亚声速气流中五孔探针的校准及应用[J]. 实验流体力学,2011,25(3):87-90.
[12] 郭春雨,郤云飞,韩阳,等. 舰船流场试验测试技术研究进展[J]. 中国舰船研究,2022,17(5):103-115.
[13] 吴铁成. 船舶精细流场数值模拟及基于 PIV 的试验研究[D]. 哈尔滨:哈尔滨工程大学,2015.
[14] 郭春雨,吴铁成,赵大刚,等. 船舶绕流场精细测试和分析技术[M]. 北京:科学出版社,2019.
[15] 肖京平. 水中兵器风洞试验技术[M]. 北京:国防工业出版社,2008.

第 3 章　潜艇快速性模型试验技术

潜艇的快速性是指潜艇在一定的主机功率下,在水面或水下以一定的航速航行的能力,其中水下快速性是现代潜艇的重要战术技术指标。潜艇快速性预报的方法主要为模型试验和数值计算,快速性模型试验是潜艇水动力性能方面最重要的基础试验。通过模型试验,可以优化潜艇的线型设计、检验艇-机-桨的匹配性,最终为指导实艇的快速性设计提供依据。

快速性模型试验通过对阻力和推进问题的分析,依据相似理论确定合适的模型缩尺比,制作艇模和推进器模型并主要在拖曳水池中开展试验。将试验结果根据标准的换算方法可转换成实艇预报所需要的数据。此外,在快速性的设计过程中也同期开展模型速度场和压力场的测量试验,以便和宏观水动力的测量结果进行相互验证。

现阶段潜艇快速性模型试验项目主要包括静水阻力试验、螺旋桨的敞水试验、自航试验、伴流场与常规压力系数测量试验等。

3.1　潜艇模型静水阻力试验

3.1.1　概述

1. 相似准则

与水面船模阻力试验类似,潜艇模型的阻力试验也应在满足一定相似条件的情况下进行,其中相似条件是指潜艇模型与实艇要达到几何相似、运动相似和动力相似。几何相似要求模型①和实艇(包括主艇体以及其他附体)有同样的几何特征,各几何特征有相同的比例系数。运动相似要求模型和实艇有同样的运动方式。动力相似则要求模型在水中运动时受到的流体动力与实际潜艇的受力情况相似。前两者容易达到,但是动力相似只能满足部分相似条件。

根据阻力相似定律可知:只有当实艇与模型的 Re 和弗劳德数(Froude number, Fr)同时相等时,才能实现完全相似,此时可以根据模型试验测得的总阻力系数计算得到潜艇的总阻力。

如果要求实艇与模型满足 Fr 相等,则有

① 如无特殊说明,本章模型仅指潜艇模型。

$$\frac{v_s^2}{gL_s}=\frac{v_m^2}{gL_m},\ v_m^2=\frac{v_s^2L_m}{L_s}$$

若 Re 相等，则有

$$\frac{v_sL_s}{\nu_s}=\frac{v_mL_m}{\nu_m},\ v_m^2=\frac{v_s^2L_s^2}{L_m^2}\left(\frac{\nu_m}{\nu_s}\right)^2$$

如果要求实艇与模型的 Re 和 Fr 同时相等，则需

$$\nu_m=\nu_s\lambda^{-3/2} \tag{3-1}$$

以上各式中，下标 m、s 分别代表模型和实艇（以下含义相同）；v 为速度；L 为长度，ν 为运动黏性系数；λ 为缩尺比，$\lambda=L_s/L_m$。

以潜艇模型常用的缩尺比 $\lambda=15$ 为例，由式(3-1)可知：$\nu_m\approx\nu_s/58$，即要求试验介质的黏性系数约为实艇航行介质（海水）的 1/58，这是不切合实际的。现实中模型一般是在淡水水池中进行试验，而海水和淡水的运动黏性系数相差不大，可近似认为相等，若要满足式(3-1)的全相似条件，除非 $\lambda=1$，这就意味着艇模尺度要与实艇一致，显然这是不现实的。

模型和实艇无法实现全相似条件，事实上也不能实现模型和实艇的黏性相似，即满足两者的 Re 相等。这是因为要使 $Re_m=Re_s$，则必有

$$v_m=\lambda v_s\frac{\nu_m}{\nu_s} \tag{3-2}$$

如在水池试验，可假定 $\nu_m=\nu_s$，则式(3-2)为

$$v_m=\lambda v_s \tag{3-3}$$

由于实艇主尺度一般是潜艇模型的 15~20 倍，因此要求模型的速度需达到实艇速度的 15~20 倍，甚至在达到亚音速的情况下进行试验，显然这在水池环境中是不现实的。

(1)水面与近水面状态的动力相似要求

潜艇在静水水面及近水面航行时，与常规低速船舶阻力成分相同，而且水滴形艇型的现代潜艇在水面和近水面航行时兴波阻力的成分较多。因此，在潜艇模型水面状态与近水面状态阻力试验的实施过程中，其动力相似条件与常规水面舰艇的重力相似要求是一致的，即需保持模型与实艇的 Fr 相等。虽然现代潜艇水面状态的航速一般较低，但是实艇艇体周围边界层中的水流仍是处于紊流状态的，而按弗劳德相似律，模型的速度换算值相应的 Re 一般只能达到 10^6 的数量级，为使模型试验时边界层中的水流也处于紊流状态，通常选用大尺度模型并采用激流措施，促使模型试验在湍流状态下进行。模型表面应安装直径为 0.5~1.0 mm 的激流丝（或采用激流钉等其他激流装置，如图 3.1 所示），激流丝的安装位置为模型艏柱后方距离约为 5%L（L 为模型总长）的地方。

(2)水下状态试验的动力相似要求

实艇水下状态的阻力中已无兴波成分，并且从潜艇水下某一航速开始（该航速对应的 Re 称为临界雷诺数）至最大航速范围内，理论上形状（黏压）阻力系数 C_{pv} 为一常数。因此，为了得到较为准确的形状阻力系数，一般要求试验 Re 从 1×10^7 开始直至 2×10^7 以上，并且模型表面需要安装激流装置。有时还需要进行单独附体模型的水下阻力试验。此时，指挥室围壳的 Re 应达到 5×10^5，艉附体的 Re 也应达到 10^6 数量级，否则应在附体模型表面前端

安装激流丝或其他激流装置。

国内外采用过的水下模型快速性试验系统有两种:深浸深拖曳系统和浅浸深拖曳系统。深浸深拖曳系统模型的浸深比应达到 1.0 以上[模型中心(轴)线离水面的距离与模型长度之比],此时可以不考虑模型的 *Fr* 影响,由于多数拖曳水池水深的限制和支撑结构强度振动问题,深浸深拖曳系统在现实中应用较少。目前,国内外该项试验绝大多数采用的是模型浸深约为模型主体直径 3 倍的浅浸深拖曳系统。采用浅浸深拖曳系统时,主要考虑按 *Fr* 避开兴波干扰的航速区间,故可采用低速拖曳和高速拖曳两种方式。采用低速拖曳时,*Fr* 一般应满足 $Fr<0.25$,但是此航速区间相应的 *Re* 较小,即使采用激流措施也很难保证数据的可信度。因此,实际中广泛应用的是浅浸深高速拖曳系统。实践表明:在浅浸深高速拖曳时,在 $0.4<Fr<1.0$ 的航速区间内,模型会受到显著的兴波影响;在 $Fr>1.0$ 后,兴波影响逐渐减弱;$Fr>1.2$ 后兴波影响才可忽略。

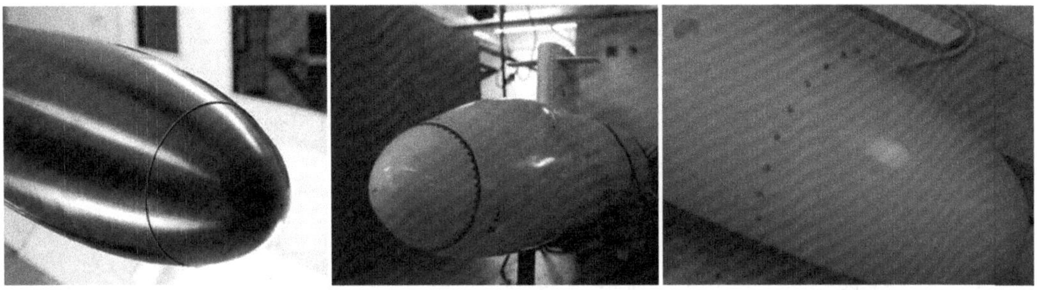

(a) 激流丝　(b) 激流带　(c) 激流钉

图 3.1　不同激流装置

2. 试验模型

潜艇阻力试验模型一般采用金属、玻璃纤维增强塑料(俗称玻璃钢)、碳纤维增强塑料、木模、蜡模等材料制作表面外壳(俗称蒙皮)。近年来,随着 3D 打印技术的发展,部分模型外壳采用聚乳酸(polylactic acid,PLA)、ABS 塑料等复合材料进行加工制作,但目前应用最为广泛的材料还是玻璃钢。一般而言,用于潜艇快速性试验的模型长度应不小于 5 m,结合水池试验环境,部分研究类项目的模型尺寸可以适度减小。

潜艇模型的制作根据型值表及型线图进行,径向公差范围为±0.5 mm,纵向公差不大于全长的 0.05%。试验前的模型应型线光顺、主附体完好、油漆表面光滑、无突出,试验后的模型表面无(浸水)龟裂、变形、破损。

水下状态试验模型内部一般采用钢骨架的结构形式,用于试验安装和承力的钢骨架能保证模型具有足够的强度。在采用内部钢骨架加外敷复合材料外壳的结构形式的模型,一般在水下为负浮力,因此模型内部还应装配浮力材料(可用水密的聚氨酯泡沫填充)和适量配平压载,使得模型完全浸没于水中时近似为浮力中性,并且无固有纵、横倾角。

3. 试验环境

潜艇阻力模型试验一般在高速的拖曳水池中进行。采用浅浸深拖曳系统开展水下状态试验时,为了满足模型的浸深要求并避免池底和侧壁面对试验产生浅水和阻塞效应影响,一般要求模型中心(轴)线离水面的距离与模型长度之比不小于 0.28,模型中心(轴)线离池底距离与模型长度之比不小于 1.0,水池宽度与模型宽度之比不小于 12。研究类项目对于模型中心(轴)线离池底距离与模型长度之比不小于 1.0 的要求可以适当放宽,但所选用的拖曳水池的水深也应在 3.0 m 以上。

此外,由于模型试验不可能达到实艇的 *Re*,而理论上 *Fr* 与潜艇水下状态下的剩余阻力系数无关,因此对于单纯水下状态的剩余阻力测量也可以在低速风洞中开展。结合模型、风洞尺度和风洞的最高风速,风洞试验也可达到 2.0×10^7 量级的 *Re*,并且没有自由液面的干扰,在试验过程中更容易对模型进行修改,流动可视化也更容易实现。本书主要介绍拖曳水池阻力试验。水池试验和风洞试验如图 3.2 和图 3.3 所示。

图 3.2　水池试验

图 3.3　风洞试验

3.1.2　试验方法

1. 水面状态

潜艇模型水上状态阻力试验可采用与常规单体水面船模阻力试验一致的方法,以下仅将所涉及的技术要点列出,关于具体的技术细节,可参考专门介绍水面船模阻力试验的有关专著[1]。

在进行水面状态试验时,模型通过测力天平直接与拖车测桥上所安装的适航仪的升沉杆连接,并将适航仪的纵荡、横荡机构锁死。模型拖点方向应尽量与螺旋桨轴线一致。模型的吃水应与实艇一致,且以排水量为准。模型首尾应加装航向保持装置,且应只限制模型的偏航,而不影响模型的纵摇、升沉运动。

模型的速度按 *Fr* 相似确定,试验速度应涵盖所要求的测试范围。测试点的分布以测试点工况在阻力曲线上相对阻力值而言接近均布为原则。测试点的间隔应接近所测范围的 1/18~1/20 为宜,在阻力峰谷附近应增加测试点数,以充分体现峰谷特征。具体测试流程如下:

(1)在正式试验前应先试车 2~3 次,目的是检查测试系统可靠性,并造成一定的初始紊流度,同时记录水池的水温;

(2)在正式试验时,当加速至测试段速度稳定后应松开拖曳夹紧装置,使艇模仅与适航仪的升沉杆连接,同时记录艇模的速度、阻力、纵倾角和升沉量;

(3)测试段结束停止数据记录,同时将艇模夹紧并减速,结束该航次测试;

(4)重复(2)~(3)测量过程,直到所有速度点测试完毕。

在试验过程中,应随时注意试验结果有无异常。若发现异常,应立即进行原因排查。若异常原因不明或虽已知原因但无法现场采取纠正措施,且异常情况有可能影响试验结果的准确性,应停止试验并将异常情况记录备查。

2. 水下状态

水下状态阻力试验包括全附体阻力试验和拆附体阻力试验。附体通常包括艏水平舵或围壳舵、指挥室围壳、导弹舱盖、艉稳定翼/舵等,有时还包括声呐导流罩等。在进行拆附体阻力试验时,各附体可从艏部向艉部拆,也可从艉部向艏部拆,其顺序应在结果处理时和在试验报告中给予说明。下面具体介绍国内外常用的浅浸深拖曳试验方法。

水下状态浅浸深拖曳时的车速范围及速度点,应从 Re 略大于 1.0×10^7 开始,一般需进行至 $Fr>1.2$,在满足条件 $Re\geqslant2.0\times10^7$、$Fr\geqslant1.0$ 时的测试点应适当加密,保证能够求得稳定的形状阻力系数。

模型通过支杆与拖车的测试桥刚性连接。支杆的长度应使模型的相对浸深(模型中心线离水面的距离与模型长度之比)不小于 0.28,安装时应保证模型处于无纵倾、无偏转状态,位于水池中心且与轨道中心线平行。根据支杆的数量,支撑方式可分为单支杆支撑和双支杆支撑两种。双支杆支撑的干扰影响虽然较单支杆支撑大,但是在偏转和扭转刚度方面明显优于单支杆支撑,目前大多数水池采用双支杆支撑方式。

常见的支杆为圆柱形金属管材,拖曳时圆柱形支杆会产生明显的流动分离,对潜艇模型表面流动以及艉部操纵面附近的流场产生干扰,从而引起附加的测量误差。正如第 1 章的 1.2 节所述,为了降低普通圆形支杆的干扰影响,应在支杆的外端安装流线型(翼型)的导流罩,加装翼型导流罩后的支杆被称为支撑剑(剑杆)。为了避免剑杆与模型围壳之间的干扰,需采用模型倒装的方式开展试验,即模型的龙骨向上,指挥室围壳向下。

早期试验一般采用外置的机械式(或应变式)测力天平,天平位于模型剑杆上端的空气中并与测试桥刚性连接。因此,外置天平的测量结果中不但包含模型的阻力,而且还包含剑杆本身的阻力以及剑杆与模型之间的干扰阻力等量,需要通过烦琐的辅助性试验才能较准确地扣除。近年来,随着应变天平防水技术的发展,目前水下状态试验几乎均采用将剑杆伸入模型内部与水密型内置式天平连接的试验方式,最大限度地降低了剑杆带来的影响。现阶段采用带翼型导流罩支杆与内置式水密天平连接的方式开展水下状态试验时,剑杆对模型的干扰阻力一般可以忽略不计。

依据受力情况的不同选择不同能力的水密天平(单分量、三分量、六分量等)。水密天平的测量精度应小于量程的 0.2%,并且需要其同时具有以下方面的主要特点。

(1)能承受一定的垂向载荷,以满足安装要求,并且保证长时间浸泡时性能也足够稳定;

(2)在水平纵向力的作用下具有良好的动态响应,可精确进行模型水下阻力测量,同时具有很大刚度和强度,在可能遇到的侧向力作用下变形小,不会对水平纵向力测量产生干扰;

(3)具有可靠纵向限位机构,整个系统即使在超量程的水阻力或者惯性力下也能自动保护。

此外,还需要将集成应变采集板卡的多通道动态信号采集系统用于天平信号的采集与输出。

可以采用第 2 章所介绍的杆式水密应变天平(多用于双剑支撑),也可以采用目前市场上较为常见的环式水密应变天平(如图 3.4 所示,多用于单剑支撑,同时采用两只时也可实现双剑支撑),这两种天平一般均为六分量天平。

(a)

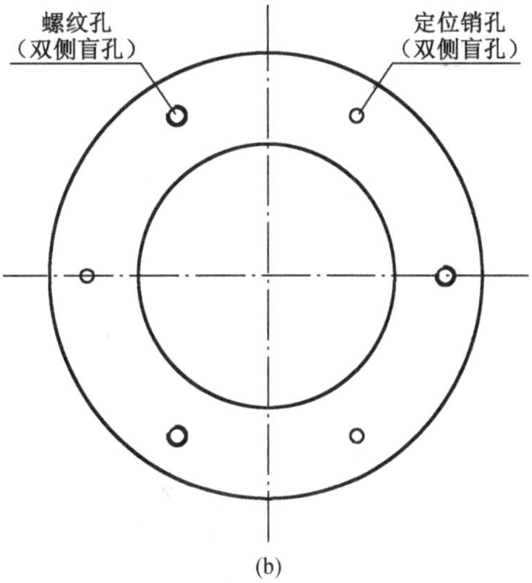

(b)

图 3.4　环式水密应变天平

作为举例,图 3.5 给出了这两种类型天平与模型的连接方式。由图 3.5(a)可见,采用如第 2 章 2.1 节所示的水密封套筒水密后的杆式天平,后端通过定位销和螺钉固定在外套筒内,前端通过正反螺母与延长支杆连接为一体后,通过拉锥(或锥键)配合与模型内部预先定位固定的锥套连接,外套筒通过伸出的支柱与剑杆连接。由于杆式天平及可用延长支杆的长度有限,因此双剑支杆的最大间距通常被限制为 800~1 000 mm。但是,这种外套筒的连接方式却很容易与平面运动机构配合,实现模型简谐运动的驱动,关于外套筒在平面运动机构方面的具体应用,将在第 4 章潜艇拘束模型水动力系数水池测量试验一节中详细讲述(详见 4.1.3)。

由图 3.5(b)可见,采用两只环式水密型天平通过定位销结合螺栓的法兰式接口,即可实现双剑支杆与模型的连接。采用该种方式时,支杆间距不再受到限制,能适用于尺度和全排水量更大的模型。

模型安装完成后,可按事先拟定的试验速度启动拖车,待拖车到达稳速状态后开始测定阻力和相应的模型速度。在拖车稳速段即将结束时(或者在测量已经完成时)停止记录,再使拖车减速直到停止。然后以低速将拖车退回到试验起始位置,等待水面平静后再做下次试验。

为提高试验精度和重复性,建议水下状态试验按下列顺序开展。

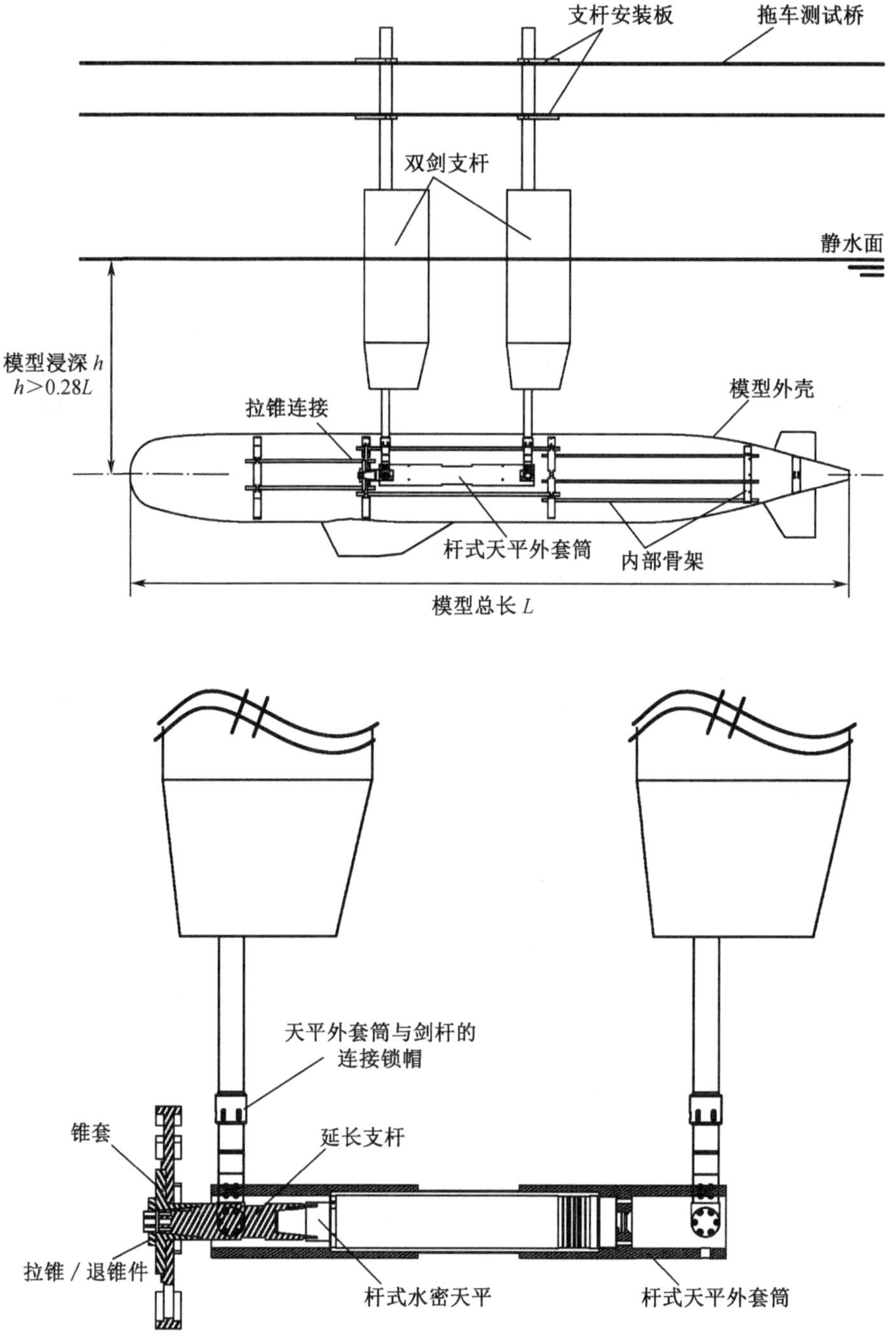

(a) 杆式水密天平与模型的连接

图 3.5　水下状态试验模型的典型安装方式

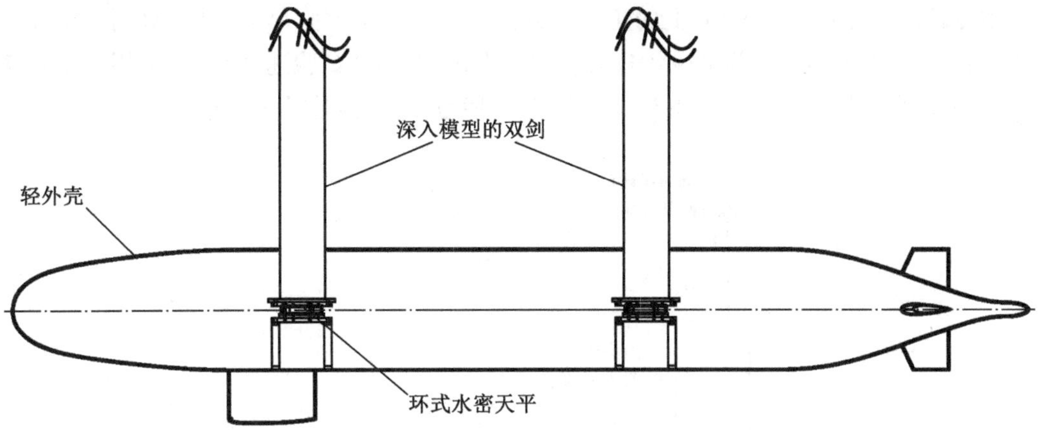

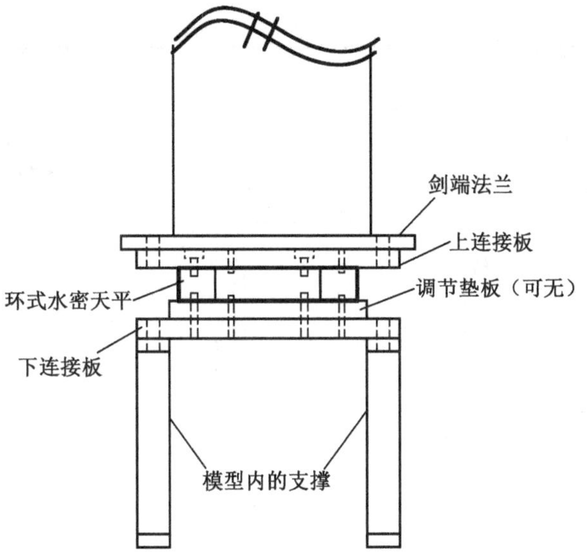

(b) 环式水密天平与模型的连接

图 3.5(续)

(1)先用中等速度将模型拖行 2~3 次,用于检查测试系统的可靠性,并造成一定的初始紊流度,同时记录水池的水温;

(2)每两次试验之间的等水时间应以水面平静为准;

(3)高速点与低速点穿插进行,而不是由低速到高速或者由高速到低速依次递增(递减),目的是使各次试验的初始紊流度大体相同;

(4)在试验过程中,记录每个速度对应的模型阻力值并绘制曲线,检查曲线的光顺程度,判断试验结果是否可信。对于有疑问的点应及时重做试验,或在其附近增加试验点。

3. 近水面状态

现阶段近水面状态的阻力试验主要针对常规潜艇的通气管状态开展[2]。通气管状态阻力试验的模型拖曳速度按 Fr 相似准则确定,一般情况下 $0.1 \leqslant Fr \leqslant 0.15$。模型内置的水密型测力天平也通过剑杆与拖车刚性连接,但此时为获取正确的兴波阻力系数,模型安装应采取龙骨向下、指挥室围壳向上的正装方式。支撑方式主要为单剑支撑、双剑支撑和艉支撑3种，如图3.6所示。为减少剑杆对模型的干扰，考虑到试验速度较低，采用由围壳穿入模型的单剑支撑方式较多；采用双剑支撑时，一般也多将前剑杆从围壳穿入。

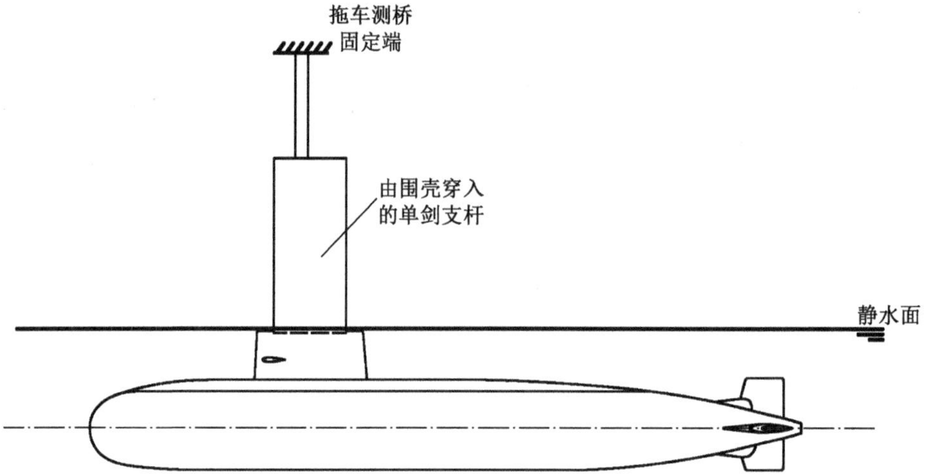

(a) 单剑支撑

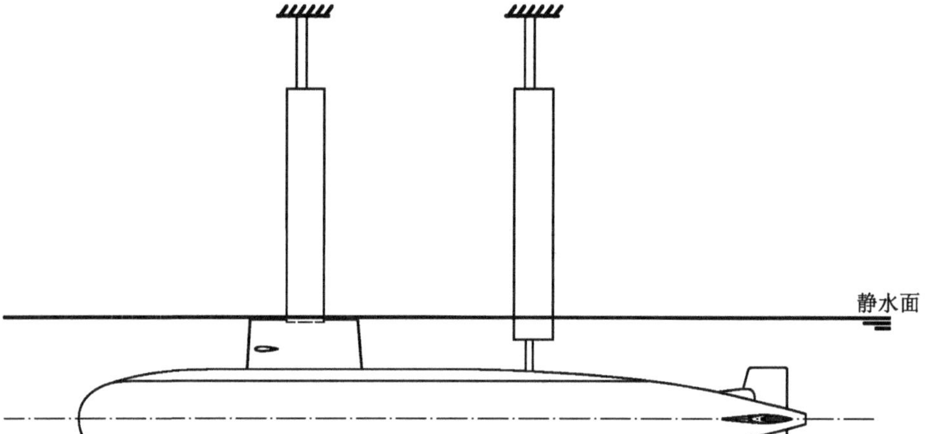

(b) 双剑支撑

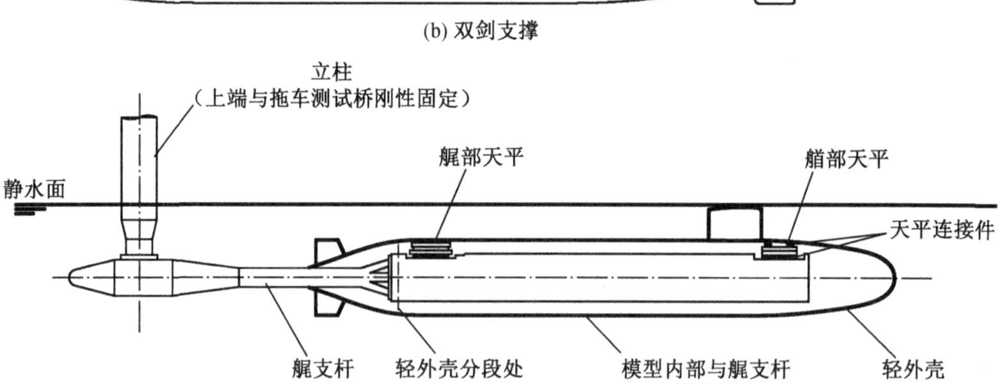

(c) 艉支撑

图3.6　近水面状态试验模型的支撑示意图

艉支撑方式是指支杆从模型的艉端插入与内部天平连接。艉支撑方式相对于腹(背)支撑方式而言,支杆的干扰较小,但却无法开展带推进器的试验。有关研究表明:当艉支杆的长度大于模型底部直径的6~7倍时,其支杆的干扰量可以忽略不计。因此,艉支杆需要具有一定的长度,而正如第1章介绍模型试验技术特点时所述的那样,艉支杆长度的增大,势必会带来大尺度模型系统刚强度不足的问题,并难免对模型的艉部型线造成破坏,如图1.7(g)所示。此外,艉支杆的存在也将使得模型艉部的正压力提高、模型阻力的测量值偏小。目前,在水池环境中,艉支撑方式仍多见于小尺度模型(长度小于1.5 m)的原理性研究试验。

对于快速性模型试验的完备性而言,在阻力试验完成之后,需要继续开展带推进器的强迫自航试验。因此,对于产品级的模型试验项目,通气管状态的阻力试验仍然采用单剑或双剑背支撑模型的方式。

通气管状态阻力试验分两步进行:第一步进行通气管浸深缩比状态的阻力试验,第二步进行深潜状态(深度与水下阻力试验的浸深状态相同)的阻力试验,要求两者的速度范围相同。由于通气管状态的典型航速 Fr 介于0.1和0.15之间,因此在水下阻力试验相应的浸深状态下,兴波阻力是可以忽略的,而两个深度拖曳状态下的 Re 相同,所以用深潜状态的总阻力系数扣除通气管状态的总阻力系数,即可得到通气管状态的兴波阻力系数[3]。

3.1.3　试验数据的处理

1. 水面状态

潜艇模型的总阻力系数按下式计算:

$$C_{tm} = \frac{R_{tm}}{\frac{1}{2}\rho_m V_m^2 S_m} \tag{3-4}$$

式中　C_{tm}——模型的总阻力系数;

R_{tm}——模型的总阻力,N;

ρ_m——水池水的密度,kg/m^3;

V_m——模型拖曳速度,m/s;

S_m——模型全附体湿表面积,m^2。

剩余阻力系数 C_r 按下式求得:

$$C_r = C_{tm} - C_{fm} \tag{3-5}$$

其中摩擦阻力系数 C_{fm} 按1957年ITTC① 公式计算:

$$C_{fm} = \frac{0.075}{(\log_{10} Re_m - 2)^2} \tag{3-6}$$

式中　Re_m——模型的雷诺数。

2. 水下状态

(1)全附体阻力试验

① ITTC为国际水池拖曳会议,全称为International Towing Tank Conference.

全附体阻力试验的总阻力系数计算方法与式(3-4)相同。模型的总阻力系数分为剩余阻力系数和摩擦阻力系数,其中剩余阻力系数仍按照式(3-5)进行计算,摩擦阻力系数仍按照式(3-6)进行计算。

以剩余阻力系数 C_r 为纵坐标,弗劳德数 Fr(或模型拖曳速度 V_m)为横坐标,在 C_r-Fr(或 C_r-V_m)曲线图上曲线的平稳/平直段以算术平均法求得 C_r 的平均值,作为模型的形状(黏压)阻力系数 C_{pv}。

(2)拆附体阻力试验

各附体形状阻力系数 C_{AP} 由拆除该附体前后的形状阻力系数之差确定:

$$C_{AP}=\frac{R_{mi}}{\frac{1}{2}\rho_m V_m^2 S_{mi}}-\frac{R_{mi+1}}{\frac{1}{2}\rho_m V_m^2 S_{mi+1}} \tag{3-7}$$

式中 R_{mi}——拆除第 i 件附体前模型形状阻力,N;

R_{mi+1}——拆除第 i 件附体后模型形状阻力,N;

S_{mi}、S_{mi+1}——拆除第 i 件附体前后模型的湿表面积,均需计及扣除相互间接触面积。

3. 近水面状态

通气管状态的总阻力系数的计算方法与式(3-4)相同。

通气管状态的总阻力系数可以分解成摩擦阻力系数、黏压阻力系数和兴波阻力系数,即

$$C_{tm}=C_{fm}+C_{pv}+C_w \tag{3-8}$$

式中,摩擦阻力系数 C_{fm} 仍按式(3-6)计算;黏压阻力系数 C_{pv} 因实艇通气管状态的 Re 仍在 10^8 以上,因此直接采用水下状态阻力试验获得的形状阻力系数值;兴波阻力系数 C_w 获取方法已在之前讲述,即将通气管浸深状态下阻力试验和水下状态下的阻力试验结果相减后进行无量纲化。

4. 试验报告的一般要求

试验结束后需撰写试验报告,反映试验结果的全面情况,试验报告通常应包含以下内容。

(1)模型基本情况,包括模型缩尺比、主尺度、排水量及吃水、艇模材料、激流情况,以及模型三视图以及典型剖面图等;

(2)试验条件,包括试验水池主尺度、试验日期以及池水温度等;

(3)试验技术方案;

(4)模型编号、试验状态;

(5)试验情况;

(6)试验结果及分析;

(7)其他。

3.1.4　水下状态的典型试验结果

以美国海军水面作战中心 NSWCCD 公布的 SUBOFF 系列标准模型[4]中编号为 AFF-8 的全附体构型的水下状态阻力结果为例，给出典型试验结果。

SUBOFF 项目由美国国防高级研究计划局(Defense Advanced Research Projects Agency, DARPA)于 1990 年提出，旨在利用 CFD 技术协助未来潜艇发展。美国泰勒研究中心(David Taylor Research Center, DTRC)针对 SUBOFF 潜艇系列标准模型进行了大量的试验，试验内容涵盖水池直线拖曳、平面运动机构和风洞测压等多个方面。世界上许多国家的水池都以 SUBOFF 模型为标准模型进行系统的水动力与流场的测量试验，提供了包括速度、压力、摩擦阻力、雷诺应力和阻力等大量的水动力和流场数据。

编号为 AFF-8 的全附体模型由裸艇体、指挥台围壳以及 4 个水翼组成，模型长 $L=4.356$ m，艇身最大直径为 0.508 m，平行中体长 2.229 m，指挥台长 0.368 m。指挥台围壳上顶端面对应为水滴形截面，艉翼的翼型后缘位于距艇首 4.007 m 处，4 个艉翼剖面为 NACA0020 翼型，对称布置。螺旋桨盘面在 $x/L=0.978$ 处，距艇首 4.26 m。全附体模型的主要几何尺度参数如图 3.7 所示。

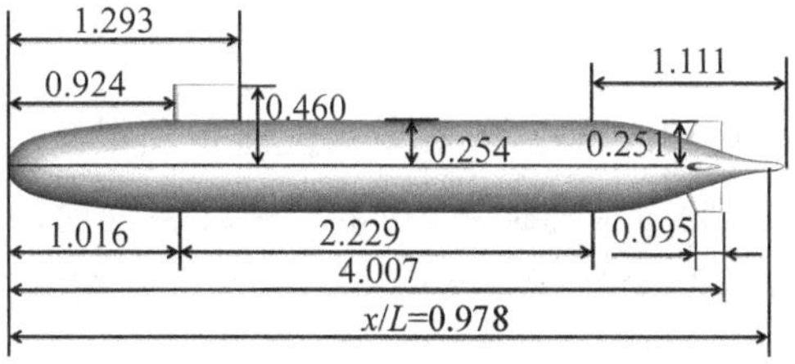

图 3.7　SUBOFF 全附体模型的主要尺度参数(单位：m)

水下状态阻力相关数据如表 3.1 所示。全附体模型剩余阻力系数曲线如图 3.8 所示。需要说明的是，标准模型发布的试验数据点较少，在此仅作为举例，在开展实际试验项目时，应按 3.1.2 中的第 2 项要求对 $Fr\geqslant 1.0$ 时的测试点加密。

表 3.1　SUBOFF 全附体模型水下状态阻力结果

模型速度/($\mathrm{m\cdot s^{-1}}$)	模型阻力/N	Fr	C_{tm}	C_{fm}	C_r
3.05	102.3	0.467	0.003 450	0.002 860	0.000 591
5.14	283.8	0.786	0.003 370	0.002 622	0.000 748
6.10	389.2	0.933	0.003 282	0.002 551	0.000 731
7.16	526.6	1.095	0.003 223	0.002 487	0.000 736
8.23	675.6	1.259	0.003 129	0.002 433	0.000 697
9.15	821.1	1.400	0.003 077	0.002 393	0.000 684

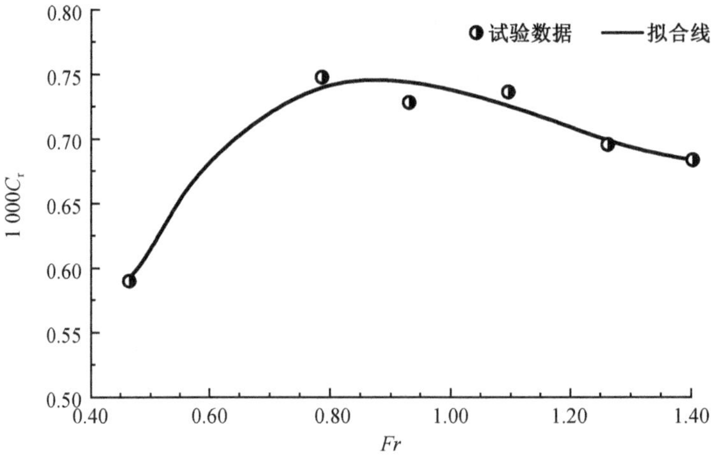

图 3.8　SUBOFF 全附体模型剩余阻力系数曲线

3.2　螺旋桨模型敞水试验

螺旋桨一直是潜艇主要使用的推进器,其敞水性能是预报潜艇快速性的重要依据。近年来,随着潜艇声隐身技术指标需求的提高,在常规螺旋桨理论的基础上又相继发展了大侧斜桨和泵喷推进器。本节主要介绍螺旋桨模型的敞水试验技术,对于泵喷推进器仅简单介绍其敞水试验数据处理的一般方法。

3.2.1　概述

1. 相似条件与要求

从理论上来说,螺旋桨模型与实桨之间必须满足完全的相似条件,才能由螺旋桨模型敞水试验得到的推力系数、扭矩系数和敞水效率结果换算得到实桨的相关数据。但实际上,螺旋桨模型与实桨是无法满足全相似条件的[5]。通常进行潜艇螺旋桨(泵喷推进器)模型的敞水试验必须满足以下相似条件与要求。

(1)螺旋桨模型与实桨之间保持几何相似,缩尺比 $\lambda = D_s/D_m$(D_s、D_m 分别为实桨与螺旋桨模型的直径)。进行敞水试验的螺旋桨模型与实桨之间首先要保证几何形状上相似,其桨叶螺距比亦应相等。一般考虑到需要进行全套的快速性模型试验,因此,螺旋桨模型的缩尺比与潜艇模型的缩尺比保持一致,潜艇螺旋桨模型的直径通常大于 240 mm。此外,螺旋桨模型与实桨的进速系数 J_0(下标 0 表示敞水,以下含义相同)相等是运动相似的基本条件。

(2)螺旋桨模型的推力、扭矩主要考虑的是黏性力相似问题,但是如满足进速系数和 Re 同时相等,则螺旋桨模型的进速和转数都将过高而难以实现。因此,在进行螺旋桨模型敞水试验时，通常只满足进速系数相等，对于 Re_m 则仅要求超过某一临界值。这主要是为了避免因缩尺影响过大，在由螺旋桨模型试验结果换算得到实桨结果时产生较大的尺度效应。螺旋桨模型的 Re 可以按照 1957 年 ITTC 推荐的公式计算：

$$Re_m = \frac{C_{0.75R} \cdot \sqrt{V_A^2 + (0.75\pi n D_m)^2}}{\nu} \tag{3-9}$$

式中　$C_{0.75R}$——螺旋桨模型（泵推进器则为转子）$0.75R$（半径）处桨叶切面的弦长，m；

V_A——螺旋桨模型的进速，m/s；

n——螺旋桨模型的转速，r/s；

ν——水的运动黏性系数，m^2/s。

1978 年 ITTC 建议，螺旋桨模型敞水性能试验的 Re（临界雷诺数）应不小于 3.0×10^5。对于现代潜艇常用的特种螺旋桨或推进器（如大侧斜桨、泵喷推进器），模型试验的 Re 还应适当取大些，一般应不小于 6.0×10^5，具体值也应视设备能力和试验数据的稳定情况而定。此外，为便于后续自航试验的对比分析，还应进行与后续相应进速状态下自航试验同转数的敞水试验，但如果自航时的转速已满足上述临界雷诺数的要求，则不需要另外进行敞水试验。

2. 螺旋桨模型的一般要求

（1）螺旋桨模型与实桨的几何形状必须相似，叶片无损伤，表面光洁、连续、过渡均匀光顺。桨叶表面粗糙度 Rs 为 1.6 μm，其余部位的表面粗糙度 Rs 为 3.2 μm。必要时叶片导边处可按卡板加工。

（2）模型的导管螺旋桨或带有导管部件的泵喷推进器（俗称泵喷桨）、桨叶梢与导管壁间隙要求与实桨几何相似，间隙小于 1 mm 的，可对导管内壁形状做适当修正，但要保证表面光洁、连续、光顺，间隙可放大至 1 mm 左右。

（3）导管螺旋桨的导管模型的外壁形状与实桨要求满足几何相似，表面光洁、连续、光顺。

（4）在螺旋桨模型上均匀选取 6~10 个测量半径，用于检验模型的制作偏差。测量转角以叶面参考线为 0°，一般每间隔 5°设置一个测点，直至边缘，梢部应适当加密，螺旋桨模型的制作偏差应满足以下要求。

①螺旋桨模型直径偏差为±0.10 mm；

②弦长偏差为±0.10 mm，或±0.5%的偏差，可取其大者；

③螺距偏差为±0.5%；

④桨叶厚度偏差为±1%，可取其大者；

⑤内孔公差：0.00~±0.03 mm；

⑥加工螺旋桨模型所用的材料牌号应符合设计要求，材质符合相应的国家标准，并有材料质保书，制作材料一般采用铝合金或铸造铜合金。

3. 试验环境与模型安装

螺旋桨模型敞水试验一般在艇模拖曳水池（或大型循环水槽）中进行。试验采用螺旋桨敞水动力仪开展，敞水动力仪由拖车带动前进，螺旋桨模型轴线应与水池的中心线平行。水温计建议放在螺旋桨模型轴线浸深处。

与水面船舶螺旋桨敞水试验桨模安装要求所有不同的是：对于潜艇水面和近水面状态，螺旋桨模型（泵喷桨转子）的浸没深度（桨轴处）应按实艇的几何缩比值确定，这一要求主要是考虑到现代潜艇的螺旋桨轴线与主艇体的中轴线相合，水面和近水面状态航行时，螺旋桨本身就会受到自由液面的影响，为保证后续自航试验结果的可靠性，因而将螺旋桨模型（转子）的浸没深度直接取为实艇的几何缩比值。而对于水下状态，螺旋桨模型（转子）的浸深则需满足桨轴沉深与螺旋桨模型（转子）直径之比大于 1.5 的要求，这一要求主要是为了避免螺旋桨模型转动引起水面兴波和吸入空气对实艇水下状态时螺旋桨工作状态的比拟产生不利影响。

4. 螺旋桨敞水动力仪

螺旋桨敞水动力仪是进行螺旋桨模型敞水试验的主要仪器，目前主要有支撑剑式和敞水箱式两种类型（图 3.9）。采用支撑剑式敞水动力仪试验时，螺旋桨模型与支撑剑之间应有足够的距离，以避免支撑剑对螺旋桨尾流场产生过大干扰而影响试验结果，一般要求此类敞水动力仪的包套轴伸出端不小于 2 倍螺旋桨直径。采用敞水箱式敞水动力仪开展模型试验时，通常要求桨模与流线型敞水箱之间的距离应大于桨模直径的 3 倍。

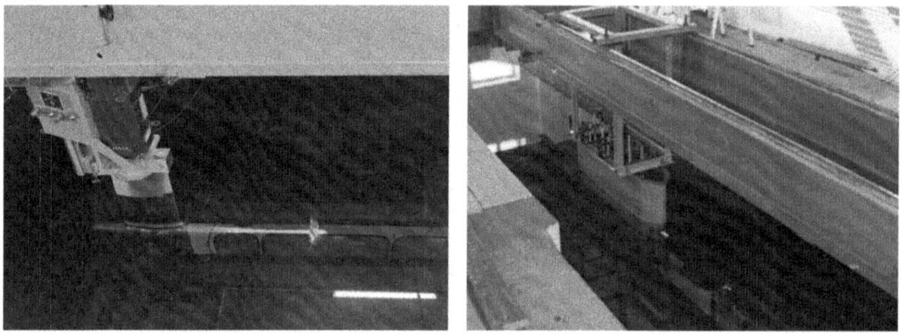

(a) 支撑剑式　　(b) 敞水箱式

图 3.9　两类常见的螺旋桨敞水动力仪

螺旋桨敞水动力仪还可分为机械式和电测式两种，其核心部件均为测量螺旋桨模型推力和扭矩的测力仪。机械式敞水动力仪利用机械原理手段对螺旋桨模型的推力和扭矩进行测量，其本质是一台二分量（推力、扭矩）的机械式天平。这一类敞水动力仪的具体原理在“艇船原理”课程中已经介绍过，其主要特点是测量数据的可靠性较好，但是仪器的尺寸和质量较大，成套仪器的外形均为敞水箱式，并且使用前的标定和使用后的维护比较烦琐复杂。与机械式天平已逐渐被应变式天平取代的发展趋势一致，目前从事艇船水动力学研究的单位几乎均已采用电测式敞水动力仪开展与推进器相关的模型试验工作。

电测式敞水动力仪可将螺旋桨模型产生的推力、扭矩通过测力感应元件转换为电信号输出，再由信号采集设备进行测量与记录。从原理上讲，电测式动力仪的本质是一台（对于对转桨、导管桨或泵喷桨可以由两台组成）二分量的水密型应变天平，其测量原理与第 2 章所介绍的杆式应变天平的轴向力及滚转力矩测量元件的电桥原理相同。电测式敞水动力仪的特点是:质量小、体积小、具有较高的测量精度,更方便集成为支撑剑式的成套仪器。一般情况下,采用一套数据采集系统即可实现对螺旋桨模型推力、扭矩和转速的同步测量,从而实现对试验数据的实时采集与处理。

下面以单独螺旋桨模型的传动与测量原理为例,对电测支撑剑式螺旋桨敞水动力仪的系统组成做一简介。如图 3.10(a)所示,螺旋桨敞水动力仪通过其上端的固定架安装在拖车的测试桥上,螺旋桨模型的浸深可以通过垂向导轨调节。目前,多采用西门子 6RA70 系列的全数字直流调速装置驱动敞水动力仪的直流电机,转速的控制精度可达 0.1%。

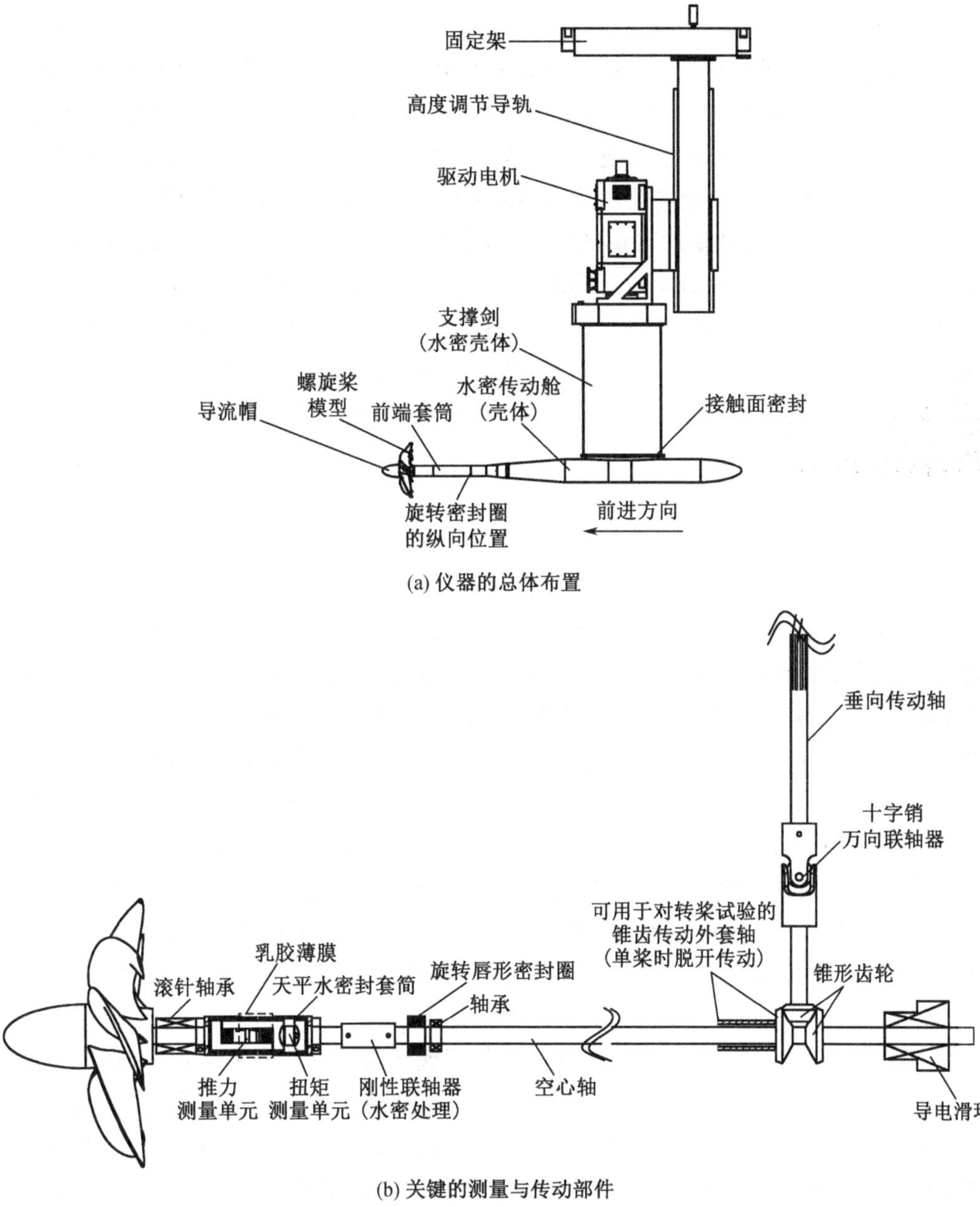

图 3.10　电测支撑剑式螺旋桨敞水动力仪示意图

直流电机的输出轴通过联轴器与垂向传动轴连接，再通过十字销万向联轴器和锥形齿轮将动力转化为绕螺旋桨模型轴线的旋转方向。图 3.10(b)中所示的锥形齿轮可以同时驱动外套轴和内轴(空心轴)同时绕相反方向旋转，故这种传动形式的敞水动力仪是可以开展串列对转螺旋桨敞水试验的。在进行单桨试验时，可将外套轴解除(此时图中左端的锥形齿轮处于空转状态)。

在进行单桨试验时，螺旋桨模型的推力和扭矩由一台位于前端套筒内的二分量杆式应变天平测量天平的水密封，可采用 2.1.4 中介绍过的套筒式密封法。天平的数据线缆由其尾轴伸出经空心刚性联轴器(顶丝孔及其与轴的交接处需采用自粘橡胶防水绝缘胶带进行密封处理)进入空心传动轴，再通过导电滑环进入支撑剑水密壳体，最后输出至拖车上搭载的数据采集系统。

锥形齿轮组和高速导电滑环等部件均需要在水密的环境下工作，因此传动舱为分段径向密封的水密壳体，并且需在其前端的出轴处加装旋转唇形密封圈。为保证旋转传动的平稳性，在天平前端和刚性联轴器后端分别安装摩擦系数较小的滚针轴承和深沟球轴承。

近年来，在这种形式螺旋桨敞水动力仪的基础上，通过在锥形齿轮组处加装离合器组件的方式，已设计出了内外轴均可单独传动或同时传动的敞水动力仪，实现了使用一台仪器，无须拆解任何传动部件，即可进行螺旋桨、串列桨、泵喷桨 3 类推进器的敞水试验。这类仪器被称为双桨对转型螺旋桨动力仪，具有代表性、广泛应用的是英国 HR Wallingford (Kempf & Remmers 公司商业架构)生产的 R65 型仪器，其最高转速为 1 800 r/min，内外轴推力量程为 700 N，扭矩量程为 24 N · m，测量精度为 0.1%。

3.2.2 试验方法

1. 修正与校验试验[6]

由于螺旋桨模型的桨毂大端伸在前面，为了避免桨毂大端对在进入桨盘面的水流影响过大，在进行螺旋桨模型敞水试验时，应在桨毂大端加装导流帽，在桨毂小端与轴套之间也应安装光顺的过渡罩，以避免在此阶梯状连接处产生旋涡。采用敞水箱式敞水动力仪进行试验时，即使装有导流帽，桨毂大端也会受到水的阻力作用，这在客观上抵消了一部分桨叶产生的推力，而该阻力在实艇上是不存在的。在采用支撑剑式敞水动力仪进行时，除桨毂大端存在的附加阻力以外，水密天平与前端过渡套筒之间的非水密狭腔中会形成一个高压区，由此将产生随进速变化的附加推力，这个附加推力也是有害的。因此，在进行正式的螺旋桨模型敞水试验之前应进行螺旋桨动力仪的修正试验，测量出自身轴系的摩擦损耗 ΔQ_f、桨轴和桨毂在水中旋转时的摩擦损耗 ΔQ_S 和推力修正值 ΔT_S，以便对螺旋桨模型的试验结果进行修正。

具体做法如下：将螺旋桨敞水动力仪按照与正式试验相同的要求安装在拖车(或循环水槽)上，在螺旋桨模型的位置处安装一个没有桨叶但是装有导流帽的假毂(俗称光桨毂)，并保证其外形与实际螺旋桨模型的桨毂相同，质量则与螺旋桨模型的质量相近(其可采用铜或铅制作)，假毂的沉深也与正式试验的要求相同。在敞水试验所要求的转速下运转敞水动力仪，测量得到摩擦力矩损耗，将此时扭矩的输出调整为零，即消除了摩擦的损失，这一过程也被称为敞水动力仪的零线校核。驱动拖车以不同的速度前进(或改变循环水槽的流速),测量得到推力修正值 ΔT_S 与螺旋桨进速 V_A 之间的关系曲线。这种修正方法的本质是增量试验法,即最终得到的仅是旋转桨叶产生的推力和扭矩成分。因此,阻力试验的模型主体外形中一般需包含光桨毂和桨毂小端的整流帽部分。

对于一些有较高精度要求的螺旋桨敞水试验,如螺旋桨模型系列试验等,在进行正式试验之前还应对螺旋桨敞水动力仪进行动态校验。具体的方法是:用一只标准螺旋桨模型按照规程进行敞水试验,将本次试验结果与之前的试验结果进行比对,以判断仪器设备及模型的安装状态是否正常。检查本次试验结果与以往结果的重复性时,测试数据应落在多次试验的统计值附近,在进速系数小于敞水效率最高点的区域内,推力系数、扭矩系数的允许偏差为±1%。

2. 正式试验

螺旋桨模型敞水试验通常采用固定螺旋桨模型转数变进速的方式进行,即保持螺旋桨模型的转速不变,改变拖车前进速度(水槽流速)。具体流程如下。

(1)按照前述临界雷诺数的要求确定螺旋桨模型的最低试验转速 n_m。为了获取较大的 Re,应尽可能增大螺旋桨的转速,但同时也要考虑动力仪量程的限制以及拖车(水槽)可以提供的螺旋桨模型最大进速。

(2)保持转速不变,改变拖车的前进速度,作为螺旋桨模型敞水第一象限即正车状态的试验(在艇船水动力学领域,以螺旋桨模型的来流速度 V 与螺旋桨模型的旋转角速度 ω 来定义,可以将螺旋桨模型的工作模式分为正车前进($+V,+\omega$,第一象限)、后退正车(紧急正车)($-V,+\omega$,第二象限)、前进倒车(紧急倒车)($+V,-\omega$,第三象限)和倒车后退($-V,-\omega$,第四象限)4 种工况。V_A 的变化范围一般是从 0 开始至螺旋桨模型推力变号为止,在此区间内均匀选择 10~15 个速度点进行试验,在螺旋桨模型设计点附近可以加密。

(3)按照设定的速度(螺旋桨模型进速)启动拖车(水槽电机)并使螺旋桨模型在某一速度(进速)下稳定行驶,再启动电机使螺旋桨模型在规定的转速下旋转,同步测量出以下数据:螺旋桨模型的转速 n_m(r/s)、进速 V_A(m/s)、推力 T_m(N)、扭矩 Q_m(N·m)。

(4)试验结束后拆除桨模,装上光桨毂再做一次动力仪的零线校核,正常后即可进行数据处理。

此外,每次试验均要求:

(1)每次试验前水面要平静方可进行。

(2)每次试验前必须检查螺旋桨模型的旋向是否正确,导流帽的旋紧方向应同螺旋桨模型的转向相反。

(3)在试验过程中要严防动力仪受到冲击和超载。

(4)在试验过程中,在调整拖车速度和螺旋桨模型转速时,两者互相有影响,故必须保证两者都稳定后才能记录。每次试验时,要先启动拖车,然后再启动螺旋桨敞水动力仪。测量完毕后,要先使敞水动力仪停止转动,然后使拖车停止,避免系泊情况产生,保证敞水动力仪的安全。在进行系泊试验时,敞水动力仪离开池壁端部应有足够的距离以避免回流对试验结果的影响。

3.2.3 试验数据的处理

1. 常规螺旋桨

通过试验测量得到的螺旋桨模型推力 T_m 和扭矩 Q_m 必须经过修正后才可以使用，修正方法如下：

螺旋桨模型推力：

$$T_{m0} = T_m - \Delta T_S \tag{3-10}$$

螺旋桨模型扭矩：

$$Q_{m0} = Q_m - \Delta Q_S - \Delta Q_f \tag{3-11}$$

式(3-10)(3-11)中 ΔT_S——螺旋桨模型的推力修正值，在修正试验时确定；

ΔQ_S——桨轴和桨毂在水中旋转时的摩擦损耗；

ΔQ_f——敞水动力仪系统本身的摩擦损耗，可在校验时一并确定。

将修正后的试验结果采用无因次系数的形式表达：

螺旋桨模型的进速系数：

$$J_0 = \frac{V_A}{n_m \cdot D_m} \tag{3-12}$$

螺旋桨模型的推力系数：

$$K_{T0} = \frac{T_{m0}}{\rho_m \cdot n_m^2 \cdot D_m^4} \tag{3-13}$$

螺旋桨模型的扭矩系数：

$$K_{Q0} = \frac{Q_{m0}}{\rho_m \cdot n_m^2 \cdot D_m^5} \tag{3-14}$$

螺旋桨模型的敞水效率：

$$\eta_0 = \frac{J_0}{2\pi} \cdot \frac{K_{T0}}{K_{Q0}} \tag{3-15}$$

以上各式中，ρ 为池(槽)水的密度(kg/m^3)。

根据模型试验原始结果，按照上述公式计算出螺旋桨模型的进速系数 J_0、推力系数 K_{T0} 和扭矩系数 K_{Q0}(可采用列表计算的方法)，此时暂不计算各测量点的敞水效率 η_0。将计算得到的 $K_{T0}-f(J_0)$ 和 $K_{Q0}-f(J_0)$ 结果绘制成螺旋桨模型敞水特征曲线，再按照光顺后的 $K_{T0}-f(J_0)$ 和 $K_{Q0}-f(J_0)$ 曲线重新读取各测量点的 K_{T0}、K_{Q0} 值，应用式(3-15)计算出螺旋桨模型的敞水效率 η_0，并将 $\eta_0-f(J_0)$ 曲线也绘制在螺旋桨模型敞水特征曲线图上。

2. 泵喷推进器(图 3.11)

在泵喷桨模型正式的敞水试验过程中，当转子以等速旋转时，记录车速 $V_m(V_A)$、转速 n_m、转子推力 T_{Rm0}、扭矩 Q_{Rm0} 以及定子导管推力 T_{Sm0}、扭矩 Q_{Rm0}。所测数据也需经光毂(不含导管和所有叶片)试验的修正。在对数据进行无量纲化处理时，以转子的直径 D_{Rm} 为特征长度。

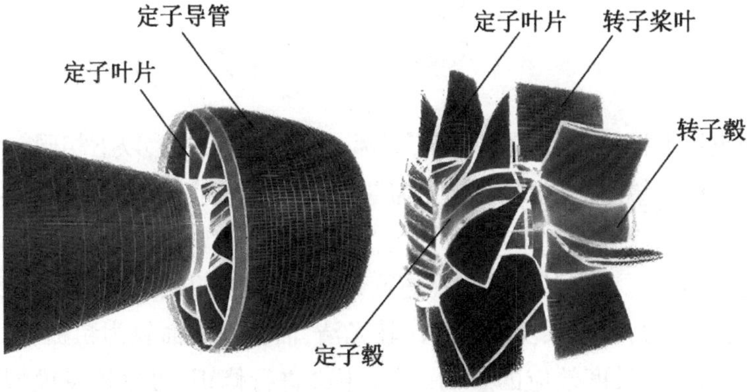

图 3.11　泵喷推进器的示意图

泵喷桨模型的进速系数：

$$J_0 = \frac{V_A}{n_m \cdot D_{Rm}} \tag{3-16}$$

泵喷桨模型的转子推力系数：

$$K_{TR0} = \frac{T_{Rm0}}{\rho_m \cdot n_m^2 \cdot D_{Rm}^4} \tag{3-17}$$

泵喷桨模型的转子扭矩系数：

$$K_{QR0} = \frac{Q_{Rm0}}{\rho_m \cdot n_m^2 \cdot D_{Rm}^5} \tag{3-18}$$

泵喷桨模型的定子导管推力系数：

$$K_{TS0} = \frac{T_{Sm0}}{\rho_m \cdot n_m^2 \cdot D_{Rm}^4} \tag{3-19}$$

泵喷桨模型的定子导管扭矩系数：

$$K_{QS0} = \frac{Q_{Sm0}}{\rho_m \cdot n_m^2 \cdot D_{Rm}^5} \tag{3-20}$$

泵喷桨模型的总推力系数：

$$K_{TT0} = \frac{T_{Rm0} + T_{Sm0}}{\rho_m \cdot n_m^2 \cdot D_{Rm}^4} = K_{TR0} + K_{TS0} \tag{3-21}$$

泵喷桨模型的敞水效率：

$$\eta_0 = \frac{J_0}{2\pi} \cdot \frac{K_{TT0}}{K_{QR0}} \tag{3-22}$$

3. 尺度效应的修正

因 *Re* 的不同而对螺旋桨性能产生的影响称为尺度效应。一般来说，尺度效应对螺旋桨推力的影响较小，对扭矩的影响较大。通常情况下，在同一进速系数情况下，螺旋桨模型与实桨之间的推力系数、扭矩系数以及敞水效率之间的关系如下。

$$K_{Tm0} < K_{Ts0} \tag{3-23}$$

$$K_{Qm0} > K_{Qs0} \tag{3-24}$$

$$\eta_{m0} < \eta_{s0} \tag{3-25}$$

以上各式中，同样也用下标 m 表示模型数据，下标 s 表示实桨数据，以下相同。

因此，在将模型试验结果应用于实桨时，需要考虑尺度效应的影响。通常，对尺度效应的处理方法主要有以下 3 种。

(1)不必修正。持这一观点的人认为在螺旋桨模型敞水性能试验中尺度效应主要影响的是桨在水中的旋转阻力，螺旋桨模型表面比较光洁，而实桨表面较为粗糙，这种因粗糙而增加的阻力大体上抵消了尺度效应的影响，因此不必进行修正，可直接将模型试验结果应用于实桨。

(2)只对扭矩系数 K_Q 进行修正。持这一观点的人认为尺度效应主要影响螺旋桨的扭矩系数，对推力系数的影响较小，可不予考虑，因此只需对扭矩系数进行修正。一般可利用平板摩擦阻力公式直接对扭矩系数进行修正，如采用伯朗特-许立汀公式：

$$\frac{K_{Qm0}}{K_{Qs0}} = \left[\frac{Re_m}{Re_s}\right]^{-2.58} \tag{3-26}$$

(3)对推力系数和扭矩系数分别进行修正。各个水池在长期的实践过程中积累了各不相同的修正方法。1978 年 ITTC 推荐了一个修正方法，简要介绍如下。

当螺旋桨模型与实桨的进速系数 J 相同时，有

$$K_{Ts0} = K_{Tm0} - \Delta K_T \tag{3-27}$$

$$K_{Qs0} = K_{Qm0} - \Delta K_Q \tag{3-28}$$

式中，ΔK_T、ΔK_Q 分别为由于尺度效应影响对螺旋桨推力系数和扭矩系数的修正，可按下列公式计算：

$$\Delta K_T = -0.3 \cdot \Delta C_D \cdot \left(\frac{P}{D}\right) \cdot \left(\frac{b}{D}\right) \cdot Z \tag{3-29}$$

$$\Delta K_Q = 0.25 \cdot \Delta C_D \cdot \left(\frac{b}{D}\right) \cdot Z \tag{3-30}$$

式(3-29)(3-30)中 Z——螺旋桨的叶数；

P/D——0.75R 处的桨叶螺距比；

b/D——0.75R 处桨叶切面的弦长与螺旋桨直径之比；

ΔC_D——桨模与实桨在 0.75R 处叶切面的阻力系数之差，即

$$\Delta C_D = C_{Dm} - C_{Ds} \tag{3-31}$$

式(3-31)中：

$$C_{Dm} = 2\left(1 + 2\frac{t}{b}\right) \cdot \left(\frac{0.044}{Re^{1/6}} - \frac{5}{Re^{2/3}}\right) \tag{3-32}$$

$$C_{Ds} = 2\left(1 + 2\frac{t}{b}\right) \cdot \left(1.89 + 1.62\log\frac{b}{K_P}\right)^{-2.5} \tag{3-33}$$

式(3-32)(3-33)中　b、t/b、Re——螺旋桨在 0.75R 处的叶切面弦长、厚度比以及雷诺数；
K_P——实桨的表面粗糙度，一般可取 $K_P = 30\times10^{-6}$ m。

3.2.4 潜艇典型螺旋桨的试验结果

目前潜艇普遍采用七叶大侧斜螺旋桨，主要是为了降低转速、保证推力，同时抑制噪声。虽然七叶大侧斜螺旋桨比传统的五叶桨在效率上有所降低，但由于它的大侧斜，叶片的叶根和叶梢不会同时到达伴流场的高压区或低压区，即不会造成整个桨处在高压—低压—高压的循环状态，因此有效地抑制了螺旋桨的振动，从而降低了螺旋桨的噪声；又因为它比五叶桨的叶数多，因此其承受推力的叶片面积增大，导致每一叶片上的推力减少，从而延迟了空泡的产生，达到了降低噪声的目的。

表 3.2 和图 3.12 分别给出了代号为 INSEAN E1619 螺旋桨模型的主要参数与几何外形[7]。INSEAN E1619 螺旋桨模型为七叶右旋桨，具有大侧斜角和无负载的尖端叶片设计，是意大利 INSEAN 水池系列标准螺旋桨模型之一，目前已被广泛应用到潜艇各类试验与计算研究当中。图 3.13 给出了该模型的敞水特性曲线。

表 3.2　INSEAN E1619 标准螺旋桨模型的主要参数

参数	符号	值
叶片数/片	Z	7
直径/mm	D	485
毂径比	d/D	0.226
0.7R 处桨叶螺距比	P/D	1.15
伸张面比	A_E/A_0	0.608
最大侧斜角/(°)	ε	38

图 3.12　INSEAN E1619 螺旋桨模型的几何外形

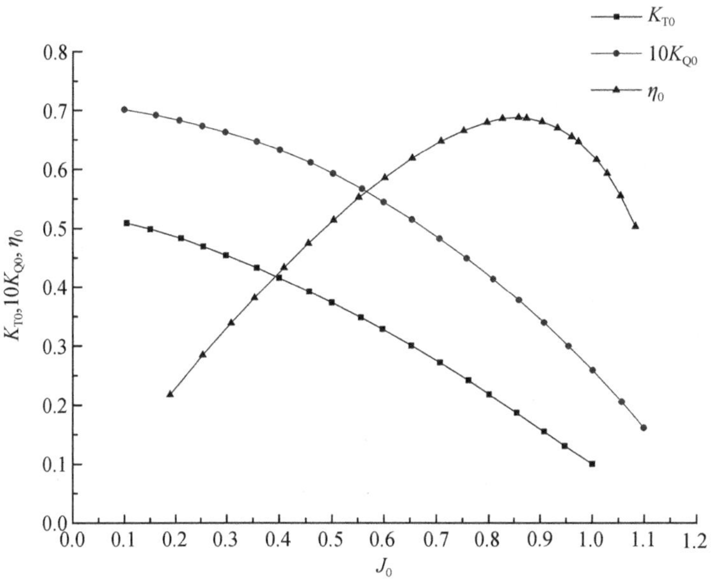

图 3.13 INSEAN E1619 螺旋桨模型敞水特性曲线

3.3 潜艇模型自航试验

潜艇的快速性主要与主机、艇体和推进器的单独性能以及它们的配合是否得当有关。静水阻力和螺旋桨敞水试验分别用来获得艇体和螺旋桨的单独性能，而自航试验则是判断艇、机、桨三者配合后的综合性能，能够分析和研究各种效率成分和桨、艇两者之间的相互影响关系，并能够通过试验获得主机功率、转速和艇速之间的关系，从而给出实艇的航速预报，验证设计的艇型能否满足任务要求。

本节主要介绍螺旋桨潜艇的强迫自航模型试验，对于泵喷推进器潜艇，只对其强迫自航模型试验的数据处理方法进行简单介绍。

3.3.1 概述

1. 试验原理

(1)水面、近水面(通气管)状态的自航点

如前所述，潜艇在水面和近水面状态航行时，会受到比较显著的兴波阻力。因此，除应满足基本的几何外形相似外，在进行静水阻力试验时，还应保持模型与实艇的 Fr 相等，并采取激流措施。在进行螺旋桨模型敞水试验时，为保证运动相似，应满足螺旋桨模型与实桨的进速系数相同，并满足相应的临界雷诺数要求。可见，在进行水面状态和通气管状态自航模型试验时，应将阻力与推进两者结合起来考虑。

自航航速应由模型与实艇的 Fr 相等确定，故有

$$V_m = V_s / \sqrt{\lambda} \tag{3-34}$$

为了能够使模型和实艇两个自航系统相关,我们还需要使实桨和螺旋桨模型的负荷相似(动力相似)。因此,需要首先满足模型推进器与实艇推进器的艇后运动相似,即艇存在时桨盘位置处,螺旋桨模型与实桨的进速系数相同:

$$J_{0s} = J_{0m} \Rightarrow \frac{V_{As}}{n_s D_s} = \frac{V_{Am}}{n_m D_m} \Rightarrow \frac{V_{As}}{n_s} = \frac{V_{Am}}{n_m}\lambda \tag{3-35a}$$

考虑到艇体的伴流影响结果:

$$V_{As} = (1 - w_s)V_s,\ V_{Am} = (1 - w_m)V_m \tag{3-35b}$$

故有

$$n_m = n_s\sqrt{\lambda}\left(\frac{1 - w_m}{1 - w_s}\right) \tag{3-35c}$$

式(3-35b)和式(3-35c)中,w_s、w_m 分别为实艇和模型的伴流分数,一般伴流的尺度效应较小,可忽略,则 $w_s = w_m$,因此,可得

$$n_m = n_s\sqrt{\lambda} \tag{3-36}$$

可见,由于艇后螺旋桨满足了进速系数相等的条件,因此在忽略较小的伴流尺度效应的情况下,实桨及其模型在推力、扭矩存在下列的动力相似关系:

$$\begin{cases} T_{sb} = \dfrac{\rho_s}{\rho_m}\lambda^3 T_{mb} \\ Q_{sb} = \dfrac{\rho_s}{\rho_m}\lambda^4 Q_{mb} \end{cases} \tag{3-37}$$

式中,第二下标 b 表示艇后的有关物理量,以下相同。

为了方便后面的推导,我们假设 $\rho_m = \rho_s$(不妨碍普适性)。

自航时,艇后螺旋桨发出的推力应与阻力(含推力减额)平衡,所以应有

$$\begin{cases} \text{对于实艇:} & T_{sb}(1 - t_s) = R_s \\ \text{对于模型:} & T_{mb}(1 - t_m) = R_m \end{cases} \tag{3-38}$$

式中　t_s、t_m——实艇和模型的推力减额分数;

R_s、R_m——实艇和模型的阻力。

如果将式(3-37)、式(3-38)两式联系起来分析,发现两者是不一致的。从螺旋桨的角度出发,当满足 Fr 和艇后螺旋桨的进速系数相同的条件时,模型与实桨的推力之间确实存在缩尺比三次方的关系。一般推力减额的尺度效应较小,可忽略,则 $t_s = t_m$,所以从式(3-38)来看,实艇与模型的阻力之间也应存在缩尺比三次方关系才能使两者一致。

但是,由潜艇原理可知,按 Fr 相似确定的模型速度所对应的 Re 较低,将造成实艇总阻力与模型的总阻力并不满足缩尺比三次方关系,其主要是由模型的摩擦阻力系数大于实艇造成的。

因此,艇后螺旋桨模型按进速系数相同确定转数运动,其发出的推力并不能克服该速度下的模型阻力。在此状态下需要额外的推力加在模型上,才能达到“推阻平衡”。

显然,仍然使用拘束拖曳的方式,即可为模型提供额外的推力。这个额外的推力通常

被称为强制力 F_D。对模型施加强制力 F_D 后，则螺旋桨模型发出的推力 T_{mb} 恰好克服修正后的阻力(R_m-F_D)，此点称为实艇的自航点。

因此对于潜艇模型有平衡方程：

$$T_{mb}(1-t_m)+F_D=R_m \tag{3-39}$$

这也相当于人为地对模型的阻力进行了修正（实际上是对摩擦阻力的修正），使得修正后的模型阻力与实艇阻力硬凑成缩尺比三次方关系。由此可知：

$$R_s=\lambda^3(R_m-F_D) \tag{3-40}$$

忽略推力减额的尺度效应，$t_s=t_m$，则

$$\frac{R_s}{1-t_s}=\lambda^3\frac{R_m-F_D}{1-t_m} \tag{3-41}$$

结合式(3-38)的第一式和式(3-39)，即得

$$T_{sb}=\lambda^3 T_{mb} \tag{3-42}$$

由式(3-40)做进一步的推导，可得出 F_D 的具体表达式为

$$F_D=\frac{1}{2}\rho_m V_m^2 S_m(C_{tm}-C_{ts})=\frac{1}{2}\rho_m V_m^2 S_m(C_{fm}-C_{fs}-\Delta C_f) \tag{3-43}$$

式中　C_{tm}、C_{ts}——模型和实艇的总阻力系数；

C_{fm}、C_{fs}——模型和实艇的摩擦阻力系数，均按式(3-6)确定；

ΔC_f——模型与实艇间的阻力换算补贴系数。

(2)水下状态的自航点

与水下阻力试验的情况类似，水下状态自航试验不存在同水面船舶一样的 Fr 相似关系[8]，但是试验应在紊流的状态下进行，模型的 Re 一般需超过 1×10^7。

由于水下试验不存在同水面舰艇一样的 Fr 相似关系，因而缺少了两个系统桨之间的直接对应关系，为了使模型和实艇两个自航系统进行相关，我们从保证实桨和螺旋桨模型的负荷相似出发[9]，采用 K_T/J_0^2 参数来表示桨的负荷，即要求：

$$\frac{K_{Tbs}}{J_{0s}^2}=\frac{K_{Tbm}}{J_{0m}^2}\Rightarrow\frac{T_{bs}}{\rho_s V_s^2(1-w_s)^2 D_s^2}=\frac{T_{bm}}{\rho_s V_m^2(1-w_m)^2 D_m^2} \tag{3-44}$$

由此，建立了与速度相应的推力相似关系。但是由于模型速度所对应的 Re 仍然低于实艇，螺旋桨模型发出的推力 T_{bm} 不能克服速度 V_m 时的模型阻力，仍需要提供强制力（对模型阻力进行修正）才能使模型进入自航状态。因此，由式(3-39)所描述的模型平衡方程对于水下状态仍然是适用的。

由式(3-44)、式(3-39)简单推导（过程中需忽略较小的伴流分数及推力减额的尺度效应），可以得到采用深浸深拖曳系统时，与式(3-43)形式一致的强制力表达式。

事实上受多数水池试验条件的限制，当前一般采用的是浅浸深高速试验系统，水下模型深度至多只能达到约模型长度的1/3，而常用的5 m级模型的自航试验速度范围一般为2.5~5.5 m/s（若速度再高，螺旋桨模型推力过大，现有仪器无法满足），$Fr=0.40\sim0.85$，恰好在兴波阻力的峰值附近，表面兴波较为严重。

在满足临界雷诺数要求的情况下，模型的兴波阻力系数 C_{wm} 可通过模型的总阻力系数与摩擦阻力系数和黏压阻力系数的差值计算，此时式(3-43)应记为

$$F_D = \frac{1}{2}\rho_m V_m^2 S_m (C_{tm} - C_{ts}) = \frac{1}{2}\rho_m V_m^2 S_m (C_{fm} + C_{wm} - C_{fs} - \Delta C_f) \quad (3-45)$$

大量潜艇试验的统计表明：$C_{fs}+\Delta C_f$ 的数值往往介于 C_{fm} 和 $C_{fm}+C_{wm}$ 之间，两者的差值小于 0.2×10^{-3}。一般水下模型试验过程中螺旋桨负荷的小量变化对自航因子的影响不大，因此在进行超过临界雷诺数的各种速度水下自航模型试验时，均可近似认为 $F_D\approx0$ 为自航点，故可以采用超过临界雷诺数的各自航速度下自航因子的算术平均值作为水下模型试验自航因子的最终结果。对于潜艇来说，这种简化处理方法虽然并不严格，但可以满足工程预报的要求，因此这种简化方法一直在潜艇模型的水下自航试验中沿用至今。

2. 相关要求

自航试验常在静水阻力试验和螺旋桨模型敞水试验之后进行，对于模型尺寸、试验环境（有关水深、模型与池底距离以及模型宽度与水池宽度比值等）、模型材料、加工精度、模型主体与拖车的连接方式等均要求与前期开展的同类型阻力试验相同，这里不再赘述。额外对于螺旋桨模型传动系统的设计与安装要求如下。

（1）螺旋桨模型传动系统的设计，应保证轴系传动平稳、无抖动现象，以提高试验的精度。

（2）应保证安装后的螺旋桨模型可以转动自如，且沿轴向无前后“串动”现象，设计时应采取可靠的防螺旋桨模型松动措施。

3. 自航动力仪

在测量仪器与设备方面，自航试验不仅需要使用测力天平测量模型的强制力，还需要使用自航动力仪（简称自航仪）测量艇后螺旋桨模型的推力和扭矩，自航仪的测量精度应小于最大值的 0.2%。

目前用于水面船舶模型的自航动力仪已有较为成熟的产品，可以直接用于潜艇模型水面状态的自航试验，应用较为广泛的仍然是英国 HR Wallingford 制造的自航动力仪产品。

在水下和近水面状态试验方面，可供选择的成熟产品较少。在实际工作中，一般多根据模型艉部的结构情况与预估的水动力大小研制自航仪。需要注意的是：用于水下自航试验的电机、自航仪等必须预先采取水密措施，在试验过程中应随时注意其工作情况。图 3.14 给出了用于某模型水下试验自行研制的螺旋桨自航动力仪的主要组成部件。

3.3.2　试验方法

自航试验有纯粹自航和强迫自航两种方法。纯粹自航法根据模型速度由式（3-43）确定水面或近水面状态的 F_D 值，对于水下状态则取 $F_D=0$。当拖曳速度稳定后，调节螺旋桨的转速，使其发出的推力恰好等于 R_m-F_D，同时获取模型的速度、螺旋桨模型的转速、推力及扭矩等数据，经处理给出自航因子和各种效率的结果。由于强制力在试验过程中不能改变，而且需要有一套能对螺旋桨的转速进行自动反馈控制的装置，测试系统的集成比较困难，因此其在实际的应用中并不广泛。

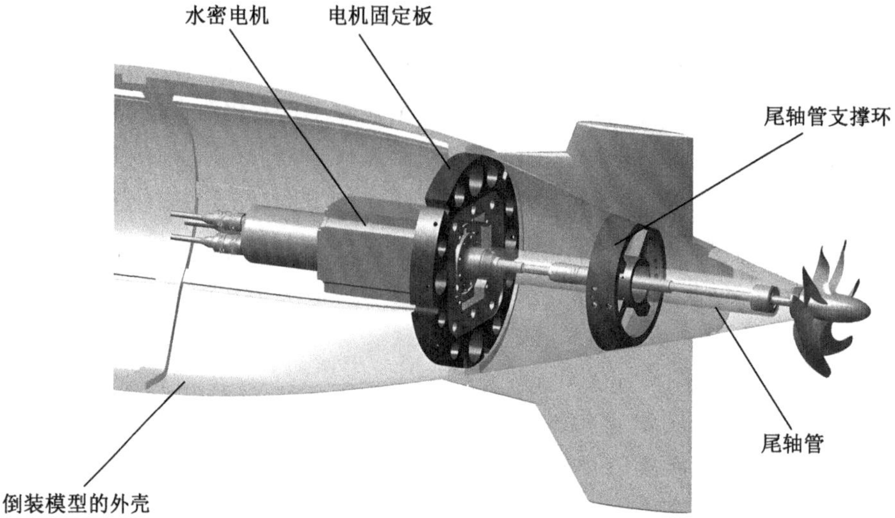

(a) 总体布置

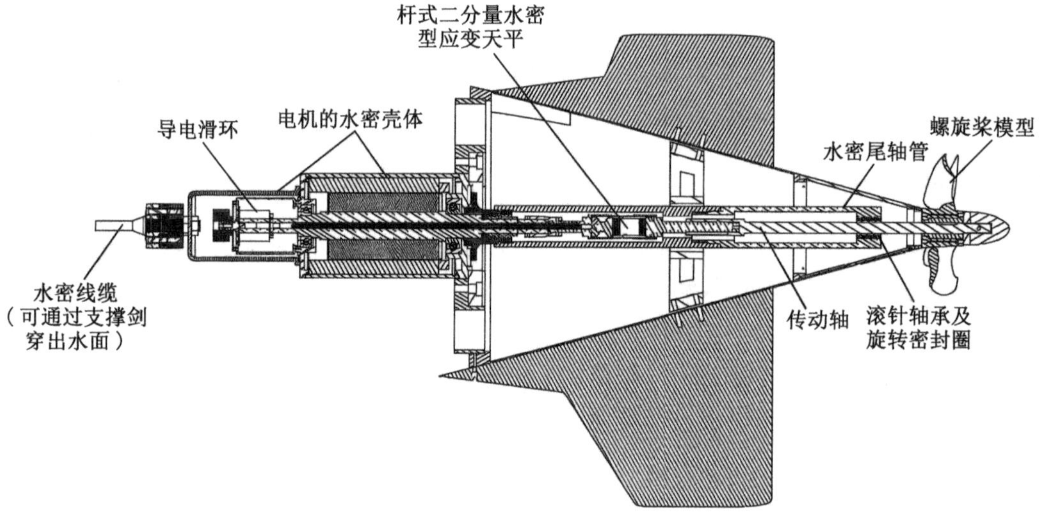

(b) 关键部件

图 3.14　潜艇模型水下自航仪的示意图

由前面讲述的自航点的确定原理可知，F_D 的实质是模型阻力的修正值，在现有理论下，对于每一选定的模型速度 V_m 而言，其值是固定的。对于试验测求的目的而言，该值起到的是“桥梁”的作用。因此，自航试验也可以采用在保持某一速度的条件下系列改变螺旋桨模型的转速，从而主动进行一系列不同强制力拖曳的试验方法。通过获取的转速-强制力、转速-艇后螺旋桨模型推力以及转速-艇后螺旋桨模型扭矩曲线，插值得到强制力为 F_D 时所需要的自航数据。在这个过程中，强制力是系列改变的，因此我们一般采用符号 z 来表示变化的强制力。以上方法即为强迫自航法。

强迫自航法又称英国法，在进行试验时，模型在螺旋桨模型推力和强制力的共同作用下运动,采用这种试验方法时螺旋桨模型的负荷会在一定范围内变化,便于对实艇性能预报以及实艇与模型相关性的深入分析。由于该方法简单易于实现,因此我国水池多习惯采用强迫自航法,下面分别介绍各状态强迫自航试验的实施方法与注意事项。

1. 水面状态

水面状态的强迫自航试验和水面船模的自航试验类似。在进行自航试验时,模型为全附体状态,模型的排水量及纵倾状态应与实艇保持相似,模型采用与之前介绍过的水面静水阻力试验一致的安装方法安装于拖车的测试桥,并且宜在相同状态下的阻力试验之后进行。

试验过程中,模型速度按 Fr 相似确定,一般至少选择 5 个速度状态进行试验,试验速度范围应涵盖实艇水面状态所对应的速度范围。对于每一选定的模型速度,分别通过电机调节螺旋桨模型的转速,进行不少于 4 个转速点的拖曳试验。图 3.14 所示为潜艇模型水下自航仪的示意图。

至少进行的 4 个转速点的取值范围大致是如下:转速 n_{m1} 近似与强制力 $z_1=0$ 对应,相应于模型的自航点;转速 n_{m2} 近似与强制力 $z_2=\frac{1}{2}F_D$ 对应;转速 n_{m3} 近似与强制力 $z_3=F_D$ 对应,相应于实艇的自航点;转速 n_{m4} 所对应强制力 z_4 一般需大于 F_D。总之使试验点能合理布置。

2. 水下状态

模型状态为全附体状态,采用与水下阻力试验一致的双剑刚性支撑的倒装方式。模型的拖曳速度须使 Re 达到 1×10^7 以上,并应在仪器量程许可的情况下,尽可能提高试验速度。现阶段 5 m 级模型的试验速度范围一般为 2.5~5.5 m/s,在此范围内一般也需进行至少 5 个速度状态、4 个转速状态的全排列试验,螺旋桨模型转速的选取应使得其所对应的强制力大致在零线上下对称分布。

3. 近水面状态

近水面(通气管)状态自航试验的模型拖曳速度也按 Fr 相似确定,其范围应涵盖实艇通气管状态所对应的速度。模型状态为全附体状态,采用与单剑(或双剑)正装的方式与拖车的测桥刚性连接[图 3.6(a)(b)]。航速与桨速的选取原则与水面状态试验一致。

试验时,先进行通气管浸深状态下的自航试验,再进行同样速度范围的深潜状态(与水下状态试验的模型浸没深度相同)自航试验,这样做的目的是获取自航因子的兴波分量。

4. 注意事项

虽然不同状态下的强迫自航试验原理与方法细节有所不同,但是进行各状态试验时,均需注意以下 3 点。

(1)正式试验开始前,应先扣除轴系的摩擦扭矩(俗称扣零),扣零的方法与敞水试验类似,可采用一只质量与螺旋桨模型近似相等但不带桨叶的假毂(光桨毂)代替螺旋桨模型,以自航试验拟定的桨速转动,测定的扭矩即近似为摩擦扭矩。

(2)与进行敞水试验时的情况类似,每次试验时,要先启动拖车,然后再启动螺旋桨模型,待车速和螺旋桨模型转速都稳定后,记录模型的速度、强制力,螺旋桨模型的转速、推力及扭矩等数据。一般情况下,应使用一台多通道信号采集系统同步采集全部所需的数据,测量完毕后,要先使螺旋桨模型停止转动,然后使拖车停止。自航仪天平的扭矩量程一般小于敞水动力仪,因此,应更需要注意避免系泊的情况产生,保证自航仪的安全。

(3)试验结束前应再次进行扣零的验证,确保数据的可靠性。

3.3.3 试验数据的处理

1. 水面状态

试验结果以自航曲线形式给出,在每一速度 V_m 下,记录强制力 z、转速 n_m、螺旋桨模型推力 T_{mb}、扭矩 Q_{mb}。绘制以螺旋桨模型转速为横坐标,以强制力、推力、扭矩为纵坐标的自航曲线(图 3.15)。所测数据以螺旋桨模型直径 D_m 无量纲化处理,艇后特征参数可按以下各式计算:

艇后进速系数:

$$J_b = \frac{V_m}{n_m \cdot D_m} \tag{3-46}$$

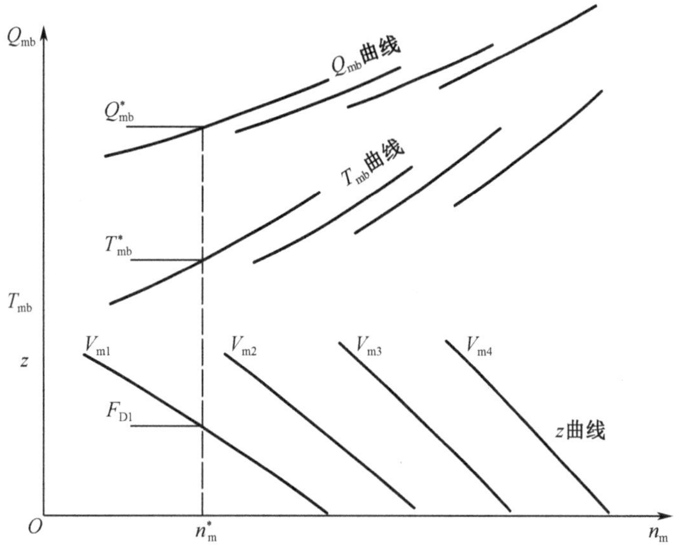

图 3.15 水面状态自航曲线的处理示例

艇后螺旋桨模型推力系数:

$$K_{Tb} = \frac{T_{mb}}{\rho_m \cdot n_m^2 \cdot D_m^4} \tag{3-47}$$

艇后螺旋桨模型扭矩系数：

$$K_{Qb}=\frac{Q_{mb}}{\rho_m \cdot n_m^2 \cdot D_m^5} \tag{3-48}$$

按式(3-43)确定模型摩擦阻力的修正值，根据计算的 F_D 值在转速-强制力曲线上插值得到实艇的自航点，由此可得到对应的转速 n_m^*、艇后进速系数 J_b^*、推力 T_{mb}^*、推力系数 K_{Tb}^*、扭矩 Q_{mb}^*、扭矩系数 K_{Qb}^*（均以上标"＊"标识自航点处数据）。

采用等推力法，即 $K_{Tb}^*=K_{T0}^*$，在螺旋桨模型的敞水特性曲线上（敞水试验螺旋桨模型的浸没深度应按实艇的缩比值确定）插值得到 J_0^* 和 K_{Q0}^*，进而计算得到该航速 V_m 下的自航因子：

实效伴流分数：

$$w_m = 1-\frac{J_0^*}{J_b^*} \tag{3-49}$$

相对旋转效率：

$$\eta_{rm}=\frac{K_{Q0}^*}{K_{Qb}^*} \tag{3-50}$$

推力减额分数：

$$t_m=(T_{mb}^*+F_D-R_{tm})/T_{mb}^* \tag{3-51}$$

此外，由自航因子可以得到以下各种效率：

船身效率：

$$\eta_{hm}=\frac{1-t_m}{1-w_m} \tag{3-52}$$

推进效率：

$$\eta_{Dm}=\eta_{rm}\times\eta_{hm}\times\eta_{0m} \tag{3-53}$$

对于不同的速度，重复上述计算过程，由此可得到每一速度下的自航因子 w_m、η_{rm}、t_m 以及各种效率 η_{hm}、η_{Dm}。

2. 近水面状态

仍按式(3-43)确定模型通气管状态摩擦阻力的修正值，将通气管状态下的自航试验数据，按与水面状态一致的过程和式(3-46)～式(3-53)进行处理。在进行数据处理时，宜采用与自航试验同转速下的螺旋桨模型敞水特性曲线（敞水试验螺旋桨模型浸没深度应按实艇的缩比值确定），可获得通气管浸深状态对应不同速度的自航因子 w_m、η_{rm}、t_m。按照公式(3-52)、式(3-53)计算通气管状态下的船身效率及推进效率。

按式(3-43)确定模型深潜状态通气管航速时摩擦阻力的修正值，将深潜状态下的自航试验数据，按同样过程和式(3-46)～式(3-53)进行同样处理。在进行数据处理时，也应采用与自航试验同转速的螺旋桨模型敞水特性曲线（敞水试验螺旋桨模型浸没深度满足水下要求），可获得深潜状态对应于通气管状态不同速度的自航因子 w_m、η_{rm}、t_m。

将上述两种状态下各自获得的自航因子 w_m、η_{rm}、t_m 分别相减，可获得自航因子的兴波分量。

3. 水下状态

水下状态自航试验的数据处理过程与水面状态一致,所用公式的形式也均相同,不同之处有以下 3 点。

(1)应按 $F_D=0$ 找到各试验速度下的自航点。

(2)所用的敞水数据应取自水下状态螺旋桨模敞水试验的结果。

(3)取各试验速度下自航因子的算术平均值作为模型试验的最终结果。

4. 泵喷桨模型自航试验

泵喷桨模型的自航试验数据处理方法与常规螺旋桨模型大体一致,这里仅以水下状态为例说明。

在泵喷桨模型水下自航试验过程中,在每一车速 V_m 下,记录强制力 z、转子转速 n_m、转子推力 T_{Rmb}、转子扭矩 Q_{Rmb}、定子导管推力 T_{Smb}、定子导管扭矩 Q_{Smb}。绘制以转子转速为横坐标,以强制力、总推力(转子推力与定子导管推力之和)、转子扭矩为纵坐标的自航曲线。所测数据需以转子的直径 D_{Rm} 无量纲化处理,艇后特征参数可按以各下式计算。

艇后进速系数:

$$J_b = \frac{V_m}{n_m \cdot D_{Rm}} \tag{3-54}$$

艇后泵喷桨模型转子推力系数:

$$K_{TRb} = \frac{T_{Rmb}}{\rho_m \cdot n_m^2 \cdot D_{Rm}^4} \tag{3-55}$$

艇后泵喷桨模型转子扭矩系数:

$$K_{QRb} = \frac{Q_{Rmb}}{\rho_m \cdot n_m^2 \cdot D_{Rm}^5} \tag{3-56}$$

艇后泵喷桨模型定子导管推力系数:

$$K_{TSb} = \frac{T_{Smb}}{\rho_m \cdot n_m^2 \cdot D_{Rm}^4} \tag{3-57}$$

艇后泵喷桨模型定子导管扭矩系数:

$$K_{QSb} = \frac{Q_{Smb}}{\rho_m \cdot n_m^2 \cdot D_{Rm}^5} \tag{3-58}$$

艇后泵喷桨模型总推力系数:

$$K_{TTb} = \frac{T_{Rmb} + T_{Smb}}{\rho_m \cdot n_m^2 \cdot D_{Rm}^4} = K_{TRb} + K_{TSb} \tag{3-59}$$

在每一车速下,绘图插值取强制力等于零的模型自航点作为实船的自航点(仍以上标“ * ”标识自航点处的数据),采用等推力法(总推力),从泵喷桨模型水下敞水特性曲线上查得 J_0^* 和 K_{QR0}^*,进而计算得到自航因子。

实效伴流分数：

$$w_m = 1 - \frac{J_0^*}{J_b^*} \tag{3-60}$$

相对旋转效率：

$$\eta_{rm} = \frac{K_{QR0}^*}{K_{QRb}^*} \tag{3-61}$$

推力减额分数：

$$t_m = 1 - \frac{R_{tm}}{T_{Rmb}^* + T_{Smb}^*} \tag{3-62}$$

取各试验速度下自航因子的算数平均值作为泵喷桨模型水下状态自航试验的最终结果。

5. 试验报告的一般要求

自航试验报告应当把有关阻力试验和螺旋桨模型敞水试验的结果包括在内，组成一份完整的潜艇推进性能技术报告。它应当包括下列图表和必要的文字说明。

(1)潜艇模型和螺旋桨模型的主要参数。

(2)给出船尾、推进器位置的简图。

(3)推进器的外形图。

(4)模型的阻力曲线和推进器模型的敞水性能曲线。

(5)模型自航试验记录的原始数据。

(6)模型的自航试验曲线。

(7)自航因子及各种效率的分析计算结果。

3.3.4　水下状态自航试验的典型案例

目前公开发表的关于潜艇自航试验的资料不多。现以土耳其伊尔迪兹科技大学(Yildiz Technical University)的 Yasemin 等利用 Suboff 模型和 INSEAN E1619 螺旋桨开展的水下强迫自航试验为案例，介绍潜艇水下自航模型试验的典型结果[7]。

1. 试验模型与总体方案

试验在伊斯坦布尔科技大学的 Ata Nutku 船模测试实验室进行，实验室的拖曳水池长 160 m、宽 6 m、水深 3.4 m，拖车最大航速为 6 m/s。潜艇模型采用 DARPA 提出的标准 Suboff 全附体模型，其几何与尺寸信息见本章的 3.1.4，艉部螺旋桨模则采用 INSEAN E1619 标模外形，其几何与尺寸信息见本章的 3.2.4。为了与部分文献资料进行对比，试验中对螺旋桨标模进行了缩比，实际螺旋桨模型直径为 0.262 m，水下阻力和自航试验的试验水深为 Suboff 模型总长的 1/3。

模型艇体采用阿尤斯木材(ayous wood)制成，通过层压黏合技术使木材具有防水性，潜艇模型艏部和艉部通过不锈钢法兰固定在平行中体上。考虑到水池的水深较浅，试验采用将模型绕轴线转动 112.5°后，由双剑支杆支撑于拖车固模架的安装方式（即模型横倾一定角度的侧装方式）。双剑杆与模型内部的转接件连接，并在贯穿处装有两块不锈钢盖板，不锈钢盖板的半径与模型相同，保持了模型的原始几何形状。木质平行中体的下半部分用螺钉连接到内部骨架，上部用 8 个固定销连接，并且在木质平行中体的最下部，开有 3 个直径为 20 mm 的排水孔，这里的上下是相对于模型横倾后的安装状态而言的。INSEAN E1619 螺旋桨模材料为铝合金，利用五轴计算机数控（CNC）铣床加工而成。

模型的总体布置和安装方式如图 3.16 所示。模型内部采用框架结构，并装有铝合金耐压舱壳体。在耐压舱壳体内部布置了 Cussons R25-1 自航动力仪和西门子的 Simotics 1FK7042-2AF71-1RA0 型伺服电机，该电机最大功率为 0.82 kW，最大扭矩为 3 N·m，最大转速为 3 000 r/min。在耐压壳体的后侧，布置了水密的螺旋桨轴管，该轴管内有 2 个石墨轴衬，用于支撑螺旋桨轴。为了使耐压舱壳体防水，将耐压舱内泵入带压氮气，以保持内部压力与外部压力相等，并在轴衬上使用了唇形密封圈，从而保证了非水密的自航动力仪可以测量推力，同时桨轴可以转动自如，且在安装/拆卸时，能够轻松进出。电缆和氮气管均使用适当的水密连接器密封。为调配模型总体的重浮力均衡，在框架结构的底部配装了固定压载块。模型内部的骨架与耐压壳体如图 3.17 所示。

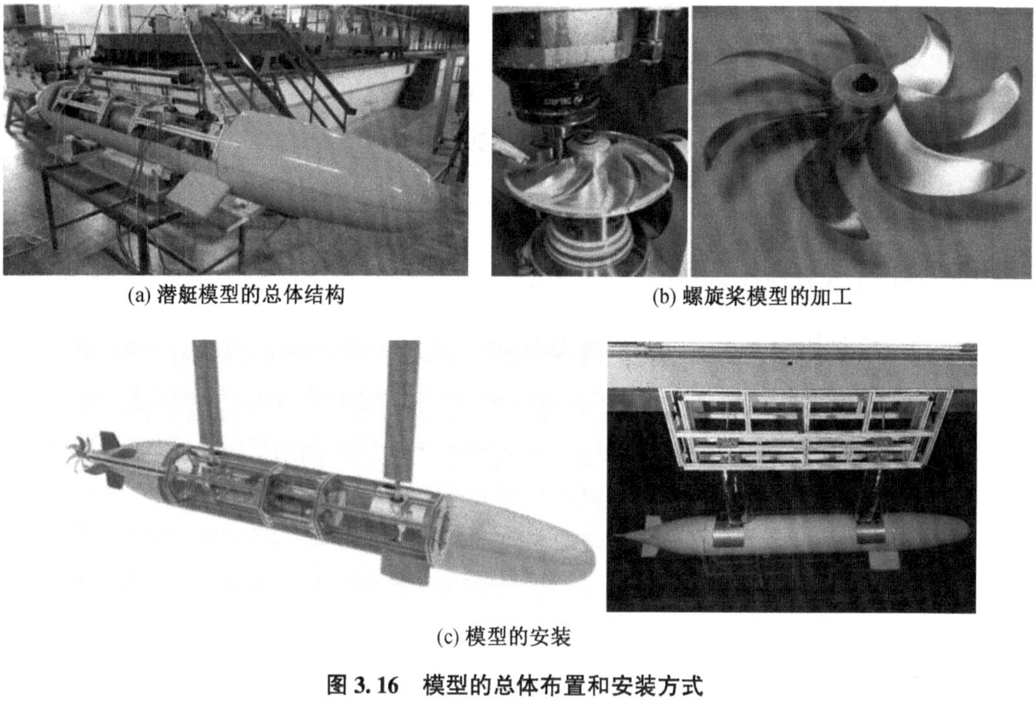

(a) 潜艇模型的总体结构　　(b) 螺旋桨模型的加工

(c) 模型的安装

图 3.16　模型的总体布置和安装方式

双剑支杆的上端与拖车测试桥的固模架刚性连接，支杆的下端分别通过前、后带有 3 个板簧的转接件连接到模型内框架的滑轨上，每个板簧由 5 块厚 0.5 mm 的钢板组成，并连接到内框架上。板簧转接件限制了模型在水平和垂直方向上的运动，但未对模型的纵向自由度进行限制（当拖车速度稳定后，模型不会再出现纵向运动，这种方式能够消除剑杆在安装过程中可能存在的装配内力）。模型的强制力由位于前端连接到支杆的测力仪测量，该测

(a) 模型的内部骨架

(b) 耐压壳体的细节

图 3.17　模型内部的骨架与耐压壳体

力仪为 ESIT Lama 型水密测力仪(产地:土耳其),量程为 20 kg。除了通过板簧转接件与支杆连接外,潜艇模型与拖车没有其他接触。模型与剑杆连接接口的细节如图 3.18 所示。

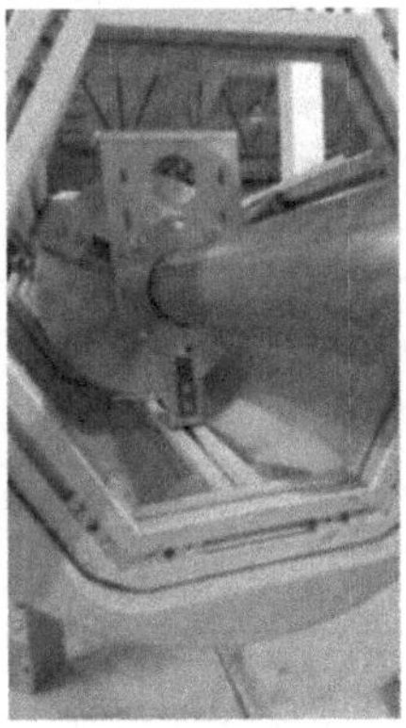

(a) 后剑杆转接件

(b) 前剑杆转接件

(c) 位于前转接件处的测力仪

图 3.18　模型与剑杆连接接口的细节

2. 试验工况与结果

在进行水下自航试验之前,首先进行了水下阻力试验,仅测试 2.75 m/s、3.05 m/s 和 3.34 m/s 这 3 个速度工况,阻力试验的结果如表 3.3 所示。

表 3.3　Suboff 全附体阻力试验结果

速度/($m \cdot s^{-1}$)	阻力/N
2.75	82.98
3.05	103.19
3.34	121.61

在阻力试验完成之后,采用强迫自航法在 $Re = 1.2\times10^7$ 的条件下开展了一个速度下的自航试验。模型速度 $V_m = 2.75$ m/s,螺旋桨的转速分别设置为 500 r/min,530 r/min,545 r/min,555.5 r/min,563 r/min,580 r/min,600 r/min。对于每个螺旋桨旋转工况,共进行了 6 次重复性试验,并根据 ITTC 程序计算试验的重复性和不确定性,不同转速下艇后螺旋桨模型的推力和扭矩分别如表 3.4 和 3.5 所示,强制力的测量结果如表 3.6 所示,由插值得到的自航点处的特性值如表 3.7 所示,利用上述阻力试验数据及 INSEAN E1619 螺旋桨的敞水数据(图 3.13),结合相关公式计算得到的自航因子和各种效率的结果如表 3.8 所示。

表 3.4　艇后螺旋桨模型推力的测量结果

桨模转速	试验						推力平均值
/($r \cdot min^{-1}$)	1	2	3	4	5	6	/N
500	82.77	82.49	81.84	84.54	84.05	84.23	83.32
530	99.22	98.80	99.01	101.29	95.66	99.25	98.87
545	109.84	111.62	111.21	111.05	108.15	108.72	110.10
555.5	113.37	116.70	118.27	118.11	116.11	116.22	116.46
563	118.83	123.36	122.85	123.01	121.23	116.93	121.04
580	131.20	133.98	131.12	133.13	131.79	133.80	132.51
600	141.11	144.18	143.57	144.55	145.80	146.14	144.23

表 3.5　艇后螺旋桨模型扭矩的测量结果

桨模转速	试验						推力平均值
/($r \cdot min^{-1}$)	1	2	3	4	5	6	/($N \cdot m$)
500	4.78	4.76	4.66	4.67	4.45	4.57	4.65
530	5.67	5.43	5.34	5.39	5.23	5.19	5.38
545	5.76	5.81	5.72	5.75	5.68	5.73	5.74
555.5	6.17	6.06	6.01	5.98	5.90	6.29	6.07
563	6.36	6.20	6.19	6.13	6.09	6.19	6.19
580	6.80	6.69	6.64	6.54	6.55	6.54	6.63
600	7.25	7.18	7.15	7.09	7.10	7.08	7.14

表 3.6　模型强制力的测量结果

桨模转速 /(r·min^{-1})	试验 1	试验 2	试验 3	试验 4	试验 5	试验 6	推力平均值 /N
500	17.22	16.09	14.58	14.82	9.82	15.22	14.63
530	4.34	4.43	3.51	3.75	2.43	5.28	3.96
545	-3.98	-4.73	-4.36	-2.69	-5.53	-1.00	-3.72
555.5	-6.75	-8.36	-8.92	-7.36	-10.60	-5.96	-7.99
563	-11.02	-13.12	-11.87	-10.60	-13.86	-6.43	-11.15
580	-20.71	-20.71	-17.21	-17.29	-20.59	-17.60	-19.02
600	-28.48	-27.99	-25.24	-24.83	-29.52	-25.77	-26.97

表 3.7　自航点处的特性值

项目	数值
T^*_{mb}/N	104.261
K^*_{Tb}	0.275
Q^*_{mb}/(N·m)	5.557
K^*_{Qb}	0.056
n^*_m/rpm	538.27

表 3.8　自航因子和各种推进效率的结果

项目	数值
w_m	0.407
η_{rm}	0.875
t_m	0.203
η_{hm}	1.343
η_{Dm}	0.73

3.4　潜艇模型伴流场与常规压力系数测量试验

潜艇模型伴流场和常规压力系数的测量可以通过缩尺模型在试验水池或低速风洞中进行，而在风洞中组织开展这两项试验的效率更高。本节介绍潜艇模型伴流场和常规压力系数测量的风洞试验方法和有关技术手段，风洞试验数据的处理原理也同样适用于水池试验。

3.4.1　伴流场的测量

潜艇以某一速度前行时，附近流体(水)受艇体影响而产生运动，表现为艇体周围伴随着一股水流,即通常所称的伴流。伴流速度场即指伴流速度在潜艇螺旋桨盘面的时空分布,潜艇围壳、上层建筑、舵等附体结构的存在,导致流动路径发生变化,主附体交界处存在复杂的流动分离现象,进而产生马蹄涡等复杂涡系。涡结构形成后向下游输运,在尾流中汇集,会造成推进器盘面处伴流场分布不均匀的现象。

螺旋桨在艇尾严重不均匀流场中工作时,不仅桨本身产生的水动力(轴向力)幅值变化加剧,而且在桨叶周围也引起压力幅度变化的增加。特别是高负荷桨,桨叶交替工作在高、低伴流区域中,导致空泡在叶片上不停地产生、消失,周而复始。这种现象除引起桨的推进效率下降外,还引起桨和艇尾的振动加剧,进而产生强烈噪声。这与现代潜艇的安静性、隐蔽性要求是格格不入的。因此潜艇模型伴流场测量试验对于潜艇的快速性与声隐身性具有重要的现实意义[10]。

潜艇模型桨盘处伴流场的测量一般包括以下两个方面:

一是伴流速度场的测试,周向与径向的测试区域需涵盖艇尾的全桨盘面,可获取潜艇模型桨盘面处的速度分布和总体轴向伴流分数等和平均速度相关的特性参数值。

二是湍流特性的测试,可获取潜艇模型桨盘面处轴向速度的湍流度和湍流积分长度。潜艇桨盘面处的伴流速度在空间上的分布是不均匀的,在时域上也是随时间脉动变化的。湍流度和湍流积分长度则是绕艇体运动的复杂湍流在艇尾桨盘面处的具体量化呈现。

1. 相关要求[11]

(1)试验坐标系

试验坐标系通常采用柱体坐标系,如图 3.19 所示。坐标原点 O 位于艇尾桨盘面与艇体轴线的交点处,x 轴与艇体轴线重合,指向艇体后方为正;与 x 轴垂直的圆平面为 $r-\theta$ 平面,径向 r 以向外为正;周向 θ 以顺时针方向旋转为正(艉视)$\theta=0°$位于指挥室围壳正后方(十二点钟位置)。图 3.19 中同时给出了直角坐标系 $O-xyz$。

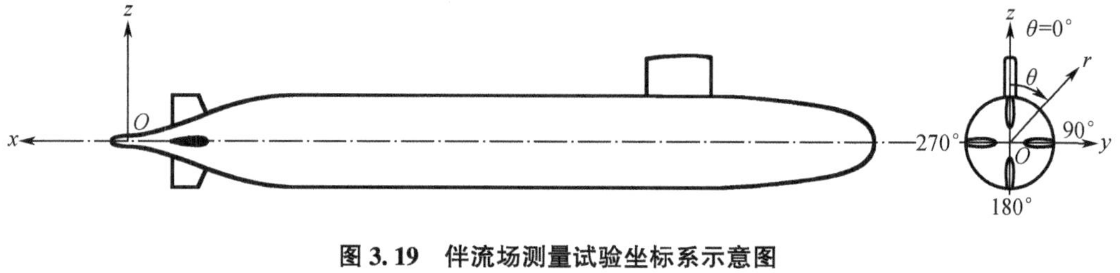

图 3.19 伴流场测量试验坐标系示意图

(2)相似要求

在常温、常压、空气介质条件下进行模型吹风试验,模拟潜艇在深水中做等速直线运动情形。除满足几何相似外,还应尽可能采取较高试验风速,达到合理的雷诺数,以保证测试是在模型尾流处于稳定湍流状态进行的。

(3)试验模型

试验模型按几何相似准则制作,应合理选取模型缩尺比,使试验模型迎风面积不超过风洞试验段横截面积的 5%。

对模型外形精度，长度方向尺寸误差应不大于 0.1%，宽度方向和高度方向尺寸误差应不大于 0.5%；在模型长度不小于 3.0 m 时，型值误差应不大于 1.5 mm；在模型长度小于 3.0 m 时，型值误差应不大于 1.0 mm。模型主体和附体的连接应安全可靠。

(4)试验环境

用于潜艇模型伴流速度场(含湍流特性)测量试验的低速风洞，其流场主要指标应满足以下要求：

①局部气流偏角：$\Delta\alpha \leqslant 0.5°$，$\Delta\beta \leqslant 0.5°$。

②平均气流偏角：$\Delta\bar{\alpha} \leqslant 0.2°$，$\Delta\bar{\beta} \leqslant 0.2°$。

③动压稳定性：$\eta \leqslant 0.005$。

④平均湍流度：$\varepsilon \leqslant 0.1\%$。

2. 仪器与设备

目前进行潜艇模型风洞伴流场测量的主要设备为热线风速仪，选择具体热线风速仪时，其技术指标应满足以下要求：

①风速测量范围应满足试验风速的要求，应达到 0~100 m/s。

②带宽范围不低于 0 kHz~100 kHz，对湍流信号测试频响能力应不低于 20 kHz。

③数据转换精度不低于 16 bit，总测速精度应不低于±1.0%或±0.01 m/s。

④应具备自动温度补偿功能，可调整带宽、过热比、直流偏移量和信号增益等。

⑤应配备探头自动标定单元，必要时也可采用其他标准器具作为标定手段。

⑥应有配套的探头空间定位系统，行程范围应能覆盖模型待测区域，移位误差应小于 0.1 mm。

除此之外，试验过程中还涉及模型安装、试验环境等相关的辅助仪器，具体要求包括：

①模型安装检测仪器的分辨率应小于 0.05°。

②对风洞试验段，空气温度最小分辨率应不小于 0.1 ℃，对湿度的最小分辨率应不小于 0.1%。

③试验段风速测量误差应小于 0.1 m/s。

热线风速仪在使用前应进行标定，热线风速仪为技术成熟的精密型仪器，均具有配套的标定设备与系数计算程序。这里仅给出其标定的具体要求：

①标定范围根据试验要求确定，需确保标定速度和偏角范围覆盖拟测试流场的速度和角度的变化范围。探头标定的最大速度和角度为拟测试区域最大速度和角度的 1.2~1.3 倍，标定的点数不少于 11 个。

②探头速度标定系数检验：将已标定的探头安装在标定单元上，与给定来流方向平行，提供已知大小的气流，用热线风速仪进行检测，并按已标定的探头速度标定系数处理，实测速度与给定速度相对误差不大于 1%，认为标定系数合格，探头可以使用。

③探头角度标定系数检验：将已标定的探头安装在标定单元上，与给定来流方向成已知角度，提供已知大小的气流，用热线风速仪进行检测，并按已标定的探头角度标定系数处理，实测角度与给定角度相对误差不大于 1%，认为标定系数合格，探头可以使用。

④探头定位系统安装调试：为减小探头定位系统对模型区流场的影响，应将探头定位

系统主结构安装于风洞洞体之外,以固定在探头定位系统上的翼型支杆伸入测试区域的下游,一般情况下,与测试区域(桨盘面)的纵向距离不小于模型总长的 10%。在试验测试前,对探头定位系统按给定的坐标程序进行调试检查,当运行结果的坐标值与给定值误差小于 0.1 mm 时,认定为合格。

此外,在只限于伴流速度场测量而不涉及湍流特性测量的研究性试验时,也可以采用第 2 章 2.3.1 节所介绍的五孔探针进行轴向平均速度或三维平均速度的测试,关于五孔探针的标定与使用方法在 2.3.1 节中已经讲述,这里不再赘述。

3. 试验方案与流程

(1)试验方案

试验风速应满足试验雷诺数要求,一般情况下,应使潜艇模型长度雷诺数大于 1.0×10^7。

模型固定安装于风洞试验段测试区中心,可正装,亦可倒装,应确保模型与风洞中心线夹角为零,误差控制在 0.1°以内。

模型应安装牢固,在试验风速下抖动尽量小,避免影响试验测量。在横向或垂向与模型尾尖点平齐、间距 2 m 处光学观察,在试验风速下,模型尾部径向抖动以不大于 2 mm 为宜。

热线风速仪通过热线探头和 CTA(恒温式热线风速仪)处理单元实现伴流速度场各测点流动样本(速度时间历程)原始数据采集。

伴流测试时进行轴向平均速度或三维平均速度测试。

湍流特性测试一般只进行轴向速度测试。测试一般采用单探头记录湍流流动样本方法(即单探头法)。条件许可时,可以在轴向两个位置同时采用两个探头同步测定轴向瞬时速度时间历程,再进行湍流特性(湍流积分长度)的测试分析(即双探头法)。因双探头法前方(流动上游)的热线探头对后方(流动下游)的热线探头有干扰,现阶段的试验大多采用单探头法。

采样频率和采样时间:伴流速度场测试采样频率 $f\geqslant500$ Hz,采样时间长度 $t\geqslant8$ s;湍流特性测试采样频率 $f\geqslant5\,000$ Hz,采样时间长度 $t\geqslant16$ s。

试验参考点选在试验无扰动区域,记录参考点来流速度 u_{ref},同时记录参考点流动气流与轴向、侧向和垂向的偏角 α、β 和 γ(一维速度测试不涉及此内容)。

在无特殊要求的情况下,可按表 3.9 布置潜艇模型伴流速度场测点。表 3.9 中,R 为桨盘的半径(本节以下相同)。

表 3.9　伴流速度场测点位置

轴向位置(x)	桨盘面处轴向位置
周向位置(θ)	$\theta=0\sim360°$,$\Delta\theta=5°$
径向位置(r)	r/R=0.3,0.4,0.5,0.6,0.7,0.8,0.9,1.0,1.1,1.2

在无特殊要求的情况下,可按表 3.10 布置潜艇模型湍流特性测点。

表 3.10　湍流特性测点布置

轴向位置(x)	桨盘面处轴向位置
周向位置(θ)	$\theta=0\sim180°,\Delta\theta=10°$
径向位置(r)	$r/R=0.4,0.6,0.8,1.0,1.2$

(2)试验流程

测试流程汇总如图 3.20 所示。若试验项目要求对多个试验工况的伴流速度场进行测试,只需重复进行图 3.20 中的步骤 c~f。以下物理量的符号描述中,t_j 表示第 j 个采样时刻,例如:$u_x(r,\theta,t_j)$ 表示第 j 个采样时刻的轴向瞬时速度。

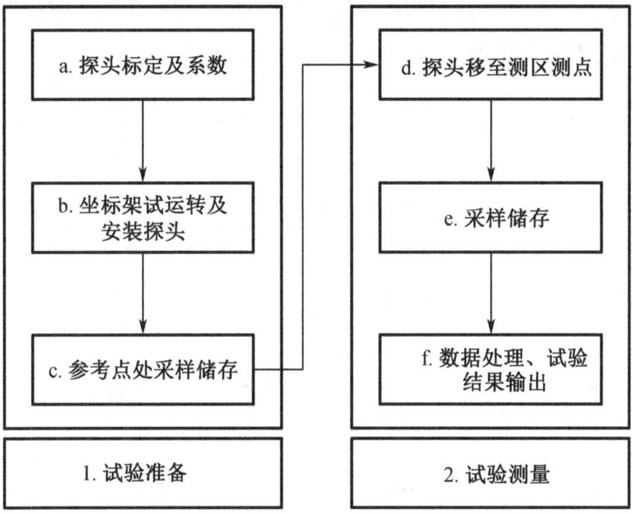

图 3.20　试验流程示意图

对于桨盘面测试区域三维速度测试的试验,应对轴向速度 $u_x(r,\theta,t_j)$、横向速度 $u_y(r,\theta,t_j)$ 和垂向速度 $u_z(r,\theta,t_j)$ 进行采集;也可直接测试轴向速度 $u_x(r,\theta,t_j)$、径向速度 $u_r(r,\theta,t_j)$ 和周向速度 $u_\theta(r,\theta,t_j)$。或者,三维速度可由直角坐标分量 $u_x(r,\theta,t_j)$、$u_y(r,\theta,t_j)$ 和 $u_z(r,\theta,t_j)$ 经坐标转换成为轴向速度 $u_x(r,\theta,t_j)$、径向速度 $u_r(r,\theta,t_j)$ 和周向速度 $u_\theta(r,\theta,t_j)$。

对于桨盘面测试区域二维速度测试的试验,应对轴向速度 $u_x(r,\theta,t_j)$ 和横向速度 $u_y(r,\theta,t_j)$ 或轴向速度 $u_x(r,\theta,t_j)$ 和垂向速度 $u_z(r,\theta,t_j)$ 进行采集。

对于桨盘面测试区域一维速度测试的试验,只需采集轴向速度 $u_x(r,\theta,t_j)$。

4. 试验数据处理

(1)伴流速度场数据表达

①平均速度及速度标准差

试验采集的速度时间历程原始数据,按公式(3-63)计算各个测点的轴向平均速度与标准差、径向平均速度与标准差、周向平均速度与标准差。

$$\begin{cases} u_x(r,\theta)=\dfrac{1}{N}\sum\limits_{j=1}^{N}u_x(r,\theta,t_j) & s(u_x(r,\theta))=\left(\dfrac{1}{N-1}\sum\limits_{j=1}^{N}[u_x(r,\theta,t_j)-u_x(r,\theta)]^2\right)^{1/2} \\ u_r(r,\theta)=\dfrac{1}{N}\sum\limits_{j=1}^{N}u_r(r,\theta,t_j) & s(u_r(r,\theta))=\left(\dfrac{1}{N-1}\sum\limits_{j=1}^{N}[u_r(r,\theta,t_j)-u_r(r,\theta)]^2\right)^{1/2} \\ u_\theta(r,\theta)=\dfrac{1}{N}\sum\limits_{j=1}^{N}u_\theta(r,\theta,t_j) & s(u_\theta(r,\theta))=\left(\dfrac{1}{N-1}\sum\limits_{j=1}^{N}[u_\theta(r,\theta,t_j)-u_\theta(r,\theta)]^2\right)^{1/2} \end{cases}$$

(3-63)

式中 $u_x(r,\theta,t_j)$、$s(u_x(r,\theta))$——轴向平均速度与标准差，m/s；

$u_r(r,\theta,t_j)$、$s(u_r(r,\theta))$——径向平均速度与标准差，m/s；

$u_\theta(r,\theta,t_j)$、$s(u_\theta(r,\theta))$——周向平均速度与标准差，m/s。

②测试结果的无因次化

各个测点的轴向平均速度与标准差、径向平均速度与标准差、周向平均速度与标准差按公式(3-64)进行无因次化处理。

$$\begin{cases} u_x'(r,\theta)=\dfrac{u_x(r,\theta)}{u_{ref}} & s(u_x'(r,\theta))=\dfrac{s(u_x(r,\theta))}{u_{ref}} \\ u_r'(r,\theta)=\dfrac{u_r(r,\theta)}{u_{ref}} & s(u_r'(r,\theta))=\dfrac{s(u_r(r,\theta))}{u_{ref}} \\ u_\theta'(r,\theta)=\dfrac{u_\theta(r,\theta)}{u_{ref}} & s(u_x'(r,\theta))=\dfrac{s(u_\theta(r,\theta))}{u_{ref}} \end{cases} \tag{3-64}$$

式中 $u_x'(r,\theta,t_j)$、$s(u_x'(r,\theta))$——无因次轴向平均速度与标准差；

$u_r'(r,\theta,t_j)$、$s(u_r'(r,\theta))$——无因次径向平均速度与标准差；

$u_\theta'(r,\theta,t_j)$、$s(u_\theta'(r,\theta))$——无因次周向平均速度与标准差。

③伴流速度场特征参数

各个半径周向平均的无因次轴向平均速度按公式(3-65)计算：

$$\bar{u}_x'(r)=\frac{1}{2\pi}\int_0^{2\pi}u_x'(r,\theta)\,\mathrm{d}\theta \tag{3-65}$$

式中 $\bar{u}_x'(r)$——各个半径周向平均的无因次轴向平均速度。

则各个半径周向平均的轴向伴流分数按式(3-66)计算：

$$W_x(r)=\frac{1}{2\pi}\int_0^{2\pi}[1-u_x'(r,\theta)]\,\mathrm{d}\theta \tag{3-66}$$

式中 $W_x(r)$——各个半径周向平均的轴向伴流分数。

桨盘面测试区域内盘面平均的总体轴向伴流分数按公式(3-67)计算：

$$W_x=\frac{1}{S}\iint_S[1-u_x'(r,\theta)]\,r\mathrm{d}\theta\mathrm{d}r \tag{3-67}$$

式中 S——桨盘面测试区域面积，m^2。

风洞试验所得的伴流分数是由未装螺旋桨的模型后面所测流速处理得到的，通常被称为标称伴流分数，其余自航试验获得的实效伴流分数的本质是不同的。因此，为加以区分，本书采用大写字母表示标称伴流分数。

利用所测数据，还可以得到各个半径周向分布的无因次轴向平均速度的不均匀度：

$$N_u(r)=\frac{2\times[(u'_x(r,\theta))_{\max}-\bar{u}'_x(r)]}{\bar{u}'_x(r)} \tag{3-68}$$

也可由各个半径周向分布的无因次轴向平均速度的极差相对值得到轴向平均速度不均匀度：

$$\Delta' u'_x(r)=\frac{(u'_x(r,\theta))_{\min}}{\bar{u}'_x(r)} \tag{3-69}$$

式中　$\Delta' u'_x(r)$——由极差法获取的各个半径周向分布的无因次轴向平均速度不均匀度。

此外，各个半径周向分布的无因次轴向平均速度标准差可按公式(3-70)计算：

$$s(r)=\left\{\sum_{i=1}^{n}[w_i\cdot(u'_x(r,\theta_i)-\bar{u}'_x(r))^2]\right\}^{1/2} \tag{3-70}$$

式中　n——该半径上沿周向分布的测点总数；

w_i——权因子，按式(3-71)计算。

$$w_i=\frac{1}{2\pi}\cdot\frac{(\theta_{i+1}-\theta_{i-1})}{2} \tag{3-71}$$

④无因次轴向平均速度场谐波分析

采用傅里叶级数形式表达各个半径周向分布的无因次轴向平均速度，按式(3-72)进行谐波分析：

$$\begin{aligned} u'_x(r,\theta)&=\frac{1}{2}A_0(r)+\sum_{k=1}^{\infty}[A_k(r)\cos k\theta+B_k(r)\sin k\theta]\\ &=\frac{1}{2}C_0(r)+\sum_{k=1}^{\infty}C_k(r)\sin(k\theta+\varphi_k) \end{aligned} \tag{3-72}$$

式(3-72)中的各项系数按式(3-73)计算：

$$\begin{cases} A_0(r)=C_0(r)=\dfrac{1}{\pi}\displaystyle\int_0^{2\pi}u'_x(r,\theta)\,\mathrm{d}\theta \\ A_k(r)=\dfrac{1}{\pi}\displaystyle\int_0^{2\pi}u'_x(r,\theta)\cos k\theta\mathrm{d}\theta & k=1,2,3\cdots \\ B_k(r)=\dfrac{1}{\pi}u'_x(r,\theta)\sin k\theta\mathrm{d}\theta & k=1,2,3\cdots \\ C_k(r)=[A_k^2(r)+B_k^2(r)]^{1/2} & k=1,2,3\cdots \\ \phi_k(r)=\arctan\left[\dfrac{A_k(r)}{B_k(r)}\right] & k=1,2,3 \end{cases} \tag{3-73}$$

式中　k——谐波分析阶数，一般情况下，谐波分析到 18 阶。

⑤测试结果的表达形式

无因次轴向平均速度 $u'_x(r,\theta)$、无因次径向平均速度 $u'_r(r,\theta)$、无因次周向平均速度 $u'_\theta(r,\theta)$ 和速度标准差以表 3.11 的形式给出，并以桨盘面轴向速度云图和速度矢量图的形式表达。

表 3.11　无因次轴向平均速度

θ	$0.3R$	$0.4R$	…	$1.2R$
0°	$u'_x(0.3,0°)$	$u'_x(0.4,0°)$	…	$u'_x(1.2,0°)$
5°	$u'_x(0.3,5°)$	$u'_x(0.4,5°)$	…	$u'_x(1.2,5°)$
⋮	⋮	⋮	⋮	⋮
360°	$u'_x(0.3,360°)$	$u'_x(0.4,360°)$	…	$u'_x(1.2,360°)$

无因次轴向平均速度 $u'_x(r,\theta)$ 谐波分析系数以表 3.12 的形式给出谐波分析结果，并以直方图的形式表达。

表 3.12　谐波分析系数

k	$0.3R$	$0.4R$	…	$1.2R$
0	$A_0(0.3)$	$A_0(0.4)$	…	$A_0(1.2)$
1	$A_1(0.3)$ $B_1(0.3)$ $C_1(0.3)$ $\varphi_1(0.3)$	$A_1(0.4)$ $B_1(0.4)$ $C_1(0.4)$ $\varphi_1(0.4)$	…	$A_1(1.2)$ $B_1(1.2)$ $C_1(1.2)$ $\varphi_1(1.2)$
⋮	⋮	⋮	⋮	⋮
18	$A_{18}(0.3)$ $B_{18}(0.3)$ $C_{18}(0.3)$ $\varphi_{18}(0.3)$	$A_{18}(0.4)$ $B_{18}(0.4)$ $C_{18}(0.4)$ $\varphi_{18}(0.4)$	…	$A_{18}(1.2)$ $B_{18}(1.2)$ $C_{18}(1.2)$ $\varphi_{18}(1.2)$

其他以半径 r 作为单一变量的伴流速度场特征参数以表 3.13 的形式给出，其中包括盘面平均参数，例如总体轴向伴流分数 W_x 此类参数，并以曲线图的形式表达。

表 3.13　伴流速度场特征参数

参数	$0.3R$	$0.4R$	…	$1.2R$
$\bar{u}'_x(r)$	$\bar{u}'_x(0.3)$	$\bar{u}'_x(0.4)$	…	$\bar{u}'_x(1.2)$
$N_u(r)$	$N_u(0.3)$	$N_u(0.4)$	…	$N_u(1.2)$
$W_x(r)$	$W_x(0.3)$	$W_x(0.4)$	…	$W_x(1.2)$
$\Delta' u'_x(r)$	$\Delta' u'_x(0.3)$	$\Delta' u'_x(0.4)$	…	$\Delta' u'_x(1.2)$
$s(r)$	$s(0.3)$	$s(0.4)$	…	$s(1.2)$
W_x	W_x			

(2)湍流特性数据表达

①轴向速度湍流度

试验采集的轴向瞬时速度时间历程原始数据,按公式(3-74)计算各测点的轴向脉动速度:

$$\Delta u_x(r,\theta,t_j) = u_x(r,\theta,t_j) - u_x(r,\theta) \tag{3-74}$$

式中　$\Delta u_x(r,\theta,t_j)$——轴向脉动速度,m/s。

各测点的轴向脉动速度均方根按公式(3-75)计算:

$$s(\Delta u_x(r,\theta)) = \left[\frac{1}{N-1}\sum_{j=1}^{n}\Delta u_x^2(r,\theta,t_j)\right]^{1/2} \tag{3-75}$$

式中　N——采集样本点的个数。

各测点的轴向速度湍流度按式(3-76)计算:

$$\varepsilon_x(r,\theta) = \frac{s(\Delta u_x(r,\theta))}{u_{\mathrm{ref}}} \tag{3-76}$$

各个半径周向平均的轴向速度湍流度及桨盘面测试区域内盘面平均的轴向速度湍流度按式(3-77)和公式(3-78)计算:

$$\varepsilon_x(r) = \frac{1}{2\pi}\int_0^{2\pi}\varepsilon_x(r,\theta)\,\mathrm{d}\theta \tag{3-77}$$

$$\varepsilon_x = \frac{1}{S}\iint_S \varepsilon_x(r,\theta)\,r\mathrm{d}r\mathrm{d}\theta \tag{3-78}$$

式(3-77)和(3-78)中　$\varepsilon_x(r)$——各个半径周向平均的轴向速度湍流度;

ε_x——盘面平均的轴向速度湍流度。

②轴向湍流积分长度

各测点的轴向自相关函数按公式(3-79)计算:

$$R_S(r,\theta,\tau) = \lim_{N\to\infty}\frac{1}{N}\sum_{j=1}^{N}\Delta u_x(r,\theta,t_j)\Delta u_x(r,\theta,t_j+\tau) \tag{3-79}$$

各测点的轴向湍流积分长度按公式(3-80)计算:

$$\Lambda(r,\theta) = \frac{u_x(r,\theta)}{R_S(r,\theta,0)}\int_0^{\infty}R_S(r,\theta,\tau)\,\mathrm{d}\tau \tag{3-80}$$

式中　$\Lambda(r,\theta)$——轴向湍流积分长度,m。

各个半径周向平均的轴向湍流积分长度 $\Lambda(r)$ 及桨盘面测试区域内盘面平均的轴向湍流积分长度 Λ 分别按式(3-81)和式(3-82)计算:

$$\Lambda(r) = \frac{1}{2\pi}\int_0^{2\pi}\Lambda(r,\theta)\,\mathrm{d}\theta \tag{3-81}$$

$$\Lambda = \frac{1}{S}\iint_S \Lambda(r,\theta)\,r\mathrm{d}r\mathrm{d}\theta \tag{3-82}$$

③测试结果的表达形式

轴向速度湍流度 $\varepsilon_x(r,\theta)$ 以表 3.14 的形式给出,表中包括各个半径周向平均的轴向速度湍流度 $\varepsilon_x(r)$ 及盘面平均的轴向速度湍流度 ε_x。

表 3.14　轴向速度湍流度

θ	$0.4R$	$0.6R$	…	$1.2R$
0°	$\varepsilon_x(0.4,0°)$	$\varepsilon_x(0.6,0°)$	…	$\varepsilon_x(1.2,0°)$
10°	$\varepsilon_x(0.4,10°)$	$\varepsilon_x(0.6,10°)$	…	$\varepsilon_x(1.2,10°)$
⋮	⋮	⋮	⋮	⋮
180°	$\varepsilon_x(0.4,180°)$	$\varepsilon_x(0.6,180°)$	…	$\varepsilon_x(1.2,180°)$
$\varepsilon_x(r)$	$\varepsilon_x(0.4)$	$\varepsilon_x(0.6)$	…	$\varepsilon_x(1.2)$
ε_x	ε_x			

轴向湍流积分长度 $\Lambda(r,\theta)$ 以表 3.15 的表形式给出，表中包括各个半径周向平均的湍流积分长度 $\Lambda(r)$ 及盘面平均的湍流积分长度 Λ。

表 3.15　轴向湍流积分长度

θ	$0.4R$	$0.6R$	…	$1.2R$
0°	$\Lambda(0.4,0°)$	$\Lambda(0.6,0°)$	…	$\Lambda(1.2,0°)$
10°	$\Lambda(0.4,10°)$	$\Lambda(0.6,10°)$	…	$\Lambda(1.2,10°)$
⋮	⋮	⋮	⋮	⋮
180°	$\Lambda(0.4,180°)$	$\Lambda(0.6,180°)$	…	$\Lambda(1.2,180°)$
$\Lambda(r)$	$\Lambda(0.4)$	$\Lambda(0.6)$	…	$\Lambda(1.2)$
Λ	Λ			

3.4.2　常规压力系数的测量

潜艇常规压力测量试验通常包括模型表面压力分布测量试验、模型内流压力测量试验、模型周围空间绕流场(包括模型整个或局部绕流场等)压力测量试验等。试验的主要目的是测定潜艇在可能出现的运动状态下，其主体、操作面等各部件表面的压力分布情况，内流场及外流场的分布情况，为潜艇及各部件的结构强度计算提供载荷，为外形布局、运动控制、绕模型的流动特性等提供数据。常规压力系数测量试验同样可以在水池或者低速风洞中进行，部分试验为了提高试验效率，会在测力试验中同步开展压力试验测量。风洞中模型测压试验的测量原理相对简单，技术实现上也并不困难，本小节将以风洞中模型表面压力系数测量试验为例，对测压试验进行简要介绍[16]。

风洞中潜艇模型表面压力系数测量试验开展的相似准则、试验模型以及试验环境的要求与伴流场测量的要求基本一致，这里不再赘述。

1. 测量仪器与采集设备

在测量仪器和设备方面,针对表面压力分布测量试验应用较多的是压力传感器。由于不同尺寸模型以及试验目的的不同,对于压力传感器具体要求也有所区别,从测量原理上分,压力传感器大致分为压电式和压阻式,如图 3. 21 和图 3. 22 所示。压电式压力传感器测量元件是某种晶体,在施加一定压力下产生相应的电荷;压阻式压力传感器测量元件由硅基惠斯通电桥构成,当传感器承受压力时,桥路电阻相应变化。压电式压力传感器具有超过 500 kHz 的高固有频率、尺寸小、温度范围广等优点,适用于准静态测量、动态测量、压力脉冲测量等方面;压阻式压力传感器基本上无漂移,同时温度变化适应性强,可以基于不同零点实施测量,适用于长期静态监测或准静态测量的场合。由于压力传感器的灵敏度,通常随环境的温度、湿度以及输入电桥压力值的大小发生变化,不同时间的校准结果也不一样,因此,试验时最好实时校准和重复校准,使用传感器工作时的实际校准曲线。

图 3. 21　压电式压力传感器

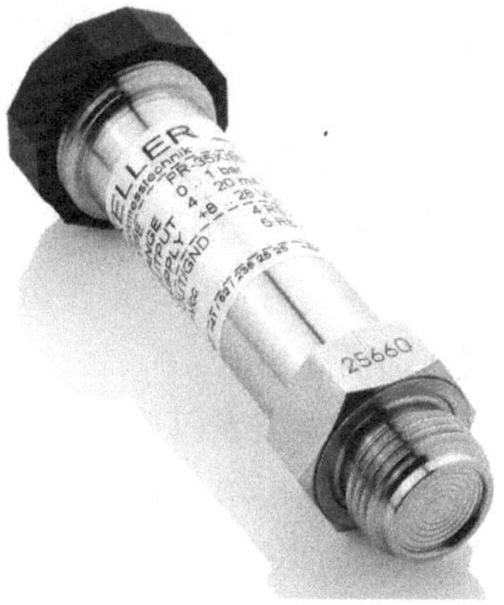

图 3. 22　压阻式压力传感器

在风洞中常采用压力扫描阀(电子压力扫描系统)来实现模型表面多点的压力测量。压力扫描阀是一种能够同时测量多路压力信号的装置,如图 3. 23 所示。它通过内部的压力传感器阵列,实现对多个测量点的压力值进行同步快速、准确地采集。

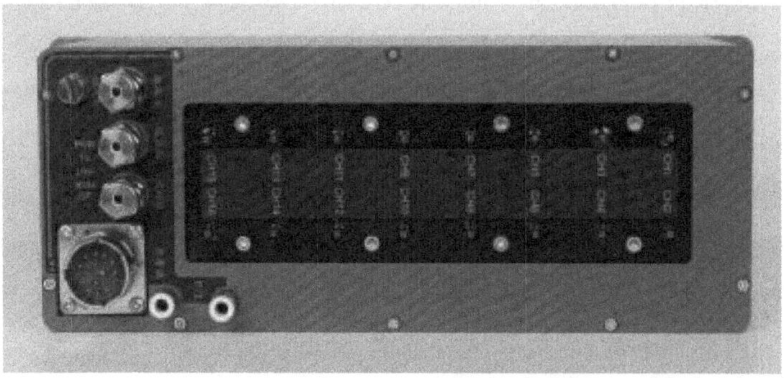

图 3. 23　压力扫描阀

压力扫描阀一般具有如下的技术特点：

①具有高测量精度，能够提供准确的压力读数，适用于要求较高的流体力学测试。

②频响较高，能够快速响应压力值随时间的变化，适合动态测试环境。

③多通道设计，通常具有多个测量通道，可以同时监测多个位置的压力，提升测试效率。

④耐高温和耐腐蚀，材料选择上通常具备良好的耐高温和耐腐蚀性能，适应极端环境。

⑤易于集成，可以与其他测量设备和数据采集系统无缝集成，方便数据处理和分析。

⑥可定制性，根据具体应用需求，可以进行定制设计，以满足特定的流体和压力范围。

⑦稳定性好，可以在长时间使用中保持稳定的性能，减少漂移和误差等。

2. 试验方案与流程[12-13]

对于风洞中模型表面压力的测量，一般需要首先通过理论或数值计算了解其压力分布的特点，确定模型表面的待测位置。在测点处，沿法线方向开一个小孔(测压孔)以便于安装相应的仪器或设备。测压孔在模型表面一般采用非均匀分布，在压力变化剧烈的区域测压孔应布置得密一些，在压力变化平缓的区域测压孔可布置得稀疏一些。

测压点最好置于远离支撑装置的上半部以减小支撑机构对压力分布带来的影响。为了增加模型表面的测压点数目，提高试验的雷诺数，宜尽量增大模型的尺寸，也可以采用半模试验。半模可以直接固定在风洞洞壁上，测压管能够很容易通到试验段外面与压力传感器或压力扫描阀相连。

为了获得模型表面上某点处的较高精度的局部压力，测压孔必须满足以下要求：测压孔的直径 d 为 0.4~0.8 mm，最大不得超过 1 mm，$h/d>2$，如图 3.24 所示。测压孔的轴线与模型表面垂直，其偏角一般不超过±3′，孔内径光滑，孔口无毛刺或倒角，孔口附近的物面光滑无凹坑或凸出物，测孔保证通畅。通常选取内径与测压孔直径对应的金属管与测压孔牢固连接(现多用外径为 1 mm 的不锈钢管)，再由塑料管与金属管连接，一般选用内径 0.4~0.8 mm、外径 1.0~1.2 mm 的塑料管，从模型内引出。由于测压点一般比较多，模型内部空间有限，因此对传导管进行布管时，要避免挤压、突然的拐折和严重的扭曲，管接头要可靠，并进行气密性和通气性检查，防止导管的阻塞和漏气，要走向清楚，排列有序，在导管末端要与测压孔对应的编号进行标记。

潜艇模型在风洞中宜使用腹/背部的支撑方式(两点支撑)。试验前需对模型测压孔进行仔细检查，包括检查测压孔是否符合垂直模型表面的要求、有无堵塞现象，尤其要仔细检查每一根压力传导管(包括金属管、塑料软管及接头处)有无漏气或堵塞现象，即进行管路的气密性和通气性检查。然后按照要求的顺序，把测压导管连接到压力扫描阀上进行测量。若模型或支架有足够的空间，最好将压力扫描阀装在模型或支架内，测压导管尽可能短，从而可以缩短所测压力达到平衡的时间。若模型内部空间有限，则压力扫描阀只能放在风洞之外，这时模型的测压管路较长，要特别注意管路的布置，使测压孔与传感器之间的压力在较短的时间内达到平衡，以提高试验效率，降低试验成本。

采用电子扫描阀系统进行测压试验的数据采集流程通常为：传感器感受压力，将其转换为电信号，经放大器放大，送采集系统进行 A/D 转换，输入计算机进行处理。

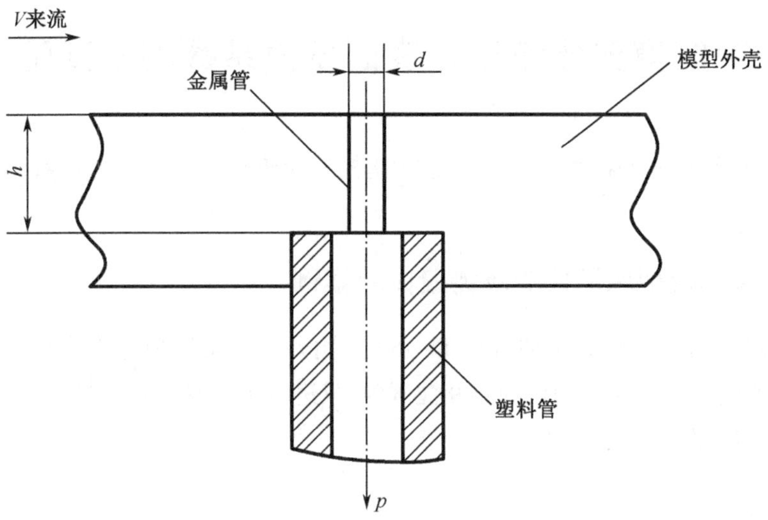

图 3.24　模型表面测压孔示意图

3. 试验的数据处理

模型表面压力分布试验所测压力，通常以无量纲的压力系数或绝对压力值的形式给出。根据压力系数的定义，则有

$$C_{p_i} = \frac{p_i - p_\infty}{q_\infty} \tag{3-83}$$

式中　C_{p_i}——模型表面 i 点的压力系数；

p_i——模型表面 i 点处测得的压力；

p_∞——试验段来流静压；

q_∞——试验段来流动压。

虽然模型表面压力分布试验的数据处理比较简单，但由于试验的数据量通常很大，这就要求根据不同的测压剖面等合理地、有规律地通过计算机程序给出试验结果数据和曲线图。

在大量测量点的测压试验中，经常遇到的麻烦是如何正确判别与洞压孔表面状态不良、传压导管的堵塞或漏气直接有关的不正常结果数据。所以，与此有关的仔细的模型检查及其记录将是对这类结果数据分析判断的依据；同时，对模型应特别强调测压孔加工和压力传递管路系统的状态良好及在试验前应做的精心准备。

对模型压力分布试验结果也应该进行洞壁干扰修正，如阻塞修正等。但是用常规洞壁干扰修正法往往有困难，因为修正时要用到模型的阻力等数据。如有可能，可结合测力试验结果进行修正，也可用壁压信息法进行压力分布试验的洞壁干扰修正。

3.5 潜艇模型伴流场和表面压力系数测量试验案例

本节以三个实际的试验案例,具体介绍潜艇模型伴流场和表面压力系数测量试验的主要典型结果。

3.5.1 潜艇模型风洞伴流场测量试验案例

本案例为在哈尔滨空气动力研究所 FL-52 风洞开展的某模型螺旋桨盘面处伴流场和湍流特性(湍流度、湍流尺度)测量的研究性试验,只进行了桨盘面处区域的轴向速度测试。下面具体介绍本案例的实施情况。

1. 试验内容

试验内容规划主要包含模型桨盘面处一维流场的测量以及桨盘面处湍流度和湍流尺度的测量两部分。

(1)桨盘面处轴向速度的测量

测量半径 r/R=0.35、0.45、0.55、0.65、0.75、0.85、0.95、1.05、1.15、1.25 及 1.35(模型 R=107 mm),共 11 个;

测量角度 θ 除 0°、90°、180°和 270°邻域外,均为 5°,在上述角度的 10°邻域内均为 2.5°。

(2)桨盘面处湍流度和湍流尺度的测量

测量半径取 r/R=0.35、0.55、0.75、0.95、1.15 和 1.35,共 6 个;

测量角度 θ 范围为 0°~180°,角度间隔取 10°。

2. 试验环境与模型

试验在 FL-52 回流式低速声学风洞的开口试验段开展。开口试验段的尺寸为:2 m(宽)×1.5 m(高)×6.3 m(长),最大试验风速为 100 m/s。

试验模型由金属与碳纤维复合材料构成,包含主体、围壳、甲板、“十字”型艉操纵面等部件,模型总长为 4 618 mm,主体直径 467 mm。

试验时模型的侧滑角和迎角均为 0°,试验风速为 40 m/s,对应模型长度和空气运动黏性系数 $\nu=1.484\times10^{-5}\ \mathrm{m^2/s}$(试验时风洞气流平均温度为 15 ℃),试验雷诺数 $Re\approx1.24\times10^{7}$。

3. 试验方案

模型通过 FL-52 风洞原有单支杆固定在试验平台的角度机构上,为了提高模型在试验过程中的稳定性,在模型前后额外增加了加强杆进行辅助支撑,分别进行了五孔探针和热线风速仪的测量试验。模型在风洞中的支撑方式如图 3.25 所示。

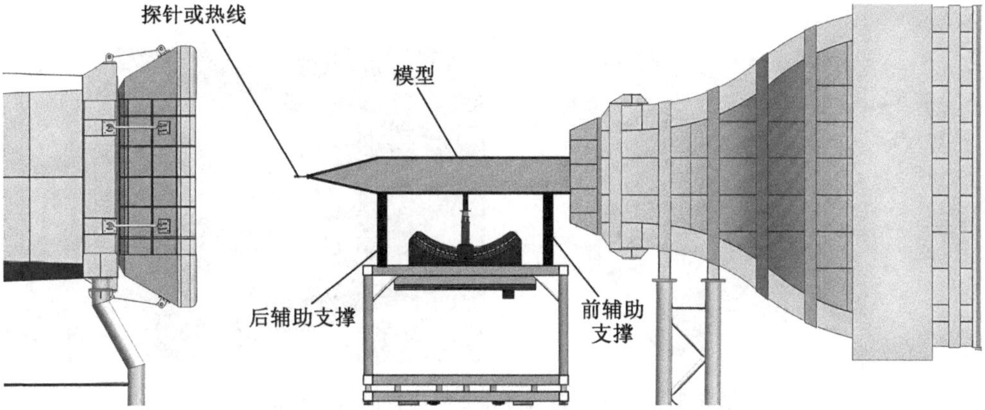

图 3.25　模型在风洞中的支撑方式示意图

采用五孔探针进行试验时,采用 11 支五孔探针组成测量耙同时测量 11 个桨盘径向位置,测量耙通过支架安装在连接轴上,连接轴的中心轴线与模型中心线重合。连接轴由模型尾部伸入模型内部,与模型内部的电机相连,通过电机的转动实现五孔探头周向旋转,测量耙周向角度控制在精度 0.05°,五孔探针测量耙及旋转运动机构示意图如图 3.26 所示。试验首先在空风洞内对五孔探头耙进行标定,然后安装在模型上开展试验。试验时通过空间点周向逐点扫描的方法进行,转动机构每次运动 2.5°,停止 2 s,待流场稳定后采集五孔探针的数据,采样时间为 8 s,采集完毕后转到下一个点进行测量,转动一周共采集 144 个角度点。为了避免模型支杆对伴流场的影响,采用模型正、反装两次测量完成整个桨盘面处伴流场的测量。

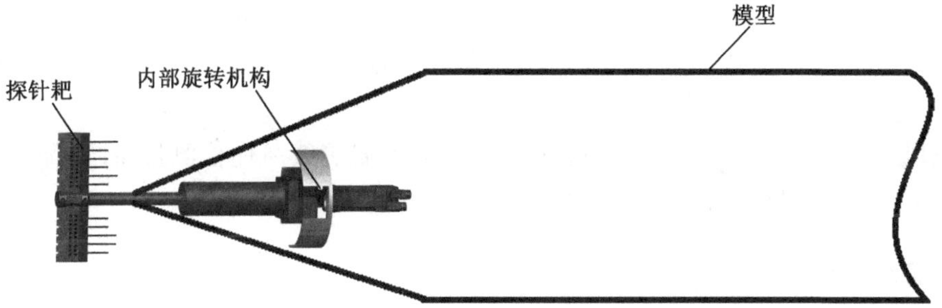

图 3.26　五孔探针支撑及旋转运动机构安装示意图

试验所用的五孔探针为哈尔滨空气动力研究所的自研仪器,探针直径 5 mm、长 150 mm,端部测压孔径 0.5 mm,探针的校准和使用方法与 2.3.1 节所述一致。五孔探针各孔的压力值采用 PSI 公司的 DTC Initium 电子压力扫描系统采集(图 3.27),该系统将先进的模拟电路设计与 PSI 的创新的数字温度补偿(DTC)技术集成在一起,无须在线量程校准即可获得最佳测量精度,该专有技术通过嵌入扫描器的个性化补偿算法实时修正热误差,实现了桥路电阻的精确测量。仅需初始的调零操作,就在整个工作温度范围内达到最优的测量精度,测量精度±0.05% FS,工作温度范围 0 ℃～70 ℃。试验时测量选取量程为-1~1 psi(-6 894~6 894 Pa)。

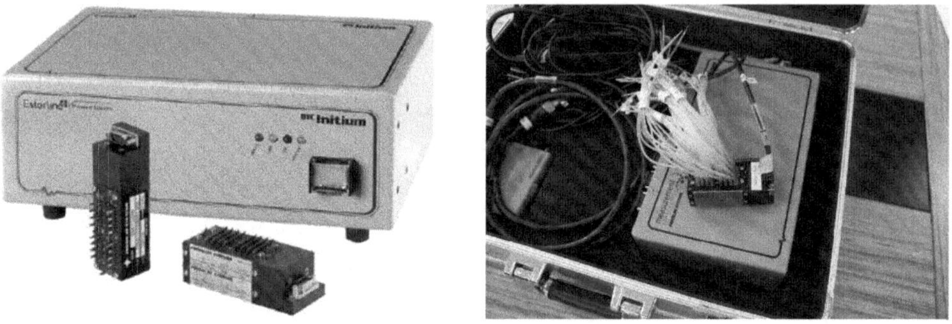

图 3.27　电子压力扫描系统与探针测压管实物

采用热线进行试验时,拆掉 11 支五孔探针,依然使用测压耙的支座固定探针。试验采用 2 根一维热线探针同时测量 2 个径向位置的湍流特性,测完后更换探针位置继续测量。试验时热线采样频率为 5 120 Hz,每个位置采集时间 16 s。试验场景照片如图 3.28 所示。

(a) 五孔探针的测量　　　　(b) 热线风速仪的测量

图 3.28　试验场景照片

热线风速仪采用 Dantec 公司的 StreamLine_Pro 恒温热线风速仪测量系统,配套软件为 StreamWare Pro,其性能指标已在 2.1.3 节中介绍,这里不再重复。

4. 试验结果与分析

采用 3.4.1 节所述的数据处理方法,给出主要试验结果,并对桨盘面处的平均轴向速度特性和湍流特性进行了初步分析。

(1)轴向速度分布的测量结果

图 3.29 和图 3.30 给出了分别由五孔探针和热线风速仪测量数据得到的无因次轴向平均速度周向分布图;图 3.31 和图 3.32 给出了分别由五孔探针和热线风速仪测量数据得到的无因次轴向平均速度分布等值线图。热线风速仪试验 θ 的测量范围为 0°~180°,为进行对比分析,考虑到模型的左右对称性,对热线风速仪所测数据进行了镜像处理。

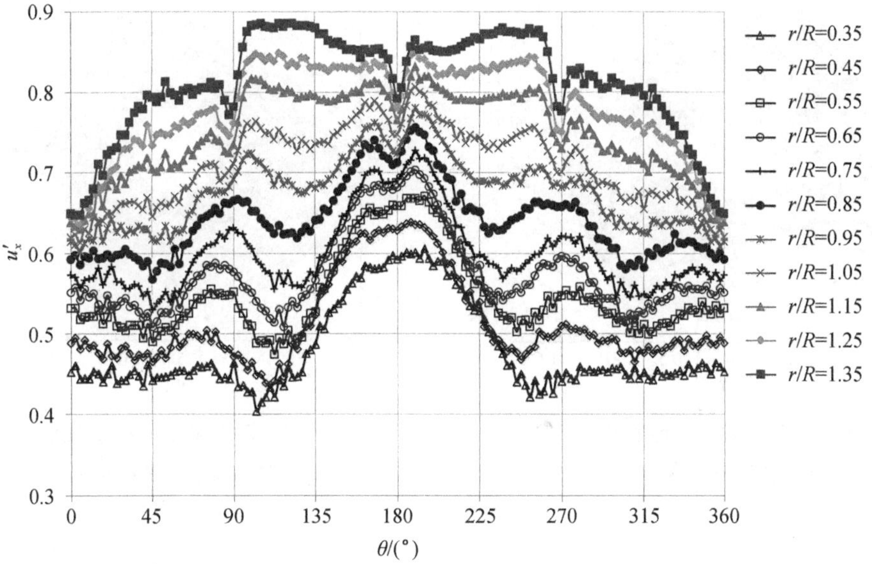

图 3.29　无因次轴向平均速度周向分布图(五孔探针)

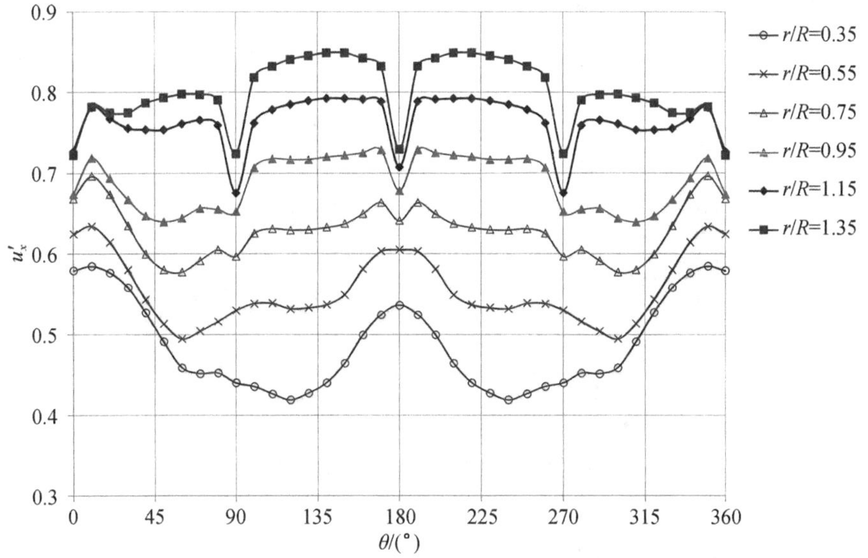

图 3.30　无因次轴向平均速度周向分布图(热线风速仪)

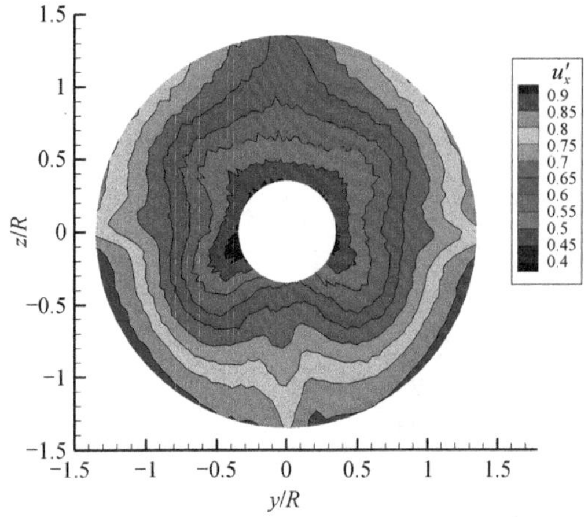

图 3.31　无因次轴向平均速度分布等值线图(五孔探针)

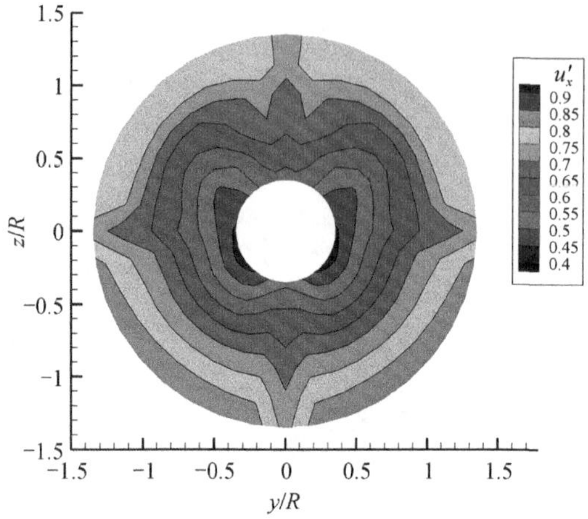

图 3.32　无因次轴向平均速度分布等值线图(热线风速仪)

图 3.33、图 3.34 和图 3.35 分别给出轴向平均伴流分数分布图、无因次轴向平均速度不均匀度分布图和无因次轴向平均速度极差分布图。

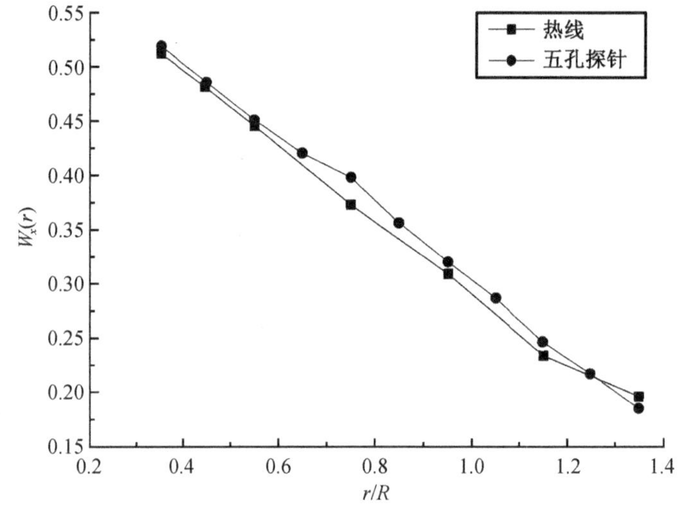

图 3.33　轴向平均伴流分数分布图

(2)桨盘面处的流场特性分析

①轴向分布

从无因次轴向平均速度分布等值线图来看,由于指挥台围壳及艇尾布置的“十”字形操纵面对艇艉速度场的影响,轴向速度云图呈现明显的“十”字形凹凸分布,速度分部由内向外逐渐增大。

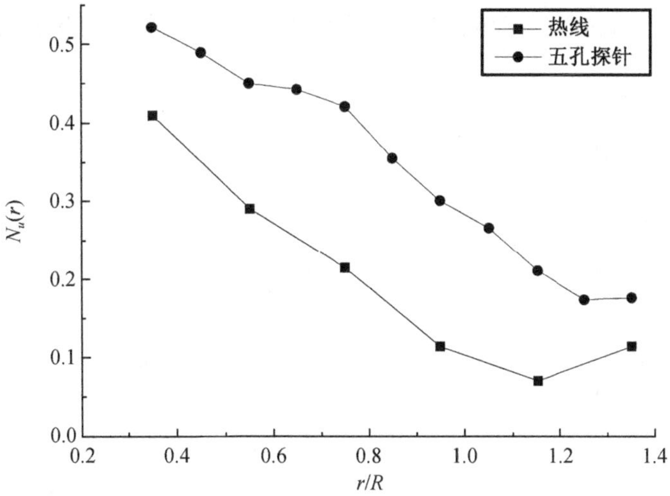

图 3.34　无因次轴向平均速度不均匀度分布图

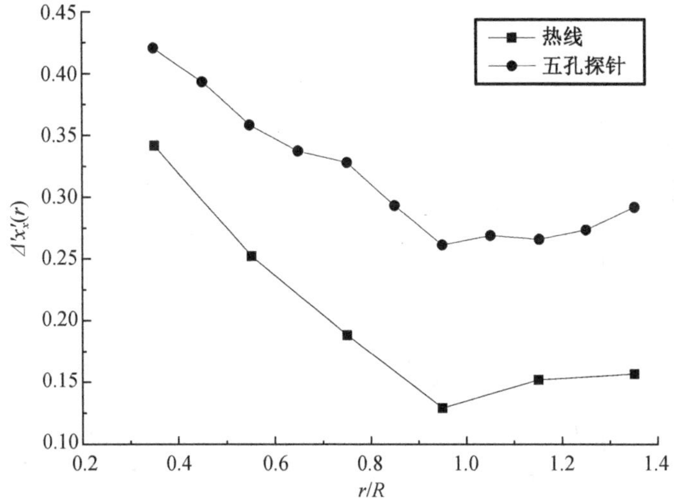

图 3.35　无因次轴向平均速度极差分布图

②伴流分数

本次试验轴向伴流分数沿半径的分布呈近似线性单调下降的趋势。采用五孔探针测量的盘面平均(0.35R~1.35R)的总体轴向伴流分数 W_x=0.322,采用热线测量的平均(0.35R~1.35R)的总体轴向伴流分数 W_x=0.313,两种测量结果基本一致,存在的微小差异主要是采集频率、采集半径个数以及角度个数不同引起的。

③伴流不均匀性

由无因次轴向平均速度不均匀度和极差图可知,不均匀度和极差在 0.35≤r/R≤1.35 范围内随半径先减小后略有增加,不均匀度和极差均在 r/R=0.35 处达到最大值。

(3)桨盘面处湍流度和湍流尺度测量结果

图 3.36 和 3.37 分别给出了测试盘面处湍流度和湍流积分长度的分布图。

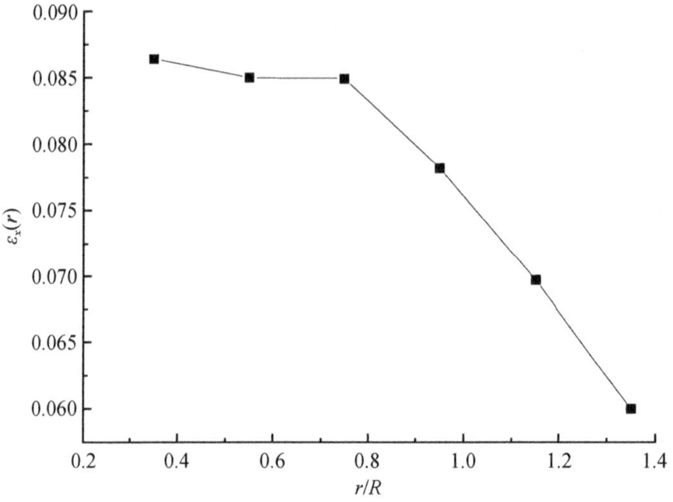

图 3.36　测试盘面处湍流度的分布图

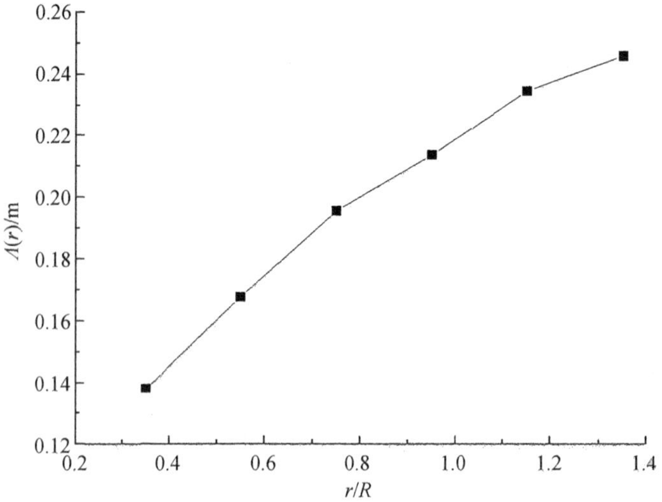

图 3.37　测试盘面处湍流积分长度的分布图

(4)湍流特性分析

湍流度在 $0.35 \leqslant r/R \leqslant 1.35$ 范围内随半径的增大呈近似线性单调下降的趋势，且在桨盘 $r/R = 0.35$ 处达到最大。桨盘面处的轴向速度的平均湍流度为 $\varepsilon_x = 0.075\ 7$($0.35r/R \sim 1.35r/R$)；湍流积分长度在 $0.35 \leqslant r/R \leqslant 1.35$ 范围内随半径的增大呈单调上升的趋势，且在桨盘 $r/R = 1.35$ 处达到最大。桨盘面平均的轴向湍流积分长度为 $\Lambda = 0.210\ 8$ m。

3.5.2 潜艇模型水池 PIV 伴流场测量试验案例

随着 PIV 技术的不断发展与逐渐成熟,国内外研究人员利用 PIV 技术在拖曳水池环境中开展潜艇模型水池伴流场测量试验。下面以哈尔滨工程大学拖曳水池开展的自由液面对潜艇伴流场影响的原理研究性试验为例,介绍潜艇模型水池伴流场测量试验方法与结果[14]。

1. 试验内容

利用 PIV 技术对不同潜深条件下 SUBOFF 缩比模型的伴流场进行测量,总结分析伴流场的速度、湍动能以及雷诺应力等湍流特性,总结自由液面与伴流场的耦合作用及其流动特征。

为了系统地分析自由液面对潜艇伴流场的影响,试验进行了多个潜深及多个航速下的伴流场测量:

潜深工况 4 个,潜深 H 分别为 $1.5D$、$2.5D$、$3.5D$ 和 $4.5D$(D 为模型主体直径);

航速工况 3 个,Fr 分别为 0.3、0.5 和 0.7。

2. 试验环境与模型

本次试验是在哈尔滨工程大学拖曳水池实验室完成的,水池主尺度为 108 m×7 m×3.5 m,拖车稳速范围为 0.1~6.5 m/s。

试验采用 SUBOFF 的缩比模型(图 3.38),模型总长 1 m,最大直径 D 为 0.116 m,最大高度 0.168 m,伴流场测量剖面为潜艇尾部 0.978 处。为方便后续试验研究,将艇体分成三段进行三维建模,并通过 3D 打印技术分别制作,艇体之间通过艉撑杆及内部带孔圆环进行连接,艇体表面光顺处理并对切面进行激光涂漆处理以满足 PIV 试验需要。由于本次试验采用的潜艇模型缩尺比较大,故在艇体首部 $L/20$ 处加装激流装置以加快艇体表面的层流转捩。

图 3.38 试验模型

3. 试验方案

采用本书 2.3.4 节中介绍的随车式水下拖曳 SPIV(体位粒子图像)测量系统开展模型试验。PIV 系统由 1 个可完全浸没于水下的雷体、流线型翼型支架、激光系统、控制与采集系统和粒子播撒系统(图 3.39)等装置组成。

SPIV 系统的标定(图 3.40)是在拖曳水池中通过 1 个 400 mm×300 mm 的多层级点阵式标定靶完成的,多层级点阵式标定靶避免了单层级标定靶在标定时会移动的影响。试验中应用的示踪粒子为白色聚酰胺粒子。

图 3.39　示踪粒子播撒装置

图 3.40　SPIV 系统的标定

试验采用自主设计并制作的固定装置,固定装置分两部分:固定支架和二级调潜深钢板,二者之间通过凹型连接件连接。固定支架通过自身紧固装置连接至拖车测桥。通过二级调潜深钢板和测桥的相互配合,可以实现潜艇模型 0~1.0 m 的无级潜深调节。固定直板采用厚度为 20 mm 高强度钢材,放置在距离潜艇模型螺旋桨盘面 1.5 m 处位置,以减小对潜艇伴流场的影响。

将固模架安装在拖车测桥上,完成潜艇模型、固定装置与固模架间的连接,接下来启动 PIV 测试系统,进行初步调试,通过 PIV 系统坐标架上的电机上下移动雷体位置,使得雷体中心与潜艇模型中心位于同一水平线上。接下来播撒粒子,对应试验工况下的航速调节拖车速度，对应不同深度调节测桥高度，逐次进行试验。

在试验过程中，脉冲激光照亮待测区域粒子，同时相机双帧拍摄，采集频率调至最大采样频率 7. 5 Hz，根据不同航速，调整激光（相机）在相邻两之间的时间间隔，以保证在此间隔内粒子最大位移不超过查询区域的$\frac{1}{4}$，每次测量采集的图片数控制在 150~200 对之间，以满足数据收敛性的要求。如图 3. 14 所示为试验场景。

图 3. 41　试验场景

4. 试验结果与分析

潜艇潜深大于 3D 时，自由液面对潜艇水动力的影响十分微弱，潜深大于 4D 时，自由液面对其水动力的影响可忽略不计，可视为满足无限潜深条件。在无限潜深条件下，轴向速度（平均值）和脉动速度在外半径区域变化较大（为书写简便，本小节用 u 表示轴向平均速度，用 $u_{1\text{-RMS}}$ 表示轴向脉动速度），内半径区域无明显变化，轴向速度等值线在圆圈包围区域发生了双峰凹陷，且在不同的 Fr 下，伴流场脉动速度在双峰凹陷处未出现大的波动，即双峰未出现变化，而在云图下方未对应地出现相同的双峰凹陷，这是因为潜艇上游指挥台围壳处的马蹄涡随潜艇运动融合流入伴流场。如图 3. 42 和图 3. 43 分别为无限潜深不同航速潜艇伴流场轴向速度和轴向脉动速度。

小潜深时，此时流场仍保持与无限潜深条件相同的左右对称性质；另外，考虑 PIV 测量误差的存在，伴流场的外半径范围亦没有显著变化，但内半径区域形式发生了明显的变化：围壳的泄出流对流场的影响随航速的增大逐渐降低；且随着航速的增加，内半径区域流场上下的对称性亦发生了改变。相比于轴向速度，脉动速度并未随着航速的增加而增加，在 $Fr=0.5$ 时，脉动速度出现了较其他 2 个工况更为剧烈的变化。随着航速的增加，由于围壳、艉舵等潜艇表面附体改变艇体表面流场边界层而形成的旋涡强度会加强。

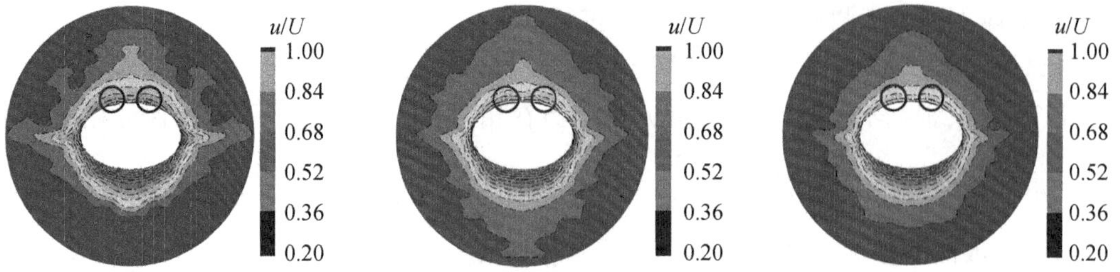

(a)Fr=0.3　　(b)Fr=0.5　　(c)Fr=0.7

图 3.42　无限潜深不同航速潜艇伴流场轴向速度

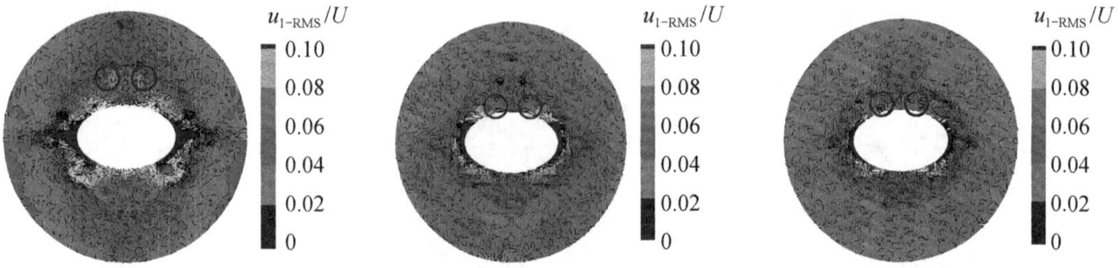

(a)Fr=0.3　　(b)Fr=0.5　　(c)Fr=0.7

图 3.43　无限潜深不同航速潜艇伴流场轴向脉动速度

在试验的4个潜深条件下,在最大测量航速时($Fr=0.7$),潜艇伴流场没有明显的变化规律,这可能是自由液面和潜艇流场的耦合作用的结果。线性波浪理论界定了航速和其表面兴波长度的关系,但波长或波高随潜深的变化规律没有明确给定,在不同潜深条件下,即使航速相同,兴波波长、波高亦可能不同。而这势必导致艇体和自由液面之间垂向距离的差异,若将自由液面假定为壁面条件,根据伯努利定理,在两者垂向距离较大的地方,流体的压强较大而流速较小,反之流体的压强较小而流速较大。因此上游潜艇艉舵及锥形艉部的形状变化,必然导致流场流速的不同,进而造成伴流场脉动速度和涡旋强度的不同。如图3.44、图3.45和图3.46分别为1.5D潜深时不同航速伴流场轴向速度、轴向脉动速度和伴涡量Ω。如图3.47、图3.48和图3.49分别为$Fr=0.7$时不同潜深伴流场轴向速度、轴向脉动速度和涡量Ω。

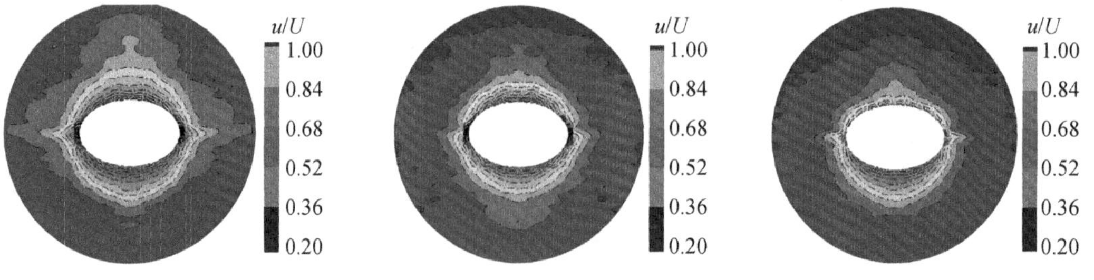

(a)Fr=0.3　　(b)Fr=0.5　　(c)Fr=0.7

图 3.44　1.5D 潜深时不同航速伴流场轴向速度

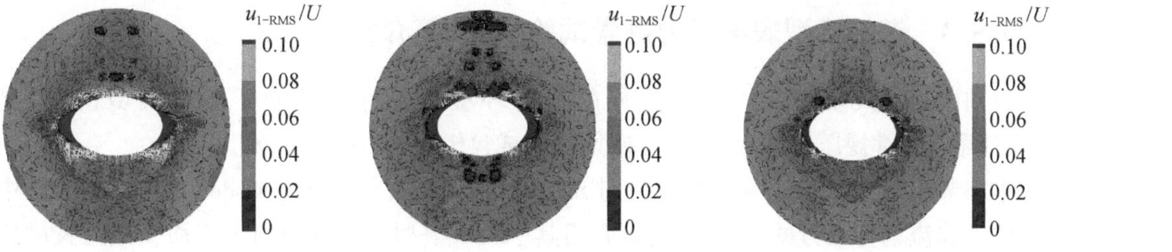

(a)Fr=0.3　(b)Fr=0.5　(c)Fr=0.7

图 3.45　1.5*D* 潜深时不同航速伴流场轴向脉动速度

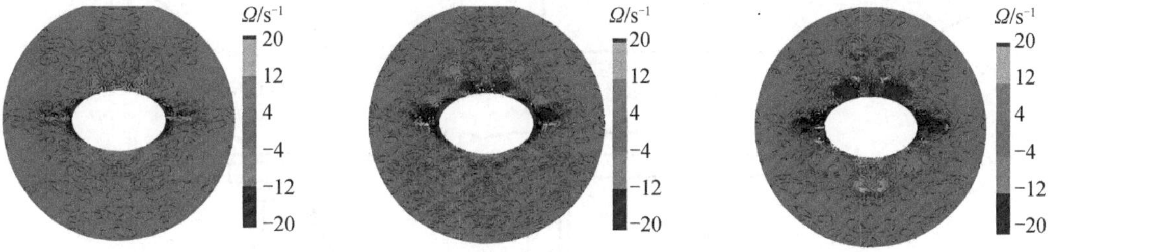

(a)Fr=0.3　(b)Fr=0.5　(c)Fr=0.7

图 3.46　1.5*D* 潜深时不同航速伴流场伴涡量 *Ω*

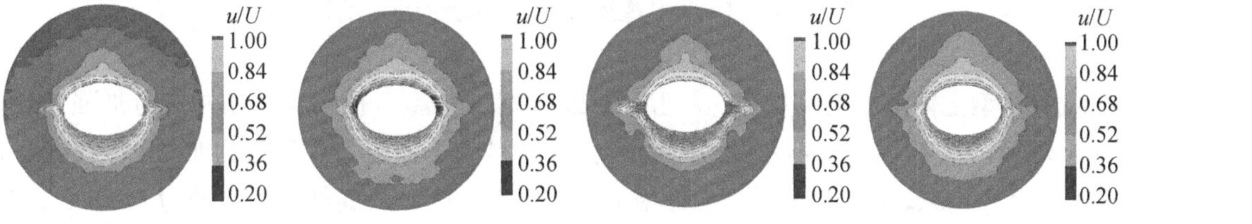

(a)Fr=1.5D　(b)Fr=2.5D　(c)Fr=3.5D　(d)Fr=4.5D

图 3.47　*Fr* = 0.7 时不同潜深伴流场轴向速度

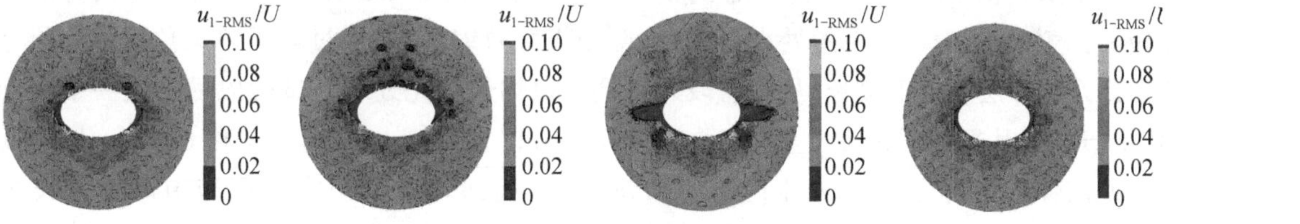

(a)Fr=1.5D　(b)Fr=2.5D　(c)Fr=3.5D　(d)Fr=4.5D

图 3.48　*Fr* = 0.7 时不同潜深伴流场轴向脉动速度

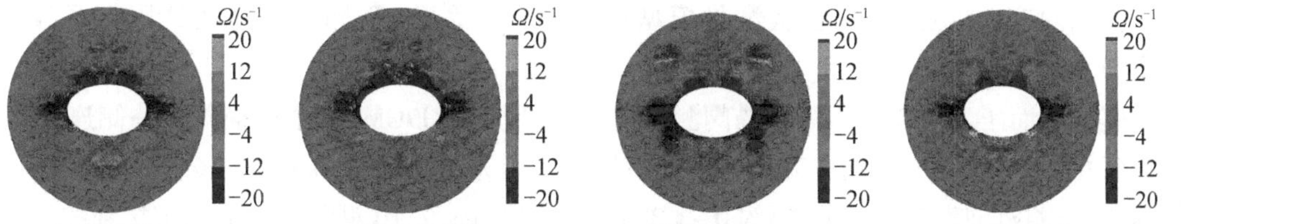

(a)Fr=1.5D　(b)Fr=2.5D　(c)Fr=3.5D　(d)Fr=4.5D

图 3.49　*Fr* = 0.7 时不同潜深伴流场涡量 *Ω*

3.5.3 潜艇模型表面压力测量试验案例(简介)

目前国内外大量研究人员在不同的试验环境和条件下开展了潜艇模型(尤其是SUBOFF模型)常规压力测量试验,可搜集到的试验相关资料相对较多。

本小节将以T. Huang等(1992)针对SUBOFF模型(代号DTRC Model 5471),在风洞中开展的经典流场与压力试验为例,简单介绍其中关于模型中纵剖面与上表面交线位置的压力测量结果[15]。如图3.50所示为SUBOFF模型风洞经典试验的总体示意图。

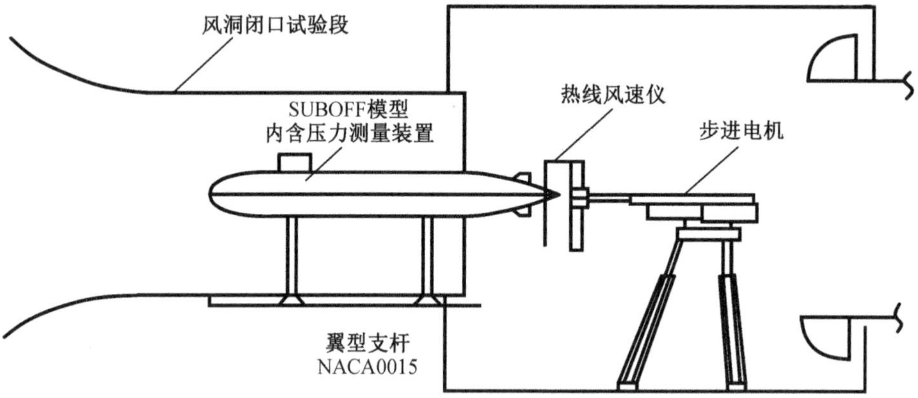

图3.50 SUBOFF模型风洞经典试验的总体示意图

试验模型主体由玻璃钢加工,并利用0.25 m宽的U型背板对模型结构进行加强,艉部附体由环氧树脂和木纤维基化合物制成的复合材料加工而成。在艏部弓形区域半径的偏差最大为1.78 mm,中间模型平行中体最大偏差为0.762 mm,艉部最大偏差为1.27 mm,半径的总体不确定性为0.76 mm,总模型长度的不确定度为1.59 mm。模型表面积和体积的不确定性(由于制造误差)分别为0.3%和0.6%。

模型试验在美国泰勒研究中心的消声风洞中进行(DTRC AFF),风洞闭口试验段长4.19 m,宽2.4 m。风洞拐角处设有圆角,圆角贯穿收缩段,并通过对拐角圆角进行锥化处理来允许边界层沿隧道增长,从试验段入口到出口均进行此处理。试验段后面是一个大型的、用声学瓦片覆盖的腔室,该腔室垂直于流动方向,尺寸为7.16 m宽和6.40 m长。试验模型前体和大部分平行中体位于闭口试验段,艉部位于消声室。模型由两个弦长为0.15 m的NACA0015翼型剖面腹撑支杆支撑,支杆分别位于离艏部$x/L=0.24$和0.63位置。支柱底座安装在隧道地板下方,以减小对风洞流场的干扰。安装后的模型保证与来流方向对齐,在五个轴向位置测量模型周围的压力系数,不同测点之间的压力系数偏差小于0.003。

模型表面压力由5台压力扫描阀测量,扫描阀型号48J9GM,每个扫描阀的一侧连接48个测压孔,另一侧则连接到相应的压力传感器上。压力传感器为Datametrics 570型Barocel传感器,压差范围为0~10托尔(约0~1 333 Pa)。Vishay 2310型信号调节器连接到扫描仪传感器,以提供激励电压、输出信号放大和电桥平衡。整个系统都位于模型内部。这种布置缩短了每个表面测压口的压力线长度,降低了测量所需的响应,从而提高了允许的扫描速率。模拟输出信号经过调节、放大、滤波,最后连接到 Masscomp MC5450 科学实验室系统计算机。计算机以 1 kHz 的频率对五个扫描仪传感器的数据进行采样,每次采样持续 100 ms。图 3.51 给出了模型中纵剖面与上表面交线上不同纵向位置的表面压力系数曲线。

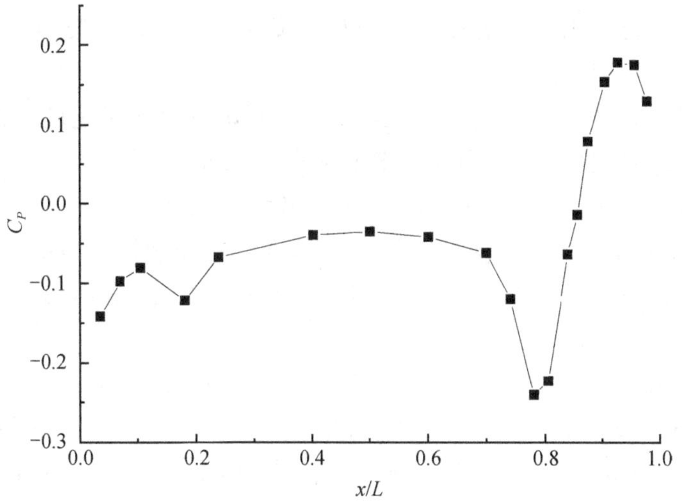

图 3.51　中纵剖面与上表面交线上不同纵向位置的表面压力系数曲线

T. Huang 等的风洞试验不但进行了 SUBOFF 模型的多个位置的伴流场测量,而且进行了主艇体、围壳、艉操纵面、主艇体与附体交接区域等 240 多个模型表面位置的压力测量,其流场与压力的试验结果具有重要的学术与工程价值。作为基础性教材,这里仅简单列举了在表面压力方面经常作为模型试验和数值计算可靠性验证的基础结果,关于全面的试验信息,可以参考文献[15]。

参考文献

[1] 俞湘三,陈泽梁,楼连根,等.船舶性能实验技术[M].上海:上海交通大学出版社,1991.

[2] 马运义,许建.现代潜艇设计原理与技术[M].哈尔滨:哈尔滨工程大学出版社,2012.

[3] 中华人民共和国国家军用标准.潜艇模型阻力、自航试验方法:CB/Z 216—2008[S].北京:国防科学技术工业委员会,2008.

[4] GROVES N C. Geometric characteristics of DARPA suboff models:(DTRC Model Nos. 5470 and 5471)[R]. BethesdaMaryland:David Taylor Research Center,1989.

[5] 盛振邦,刘应中.船舶原理:下册[M].上海:上海交通大学出版社,2004.

[6] 中华人民共和国国家军用标准.螺旋桨模型敞水试验方法:CB/Z 816—2019[S].北京:国防科学技术工业委员会,2019.

[7] ÖZDEN Y A, ÖZDEN M C, DEMIR E, et al. Experimental and numerical investigation of DARPA suboff submarine propelled with INSEAN E1619 propeller for self-propulsion[J].

Journal of ship research,2019,63(4):235-250.

[8] 苏玉民,庞永杰. 潜艇原理[M]. 哈尔滨:哈尔滨工程大学出版社,2005.

[9] 朱爱军,应良镁,胡科,等. 潜器模型水下自航试验分析方法探讨[J]. 船舶力学,2012,16(4):383-389.

[10] 田畅,夏林生,付敏飞,等. 潜艇伴流场对螺旋桨激振力的影响[J]. 中国舰船研究,2023,18(3):111-121.

[11] 中华人民共和国国家军用标准. 低速风洞中潜艇模型伴流速度场试验规程:CB/Z 20013—2012[S]. 北京:国防科学技术工业委员会,2012.

[12] 李周复. 风洞试验手册[M]. 北京:航空工业出版社,2015.

[13] 肖京平. 水中兵器风洞试验技术[M]. 北京:国防工业出版社,2008.

[14] 郭春雨,韩康,韩阳,等. 自由液面对潜艇伴流场影响的试验分析[J]. 哈尔滨工程大学学报,2021,42(4):476-481.

[15] HUANG T, LIU H L. Measurements of flows over an axisymmetric body with various appendages in a wind tunnel:the DARPA SUBOFF experimental program[C]// Proceeding of 19th Symposium on Naval Hydrodynamics,Seoul Korea,1992:321-346.

第 4 章　潜艇操纵性模型试验技术

水下状态是潜艇最重要的航行状态，因此潜艇操纵性试验通常指的就是潜艇水下状态的操纵性试验。潜艇操纵性模型分为拘束模型试验与自由自航模型试验。拘束模型试验是目前唯一能够比较精确地确定潜艇水动力系数的技术手段。拘束模型试验既可在水池（或循环水槽）中开展，也可在低速风洞的环境下开展。自由自航模型试验，是在受控条件下以相对较低的成本直接模拟实艇操纵的研究手段，用来预报、评价和改进实艇的各项性能设计[1]，大尺度自航模能够更真实地反映出实艇工况的操纵特性。从试验技术的角度来说，自由自航模型系统作为一种综合性的测试平台，是开展潜艇航行性能试验研究的重要设备。

4.1　潜艇拘束模型水动力系数水池测量试验

4.1.1　概述

1. 基本概念

潜艇操纵性拘束模型试验采用右手直角随体坐标系 $O\text{-}xyz$，**坐标原点 O（测力中心）取在潜艇水下全排水量的重心 G 处（或水下全排水量的浮心 B 处）**，x 轴平行于潜艇基线、指向潜艇首部，y 轴指向潜艇右舷，z 轴指向潜艇底部。坐标系、运动参数、姿态角、水动力角（攻角、漂角）的定义如图 4.1 所示。

在潜艇坐标系下，采用潜艇空间六自由度运动方程描述潜艇空间运动，本书以常规“十”字型艉布局潜艇为例，给出试验采用的潜艇六自由度运动方程，如式（4-1a）~（4-1f）所示。

$$
\begin{aligned}
& m[(\dot{u} - vr + wq) - x_G(q^2 + r^2) + y_G(pq - \dot{r}) + z_G(pr + \dot{q})] = \\
& + \frac{1}{2}\rho L^4[X'_{qq}q^2 + X'_{rr}r^2 + X'_{pr}pr] + \frac{1}{2}\rho L^3[X'_{\dot{u}}\dot{u} + X'_{vr}vr + X'_{wq}wq] \\
& + \frac{1}{2}\rho L^2[X'_{uu}u^2 + X'_{vv}v^2 + X'_{ww}w^2 + X'_{\delta_r\delta_r}u^2\delta_r^2 + X'_{\delta_b\delta_b}u^2\delta_b^2 + X'_{\delta_s\delta_s}u^2\delta_s^2] \\
& + \frac{1}{2}\rho L^2[a_T u^2 + b_T u u_c + c_T u_c^2] - (W - B)\sin\theta \\
& + \frac{1}{2}\rho L^2[X'_{vv\eta}v^2 + X'_{ww\eta}w^2 + X'_{\delta_r\delta_r\eta}\delta_r^2 u^2 + X'_{\delta_s\delta_s\eta}\delta_s^2 u^2](\eta - 1)
\end{aligned}
\tag{4-1a}
$$

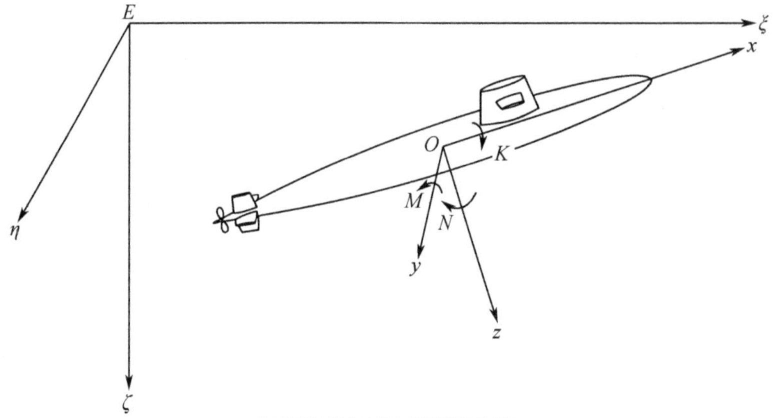

(a) 固定坐标系与随艇坐标系

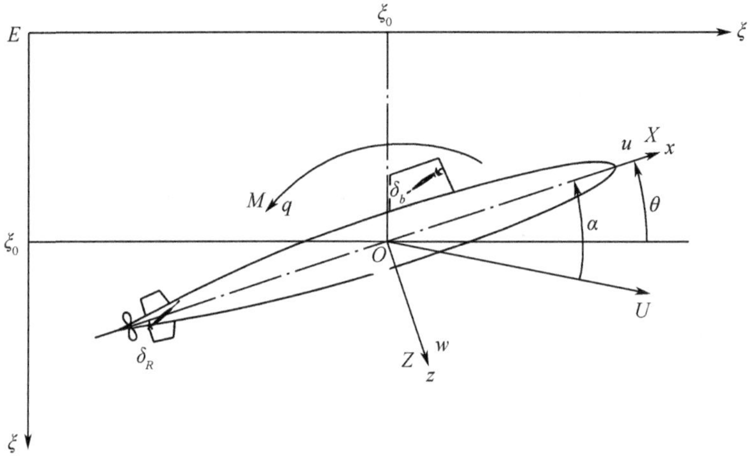

(b) 垂直面参数

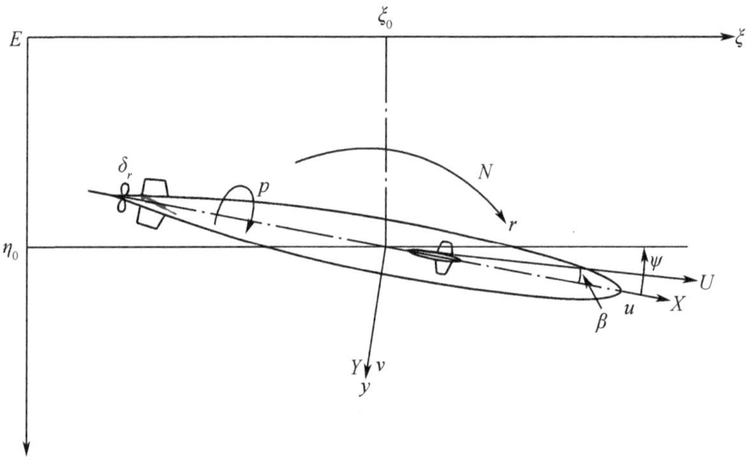

(c) 水平面参数

图 4.1　潜艇坐标系及参数定义

$$
\begin{aligned}
& m[(\dot{v} - wp + ur) - y_G(r^2 + p^2) + z_G(qr - \dot{p}) + x_G(pq + \dot{r})] = \\
& \quad + \frac{1}{2}\rho L^4[Y'_{\dot{r}}\dot{r} + Y'_{r|r|}r|r| + Y'_{\dot{p}}\dot{p} + Y'_{p|p|}p|p| + Y'_{pq}pq + Y'_{qr}qr] \\
& \quad + \frac{1}{2}\rho L^3[Y'_{\dot{v}}\dot{v} + Y'_{vq}vq + Y'_{wp}wp + Y'_{wr}wr] \\
& \quad + \frac{1}{2}\rho L^3[Y'_{r}ur + Y'_{p}up + Y'_{|r|\delta_r}u|r|\delta_r + Y'_{v|r|}\frac{v}{|v|}|(v^2 + w^2)^{\frac{1}{2}}||r|] \\
& \quad + \frac{1}{2}\rho L^2[Y'_{*}u^2 + Y'_{v}uv + Y'_{v|v|}v|(v^2 + w^2)^{\frac{1}{2}}|] \\
& \quad + \frac{1}{2}\rho L^2[Y'_{vw}vw + Y'_{\delta_r}u^2\delta_r] \\
& \quad + (W - B)\cos\theta\sin\varphi \\
& \quad + \frac{1}{2}\rho L^3 Y'_{r\eta}ur(\eta - 1) \\
& \quad + \frac{1}{2}\rho L^2[Y'_{v\eta}uv + Y'_{v|v|\eta}v|(v^2 + w^2)^{\frac{1}{2}}| + Y'_{\delta_r\eta}\delta_r u^2](\eta - 1)
\end{aligned}
\tag{4-1b}
$$

$$
\begin{aligned}
& m[(\dot{w} - uq + vp) - z_G(p^2 + q^2) + x_G(rp - \dot{q}) + y_G(rq + \dot{p})] = \\
& \quad + \frac{1}{2}\rho L^4[Z'_{\dot{q}}\dot{q} + Z'_{pp}p^2 + Z'_{q|q|}q|q| + Z'_{rr}r^2 + Z'_{pr}pr] \\
& \quad + \frac{1}{2}\rho L^3[Z'_{\dot{w}}\dot{w} + Z'_{vr}vr + Z'_{vp}vp] \\
& \quad + \frac{1}{2}\rho L^3[Z'_{q}uq + Z'_{w|q|}\frac{w}{|w|}|(v^2 + w^2)^{\frac{1}{2}}||q| + Z'_{|q|\delta_s}u|q|\delta_s] \\
& \quad + \frac{1}{2}\rho L^2[Z'_{*}u^2 + Z'_{w}uw + Z'_{w|w|}w|(v^2 + w^2)^{\frac{1}{2}}|] \\
& \quad + \frac{1}{2}\rho L^2[Z'_{|w|}u|w| + Z'_{ww}|w(v^2 + w^2)^{\frac{1}{2}}|] \\
& \quad + \frac{1}{2}\rho L^2[Z'_{vv}v^2 + Z'_{\delta_s}u^2\delta_s + Z'_{\delta_b}u^2\delta_b] \\
& \quad + (W - B)\cos\theta\cos\varphi \\
& \quad + \frac{1}{2}\rho L^3 Z'_{q\eta}uq(\eta - 1) \\
& \quad + \frac{1}{2}\rho L^2[Z'_{w\eta}uw + Z'_{w|w|\eta}w|(v^2 + w^2)^{\frac{1}{2}}| + Z'_{\delta_s\eta}u^2\delta_s](\eta - 1)
\end{aligned}
\tag{4-1c}
$$

$$
\begin{aligned}
& I_x \dot{p} + (I_z - I_y)qr - (\dot{r} + pq)I_{xz} + (r^2 - q^2)I_{yz} + (pr - \dot{q})I_{xy} \\
& + m[y_G(\dot{w} - uq + vp) - z_G(\dot{v} - wp + ur)] = \\
& \quad + \frac{1}{2}\rho L^5[K'_{\dot{p}}\dot{p} + K'_{\dot{r}}\dot{r} + K'_{qr}qr + K'_{pq}pq + K'_{p|p|}p|p| + K'_{r|r|}r|r|] \\
& \quad + \frac{1}{2}\rho L^4[K'_p up + K'_r ur + K'_{\dot{v}}\dot{v}] \\
& \quad + \frac{1}{2}\rho L^4[K'_{vq}vq + K'_{wp}wp + K'_{wr}wr] \\
& \quad + \frac{1}{2}\rho L^3[K'_* u^2 + K'_v uv + K'_{v|v|}v|(v^2 + w^2)^{\frac{1}{2}}|] \\
& \quad + \frac{1}{2}\rho L^3[K'_{vw}vw + K'_{\delta_r}u^2\delta_r] \\
& \quad + (y_G W - y_B B)\cos\theta\cos\varphi - (z_G W - z_B B)\cos\theta\sin\varphi \\
& \quad + \frac{1}{2}\rho L^3 K'_{*\eta}u^2(\eta - 1)
\end{aligned}
\tag{4-1d}
$$

$$
\begin{aligned}
& I_y\dot{q} + (I_x - I_z)rp - (\dot{p} + qr)I_{xy} + (p^2 - r^2)I_{zx} + (qp - \dot{r})I_{yz} \\
& + m[z_G(\dot{u} - vr + wq) - x_G(\dot{w} - uq + vp)] = \\
& \quad + \frac{1}{2}\rho L^5[M'_{\dot{q}}\dot{q} + M'_{pp}p^2 + M'_{rr}r^2 + M'_{pr}pr + M'_{q|q|}q|q|] \\
& \quad + \frac{1}{2}\rho L^4[M'_{\dot{w}}\dot{w} + M'_{vr}vr + M'_{vp}vp] \\
& \quad + \frac{1}{2}\rho L^4[M'_q uq + M'_{|w|q}|(v^2 + w^2)^{\frac{1}{2}}|q + M'_{|q|\delta_s}u|q|\delta_s] \\
& \quad + \frac{1}{2}\rho L^3[M'_* u^2 + M'_w uw + M'_{w|w|}w|(v^2 + w^2)^{\frac{1}{2}}|] \\
& \quad + \frac{1}{2}\rho L^3[M'_{|w|}u|w| + M'_{ww}|w(v^2 + w^2)^{\frac{1}{2}}|] \\
& \quad + \frac{1}{2}\rho L^3[M'_{vv}v^2 + M'_{\delta_s}u^2\delta_s + M'_{\delta_b}u^2\delta_b] \\
& \quad - (x_G W - x_B B)\cos\theta\cos\varphi - (z_G W - z_B B)\sin\theta \\
& \quad + \frac{1}{2}\rho L^4 M'_{q\eta}uq(\eta - 1) \\
& \quad + \frac{1}{2}\rho L^2[M'_{w\eta}uw + M'_{w|w|\eta}w|(v^2 + w^2)^{\frac{1}{2}}| + M'_{\delta_s\eta}u^2\delta_s](\eta - 1)
\end{aligned}
\tag{4-1e}
$$

$$
\begin{aligned}
& I_z\dot{r} + (I_y - I_x)pq - (\dot{q} + pr)I_{yz} + (q^2 - p^2)I_{xy} + (qr - \dot{p})I_{zx} \\
& + m[x_G(\dot{v} - wp + ur) - y_G(\dot{u} - vr + wq)] = \\
& \quad + \frac{1}{2}\rho L^5[N'_{\dot{r}}\dot{r} + N'_{r|r|}r|r| + N'_{\dot{p}}\dot{p} + N'_{p|p|}p|p| + N'_{pq}pq + N'_{qr}qr] \\
& \quad + \frac{1}{2}\rho L^4[N'_{\dot{v}}\dot{v} + N'_{vq}vq + N'_{wp}wp + N'_{wr}wr] \\
& \quad + \frac{1}{2}\rho L^4[N'_r ur + N'_p up + N'_{|r|\delta_r}u|r|\delta_r + N'_{|v|r}|(v^2 + w^2)^{\frac{1}{2}}|r] \\
& \quad + \frac{1}{2}\rho L^3[N'_* u^2 + N'_v uv + N'_{v|v|}v|(v^2 + w^2)^{\frac{1}{2}}|] \\
& \quad + \frac{1}{2}\rho L^3[N'_{vw}vw + N'_{\delta_r}u^2\delta_r] \\
& \quad + (x_GW - x_BB)\cos\theta\sin\varphi + (y_GW - y_BB)\sin\theta \\
& \quad + \frac{1}{2}\rho L^4 N'_{r\eta}ur(\eta - 1) \\
& \quad + \frac{1}{2}\rho L^3[N'_{v\eta}uv + N'_{v|v|\eta}v|(v^2 + w^2)^{\frac{1}{2}}| + N'_{\delta_r\eta}\delta_r u^2](\eta - 1)
\end{aligned}
\tag{4-1f}
$$

操纵性方程(4-1a)～(4-1f)及其中各项符号与水动力系数的具体定义，与 1967 年美国泰勒海军舰艇研究和发展中心(DTNSRDC)发表的标准运动方程报告[2]一致。

潜艇模型通过支撑装置拘束在试验设备上，设备驱动模型做规定的运动，通过设备的调节机构，实现在基准运动上扰动运动的叠加，定量地改变其扰动量，测定作用于艇模上的水动力，从而求得式(4-1a)～(4-1f)中各项水动力系数，供潜艇操纵性设计和操纵性能评估使用。

目前潜艇拘束模型水池操纵性试验内容主要有：

(1)斜航试验(ORT)，又称直线拖曳试验。

(2)旋回试验(RAT)。

(3)平面运动机构试验(PMM)。

其中，从测量及数据处理方法的角度来看，(1)与(2)通常被称为测力试验，(3)被称为简谐运动测量试验或动导数试验。(1)和(3)可在拖曳水池(或循环水槽)中开展，水池的平面运动机构一般均具备固定攻、漂角的调节能力，因此，斜航试验与简谐运动试验通常由同一个模型，在同一台平面运动机构设备上一并测试完成，因此，后续将斜航试验并入平面运动机构试验一并介绍。(2)须在专用的圆形旋臂水池或利用方形水池的 X-Y 航车进行。

为可靠预报潜艇的机动，需要考虑艇尾螺旋桨工作时对流场的影响。因此，目前测量水动力系数时通常需要带螺旋桨进行。

2. 试验相似准则

潜艇拘束模型水动力试验应遵循模型和实艇的几何相似、运动相似和动力相似准则。根据动力相似准则并结合试验设备的能力，可确定模型尺度和试验运动参数，即要求：

(1)模型临界雷诺数(Re,Reynolds number)

对于潜艇水动力模型试验,要求模型和实艇的雷诺数相等是不可能实现的,但必须使模型的雷诺数超过临界雷诺数。船舶行业标准《潜艇操纵性水动力模型试验方法》(CB/Z 268—2018)[3]中,对于水池和风洞操纵性试验的动力相似要求是,模型长度雷诺数大于 1.0 ×10⁷,即

$$Re_{\mathrm{L}} = \frac{U_{\mathrm{M}} L_{\mathrm{M}}}{\nu} \geqslant 1.0 \times 10^{7} \tag{4-2}$$

式中 U_M、L_M——模型直航速度(m/s)、总长(m);

ν——水的运动黏性系数(m^2/s)。

在方案设计阶段,往往需要做多套附体方案的对比试验,如果全部按 10^7 量级雷诺数试验,将面临高经费、长周期的研制压力。大量试验资料表明:模型 Re 数低对于主艇体的影响主要在于艇体升力的失速临界攻角值和最大升力系数,而对小攻角时的升力系数影响甚小。低 Re 数使得模型与实艇的边界层厚度和艇体长度的比例不相同,模型边界层偏厚,造成表面速度分布特别是艇尾的速度分布与实艇有差异,这种差异使得模型尾部附体的操纵作用较实艇低,相当于对实艇预报时的一种安全储备,如果仅是不同方案优劣性的对比试验,这种影响也是可以忽略的。

此外,临界雷诺数 Re_{cr} 和流场的湍流脉动量是有对应关系的。为了衡量湍流脉动量的大小,通常引入湍流度的概念。以平均速度为 U 的均匀来流(湍流)为例,与式(2-41)一致,定义 $\varepsilon = \frac{1}{U}\sqrt{\frac{1}{3}\left(\overline{u'^2} + \overline{v'^2} + \overline{w'^2}\right)}$ 为湍流度,其中 u'、v'、w'分别为来流中脉动速度的三个分量。在绕物体的流动中,边界层内流动状态的转捩以及流动分离不仅取决于来流的 Re 数,而且依赖于来流的湍流度、壁面粗糙度以及外部主流的压力梯度。

以哈尔滨工程大学水平型循环水槽为例,该水槽在流速(0.5~2.0 m/s)区间内的湍流度 ε=1.2~2.0%,相对应的平板临界雷诺数 $Re_{\mathrm{cr}} \approx (3.5 \sim 5.0) \times 10^5$[4]。可见,相比于拖曳水池,虽然循环水槽的流速较低,但是,由于循环水槽的固有属性使得水流的湍流度 ε 比相同航速拖曳试验大,其临界雷诺数 Re_{cr} 也较拖曳试验低,使得有效雷诺数较大,一定程度上是有利于模型与实艇黏性力的相似的。经简单计算可知:3 m 级模型在循环水槽试验流速 1.2 m/s 的条件下,$Re_{\mathrm{L}} = 3.46 \times 10^6$,已超过循环水槽临界雷诺数 Re_{cr} 的 5 倍以上。

此外,和风洞试验类似,循环水槽试验时模型没有前进速度,而其周围流场是持续运动的,因而不受试验时间的限制,可长时间进行自动化测量,大大节省了试验的时间和成本。因此,在方案设计阶段,可以采用小尺度模型在费用相对较低、测试周期较短的水平型循环水槽中开展大部分的对比性试验。

(2)模型螺旋桨转速

在不考虑螺旋桨负荷变化 η 影响(纵向速度变化较小,即 $\eta=1$)时,模型螺旋桨的进速系数与实艇指令航速自航点时的进速系数相等:

$$J_{\mathrm{M}} = J_{\mathrm{c}}$$

$$n_{\mathrm{M}} = \frac{U_{\mathrm{M}}(1 - w_{\mathrm{pM}})}{J_{\mathrm{c}} D_{\mathrm{M}}} \tag{4-3}$$

式中　J_c 为实艇指令航速 u_c(m/s)时自航点处螺旋桨的进速系数,其中

$$J_c=\frac{u_c(1-w_{pS})}{n_c D_S} \tag{4-4}$$

式中　n_c——实艇指令航速 u_c 时自航点螺旋桨的转速(即指令转速,r/s);

n_M——模型螺旋桨转速(r/s);

D_S、D_M——实艇与模型螺旋桨直径,m;

w_{pS}、w_{pM}——实艇与模型的伴流分数,拘束模型水动力系数测量试验通常忽略伴流的尺度效应。

由潜艇快速性水下自航试验的经验可知,潜艇实艇水下自航点的进速系数与模型自航点的进速系数近似一致,而水下操纵性试验对于艇模浸没深度的要求也与水下快速性一致。因此,实际开展 $\eta=1$ 的操纵性试验时,桨速通常按快速性自航试验获取的自航点确定。

当舵卡和舱室进水时,潜艇恢复性挽回应急操纵是复杂的空间大机动,潜艇纵向速度变化剧烈,必须计及螺旋桨负荷变化的影响。

为测量螺旋桨负荷变化引起的水动力系数,如 $Z'_{w\eta}$、$Z'_{q\eta}$ 等,通常采用固定拖曳车速变螺旋桨转速的方式,测量一系列指令转速 n_c 下的水动力系数值。

指令航速 u_c 是指潜艇攻角、漂角、舵角均为零的条件下,螺旋桨以恒定转数 n_c 旋转时,潜艇所能达到的稳定的纵向速度,其正负符号由螺旋桨的正/反车决定,因此,指令航速 u_c 与指令转速 n_c 是一一对应的,按照描述螺旋桨负荷变化所用速比系数 η 的定义:

$$\eta=\frac{u_c}{u} \tag{4-5}$$

保持模型拖曳速度不变,按不同指令航速相应改变模型螺旋桨转数,即可实现 η 的变化。

一般情况下,负荷系数 η 的变化范围为 0~±2.0。在不同负荷下,螺旋桨工作时的流场也是不同的,且其变化很复杂。例如,当潜艇有正向纵向速度而螺旋桨反转制动时,螺旋桨的尾流将直接流向艉附体(舵、翼等),同时前方来流又将其尾流带向艇后,二者相互干扰。现阶段试验研究结果表明[1]:在 $-0.5\leqslant\eta\leqslant2.0$ 时,各水动力系数随 η 约呈线性变化;在 $-2.0\leqslant\eta\leqslant-1.0$ 时,水动力的规律性尚不确定。因此,目前一般选择较稳定的 $-0.5\leqslant\eta\leqslant2.0$ 时的试验数据进行线性拟合,得到与 η 相关的各项水动力系数。

(3)模型与实艇的相似换算关系

模型与实艇姿态、速度和加速度遵循弗劳德数 Fr(Froude number)和斯特罗哈尔数 St(Strouhal number)的相似律,即

$$\left.\begin{aligned}\frac{U_M}{\sqrt{gL_M}}&=\frac{U_S}{\sqrt{gL_S}}\\ \frac{U_M t_M}{L_M}&=\frac{U_S t_S}{L_S}\end{aligned}\right\} \tag{4-6}$$

式中　U_S、L_S——实艇速度,m/s、总长,m;

t_S、t_M——实艇与模型时间间隔或摇荡周期,s;

g——重力加速度，m^2/s。

这里需要说明式(4-6)与(4-2)的相关性问题：按照流体力学相似理论，水池条件下不可能做到缩比模型的雷诺数和弗劳德数同时与实艇相等，以模型长度作为临界雷诺数，客观上会造成附体局部雷诺数较低，存在不能完全满足动力相似而引起一定的尺度效应的情况。但是，试验目的是测求水动力系数，而不是水动力本身，实践证明，水动力系数的尺度效应很小。通常认为，由拘束模型试验求得的无因次水动力系数，可直接用于实艇操纵方程的求解。式(4-2)是在大量工程实践的基础上对黏性力相似提出的基本要求，即也表示雷诺数在 10^7 以上时，水池和风洞环境下测量得到的无因次水动力系数已无显著的改变，因此，将 10^7 作为潜艇操纵性拘束模型试验的临界雷诺数。可以理解为：在满足临界雷诺数的前提下，模型与实艇相似换算关系式(4-6)才是有意义的。

在满足以上相似准则的条件下，模型与实艇对应的水动力角相等，无因次线速度、线加速度、角速度、角加速度也相等，例如：

漂角相等：$\beta_M = \beta_S$；

攻角相等：$\alpha_M = \alpha_S$；

无因次艏摇角加速度相等：$\dfrac{\dot{r}_M L_M^2}{U_M^2} = \dfrac{\dot{r}_S L_S^2}{U_S^2}$。

此外，由于潜艇模型完全拘束于驱动设备上，运动为按规定的强迫运动，因此不必满足重心位置和转动惯量与实艇的相似。

3. 模型尺度与试验航速的选取

模型缩尺比需要综合黏性力相似的要求、试验状态参数范围、试验设备及测力天平能力、模型阻塞效应等因素确定。

模型尺度过小势必要提高试验航速，将造成水池试验稳速段数据采集时间的缩减，对于平面运动机构试验，最好要得到 3 个完整振荡周期的数据，而 PMM 试验所要求的频率是低频的(详见本章 4.2.1 节内容)，小模型即要求在较高的航速下水池也要具备相当长度的稳速段，当模型长度小于 4 m 时，已经无法在常规 100 m 级长度的拖曳水池中开展满足临界雷诺数要求下的 PMM 试验。模型尺度过小还会造成模型舵翼等附体加工精度难以保证、模型传动轴系与操纵机构布置困难、舵轴刚强度难以保证等问题。

模型尺度大会增加制造与检测成本，对于模型本身、支撑装置的刚强度、测力天平力矩的量程需求高，阻塞效应也将增大，阻塞度一般要求模型零姿态角时的迎流面积不超过水池水域横截面积的 5%。因此，综合考虑以上因素，潜艇水池试验模型的长度一般设计在 4~6 m，横截面尺度为 1.5 m 级循环水槽试验模型的长度一般设计在 3.0~3.5 m。

试验设计阶段，依据实艇具体尺度及试验大纲规定的试验参数并结合上述经验，确定模型长度后，即可按不同试验环境的临界雷诺数需求确定试验航速。

4.1.2 模型的设计

模型缩尺比确定后，即可开展模型结构与功能的设计工作。潜艇主体与和附体模型(包括全部操纵面与较大附体)按相同缩尺比进行外形设计,细小附件可做简化设计或忽略。

考虑到模型需在水下使用(满足深水条件要求),制造模型外形曲面的材料本身需要具备水密性与一定的耐压性,模型在试验设备驱动下做各种运动的过程中承受水动力与自身惯性力的作用,因此模型整体需要具有足够的刚强度。

可见,潜艇水动力系数水池测量试验所用拘束模型艇体的设计原则与模型加工要求和第 3 章水池快速性模型的原则基本一致,其与快速性模型功能需求的不同之处如下。

(1)操纵性试验所用拘束模型的操纵面(艏舵、艉舵)不但要求能够拆卸方便,拆卸后主体外形光滑,而且必须保证模型上的舵面都能够在要求的范围内转动,各操纵面转轴的相对位置与实艇一致,并且操纵机构与舵叶模型应具有足够的刚强度,保证操纵面的位置不能因流体动力的作用而发生变化或抖动。变舵角宜采用机械或自动舵机,方便实现水下操舵。下面以笔者所在实验室研制的水下舵机为例,介绍一种水下舵机的实现方式,图 4.2 给出了其机械原理图。

由图 4.2 可见,模型尾部段精准调节舵角系统,由两套传动机构构成,每套传动机构均由电机、弹性联轴器、连杆、蜗轮及蜗轮支杆、蜗杆及其支撑轴承、电机传动支撑板、舵轴拉杆及舵轴组成。垂直舵(方向舵)的传动机构与水平舵(艉升降舵)的传动机构有 90°安装相位差,即将两套传动机构中的一套倒放。安装时两套机构前后具有一定的位置差避免干涉,同时为螺旋桨及其传动机构预留足够的安装空间避免干涉。

具体的工作流程为,电机固定于航行器内部壳体上,输出较高转速通过弹性联轴器连接连杆输出;连杆通过支撑轴承支撑于电机传动支撑板上,支撑板两端固连于航行器尾部壳体内表面;连杆输出转速至蜗杆,蜗杆传动至蜗轮进行一级减速,其中蜗轮安装于蜗轮支杆上,蜗轮支杆两端均通过轴承固定支撑于航行器尾部壳体内,支杆为螺杆;蜗轮带动蜗轮支杆转动,丝杠原理将转动转为平动,同时具有一定的减速效果,舵轴拉杆靠近电机的一端产生位移;由于舵轴均限位于轴承,只能一维转动,舵轴拉杆为伸缩性拉杆,故舵轴拉杆靠近电机一端的位移导致舵轴拉杆拉动舵轴旋转,平动转为转动,具有高精度调节舵角的能力。

该套操舵机构保证了在舵受到水动力作用时,舵角保持不变,连续调节舵角回零后,零位误差也小于 0.2°。模型内装有 3 套水下舵机,分别操纵艏升降舵(围壳舵)、艉升降舵和方向舵。

(2)为简化运动方程,提高平面运动机构试验时模型自身惯性力的扣除精度,模型设计时须考虑水下零浮性、零稳性与透水区域的填充。模型水下零浮性和零稳性是指,模型于水下静浮时,模型的重力与浮力平衡,既无纵倾也无横倾,并且稳性高为零(模型可在水下“自由滚转”),此时若方程(4-1)的坐标系原点取在潜艇水下全排水量的重心时,模型全排水量的实际重心坐标为

$$\begin{gathered} x_G = x_B = 0 \\ y_G = y_B = 0 \\ z_G = z_B \neq 0 \end{gathered} \tag{4-7}$$

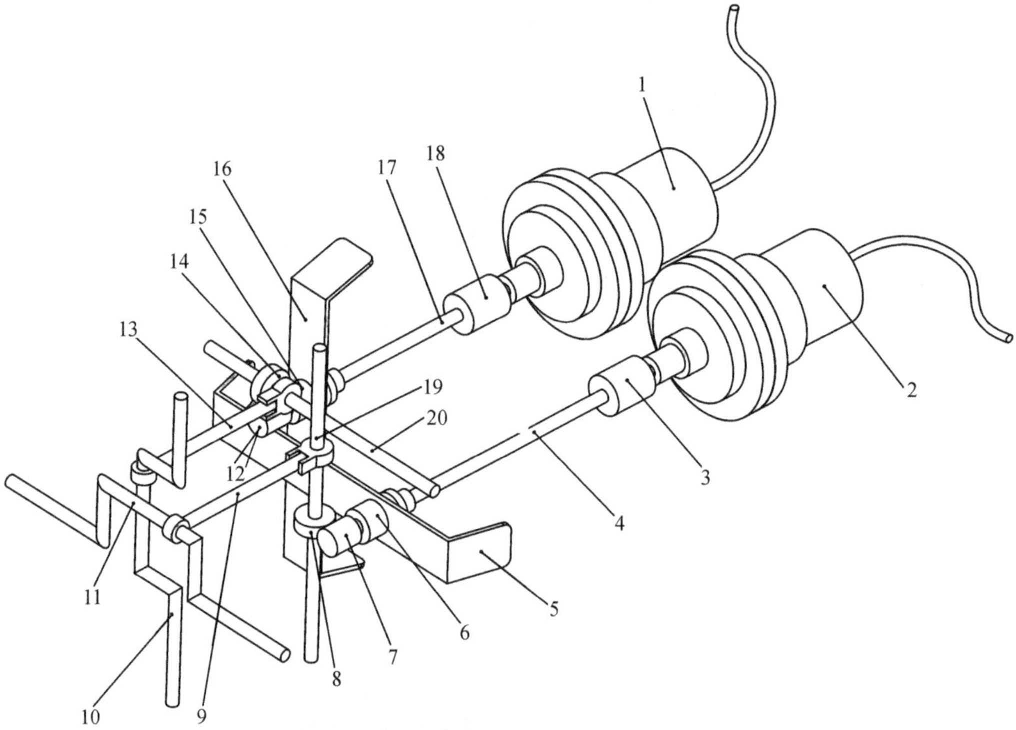

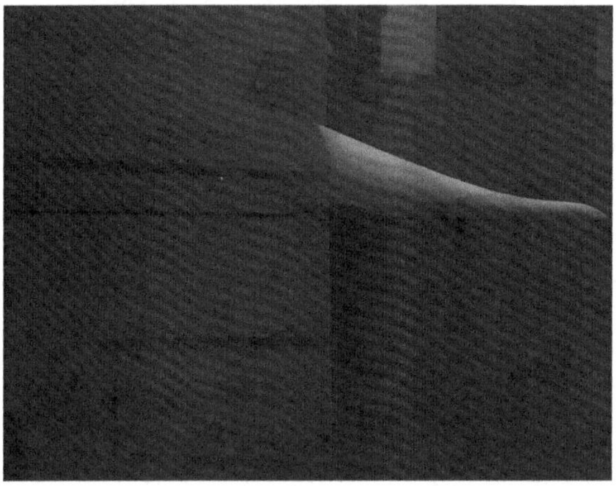

1—电机 1;2—电机 2;3—弹性联轴器 1;4—弹性联轴器 2;5—连杆 1;6—连杆 2;7—蜗轮 1;8—蜗轮 2;
9—蜗杆 1;10—蜗杆 2;11—支撑轴承 1;12—支撑轴承 2;13—电机传动支撑板 1;14—电机传动支撑板 2;
15—蜗轮支杆 1;16—蜗轮支杆 2;17—方向舵舵轴拉杆;18—升降舵舵轴拉杆;19—方向舵舵轴;20—升降舵舵轴。

图 4.2　水下舵机机械原理及实现

当方程(4-1)的坐标系原点取在潜艇水下全排水量的浮心时,模型全排水量的实际重心坐标为

$$
\begin{aligned}
x_G &= x_B = 0 \\
y_G &= y_B = 0 \\
z_G &= z_B = 0
\end{aligned}
\tag{4-8}
$$

将式(4-7)或(4-8)代入式(4-1)后可以看到,当模型同时满足零浮性与零稳性,并考

虑到潜艇近似为回转体,交叉惯性积 I_{xy}、I_{yz}、I_{zx} 等近似为零,模型的运动方程可大为简化,并且试验结果不存在静浮力矩的影响。特别是,当操纵方程坐标系的原点选为潜艇水下全排水量的浮心时,模型的运动方程将得到最简单的形式。

目前研究潜艇水下状态操纵性时,通常采用潜艇的水下全排水属性,即将潜艇看成由全附体艇体外表曲面封闭形成的几何实体,这也与定义潜艇附加质量系数(加速度系数)时的假设是一致的。因此,为精确测量(或计算)模型全排水量的惯性矩属性,同时减少平面运动机构简谐运动试验过程中模型内部流动对测力的影响,应尽量减小模型内部空腔的进水量,通常利用与水密度接近的材料(如石蜡、聚丙烯等)对模型的内部空腔进行填充,同时须保证模型水下的零浮性和零稳性。

通常模型功能的实现是通过前期精确三维设计与静力学计算,模型壳体型线与厚度、内部填充体的精确加工和模型调试的精确配平共同保证的。图 4.3 给出了潜艇操纵性拘束模型总布置的示意图。

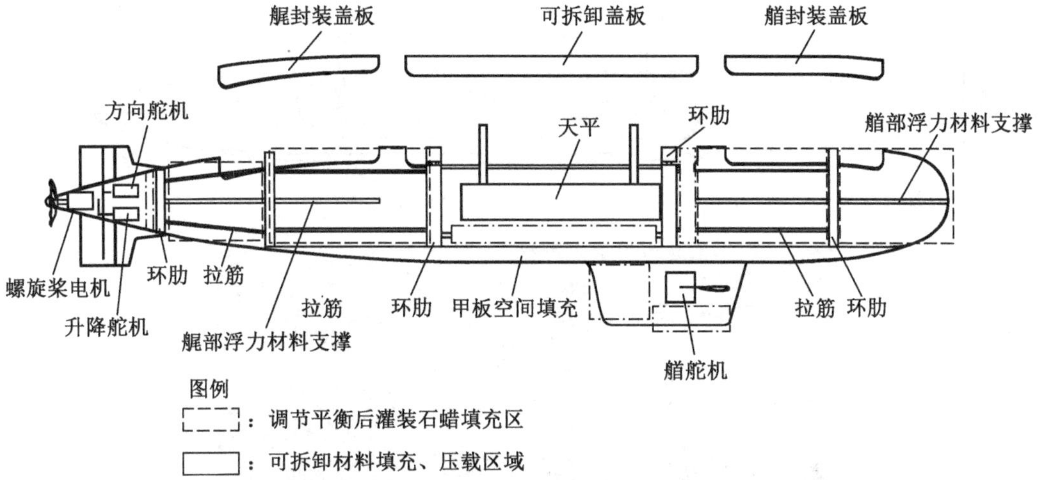

图 4.3　潜艇水动力系数测量试验模型总布置示意图

4.1.3　平面运动机构试验

平面运动机构最早出现在风洞,用于飞机动导数的测定。1957 年,美国的古德曼(A. Goodman)和格特勒(Gertler)在风洞飞机平面运动机构技术的基础上,研制了普通拖曳水池的垂直型平面运动机构[5],专门用于潜艇水动力系数的测量,如图 4.4 所示。

近年来,国内外陆续出现了专门用于近水面的艉支撑型平面运动机构和空间运动机构,这些运动机构都是以最初的小振幅垂直型平面运动机构为技术基础研制的。本部分重点介绍垂直型平面运动机构的试验技术,最后对新型运动机构做概括性的介绍。

2001 年,哈尔滨工程大学在美国垂直型平面运动机构的基础上,建成了具有空间斜拖能力并且能够测量与横摇有关水动力系数的平面运动机构。下面以该套机构为例,详细介绍垂直型平面运动机构(vertical planner motion mechanism,VPMM)的试验原理。

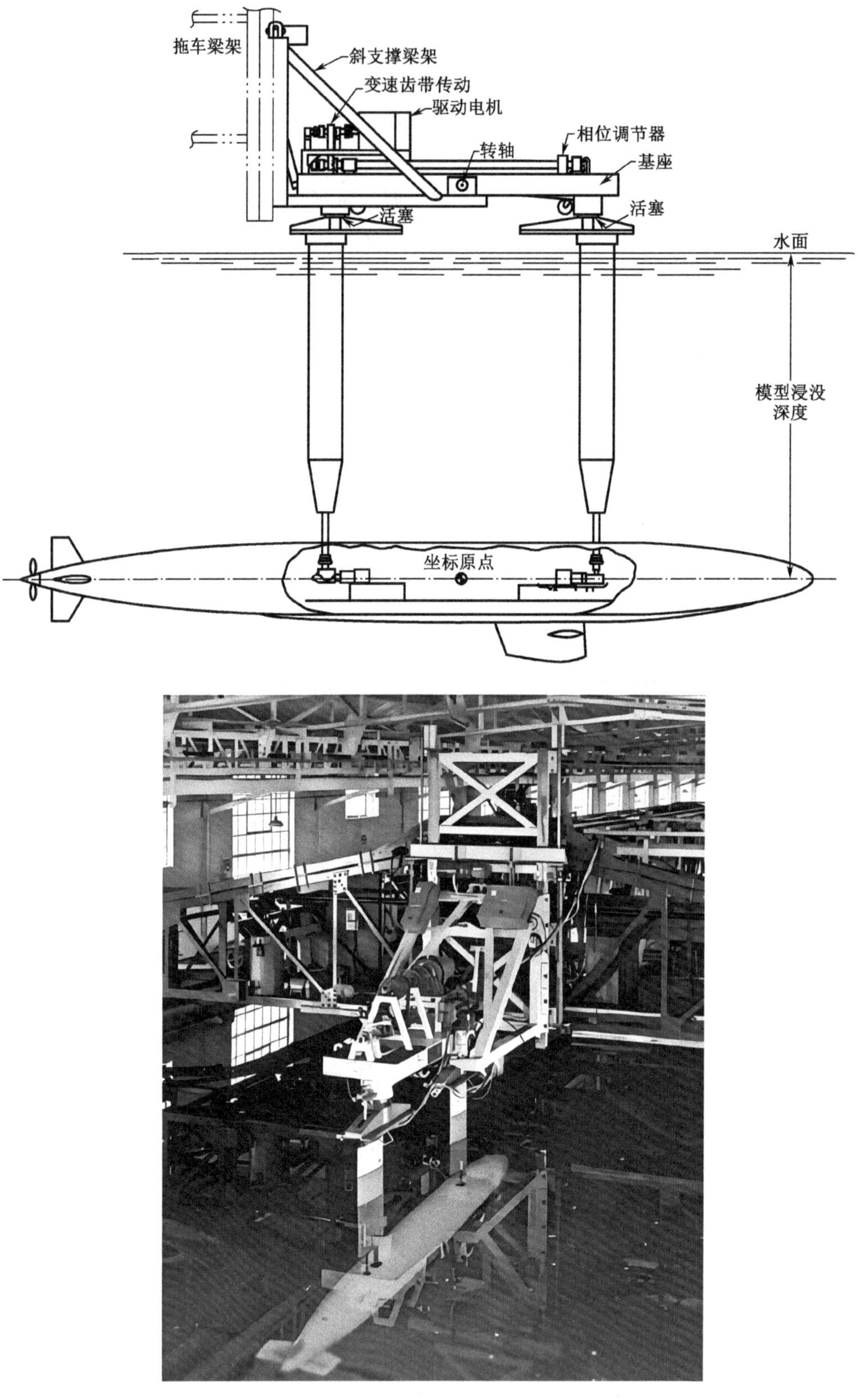

图 4.4　美国大卫泰勒研究中心平面运动机构示意图及照片[5]

1. 设备的机械原理

设备整体安装于拖车上,前后两根振荡杆与上下两根横向铰接连杆组成平行四边形机构,通过升沉运动补偿机构处不同铰接连杆的替换,可实现前后支杆间距的分级调整,以适用于不同尺度的模型。该设备还可安装于水平型循环水槽,以便于开展方案设计阶段小尺度模型的对比试验和低速潜水器的水动力试验研究工作。垂直型平面运动如图 4.5 所示,其运动机构技术指标如表 4.1 所示。

表 4.1　垂直型平面运动机构技术指标

技术参数	技术指标
机构可承载动载荷	600 N
最大振幅	40 mm
振荡频率	0~1 Hz
支杆间距	0.4 m、0.94 m
攻角范围	−10°~10°(支杆间距 0.4 m,连续可调)
漂角范围	−12°~12°(机械调节,间隔 1°)
艇模长度	2.5~5.0 m
艇模最大速度	2.5 m/s
机构调整精度	1%
系统控制精度	<2%

为避免围壳与双支杆之间的相互干扰,垂直面试验时,模型采用腹撑的支撑方式,腹部向上由带翼型整流罩的双支杆连接于平面运动机构的振荡支杆上。模型实际重心的纵向位置调节至两振荡杆之间的中间位置,以保证运动参考心、天平校准心和运动驱动中心的“三心合一”。改变电机的转速可获得不同的振荡频率,调节偏心轮的偏心距可以改变振幅,通过设置两电机的初相位值,则可改变前后支杆振动时的固定相位差。变偏航角机构可手动驱动转盘,实现模型固定漂角的调节。双支杆腹撑时,模型的测力机构需要考虑与双支杆同步运动和差动运动时的连接配合。本套机构采用如第 2 章所介绍的水密型杆式六分力天平带铰接外套筒的连接方案,如图 4.6 所示。

图 4.6 中,水密六分力天平 1 的尾部通过定位销和螺栓与外套筒 2 的尾端连接,前端通过正反双向螺母 3 与延长支杆 4 连接,延长支杆 4 通过拉锥螺拉锥件与模型周向肋板上的锥套 5 固定连接,外套筒 2 通过转动连接支杆 6 与双剑支杆 7 连接,转动连接支杆 6 通过内轴承座 8(内嵌深沟球轴承)、外轴承座 9 与外套筒 2 前后伸出的耳轴连接。该种连接方式实现了由 1 台天平测量前后支杆同步振荡时模型的升沉水动力和前后支杆差动振荡时模型的俯仰水动力。在模型绕体 x 轴翻转 90°安装(一般采用右舷朝下)后,相同的驱动方式即可实现模型水平面运动时水动力的测量。

(a) 拖曳水池拖车安装情况

(b) 循环水槽安装情况

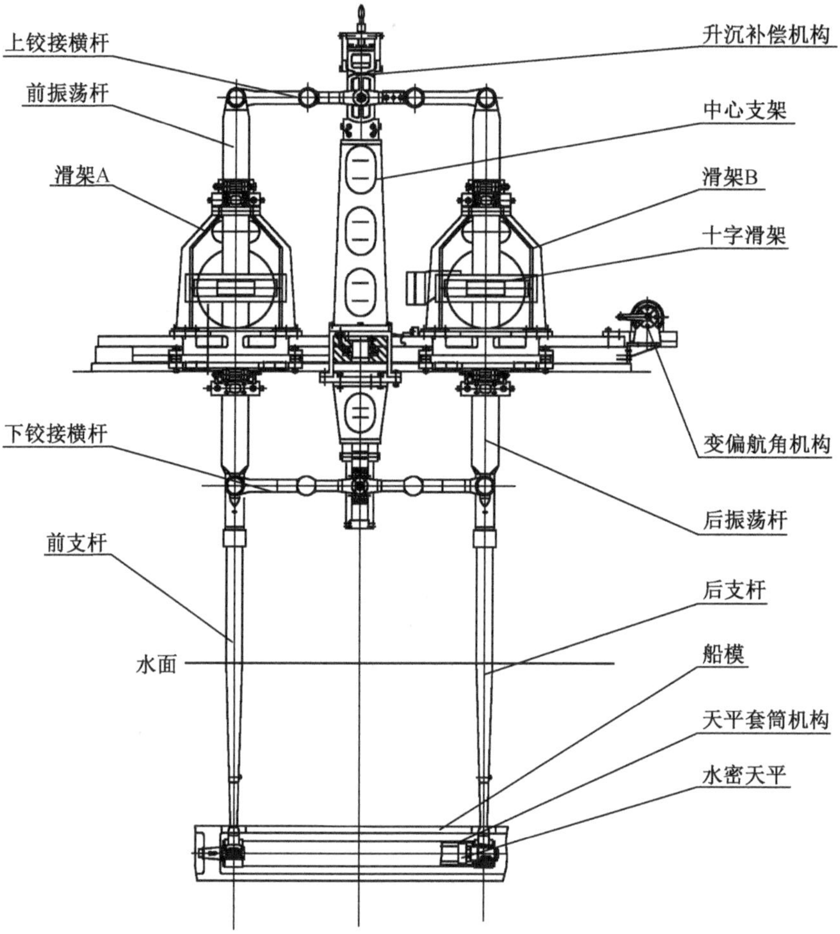

(c) 机械原理简图（正视）

图 4.5　哈尔滨工程大学垂直型平面运动机构

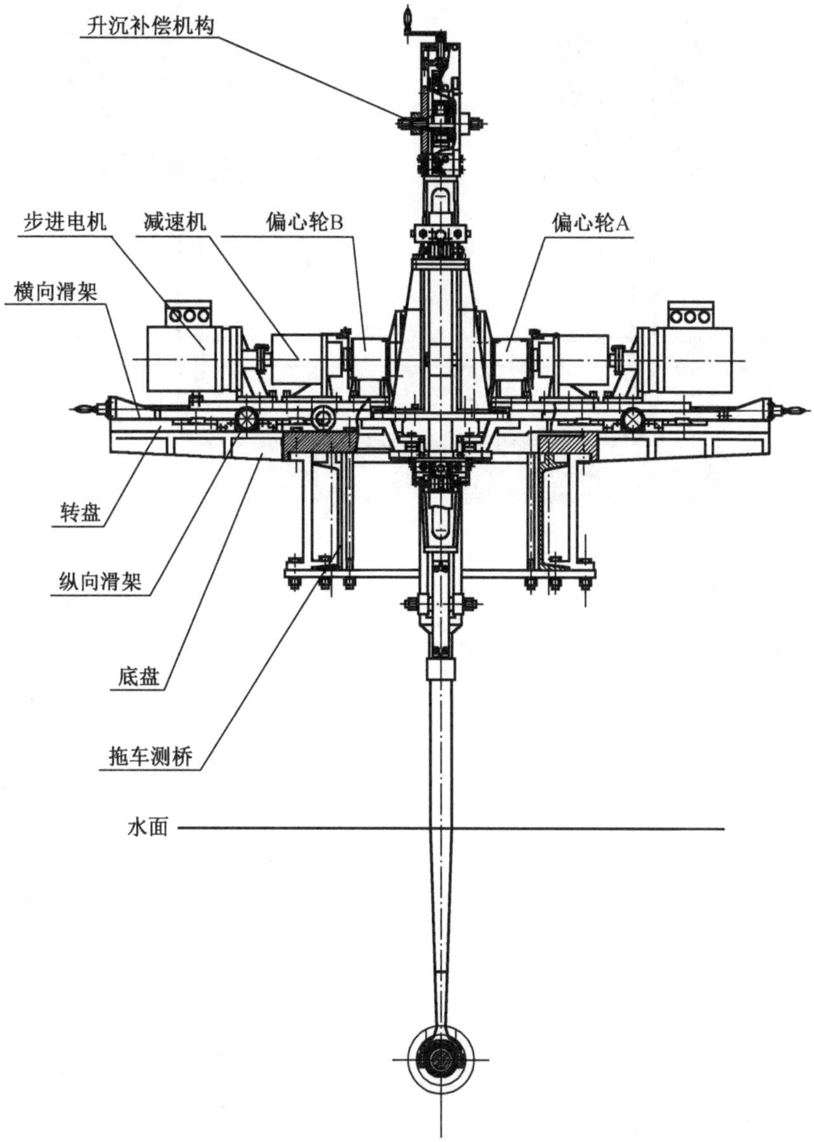

(d) 机械原理简图（前视）

图 4.5(续)

做纯横摇运动试验时,机构前支杆的偏心轮调至零位,前传动机构及前支杆固定不动并与天平横滚套筒的前端相连,解开后侧的上下铰接横杆,将横滚专用的两支杆置于后传动机构,其上部通过齿轮、尺条与后偏心轮相连,两支杆的下端由铰链与天平套筒相连,此时艇模运动参考心与天平轴心重合,水平置于水中,当后传动机构做正弦运动时,齿条、齿轮就带动两滚转支杆做上下正弦运动,此时,艇模绕其 x 轴做正弦转动。其机械原理和某模型纯横摇试验照片如图 4.7 所示。

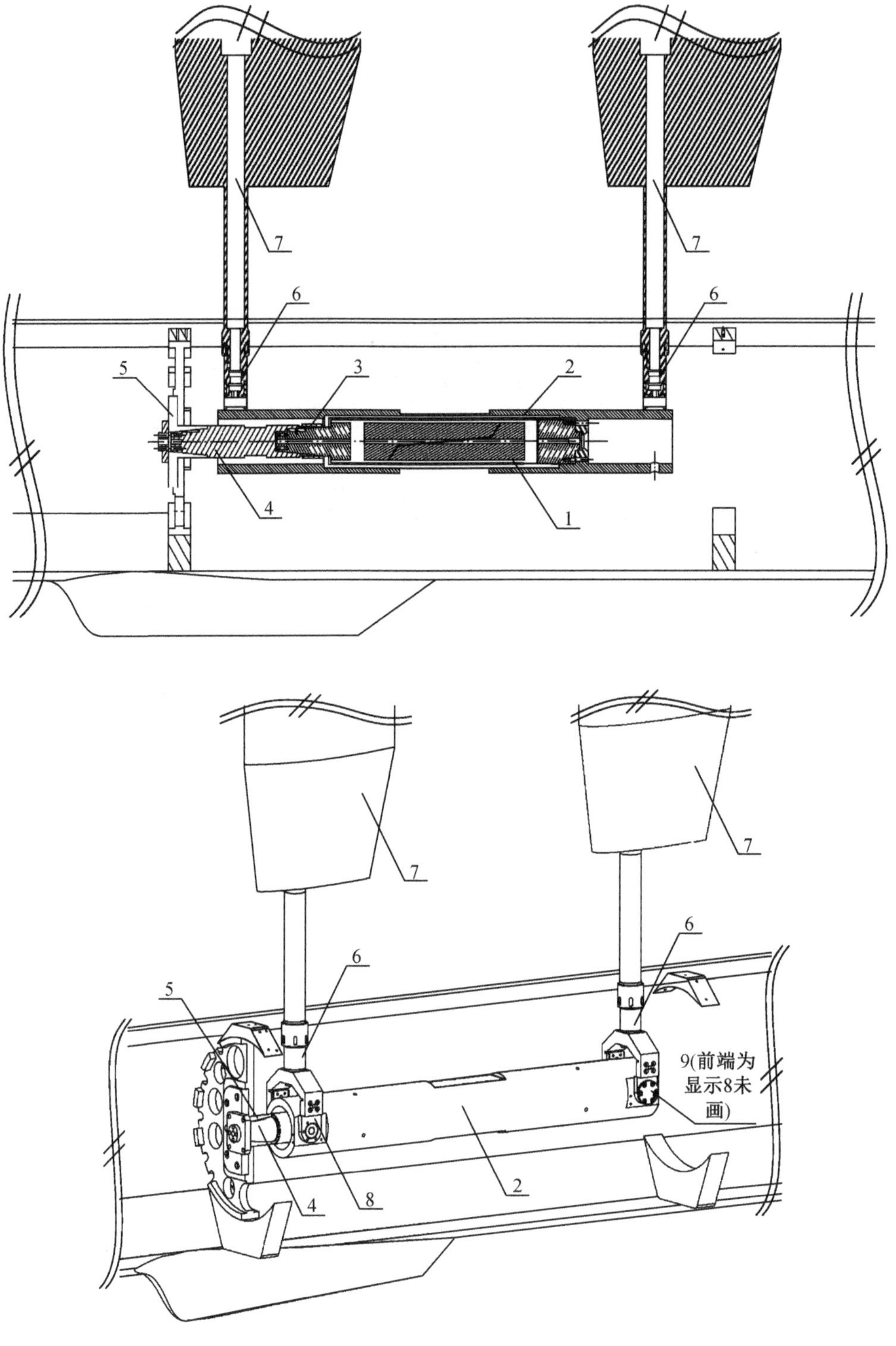

图 4.6　六分力测力天平与双支杆的连接

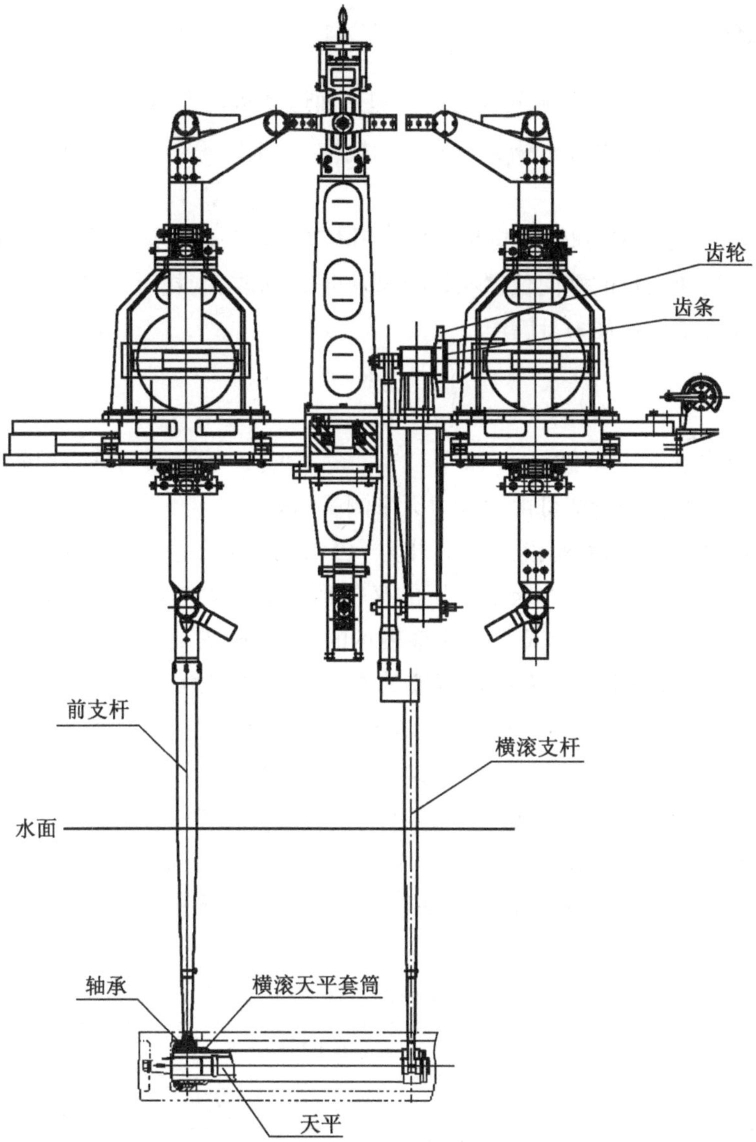

(a) 横滚运动机械原理

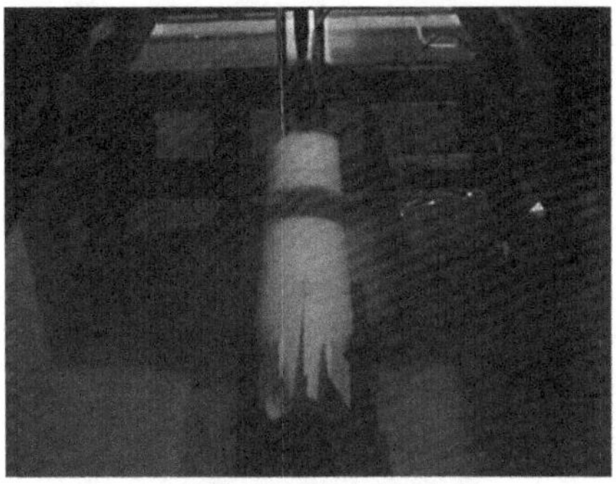

(b) 某模型纯横摇试验安装

(c) 某模型原地纯横摇试验

图 4.7　纯横摇运动的机构实现

2. 斜航试验

潜艇模型围壳朝下安装于拖曳水池拖车的平面运动机构上，拖车以等速 U_C 直线拖曳；或将模型围壳朝下安装于循环水槽的平面运动机构上，水以等速 U_C 流动，此时模型的合速度 $U=U_C$。

垂直面单独变攻角试验时，保持模型漂角和舵角为零，通过运动机构前后电机不同的初始相位调节前后两支杆的垂向位置实现模型攻角 α 的改变，相当于在模型体坐标下只形成了纵向速度 u 和垂向速度 w，且有

$$\begin{cases} u = U\cos\alpha \\ w = U\sin\alpha \end{cases} \tag{4-9}$$

系列地改变攻角 α，一般做 $\alpha=-12°\sim12°$，间隔 1°或 2°的一系列垂直面斜航试验，作用在模型上的水动力的各分量即可由六分力天平测量出来。

这里需要指出的是，拘束艇模所受的外力（含水动力）及运动参数采用随体坐标系表达，而如 2.1 节所述，六分力测力天平采用的坐标系一般与之不同，天平直接输出的力（**艇模对天平的作用力**）是按自身的**天平坐标系**表达的，而试验需要测得的力为**天平对艇模的作用力，艇模对天平的作用力与天平对艇模的作用力为作用力与反作用力的关系**。因此，需要根据作用力与反作用力原理、天平坐标系与艇体坐标系之间的关系对天平直接输出的力（**艇模对天平的作用力**）进行转换。现以哈尔滨工程大学平面运动机构所配的杆式六分力天平为例，给出模型倒装时天平输出与模型所受拘束力的转换关系。

表 4.2 给出了与图 4.8 对应状态安装时，天平坐标系与艇体坐标系力（矩）对应关系，表 4.3 给出了图 4.8 所示模型倒装时，天平输出的力与艇模受力的对应关系。

表 4.2　天平坐标系与艇体坐标系力（矩）对应关系（模型倒装）

坐标系	各方向的分力(矩)					
天平坐标系	$+X$	$+Y$	$+Z$	$+M_x$	$+M_y$	$+M_z$
艇体坐标系	$+X$	$+Z$	$-Y$	$+K$	$+N$	$-M$

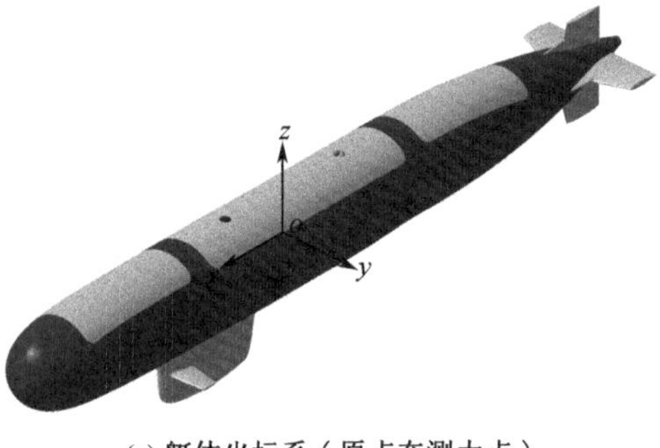

(a) 艇体坐标系（原点在测力点）

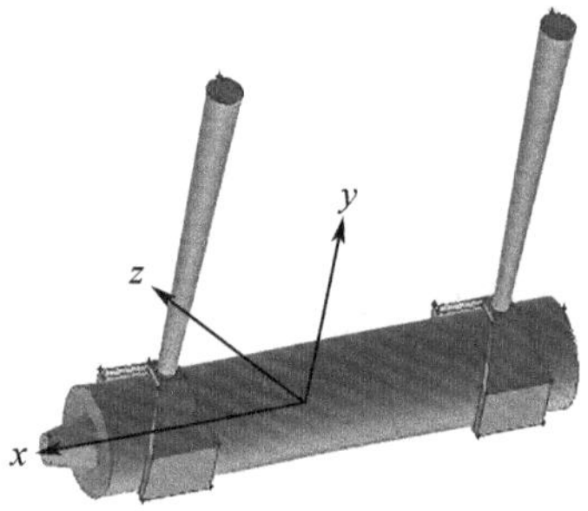

(b) 天平坐标系

图 4-8　艇体坐标系与天平坐标系（模型倒装）

表 4.3　天平输出与艇模受拘束力(艇体坐标系)的对应关系(模型倒装)

天平输出	各方向的分力(矩)					
	$+X_{out}$	$+Y_{out}$	$+Z_{out}$	$+Mx_{out}$	$+My_{out}$	$+Mz_{out}$
艇模所受的拘束力 D	$+X_D$	$-Z_D$	$+Y_D$	$-K_D$	$-N_D$	M_D
艇模定常运动时所受的水动力 H	$-X_D$	Z_D	$-Y_D$	K_D	N_D	$-M_D$

注:一般杆式应变天平习惯正阻力方向与天平坐标系的定义相反,因此表中按实际结果给出 X 方向的转换关系没有负号!

这套转换看似多此一举,但其实质上剖析了天平输出、拘束力和定常状态水动力之间的关系。实际试验时,还应首先在无航速条件下进行各攻角状态的测量,用以扣除天平自身静矩的影响。

当艇模做非定常运动时,艇模所受的水动力与拘束力已不存在等值反向的关系,此时即需用到天平输出与拘束力(驱动力)的关系首先确定拘束力,然后再利用运动方程计算水动力(详见本小节第 3 部分)。

在 $\alpha=0$ 的状态下,需要进行螺旋桨推力系数测量试验。按式(4-3)和(4-4)确定螺旋桨转速,使之在实艇螺旋桨状态下工作,测出螺旋桨推力 X_T。保持转速而改变拖曳速度,推力将随之变化,测得 $X_T(u)$ 曲线,并将其回归成下面的形式:

$$X_T = \frac{1}{2}\rho L^2(a_T u^2 + b_T uU + c_T U^2) \tag{4-10}$$

可见,通过试验就确定了操纵方程(4-1a)中螺旋桨推力方程的拟合系数 a_T、b_T 和 c_T。当受试验条件限制,模型内未能安装螺旋桨自航动力仪时,可采用整体纵向力扣除阻力的方法获取推力方程的拟合系数。

带桨直航拖曳时,推力和阻力是同时存在的,在试验中已由六分力天平测定出作用在模型上的整体纵向力,即螺旋桨推力和模型阻力的差值(代数和),而阻力值 $R(u)=\frac{1}{2}\rho L^2 X'_{uu}u^2$(阻力系数 $X'_{uu}<0$),因此,测出的整体纵向力为

$$X_T + R = \frac{1}{2}\rho L^2[(a_T + X'_{uu})u^2 + b_T uU + c_T U^2] \tag{4-11}$$

可回归出 $a_T+X'_{uu}$、b_T 和 c_T,其中无因次阻力系数 X'_{uu} 在快速性的水下阻力试验过程中已经获取。

在 $\alpha=0$ 的状态下,还进行单独变艏升降舵角 δ_b 试验和单独变艉升降舵角 δ_b 试验。艏升降舵角 δ_b 的试验范围一般为 $-25°\sim25°$,艉升降舵角 δ_s 的试验范围一般为 $-30°\sim30°$,舵角间隔一般为 5°,舵机控制精度较高时也可以取为 1°。

水平面试验时，通常采用模型侧装（一般右舷向下）的方式，同样调节运动机构前后电机不同的初始相位实现模型漂角的改变，这种方式既可保证模型支杆的翼型整流罩始终处于顺流状态，而且方便后续连续实施水平面的简谐运动试验，此时有

$$\begin{cases} u = U\cos \beta \\ v = - U\sin \beta \end{cases} \tag{4-12}$$

水平面单独变漂角 β 试验，一般仍做 $\beta=-12°\sim12°$，间隔 1°或 2°。在 $\beta=0$ 的状态下，还进行单独变方向舵角 δ_r 试验，方向舵角 δ_r 的试验范围为 $-35°\sim35°$，角度间隔一般与艉升降舵角 δ_s 试验时一致。

空间位置系数测量试验时，通常采用无整流罩的正 24 边形截面的双支杆，模型倒装，利用平面运动机构先改变模型的纵倾角（攻角），在每一攻角下，手动调节转盘改变模型的艏向角（漂角），攻、漂角变化范围均为 $-12°\sim12°$，间隔均为 2°。此时有

$$\begin{cases} u = U\cos \beta\cos \alpha \\ v = - U\sin \beta \\ w = U\cos \beta\sin \alpha \end{cases} \tag{4-13}$$

一般水池（水槽）单平面试验时，支杆外端有翼型整流罩，因此支杆干扰在水池现有技术水平下一般忽略不计。空间试验无整流罩时的支杆干扰，可以通过主体模型试验（一般主体为回转体）近似扣除。具体方法如下：

（1）主体倒装，双支杆均带翼型整流罩，进行单独变攻角试验，所测得水动力为 $F_T(\alpha)$。

（2）主体侧装，双支杆均无整流罩，进行单独变漂角试验，所测得水动力为 $F_{NT}(-\beta)$。

由于主体为回转体，理论上 $F(\alpha)=F(-\beta)$，因此可由 $\Delta F = F_{NT}(-\beta) - F_T(\alpha)$ 近似作为空间试验的支杆干扰量。

下面以某潜艇模型循环水槽平面运动机构试验[6]为例，介绍斜航试验水动力系数测求方法。该试验对象为笔者所在团队自研的仿俄罗斯“基洛”级潜艇循环水槽平面运动机构试验模型，如图 4.9 所示。模型壳体材质为纤维增强塑料，模型的设计与基础调试遵循了 4.1.2 节所述的设计原则。模型主尺度、试验测试条件如表 4.4 所示，开展的试验项目如表 4.5 所示。

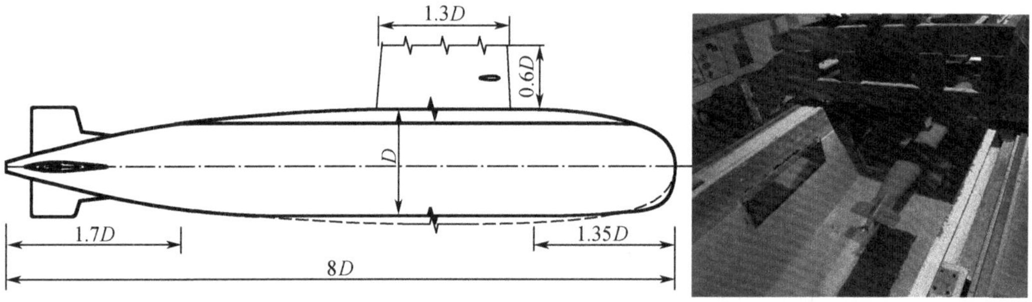

图 4.9 仿“基洛”级潜艇循环水槽平面运动机构试验模型

表 4.4　潜艇模型主尺度参数与试验测试条件

参数	参数值	备注
模型总长 L/mm	3 082.0	含螺旋桨
模型基线距离甲板上平面距离 D/mm	376.2	
模型水下全排水量∇/dm^3	0.248 58	
模型质量 m/kg	248.6	含非水密部分和天平净重
模型水下全排水重心/浮心纵向位置/mm	1 338.0	距艏顶点,向艉
模型水下全排水重心/浮心垂向位置/mm	3.0	距主体轴线,向上
模型测力中心/坐标原点	水下全排水量的浮心	
模型绕 x 轴质量惯性矩,$I_x/(kg \cdot m^2)$	4.03	含非水密部分和天平净重
模型绕 y 轴质量惯性矩,$I_y/(kg \cdot m^2)$	127.66	含非水密部分和天平净重
模型绕 z 轴质量惯性矩,$I_z/(kg \cdot m^2)$	126.99	含非水密部分和天平净重
模型螺旋桨直径/mm	119.0	3 叶替代桨,右旋
螺旋桨转速 n/(r/s)	13.17	
试验流速 U_C/(m/s)	1.3	

表 4.5　潜艇循环水槽平面运动机构试验项目

项目	参数变化范围
垂直面单独变攻角	$-10° \leqslant \alpha \leqslant 10°$;间隔 1°
垂直面单独变艏升降舵角	$-25° \leqslant \delta_b \leqslant 25°$;间隔 5°
垂直面单独变艉升降舵角	$-30° \leqslant \delta_s \leqslant 30°$;间隔 5°
水平面单独变漂角试验	$-9° \leqslant \beta \leqslant 9°$;间隔 1°
水平面单独变方向舵角	$-30° \leqslant \delta_r \leqslant 30°$;间隔 5°
纯升沉/纯横荡	支杆振幅 40 mm;频率 0.08~0.18 Hz;间隔 0.01 Hz
纯俯仰/纯摇艏	
纯横摇	角振幅 11.46°;频率 0.12~0.20 Hz;间隔 0.01 Hz

垂直面变攻角试验可以获取如图 4.10 所示的 $X-\alpha$、$Z-\alpha$、$M-\alpha$ 曲线;垂直面单独变艏升降舵角试验可以获取如图 4.11 所示的 $X-\delta_b$、$Z-\delta_b$、$M-\delta_b$ 曲线;垂直面单独变艉升降舵角试验可以获取如图 4.12 所示的 $X-\delta_s$、$Z-\delta_s$、$M-\delta_s$ 曲线;水平面单独变漂角试验可以获取如图 4.13 所示的 $X-\beta$、$Y-\beta$、$Z-\beta$、$K-\beta$、$M-\beta$、$N-\beta$ 曲线;水平面单独变方向舵角试验可以获取如图 4.14 所示的 $X-\delta_r$、$Y-\delta_r$、$K-\delta_r$、$N-\delta_r$ 曲线。

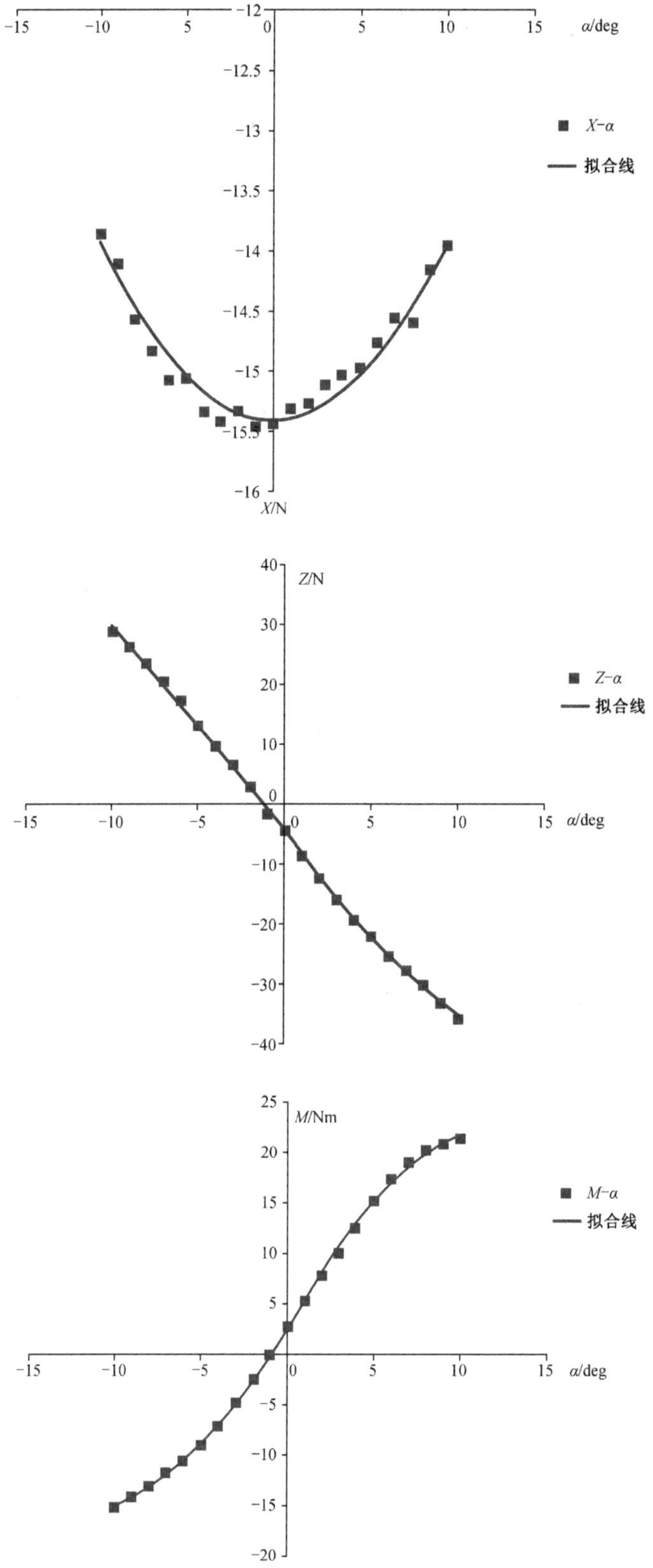

图 4.10　垂直面变攻角循环水槽试验曲线

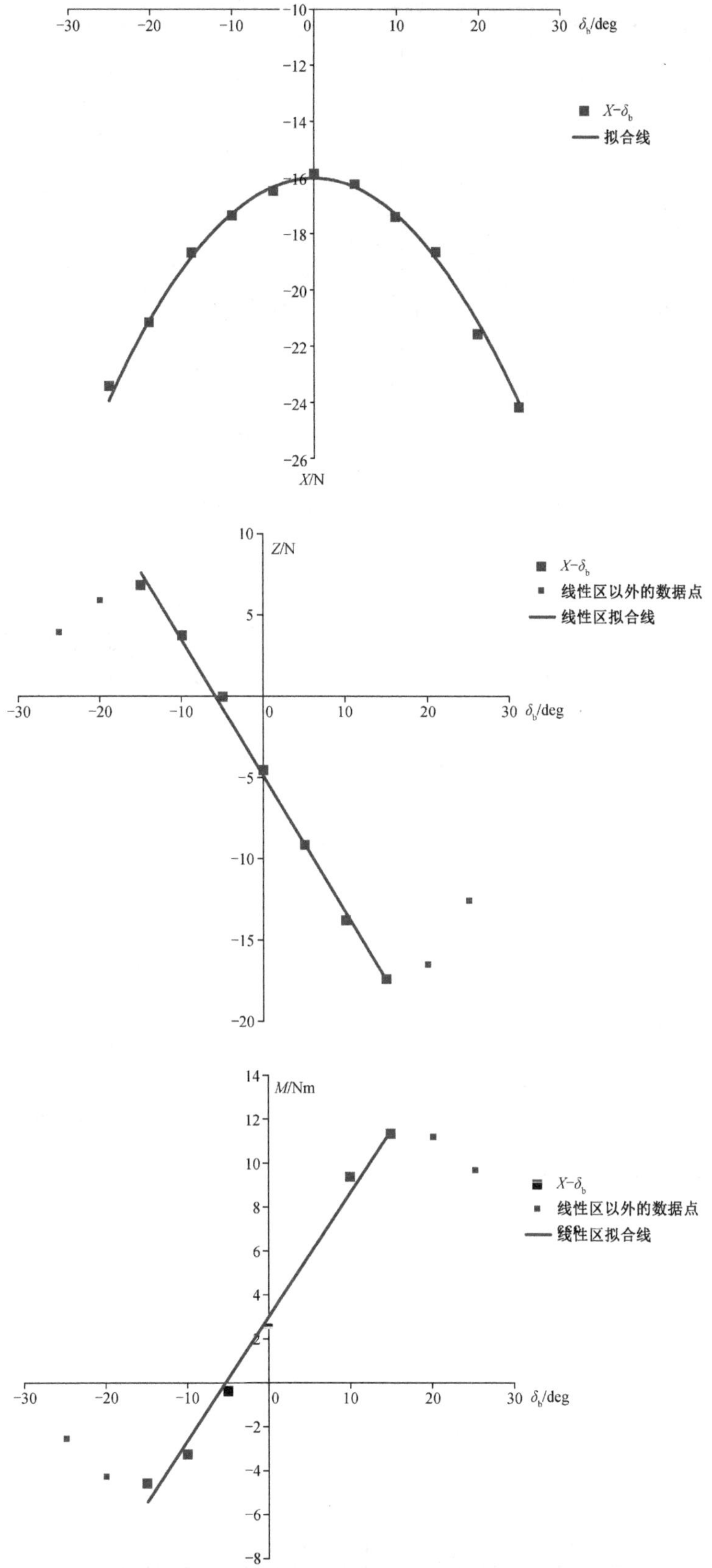

图 4.11　垂直面单独变艏升降舵角循环水槽试验曲线

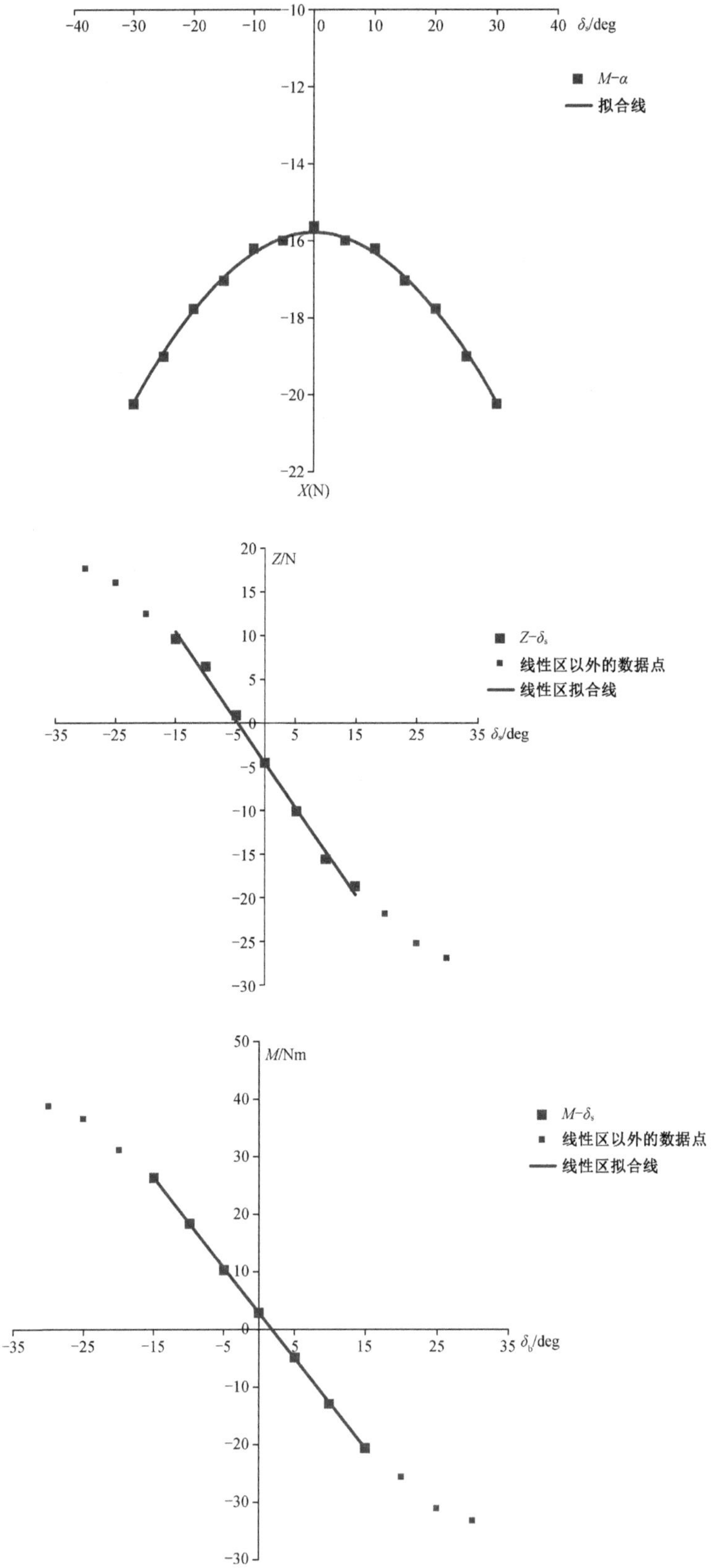

图 4.12　垂直面单独变艉升降舵角循环水槽试验曲线

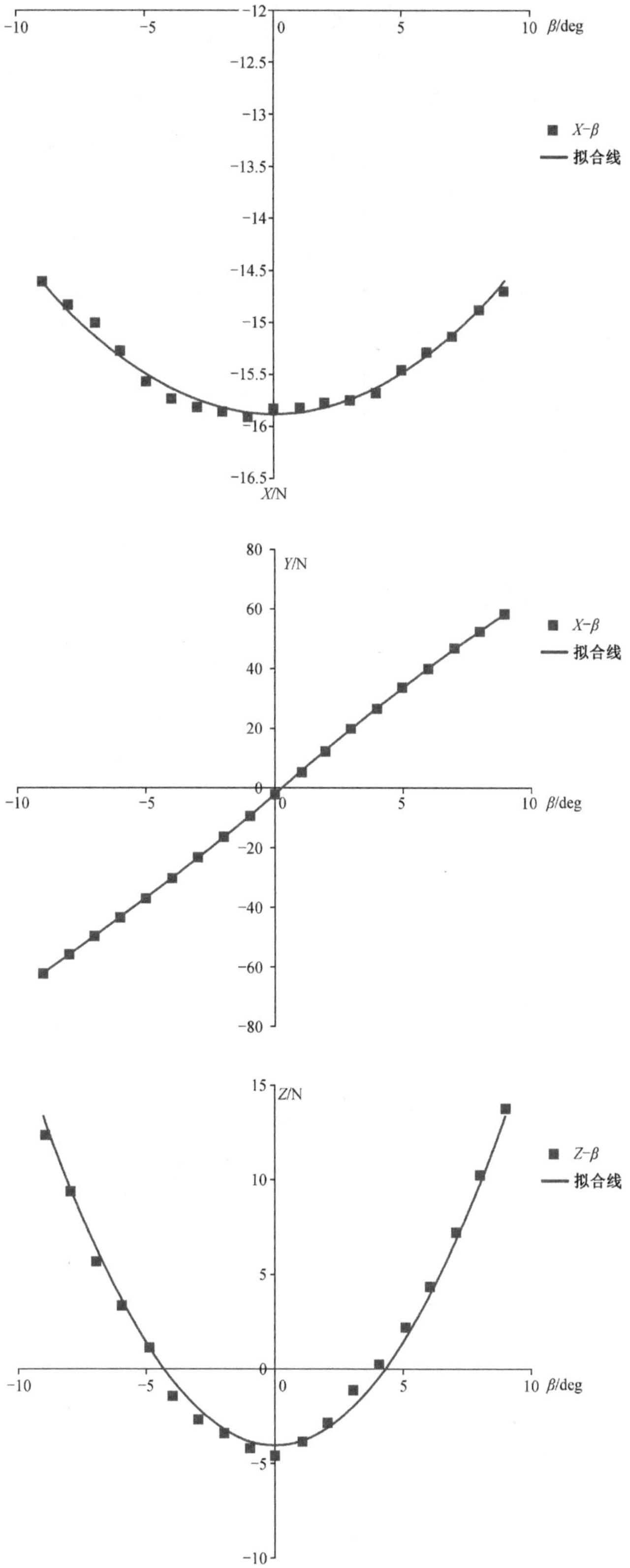

图 4.13　水平面单独变漂角循环水槽试验曲线

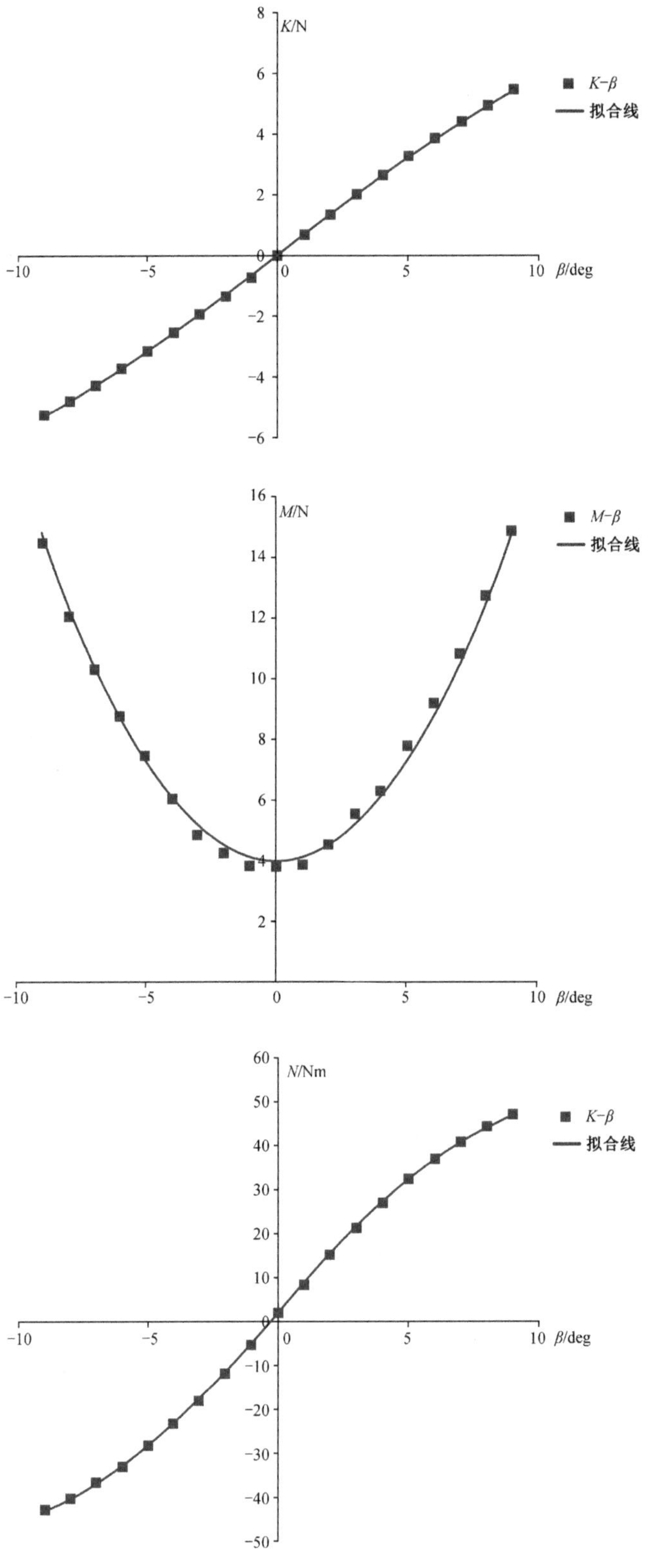

图 4.13(续)

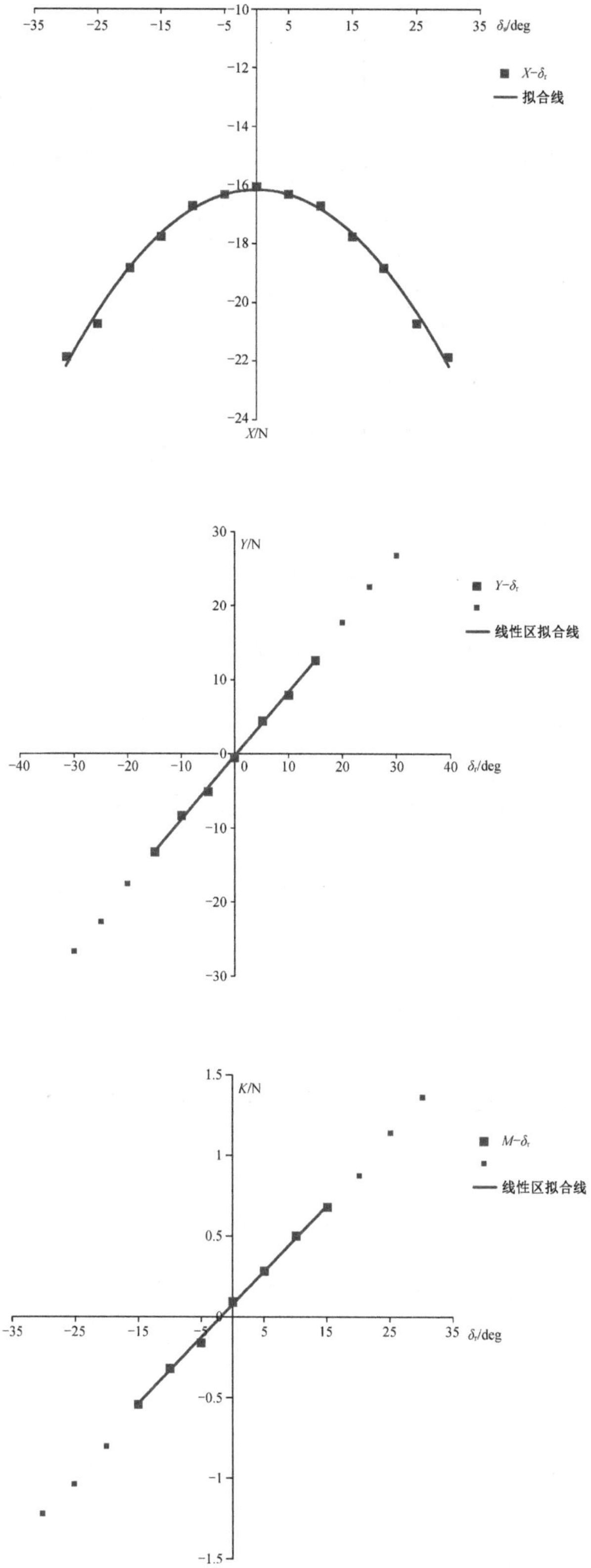

图 4.14　水平面单独变方向舵角循环水槽试验曲线

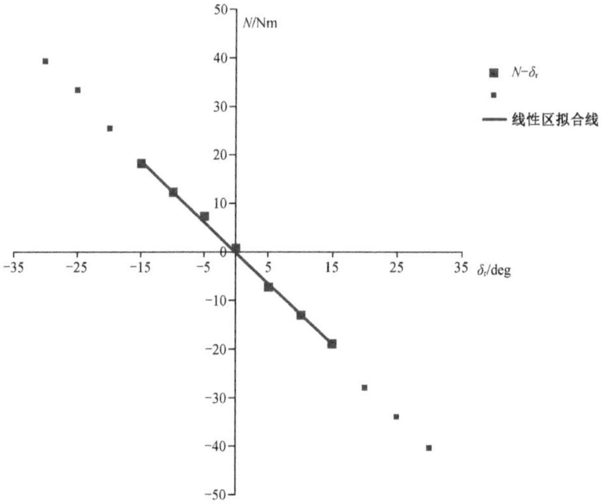

图 4.14(续)

由空间运动方程可知,直线拖曳试验水动力的全构型为

$$X=\frac{1}{2}\rho L^2[X'_{uu}u^2+X'_{vv}v^2+X'_{ww}w^2+X'_{\delta_b\delta_b}u^2\delta_b^2+X'_{\delta_s\delta_s}u^2\delta_s^2+X'_{\delta_r\delta_r}u^2\delta_r^2] \tag{4-14a}$$

$$Y'=\frac{1}{2}\rho L^2[Y'_*u^2+Y'_vuv+Y'_{v|v|}v|v|+Y'_{vw}vw+Y'_{\delta_r}u^2\delta_r] \tag{4-14b}$$

$$Z=\frac{1}{2}\rho L^2[Z'_*u^2+Z'_{vv}v^2+Z'_wuw+Z'_{|w|}u|w|+Z'_{w|w|}w|w|+Z'_{ww}w^2+Z'_{\delta_b}u^2\delta_b+Z'_{\delta_s}u^2\delta_s] \tag{4-14c}$$

$$K=\frac{1}{2}\rho L^3[K'_*u^2+K'_vuv+K'_{v|v|}v|v|+K'_{vw}vw+K'_{\delta_r}u^2\delta_r] \tag{4-14d}$$

$$M=\frac{1}{2}\rho L^3[M'_*u^2+M'_{vv}v^2+M'_wuw+M'_{|w|}u|w|+M'_{w|w|}w|w|+M'_{ww}w^2+M'_{\delta_b}u^2\delta_b+M'_{\delta_s}u^2\delta_s] \tag{4-14e}$$

$$N=\frac{1}{2}\rho L^3[N'_*u^2+N'_vuv+N'_{v|v|}v|v|+N'_{vw}vw+N'_{\delta_r}u^2\delta_r] \tag{4-14f}$$

按相应的水动力构型进行曲线拟合,即可回归分析出相关水动力系数,具体步骤如下:

(1)由单独变攻角、单独变漂角和单独变舵角试验数据,在线性区即小攻角(±3°)、小漂角(±3°)、小舵角(±15°或±10°)范围内求取线性系数。求线性系数时,以单独变攻角试验求 Z'_w、$Z'_{|w|}$ 为例,介绍如下:

由式(4-14c)可知单独变攻角试验时,在小攻角范围内,垂向力 Z 的无因次化满足以下关系:

$$Z'=\frac{Z}{\frac{1}{2}\rho L^2U^2}=Z'_*\left(\frac{u}{U}\right)^2+Z'_w\frac{u}{U}\cdot\frac{w}{U}+Z'_{|w|}\frac{u}{U}\frac{|w|}{U} \tag{4-15}$$

将式(4-9)带入式(4-14),得到

$$Z' = Z'_{*}\cos^2\alpha + Z'_{w}\cos\alpha\sin\alpha + Z'_{|w|}\cos\alpha|\sin\alpha| \tag{4-16}$$

可见,上述变换将无因次垂向力 Z' 转化为了以攻角 α 为因变量的水动力构型表达,利用最小二乘拟合算法,即可求出 Z'_{w}、$Z'_{|w|}$。该方法准确地体现了体轴系速度分量 u 和 w 对于水动力的影响,避免了以往按 $Z-w$ 速度曲线拟合求系数时,采用 $u \approx U$ 的近似关系的缺陷,提高了静态试验数据的处理精度。

(2)固定线性系数后,由垂直面和水平面全部攻角、漂角或舵角试验数据按式(4-14a)~(4-14f)所表述的水动力构型进行最小二乘拟合求取非线性系数。各试验工况下零状态无因次水动力试验值的平均值的无因次结果作为零次项水动力项水动力系数(如 Z'_{*} 等)。

3. 简谐运动试验

(1)纯升沉与纯横荡试验

实际试验时,模型采用双支杆腹撑的支撑方式,围壳朝下由带翼型整流罩的双支杆连接于平面运动机构的振荡支杆上。调节两支杆同相位、同振幅和同频率做正弦振荡,此时模型在水下垂直面内做正弦运动,模型的纵倾角始终为零,模型体轴系下纵向速度 u 始终为拖车拖曳速度 U_{C}(循环水槽试验为水速),模型的运动示意如图 4.15 所示。

当零浮力模型小振幅纯升沉振荡时,由式(4-1c)(4-1e)模型运动方程为

$$\begin{cases}\dfrac{1}{2}\rho L^3 Z'_{\dot{w}}\dot{w} + \dfrac{1}{2}\rho L^2 Z'_{w} U_{\mathrm{C}} w + Z_{*} + Z_{\mathrm{D}}(t) = m\dot{w} \\ \dfrac{1}{2}\rho L^4 M'_{\dot{w}}\dot{w} + \dfrac{1}{2}\rho L^3 M'_{w} U_{\mathrm{C}} w + M_{*} + M_{\mathrm{D}}(t) = -mx_G\dot{w}\end{cases} \tag{4-17}$$

为下面推导方便,将式(4-17)中水动力系数部分改写为有因次的形式:

$$\begin{cases}Z_{\dot{w}}\dot{w} + Z_{w}w + Z_{*} + Z_{\mathrm{D}}(t) = m\dot{w} \\ M_{\dot{w}}\dot{w} + M_{w}w + M_{*} + M_{\mathrm{D}}(t) = -mx_G\dot{w}\end{cases} \tag{4-18}$$

运动学参数关系(如运动示意图)为

$$\begin{cases}\zeta_{01} = \zeta_{02} = \zeta_0 = a\sin\omega t \\ w = \zeta_0 = a\omega\cos\omega t \\ \dot{w} = -a\omega^2\sin\omega t \\ \theta = \dot{\theta} = 0\end{cases} \tag{4-19}$$

式(4-17)~(4-19)中　ζ_{01}、ζ_{01}——前、后支杆对地垂向位移,m;

ζ_0——模型原点对地垂向位移,m;

a——振幅,m;

ω——振荡圆频率,rad/s;

$Z_{\mathrm{D}}(t)$、$M_{\mathrm{D}}(t)$——模型所受的拘束力和力矩;

m——模型(含非水密区域透水)质量,kg;

x_G——模型(含非水密区域透水)实际重心纵向位置,m。

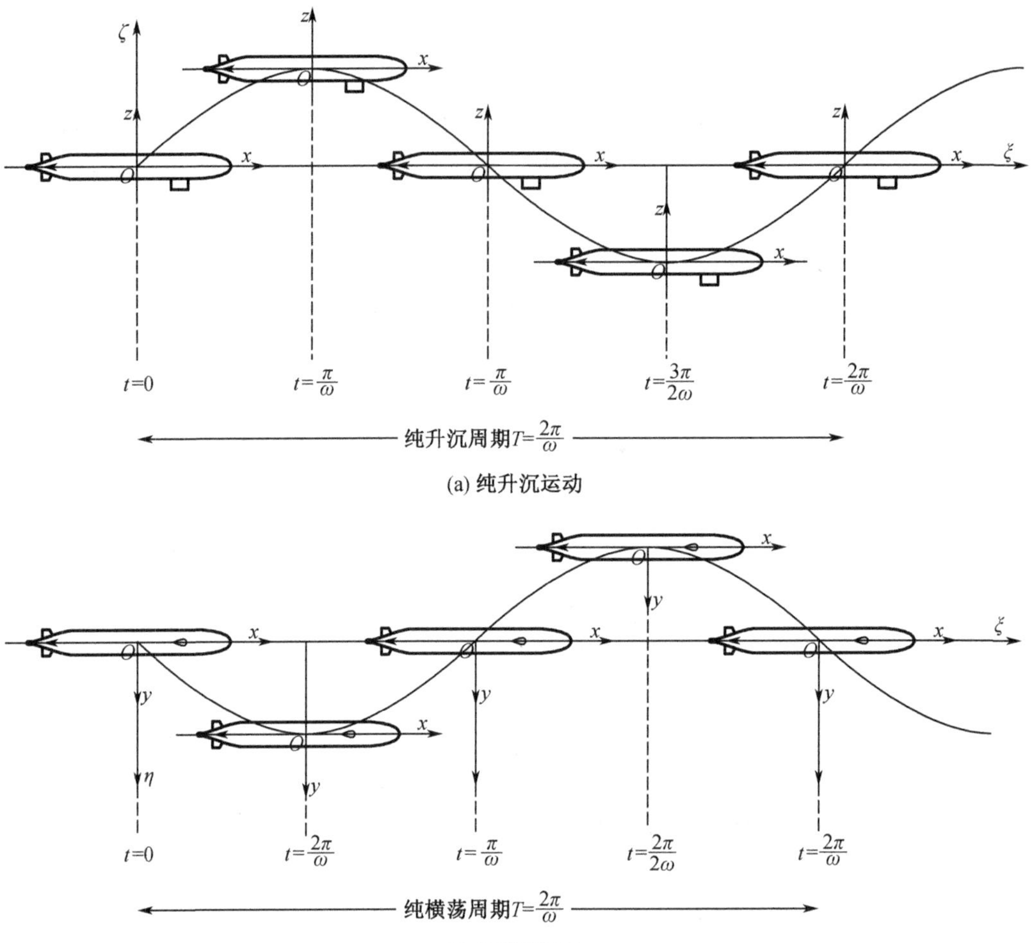

(a) 纯升沉运动

(b) 纯横荡运动

图 4.15　纯升沉和纯横荡运动示意图

将运动参数关系代入模型运动方程，可以得到

$$\begin{cases} Z_{\mathrm{D}}(t) = a\omega^2(Z_{\dot{w}} - m)\sin \omega t + a\omega(-Z_w)\cos \omega t - Z_* \\ M_{\mathrm{D}}(t) = a\omega^2(M_{\dot{w}} + mx_G)\sin \omega t + a\omega(-M_w)\cos \omega t - M_* \end{cases} \tag{4-20}$$

测力系统测得的**拘束力和力矩(注意不是水动力)**包括 3 部分：

①与模型位移同相位的流体惯性力(矩)；

②与模型位移正交(速度)的阻尼力(矩)；

③常量部分。

根据同步测量得到的位移分解受力，用下标 in 表示同相分量，用下标 out 对表示正交分量，下标 c 表示常量，则纯升沉运动模型受力时历可按位移曲线的相位分解为

$$\begin{cases} Z_{\mathrm{D}}(t) = Z_{\mathrm{in}}\sin \omega t + Z_{\mathrm{out}}\cos \omega t + Z_{\mathrm{c}} \\ M_{\mathrm{D}}(t) = M_{\mathrm{in}}\sin \omega t + M_{\mathrm{out}}\cos \omega t + M_{\mathrm{c}} \end{cases} \tag{4-21}$$

对应项相等,可以得到

$$\begin{cases} Z_{\dot{w}} = \dfrac{Z_{\text{in}}}{a\omega^2} + m & Z_w = \dfrac{-Z_{\text{out}}}{a\omega} \\ M_{\dot{w}} = \dfrac{M_{\text{in}}}{a\omega^2} - mx_G & M_w = \dfrac{-M_{\text{out}}}{a\omega} \end{cases} \tag{4-22}$$

实际试验时,采用图 4.8 所示的天平时,天平的输出中(所分解出的 in 项)客观上还存在天平自身的惯性力成分,如第 2 章所述,水下试验所用的杆式天平已经被封装在水密套筒内。因此,水下的动导数试验处理数据时还应该扣除天平与水密套筒、驱动套筒在水中的净重量引起的惯性力影响量。

由于目前潜艇操纵性的研究是建立在"缓慢运动"假设的前提下开展的,因此,对于平面运动机构试验,ITTC(国际拖曳水池会议)规范——The ITTC Recommended Procedures and Guidelines 7.5-02-06-02.2 'Captive Model Test Procedures')定义了三个无因次的圆频率 $\omega'_1=\omega L/U_C$、$\omega'_2=\omega\sqrt{L/g}$、$\omega'_3=\omega U_C/g$ 的范围,作为 PMM 试验振荡频率 ω 的选取依据,其中 ω'_1 是表征无升力构型和时忆效应影响的频率,ITTC 的推荐范围是 $\omega'_1=1\sim4$;ω'_2 是表征振荡兴波影响的频率,ITTC 的推荐范围是 $\omega'_2=0.15\sim0.2$;ω'_3 是表征艇船实际平移与振荡耦合运动的频率,ITTC 的推荐范围是 $\omega'_3\leqslant0.25$。如果按此推荐,在拖曳水池进行 PMM 试验时,假设艇模长度 $L=4$ m,为满足临界雷诺数要求,最小拖曳速度 $U_C=2.5$ m/s,则可计算出 PMM 试验的振荡频率需要小于 0.05 Hz,以这样的参数完成 2~3 个完整周期的振荡试验,是不可能在常规尺度的拖曳水池实现的;此外振荡频率过小即强迫运动的激励过小,也容易造成系统测量误差的增大;考虑到潜艇模型 PMM 试验的深度已经满足深水条件,且拖曳速度通常为 2~3 m/s,兴波影响较小,因此,目前潜艇模型 PMM 试验主要放宽了对 ω'_2 的要求,拖曳水池常用的频率范围取为 0.1~0.5 Hz,其中在 0.1~0.2 Hz 区间内对于长度 4~5 m 的模型,ω'_1 和 ω'_3 能够较好满足 ITTC 的推荐,ω'_2 为 0.4~0.9;循环水槽常用的频率范围取为 0.1~0.2 Hz,对于长度 3 m 的模型,ω'_1 和 ω'_3 能够较好满足 ITTC 的推荐,ω'_2 为 0.3~0.7。

测求线性系数时,试验振幅 a 应为小量,但是考虑到测量响应的问题,振幅也不宜过小。平面运动机构的偏心距调节属于机械调节,因此,PMM 试验基本采用固定振幅变频率的测试方案,振幅 a 一般取为 0.04 m,拖曳水池在 0.1~0.5 Hz、循环水槽在 0.1~0.2 Hz 内至少取 6 个频率进行试验。

艇模长度 $L=4$ m,拖曳速度 $U_C=2.5$ m/s,最大振荡频率为 0.5 Hz 时,纯升沉过程中攻角的幅值为

$$\alpha_{\max} = \arctan\left(\frac{a\omega_{\max}}{U_C}\right) \approx 2.88° \tag{4-23}$$

由式(4-23)可知,拖曳水池按上述条件进行纯升沉试验时,模型在 3°攻角的范围内振荡,满足小攻角的线性近似条件;循环水槽纯升沉试验的振幅仍取为 0.04 m 时,由于振荡频率的降低,仍然能够满足小攻角线性近似条件。

将模型绕纵轴转 90°侧装(一般右舷朝下),重复上述试验,就流体动力的意义上说,可模拟运动示意如图 4.15(b)所示的深水水平面"纯横荡运动",按运动示意图,可仿照上述

推导过程,得出“纯横荡运动”测量水动力系数的表达式:

$$
\begin{aligned}
Y_{\dot v} &= \frac{Y_{\text{in}}}{a\omega^2} + m \quad & Y_v &= \frac{-Y_{\text{out}}}{a\omega} \\
N_{\dot v} &= \frac{N_{\text{in}}}{a\omega^2} + mx_G \quad & N_v &= \frac{-N_{\text{out}}}{a\omega}
\end{aligned}
\tag{4-24}
$$

目前,描述潜艇操纵运动的准定常流体动力展开式中,加速度项与速度项之间无交叉影响,加速度系数的本质是附加质量系数,与航速无关。因此,测求附加质量意义下的加速度系数时,可以在零速下进行原地振荡。

(2)纯俯仰与纯摇艏试验

强迫模型做角振幅为 θ_a、圆频率为 ω 的纯俯仰运动时,模型运动参考心(原点)处的合速度(大小为 U)与轨迹曲线始终相切,模型攻角、体轴系下 z 向速度 w、加速度 $\dot w$ 均为零。

如图 4.16(a)所示,模型的运动参数为

$$
\begin{cases}
\theta = \theta_a \cdot \cos \omega t \\
q = \dot\theta = -\theta_a\omega \cdot \sin \omega t \\
w = \dot w = 0
\end{cases}
\tag{4-25}
$$

由式(4-1c)(4-1e)得模型的运动方程为

$$
\begin{cases}
\frac{1}{2}\rho L^4 Z'_{\dot q}\dot q + \frac{1}{2}\rho L^4 Z'_{q|q|} q|q| + \frac{1}{2}\rho L^3 Z'_q uq + Z_* + Z_{\text{D}}(t) = -muq - mz_G q^2 - mx_G \dot q \\
\frac{1}{2}\rho L^5 M'_{\dot q}\dot q + \frac{1}{2}\rho L^5 M'_{q|q|} q|q| + \frac{1}{2}\rho L^4 M_q uq + M_* - (z_G W - z_B B)\sin\theta + M_{\text{D}}(t) \\
\quad = I_y \dot q + mz_G \dot u + mx_G uq
\end{cases}
\tag{4-26}
$$

当模型小幅缓慢俯仰(θ_a<2°)并调节为水下零浮力时,忽略与 q 有关的 2 阶项,有如下近似关系:

$$
\begin{cases}
u = U \approx U_{\text{C}} \\
\dot u \approx 0 \\
\sin\theta \approx \theta
\end{cases}
\tag{4-27}
$$

式中,U_{C} 为固定坐标系下模型 ξ 方向的前进速度,即拖曳航速。

考虑到水动力的线性近似与式(4-27)的近似关系,并将式(4-26)中水动力系数部分改写为有因次的形式后,模型运动方程可写为

$$
\begin{cases}
Z_{\dot q}\dot q + Z_q q + Z_* + Z_{\text{D}}(t) = -mU_{\text{C}} q - mx_G \dot q \\
M_{\dot q}\dot q + M_q q + M_* - mgh\theta + M_{\text{D}}(t) = I_y \dot q + mx_G U_{\text{C}} q
\end{cases}
\tag{4-28}
$$

式中 $Z_{\text{D}}(t)$、$M_{\text{D}}(t)$、m、x_G——定义与之前一致;

I_y——模型(含非水密区域透水)绕自身 y 的质量惯性矩,kg · m²;

h——模型水下全排水量对应的稳性高,m。

当模型受迫做纯俯仰运动时,模型原点在固定坐标系 ζ 方向的速度 $\dot\zeta_0$ 为

$$
\dot\zeta_0 = -U_{\text{C}}\tan(\theta) = -U_{\text{C}}\tan(\theta_a\cos\omega t) \approx -U_{\text{C}}\theta_a\cos\omega t
\tag{4-29}
$$

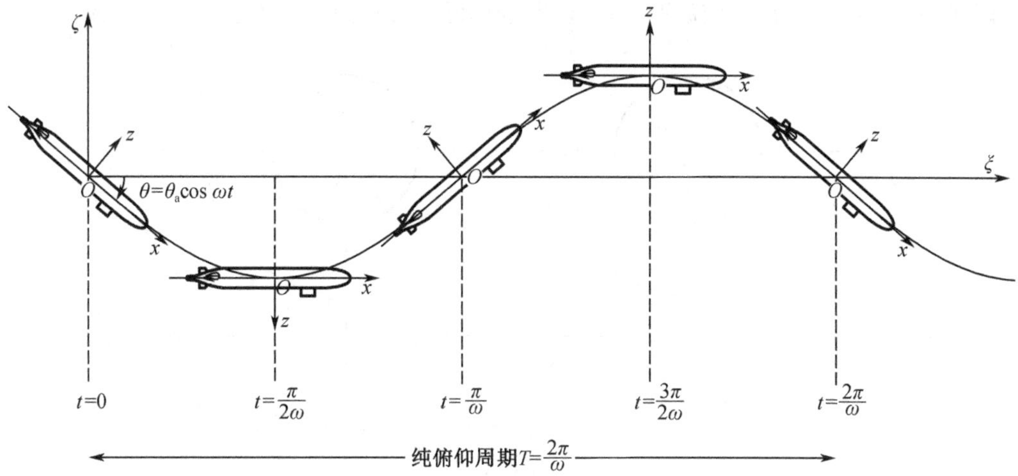

(a) 纯俯仰运动

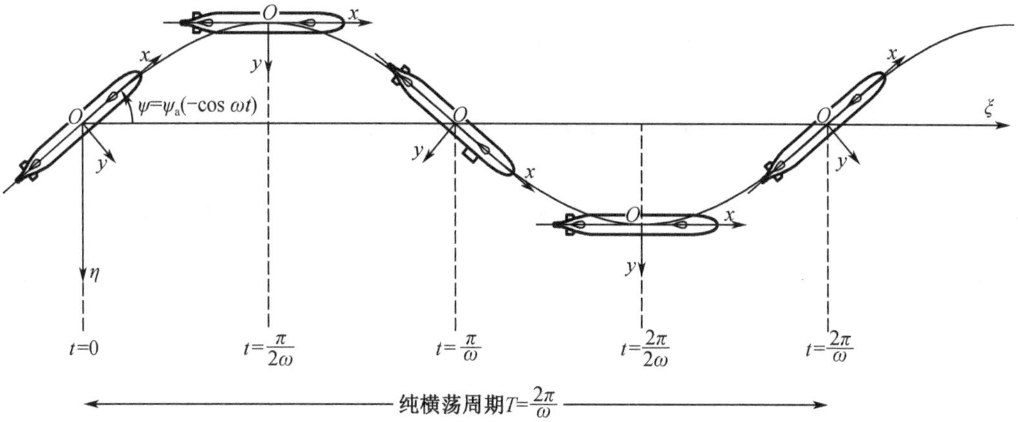

(b) 纯摇艏运动

图 4.16　纯俯仰和纯摇艏运动示意图

为满足这种运动关系，模型倒装于平面运动机构时，应调节前后支杆做同频率、同振幅，但后支杆相对前支杆有恒定滞后角 ε 的简谐运动。如图 4.17 所示，角度较小时，前后支杆末端在大地坐标系 ζ 方向的速度 $\dot{\zeta}_{01}$、$\dot{\zeta}_{02}$ 近似为

$$
\begin{aligned}
\dot{\zeta}_{01} &\approx \dot{\zeta}_0 - l_0 \cdot q \\
&= \zeta_0 + l_0\theta_a\omega \cdot \sin \omega t \\
&= -U_C\theta_a \cdot \cos \omega t + l_0\theta_a\omega \cdot \sin \omega t \\
&= -\theta_a\sqrt{U_C^2 + (l_0\omega)^2} \cdot \cos\left(\omega t + \frac{\varepsilon}{2}\right)
\end{aligned}
\tag{4-30}
$$

$$
\begin{aligned}
\dot{\zeta}_{02} &\approx \dot{\zeta}_0 + l_0 \cdot q \\
&= \zeta_0 - l_0\theta_a\omega \cdot \cos \omega t \\
&= -U_C\theta_a \cdot \cos \omega t - l_0\theta_a\omega \cdot \sin \omega t \\
&= -\theta_a \cdot \sqrt{U_C^2 + (l_0\omega)^2} \cdot \cos\left(\omega t - \frac{\varepsilon}{2}\right)
\end{aligned}
\tag{4-31}
$$

式(4-30)和(4-31)中 l_0 为前后两支杆至两支杆间距中点的距离,为设备固有参数。

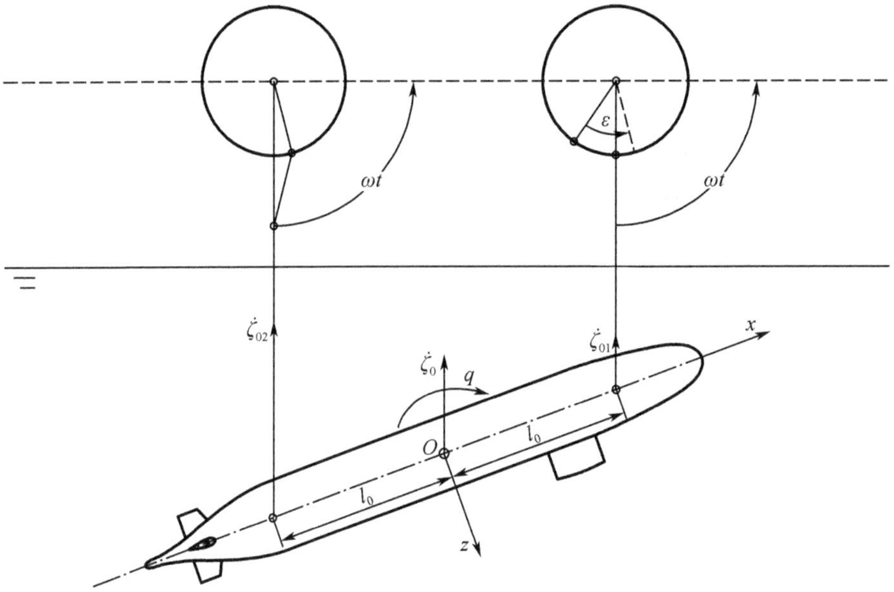

图 4.17　模型纯俯仰运动速度关系

可见,滞后角 ε、支杆振幅 a、模型角振幅 θ_a、模型原点(支杆中心处)的运动轨迹 ζ_0 满足以下关系。

滞后角:

$$\tan\frac{\varepsilon}{2}=\frac{l_0\omega}{U_C} \tag{4-32}$$

支杆振幅:

$$a=\frac{1}{\omega}\sqrt{(U_C\theta_a)^2+(l_0\theta_a\omega)^2} \tag{4-33}$$

模型角振幅:

$$\theta_a=\frac{a}{l_0}\sin\frac{\varepsilon}{2} \tag{4-34}$$

模型原点(支杆中心处)的运动轨迹:

$$\zeta_0=\frac{U_C\theta_a}{\omega}(-\sin\omega t) \tag{4-35}$$

确定试验航速 U_C 与圆频率 ω 后,即可由式(4-32)确定平面运动机构前后驱动电机的初始偏移角,此时当机构的前后支杆均按设定的振幅振荡时,模型即以式(4-34)确定的角振幅做纯俯仰振荡。

将运动参数关系式(4-25)代入模型运动方程,可以得到

$$\begin{cases}Z_D(t)=\theta_a\omega^2(Z_{\dot{q}}+mx_G)\cos\omega t+\theta_a\omega(-Z_q-mU_C)(-\sin\omega t)-Z_*\\ M_D(t)=\theta_a\omega^2\left(M_{\dot{q}}-I_y+\dfrac{mgh}{\omega^2}\right)\cos\omega t+\theta_a\omega(-M_q+mx_GU_C)(-\sin\omega t)-M_*\end{cases} \tag{4-36}$$

测力系统测得的拘束力和力矩仍然包括 3 部分：

①与模型纵倾角同相位的流体惯性力(矩)；

②与模型纵倾角正交(速度)的阻尼力(矩)；

③常量部分。

根据同步测量得到的纵倾角分解受力,仍用下标 in 表示同相分量,用下标 out 对表示正交分量,用下标 c 表示常量,则纯俯仰运动受力时历可按纵倾角时历曲线分解为

$$\begin{cases} Z_{\mathrm{D}}(t) = Z_{\mathrm{in}}\cos\omega t + Z_{\mathrm{out}}(-\sin\omega t) + Z_{\mathrm{c}} \\ M_{\mathrm{D}}(t) = M_{\mathrm{in}}\cos\omega t + M_{\mathrm{out}}(-\sin\omega t) + M_{\mathrm{c}} \end{cases} \tag{4-37}$$

对应项相等,可以得到

$$\begin{cases} Z_{\dot{q}} = \dfrac{Z_{\mathrm{in}}}{\theta_{\mathrm{a}}\omega^2} - mx_G; & Z_q = -\dfrac{Z_{\mathrm{out}}}{\theta_{\mathrm{a}}\omega} - mU_{\mathrm{c}} \\ M_{\dot{q}} = \dfrac{M_{\mathrm{in}}}{\theta_{\mathrm{a}}\omega^2} + I_y - \dfrac{mgh}{\omega^2}; & M_q = -\dfrac{M_{\mathrm{out}}}{\theta_{\mathrm{a}}\omega} + mU_{\mathrm{c}}x_G \end{cases} \tag{4-38}$$

由式(4-36)可以看到,如果能够按 4. 1. 2 所述,通过模型设计和水下的精确调试,将模型调整为零浮性且零稳性,那么数据处理时,式(4-38)中各项系数特别是 $M_{\dot{q}}$ 将得到很大简化。

将模型绕纵轴横倾 90°侧装(一般右舷朝下),就相当于深水中水平面的纯摇艏运动,如图 4. 16(b)所示。可仿照纯俯仰运动的推导过程,得到纯摇艏运动相关水动力系数表达式,但需要注意到运动方程的变化。下面直接给出模型纯摇艏运动方程及相关水动力系数表达式。

以侧向力和回转力矩为例,模型右舷朝下侧装,纯摇艏运动时的有因次运动方程为

$$\begin{cases} Y_{\dot{r}}\dot{r} + Y_r r + Y_* + Y_{\mathrm{D}}(t) = mU_{\mathrm{C}}r + mx_G\dot{r} \\ N_{\dot{r}}\dot{r} + N_r r + N_* + N_{\mathrm{D}}(t) = I_z\dot{r} + mx_G U_{\mathrm{C}}r \end{cases} \tag{4-39}$$

相关水动力系数的表达式为

$$\begin{cases} Y_{\dot{r}} = \dfrac{Y_{\mathrm{in}}}{\psi_{\mathrm{a}}\omega^2} + mx_G; & Y_r = -\dfrac{Y_{\mathrm{out}}}{\psi_{\mathrm{a}}\omega} + mU_{\mathrm{C}} \\ N_{\dot{r}} = \dfrac{N_{\mathrm{in}}}{\psi_{\mathrm{a}}\omega^2} + I_z; & N_r = -\dfrac{N_{\mathrm{out}}}{\psi_{\mathrm{a}}\omega} + mU_{\mathrm{C}}x_G \end{cases} \tag{4-40}$$

式(4-39)(4-40)中　ψ_{a}——模型摇艏角振幅；

I_z——模型(含非水密区域透水)绕自身 z 的质量惯性矩($\mathrm{kg\cdot m^2}$)；

其他符号——定义与之前一致。

(3)纯横摇试验

如本节第一部分所述,更换横滚套筒后,模型右舷朝下侧装于运动机构,以速度 U_{C} 拖航。前电机与前支杆保持不动,后电机带动齿条升沉从而通过齿条带动齿轮驱动横滚套筒后端的两支杆做上下正弦运动,此时模型做纯横摇运动,合速度为 U_{C}。在齿条上安装一个位移传感器,结合齿条-齿轮传动比即可获取模型的横摇角位移时历曲线。

设模型的横摇运动为

$$\begin{cases}\varphi=\varphi_{a}\sin\omega t\\ p=\dot{\varphi}=\varphi_{a}\omega\cos\omega t\\ \dot{p}=\ddot{\varphi}=-\varphi_{a}\omega^{2}\sin\omega t\end{cases}\tag{4-41}$$

模型小幅纯横摇时,运动方程为

$$\begin{cases}\frac{1}{2}\rho L^{4}Y'_{\dot{p}}\dot{p}+\frac{1}{2}\rho L^{3}Y'_{p}U_{C}p+Y_{*}+Y_{D}(t)+(W-B)\sin\varphi=-mz_{G}\dot{p}\\ \frac{1}{2}\rho L^{5}K'_{\dot{p}}\dot{p}+\frac{1}{2}\rho L^{4}K'_{p}U_{C}p+K_{*}+K_{D}(t)-(z_{G}W-z_{B}B)\sin\varphi=I_{x}\dot{p}\\ \frac{1}{2}\rho L^{5}N'_{\dot{p}}\dot{p}+\frac{1}{2}\rho L^{4}N'_{p}U_{C}p+N_{*}+N_{D}(t)+(x_{G}W-x_{B}B)\sin\varphi=0\end{cases}\tag{4-42}$$

按 4.1.2 所述,模型调节为零浮力,既无纵倾也无横倾且零稳性,并将式(4-39)中水动力系数部分改写为有因次的形式后,模型运动方程可写为

$$\begin{cases}Y_{\dot{p}}\dot{p}+Y_{p}p+Y_{*}+Y_{D}(t)=-mz_{G}\dot{p}\\ K_{\dot{p}}\dot{p}+K_{p}p+K_{*}+K_{D}(t)=I_{x}\dot{p}\\ N_{\dot{p}}\dot{p}+N_{p}p+N_{*}+N_{D}(t)=0\end{cases}\tag{4-43}$$

将式(4-41)代入式(4-43),拘束力可表示为

$$\begin{cases}Y_{D}(t)=\varphi_{a}\omega^{2}(Y_{\dot{p}}+mz_{G})\sin\omega t+\varphi_{a}\omega(-Y_{p})\cos\omega t-Y_{*}\\ K_{D}(t)=\varphi_{a}\omega^{2}(K_{\dot{p}}-I_{x})\sin\omega t+\varphi_{a}\omega(-K_{p})\cos\omega t-K_{*}\\ N_{D}(t)=\varphi_{a}\omega^{2}N_{\dot{p}}\sin\omega t+\varphi_{a}\omega(-N_{p})\cos\omega t-N_{*}\end{cases}\tag{4-44}$$

根据同步测量得到的横倾角分解受力,仍用下标 in 表示同相分量,用下标 out 表示正交分量,用下标 c 表示常量,则纯横摇运动受力时历可按横倾角时历曲线分解为

$$\begin{cases}Y_{D}(t)=Y_{in}\sin\omega t+Y_{out}\cos\omega t+Y_{c}\\ K_{D}(t)=K_{in}\sin\omega t+K_{out}\cos\omega t+K_{c}\\ N_{D}(t)=N_{in}\sin\omega t+N_{out}\cos\omega t+N_{c}\end{cases}\tag{4-45}$$

对应项相等,可以得到

$$\begin{aligned}&Y_{\dot{p}}=\frac{Y_{in}}{\varphi_{a}\omega^{2}}-mz_{G}\quad &Y_{p}=\frac{-Y_{out}}{\varphi_{a}\omega}\\ &K_{\dot{p}}=\frac{K_{in}}{\varphi_{a}\omega^{2}}+I_{x}\quad &K_{p}=\frac{-K_{out}}{\varphi_{a}\omega}\\ &N_{\dot{p}}=\frac{N_{in}}{\varphi_{a}\omega^{2}}\quad &N_{p}=\frac{-N_{out}}{\varphi_{a}\omega}\end{aligned}\tag{4-46}$$

(4)耦合系数测量方法简介

由空间运动方程式(4-1a)~(4-1f)可知,方程中存在舵角与角速度、不同角速度之间、线速度与角速度的耦合系数。前面介绍的 5 种基本简谐运动是不能测定这些系数的,但是可采用在基本简谐运动的基础上叠加舵角或模型固有倾角的方式实现部分耦合系数的测

量,表 4.6 给出了小振幅垂直型平面运动机构测量耦合系数的主要方式。

表 4.6　垂直型平面运动机构耦合系数常用测量方式

序号	试验项目	具体实施方式	测定的水动力系数
1	带艉升降舵角俯仰	模型倒装,由模型舵机实现不同的艉升降舵角 δ_s,按纯俯仰模式试验	$Z'_{\|q\|\delta_s}$、$M'_{\|q\|\delta_s}$
2	带艉方向舵角摇艏	模型侧装,由模型舵机实现不同的艉方向舵角 δ_r,按纯摇艏模式试验	$Y'_{\|r\|\delta_r}$、$N'_{\|r\|\delta_r}$
3	带漂角横摇	模型倒装,通过转盘机构改变艏向角 ψ,按纯横摇模式试验	Z'_{vp}、M'_{vp}
4	带攻角横摇	模型侧装,通过转盘机构改变纵倾角 θ,按纯横摇模式试验	Y'_{wp}、N'_{wp}、K'_{wp}
5	带攻角摇艏	模型侧装,通过转盘机构改变纵倾角 θ,按纯摇艏模式试验	Y'_{wr}、N'_{wr}、K'_{wr}
6	带俯仰摇艏	模型带 45°横倾角侧装,按纯摇艏模式试验	Y'_{qr}、K'_{qr}、N'_{qr}
7	带漂角俯仰	模型倒装,通过转盘机构改变艏向角 ψ,按纯俯仰模式试验	Y'_{vq}、N'_{vq}、K'_{vq}
8	带攻角俯仰	模型倒装,通过前后电机的初相位控制,使模型形成固定攻角 α,按纯俯仰模式试验	$Z'_{w\|q\|}$、$M'_{w\|q\|}$、$X'_{w\|q\|}$
9	带漂角摇艏	模型侧装,通过前后电机的初相位控制,使模型形成固定漂角 β,按纯摇艏模式试验	$Y'_{v\|r\|}$、$N'_{\|v\|r}$、Z'_{vr}、M'_{vr}、X'_{vr}

对于表 4.6 中的第 5 和第 6 项试验,模型空间运动时,有如下运动学关系:

$$\begin{cases} p = \dot{\varphi} - \dot{\psi}\sin\theta \\ q = \dot{\theta}\cos\varphi + \dot{\psi}\cos\theta\sin\varphi \\ r = -\dot{\theta}\sin\varphi + \dot{\psi}\cos\theta\cos\varphi \end{cases} \tag{4-47}$$

当模型以零横倾或一定横倾侧装时,$\dot{\varphi}=0$,转盘机构只改变固定纵倾角,$\dot{\theta}=0$。因此,当只引入 $\dot{\psi}$ 的简谐运动时,模型体轴系下各角速度分量也是简谐变化的。

在第 6 项试验的基础上,通过转盘机构再改变纵倾角 θ,是可以引入 pq 耦合项的,第 5 项试验中客观上也存在 rp 耦合项,原则上通过这两种模式可以得到 pq 及 rp 相关的水动力系数,但是转盘的转角能力有限,p 的引入成分很小,会导致现实中在小振幅平面运动机构上难以测准 pq 和 rp 相关的耦合系数。表 4.6 中第 8 和第 9 项试验,也受到平面运动机构振幅的限制,攻角(或漂角)的固定值一般被限制在 6°以内。

可见，为准确测定与角速度相关的非线性系数，应采用扰动幅值足够大的大振幅平面运动机构，或者采用能够同时激励多自由度角位移的空间运动机构。

(5)简谐运动试验数据的处理方法

由简谐运动试验水动力系数表达式的推导过程可以看到：各类型简谐运动试验的整体思路均是将模型的运动参数代入操纵方程，从而将测得的拘束力(驱动力)按运动位移的相位进行分解，因此，模型的运动位移信号是处理水动力的参考信号，需要与天平信号同步采集。

由运动方程可知，简谐运动试验时，天平的直接输出已不再是水动力。因此，数据处理时，应首先利用本小节第2部分介绍的天平输出与模型所受拘束力的关系，将天平的输出转换为模型所受的拘束力。

在一阶近似的情况下，拘束力可分解为运动位移的同相分量与正交分量。求解力信号的同相分量和正交分量，常用方法主要有：变极性程序积分、正交分解、相关滤波和非线性最小二乘拟合。

①变极性程序积分法

我们知道，正弦、余弦函数在0~2π整周期上的积分为零。但在区域0~π积分时，余弦项积分为零，正弦项不为零。在区域π/2~3π/2积分时，正弦项积分为零，余弦项不为零，这便是正余弦函数的奇偶性。由于力的电测信号$E(t)$中，含有正弦和余弦分量，因此在振荡机构中采用一个同步开关提供脉冲控制信号，使输入信号$E(t)$按一定程序做周期性的转换，然后做整周期积分，便可以求出信号中的同相、正交分量。这就是变极性程序积分。采用这种方法，需在机构上安装能划分0~π及π/2~3π/2区域的检测装置，不但增加了系统的复杂程度，而且天平输出的六元电信号与六元力之间是复杂的非线性关系，因此目前平面运动机构的测控系统已经不再采用这种方法。

②正交分解法

正交分解的原理是利用正余弦函数的正交性，即

$$\begin{cases}\int_0^{2\pi}\sin^2 x\mathrm{d}x=\int_0^{2\pi}\cos^2 x\mathrm{d}x=\pi\\ \int_0^{2\pi}\sin x\cos x\mathrm{d}x=0\end{cases}\tag{4-48}$$

具体做法是，将力的测量信号$E(t)=E_{\mathrm{in}}\sin\omega t+E_{\mathrm{out}}\cos\omega t+E_{\mathrm{c}}$分别乘以$\sin\omega t$和$\cos\omega t$，执行这一运算的电子元器件是正余弦回转变压器。当定子绕组输入电信号$E(t)$时，两转子绕组的输出分别为$E(t)\cos\omega t$及$E(t)\sin\omega t$。然后送入积分器，在一个周期内积分，从而求出信号$E(t)$的同相、正交分量。由于此方法需要在测控系统中增加回转变压器，而变压器的调零很不方便，因此这种传统的基于模拟电子硬件的方法在目前的平面运动机构中也不采用了。

③相关滤波法

相关滤波是将一周期为T的周期信号展开成傅立叶级数的三角函数，利用正交函数的正交原理，求出该周期信号的基波三角函数信号，进而求出基波信号的同相、正交分量。相关滤波法主要利用计算机对周期信号进行采样，并利用数字式积分方法，求得周期信号的同相、正交分量。与变极性程序积分法、正交分解法相比，相关滤波法具有使用方法简单、

不需要复杂的外部硬件设备等特点,被较为广泛地使用。

试验中所采集的数据来自天平和位移传感器,以升沉过程的垂向拘束力 $Z(t)$ 为例,信号可表示如下:

$$\begin{aligned}Z(t)&=Z_c+Z_{in}\sin\omega t+Z_{out}\cos\omega t+\sum_{n=2}^{\infty}Z_n\sin(n\omega t+\delta_n)+Z_e(t)\\&=Z_c+Z_1\sin(\omega t+\delta)+\sum_{n=2}^{\infty}Z_n\sin(n\omega t+\delta_n)+Z_e(t)\end{aligned}\tag{4-49}$$

式中　Z_c——常量力信号;

$Z_1\sin(\omega t+\delta)$——基波信号;

$Z_n\sin(n\omega t+\delta_n)$——各次谐波信号;

$Z_e(t)$——随机噪声信号。

以上信号在小振幅条件下,除基波外,其余均为无用信号。

将 $Z(t)$ 与 $\sin\omega t$ 相乘,在 N 个周期内积分并求平均值,理论上除基波外,其余各项均为零。

$$\begin{aligned}\frac{1}{NT}\int_0^{NT}Z(t)\sin\omega t\mathrm{d}t&=\frac{1}{NT}\int_0^{NT}Z_1\sin(\omega t+\delta)\sin\omega t\mathrm{d}t\\&=\frac{1}{NT}\int_0^{NT}Z_1(\sin\omega t\cos\delta+\cos\omega t\sin\delta)\sin\omega t\mathrm{d}t\\&=\frac{Z_1}{NT}\left(\int_0^{NT}\sin^2\omega t\cos\delta\mathrm{d}t+\int_0^{NT}\sin\omega t\cos\omega t\sin\delta\mathrm{d}t\right)\\&=\frac{Z_1\cos\delta}{NT}\int_0^{NT}\frac{1}{2}(1-\cos2\omega t)\mathrm{d}t\\&=\frac{1}{2}Z_1\cos\delta\end{aligned}\tag{4-50}$$

$$Z_{in}=Z_1\cos\delta=\frac{2}{NT}\int_0^{NT}Z(t)\sin\omega t\mathrm{d}t\tag{4-51}$$

同理,可以得到

$$Z_{out}=Z_1\sin\delta=\frac{2}{NT}\int_0^{NT}Z(t)\cos\omega t\mathrm{d}t\tag{4-52}$$

由上述公式可见,为实现相关滤波处理,需要平面运动机构的测控系统能够具备以下 2 个功能:

a. 在模型振动过零点时,同步触发参考信号与力信号的采集,且采样时间需为振荡周期的整数倍;

b. 每个振荡周期内,需要实现等间隔的均匀采集。

这就需要运动机构的测控系统安装零位发生器与采集触发器,零位发生器用来对机构进行电气定位即电气零位。零位发生器安装定位后电气零位即确定。通过电气零位就可实现运动机构的机械归零、走初相即两正弦振荡机构相位偏差,从而实现机构的纯升沉振荡、纯俯仰振荡等。图 4.18 以哈尔滨工程大学垂直型平面运动机构测控系统为例,给出了目前典型的相关滤波测控系统的逻辑框图。

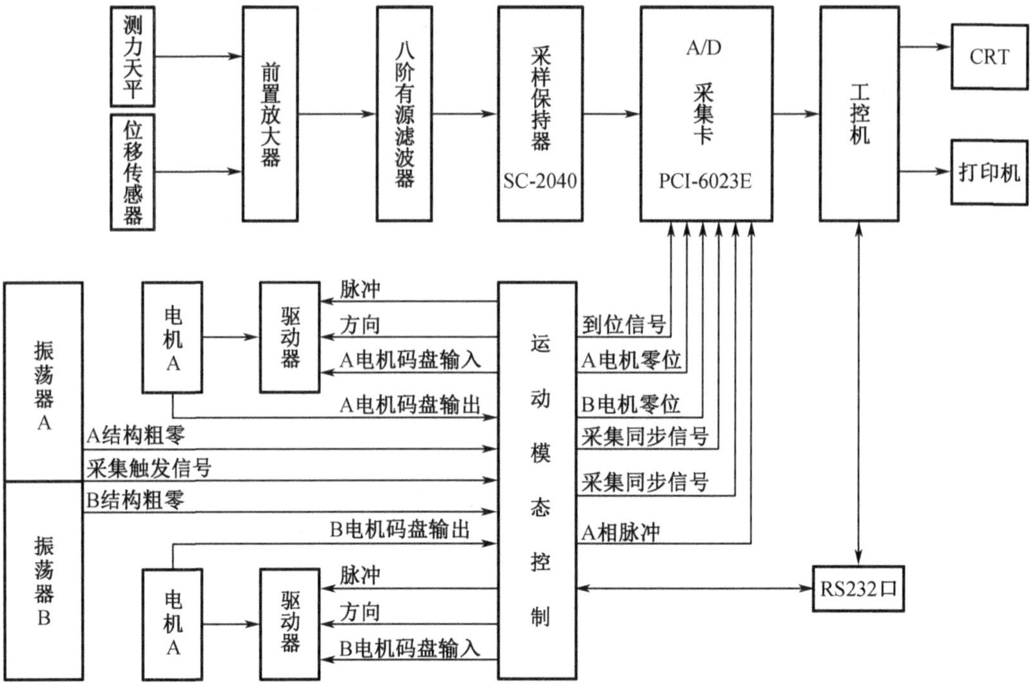

图 4.18　平面运动机构典型测控系统逻辑框图

零位发生器共有两套即 A 电机(前电机)零位和 B 电机(后电机)零位,它们分别安装在前后两偏心机构上,其中 A 电机零位发生器的信号还兼作 A/D 采集的起始信号。A/D 采集触发器用来给 A/D 发送采集触发信号,被安装在 A 电机的偏心机构上。偏心轮每旋转一周,A/D 采集触发器就均匀发出 240 个采集触发脉冲。当 A/D 采集起始信号有效后,采集触发脉冲才起作用。

零位发生器和 A/D 采集触发器电路完全一致,均采用红外光电耦合器作为检测器件。由于振荡机构距控制柜较远,为保证定位准确、A/D 采集触发得可靠,还需将这两种信号由单端信号变为差分平衡信号,即需要安装将单端信号变为差分平衡信号的芯片。

为了测试准确,需要增加采集周期次数,并对正、余弦分量按采集周期次数求平均值。

实践表明:由于现实试验过程中客观存在机械振动噪声,相关滤波至少需要 10 个完整振荡周期的数据才能给出精度较高的处理结果,这对于循环水槽或风洞简谐运动试验(详见 4.2 节)是能够实现的。但是,对于拖曳水池试验,由于水池长度与振荡频率的限制,通常不能获取多于 3 个完整周期的数据。此外,由算法的原理可知,相关滤波法难以求取带绝对值项的水动力系数。

近年来,除循环水槽或风洞在测定线性系数时还在使用相关滤波方法以外,简谐运动试验的数据处理已经广泛使用更加适合计算机处理,且能满足潜艇耦合水动力系数处理需求的非线性最小二乘拟合方法。

④非线性最小二乘拟合方法

由模型所受的拘束力分析可知,求解简谐运动试验水动力系数的核心问题,就是获取

拘束力信号与模型运动位移信号本身(也称为参考信号),及其导出信号之间的函数关系问题。例如:小振幅升沉时,拘束力(矩)信号由位移信号 $\sin \omega t$ 项、位移导出信号 $\cos \omega t$ 项及常量项组成;带方向舵角摇艏时,拘束力(矩)信号主要由艏摇角位移信号 $-\cos \omega t$ 项(运动方向定义如图 4.16(b)所示)、艏摇角位移导出信号 $\sin \omega t$ 项、艏摇角位移导出信号 $|\sin \omega t|\delta_r$ 等项组成。可见,在这个意义下,只需利用一台动态信号采集系统,同步获取天平信号与模型运动位移信号,然后依据运动方程推导给出的位移及其导出信号的表达构型,对拘束力(矩)信号进行拟合,即可求得相应振荡频率下的各项水动力系数。

下面以某潜艇循环水槽小振幅纯升沉试验为例,给出非线性最小二乘拟合方法的具体实施过程。

潜艇模型与试验环境条件与本节介绍的案例一致。本例中,振幅为 0.04 m,频率为 0.18 Hz。

由于位移信号及天平信号已由同一台数据采集系统获取,因此无须计较采样的开始时刻与模型真实物理位置的对应关系。待水槽流速和模型升沉运动稳定后,开始采集,但是此时模型垂向位移相对于系统采样零时刻是有相差的,因此需要首先拟合模型的位移信号,如图 4.19(a)所示,可以得到形如 $\zeta_0 = a\sin(\omega t+\delta_{\zeta_0})$ 的解析表达式,δ_{ζ_0} 为测量信号在数采系统中的相位差。

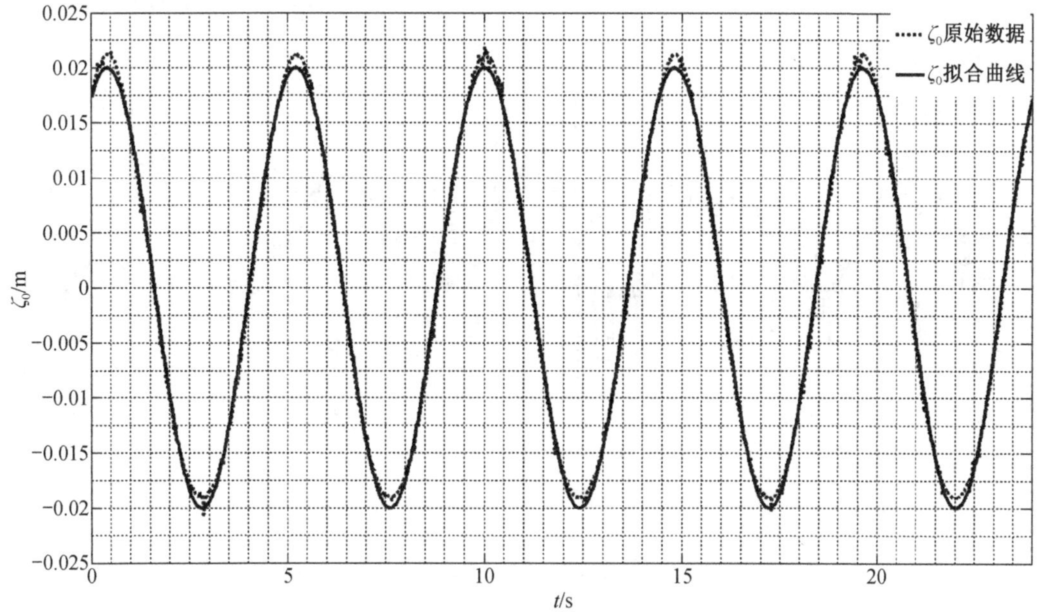

(a)位移曲线拟合结果

图 4.19　非线性最小二乘拟合方法处理举例(频率 0.18 Hz)

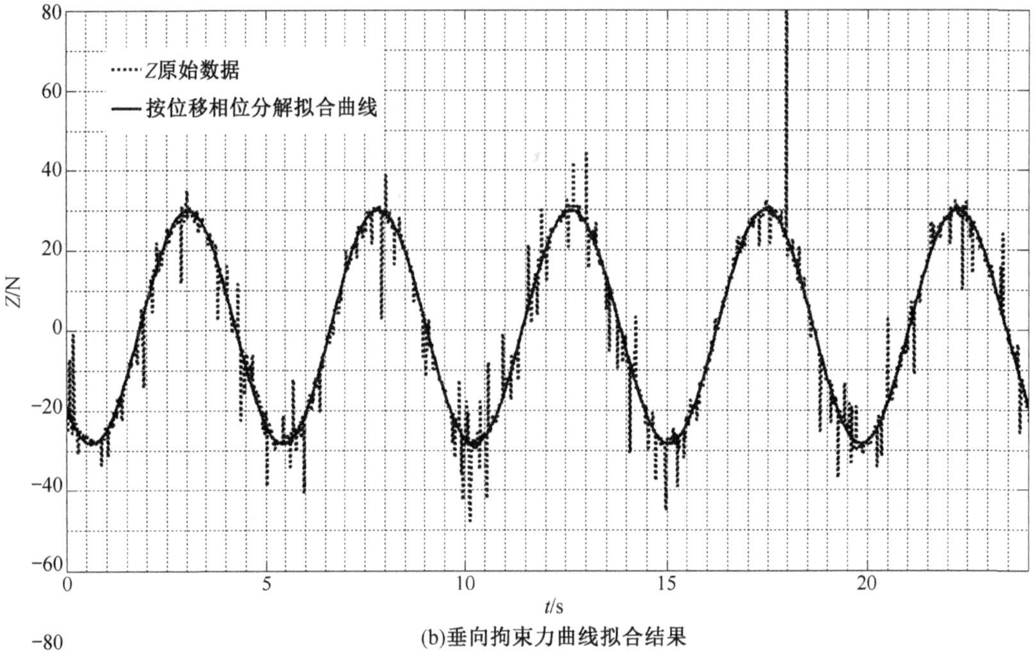

(b)垂向拘束力曲线拟合结果

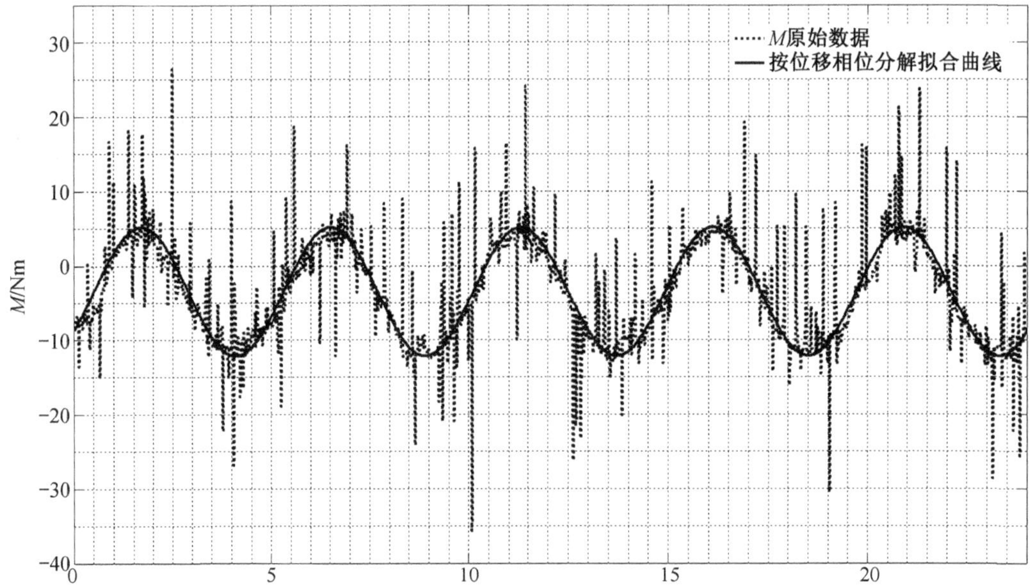

(c)纵倾拘束力矩曲线拟合结果

图 4.19(续)

获取位移信号的拟合关系式后,取其单位振动部分 $\sin(\omega t+\delta_{\zeta_0})$ 及其正交部分(纯升沉试验位移的导出信号) $\cos(\omega t+\delta_{\zeta_0})$ 作为拟合基函数,对拘束力(矩)进行最小二乘非线性拟合,如图 4.19(b)与 4.19(c)所示,得到形如:

$$Z_{\mathrm{D}}(t)=Z_{\mathrm{in}}\sin(\omega t+\delta_{\zeta_0})+Z_{\mathrm{out}}\cos(\omega t+\delta_{\zeta_0})+Z_{\mathrm{c}} \tag{4-53}$$

的表达式,拟合系数即振荡频率为 ω 时的 Z_{in} 与 Z_{out} 的值。

(6)简谐运动典型试验结果举例

以本节介绍的潜艇循环水槽平面运动机构试验中的纯升沉、纯俯仰和纯横摇为例,给出按非线性最小二乘拟合方法进行处理的结果。

纯升沉、纯俯仰试验时,支杆振幅为 0.04 m,频率 0.08~0.18 Hz,间隔 0.01 Hz;纯横摇试验角振幅 φ_a 为 11.46°,频率 0.12~0.20 Hz,间隔 0.01 Hz。

表 4.7~4.9 分别给出了各频率下,纯升沉、纯俯仰和纯横摇试验得到的同相量和正交量。

表 4.7　纯升沉试验结果举例

频率 f /Hz	垂向速度幅值 $a\omega$ /(m/s)	垂向加速度幅值 $a\omega^2$ /(m/s)	同相量		正交量	
			Z_{in}/N	M_{in}/Nm	Z_{out}/N	M_{out}/Nm
0.08	0.020 1	0.010 1	-6.455	-0.185	3.403	-3.659
0.09	0.022 6	0.012 8	-7.827	-0.244	3.698	-4.178
0.10	0.025 1	0.015 8	-9.398	-0.334	4.180	-4.682
0.11	0.027 6	0.019 1	-11.200	-0.423	4.698	-4.855
0.12	0.030 2	0.022 7	-13.138	-0.451	5.112	-5.611
0.13	0.032 7	0.026 7	-15.089	-0.620	5.786	-6.150
0.14	0.035 2	0.031 0	-17.490	-0.682	6.293	-6.161
0.15	0.037 7	0.035 5	-19.482	-0.793	6.608	-6.658
0.16	0.040 2	0.040 4	-22.225	-0.851	7.298	-7.267
0.17	0.042 7	0.045 6	-24.851	-0.950	7.647	-7.712
0.18	0.045 2	0.051 2	-27.888	-1.047	8.148	-8.612

表 4.8　纯俯仰试验结果举例

频率 f /Hz	垂向速度幅值 $a\omega$ /(m/s)	垂向加速度幅值 $a\omega^2$ /(m/s)	同相量		正交量	
			Z_{in}/N	M_{in}/Nm	Z_{out}/N	M_{out}/Nm
0.08	0.007 8	0.003 9	-0.136	-1.002	-1.340	2.272
0.09	0.009 8	0.005 5	-0.155	-1.402	-1.873	3.084
0.10	0.012 1	0.007 6	-0.245	-1.950	-2.100	3.745
0.11	0.014 6	0.010 1	-0.260	-2.473	-2.460	4.450
0.12	0.017 4	0.013 1	-0.364	-3.219	-2.947	5.452
0.13	0.020 4	0.016 6	-0.494	-4.144	-3.522	6.434
0.14	0.023 6	0.020 8	-0.599	-5.109	-4.034	7.533
0.15	0.027 0	0.025 5	-0.877	-6.296	-4.981	8.750
0.16	0.030 7	0.030 9	-1.054	-7.627	-5.082	9.999
0.17	0.034 6	0.037 0	-1.205	-9.205	-6.107	11.385
0.18	0.038 8	0.043 9	-1.300	-11.217	-6.852	13.342

表 4.9　纯横摇试验结果举例

频率 f /Hz	横摇角速度幅值 $\varphi_a\omega$ /(rad/s)	横摇角加速度幅值 $\varphi_a\omega^2$ /(m/s²)	同相量			正交量		
			Y_{in}/N	K_{in}/Nm	N_{in}/Nm	Y_{out}/N	K_{out}/Nm	N_{out}/Nm
0.12	0.125 6	0.113 7	-1.303 7	-0.451 4	-0.228 1	7.422 6	0.659 9	4.854 0
0.13	0.138 2	0.133 4	-1.526 5	-0.534 9	-0.284 0	8.143 3	0.750 2	5.506 1
0.14	0.150 7	0.154 7	-1.761 6	-0.633 8	-0.358 2	8.827 3	0.816 5	6.085 6
0.15	0.163 3	0.177 6	-2.019 5	-0.710 2	-0.404 4	9.223 3	0.884 7	6.643 9
0.16	0.175 9	0.202 0	-2.281 8	-0.787 2	-0.474 7	10.051 0	0.961 1	7.153 7
0.17	0.188 4	0.228 1	-2.588 6	-0.903 2	-0.512 9	10.803 9	1.023 9	7.599 7
0.18	0.201 0	0.255 7	-2.859 4	-0.981 6	-0.557 1	11.330 2	1.115 3	8.002 9
0.19	0.213 5	0.284 9	-3.171 8	-1.082 3	-0.676 3	11.915 2	1.205 2	8.329 7
0.20	0.226 1	0.315 7	-3.524 2	-1.221 4	-0.740 7	13.195 6	1.274 0	9.047 8

求取同相分量与正交分量后，即可做出同相量-加速度幅值和正交量-速度幅值试验曲线，纯升沉、纯俯仰、纯横摇试验曲线分别如图 4.20~4.22 所示。

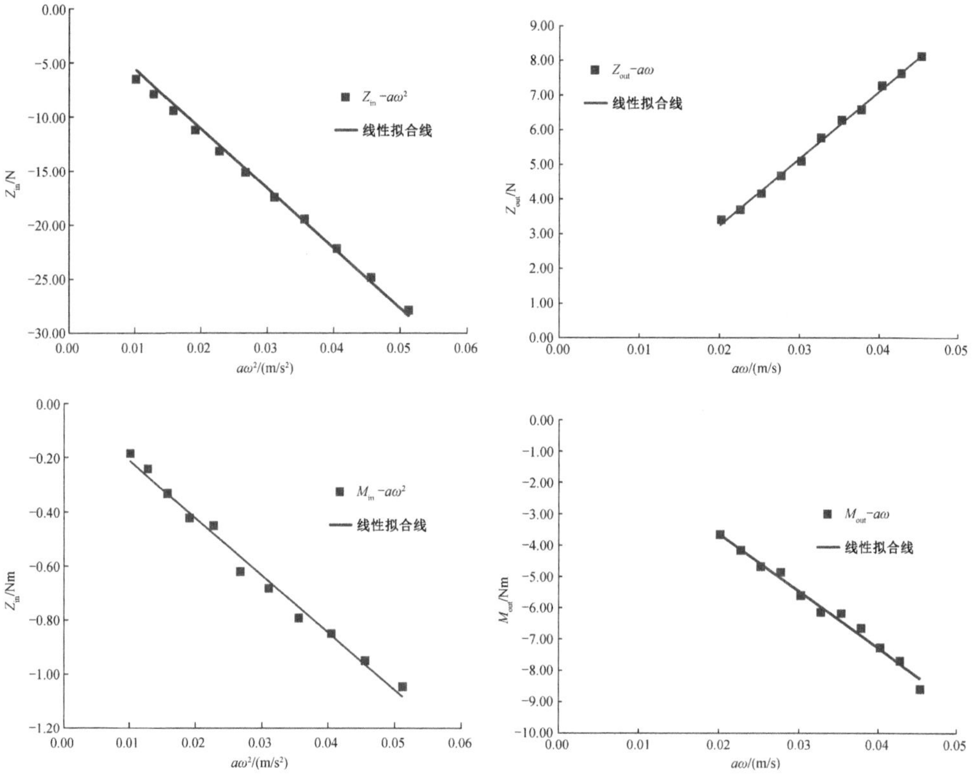

图 4.20　纯升沉试验曲线举例

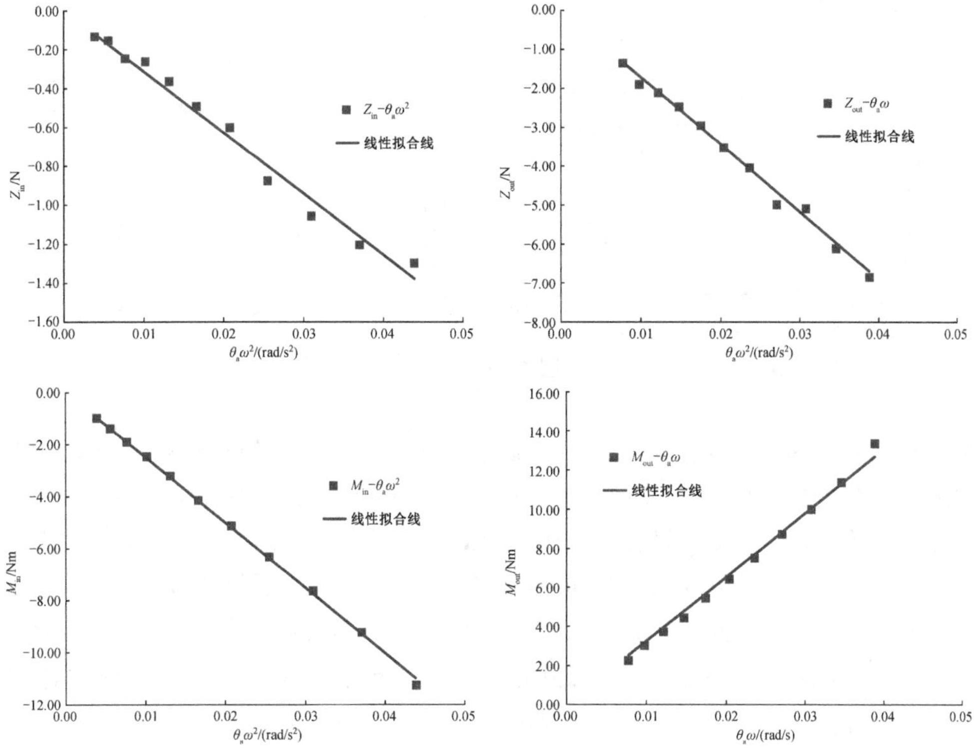

图 4.21　纯俯仰试验曲线举例

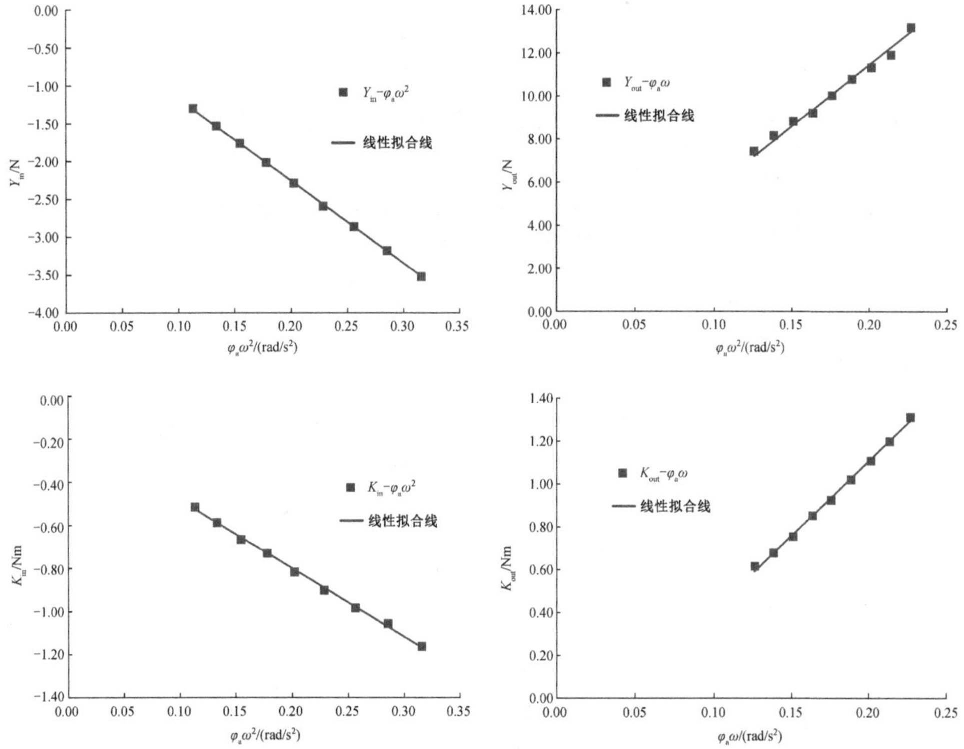

图 4.22　纯横摇试验曲线举例

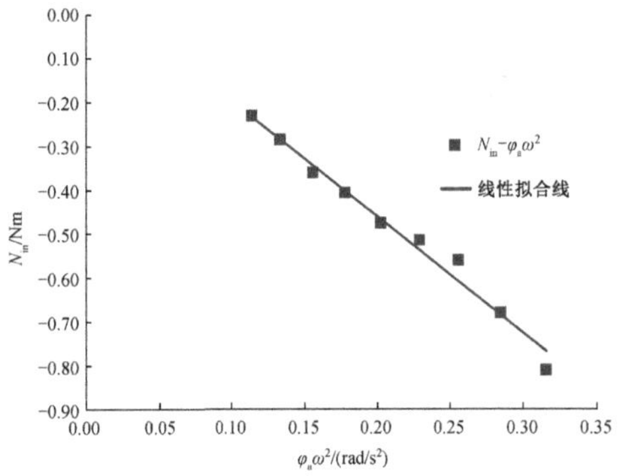

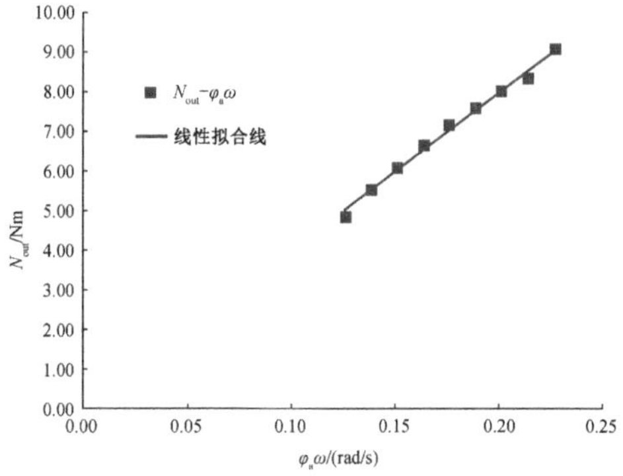

图 4.22(续)

由上面的试验曲线可以看到:小振幅近似条件下,同相量-加速度幅值、正交量-速度幅值曲线均呈线性变化,由拟合直线的斜率得到有关比值,即可按式(4-20)(4-36)(4-43)计算相应的有因次水动力系数,最后按相应的无因次化公式计算得出无因次水动力系数。

例如:图 4.21 中,模型垂向力的同相量随纵倾加角速度幅值的线性拟合函数为:$Z_{in}=-31.396\theta_a\omega^2$;垂向力的正交量随纵倾角速度幅值的线性拟合函数为:$Z_{out}=-172.758\theta_a\omega$;模型纵倾力矩的同相量随纵倾加角速度幅值的线性拟合函数为:$M_{in}=-250.32\theta_a\omega^2$;纵倾力矩的正交量随纵倾角速度幅值的线性拟合函数为:$M_{out}=327.02\theta_a\omega$;模型全排水量 $x_G=0$,横稳性高 $h=0$。

按式(4-36),得到

$$Z_{\dot{q}}=\frac{Z_{in}}{\theta_a\omega^2}-mx_G=-31.396\ (\mathrm{N\cdot s^2})$$

$$M_{\dot{q}}=\frac{M_{in}}{\theta_a\omega^2}+I_y-\frac{mgh}{\omega^2}=-250.32+127.656=-122.664\ (\mathrm{N\cdot m\cdot s^2})$$

$$Z_q=\frac{-Z_{out}}{\theta_a\omega}-mV=172.758-248.406\times 1.3=-150.170\ (\mathrm{N\cdot s})$$

$$M_q=-\frac{M_{out}}{\theta_a\omega}+mVx_G=-327.02\ (\mathrm{N\cdot m\cdot s})$$

无因次水动力系数:

$$Z'_{\dot{q}}=\frac{Z_{\dot{q}}}{\frac{1}{2}\rho L^4}=-6.959\times 10^{-4}\quad M'_{\dot{q}}=\frac{M_{\dot{q}}}{\frac{1}{2}\rho L^5}=-8.821\times 10^{-4}$$

$$Z'_q=\frac{Z_q}{\frac{1}{2}\rho L^3V}=-7.892\times 10^{-3}\quad M'_q=\frac{M_q}{\frac{1}{2}\rho L^4V}=-5.576\times 10^{-3}$$

4. 大振幅水平型平面运动机构和空间运动机构简介

(1)大振幅水平型平面运动机构

大振幅水平型平面运动机构(large amplitude horizontal plannar motion mechanism, LAHPMM)主要是通过调节横荡车、艏摇机构的振幅和相位来实现模型水平面的典型运动,图 4.23 给出了上海交通大学研制的典型大振幅水平型运动机构的原理图[7]。

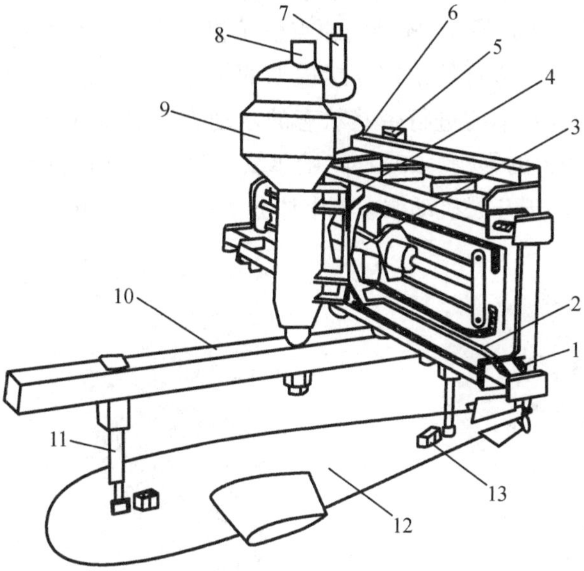

1—缓冲器;2—轨道;3—油缸;4—横荡车;5—横荡伺服阀;6—横荡反馈电位器;7—摇艏伺服阀;8—摇艏反馈电位器;9—摇艏机构;10—横梁;11—支杆;12—潜艇模型;13—测力传感器。

图 4.23　上海交通大学大振幅水平型平面运动机构原理图

水平面大振幅平面运动机构用于潜艇、潜水器等物体做水下垂直平面试验时,使用两根长支杆,使模型满足水下潜深的要求,同时,在支杆上安装可迎水流任意转动的导流罩,以减小支杆在水平面内振荡时对流场的扰动。由图 4.23 可见,将潜艇模型转动 90°安装于平面运动机构上,这样,当平面运动机构在水平面内做大振幅横荡时,潜艇模型即在垂直平面内做大振幅运动,在拖车匀速拖曳的情况下,即可得到潜艇模型的大振幅纯升沉运动。由于振幅较大(通常不小于 0.2 m),所测的作用于艇模上的水动力包含了非线性部分,即可测得非线性水动力系数 $Z'_{w|w|}$和 $M'_{w|w|}$。同样,设置横梁的转动角度,在一系列设置攻角下匀速拖曳,也可得到非线性水动力系数 $Z'_{w|w|}$和 $M'_{w|w|}$。当设置转角为 90°时,即可测得潜艇在垂直面的潜浮阻力系数。

通过横荡车与摇艏机构调整平面运动机构前后支杆的相位,并配合相应的拖曳速度,平面运动机构做大振幅摇艏运动,即实现模型的大振幅俯仰运动,可测定与俯仰有关的线性和非线性水动力系数,如 Z'_q、$Z'_{\dot{q}}$、M'_q、$M'_{\dot{q}}$、$Z'_{q|q|}$、$M'_{q|q|}$。

这种用水平面大振幅平面运动机构替代垂直面大振幅平面运动机构的方法,可以避免大振幅垂直面平面运动机构试验时自由面与水池池底的不利影响。因为水池深度有限,模型进行大攻角纯升沉或纯俯仰试验时,必受水池水表面兴波与池底的影响。而当艇模进行定常大攻角试验时,其攻角受到限制,要测定潜艇潜浮阻力完全没有可能性。显然,潜艇模型倒装时,即可实施水平面的大振幅试验。

进行潜艇近水面状态水动力系数测量时,模型必须正装。因此,采用传统的双支杆平面运动机构会给试验结果带来一定的支撑干扰影响。

在水平面大振幅平面运动机构技术原理的基础上,澳大利亚海事学院研制了适用于潜艇模型的艉支撑水平型平面运动机构(sting support horizontal plannar motion mechanism, STHPMM)[8]。如图 4.24(a)所示,模型的原点位于机构驱动中心的正下方,弯管的上端连接垂直于水面的中心支柱,弯管的下端连接模型的艉撑杆,从而实现模型的支撑与强迫运动。显然,这种类型的设备不能进行带桨状态的水动力测量试验,但是可以准确地测试近水面对潜艇水平面水动力的影响。2020 年,哈尔滨工程大学也研制了与澳大利亚海事学院类似的平面运动机构,用于开展机动航态下潜体分离涡流特性的研究,如图 4.24(b)所示。

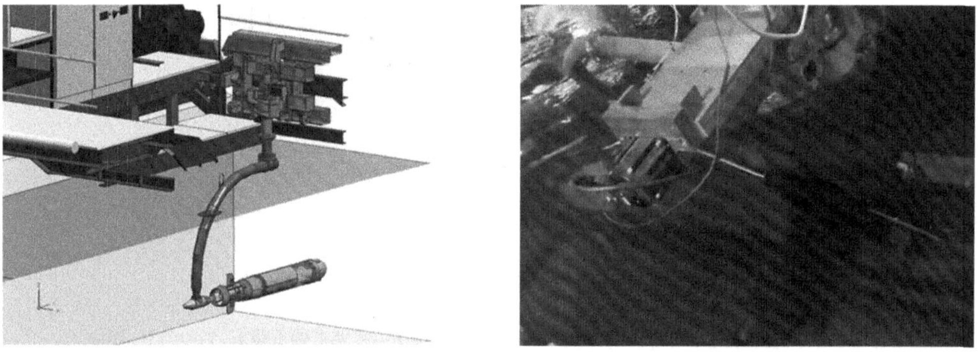

(a) 澳大利亚海事学院艉支撑型平面运动机构(STHPMM)总体示意图

(b) 哈尔滨工程大学艉支撑型平面运动机构与相关试验照片

图 4.24　用于近水面的典型艉支撑型平面运动机构

(2)空间运动机构

1998 年至 1999 年期间,加拿大国防研究与发展部研制了艇舶动力学测试系统(marine dynamics test facility, MDTF)。如图 4.25 所示,该设备为艉支撑型的五自由度空间运动机构,由前振荡支杆、后振荡支杆、前横荡车、后横荡车、横摇驱动机构和模型艉支撑测试装置等部分组成。

1999 年,加拿大国防研究与发展部在纽芬兰的圣·约翰海洋技术研究所(IOT)的 200 m×12 m×7 m 拖曳水池内利用该设备完成了荷兰海事研究所(MARIN)提出的标准潜艇型线方案中总长为 4.445 m 模型的验证试验。2004 和 2006 年,又先后完成了维多利亚级常规潜艇型线方案 5 m 级 Albert 模型的静态和水平面部分动态水动力系数的测量试验。

MDTF 五自由度空间运动机构利用前、后振荡支杆的同步或恒相位的差动振荡实现模型的升沉或俯仰运动;利用前、后横荡车的同步或恒相位的差动振荡实现模型的横荡或摇艏运动;通过横摇驱动电机驱动艉支撑杆的滚转实现模型的横摇运动。可见,该机构既可以实现模型的单自由度运动,也可以实现多自由度的耦合运动。

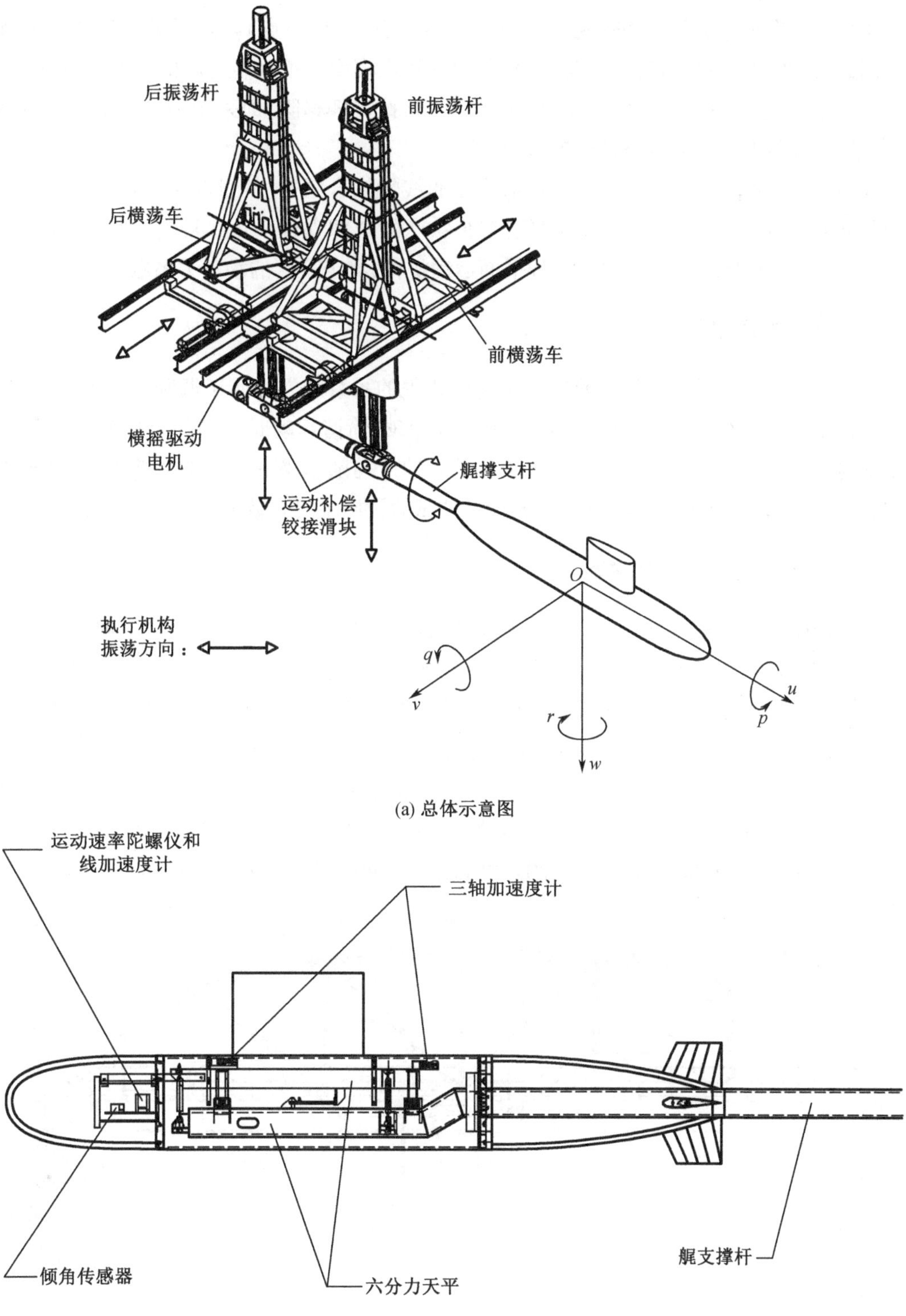

图 4.25　加拿大国防研究与发展部艇舶动力学测试系统 MDTF[9]

需要指出的是:

①MDTF 的艉支撑方式会造成模型的运动参考心(坐标原点)与运动的驱动中心不相合。因此,在实现纯俯仰或纯摇艏运动时,需要在远离模型的驱动端进行相应的运动补偿。

②带桨试验时,需要将垂向运动支杆之间的艉撑支杆移除,即采用传统的双支杆支撑方式,但是此时却不能实现纯横摇的运动模态。

如前所述,水动力系数中有很大一部分是非线性耦合系数,从目前平面运动机构的技术现状来看,难以采用一台运动机构测定带桨状态的全部耦合系数。目前,通用的试验方案是综合应用 VPMM 与 LAHPMM 两种平面运动机构,测定全套的水动力系数。

4.1.4 旋回试验

平面运动机构简谐运动试验测定与角速度相关的系数的方法属于调和分析的方法,进行高阶或耦合系数测定时,数据处理的过程比较烦琐,简谐运动时模型的合速度 U 实际上也是随时间变化的。为了同时引入恒定大小的合速度与随艇坐标系下的角速度,须使模型做回转运动。目前,能够驱动模型做回转运动的试验设施主要有数控 XY 航车与旋臂水池。

1. 数控 X-Y 航车的旋回试验

下面以哈尔滨工程大学综合试验水池 XY 航车为例,介绍水下潜体的 XY 航车旋回试验的原理。如图 4.26 所示,哈尔滨工程大学综合试验水池长 50 m、宽 30 m、水深 10 m,所配 XY 航车系统设备由主航车 X 车、副航车 Y 车和回转台 Ψ 车组成,是典型的水平面三坐标系统。X 车横跨水池宽度架设做纵向运动(沿水池长度方向);Y 车悬挂在 X 车下,做横向运动(沿水池宽度方向);Y 车的下面设一个工作室,其底部安装一个可以 360°旋转的转台 Ψ 车,模型通过支杆安装于 Ψ 车的测桥上,其原点与转台的中心在水平面内的投影相合。这种航车系统的 X 车、Y 车和 Ψ 车同步联动控制时,原理上可拖曳模型按任意平面曲线机动。

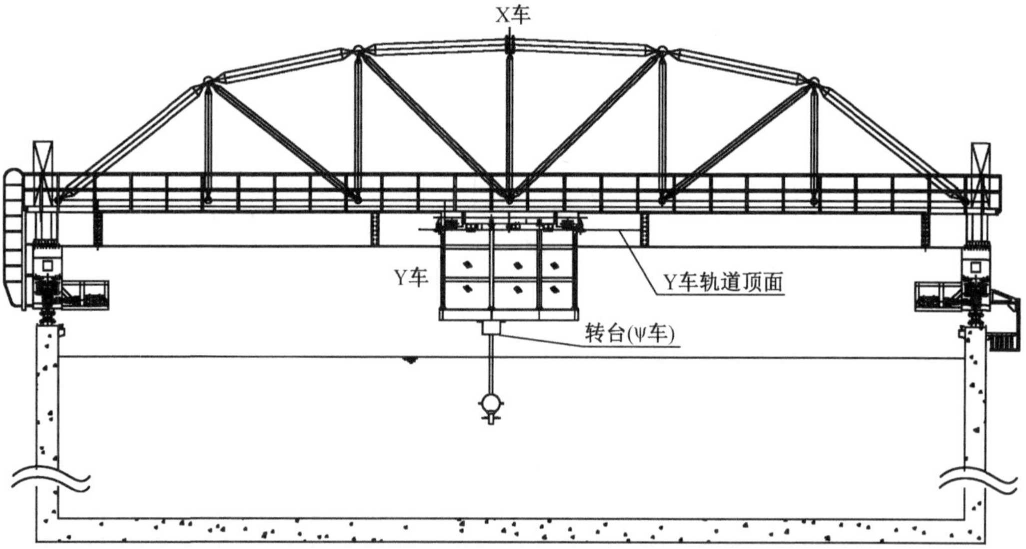

图 4.26 数控 XY 航车示意图

如图 4.27 所示，回转运动时，运动控制系统同步驱动 X 车、Y 车和 Ψ 车，一般的控制方式为：Y 车的初始位置偏离水池中心线的距离为回转半径 R，X 车先做直线加速运动，当 X 车直线加速至指定速度 U 时，自动切入以目标回转半径为振幅、周期为回转周期的正弦轨迹运动，同时 Y 车开始做同振幅、同周期的余弦轨迹运动，Ψ 车同时按相应的回转角速度绕其中心做定轴转动，即实现了模型原点的匀速圆周拖曳运动。

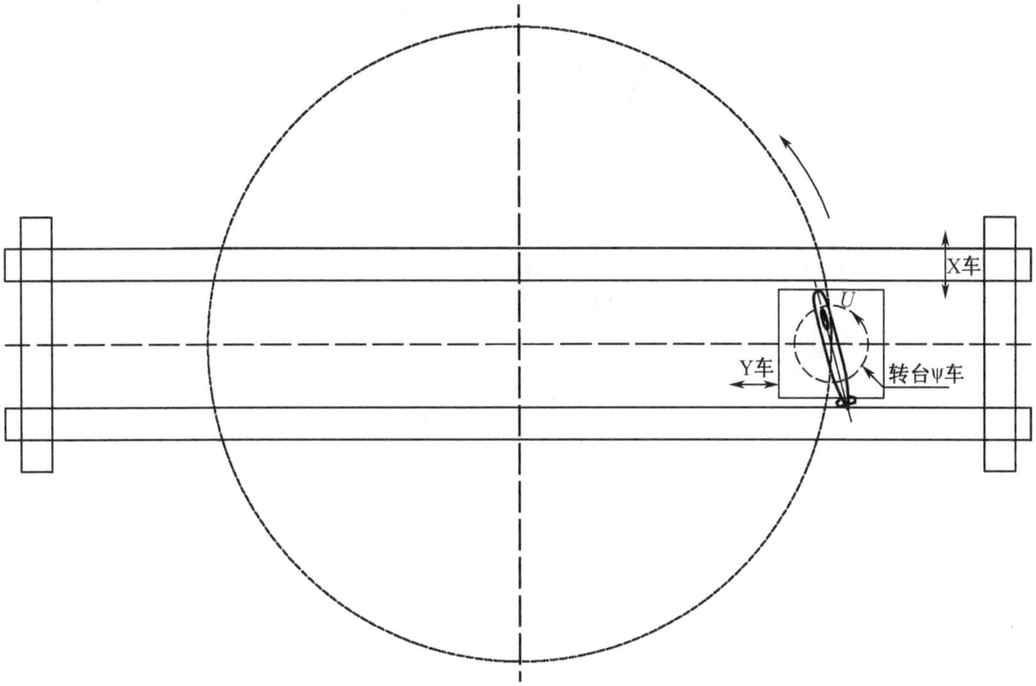

图 4.27　XY 航车回转运动原理示意图

采用保持模型原点线速度 U 不变，改变半径的方式进行不同角速度的试验。如图 4.28(a)所示，旋回试验通常以固定坐标系下俯视时模型原点相对于流体介质的顺时针回转作为固定坐标系下的正转角速度 Ω 方向，此时有

$$\Omega = \pm \frac{U}{R} \tag{4-54}$$

式中，正负号分别与正转、反转相对应。

水平面试验时，模型围壳朝下，由双支杆腹撑倒装于 Ψ 车的测桥上，通过 Ψ 车初始固定偏航角的设定，可以实现模型以不同漂角的回转；水平面试验时，模型右舷朝下，由双支杆侧装于 Ψ 车的测桥上，仍然通过 Ψ 车初始固定偏航角的设定，即可实现模型以不同攻角的回转。通过双支杆下端的模型内置水密天平测出模型回转过程中的拘束力，从而可以求出作用于模型上的流体动力和力矩。

需要指出的是，XY 航车回转时，需要严格同步控制 X 车、Y 车和 Ψ 车的运动轨迹，而三者的质量特性差别很大，X 车质量约为 93 t，Y 车质量约为 11.3 t，而转台的质量约为 2 t。三个执行机构惯性特性的差别造成 XY 航车实际圆周轨迹的圆度一般为-2%~2%，即实际轨迹曲线位于由直径为 0.98D(D 为目标圆轨迹的直径)和直径为 1.02D 标准圆所围成的圆环以内,艏向角的偏差一般为-0.3°~+0.3°。此外,XY 航车的重量特性导致其现阶段还不能实现线速度高于 1.2 m/s 的回转运动,试验雷诺数达不到潜艇试验临界雷诺数的要求。以上两点导致常规 XY 航车目前还不能应用于要求较严格的潜艇水动力系数测量试验,其回转试验的对象主要为低速潜器和低速的水面艇舶。潜艇模型的旋回试验目前仍需在专门的旋臂水池内开展。

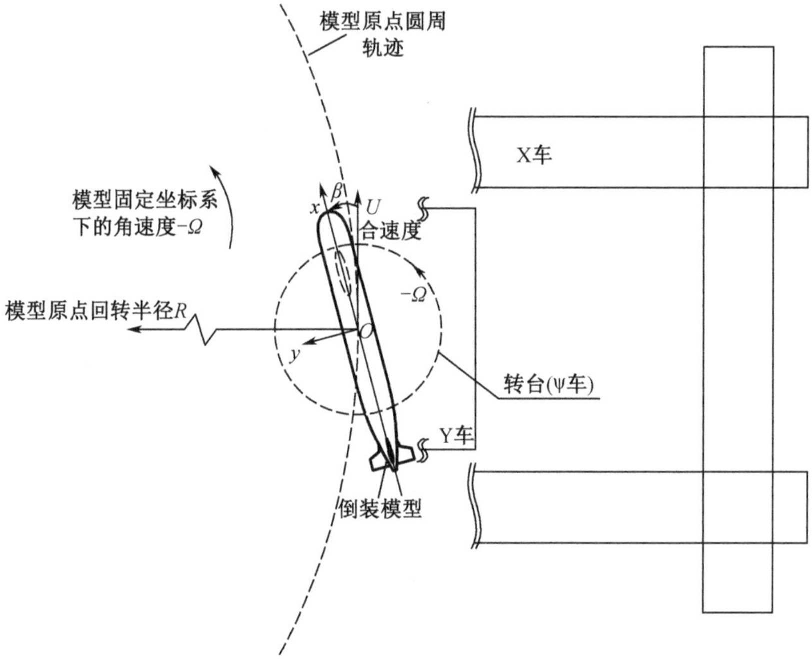

(a) 运动参数

(b) 某潜器 XY 航车回转试验

图 4.28　XY 航车旋回试验参数定义与试验场景

2. 旋臂水池试验

(1)旋臂水池简介[10]

旋臂水池试验设施与设备主要由水池和艇坞、中央岛、旋臂及轨道、拖曳电机、全自动拖车和转盘、模型支撑装置及测力天平、艇坞及控制系统等组成。

水池通常为圆形,钢筋混凝土池壁,池壁上面是轨道,池壁有移动干艇坞进出口,以便安装模型时进入水池,作为拆装模型的工作室。水池中心处有一中心岛,用以安置铅垂转轴等设备。

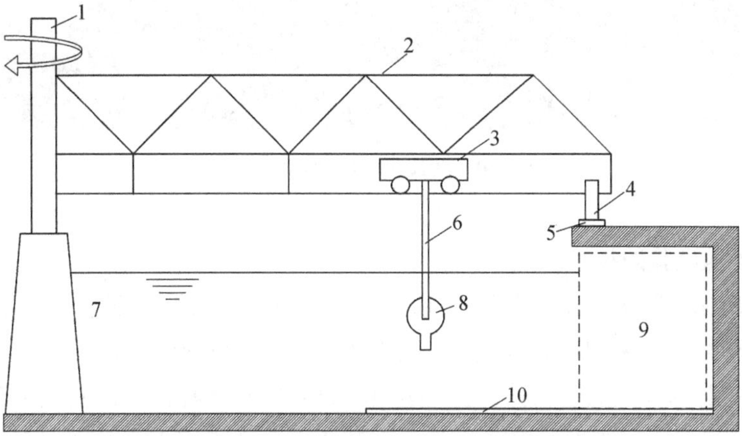

1—旋转轴;2—旋臂;3—拖车;4—驱动轮;5—旋臂轨道;
6—支杆(上端带外置测力天平或下端带内置天平);7—中央岛;8—模型;9—移动船坞;10—船坞轨道。

图 4.29　旋臂水池构造示意图

旋臂和拖车是拖动模型做回转运动的机构。旋臂是个刚性良好的桁架结构,一端与中央岛的铅垂转轴相连,另一端通过驱动轮安放在池壁的轨道上,驱动轮由放在桁架上的电机带动,绕中央岛铅垂转轴旋转。

拖车装在旋臂的下方,拖车可沿旋臂径向移动,以改变模型的回转半径。试验模型一般采用单支杆支撑的安装方式。拖车中间有转盘和支杆倾角调节机构,用于调节模型的姿态。

测力天平一般选用内测式水密型应变天平,安装在模型里面,且天平校心与模型原点相合。也有采用安装在支杆与拖车之间的外测式天平,这样则无须考虑天平的水密封问题,但是却需要进行支杆力扣除试验(详见本节的第(3)项内容)。

控制系统是控制旋臂回转角速度的系统,一般采用大功率直流电机结合直流调速装置实现角速度的精确控制。

旋臂水池是一个设备复杂、投资强度很大的试验设备,国内外拥有旋臂水池的研究机构较少,而受限于试验机构和测试技术,针对潜艇在旋臂水池中的试验工作鲜有公开报道。我国目前有 2 个旋臂水池,分别为中国艇舶科学中心于 1967 年建成的直径 48 m、水深 4.5 m 旋臂水池和浙江大学 2019 年建成的直径 45 m、水深 6.0 m 旋臂水池。图 4.30 给出了浙江大学旋臂水池内相关设备。

图 4.30　浙江大学的旋臂水池[11]

(2)旋臂水池试验的技术要点[3]

水平面试验时,模型采用倒装方式,通过转盘控制支杆绕自身轴转动改变模型的漂角 β。垂直面试验时,模型采用侧装方式,转盘控制支杆绕自身轴转动改变模型的攻角 α。空间试验时,可采用倒装和侧装两种方式。模型倒装时,通过支杆侧向倾斜设定模型的横倾角 φ,通过支杆前后倾斜设定模型的攻角 α,以实现耦合变漂角、攻角和横倾角;模型侧装时,同样的支杆控制方式即可实现耦合变攻角、漂角和横倾角,从而实现角速度耦合系数的测量。

如前所述,旋回试验通常以固定坐标系下俯视时模型原点相对于流体介质的顺时针回转作为固定坐标系下的正转角速度 Ω 方向,试验回转半径一般在 10~18 m 进行五个试验半径的正转、反转试验。试验半径通过旋臂上的拖车移位设定。对于不同的试验半径,模型原点的线速度大小应保持不变,并满足临界雷诺数的要求。

模型原点的线速度与固定系下的角速度满足式(4-54)关系,潜艇模型原点的线速度即为运动合速度 U,其在随艇坐标系的三个分量表达与空间直线拖曳试验表达式(4-13)一致,现在重新写出如下:

$$\begin{cases} u = U\cos\beta\cos\alpha \\ v = -U\sin\beta \\ w = U\cos\beta\sin\alpha \end{cases} \tag{4-55}$$

无因次表达式为

$$\begin{cases} u' = \dfrac{u}{U} = \cos\beta\cos\alpha \\ v' = \dfrac{v}{U} = -\sin\beta \\ w' = \dfrac{w}{U}\cos\beta\sin\alpha \end{cases} \tag{4-56}$$

模型倒装时,模型固定坐标系下运动角速度 Ω 在随艇坐标系的三个分量表达式为

$$\begin{cases} p = \Omega \sin\alpha \\ q = -\Omega \cos\alpha \sin\varphi \\ r = -\Omega \cos\alpha \cos\varphi \end{cases} \tag{4-57}$$

模型侧装时,模型固定坐标系下运动角速度 Ω 在随艇坐标系的三个分量表达式为

$$\begin{cases} p = \Omega \sin\beta \\ q = -\Omega \cos\beta \cos\varphi \\ r = -\Omega \cos\beta \sin\varphi \end{cases} \tag{4-58}$$

无因次表达式为

$$\begin{cases} p' = \dfrac{pL}{U} \\ q' = \dfrac{qL}{U} \\ r' = \dfrac{rL}{U} \end{cases} \tag{4-59}$$

试验工况主要分为水平面试验、垂直面试验和空间试验。水平面试验包括变角速度试验、变漂角变角速度试验和变方向舵角变角速度试验;垂直面试验包括变角速度试验、变攻角变角速度试验和变艉升降舵角变角速度试验;空间试验包括模型倒装时耦合变攻角变角速度试验和耦合横倾角变角速度试验、模型侧装时耦合变漂角变角速度试验和耦合变横倾角变角速度试验。试验工况中攻角、漂角和艉升降舵舵角的变角范围与直线拖曳试验保持一致。表 4.10 列出了以上试验工况可以测定的水动力系数。

表 4.10　旋臂水池模型试验测定的旋转水动力系数

<table>
<tr><th rowspan="2">序号</th><th rowspan="2" colspan="3">试验工况</th><th colspan="2">测定的水动力系数</th></tr>
<tr><th>线性项</th><th>非线性项</th></tr>
<tr><td>1</td><td colspan="3">水平面变漂角变角速度试验</td><td>Y'_r、K'_r、N'_r</td><td>X'_{rr}、X'_{vr}、$Y'_{r|r|}$、$Y'_{v|r|}$、Z'_{rr}、Z'_{vr}
$K'_{r|r|}$、M'_{rr}、M'_{vr}、$N'_{r|r|}$、$N'_{|v|r}$</td></tr>
<tr><td>2</td><td colspan="3">水平面变方向舵角变角速度试验</td><td>—</td><td>$Y'_{|r|\delta_r}$ $N'_{|r|\delta_r}$</td></tr>
<tr><td>3</td><td colspan="3">垂直面变攻角变角速度试验</td><td>Z'_q、M'_q</td><td>X'_{qq}、X'_{wq}、$Z'_{w|q|}$、$Z'_{q|q|}$、$M'_{q|q|}$、$M'_{|w|q}$</td></tr>
<tr><td>4</td><td colspan="3">垂直面变艉升降舵角变角速度试验</td><td colspan="2">$Z'_{|q|\delta_s}$、$M'_{|q|\delta_s}$</td></tr>
<tr><td rowspan="4">5</td><td rowspan="4">空间水动力试验</td><td>模型倒装</td><td>变攻角变角速度试验</td><td colspan="2">X'_{pr}、Y'_p、$Y'_{p|p|}$、Y'_{wp}、Y'_{wr}、Z'_{pr}、K'_p、$K'_{p|p|}$、K'_{wp}
K'_{wr}、M'_{pr}、N'_p、$N'_{p|p|}$、N'_{wp}、N'_{wr}</td></tr>
<tr><td>模型侧装</td><td>变漂角变角速度试验</td><td colspan="2">Y'_{vq}、Y'_{pq}、Z'_{pp}、Z'_{vp}、K'_{pq}、K'_{vq}、M'_{pp}、M'_{vp}、N'_{pq}、N'_{vq}</td></tr>
<tr><td>模型倒装</td><td rowspan="2">变横倾角变角速度试验</td><td rowspan="2" colspan="2">Y'_{qr}、K'_{qr}、N'_{qr}</td></tr>
<tr><td>模型侧装</td></tr>
</table>

(3)旋臂水池试验过程中的有关修正

①模型运动的修正[10]

单平面试验时,模型的姿态仅是通过转盘控制支杆绕自身轴转动改变的,模型变角后其体轴系下的角速度分量和回转半径 R 均不会改变。

模型倒装进行变攻角变角速度空间试验时,目前广泛采用靠单支杆的前后倾斜来实现模型的攻角改变。但支杆纵倾时,模型不仅产生攻角 α,而且同时产生一个小的漂角改变 $\Delta\beta$,且模型的回转半径增加。如图 4.31 所示,当支杆倾转 α 时,模型原点后移距离为 $l\sin\alpha$(l 为支杆长度),此时模型的漂角改变量为

$$\Delta\beta = \arctan\left(\frac{l\sin\alpha}{R}\right) \tag{4-60}$$

模型的实际回转半径为

$$R_s = \frac{R}{\cos\Delta\beta} \tag{4-61}$$

可见,变攻角变角速度空间试验时,为保证准确的零漂角,在支杆纵倾时,需要转盘转动 $-\Delta\beta$ 进行补偿修正;同样道理,当模型侧装进行变漂角变角速度空间试验时,也需要进行相应的攻角补偿修正。

在模型倒装或侧装进行变横倾角变角速度试验时,模型横倾角的改变是靠单支杆的侧向倾斜来实现的。以倒装为例,如图 4.32 所示,模型横倾角由零变为 φ 后,不会引起模型攻角和漂角的改变,但是模型的实际回转半径会改变,因此进行该项试验时需要按图示关系对回转半径进行修正。

②离心力和离心力矩的修正

以水平面变漂角变角速度试验为例,分析模型回转过程中的受力。简化起见,假设模型不带螺旋桨,考虑模型为浮力中性,无横倾,但是全排水量的纵向重心位置和垂向位置均未能调节到坐标原点的一般情况。此时,$y_G=0$,但是 $x_G\neq0$,$z_G\neq0$。模型倒装并带漂角 β 回转时,模型的运动参数如下:

$$\begin{cases} u = U\cos\beta \\ v = -U\sin\beta \\ w = 0 \\ \dot{u} = \dot{v} = \dot{w} = 0 \\ p = q = 0 \\ r = -\Omega = -\dfrac{U}{R} \\ \dot{p} = \dot{q} = \dot{r} = 0 \end{cases} \tag{4-62}$$

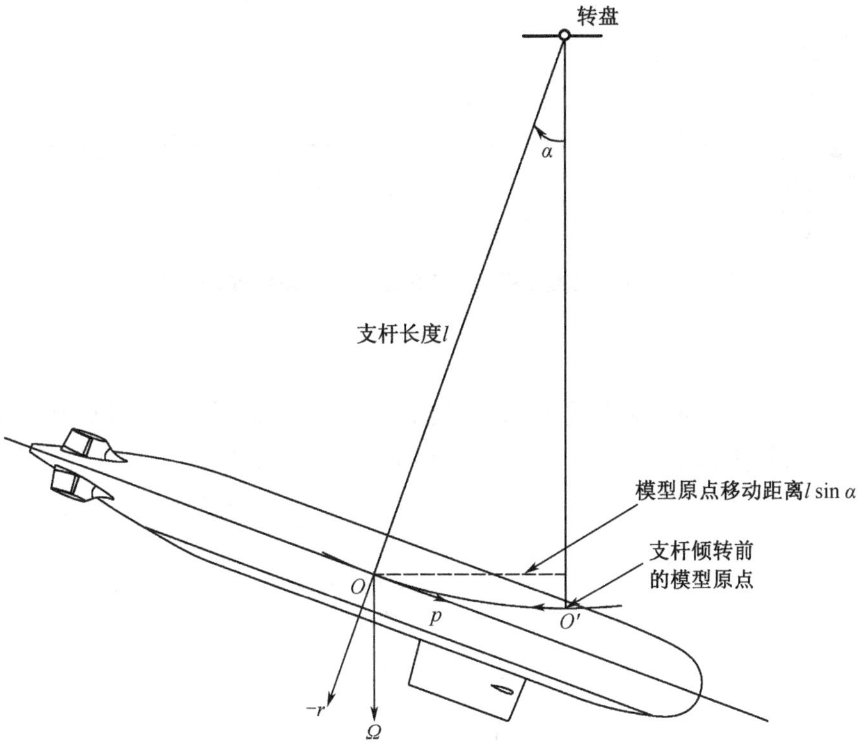

(a) 支杆倾转正攻角α后的角速度分量和原点移动距离

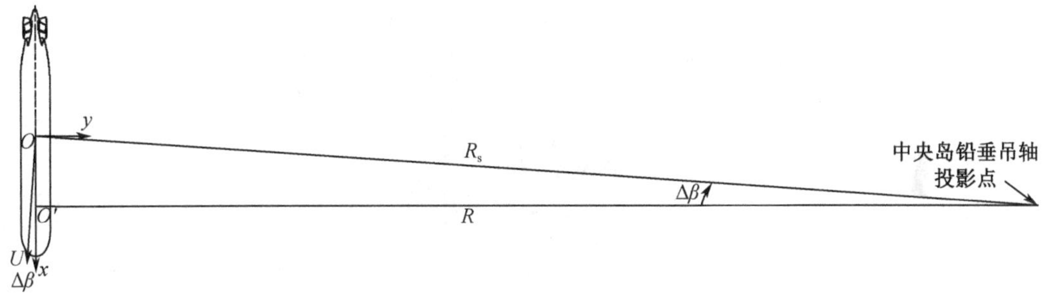

(b) 模型的实际回转半径

图 4.31　模型倒装变攻角变角速度空间试验状态示意图

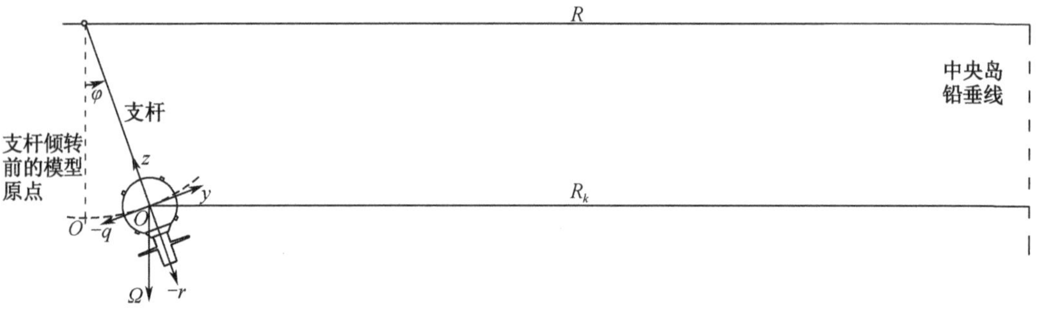

图 4.32　模型倒装变横倾角变角速度空间试验状态示意图

如图 4.33 所示，模型在旋臂及支杆的强迫下做旋回运动，以下标 D 表示模型受到的拘束力（力矩），将式（4-62）代入操纵方程，得到模型受迫运动方程：

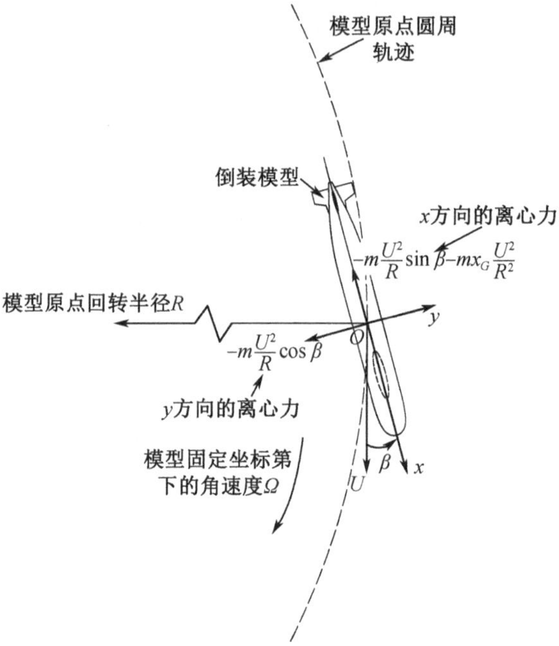

图 4.33　水平面变漂角变角速度试验中模型的离心力示意

$$
\left\{
\begin{aligned}
&\frac{1}{2}\rho L^4 X'_{rr}\frac{U^2}{R^2}+\frac{1}{2}\rho L^3 X'_{vr}\frac{U^2}{R}\sin\beta \\
&+\frac{1}{2}\rho L^2(X'_{uu}U^2\cos^2\beta+X'_{vv}U^2\sin^2\beta)+X_{\mathrm{D}} \\
&=-m\frac{U^2}{R}\sin\beta-mx_G\frac{U^2}{R^2} \\
&-\frac{1}{2}\rho L^4 Y'_{r|r|}\frac{U^2}{R^2}-\frac{1}{2}\rho L^3\left(Y'_r\frac{U^2}{R}\cos\beta+Y'_{v|r|}\frac{U^2}{R}\sin\beta\right) \\
&+\frac{1}{2}\rho L^2(Y'_*U^2\cos^2\beta-Y'_vU^2\cos\beta\sin\beta-Y'_{v|v|}U^2\sin^2\beta)+Y_{\mathrm{D}} \\
&=-m\frac{U^2}{R}\cos\beta \\
&\frac{1}{2}\rho L^4 Z'_{rr}\frac{U^2}{R^2}+\frac{1}{2}\rho L^3 Z'_{vr}\frac{U^2}{R}\sin\beta \\
&+\frac{1}{2}\rho L^2(Z'_*U^2\cos^2\beta+Z'_{vv}U^2\sin^2\beta)+Z_{\mathrm{D}} \\
&=0 \\
&-\frac{1}{2}\rho L^5 K'_{r|r|}\frac{U^2}{R^2}-\frac{1}{2}\rho L^4 K'_r\frac{U^2}{R}\cos\beta \\
&+\frac{1}{2}\rho L^3(K'_*U^2\cos^2\beta-K'_vU^2\cos\beta\sin\beta-K'_{v|v|}U^2\sin^2\beta)+K_{\mathrm{D}} \\
&=mz_G\frac{U^2}{R}\cos\beta \\
&\frac{1}{2}\rho L^5 M'_{rr}\frac{U^2}{R^2}+\frac{1}{2}\rho L^4 M'_{vr}\frac{U^2}{R}\sin\beta \\
&+\frac{1}{2}\rho L^3(M'_*U^2\cos^2\beta+M'_{vv}U^2\sin^2\beta)-mg(x_G-x_B)+M_{\mathrm{D}} \\
&=-mz_G\frac{U^2}{R}\sin\beta \\
&-\frac{1}{2}\rho L^5 N'_{r|r|}\frac{U^2}{R^2}-\frac{1}{2}\rho L^4\left(N'_r\frac{U^2}{R}\cos\beta+N'_{|v|r}\frac{U^2}{R}\sin\beta\right) \\
&+\frac{1}{2}\rho L^3(N'_*U^2\cos^2\beta-N'_vU^2\cos\beta\sin\beta-N'_{v|v|}U^2\sin^2\beta)+N_{\mathrm{D}} \\
&=-mx_G\frac{U^2}{R}\cos\beta
\end{aligned}
\right.
\tag{4-63}
$$

由式(4-63)可见,方程的右端即为匀速圆周运动时模型的惯性离心力和离心力矩。当进行空间试验时,方程中还会出现与惯性矩有关的惯性力矩项。即使采用内置天平,这些力也都会与流体动力一起被天平测出来,需要扣除这些量,才能得到真正的流体动力。

可见,能否精确地扣除模型的惯性力是影响旋臂水池试验测量精度的关键因素。因此,模型设计时需要仔细核算模型的固有属性,试验模型的设计与调试原则与4.1.2中所述的基本一致,模型为浮力中性,无初始固有倾角,但此时需满足模型全排水量的重心与模型坐标系的原点重合。模型精确调试校准后,应对模型的设计图纸按配重与填充的实际情况进行修正,以便得到准确的惯性矩。

③支杆干扰的修正[3]

当采用内置水密型六分力天平时,旋臂水池单平面试验中会在转盘下端、支杆主体上端加装导流罩(近模型端的一小段仍为圆截面光杆,如图1.7(b)所示),支杆绕自身轴转动变角时,支杆在导流罩内转动,而导流罩在回转运动中始终迎流,这样就减少了支杆对模型水动力的干扰,这种情况下,单平面试验中的支杆干扰一般忽略不计。

空间试验时将导流罩拆除,支杆的干扰扣除采用类似直线拖曳空间试验中的方法,即采用主体模型试验测定,支杆干扰扣除试验工况如表4.11所示。

表4.11 旋臂水池支杆干扰扣除试验工况

序号	试验工况		水动力结果
1	支杆无导流罩	变攻角变角速度主体模型试验(倒装状态)	$F_{NT}(\alpha,r)$
2		变漂角变角速度主体模型试验(侧装状态)	$F_{NT}(\beta,q)$
3	支杆带导流罩	变攻角变角速度主体模型试验(侧装状态)	$F_T(\alpha,q)$
4		变漂角变角速度主体模型试验(倒装状态)	$F_T(\beta,r)$

支杆干扰量按公式(4-64)计算:

$$\begin{cases}\Delta F(\alpha,r)=F_{\mathrm{NT}}(\alpha,r)-F_{\mathrm{T}}(-\beta,r)\\ \Delta F(\beta,q)=F_{\mathrm{NT}}(\beta,q)-F_{\mathrm{T}}(-\alpha,q)\end{cases} \tag{4-64}$$

式中 $\Delta F(\alpha,r),\Delta F(\beta,q)$——由支杆引起的对水动力分量的影响值;

$F_{\mathrm{NT}}(\alpha,r),F_{\mathrm{NT}}(\beta,q)$——无导流罩状态下的对水动力分量;

$F_{\mathrm{T}}(-\beta,r),F_{\mathrm{T}}(-\alpha,q)$——有导流罩状态下的对水动力分量。

当采用在无导流罩支杆上端安装的外置天平时(如图4.34所示为浙江大学旋臂水池试验),得到的力与力矩的作用点在天平上,天平测量得到的力与力矩,除了潜艇模型自身受到的力外,还包括潜艇模型、支杆在回转时受到的离心力与离心力矩以及支杆伸入水下部分的水动力,所以进行数据处理时需要除去这部分的影响。

对于支杆在回转运动时所受的离心力、离心力矩与水动力,采用空杆状态(仅连接天平与支杆的状态),按照试验工况进行回转试验测得。在完成空杆状态测量后,将支杆连接上潜艇模型,进行相同工况的测量,用有模型时的测试数据扣除空杆状态的测试数据并将其转化为模型坐标原点,这样得到的数据就只包含模型的水动力与惯性离心力(忽略模型对支杆的干扰影响),再利用式(4-63)给出的惯性离心力的表达式扣除相关的离心力与离心力矩之后,即得到模型回转时的水动力。

图 4.34　中旋臂水池试验采用的外置天平与模型的安装状态[12]

(4)数据的回归分析

得到模型的水动力和力矩后,按照下式进行无因次化处理:

$$\begin{cases} X' = \dfrac{X}{\frac{1}{2}\rho L^2 U^2} \quad Y' = \dfrac{Y}{\frac{1}{2}\rho L^2 U^2} \quad Z' = \dfrac{Z}{\frac{1}{2}\rho L^2 U^2} \\ K' = \dfrac{K}{\frac{1}{2}\rho L^3 U^2} \quad M' = \dfrac{M}{\frac{1}{2}\rho L^3 U^2} \quad N' = \dfrac{N}{\frac{1}{2}\rho L^3 U^2} \end{cases} \tag{4-65}$$

经无因次化处理的各项水动力,根据潜艇空间运动方程按式(4-66)~(4-71)进行最小二乘拟合,得到水动力系数值。

$$\begin{aligned} X' = & X'_{uu}u'^2 + X'_{vv}v'^2 + X'_{rr}r'^2 + X'_{vr}v'r' + X'_{\delta_r\delta_r}u'^2\delta_r^2 \\ & + X'_{ww}w'^2 + X'_{qq}q'^2 + X'_{wq}w'q' + X'_{pr}p'r' + X'_{\delta_s\delta_s}u'^2\delta_s^2 \end{aligned} \tag{4-66}$$

$$\begin{aligned} Y' = & Y'_{*}u'^2 + Y'_v u'v' + Y'_{v|v|}v'|v'| + Y'_{v|r|}v'|r'| + Y'_r u'r' \\ & + Y'_{r|r|}r'|r'| + Y'_{|r|\delta_r}u'|r'|\delta_r + Y'_p u'p' \\ & + Y'_{p|p|}p'|p'| + Y'_{wp}w'p' + Y'_{pq}p'q' \\ & + Y'_{qr}q'r' + Y'_{wr}w'r' + Y'_{vq}v'q' \end{aligned} \tag{4-67}$$

$$\begin{aligned} Z' = & Z'_{*}u'^2 + Z'_{vv}v'^2 + Z'_{rr}r'^2 + Z'_{vr}v'r' + Z'_w u'w' \\ & + Z'_{ww}w'^2 + Z'_{w|w|}w'|w'| + Z'_{|w|}u'|w'| + Z'_q u'q' \\ & + Z'_{q|q|}q'|q'| + Z'_{w|q|}w'|q'| + Z'_{|q|\delta_s}u'|q'|\delta_s + Z'_{pp}p'^2 \\ & + Z'_{vp}v'p' + Z'_{pr}p'r' \end{aligned} \tag{4-68}$$

$$\begin{aligned} K' = & K'_{*}u'^2 + K'_v u'v' + K'_{v|v|}v'|v'| + K'_r u'r' + K'_{r|r|}r'|r'| \\ & + K'_{\delta_r}u'^2\delta_r + K'_p u'p' + K'_{p|p|}p'|p'| + K'_{wp}w'p' \\ & + K'_{pq}p'q' + K'_{qr}q'r' + K'_{wr}w'r' + K'_{vq}v'q' \end{aligned} \tag{4-69}$$

$$
\begin{aligned}
M' = & M'_{*}u'^2 + M'_{vv}v'^2 + M'_{rr}r'^2 + M'_{vr}v'r' + M'_{w}u'w' \\
& + M'_{ww}w'^2 + M'_{w|w|}w'|w'| + M'_{|w|}u'|w'| + M'_{q}u'q' \\
& + M'_{q|q|}q'|q'| + M'_{|w|q}|w'|q' + M'_{|q|\delta_s}u'|q|\delta_s + M'_{\delta_s}u'^2\delta_s \\
& + M'_{pp}p'^2 + M'_{vp}v'p' + M'_{pr}p'r'
\end{aligned}
\tag{4-70}
$$

$$
\begin{aligned}
N' = & N'_{*}u'^2 + N'_{v}u'v' + N'_{v|v|}v'|v'| + N'_{|v|r}|v'|r' + N'_{r}u'r' \\
& + N'_{r|r|}r'|r'| + N'_{\delta_r}u'^2\delta_r + N'_{|r|\delta_r}u'|r'|\delta_r + N'_{p}u'p' \\
& + N'_{p|p|}p'|p'| + N'_{wp}w'p' + N'_{pq}p'q' \\
& + N'_{qr}q'r' + N'_{wr}w'r' + N'_{vq}v'q'
\end{aligned}
\tag{4-71}
$$

根据使用需求的不同,通常采用下列两种方法处理得到水动力系数值:

①使用小漂角(±3°)、小攻角(±3°)、小角速度(最大三个试验半径的正反转)的试验结果,利用公式(4-66)~(4-71)中有关线性项进行线性回归。该套水动力系数中的 Y'_r、N'_r、Z'_q、M'_q 用于进行稳定性等操纵性指标的计算,获取的有关线性和零次位置系数作为与直线拖曳试验获取的相同系数的对比数据。

②由单平面漂角或攻角为零度的试验结果回归得到有关线性和非线性旋转水动力系数;然后在固定旋转水动力系数的基础上,由单平面全部试验结果,利用公式(4-66)~(4-71)整体回归得到单平面中其他线性、非线性和耦合水动力系数;最后在固定单平面水动力系数的基础上,由空间试验结果通过整体回归得到空间水动力系数。这套水动力系数与所有试验数据的回归相关性较高,通常用于单平面和空间运动的计算。

可以看出,旋臂水池试验不仅能求出旋转水动力系数,而且能求出位置系数,但位置系数精度比拖曳水池或风洞试验要低。这是因为旋臂水池的回转半径是有限的,角速度在零点附近无试验值,如无法测出 $r'=0$ 时的位置系数。同理,旋臂水池也难于模拟小回转角速度时的运动,其值只有靠试验拟合曲线内插值求得。

(3)典型试验结果举例

以浙江大学 SUBOFF 全附体标准潜艇模型旋臂水池单平面试验为例,介绍潜艇旋臂水池典型试验曲线与主要旋转水动力系数的测定结果[11]。

试验模型为本书之前所介绍过的 SUBOFF 系列标准模型中的全附体构型[13],编号为 AFF-8。全附体 SUBOFF AFF-8 模型为全解析型线模型,由回转型主体、围壳和呈十字形布置的 4 个完全相同的尾舵构成,没有配套的推进器,具体型线表达式可参阅文献[14]。现将模型的轮廓再次绘出,并标注了与旋臂水池试验有关的主要尺度,如图 4.35 所示。

试验模型外壳的材料为纤维增强塑料,在模型内部添加了 1 根纵向龙骨和若干肋骨确保模型刚度,模型外壳厚度为 10 mm。由于试验不涉及舵角系数,尾舵固定在模型上。SUBOFF 的主体是完全对称的回转体,水平面测试和垂直面测试的区别在于围壳的位置不同,因此围壳单独制作,在变换水平面和垂直面时分别将围壳装到底部和侧面。

模型通过单支杆腹支撑安装方式与旋臂连接。支杆长为 1.65 m,直径为 0.108 m,由 2

个法兰盘和 1 个空心圆管组成。如图 4. 34 所示，支杆一端与旋臂下的六分力天平相连，另一端与模型内部预埋的钢质底座相连。钢质底座是长为 0. 3 m 的立方体，位于模型的测力中心处。模型内部前、后对称安装了 2 个压载箱，通过配载使模型的重力与浮力平衡。

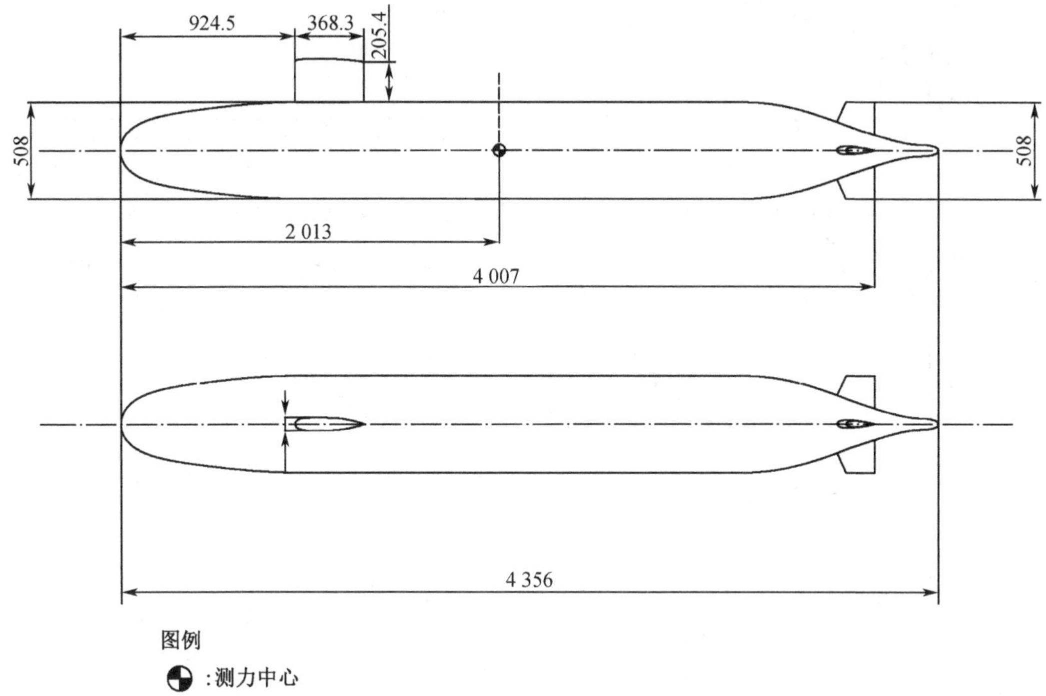

图 4. 35　全附体 SUBOFF 潜艇标准模型主尺度(单位:mm)

模型安装方式为倒装、右舷向下侧装和左舷向下侧装三种，两种不同的侧装分别代表上浮和下潜。

模型只进行了 4 个半径的正转试验。模型线速度固定在 3 m/s，试验半径分别为 10 m、12 m、14 m 和 16 m，测定旋转系数时，模型漂角和攻角始终为 0°。在单平面运动中，漂角或攻角的变化范围为−14°~14°，间隔为 2°。

测力天平为应变式六分力天平，量程如下：纵向力为±1 400 N，侧向力为±4 900 N，垂向力为±4 900 N，横摇力矩为±1 000 N · m，俯仰力矩为±3 200 N · m，偏航力矩为±5 000 N · m。使用前对天平进行了标定，由天平在 6 种状态下不同数量标准砝码加载的输出数据，回归出只考虑 1 次主干扰项的天平显式工作方程，各分量标定精度普遍优于 1%。

采用本节介绍的方法扣除支杆干扰和模型回转过程中的离心力，得到各试验工况中模型的水动力，绘出不同回转角速度下水动力随攻角或漂角的变化曲线，水平面试验曲线如图 4. 36 所示，右舷向下侧装垂直面试验曲线如图 4. 37 所示，左舷向下侧装垂直面试验曲线如图 4. 38 所示。

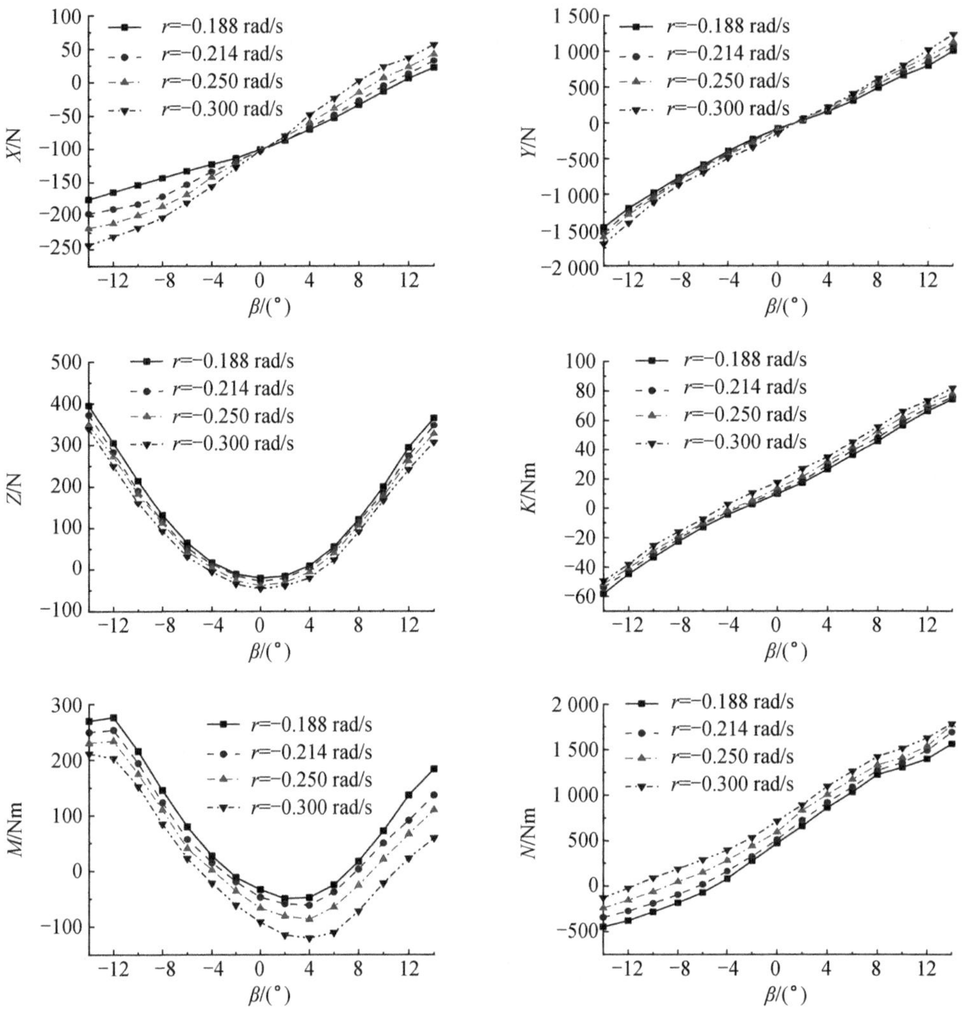

图 4.36　测定的水平面不同转艏角速度下的力、力矩随漂角的变化曲线[11]

由图 4.36 可以看出：

①不同转艏角速度的纵向力均以零漂角为分界点，正漂角和负漂角的变化趋势相反。当漂角为负时，纵向力随转艏角速度的增加而增大（在计入正负符号的意义下，下同）；当漂角为正时，纵向力随着转艏角速度的增加而减小。当转艏角速度较小时，不同漂角之间的纵向力的差距较小；当转艏角速度较大时，不同漂角之间的纵向力的差距显著。当漂角为零时，不同转艏角速度的纵向力几乎相同。当漂角为 10°、12°、14°时，纵向力为正，表示纵向力的作用方向朝向 SUBOFF 的艏部。在这些漂角下，SUBOFF 艉部的压力大于艏部的压力。

②不同漂角下侧向力随转艏角速度的变化趋势与纵向力的变化趋势相同。区别在于侧向力随转艏角速度的变化幅度较小，这表明侧向力受转艏角速度的影响较小。

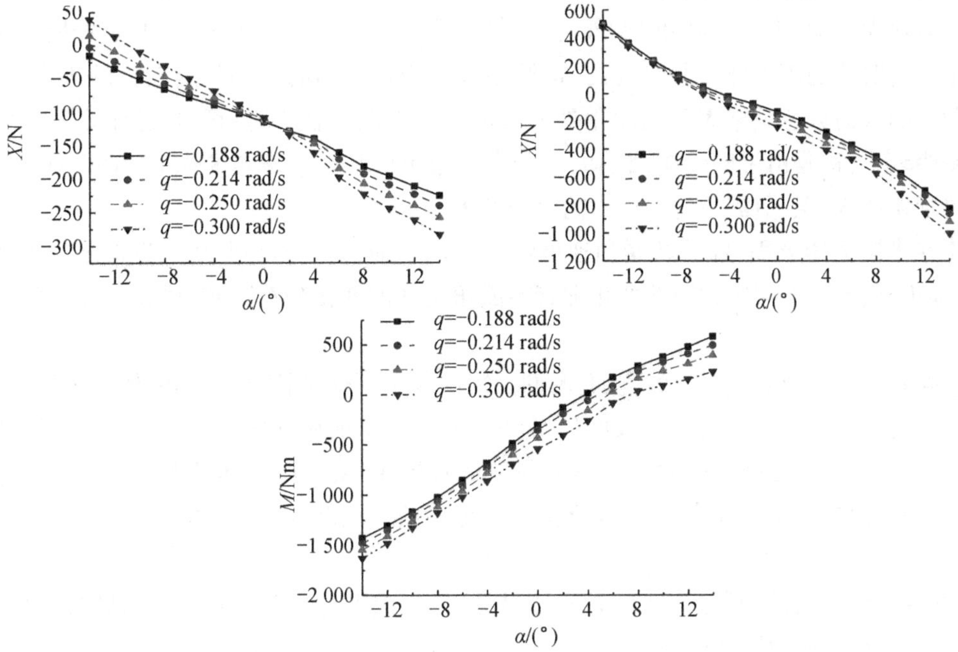

图 4.37　测定的垂直面上浮运动不同纵倾角速度下的力、力矩随攻角的变化曲线[11]

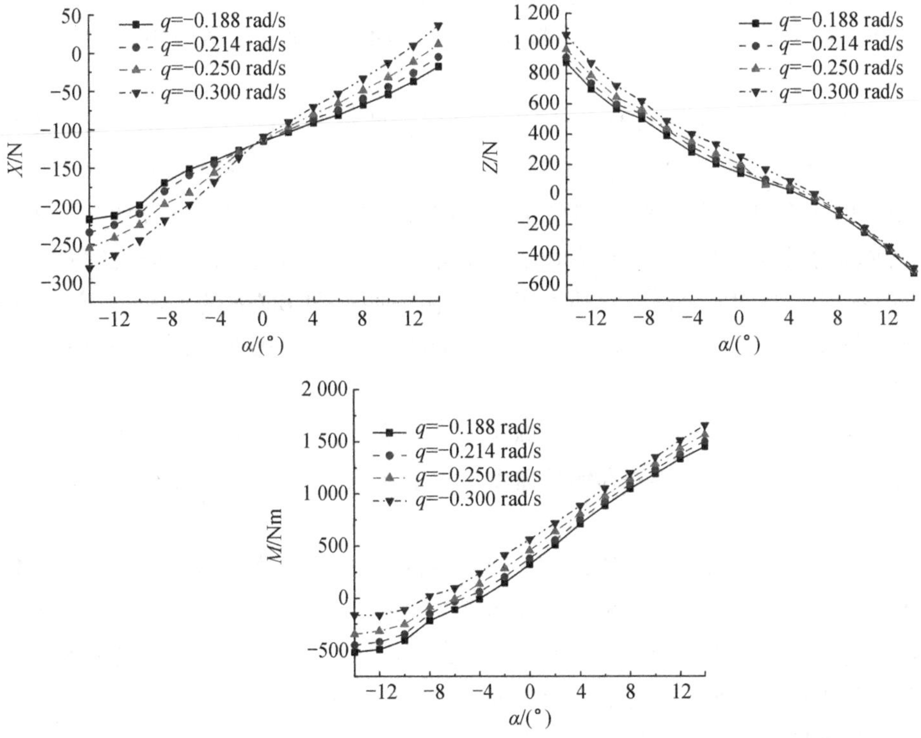

图 4.38　测定的垂直面下潜运动不同纵倾角速度下的力、力矩随攻角的变化曲线[11]

③随着转艏角速度的增加,垂向力逐渐增加,垂向力在漂角上的变化趋势与纵向力和横向力有很大不同,除了-14°和14°外,正漂角的垂向力与负漂角的垂向力几乎相同。这主要是由左右对称的艇体外形所引起的,正漂角和负漂角之间的区别只是围壳的方向不同。负漂角处的垂向力总是略大于正漂角处的垂向力。当漂角较小时,正、负漂角之间的垂向力的差距较小,这是由于围壳周围的流动分离现象不明显。当漂角变大时,围壳周围的流动分离现象加剧,正、负漂角的垂向力的差距变大。

④在横倾力矩方面,随着转艏角速度绝对值的增加,横倾力矩曲线呈近似平行上移的趋势,即正、负漂角下横倾力矩的变化随着转艏角速度的变化趋势一致;横倾力矩与漂角呈正相关关系。

⑤随着转艏角速度绝对值的增加,俯仰力矩曲线呈近似平行下移趋势;俯仰力矩在正、负漂角上的不对称现象是由 SUBOFF 上、下不对称的外形所引起的,当漂角为负时,迎流面为右舷一侧,此时向右舷方向回转会增大艇体的首尾压差,加剧艇体的俯仰运动。当漂角为正时,迎流面变为左舷,向右回转时会削弱艇体的俯仰运动,因此艇体处于正漂角时的俯仰力矩小于负漂角。

⑥转艏力矩随着转艏角速度绝对值的增加,呈近似平行上移趋势。在回转过程中,与转艏力矩相比,横倾力矩和纵倾力矩为小量。

由图 4.37 和图 4.38 可以看出:

①上浮和下潜运动的力和力矩是近似对称分布的。

②上浮运动时,纵倾角速度越大,纵向力绝对值越大,不同攻角下纵向力的差距越大。此现象与水平面运动的纵向力变化趋势相同,这表明 SUBOFF 旋转时纵向力不受平面的限制。

③对于垂向力,当攻角为负时,不同纵倾角速度的垂向力的差距较小。随着攻角的增大,不同纵倾角速度下垂向力之间的差距逐渐增大。这是因为当 SUBOFF 上浮且攻角为负时,SUBOFF 的头部向下,艉部倾斜,迎流面是 SUBOFF 的上表面,流过 SUBOFF 上表面的流体会受到艉部的阻碍而导致上、下表面的压力差变小,因此不同纵倾角速度的垂向力之间的差异很小。当 SUBOFF 上浮且攻角为正时,上游表面是 SUBOFF 的下表面,流过 SUBOFF 下表面的流体将沿着艇体排出,导致上、下表面的压力差变大,因此不同纵倾角速度垂向力之间的差异变大。

④对于纵倾力矩,上浮运动时,随着纵倾角速度绝对值的增加,纵倾力矩曲线呈近似平行下移趋势,而下潜运动时,随着纵倾角速度绝对值的增加,纵倾力矩曲线呈近似平行上移的趋势。

由单平面漂角或攻角为零度的试验曲线外插曲线在零点的切线斜率,可以得到 Y'_r、N'_r、Z'_q、M'_q 等 4 个重要的旋转水动力系数。SUBOFF 全附体潜艇模型在水平面回转中零漂角下受到的侧向力和转艏力矩随转艏角速度的变化无因次曲线如图 4.39 所示,零攻角下受到的垂向力和纵倾力矩随纵倾角速度的变化无因次曲线如图 4.40 所示。

通过线性回归的方法求解旋转水动力系数,并将结果与泰勒水池平面运动机构的试验数据[15]进行对比,如表 4.12 所示。

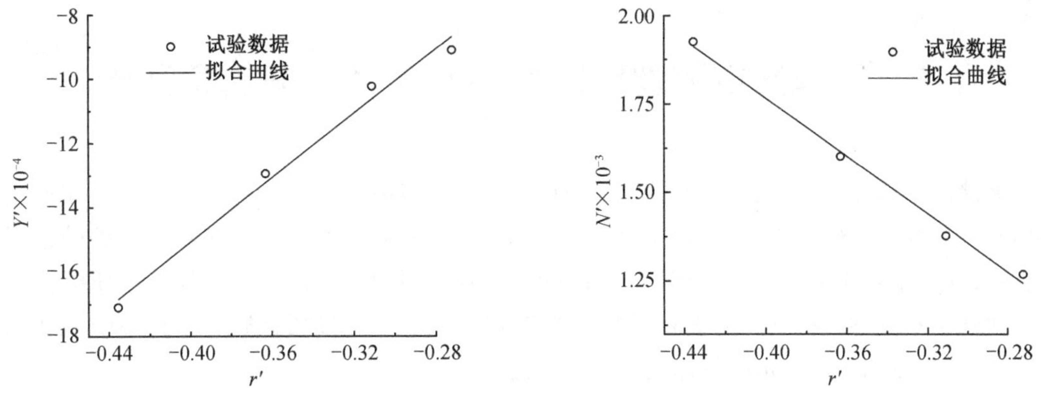

图 4.39　测定的水平面零漂角侧向力、转艏力矩无因次曲线[11]

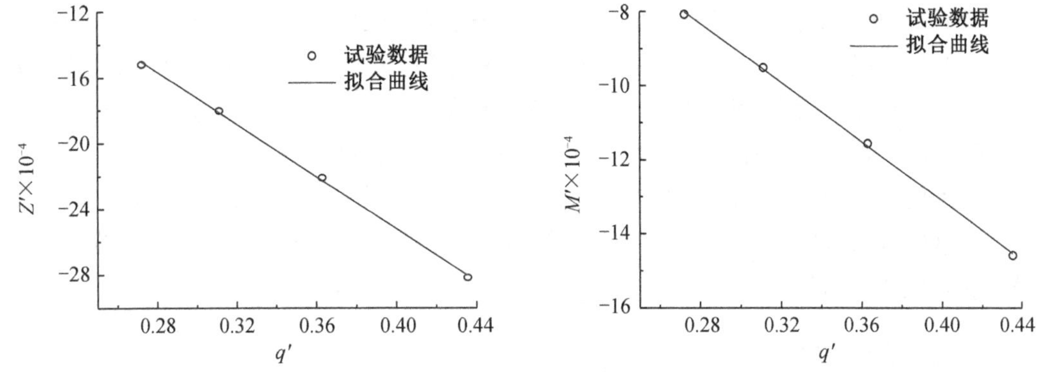

图 4.40　测定的垂直上浮的零攻角垂向力、纵倾力矩无因次曲线[11]

表 4.12　与美国泰勒水池平面运动机构试验结果的对比

试验设施	测定的水动力系数					
	Y'_r	N'_r	Z'_q		M'_q	
			上浮	下潜	上浮	下潜
浙江大学旋臂水池	0.004 99	-0.004 08	-0.007 96	-0.080 80	-0.003 97	-0.003 92
美国泰勒水池平面运动机构	0.005 25	-0.004 44	-0.007 55		-0.003 7	
误差%	4.97	8.11	5.43	7.02	7.29	5.94

可以看出,旋臂水池测定的旋转系数与泰勒水池平面运动机构测定的系数相比,误差均在 10%以内。由于潜艇上下不对称,上浮纵倾角速度系数与下潜纵倾角速度系数实际上并不相等,旋臂水池的垂直面试验可以分别获取两个方向上的系数,而平面运动机构试验实际上测定的是上浮纵倾角速度系数与下潜纵倾角速度系数的平均值。

除单平面试验之外,该试验项目还开展了空间试验,测定了 SUBOFF 全附体模型除舵系数以外的全部与角数度相关的黏性水动力系数,有关试验结果与分析可以参考文献[16]。

4.2 潜艇拘束模型水动力系数低速风洞测量试验

如绪论中所述,对于几何相似的物体来说,当它在足够深的流体中运动时,动力相似主要由黏性力的相似性所决定。对于在空气中运动的物体而言,在空气仍是不可压缩的情况下,其气动力系数实际上也只依赖于雷诺数和斯特罗哈尔数。所以,在可忽略可压缩性的低速风洞中对模型进行气动力试验所得到的流体动力系数,只要雷诺数和斯特罗哈尔数相等,是完全可以用来计算水中物体的水动力特性的。

4.2.1 低速风洞测力试验

在潜艇水动力系数测量试验方面,可以通过多种途径,例如拖曳水池、循环水槽、旋臂水池、风洞等。每项试验采用什么设备和测试方法,需要根据试验的目的和内容来确定。利用风洞开展潜艇水动力性能研究的优势是明显的,具有无水密问题、可重复性好、便于拆附体研究和数据量大而全、可以扣除水池试验中无法解决的支杆干扰、效益高等若干技术优势,所以风洞试验作为一种快速、经济和准确地研究潜艇、鱼雷等水动力特性的方法[17],在世界范围内已得到广泛应用。2002 年起,低速风洞试验就已经成为我国《潜艇操纵性水动力模型试验方法》国家标准中关于位置系数与舵系数测量试验的推荐方法。本节主要介绍潜艇模型低速风洞测力试验中不同于水池试验的技术要点。

1. 模型的设计与制造

(1)模型尺度

与水池试验同样的道理,模型尺度也需要综合考虑黏性力相似的要求、试验状态参数范围、试验设备及测力天平能力、模型阻塞效应等。此外,为保证流场品质(流场的稳定性和均匀性),模型长度一般不超过试验段的 70%;为减小流动阻塞效应,模型的最大横截面积一般不超过试验段横截面积的 5%。目前国内潜艇模型的风洞测力试验一般在 3 m 量级洞开展,由以上因素可知,潜艇风洞测力模型长度一般也为 4~6 m,相应试验风速一般为 35~50 m/s。

(2)模型的制造材料与结构形式

根据试验目的和要求、选用的试验风速,估算模型的气动载荷,确定制造模型的材料和模型的结构形式。

制造模型的材料决定着模型的质量。空气中的模型没有浮力,因此,模型质量是模型设计指标之一,应尽量轻,否则天平很难满足要求。模型质量增加,也对风洞模型支撑系统有更高的要求。

低速风洞潜艇测力试验模型常用木材、金属、玻璃纤维增强塑料(俗称玻璃钢)、塑料等材料。模型材料的选择应考虑试验性质、加工成本、模型质量、模型受力和试验过程中零部件的装拆情况等因素。目前低速风洞潜艇测力模型主要有以下 3 种结构形式:

①木制-金属混合结构

模型主体常采用红松、红衫等优质木材。制造模型的木材必须经过干燥处理，干燥后的木材含水率不超过 12%。制作模型的木材一般裁成 20~30 mm 的薄板，再将薄板按木纹方向交错地用乳胶或环氧树脂等粘接成整体，制成毛坯，然后再加工，可防止模型翘曲变形。

模型的天平接口、操纵面与固定翼的连接部分必须用金属材料。试验风速在 45 m/s 以上时，木制模型一般也需用钢或铝质骨架加强。剖面相对厚度较厚（>8%）的舵翼，可用全木质结构，但是舵翼后缘的尖锐部分需用金属材料的镶条；剖面相对厚度较薄（<8%）的舵翼，则建议直接采用铝合金制作。

木制模型的优点是成本低、加工周期短；缺点是加工精度低、易变形、保存时间短。

②铝合金-钢质金属混合结构

全金属模型壳体一般采用高强度铝合金材料，一般分为艏、舯、艉三段设计制作。模型与天平的连接件、固定翼等受力件与主艇体的连接件、改变舵面偏角的连接件用钢制材料制作。金属模型的优点是模型加工可用精密加工机床，加工精度高，使用寿命长；缺点是造价高、重量大。

③复合材料-金属混合结构

模型外壳（俗称“蒙皮”）采用玻璃钢或碳纤维材料制造，通常内衬是由纵向拉筋和环向肋骨组成的钢制金属骨架。模型一般分为艏舯段、舯后段和艉锥段 3 段设计制作，各段模型的接口均设有金属止口或定位环。模型与天平的连接件、固定翼等受力件与主艇体的连接件、改变舵面偏角的连接件仍用钢制材料制作。复合材料-金属混合结构的模型布局与 4.1.2 中所介绍的水池模型（图 4.4）相似，这类模型既能保证模型型线的精度，又能较好满足模型重量与强度的要求，目前已经被测力试验广泛采用。

（3）动力系统的设计原则[17]

对于带桨试验，动力系统的设计是关键，一般应考虑和注意以下几个方面：

①动力源一般是电机，通过变频控制电机转速从而控制螺旋桨转速，同时要考虑电机的连接和电缆线以及冷却管线的走线方式。

②合理设计动力系统的结构尺寸、连接方式、质量分布等，达到减少振动因素、减小冲击的目的。

③应尽量避免悬臂梁结构，在不可避免时必须尽可能地缩小悬臂梁部分的尺寸，减少悬臂梁质量，降低悬臂梁对振动的影响。

④根据进速系数相似准则，风洞中螺旋桨的转速是很高的，一般在 6 000~12 000 r/min，为保证这种高转速试验的测试安全，轴系的结构设计中，必须确保轴系的同心度，轴系轴向、径向和周向的定位可靠，应防止因轴系定位不可靠出现的轴向窜动、径向跳动或周向转动的情况发生。

⑤在模型质量和支撑系统刚强度允许的条件下，采取“闭式结构设计”是消除共振的有效手段，闭式结构是指传动系统与模型壳体刚性连接（结构形式与水下模型相似），此时模型内部应合理设计“X 形筋条”“斜筋板”之类的结构来增强动力系统的结构刚性。“开式结构”则为传动系统的电机端固定在模型支杆，整个系统与模型不接触，传动轴系由模型尾部伸出的悬梁结构。

⑥注意临界转速的存在。一般来说，对于带动力影响试验，整个试验装置系统(包括模型、天平、支撑系统等)的一阶固有频率不可能超过试验转速所对应的转动频率，临界转速必然存在，因此必须提高结构的静刚度，从而提高一阶固有频率。

⑦注意对模型进行优化迭代设计。在模型设计尤其是动力系统系统设计过程中，要借助有限元计算分析软件，对模型的动、静态特性进行计算分析，确保动力系统的固有频率避开螺旋桨的旋转频率。对模型进行优化迭代的基本思路是“初步设计—计算分析—最终设计”。

⑧风洞中螺旋桨转速很高，桨叶离心力大。例如，单片桨叶的质量若为 0.2 kg，质心距离转轴 0.1 m，桨转速 6 000 r/min，则桨叶离心力是 7 900 N。这样大的力普通铝合金桨模难于满足要求，因此模型一般采用高强度铝合金或碳纤维材料制作，桨模制作完成后需经过无损探伤检测、动平衡、地面调试后方可进洞试验。

(4)模型活动操纵面的设计[18]

考虑到风洞模型的换装效率较高，因此目前普遍采用角度片的方式，实现模型操纵面角度的改变。如图 4.41 所示，角度片是一种不同角度的简单接头，两边分别用螺钉固定在模型的固定翼和操纵面上。这种连接形式的角度定位精度高，一般可达到 3′，虽然每个试验舵面偏角需用一个角度片，会带来一定的零件加工量，但是相比于模型内安装高定位精度的舵机实现自动变舵角而言，却节省了舵机在模型内的布置设计，也很大程度上减轻了模型的质量。

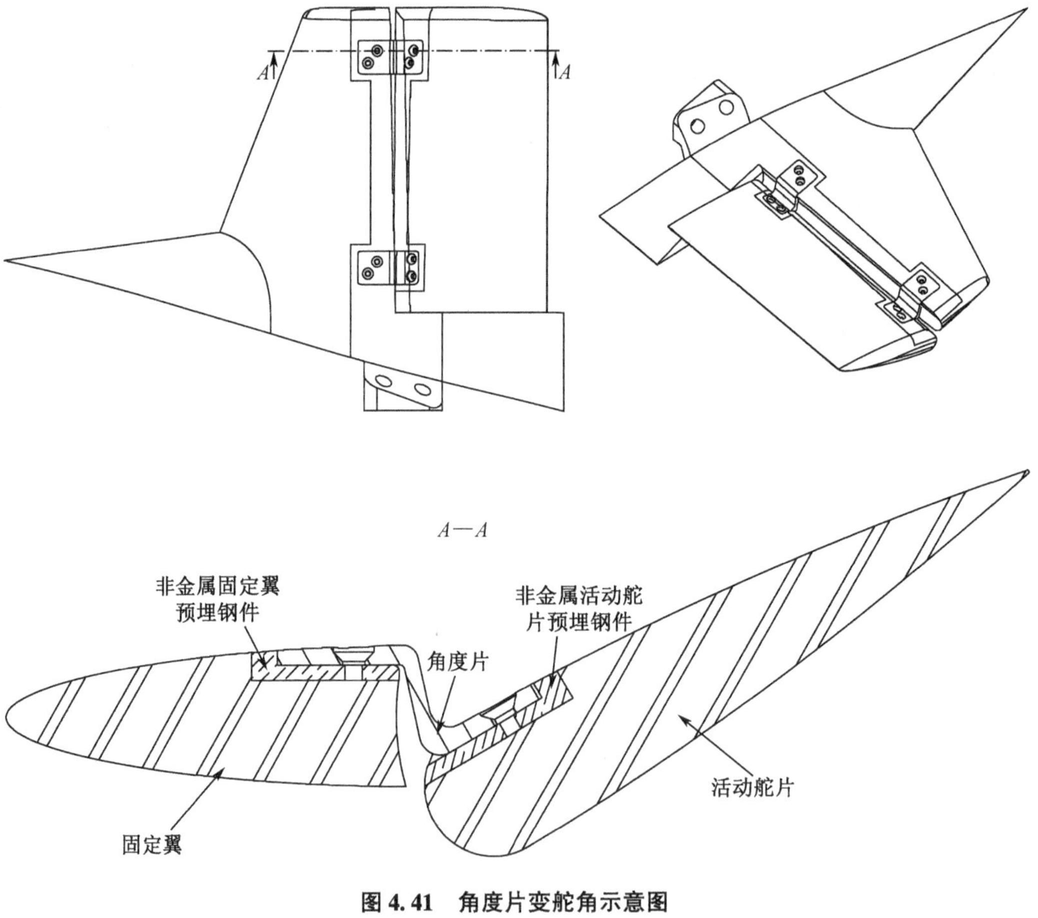

图 4.41　角度片变舵角示意图

(5)模型加工精度与表面光滑度要求

风洞试验属于精细试验,模型型线的误差一般要求高于水池的试验模型,通过卡板保证线型正确及其加工精度,长度 4~6 m 模型的径向公差范围为-0.3~0.3 mm,纵向公差范围为-2~2 mm。

模型表面粗糙度一般要求达到镜面反射程度,表面不允许有能感觉到的凸起和接缝,因此木制或玻璃钢蒙皮模型加工完毕后,表面喷 1 遍底漆,2 遍面漆,漆层厚度为 0.05~0.1 mm,最后抛光。

2. 模型的支撑系统

模型支撑系统的用途是在风洞中支撑模型,并通过角度机构改变模型的姿态角,即模型的攻角、漂角或横倾角。在风洞中进行潜艇模型的测力试验时,典型的支撑方式有双支杆腹撑、单支杆腹撑和艉支撑三种。

(1)双支杆腹撑

双支杆腹撑方式多用于机械式天平,模型的变角机构是机械天平的一部分,模型直接连接到机械天平的支杆上。双支杆腹撑系统的刚度较高,容易实现模型动力系统的“闭式结构设计”,是潜艇模型带螺旋桨动力影响测力试验的常用支撑方式。

加拿大国家航空航天研究所 9 m×9 m 低速风洞利用这种方式开展了 6 m 级潜艇模型配 3 叶螺旋桨的带动力影响测力试验,试验装置如图 4.42 所示。

图 4.42 中,利用机械天平变漂角机构,使得模型能够绕风洞竖轴转动,进行水平面试验。试验模型的主体是完全对称的回转体,水平面试验和垂直面试验的区别在于围壳的位置不同,在变换水平面和垂直面试验时分别将围壳装到主体的上部和侧面。但是,这种变角方式并不适用于上下不对称的潜艇模型,一般风洞专用的机械天平均具有独立的变角机构,变攻角机构通过驱动后支杆的上下移动使模型绕前支杆转动设定模型的攻角,变漂角机构带着变攻角机构、模型支架与模型一起转动。机械天平属于结构复杂的专用设备,关于其详细的测量原理,可参阅《风洞试验手册》[18]等专著。

(2)单支杆腹撑

单支杆腹撑系统通常用于不带桨的测力试验,单支杆腹撑系统一般由回转转盘、攻角机构和单支杆等组成,系统精巧,采用内式天平与模型连接(连接形式与水池试验类似,见图 4.6),角度调节方便。以笔者所在团队进行相关研究时使用的中国航空工业集团公司哈尔滨空气动力研究所 FL-52 风洞的单支杆腹撑系统为例,如图 4.43 所示,回转转盘安装于开口试验段架车的内衬框架上,由盘面、齿圈、轴承、电机和减速器等部件组成。24 棱柱截面单支杆上端连接天平和模型,下端安装在变攻角机构上,整个攻角机构安装在回转转盘上。试验时控制回转转盘带动整套支撑机构绕风洞竖轴转动,实现漂角的变化;攻角机构带动单支杆和模型实现攻角变化。

随着内式应变天平在低速风洞的普遍应用,单支杆支撑系统已成为低速风洞攻角-30°~30°范围内常规测力试验主要的支撑方式。对于潜艇这种细长体构型来说,在严格控制模型质量、选用侧向刚度较好天平的前提下,进行无动力测力试验是可行的。如果进行带动力的试验,则很难避免悬臂梁-长轴系的结构方案。文献[20]针对 6 m 级的鱼雷模型,提出了一种可行的动力系统悬臂梁结构方案，成功开展了对转桨推进型鱼雷单支杆腹撑方式的带动力风洞测力试验。

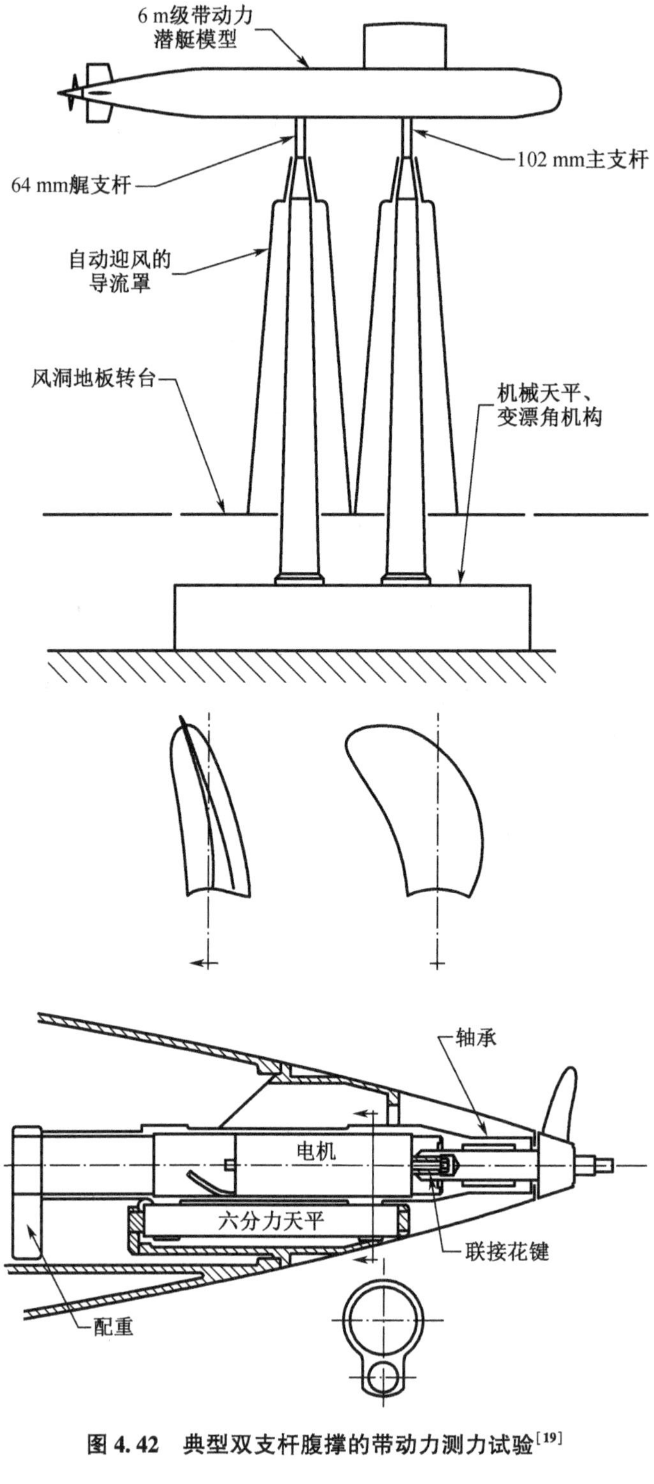

图 4.42　典型双支杆腹撑的带动力测力试验[19]

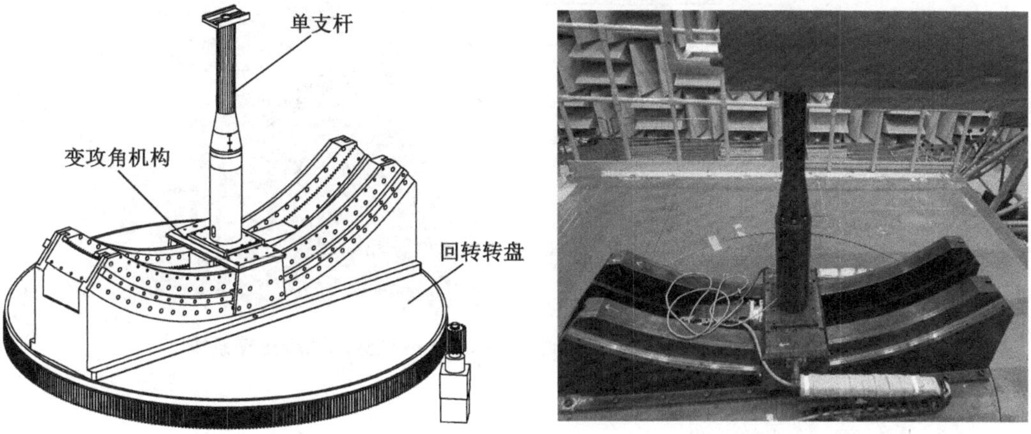

(a) 机构示意图　　(b) 模型安装过程照片

图 4.43　典型的单支杆腹撑系统

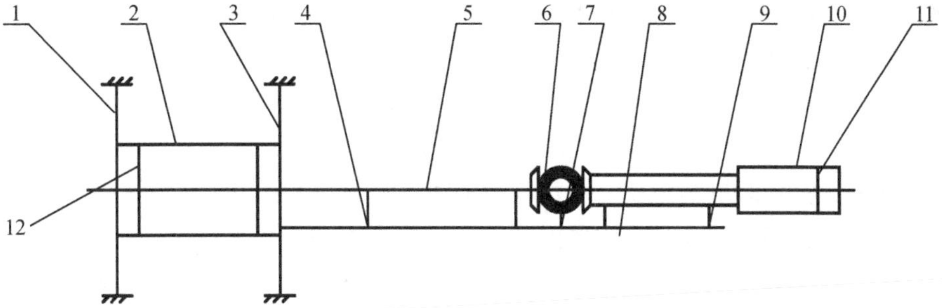

1—电机前环;2—电机;3—电机后环;4. 前轴承;5—内轴;6—齿轮;7—齿轮箱轴承;
8—T 型板;9—后轴承;10—外轴;11—内外轴轴承;12—电机轴承。

图 4.44　文献[20]鱼雷模型动力系统悬梁结构简图

(3)艉支撑

天平安装在模型腔内,通过艉支杆与风洞支撑系统的角度机构相连。潜艇风洞测力试验艉支撑机构的一般结构形式如下:机构的承力立柱固定在风洞试验段的转盘的外圆周上,主立柱中心距风洞试验段中心有一固定距离。埋于主立柱顶端的电机及传动机构驱动艉支杆转动,从而带动支撑在支杆上的模型发生滚转。改变支杆的滚转角和改变转盘的角度,可以实现模型攻角和漂角的变化。

艉支撑方式的优点是支架干扰小,艉支杆的干扰量通常可以忽略不计,变角范围大,特别适用于大攻角状态的测力试验。加拿大国防研究与开发中心(Defence Research and Development Canada,DRDC)利用图 4.45 所示的风洞艉支撑系统,开展了 DRDC 标准潜艇模型 30°流动入射角范围内的测力试验,提出了一种基于准定常理论的潜艇大攻角操纵状态水动力构型,并较准确地预报了潜艇应急上浮过程的稳定性问题[21]。

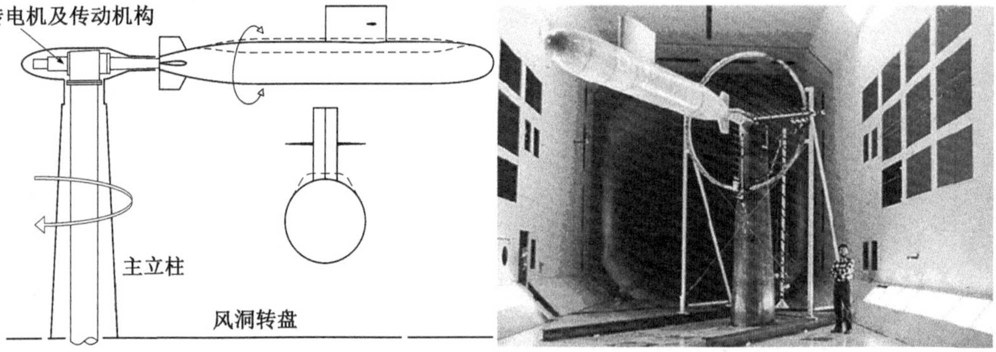

图 4.45　加拿大国家航空航天研究所 9 m×9 m 低速风洞艉支撑系统[9]

3. 潜艇模型风洞测力试验的数据处理

(1)支杆干扰修正

在现阶段的风洞测力试验中,模型都是通过支杆支撑在风洞试验段中的。支杆的存在使模型绕流状况发生变化,从而改变模型所受的气动力,这种影响称为支杆干扰。风洞测力试验遵循与水池试验的雷诺数相等原则,即

$$\frac{U_{空气}\ L_{空气}}{\nu_{空气}}=\frac{U_{水}\ L_{水}}{\nu_{水}} \tag{4-72}$$

由前面的讲述可知,风洞模型与水池模型的尺度范围一致。现假设同一模型分别在风洞和水池开展测力试验,试验时流体的温度也假设均为 15 ℃。

此时,$\nu_{空气}=1.456\ 7\times10^{-5}\ \mathrm{m^2\cdot s^{-1}}$,$\nu_{水}=1.139\ 0\times10^{-6}\ \mathrm{m^2\cdot s^{-1}}$,$\rho_{空气}=999.0\ \mathrm{kg\cdot m^{-3}}$,$\rho_{空气}=1.225\ 4\ \mathrm{kg\cdot m^{-3}}$,由式(4-72)可知:$U_{空气}\approx12.8U_{水}$。忽略空气可压缩性,风洞试验与水池试验所测得的力和力矩的无因次值一致:

$$\begin{aligned}\frac{F_{空气}}{\frac{1}{2}\rho_{空气}\ L^2U_{空气}^2}&=\frac{F_{水}}{\frac{1}{2}\rho_{水}\ L^2U_{水}^2}\\ \frac{M_{空气}}{\frac{1}{2}\rho_{空气}\ L^3U_{空气}^2}&=\frac{M_{水}}{\frac{1}{2}\rho_{水}\ L^3U_{水}^2}\end{aligned} \tag{4-73}$$

式中　F——力;

M——力矩。

将密度取值及风水速度关系代入式(4-73)中可知:相等雷诺数条件下,同一尺度模型空气中所测得的力和力矩均仅约为水中所测值的 1/5。

风洞环境下,模型没有浮力,模型自身的重力也需要支杆支撑,为保证支撑的刚强度,风洞试验的支杆截面尺寸通常略大于水池模型的支杆,因此,通过上面简单分析计算可知:风洞支杆对于模型流体动力的相对影响要比水池模型支杆的影响大。通常情况下,水池试验模型支杆加装翼型整流罩后,支杆的影响可忽略不计,但是对于数据要求较高的产品风洞试验,模型支杆的干扰必须设法扣除。

风洞模型试验前,进行支杆干扰试验,扣除模型安装支杆对模型水动力的影响量。支杆干扰的试验工况应与正式试验工况一致。目前一般采用风洞气动力试验通用的镜像两步法,即通过模型反装加镜像支杆、模型反装试验、两步辅助试验测定模型正装时的支杆干扰量,如图 4.46 所示。

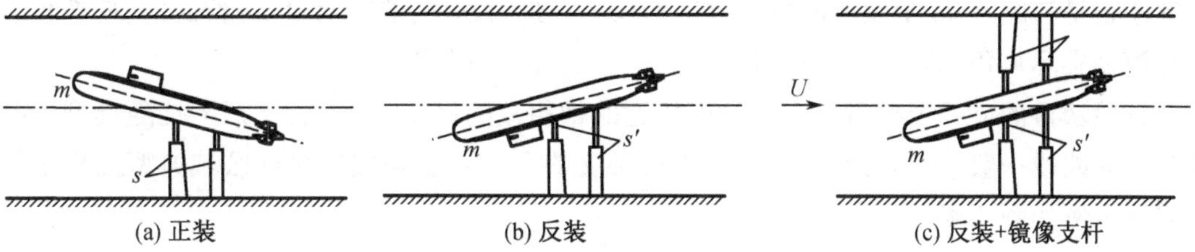

图 4.46　镜像两步法扣除支杆干扰示意图

采用外式天平测力,图 4.46 中的(a)状态,即模型正装时天平所测得的力可写为

$$F_{(a)} = F_m + F_s + F_{sm} + F_{ms} \tag{4-74}$$

式中　下标 m——正装模型;

s——位于模型腹部的支杆;

F_m——模型气动力;

F_s——腹部支杆气动力;

F_{sm}——腹部支杆对模型的干扰力;

F_{ms}——模型对腹部支杆的干扰力。

该构型将双支杆状态时,支杆之间的相互干扰作为高阶小量而忽略。

图 4.46 中(b)状态模型反装时,天平所测得的力可写为

$$F_{(b)} = F_m + F_{s'} + F_{s'm} + F_{ms'} \tag{4-75}$$

式中　下标 s′——位于模型背部的支杆,是位于模型腹部支杆 s 的镜像支杆。

图 4.46 中(c)状态模型反装并加镜像支杆时,天平所测得的力可写为

$$F_{(c)} = F_m + F_{s'} + F_{s'm} + F_{ms'} + F_s + F_{sm} + F_{ms} \tag{4-76}$$

由(c)状态减去(b)状态,可得

$$\Delta F = F_{(c)} - F_{(b)} = F_s + F_{sm} + F_{ms} \tag{4-77}$$

可见,式(4-77)即为(a)状态时,腹撑支杆气动力、腹撑支杆与模型之间相互干扰气动力之和,模型的气动力为

$$F = F_{(a)} - \Delta F \tag{4-78}$$

当采用内式天平时,支杆干扰只有一项,即支杆对模型气动力的干扰项。仍然可以使用镜像两步法进行修正。

模型正装(a)状态时:

$$F_{(a)} = F_m + F_{sm} \tag{4-79}$$

模型反装(b)状态时:

$$F_{(b)} = F_m + F_{s'm} \tag{4-80}$$

模型反装并加镜像支杆(c)状态时:

$$F_{(c)} = F_m + F_{s'm} + F_{sm} \tag{4-81}$$

可见支杆干扰量仍为(c)状态减去(b)状态:

$$\Delta F = F_{(c)} - F_{(b)} = F_{sm} \tag{4-82}$$

具体实施修正时,需要注意模型攻角(漂角)的正负方向,即攻角与相应的气动力符号均是相对于模型而言的,图 4.46 中给出的是模型垂直面正攻角试验的修正,负攻角试验状态的修正是与图 4.46 中模型的倾转方向相反的。进行水平面或空间状态修正时,应按正装状态模型实际攻角、漂角的正负特性,控制模型反装时的姿态。

试验获得的支杆干扰量是两个量值相近的量相减的结果。因此,支杆干扰随模型姿态角变化的曲线一般并不光滑,通常需要进行必要的人工光顺处理。线性区域典型支杆干扰量曲线示例如图 4.47 所示。

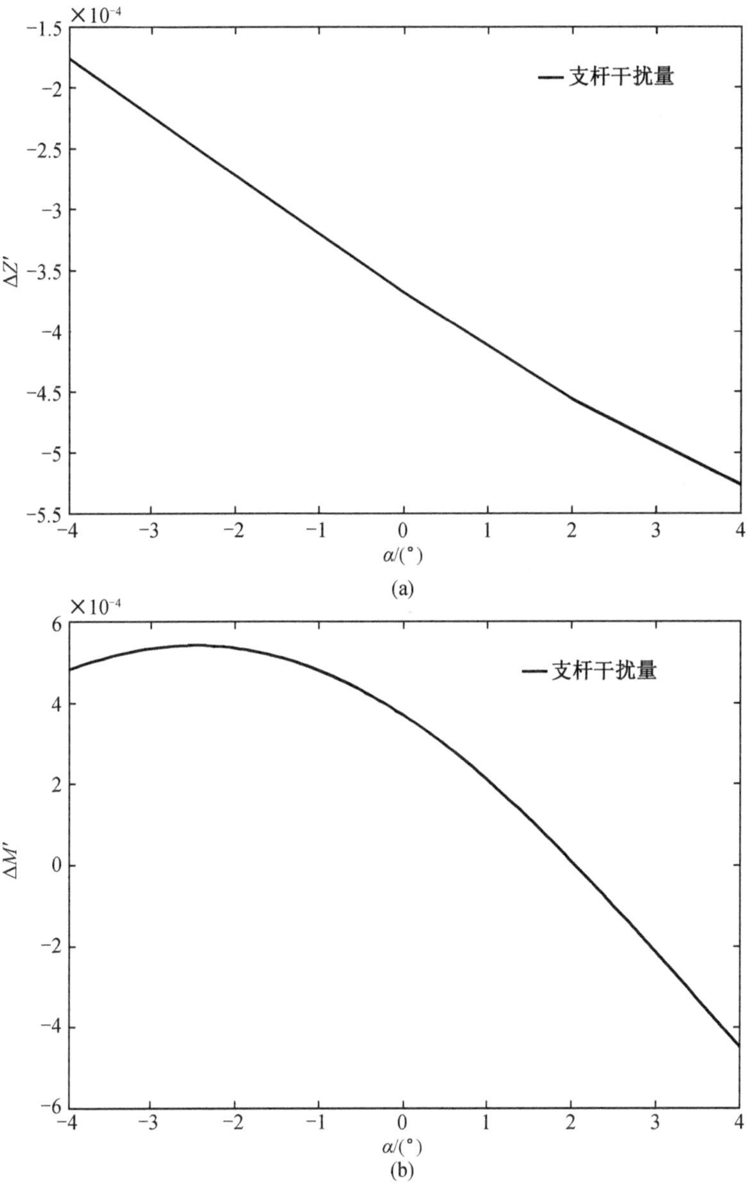

图 4.47 某潜艇模型风洞单独变攻角试验腹撑单支杆的干扰量曲线

当原理性试验由于经费有限无法开展支杆干扰试验时,可以采用数值计算的修正方法,如可采用 CFD 软件分别计算单独模型和带支杆模型的空气动力,两者之差即认为是支杆的干扰量。

(2)风洞阻塞修正

闭口试验段试验时,由于模型的存在,使风洞试验段的有效面积减小,因此模型所在横截面处的气流速度,比来流名义风速大,通常乘以修正系数$(1+\varepsilon)$,即模型相对气流的实际风速应为$U(1+\varepsilon)$,其中ε称为模型阻塞修正系数:

$$\varepsilon = \frac{A_{\mathrm{M}}}{4A_{\mathrm{W}}} \tag{4-83}$$

式中　A_{M}——模型在零姿态角时的迎风面积;

A_{W}——风洞试验段的横剖面积。

开口试验段模型阻塞修正系数是负值,其绝对值为闭口试验段的 1/4。

正装状态下测得的气动力分量扣除支杆干扰,经阻塞修正后,无因次化的表达式如下:

$$\begin{cases} X' = \dfrac{X}{\frac{1}{2}\rho L^2 U^2 (1+\varepsilon)^2} & Y' = \dfrac{Y}{\frac{1}{2}\rho L^2 U^2 (1+\varepsilon)^2} & Z' = \dfrac{Z}{\frac{1}{2}\rho L^2 U^2 (1+\varepsilon)^2} \\ K' = \dfrac{K}{\frac{1}{2}\rho L^2 U^3 (1+\varepsilon)^2} & M' = \dfrac{M}{\frac{1}{2}\rho L^3 U^2 (1+\varepsilon)^2} & N' = \dfrac{N}{\frac{1}{2}\rho L^3 U^2 (1+\varepsilon)^2} \end{cases} \tag{4-84}$$

水动力构型及相关系数的回归方法与拖曳水池试验一致。

4. 典型试验结果

以笔者团队在中国航空工业集团公司哈尔滨空气动力研究所 FL-10 风洞开展的 SUBOFF 全附体潜艇标准模型(图 4.48)测力验证性试验为例,给出垂向力和纵倾力矩风洞测量结果与美国泰勒水池试验结果的对比。

风洞试验所用的 SUBOFF 全附体潜艇标准模型尺度与美国泰勒水池试验模型尺度一致,模型轮廓的主要尺度、坐标原点与 4.1.4 节旋臂水池试验一致,可参考图 4.35。SUBOFF 全附体潜艇风洞模型采用复合材料-金属混合结构,为进一步减轻模型的质量,使得模型能够适用于风洞简谐运动试验,外蒙皮采用了碳纤维内含泡沫夹层的设计,模型质量为 83.3 kg,理论质心坐标为(-0.058 m,0.0,0.0)。

SUBOFF 全附体潜艇标准模型验证性测力试验在 FL-10 风洞闭口试验段(图 4.49)内进行。FL-10 风洞是一座开/闭口可更换试验段单回路连续式风洞,试验段截面为矩形,本试验使用的闭口试验段的主要参数如下:

闭口试验段尺寸:20 m(长)×8 m(宽)×6 m(高);

闭口试验段最大风速:110 m/s;

风洞湍流度:$\varepsilon \leqslant 0.1\%$;

动压场:$|\mu_i| \leqslant 0.3\%$;

局部气流偏角：$\Delta\alpha \leqslant 0.15^{\circ}$，$\Delta\beta \leqslant 0.15^{\circ}$。

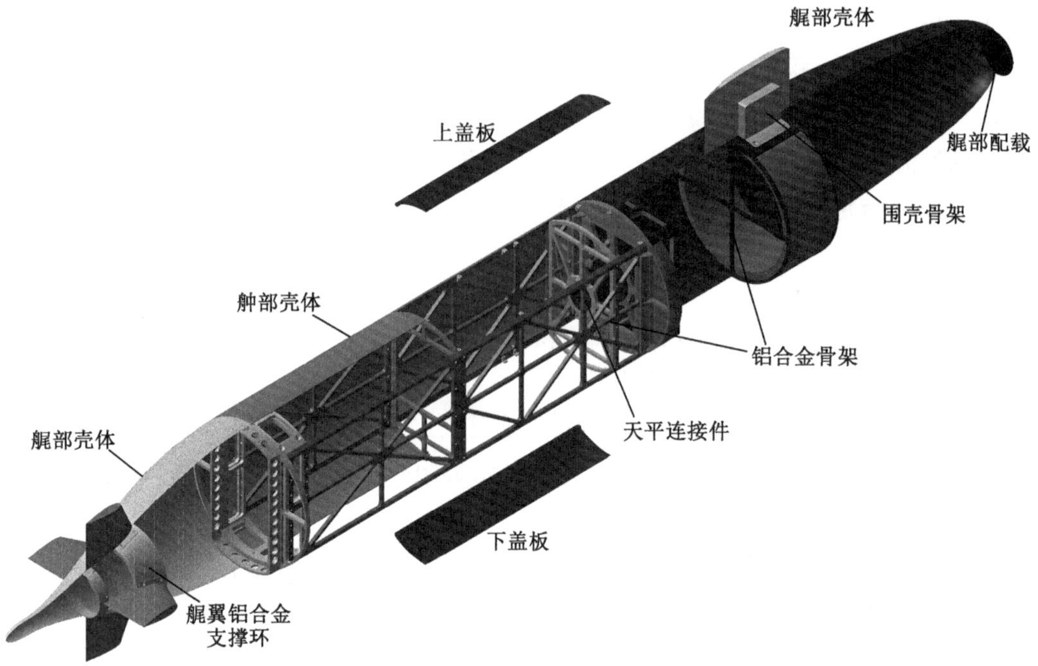

图 4.48　SUBOFF 全附体潜艇风洞模型三维结构示意图

图 4.49　FL-10 风洞闭口试验段

模型采用 5 m 级飞行器测力与动导数试验专用六分量杆式应变天平测力，天平主要技术指标如表 4.13 所示。

表 4.13　18-DN6-96A 天平技术指标

测力单元	Z/N	X/N	Y/N	N/(N·m)	K/(N·m)	M/(N·m)
设计载荷	±15 000	±2 500	±2 000	±600	±2 000	±1 600
扩展不确定度(k=2)(%F.S.)	0.29	0.29	0.33	0.32	0.29	0.31

为方便后续进行动导数试验,模型采用俯仰机构支撑。进行了−18°~18°范围单独变攻角试验,试验风速为 45 m/s,试验过程中风洞的气温为 8 ℃,对应空气的密度为 1.256 kg/m^3。由于未进行支杆干扰试验,采用 CFD 方法修正了支杆干扰量。图 4.50 给出了垂向力和纵倾力矩测量结果与美国泰勒水池试验结果的对比,图 4.51 给出了支杆干扰修正后的结果。

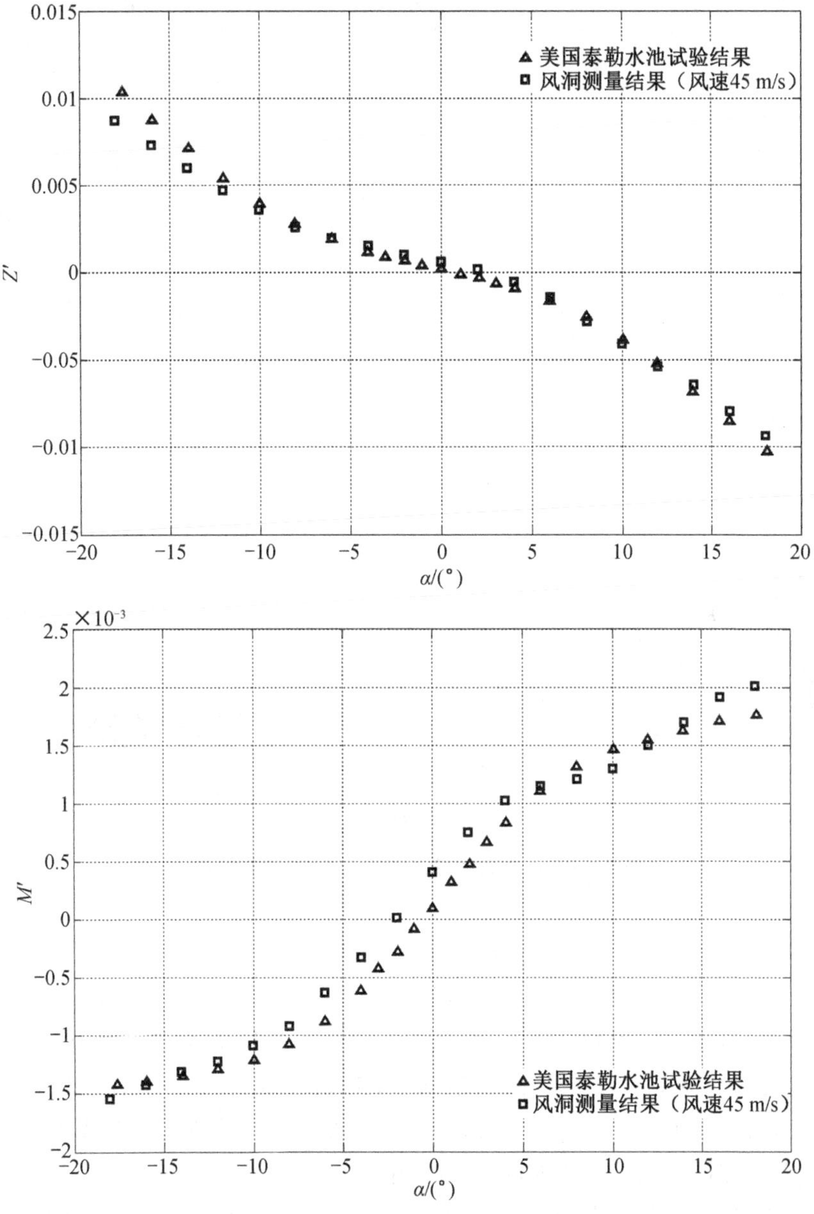

图 4.50　风洞测量结果

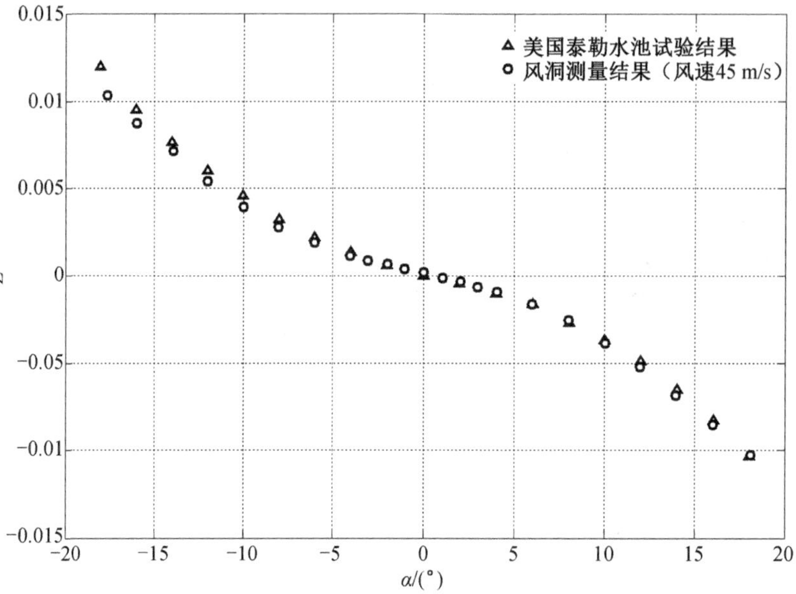

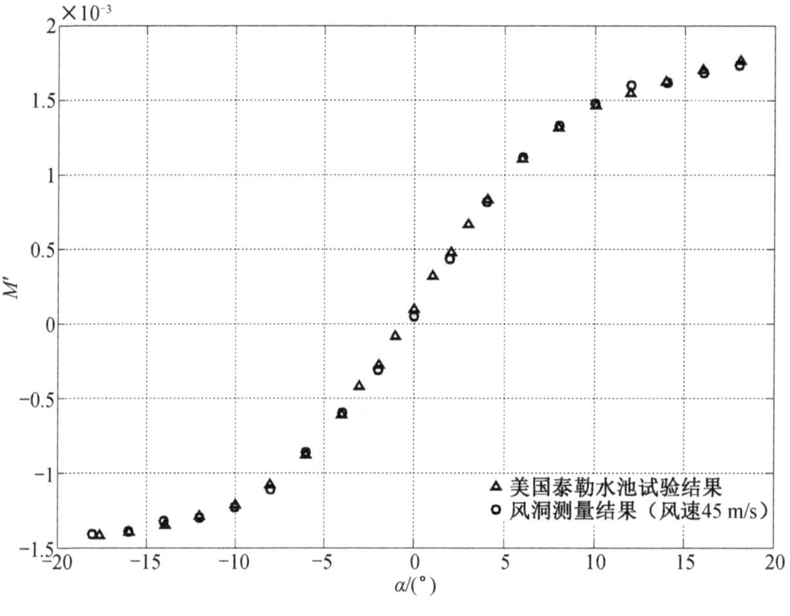

图 4.51　数值计算修正支杆干扰量后的结果

由图 4.50 和 4.51 可见：支杆存在使得垂向力试验曲线在攻角 −4°~4°范围内，纵倾力矩试验曲线在攻角 −10°~4°范围内，产生近似“平行偏移”的现象，对力矩的影响较大。垂向力曲线在攻角 −10°~−6°和 6°~12°与水池试验吻合度变好，攻角小于 −10°和大于 12°时，垂向力风洞值与水池值差距又逐渐增大；纵倾力矩曲线在攻角 −14°~−12°和 6°~14°与水池试验吻合度变好，攻角小于 −14°和大于 14°时，说明支杆在中等攻角情况下的影响减弱，攻角较大时，模型及支杆的流动分离加剧，支杆影响又开始显著。

从曲线上看，数值计算较好地修正了支杆干扰，但目前时均湍流模型在分离流动方面的模拟是有一定理论缺陷的，在攻角 12°以上时，修正结果的有效性还有待进一步深入研究。因此，在水动力系数求取方面，该项试验仍以攻角-4°~4°范围内的未修正结果回归得到线性系数，结果如表 4.14 所示。

表 4.14　线性水动力系数结果

试验结果	水动力系数	
	Z'_w	M'_w
风洞测求结果	-0.014 035	0.009 804
泰勒水池试验结果	-0.013 910	0.010 324
误差	0.9%	5.04%

4.2.2　低速风洞简谐运动试验

对于飞行器而言，空气动力学定义了动稳定导数的概念。为测定飞行器的动导数，低速风洞中常用刚性强迫振动机构强迫模型在某一自由度下做固定频率及振幅的简谐振动。飞行器动导数试验原理与潜艇水池平面运动机构的试验原理很相似，事实上，水池平面运动机构设备也是参照风洞的动导数设备研制出来的。因此，只要找出模型在空气和水中振荡运动的等效关系，就可以尝试利用风洞的动导数设备测定潜艇简谐运动的相关水动力系数。

1. 相似关系

(1) 风洞简谐运动试验频率的确定

简谐运动是非定常运动，流体中表征模型与实体非定常特性的相似准数是斯特罗哈尔数 St。由 St 的定义可知：

$$St = \frac{UT}{L} = \frac{U}{fL} \tag{4-85}$$

式中　U——流体速度；

L——模型的特征长度，潜艇试验取模型总长；

T——模型振荡周期；

f——频率，Hz。

空气动力学从斯特罗哈尔数 St 的定义出发，定义了减缩频率 K：

$$K = \frac{2\pi fL}{2U} = \frac{\omega L}{2U} \tag{4-86}$$

可见，减缩频率更为直观地描述了物体在恒速流体中的振动程度。因此，在满足临界 Re 数的前提下，在空气中保持模型与水中一致的振动程度，即要求两者的减缩频率一致。结合式(4-72)(4-73)关于同等雷诺数下风速和水速关系的讨论可知，模型在风洞中的振荡频率约为水中试验振荡频率的 12~15 倍，进一步结合风洞振荡设备的能力，可以确定风洞筒谐运动试验的具体频率范围。

(2)风洞筒谐运动试验振幅的确定

水池小振幅纯升沉试验测求 w 和 $\dot{w}$ 相关的水动力系数时,纯升沉过程中模型的最大攻角为

$$\alpha_{\max} \approx \tan\alpha_{\max} = \frac{a\omega}{U} \tag{4-87}$$

依据水池小振幅纯升沉试验常用振幅与振荡频率范围时,$\alpha_{\max}$ 通常为 1°~3°,风洞中选取线位移振幅时,应遵循与水中攻角相似的原则,确定试验风速与振荡频率后,在上述攻角范围内选择合适的线位移振幅值。

角位移振幅与水中保持一致,测求线性系数时可在 1°~4°范围内选取。

2. 风洞动导数试验机构

风洞常用的振荡方式有俯仰、偏航、滚转、升沉及平移 5 种。用于测定飞行器动导数的振荡机构种类较多,有的试验装置同时具备这 5 种振荡方式,有的试验装置仅有 1~2 种振荡方式,多自由度振荡机构主要在 4 m 级以下风洞用于测定总长 2.0 m 级飞行器模型的动导数。目前,能够用于开展 4 m 以上潜艇模型筒谐运动试验的振荡机构为大型风洞配备的单自由度振荡机构。

现以中国航空工业集团公司哈尔滨空气动力研究所 FL-10 风洞配备的线振荡机构和角振荡机构为例,介绍风洞模型筒谐运动的驱动方式。

(1)线位移振荡机构

线位移振荡机构包括纯升沉机构(图 4.52)和纯横荡机构。以纯升沉机构为例,设备的基础支撑座安装在风洞下转盘外侧壁面上,其上安装运动机构。设备主体布置在风洞试验段外侧,振荡支杆探入风洞试验段,带动模型进行升沉运动。模型运动振幅、频率通过液压缸和伺服阀直接控制,振幅范围 0.05~0.35 m,最大频率 2 Hz,振幅误差优于 1%,频率误差优于 1‰。

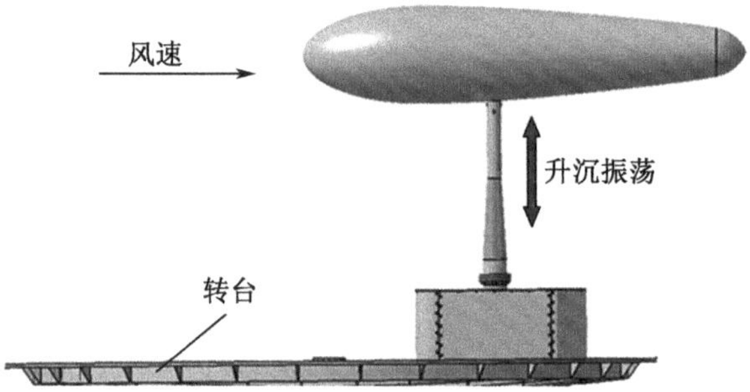

图 4.52 纯升沉振荡机构示意图

(2)角位移振荡机构

角位移振荡机构包括俯仰、偏航和滚转 3 套设备。3 套角运动机构共用 1 套转盘漂角机构及弧形滑轨攻角机构,可以实现模型漂角及攻角的独立控制。攻角机构上可以安装不

同形式的角运动机构，由液压马达作为驱动，分别实现模型绕体轴的俯仰、摇艏及纯横滚简谐运动，振幅及频率由液压马达和伺服阀直接控制，其攻角、漂角的控制精度在 3′以内，振幅误差优于 1%，频率误差优于 1‰。表 4.15 给出了角振荡机构的性能指标，图 4.53 给出了俯仰机构的示意图。

表 4.15　FL-10 风洞角振荡试验设备性能指标

振荡模态	支撑方式	攻角	漂角	振幅	频率
滚转运动	艉撑				
摇艏运动	腹撑	-40°~40°	-40°~40°	1°~40°	0~2 Hz
俯仰运动					

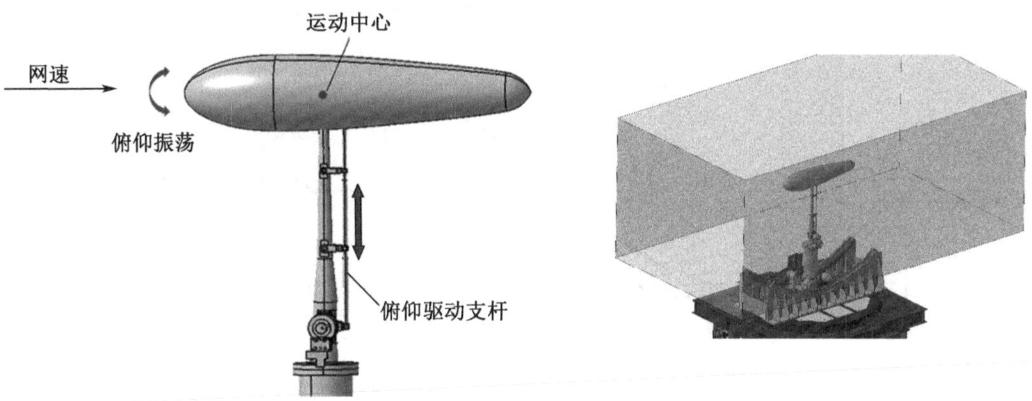

图 4.53　俯仰运动机构示意图

由图 4.53 可以看到，与水池平面运动机构纯俯仰运动不同的是，风洞模型的俯仰是通过机构的辅助支杆驱动模型绕原点纵摇实现的，俯仰过程中模型的原点对地没有垂向运动，因此俯仰过程中模型体轴系下存在垂向速度和加速度。

3. 试验原理与方法

模型在振荡机构的驱动下在某一自由度下做简谐运动时，安装于模型内部的杆式应变天平通过专用的套筒与驱动支杆连接，因此可以测出模型在不同自由度产生的响应。测试系统同步采集天平信号与位移信号，通过数据处理得到相关系数。现以纯升沉试验和俯仰试验为例加以说明。

(1)纯升沉试验

风洞纯升沉试验时，模型状态为腹撑的正装状态。在线性条件下(升沉过程中最大攻角小于 3°)，模型在风场 U 中的运动方程为

$$\begin{cases} m\dot{w} = \frac{1}{2}\rho L^3 Z'_{\dot{w}}\dot{w} + \frac{1}{2}\rho L^2 Z'_w uw + Z_* + mg + Z_D(t) \\ -mx_G\dot{w} = \frac{1}{2}\rho L^4 M'_{\dot{w}}\dot{w} + \frac{1}{2}\rho L^3 M'_w uw + M_* - mgx_G + M_D(t) \end{cases} \tag{4-88}$$

式中　$Z_D(t)$、$M_D(t)$——模型所受的拘束力和力矩；

m——模型质量，kg；

x_G——模型实际重心纵向位置，m；

Z_*、M_*——模型的零阶流体力和力矩。

如图 4.54 所示，模型正装纯升沉时的运动参数为

$$\begin{cases} \zeta = a\sin \omega t \\ u = U \\ w = a\omega\cos \omega t \\ \dot{w} = -a\omega^2\sin \omega t \end{cases} \tag{4-89}$$

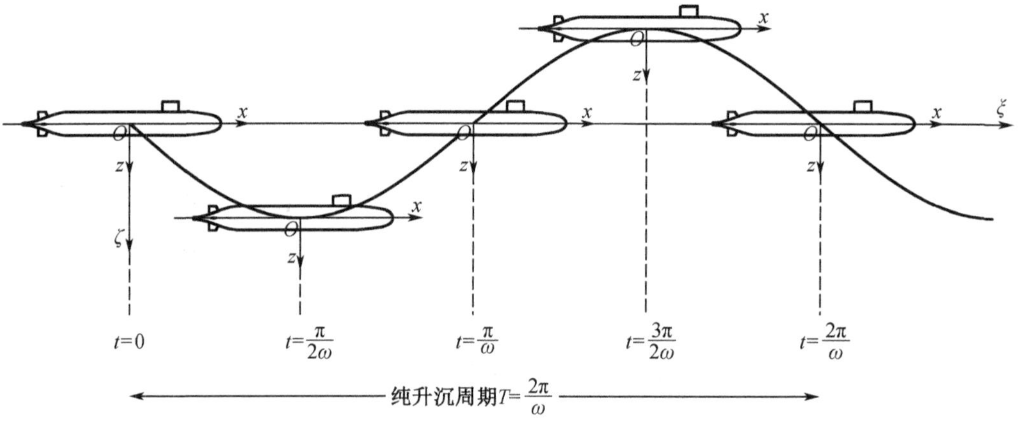

图 4.54　风洞纯升沉运动示意图

将式(4-89)代入式(4-88)，得到

$$\begin{cases} Z_D(t) = a\omega^2\left(\frac{1}{2}\rho L^3 Z'_{\dot{w}} - m\right)\sin \omega t + a\omega\left(-\frac{1}{2}\rho L^2 Z'_w U\right)\cos \omega t - mg - Z_* \\ M_D(t) = a\omega^2\left(\frac{1}{2}\rho L^4 M'_{\dot{w}} + mx_G\right)\sin \omega t + a\omega\left(-\frac{1}{2}\rho L^3 M'_w U\right)\cos \omega t + mgx_G - M_* \end{cases} \tag{4-90}$$

与水池试验方法一致，根据同步测量得到的位移分解受力，用下标 in 表示位移同相分量，用下标 out 表示位移正交分量，下标 c 表示常量，则纯升沉运动模型受力时历可按位移曲线的相位分解为

$$\begin{cases} Z_D(t) = Z_{in}\sin \omega t + Z_{out}\cos \omega t + Z_c \\ M_D(t) = M_{in}\sin \omega t + M_{out}\cos \omega t + M_c \end{cases} \tag{4-91}$$

可见，式(4-90)与水中纯升沉受力表达式(4-20)除重力的影响外是一致的，理论上可

以按与水中同样的方法进行相位分解处理,从而得到相应的水动力系数。

需要指出的是,水下采用杆式天平测力时,天平封装于水密套筒之内,天平在水中的重量很小,且水动力占比成分大,因此忽略天平自身惯性力的影响,直接将天平的输出视为模型对天平的作用力。但是,风洞中采用杆式天平进行振荡试验时,天平无密封套筒,且重量可观,振荡过程中天平的输出不仅包含模型对天平的作用力,而且还含有天平自身的惯性力和系统的机械阻尼。因此,为得到准确的流体动力载荷,风洞试验通常采用吹风时所测得的振荡数据扣除无风振荡数据的方式得到飞行器的气动载荷。具体做法是:首先在无风的情况下,进行振动试验,对测得的数据进行相位分解或相关滤波,得到天平输出各分力的同相量及正交量,然后在吹风的状态下进行同样的测试,同样求出天平输出各分力的同相量及正交量,对应同相量、正交量相减,就得到了单纯流体动力载荷增量。

对于潜艇这种细长体构型而言,升力面较小、加速度较小时引起的流体动力满足"缓慢运动"假设,加速度与速度项之间无交叉影响,即加速度系数与航速无关。采用"吹风扣除无风"的方法处理数据时,模型的流体惯性力也同时被扣除。此时只能得到速度系数:

$$Z'_w = -\frac{Z_{\text{out}}^{\text{on}} - Z_{\text{out}}^{\text{off}}}{\frac{1}{2}\rho L^2 U a\omega} \quad M'_w = -\frac{M_{\text{out}}^{\text{on}} - M_{\text{out}}^{\text{off}}}{\frac{1}{2}\rho L^3 U a\omega} \tag{4-92}$$

式中,上标 on 代表吹风状态值,off 代表不吹风状态值。

为得到模型的流体惯性力,可采用在真空罐中进行与吹风状态同样的振荡试验,真空罐尺寸与风洞试验段截面尺度大体相同,密封,用真空泵减压得到 1%大气压以下的真空环境。对真空罐中振荡试验测得的数据进行相位分解,得到天平输出各分力的同相量,用吹风状态对应同相量减去真空状态的同相量,即得到流体惯性力,这样可得到

$$Z'_{\dot{w}} = \frac{Z_{\text{in}}^{\text{on(or off)}} - Z_{\text{in}}^{\text{va}}}{\frac{1}{2}\rho L^3} \quad M'_{\dot{w}} = \frac{M_{\text{in}}^{\text{on(or off)}} - M_{\text{in}}^{\text{va}}}{\frac{1}{2}\rho L^4} \tag{4-93}$$

式中,上标 va 代表真空罐状态值。

条件所限无法进行真空罐试验时,可以采用无风状态低频(0.2~0.3 Hz)、小振幅振荡试验结果,按运动方程回归出模型与天平的整体在测试系统下的表观质量、质心等惯性属性。

以 4.356 m 长的 SUBOFF 潜艇标准模型为例,该模型 $Z'_{\dot{w}}=-0.014529$,可估算其在空气中无风时以振幅 0.2 m、频率 1 Hz 纯升沉扇动时引起的流体惯性力约为 5.74 N。可见,空气中潜艇模型的流体惯性力属于小量,低频小振幅条件下的值就更小,因此,在无风低频小振幅升沉状态下可以忽略气动的惯性力。

杆式天平的前端与模型连接,后端通过销钉固定于支杆上端的套筒,套筒除与天平和支杆连接外,与模型并不接触。因此,后端为天平的固定端与运动的驱动端,振荡运动时天平与模型的运动一致,因此可将天平的重量计入模型重量,即将模型与天平视为一个惯性构件,这样相当于式(4-88)中的 m、x_G 为计入天平惯性属性后的值。低频小振幅条件下,将天平的输出视为模型与天平的惯性力,从而回归出整体在测量系统中的表观质量与质心坐标。风洞天平同时作为模型与支杆的连接件,其量程需要至少能够承受模型的重量,4~5 m

动导数模型所用天平的量程仍然较大,而气动载荷相对较小。因此,采用由天平测量数据回归出的表观值,而不用质量、质心的测量值即相当于使用模型、天平等运动构件的惯性属性参数在测试系统中的仪表读数值,有利于提高数据质量。将回归出的质量、质心数据代入各试验频率下获得的同相量,即可求出加速度系数,此时得到

$$Z'_{\dot{w}}=\frac{\dfrac{Z_{\text{in}}^{\text{on(or off)}}}{a\omega^2}+m^*}{\dfrac{1}{2}\rho L^3}\quad M'_{\dot{w}}=\frac{\dfrac{M_{\text{in}}^{\text{on(or off)}}}{a\omega^2}-m^*x_G^*}{\dfrac{1}{2}\rho L^4}\tag{4-94}$$

式中,上标 * 代表由低频小振幅条件下回归出的表观质量与质心坐标。

(2)俯仰试验

如图 4.55 所示,风洞中的俯仰模拟了潜艇重心保持等速 U 水平直线运动而纵倾角做简谐振荡的运动。

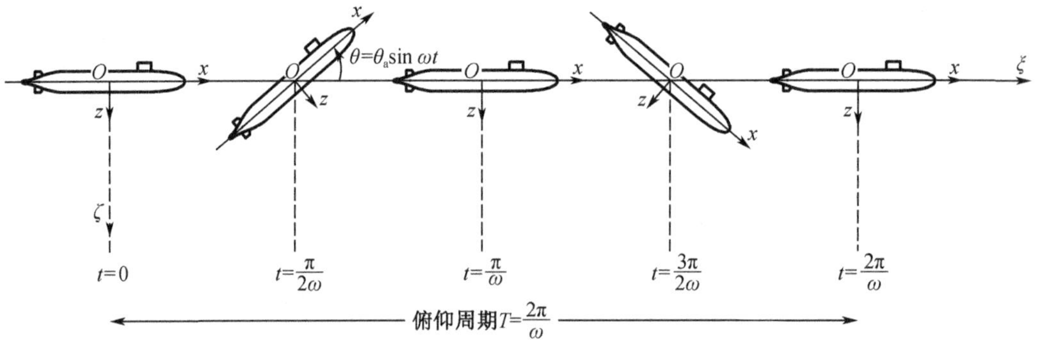

图 4.55　俯仰运动示意图

设模型以角振幅 θ_a,圆频率 ω 做俯仰运动,则模型的运动参数为:

$$\begin{cases}\theta=\theta_a\sin\omega t\\ q=\dot{\theta}=\theta_a\omega\cos\omega t\\ \dot{q}=\ddot{\theta}=-\theta_a\omega^2\sin\omega t\\ \alpha=\theta=\theta_a\sin\omega t\\ w=U\sin\alpha\approx U\alpha=U\theta_a\sin\omega t\\ \dot{w}\approx U\theta_a\omega\cos\omega t\\ u=U\cos\alpha\approx U\end{cases}\tag{4-95}$$

小振幅条件下,模型在俯仰机构驱动下的运动方程为

$$\begin{cases}m(\dot{w}-uq)-mx_G\dot{q}=\dfrac{1}{2}\rho L^4Z'_{\dot{q}}\dot{q}+\dfrac{1}{2}\rho L^3Z'_{\dot{w}}\dot{w}+\dfrac{1}{2}\rho L^3Z'_quq+\dfrac{1}{2}\rho L^2Z'_wuw+Z_*+mg+Z_D(t)\\ I_y\dot{q}-mx_G(\dot{w}-uq)=\dfrac{1}{2}\rho L^5M'_{\dot{q}}\dot{q}+\dfrac{1}{2}\rho L^4M'_{\dot{w}}\dot{w}+\dfrac{1}{2}\rho L^4M'_quq+\dfrac{1}{2}\rho L^3M'_wuw+M_*-mgx_G+M_D(t)\end{cases}\tag{4-96}$$

将式(4-95)代入式(4-96),得到

$$\begin{cases} Z_{\mathrm{D}}(t)=\left[\frac{1}{2}\rho L^4\left(Z'_{\dot{q}}-\frac{U^2Z'_{\dot{w}}}{\omega^2L^2}\right)+mx_G\right]\theta_a\omega^2\sin\omega t+\frac{1}{2}\rho L^3U[-(Z'_{\dot{w}}+Z'_q)]\theta_a\omega\cos\omega t-Z_*-mg \\ M_{\mathrm{D}}(t)=\left[\frac{1}{2}\rho L^5\left(M'_{\dot{q}}-\frac{U^2M'_{\dot{w}}}{\omega^2L^2}\right)-I_y\right]\theta_a\omega^2\sin\omega t+\frac{1}{2}\rho L^4U[-(M'_{\dot{w}}+M'_q)]\theta_a\omega\cos\omega t-M_*+mgx_G \end{cases} \tag{4-97}$$

同样采用“吹风扣除无风”方法（注意到无风状态时只有 q 与 $\dot{q}$ 引起的流体动力），可以先得到

$$Z'_{\dot{w}}+Z'_q=-\frac{Z_{\mathrm{out}}^{\mathrm{on}}-Z_{\mathrm{out}}^{\mathrm{off}}}{\frac{1}{2}\rho L^3U\theta_{\mathrm{a}}\omega}\quad M'_{\dot{w}}+M'_q=-\frac{M_{\mathrm{out}}^{\mathrm{on}}-M_{\mathrm{out}}^{\mathrm{off}}}{\frac{1}{2}\rho L^4U\theta_{\mathrm{a}}\omega} \tag{4-98}$$

可见，通过吹风与无风试验得到的是组合系数，要得到单纯的纵倾角速度系数，需要扣除纯升沉试验测得的 $Z_{\dot{w}}$ 和 $M_{\dot{w}}$。

为得到纵倾角加速度系数，同样既可以采用无风试验的同相量扣除真空罐试验的同相量的方法，也可以采用由无风试验扣除系统惯性属性的方法。由于俯仰试验与升沉试验共用一套天平和套筒，由无风低频小振幅升沉回归出的表观质量与质心坐标可以直接用于俯仰数据的处理，再补充一项无风低频小振幅俯仰试验，即可回归出系统表观惯性矩 I_y^*。将回归得到的惯性属性代入无风试验得到的同相量，可以得到

$$Z'_{\dot{q}}=\frac{\frac{Z_{\mathrm{in}}^{\mathrm{off}}}{\theta_{\mathrm{a}}\omega^2}-m^*x_G^*}{\frac{1}{2}\rho L^4}\quad M'_{\dot{q}}=\frac{\frac{M_{\mathrm{in}}^{\mathrm{off}}}{\theta_{\mathrm{a}}\omega^2}+I_y^*}{\frac{1}{2}\rho L^5} \tag{4-99}$$

4. SUBOFF 潜艇标准模型验证性试验结果

下面以 SUBOFF 潜艇标准模型风洞纯升沉和俯仰试验为例，介绍潜艇风洞简谐运动试验水动力系数测量结果和与水池试验结果的对比情况。

风洞 SUBOFF 潜艇标准模型简谐运动试验与测力试验共用一套模型和测力天平。模型坐标系与美国泰勒水池平面运动机构试验一致。驱动设备为本节第 2 部分所介绍的升沉机构与俯仰机构，未进行真空罐试验，试验过程中风洞的气温为 8 ℃，对应空气的密度为 1.256 kg/m^3，结合设备实际状态确定的具体工况如表 4.16 所示。图 4.56、图 4.57 给出了模型在不同机构的安装情况的影像截图。

表 4.16　风洞 SUBOFF 潜艇标准模型简谐运动试验工况

序号	运动类型	试验风速/(m/s)	线振幅 a/角振幅 θ_{a}	频率 f/Hz
1	纯升沉	0	a=0.17 m	0.3
2				0.7~1.1，Δf=0.1
3		50		

表 4.16(续)

<table>
<tr><th>序号</th><th>运动类型</th><th>试验风速/(m/s)</th><th>线振幅 a/角振幅 θ_a</th><th>频率 f/Hz</th></tr>
<tr><td>4</td><td rowspan="7">俯仰</td><td rowspan="4">0</td><td>$\theta_a=1°$</td><td>0.7~1.0,Δf=0.1</td></tr>
<tr><td>5</td><td rowspan="2">$\theta_a=3°$</td><td>0.2</td></tr>
<tr><td>6</td><td rowspan="5">0.7~1.0,Δf=0.1</td></tr>
<tr><td>7</td><td>$\theta_a=4°$</td></tr>
<tr><td>8</td><td rowspan="3">50</td><td>$\theta_a=1°$</td></tr>
<tr><td>9</td><td>$\theta_a=3°$</td></tr>
<tr><td>10</td><td>$\theta_a=4°$</td></tr>
</table>

图 4.56　纯升沉运动试验

图 4.57　俯仰运动试验

(1)纯升沉试验结果

采用最小二乘拟合方法对工况 2、3 的试验数据进行拟合,得到吹风与无风试验各频率下垂向力、纵倾力矩对应同相量、正交量的相减结果,如表 4.17 所示。图 4.58 给出了速度系数随频率变化的柱状图。

表 4.17　纯升沉吹风与无风试验对应同相量及正交量相减结果

频率/Hz	$Z_{in}^{on}-Z_{in}^{off}$ /N	$Z_{out}^{on}-Z_{out}^{off}$ /N	Z'_w	$M_{in}^{on}-M_{in}^{off}$ /(N·m)	$M_{out}^{on}-M_{out}^{off}$ /(N·m)	M'_w
0.7	−0.60	5.928	−0.013 31	0.18	−20.040 5	0.010 327
0.8	−0.80	6.967	−0.013 68	0.04	−22.515 4	0.010 152
0.9	−0.80	7.600	−0.013 27	−0.06	−25.796 1	0.010 339
1.0	−1.20	8.260	−0.012 98	−0.22	−28.793 5	0.010 387
1.1	−0.90	9.460	−0.013 51	−0.23	31.710 2	0.010 399

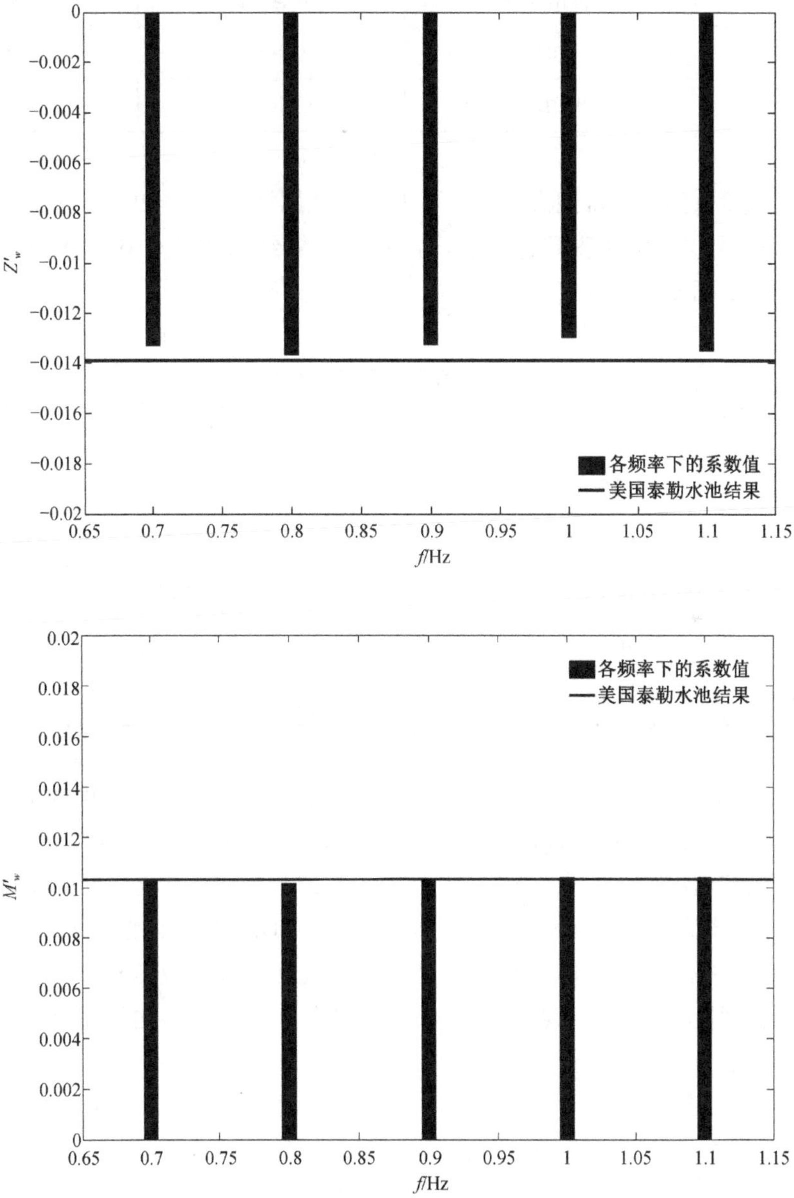

图 4.58　纯升沉黏性水动力系数随频率变化柱状图

由表 4.17 可知：各频率下，同相量的增量很小，满足“缓慢运动”假设。图 4.58 中，水平直线为美国泰勒水池斜航测力试验小攻角范围拟合出的线性系数值，具体数值为：$Z'_w=-0.013\ 910$，$M'_w=0.010\ 324$。由表 4.17 和图 4.58 可知：风洞纯升沉试验获得的黏性水动力系数值随频率基本无变化，符合线性理论，可以取试验各频率测得速度系数的平均值作为测定结果，如表 4.18 所示。

表 4.18　纯升沉试验速度系数测定结果

试验结果	水动力系数		
	风洞测求结果	泰勒水池试验结果	误差
Z'_w	−0.013 350	−0.013 910	4.0%
M'_w	0.010 321	0.010 324	0.03%

由工况 1 试验数据回归得到模型与天平表观惯性属性为：$m^*=92.7$ kg，$x_G^*=-0.06$ m。将其代入试验获得的同相量，得到各频率下加速度系数，结果如表 4.19 所示，加速度系数随频率变化柱状图如图 4.59 所示。

表 4.19　纯升沉试验不同频率的加速度系数

频率/Hz	$Z'_{\dot{w}}$(off)	$Z'_{\dot{w}}$(on)	$M'_{\dot{w}}$(off)	$M'_{\dot{w}}$(on)
0.7	−0.009 09	−0.012 60	0.000 432	0.000 674
0.8	−0.010 00	−0.013 59	0.000 237	0.000 278
0.9	−0.011 22	−0.014 10	0.000 013	−0.000 035 8
1.0	−0.011 65	−0.015 10	−0.000 231	−0.000 376
1.1	−0.011 89	−0.014 02	−0.000 486	−0.000 611

由表 4.19 与图 4.59 可知：频率大于 0.9 Hz 后，由风洞吹风试验求得的加速度系数才较接近于美国泰勒水池的试验值（$Z'_{\dot{w}}=-0.014\ 529$，$M'_{\dot{w}}=-0.000\ 561$），频率较低时，纵倾力矩的加速度系数甚至出现了反号。如前所述，由于水的密度约为空气密度的 800 倍，对于细长体构型而言，流体惯性力在空气中是小量，特别是 SUBOFF 模型的前后不对称性不明显，$M'_{\dot{w}}$ 的水中值本身就很小。试验结果表明：低频时的气动试验难以测准非主项的惯性力系数。从数据的合理性角度来看，现阶段取 1.0 Hz 以上测量值的平均值作为风洞的测定结果，如表 4.20 所示。

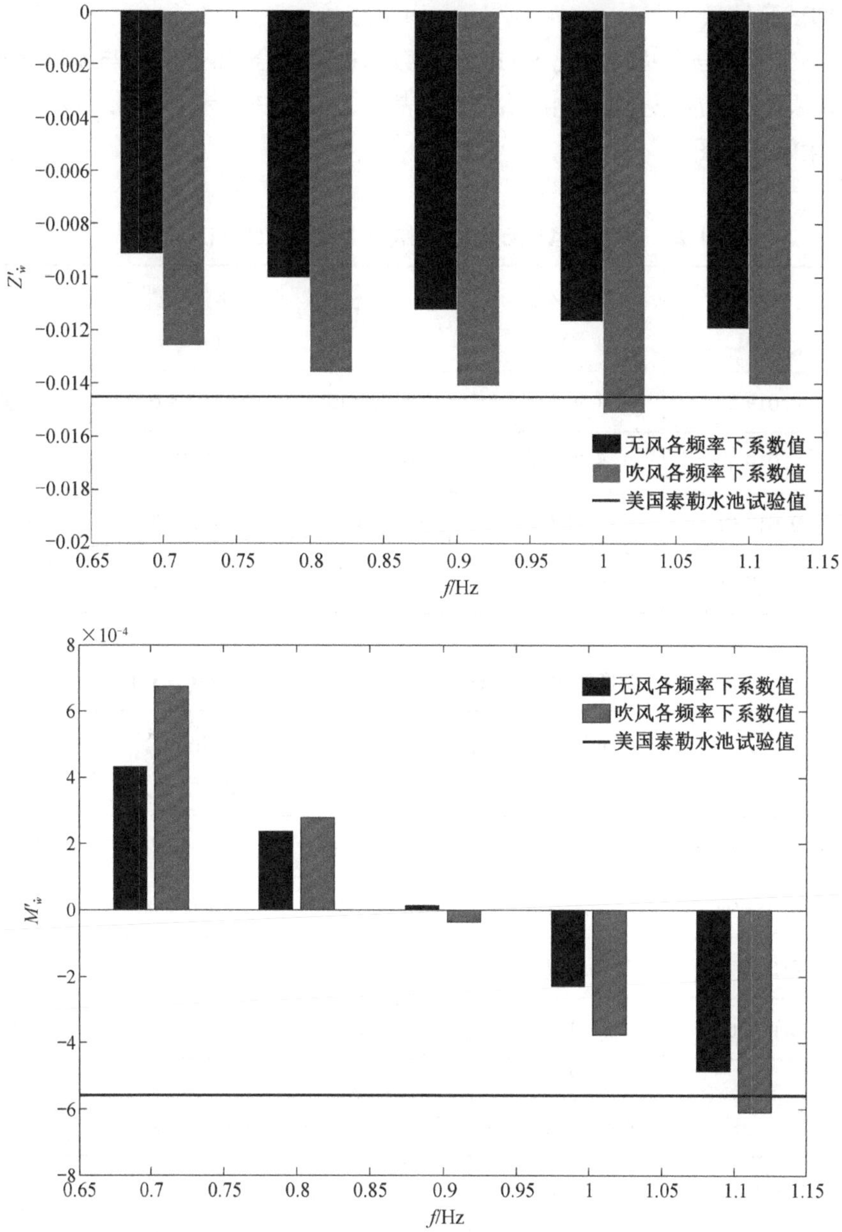

图 4.59　垂向加速度系数随频率变化柱状图

表 4.20　纯升沉试验加速度系数测定结果

试验结果	水动力系数			
	$Z'_{\dot{w}}$(off)	$Z'_{\dot{w}}$(on)	$M'_{\dot{w}}$(off)	$M'_{\dot{w}}$(on)
风洞测求结果	−0.011 77	−0.014 56	−0.000 359	−0.000 494
泰勒水池试验结果	−0.014 529		−0.000 561	
误差	19.0%	2.13%	36.0%	11.9%

(2)俯仰试验结果

采用最小二乘拟合方法对工况 5~10 试验数据进行拟合,得到吹风与无风试验各频率下垂向力、纵倾力矩对应正交量的相减结果,如表 4.21~4.23 所示。图 4.60 给出了组合系数随频率变化的柱状图。

表 4.21　俯仰吹风与无风试验对应正交量相减结果($\theta_a=1°$)

频率 /Hz	θ_a /rad	$Z_{out}^{on}-Z_{out}^{off}$ /N	$Z'_{\dot{w}}+Z'_q$	$M_{out}^{on}-M_{out}^{off}$ /(N·m)	$M'_{\dot{w}}+M'_q$
0.7	0.019 52	4.935 0	−0.022 15	3.008 6	−0.003 010
0.8	0.019 49	5.728 0	−0.022 53	3.559	−0.003 210
0.9	0.019 01	6.487 3	−0.023 25	4.186 9	−0.003 450
1.0	0.018 58	6.742 2	−0.022 25	4.188 1	−0.003 173

表 4.22　俯仰吹风与无风试验对应正交量相减结果($\theta_a=3°$)

频率 /Hz	θ_a /rad	$Z_{out}^{on}-Z_{out}^{off}$ /N	$Z'_{\dot{w}}+Z'_q$	$M_{out}^{on}-M_{out}^{off}$ /(N·m)	$M'_{\dot{w}}+M'_q$
0.7	0.055 08	13.997 9	−0.022 26	8.649 7	−0.003 158
0.8	0.054 94	16.098 9	−0.022 46	10.038 1	−0.003 215
0.9	0.054 76	18.044 5	−0.022 45	11.319 1	−0.003 233
1.0	0.054 64	20.135 9	−0.022 60	13.059 5	−0.003 365

表 4.23　俯仰吹风与无风试验对应正交量相减结果($\theta_a=4°$)

频率 /Hz	θ_a /rad	$Z_{out}^{on}-Z_{out}^{off}$ /N	$Z'_{\dot{w}}+Z'_q$	$M_{out}^{on}-M_{out}^{off}$ /(N·m)	$M'_{\dot{w}}+M'_q$
0.7	0.071 88	18.568 9	−0.022 63	11.638 9	−0.003 256
0.8	0.071 98	21.023 5	−0.022 39	13.065 7	−0.003 194
0.9	0.071 38	23.464 0	−0.022 40	14.832 9	−0.003 250
1.0	0.070 38	25.663 3	−0.022 36	16.611 0	−0.003 323

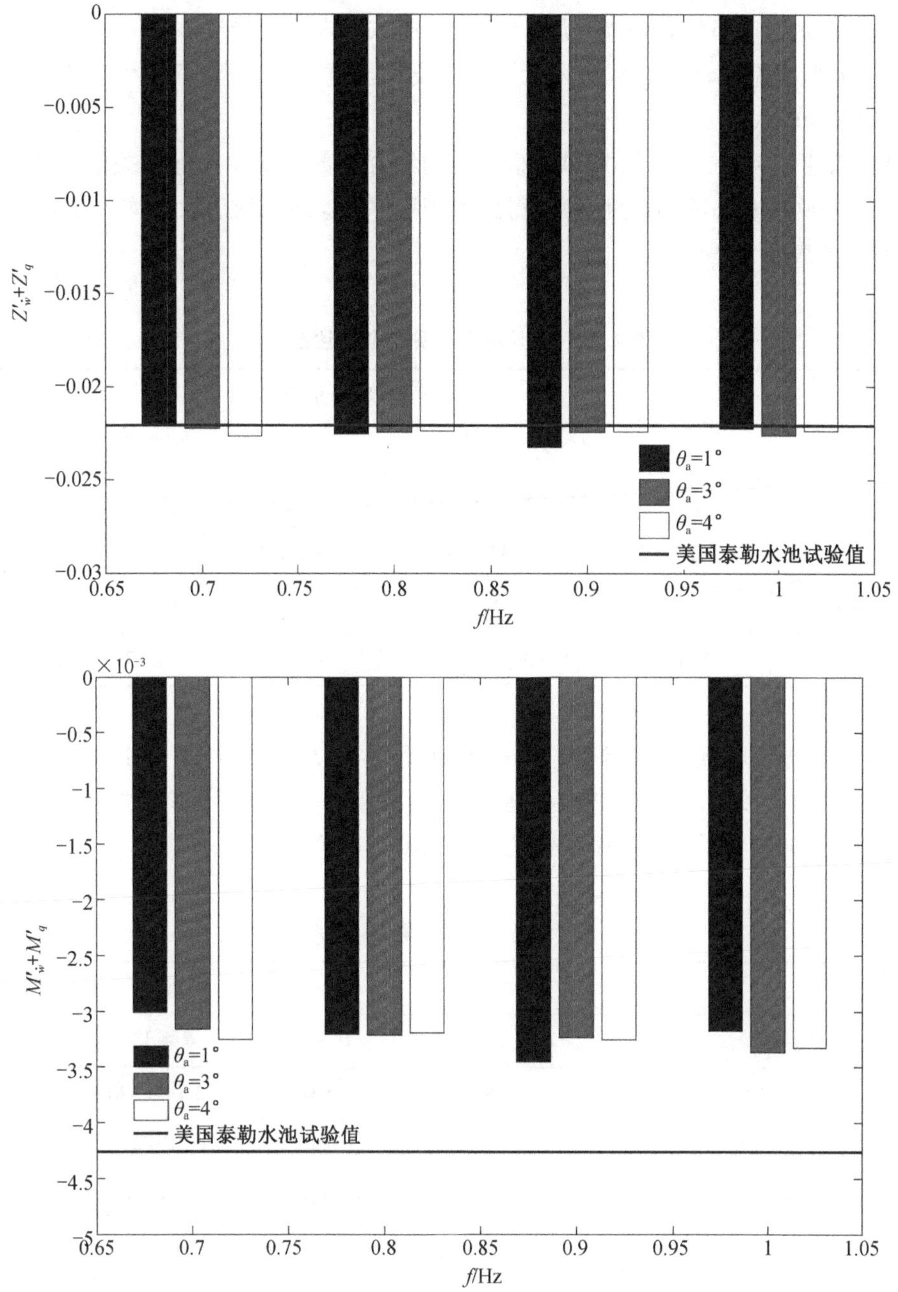

图 4.60　不同角振幅下组合系数随频率变化柱状图

由表 4.21~4.23 和图 4.60 可以看到,线性俯仰条件下,垂向力和纵倾力矩的组合系数随频率变化无明显改变。频率 0.7 Hz 以上时,θ_a 设定值为 3°和 4°时的数据更为稳定。与泰勒水池平面运动机构单项试验分别测定的加速度系数与角速度系数的加和值相比,垂向力组合系数与水池试验相关系数加和值的误差较小,均在 3%以内。

纵倾力矩组合系数的误差较大,试验频率范围在 20%~30%,分析其主要原因如下:

①现阶段试验的频率较低,按减缩频率一致换算时,模型空气中以 1 Hz 振荡时约相当

于其在水中以 0.08 Hz 振荡，而泰勒水池纯俯仰试验所用的频率约为 0.35 Hz，从强迫激励的角度来看，两者有明显的差距，激励较小时也会带来一定的测量误差；

②目前大型模型的动导数试验还无法扣除支杆影响，风洞垂直面测力试验时，支杆对纵倾力矩的影响较大。

为得到角速度系数，需要从俯仰试验获取的组合系数结果中扣除相关的加速度系数。扣除表 4.19 中吹风状态的加速度系数，得到各频率下角速度系数后取平均值作为风洞试验的测定结果，如表 4.24 所示。

表 4.24 纵倾角速度系数的测定结果

试验结果	水动力系数					
	Z'_q			M'_q		
	$\theta_a=1°$	$\theta_a=3°$	$\theta_a=4°$	$\theta_a=1°$	$\theta_a=3°$	$\theta_a=4°$
风洞测求结果	−0.007 989	−0.007 883	−0.007 885	−0.002 745	−0.002 750	−0.002 761
泰勒水池试验结果	−0.007 545			−0.003 702		
误差	5.9%	4.5%	4.5%	25.9%	25.7%	25.4%

由工况 5 原地小幅低频俯仰试验回归的表观惯性矩 $I_y^*=77.17\text{kg}\cdot\text{m}^2$，将其与之前获得的表观质量、质心数据代入无风俯仰试验获得的同相量，得到各频率下加速度系数，结果如表 4.25 所示，加速度系数随频率变化柱状图如图 4.61 所示。

表 4.25 无风俯仰试验各频率的加速度系数

频率/Hz	$Z'_{\dot q}$			$M'_{\dot q}$		
	$\theta_a=1°$	$\theta_a=3°$	$\theta_a=4°$	$\theta_a=1°$	$\theta_a=3°$	$\theta_a=4°$
0.7	0.001 226	0.000 922	0.000 156	−0.000 306	−0.000 320	−0.000 407
0.8	−0.002 116	−0.000 104	−0.000 386	−0.000 307	−0.000 484	−0.000 488
0.9	−0.001 105	−0.000 290	−0.000 755	−0.000 477	−0.000 493	−0.000 737
1.0	−0.000 668	−0.000 560	−0.000 804	−0.000 656	−0.000 869	−0.000 992

由表 4.25 和图 4.61 可以看到，各频率下 $M'_{\dot q}$ 相对比较稳定，符号也与水中值相符合。$Z'_{\dot q}$ 出现了类似纯升沉试验 $M'_{\dot w}$ 的现象，频率 0.7 Hz 时，各角振幅下均出现了与水中值符号相反的现象，随频率增大，呈逐渐接近于水中值的趋势。角振幅越小，数据波动较大，说明激励较小时，数据容易受到系统误差的影响。角振幅为 4°时，$Z'_{\dot q}$ 值在频率 0.7 Hz 以上时相对稳定。因此，现阶段可取角振幅为 4°、频率 0.8 Hz 以上测量值的平均值作为风洞的测定结果，如表 4.26 所示。

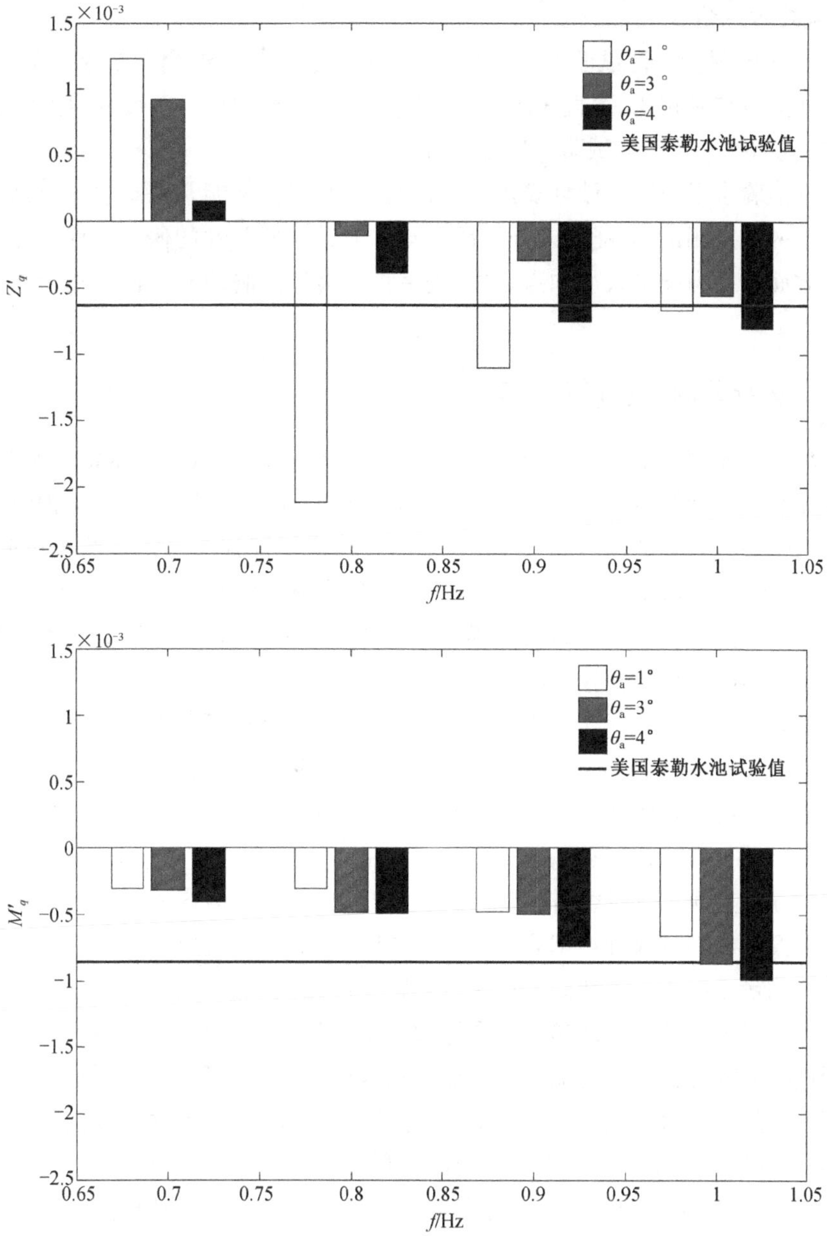

图 4.61　纵倾角加速度随频率变化柱状图

表 4.26　角加速度系数测定结果

试验结果	水动力系数	
	$Z'_{\dot{q}}$	$M'_{\dot{q}}$
风洞测求结果	−0.000 780	−0.000 739
泰勒水池试验结果	−0.000 633	−0.000 860
误差	23.2%	14.1%

(3) 试验技术总结

潜艇动导数风洞验证性试验结果表明：风洞测量结果与水池测量结果趋势一致，与国际公认的水池测量结果相比，垂直面用于操稳性预报的主要水动力系数的误差除 M_q' 外，均在 10%以内，说明技术原理与试验方法是可行的。

限于技术经验水平与风洞计划安排，现阶段验证性试验未能开展真空罐状态试验与更高频率条件下的验证测试，未能深入开展风洞与水池数据相关性的研究工作。今后应该进一步在以上方面与风洞技术人员加强合作，进一步为潜艇风洞动导数试验奠定坚实的技术基础。

4.2.3 潜艇风洞试验的应用前景

风洞试验和水池试验在潜艇操纵性研究中各有特点：风洞试验与水池试验相比，其优势在于不存在水密性问题，效率高，同时测力试验可扣除模型支杆干扰；而水池试验的优势在于能够开展带动力影响的动导数试验，数据的直接应用性强。对于这两类试验，由于模型的制造方案、支撑方式、空气与水物理属性的固有差别，使得试验结果本质上就不相等。工程上，只要在一定程度上接近，即可认为试验数据有效。风洞与水池试验不是简单意义上的重复，而是相互补充、相互校核的。

目前，潜艇对于高机动性与应急安全性的指标需求大幅提升，潜艇大攻角状态水动力构型的研究成为关键技术要点。水池在试验设备驱动能力方面还不能完全满足大攻角状态的试验需求。如第 1 章所述，国外已经利用低速风洞开展定常大攻角水动力构型与流场测量研究，并给出了一些数学模型。

在风洞动导数方面，类似潜艇构型的简谐运动试验研究在国内尚属于起步阶段。由现阶段潜艇标准模型的初步验证试验可知：风洞试验在附加质量意义下的加速度系数、角速度力矩系数的测量方面还与水池试验有一定差距。但是，水池试验也同样面临模型不满足精细设计和调试要求时惯性属性难于扣准导致非主项加速度系数测量不准的问题。目前，基于势流理论的面源法在计算附加质量方面的精度已能满足工程的需要，加速度系数通常直接采用面源法的计算值。在这个意义下，俯仰试验得到的组合系数直接扣除面源法的计算值，得到的角速度系数在工程上也不会引起可观的误差。

风洞飞机大迎角动导数试验已开展多年，试验技术日趋成熟，动导数试验设备的能力高于现阶段的水池平面运动机构，如大型风洞角振荡机构的模型支撑攻角与漂角可达 40°，对于 4 m 级的潜艇模型，滚转机构角振幅可达到 30°，俯仰和偏航机构的角振幅也能达到 20°。当进行原理性研究而适当放宽雷诺数的要求，2 m 级模型使用 4 m 级风洞角振荡机构时，角振幅均可达到 30°以上，还可进行多角自由度耦合状态的试验。因此，风洞动导数设备在开展潜艇大攻角与角运动耦合状态、攻角变加速状态等强机动过程中，非定常黏性水动力（加速度系数在大攻角状态时的增量）构型试验研究方面具有明显的技术优势与应用前景。

风洞与水池试验数据相关性分析是一个工程应用性很强的领域，是潜艇流体力学的一项必不可少的重要工作，目前仍在不断地发展与完善中。随着新理论、新方法、新技术的不断深入发展，相关性研究水平必将有大幅提高，在这方面仍有大量的工作要做。

4.3　潜艇自由自航模型操纵性试验简介

潜艇自由自航模型(简称自航模)试验(FRT)是除实艇试验以外,最直观地预报与评价实艇操纵性能的物理模拟方法。尤其是开展大尺度的自航模试验,能够为全新型号潜艇的新技术研发提供重要的前期技术探索和验证。

潜艇自航模要能在水下做各种限定的动作,并要测定各种参数,必须在艇模上安装推进装置和操纵系统,此外,还要有程控或遥控系统、内测或外测系统,或者兼而有之,以便对处于水下一定潜深的艇模实施控制和测量。所以,现代潜艇自航模涉及船舶工程、自动控制、微电子与传感器、水声等诸多学科技术领域,模型研制技术难度大、试验内容丰富。

本节主要从潜艇自航模的功用与技术现状、相似准则、总体设计与设备组成、水池试验等几个方面对潜艇的水下自航模试验技术做一些简单的介绍。

4.3.1　功用与技术现状

1. 功用

潜艇自航模是以实艇型线为基准按一定缩尺比制造的可自主航行的潜艇模型。自航模试验可用于在受控环境中以相对较低的成本对潜艇的水动力性能开展全面的研究,与操纵性研究相关的试验目的主要包括:

①评估现有或拟设计潜艇的操纵性能,如水动力布局设计改变对操纵性、噪声的影响。

②获取潜艇在无拘束状态下的操纵运动的响应特性,分析操纵参数对潜艇运动姿态的影响规律,为实艇的操艇策略提供参考。

③不受实艇的安全操纵限制,便于开展多种极端工况下的应急操纵试验,并验证紧急程序和安全界限范围。

④通过大量的自航模试验,可建立完善的试验数据库,检验同一缩比条件下数学模型预报或者 CFD 计算结果的准确性。

⑤为采用"系统识别"方法辨识拘束模型试验不能确定的水动力成分,为改进运动方程提供数据支撑。

2. 技术现状

由于自航模试验具有经济、安全、可靠等优点,国内外众多研究机构针对潜艇自航模试验开展了广泛深入的研究。以美国、英国、荷兰等为代表的西方国家均发展形成了较为完备的自航模试验技术,并逐渐应用于潜艇的定型研究,为潜艇综合性能的优化提供了强有力的试验依据和技术支撑。

美国拥有全世界最先进的潜艇技术水平,与自身具有完善的自航模试验研究体系密切相关。自 20 世纪 70 年代以来,美国海军多次开展了缩尺比为 1∶20、1∶12 等尺度潜艇自航模试验,验证了建立潜艇自航模技术平台的可行性和有效性。其中,美国海军水面战中心的卡德洛克分部负责实施 1∶20 尺度的自航模试验。随后,由美国海上系统司令部牵头、海军声学研究部负责开展缩尺比为 1∶12,长约 10 m 的自航模试验研究,为新一代"洛杉矶级"攻击型潜艇的研制进行技术探索。进入 20 世纪八九十年代,为了进一步削弱尺度效应并提高自航模的系统集成水平,美国海军声学研究部又分别研制了缩尺比为 1∶4、1∶3.4 的大尺度高级自航模型。

如图 4.62 所示,"科卡尼"(LSV-1)号潜艇是"海狼"级攻击型核潜艇缩尺比为 1∶4 的无人自航模,排水量 155 t,长 26.82 m,宽 3.48 m,配 3 000 马力的推进电机和一组重约 25 t 的蓄电池。该模型的任务是研究与试验近水面对潜艇操纵的影响,研究泵喷推进器的水动力特性和泵喷推进对操纵性的影响,以及噪声测量等先进技术的验证。

如图 4.63 所示,"卡特斯罗特"(LSV-2)号是针对"弗吉尼亚"级攻击型核潜艇建造的缩尺比为 1∶3.4 的全自动无人自航模,该模型的下潜深度和水下最高航速与实艇相当,目的是提供一个与实际环境基本相同的水下试验平台,避免试验结果进行相似性修正产生误差。LSV-2 号潜艇自航模同时也是美国用于潜艇水声学和水动力学等潜艇总体性能的重要平台,但其内部布置方案与具体的试验内容尚未公布。

图 4.62　LSV-1"科卡尼"号潜艇自航模

图 4.63　LSV-2"卡特斯罗特"号潜艇自航模

通过一系列不同尺度、集成化技术越来越高的自航模试验,美国已建立了较完善的潜艇自航模试验技术平台,直接促进了美国每一代新型潜艇的综合性能的提高。大尺度自航模虽然研制建造复杂艰难、造价高,如 LSV-1 号的设计与建造耗资 2 亿美元(20 世纪 80 年代),但是服役时间可达 20 年以上。服役周期长,可以把通过试验确认的各种先进技术运用到新型号潜艇上,从而使得新研制潜艇持续拥有与时代同步的先进技术水平。采用大尺度自航模作为开发研制新型潜艇的辅助手段,已成为当前大国潜艇技术发展的趋势。

大尺度模型的研制成本高,周期长,需要在较严格的海上环境开展相关测试,动用的人力物力资源较多。因此,目前在技术设计阶段仍以湖泊、水池环境下的中小尺度自航模试验作为各项操纵性能预报的主要手段。英国奎奈蒂克(QinetiQ)国防科技公司、荷兰 Marin 水池等在中小尺度潜艇自航模的设计与试验具有较先进的技术水平。图 4.64 给出了英国 QinetiQ 国防科技公司研制的 5 m 级攻击型潜艇自航模水池调试与湖试照片。

图 4.64　英国 QinetiQ 公司研制的潜艇自航模水池调试与湖试[8]

荷兰海事研究所(MARIN)的潜艇自航模研究最早始于 20 世纪 60 年代,随着数据采集和建模技术的迅速发展,到目前 MARIN 已经实现了多系统封装化的自航模模型设计。2012 年,澳大利亚国防科技集团(Australian Defence Science and Technology Group,DSTG)与荷兰国防装备组织(Defence Materiel Organisation Netherlands,DMO)合作开展为期 4 年的,以"科林斯"级(SSK-class)常规潜艇为背景的操纵性试验与 CFD 计算研究,具体实施单位为 MARIN。2015 年,MARIN 针对 SSK 级原型"Joubert"艇体 BB1 标准模型的设计缺陷,提出了 BB1 标准模型的改型版 BB2 标准模型,并在操纵性与耐波性水池开展了 4 m 级 BB2 标准模型较全面的自航模操纵性试验,并发表了部分试验数据,供国际合作选择与验证研究使用[22]。图 4.65 给出了 BB2 标准模型最大纵倾角速度测试场景。

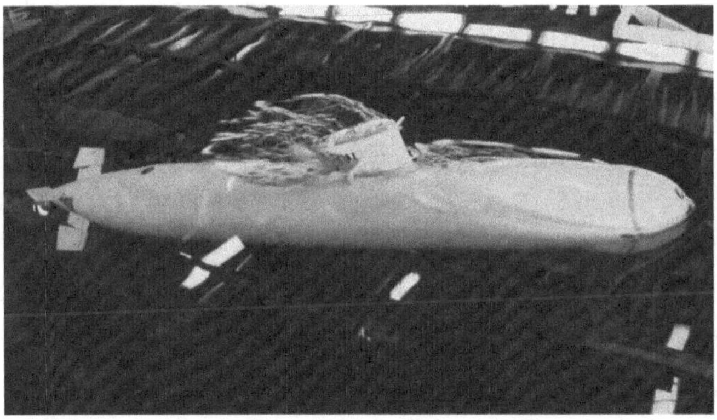

图 4.65　MARIN 水池极限纵倾角速度试验[22]

在我国自主研制潜艇的初期,国内学者就开始了潜艇自航模试验技术的验证开发工作。目前,海军工程大学已经开展了多艘小尺度潜艇自航模的操纵性试验,如图 4.66 所示。能够进行模型卡舵挽回、超越机动、空间螺旋及应急上浮等复杂工况的操纵演示验证,标志着我国自航模试验技术和测试设备的进步,且能够为潜艇非线性非定常操纵运动预报提供有力保障。

然而,相比于美国能达到基本全相似技术水平、具有综合试验能力的潜艇自航模,我国的潜艇自航模技术目前仍处于小尺度自航模的操纵性试验阶段,未来需要进一步向快速性、隐蔽性等试验功能发展。与此同时,还需要进行大尺度自航模试验技术研究,为打造我国集研究、设计、试验、修改、验证等一体化的大尺度自航模综合试验平台奠定基础。

图 4.66　海军工程大学的自航模试验[23]

4.3.2　相似准则

为使艇模与实艇的无因次运动状态特征量和无因次操纵性指数相同,应满足几何相似、质量分布相似、运动相似和水动力相似,实现模型试验的现象相似,达到再现原来现象的本质。受模型主尺度和速度的限制,目前水下自航模型试验只能有重点地在一定程度上实现部分的几何相似与动力相似。

(1)外形几何相似、质量和质量分布相似

模型与实艇外型表面对应点的无因次坐标 $x'=x/L, y'=y/L, z'=z/L$;无因次质量 $m'=m/\frac{1}{2}\rho L^3$,重心坐标和转动惯量的无因次量也应相等(均是全排水量相应的属性),即:$x'_G=x_G/L, y'_G=y_G/L, z'_G=z_G/L$,例如 $I'_z=I_z/\frac{1}{2}\rho L^5, I'_y=I_y/\frac{1}{2}\rho L^5$。同时如果模型设有模拟实艇的功能性水舱,那么模型水舱的注水量、排水量、调水量的范围也应符合缩尺比关系,模型在试验规定动作下的操舵角与实艇相等。

(2)动力和运动相似的近似

目前,水下自航模试验首要满足艇模与实艇定速直航时,重力和惯性力相似关系,即弗劳德数相等。但是,水下均衡状态潜艇的静力属性取决于其水下稳性高,因此这里取水下稳性高为特征参数的弗劳德数相等,即

$$\frac{U_m}{\sqrt{gh_m}}=\frac{U_s}{\sqrt{gh_s}} \tag{4-100}$$

式中　U_m、U_s——模型和实艇水下直航速度;

h_m、h_s——模型和实艇的水下稳性高。

目前,一般要求模型具备调节水下稳性高的能力使得 $h_m/h_s=L_m/L_s=\lambda$(λ 为几何缩尺比),则式(4-100)变为一般意义下的弗劳德相似律,此时模型与实艇进行操纵运动前的初始航速成比例,一定程度上满足了运动相似。

关于黏性力相似问题,缩比模型试验不可能做到弗劳德数与雷诺数同时与实艇相等。

按弗劳德相似律得到的艇模航速下的雷诺数比实艇小,在模型操舵做曲线运动后,艇体水动力不相似,造成的航速下降也不相似,弗劳德数也不再相等,即尺度效应必然存在。

为了减小尺度效应,最有效的手段是增大模型的尺度。按照拘束模型操纵性试验的经验,雷诺数大于 1.0×10^7 时,除阻力系数外,水动力系数已无明显变化。但是在这个前提下,即使 5 m 级的自航模也难以预报水下全部常规速度范围条件下的操纵性能。例如:缩尺比为 1 : 15 的 5 m 级的自航模在雷诺数为 1.0×10^7 时的航速约为 2 m/s,使用弗劳德相似律的换算关系时,此航速只能较好地适用于潜艇水下较高航速情况下的操纵性研究。因此,为在满足雷诺数 1.0×10^7 条件下开展水下全航速范围的自航模试验,模型的长度通常需要达到 10 m 以上。

模型尺度增大,还有利于艇后螺旋桨的运动和动力相似。为满足艇体-螺旋桨整体水动力相似,自航模螺旋桨的理想要求是:

①螺旋桨引起的流场须和实艇相似,以免破坏艇体扰流的相似性。为此,除了螺旋桨几何相似外,还必须恰当选择转速,使得艇后进速系数和实艇相同。

②螺旋桨的推力与艇体水动力之比应当和实艇一致。但是模型雷诺数低于实艇,阻力系数比实艇大,这就要求艇模的螺旋桨的推力相应增大,为此,模型螺旋桨的进速系数需要小于实艇螺旋桨。

这两方面要求的相互矛盾,在中、小尺度自航模上的表现较为突出,而大尺度自航模可以一定程度上缓和这个矛盾。大尺度自航模的雷诺数高于 1.0×10^7,能够实现与实艇比较接近的进速系数,选用与实艇主机、舵机工作特性相似的模型动力和操纵装置时,还可以尽量减小操舵运动后航速下降的差别,从而提高了按弗劳德相似律预报实艇的操纵性能的可靠性。此外,大尺度模型内部空间大,有利于各类测试设备的布置和内部功能性水舱与实艇的相似设计。

(3)水池环境小尺度自航模相似性的一般要求

水池自航模水下试验时,模型和实艇满足外形几何相似、质量和质量分布相似、动力相似;满足水下定速直航段以水下稳性高为特征参数的弗劳德数相等,并具备稳性高的调节能力。模型长度一般为 3.5~4.0 m,模型动力推进装置的功率满足试验最大航速的要求,试验所用的推进器模型也应满足几何相似要求,若采用库存螺旋桨,则桨直径应满足缩尺比关系,螺距、盘面比、叶片数尽量与实桨一致。

水池小尺度自航模的雷诺数一般范围为:$(3.5\sim5.5)\times10^6$,虽然存在一定的尺度效应,但是水池模型可以做到水下状态与实艇外形严格的几何相似、质量和质量分布相似。在水池环境下获取的测量数据随机性相对较小,各项试验的测试结果可以与数学模型的预报结果进行相互校核。

4.3.3　总体设计与设备

1. 典型的总布置方案

以中小尺度潜艇自航模为例介绍自航模的总体布置与设备组成。自航模集成了诸如导航、控制、推进系统等多种系统,如果均按单体定制的模式进行设计建造,仍然需要耗费较多的物力资源与工程周期。为了降低研发费用,实现中小尺度自航模的可重复利用,采用功能模块化的设计理念,是目前自航模制造与系统集成的主要方式。

由于主尺度的限制,中小尺度的潜艇自航模一般没有能够完全比拟实艇吹除属性的压载水舱、舷侧液舱等内部结构。进行模块化设计时,一般将自航模分为内部艇体(含耐压骨架等连接件)与轻质外形壳体两部分。根据攻击型潜艇和战略型潜艇的主尺度,可以分别建造带分隔肋板的直联耐压体(分段柱状耐压体,纵向连接、O 型密封圈)和带连接骨架的多组耐压体等两种类型的内部艇体(图 4.67)。轻质外形壳体部分也将主体、围壳、舵、翼等主附体进行模块化的分体设计,这样进行自航模装配时,只需将轻外壳部分逐一安装在内部艇体上即可,验证新型艇体布局或局部改型影响时,只需更换相应的外壳模块即可,采用这种方式可以大大提高自航模的研制效率。

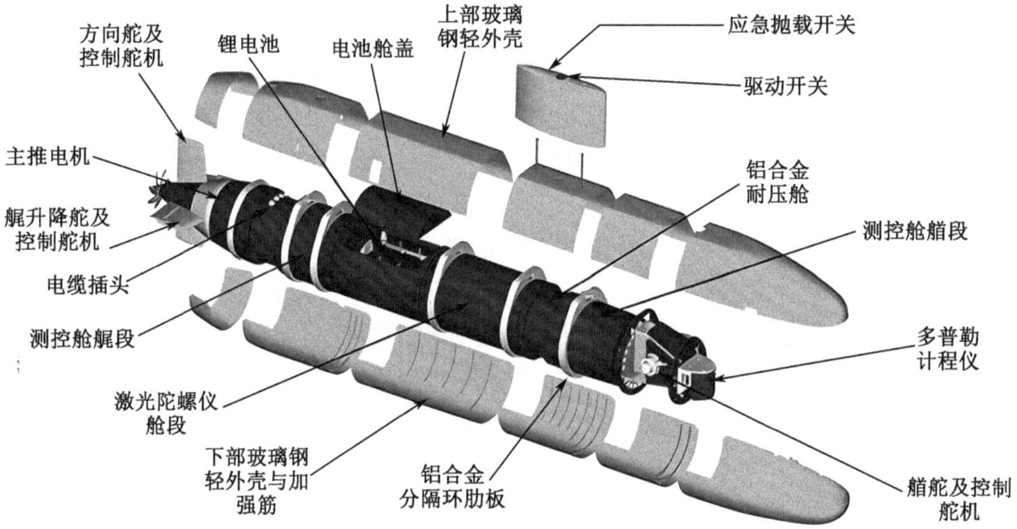

(a) 典型攻击型潜艇自航模的总体布置

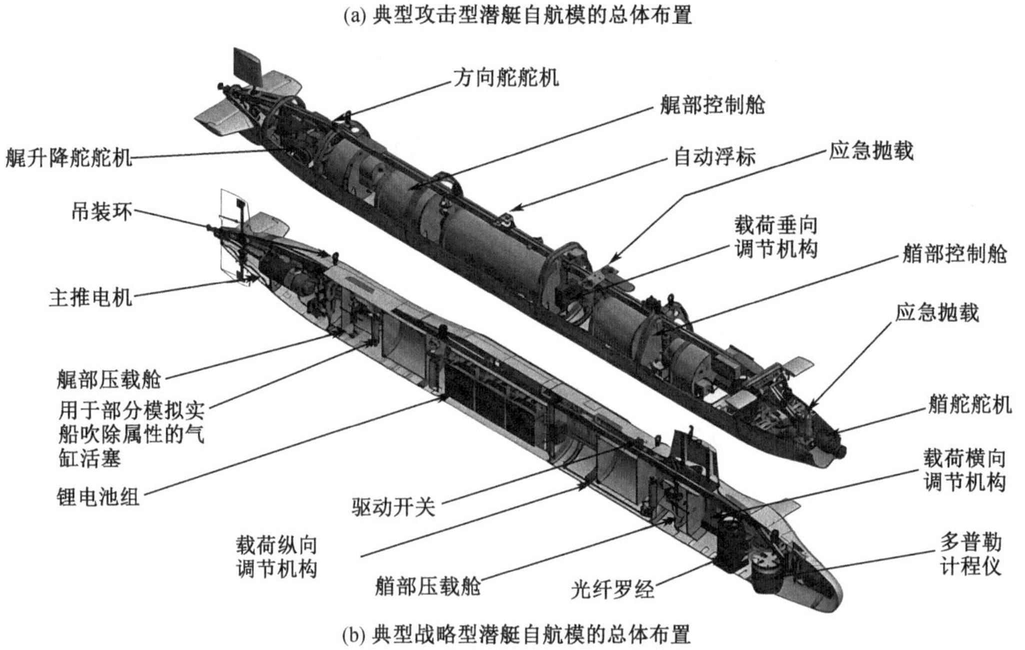

(b) 典型战略型潜艇自航模的总体布置

图 4.67 英国 QinetiQ 公司研制两类典型潜艇自航模总布置示意图[24]

2. 自航模的系统设备

潜艇自航模试验的设备众多,以水池环境自航模为例,按系统功能主要可以分为通信与数据传输、压载调整、运动控制、浮力调节、应急抛载、位姿测量系统等六个部分。自航模艇载计算负责整个系统的指令接收、运动控制、数据采集与融合、数据发送。自航模系统组成原理框图如图 4.68 所示。

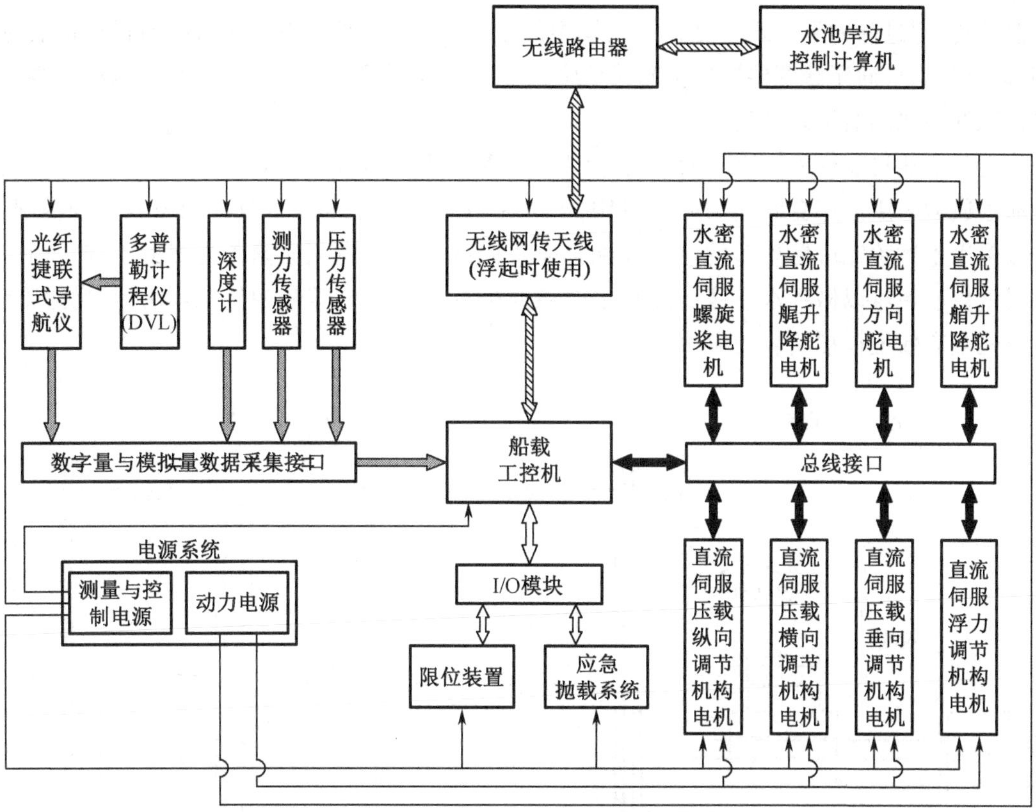

图 4.68　水池潜艇自航模系统原理框图

自航模按设计的图纸装配,并调试至水下均衡状态(略有微小正浮力状态,围壳顶端高出水面 1~2 mm)。进行水下试验时,可通过岸基与位于围壳顶端的艇载通信天线进行指令与数据传输,艇载计算机在接收到指令后按预定的程序完成水下操纵控制,试验完成后艇载计算机将试验过程中模型的航行轨迹、潜深、操舵舵角、艇体姿态及螺旋桨转速等参数的时历信息传输到岸基计算机进行实时分析。

由于自航模在装配的过程中存在着工装误差;自航模内部设备的线缆的布置,在装配之前无法精确计算等因素,导致自航模的重量、重心和转动惯量无法精确地达到理论要求值,对几何相似性产生影响。因此,自航模需要设计压载调整系统用于消除装配时的工装误差,并可以辅助完成水下稳性高的标定试验。

压载调整系统主要包括纵向、横向和垂向三套压载调整机构,如图 4.67(b)所示。纵向调整机构一般分别装配在自航模的艏、艉底部的同一高度处,并大致与艇舯等距布置,由支撑结构、轨道螺栓、移动压铁、电机、驱动器、控制单片机、位移传感器及限位开关等组成。能够根据指令纵向移动压铁,完成对自航模纵倾浮态的精确调节。当艏、艉部的移动压铁距艇舯纵向对称移动时,可以在不改变重心的情况下,完成对摇艏、纵摇转动惯量的调节。自航模设备理论上均按艇模的纵中剖面对称布置,但实际安装时会存在一定误差,需要压载横向调整机构精确调节模型的横倾浮态。利用压载横向调整机构还可以进行模型水下横稳性高测量与标定试验,模型水下静均衡后,通过压载横向调整机构平移压铁使艇模产生横倾角,通过静力学公式即可计算出模型的水下稳性高,若实测稳性高值与目标值有差别,即可利用垂向压载调整机构垂向移动压铁,再次进行水下倾斜试验,直至实测稳性高与目标稳性高之间的误差满足要求。

受到水池自航模内部空间的限制,浮力调节系统不能做到与实艇的完全相似。小尺度自航模通常采用活塞套筒式的调节机构,可以模拟实艇部分压载水舱吹除压载水的情况,一般多用于试验完成后模型的浮起或配合应急抛载使自航模完成紧急情况的上浮。由于小尺度自航模难以做到水下稳性高和水面稳性高特性同时与实艇相似,因此,这种方式还不能完全有效地模拟实艇的应急上浮。

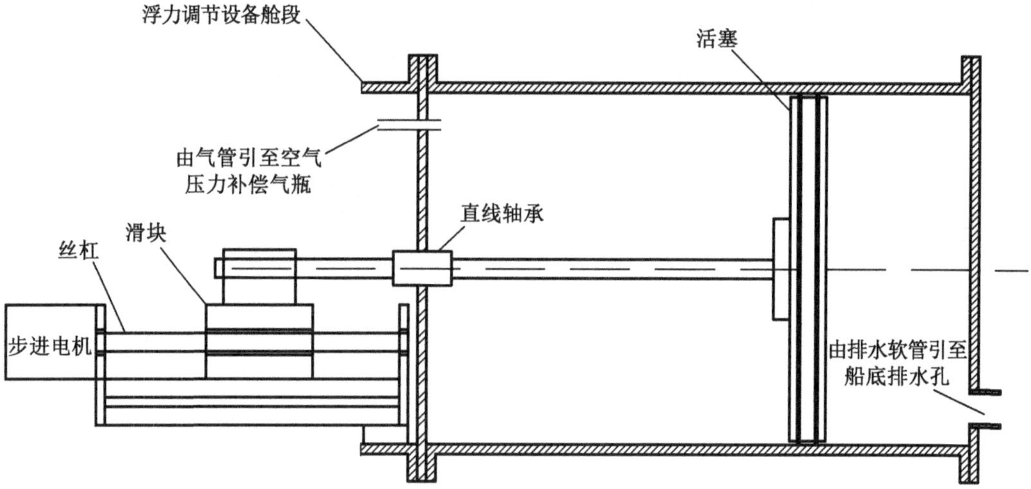

图 4.69　活塞式浮力调节机构示意图

运动控制系统主要包括主推电机、艏舵(围壳舵)舵机、艉升降舵机和方向舵机。主机可以采用直接驱动螺旋桨方式,但受到艇体尾部空间的限制,一般情况采用轴系传动的方式,但要注意轴承座应固定于艇体尾部,选用推力轴承,以承受推进器产生的力,并防止了推进电机损坏。主机转速的控制精度要求较高,需为要求转速的 1%以内,并可将实际转数输出给测量系统。舵机一般选用高精度的伺服电机,具有舵角、舵速的反馈与输出功能。目前基于工业总线技术将主推电机、舵机的驱动器“星型”组网于同一构架内,实现运动控制与数据传输的精准同步已经成为趋势。

位姿测量系统主要采集自航模姿态角、位移、潜深等数据。自航模的姿态角和载体系下的运动角速度由光纤罗经测量输出,横倾角和纵倾角的测量误差小于 0.2°,艏向角的测量误差小于 0.5°;结合载体系下运动速度的测量还需要输出模型在运动过程的攻角与漂角。内场环境不利于 GPS 信号的接收,水声定位的精度受到水温、水声发射源功率及水声接收位置的显著影响,在水池环境下难以实现空间位移的准确测量。目前,水池潜艇自航模主要采用第 2 章所介绍的光纤捷联导航仪结合多普勒计程仪修正的方式提高速度和位移的测量精度,5 min 以内位移的绝对测量误差可达到 0.2 m 以内。相比于水平位移的测量,潜深测量的精度可以做到比较高的水平,一般采用高精度的差分模拟量输出的压力传感器,在水深 10 m 范围(100 kPa)内的测量误差小于 3 mm。如图 4.70 所示为自航模艉部设备的典型布置。

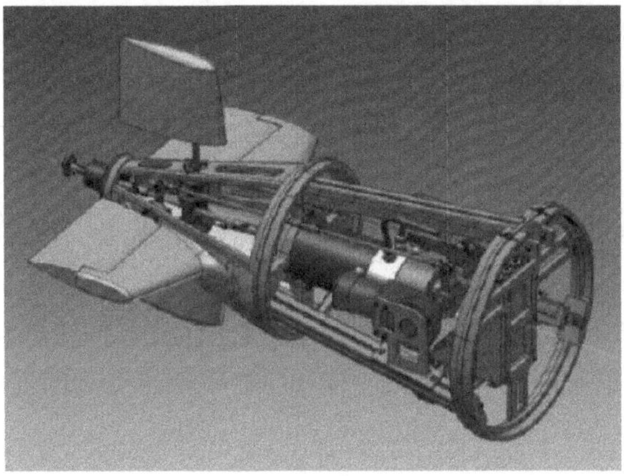

图 4.70　自航模艉部设备的典型布置

艇载计算机、运动控制系统和位姿测量系统共同组成了潜艇自航模的自动操纵系统,可使自航模在预定深度上做水平面运动,在给定航向上保持直航及转向机动、变深机动。

4.3.4　主要试验内容与典型试验案例

1. 主要试验内容

潜艇自航模水池水下操纵性试验一般包含以下内容[25]:

(1)常规操纵试验

主要包括:回转试验、"Z"形试验、回舵试验、制动试验、倒航试验、航向与深度保持试验、速升率试验、超越试验、变深度机动试验、深度"Z"形试验、空间螺线试验等项目。

(2)应急操纵试验

主要包括:舵卡试验、舱室进水挽回试验等项目。

2. 典型试验案例

潜艇自航模试验项目众多,限于篇幅,以最具代表性的水下回转试验方法与试验记录曲线举例。

回转运动是潜艇水平面机动性的重要性能之一，它反映不同舵角改变航向的能力，特别是满舵角的回转能力。潜艇的水下回转实际上是一种空间运动，由于指挥室围壳的存在，仅操方向舵进行水下回转时，潜艇除发生横倾外还会出现“艉重”现象，使得潜艇的潜深发生改变。因此，水下回转的基本要求是定深。自航模试验时，需要测试不同定深操纵策略的水下回转，旨在研究潜艇在回转时对深度保持的能力和姿态的影响。

(1)水池水域要求

水下回转试验对水池水域的一般要求是：水池有效长度宜大于 12L(L 为模型总长)，有效宽度宜大于 8L，深度宜大于 1.5L。

(2)试验步骤

试验步骤如下：

①设定初始航向和航速，由自动操纵系统控制方向舵自动稳向、控制升降舵自动定深，使模型加速至预定的直航航速 U_0；

②航速稳定后，操预定方向舵角 δ_r，艇模进行回转；

③保持舵角，使模型继续回转并趋于稳定，当艏向角改变 540°时，一次试验结束；

④按要求的直航速度，从右 35°至左 35°之间选取适当舵角，按(a)~(c)的程序进行定深回转试验；

⑤按需要选取不同的直航速度，按①~②的程序进行定深回转试验；

⑥按需要进行艏、艉升降舵联合定深回转试验，单独操艉升降舵或艏升降舵的定深回转试验。

(3)记测参数

记录艇模重心运动轨迹以及操舵时历曲线，从轨迹图得到如下参数：稳定回转直径 D_s、战术直径 D_t、最大纵距 L_m、切点横距 S_i、回转一周时间 T_r、稳定回转速度 U_t 等。

记录方向舵舵角 δ_r、横倾角 φ、纵倾角 θ、艏向角 ψ、艏向角速度 r、艏升降舵角 δ_b、艉升降舵角 δ_s、潜深 ζ 随时间变化的曲线，获取稳定横倾角 φ_s 等参数。

(4)试验结果的表达

方向舵在自动稳向时自动操舵的平均值即为在该状态下的平衡舵角 δ_{r0}。同样，在自动定深状态下升降舵角的平均值即为该状态下的平衡舵角 δ_{b0}、δ_{s0}。实效舵角即为操舵角与平衡舵角之差。

试验结果可以表达成两类曲线：

①各运动参数随方向舵舵角 δ_r 的变化曲线：$D'_s \sim \delta_r$ 曲线、$2L/D_s \sim \delta_r$ 曲线、$U_t/U_0 \sim \delta_r$ 曲线、$\varphi_s \sim \delta_r$ 曲线、δ_{b0} 及 $\delta_{s0} \sim \delta_r$ 曲线等；

②各运动参数随直航航速 U_0 的变化曲线：$D'_s \sim U_0$ 曲线、δ_{b0} 及 $\delta_{s0} - U_0$ 曲线等。

(5)水下回转试验的典型曲线

以荷兰 MARIN 开展的 BB2 标准潜艇自由自航模型水下回转试验为例，介绍水下回转试验的典型记录曲线。

如前所述，BB2 的设计以“科林斯”级(SSK-class)常规潜艇为背景，是最初原型 BB1 的改进型，实艇并不存在。模型背景缩尺比为 1∶18.348，模型的主尺度与几何外形分别如表 4.27 和图 4.71 所示。

表 4.27　BB2 标准潜艇自航模主要参数(缩尺比 1∶18.348)

参数	符号与单位	数值	
		全尺度	模型
总长	L_{oa}/m	70.2	3.826 0
总宽	B/m	9.6	0.523 2
甲板距基线高度	D/m	10.6	0.577 7
围壳顶点距基线高度	D_{sail}/m	16.2	0.882 9
水下全排水量稳性高	h/m	0.4	0.021 8
螺旋桨直径	D_p/m	5.0	0.273

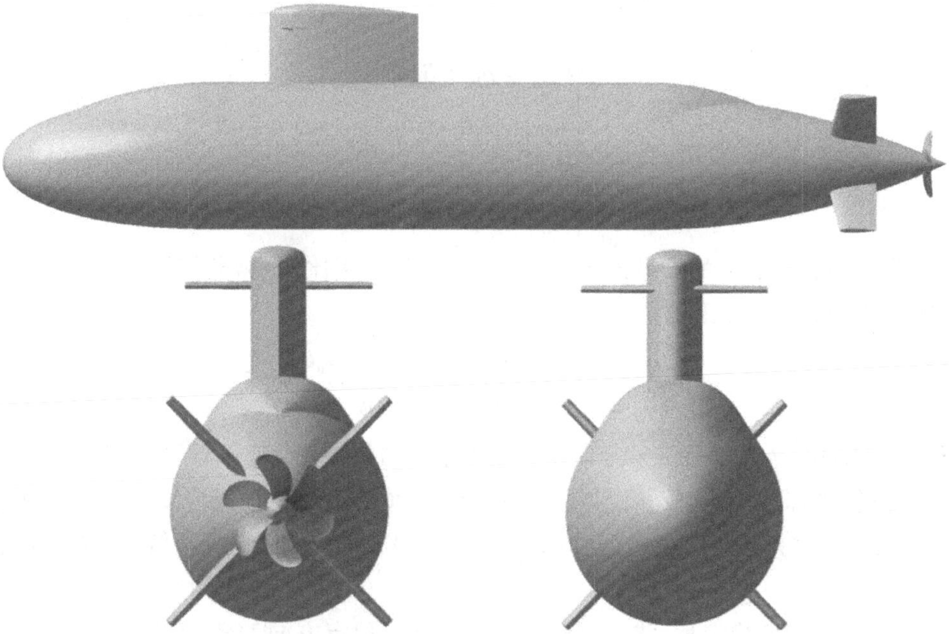

图 4.71　BB2 标准潜艇自航模几何外形

BB2 自航模水下回转试验在 MARIN 的操纵性与耐波性水池进行,水池长 170 m,宽 40 m,水深 5 m。BB2 自航模的艉舵为“X”型舵,试验时采用对角联动的等效“十字”型艉舵的控制方案,即将左上舵 δ_{PtUp} 与右下舵 δ_{SbDn} 划分为一组,右上舵 δ_{SbUp} 与左下舵 δ_{PtDn} 划分为一组,各舵的正舵角方向按图 4.72 所示的方向。

定义等效“十字”型艉舵的升降舵操下潜舵时为 $\delta_V(>0)$,方向舵操左舵时为 $\delta_H(>0)$,则“X”型艉舵的等效舵角为

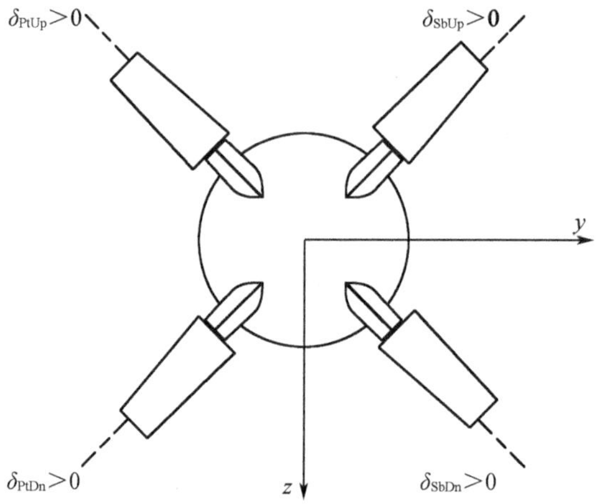

图 4.72 "X"型艉舵正舵角的定义

$$\begin{cases}\delta_{\text{PtUp}} = \delta_{\text{V}} + \delta_{\text{H}} \\ \delta_{\text{SbDn}} = -\delta_{\text{V}} - \delta_{\text{H}} \\ \delta_{\text{SbUp}} = -\delta_{\text{V}} + \delta_{\text{H}} \\ \delta_{\text{PtDn}} = \delta_{\text{V}} - \delta_{\text{H}}\end{cases} \tag{4-101}$$

试验采用单独操艉舵的操纵方式,在定深直航段,采用比例-微分控制器,确定等效"十字"型艉舵的升降舵角 δ_{V} 和方向舵角 δ_{H}:

$$\begin{cases}\delta_V = P_\zeta \Delta\zeta + D_\zeta \zeta + P_\theta \Delta\theta + D_\theta \dot{\theta} \\ \delta_H = P_\eta \Delta\eta + P_\psi \Delta\psi + D_\psi \dot{\psi}\end{cases} \tag{4-102}$$

式(4-102)中,P、D 分别表示控制量的偏差系数与偏差变化率系数,控制偏差为期望值与实际值之差,如深度为期望深度与深度传感器反馈的实际深度之差:$\Delta\zeta=\zeta_t-\zeta$($\zeta_t$ 为期望深度,ζ 为实测深度)。这样,由式(4-101)与式(4-102)即确定了定深直航段各尾舵的执行舵角。

航速、深度和航向稳定后,进入回转段时,δ_{H} 取为预定方向舵角,等效升降舵角 δ_{V} 仍按(4-102)第一式确定。

水下回转试验进行了实艇直航速度 10 kn 条件下,左舵 5°、10°、15°、20°、30°和相应舵角的右舵试验。图 4.73 给出了左舵 20°回转试验时域记录曲线,图 4.74 给出了水平面回转轨迹,作为典型试验曲线的示例。

除水下回转试验外,MARIN 还开展了水下"*Z*"形试验、深度"*Z*"形试验和最大纵倾角速度操纵试验,关于详细的试验数据,可参阅文献[23]。

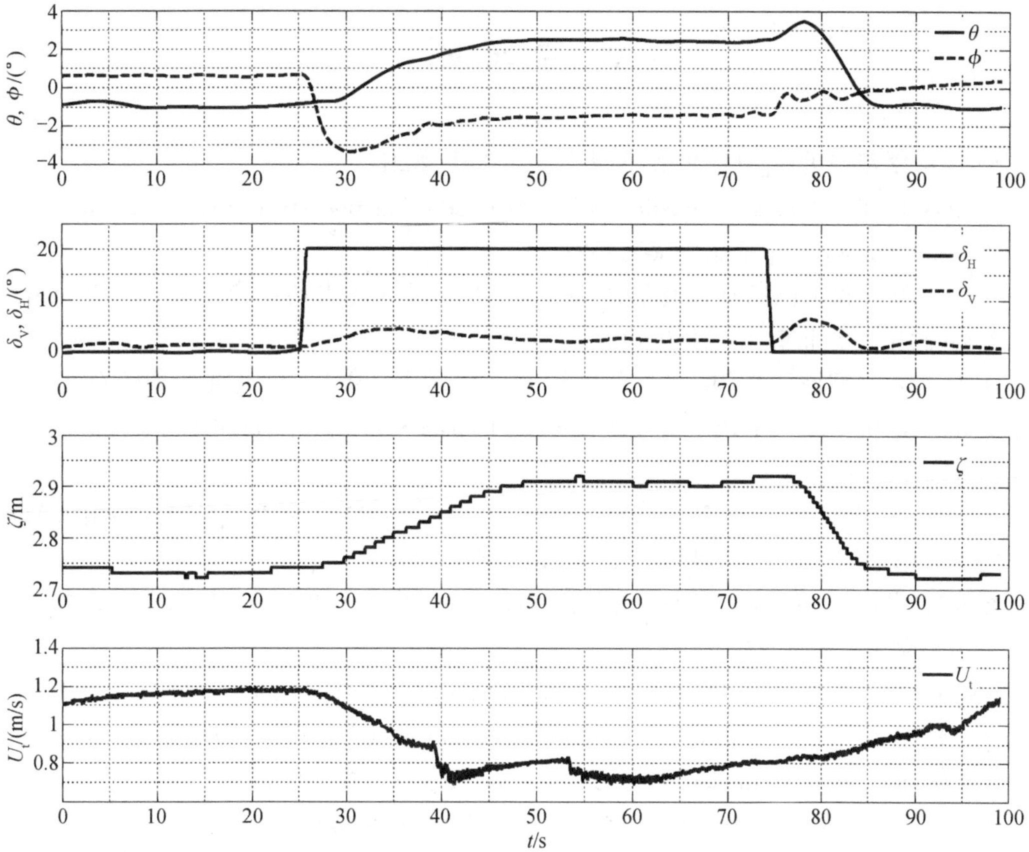

图 4.73　BB2 潜艇自航模水下左舵 20°回转试验时域记录曲线(以稳定直航段起点为零时刻)

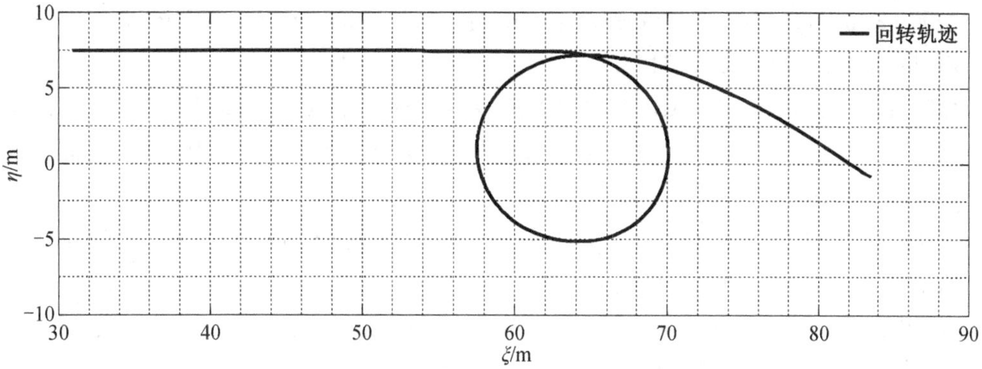

图 4.74　BB2 潜艇自航模水下左舵 20°回转轨迹

参考文献

[1] 施生达.潜艇操纵性[M].北京:国防工业出版社,2021.
[2] Morton Gerfler. Standard equations of motion for submarine simulation[R]. Naval Ship Research and Development Center,1967.
[3] 中华人民共和国国家标准化管理委员会.潜艇操纵性水动力模型试验方法:GB/Z 268—2018[S].北京:中国标准出版社,2018.
[4] 丁正良.水平型循环水槽的水动力性能[J].应用科技,1983,(4).【查不到啊,作者】
[5] Morton Gerfler. The DTMB Planar-Motion-Mechanism System[R]. Naval Ship Research and Development Center,1967.
[6] 庞永杰,王庆云,李伟坡,等.螺旋桨及其运行对潜艇操纵性水动力影响的模型试验研究[J].哈尔滨工程大学学报,2017,38(1):109-114.
[7] 楼连根,黄国梁,邬昌汉.水平面大振幅平面运动机构用于水下运载体水动力系数的研究[J].海洋工程,1993,11(2):8-14.
[8] RENILSON M. Submarine Hydrodynamics[M]. Cham:Springer International Publishing,2018.
[9] MACKAY M. The Standard Submarine Model:A Survey of Static Hydrodynamic Experiments and Semiempirical Predictions[R]. Defence Research and Development Canada. 2003.
[10] 李天森.鱼雷操纵性[M].2版.北京:国防工业出版社,2007.
[11] 赵博文,贠莹莹,孙济源,等.全附体潜艇旋臂水池试验及单平面受力研究[J].浙江大学学报(工学版),2023,57(4):773-783.
[12] ZHAO B W,YUN Y Y,HU F F,et al. Hydrodynamic coefficients of the DARPA SUBOFF AFF-8 in rotating arm maneuver: Part I: Test technology and validation[J]. Ocean Engineering,2022,266:113148.
[13] LIU H L. Summary of DARPA SUBOFF experimental program data[R]. Bethesda MD: Naval Surface Warfare Center Carderock DIV Bethesda MD Hydromechanics Directorate,1998.
[14] NANCY C,GROVES. Geometric characteristics of DARPA suboff models:(DTRC Model Nos. 5470 and 5471)[R]. BethesdaMaryland:David Taylor Research Center,1989.
[15] ROBERT F,RODDY. Investigation of the stability and control characteristics of several configurations of the DARPA SUBOFF model (DTRC Model 5470) from captive-modelexperiments[R]. Bethesda Maryland:David Taylor Research Centre,1990.
[16] ZHAO B W,YUN Y Y,HU F F,et al. Hydrodynamic coefficients of the DARPA SUBOFF AFF-8 in rotating arm maneuver-Part ii: Test results and discussion[J]. Ocean Engineering,2023,268:113466.
[17] 肖京平.水中兵器风洞试验技术[M].北京:国防工业出版社,2008.
[18] 李周复.风洞试验手册[M].北京:航空工业出版社,2015.

[19] WATT G D. Modelling and simulating unsteady six degrees-of-freedom submarine rising maneuvers[R]. Defence Research and Development Canada. 2007.

[20] 肖京平,金华. 对转桨推进型鱼雷有动力影响研究[J]. 流体力学实验与测量,2001,15(3):48-53.

[21] George D. Watt. Submarine rising stability: quasi-steady theory and unsteady effects[C]. 25th symposium on naval hydrodynamics, St. John's, Newfoundland and Labrador, Canada, 8-13 August 2004.

[22] OVERPELT B. Free Running Manoeuvring Model Tests On A Modern Generic SSK Class Submarine (BB2)[C]. Pacific 2015, Sydney, Australia, 2015.

[23] 毕毅. 潜艇自航模试验技术研究进展[J]. 海军工程大学学报,2012,24(5):58-64.

[24] UK Q L, CROSSLAND P, NOKES R C, et al. SRMII-A reconfigurable free running model capability for submarines with large L/D ratios[C]//Warship 2014: Naval Submarines & UUVsWarship 2014: Naval Submarines & UUVs. RINA, 2014.

[25] 中华人民共和国国家标准化管理委员会. 潜艇自航模操纵性试验规程:GB/Z 252—2012[S]. 北京:中国标准出版社,2012.

第 5 章　潜艇耐波性模型试验与近水面水动力的测量

当潜艇漂泊或航行在水面时,和水面舰船一样,将会在波浪的扰动下产生摇摆。潜艇在波浪中近水面航行时的摇摆程度虽然没有在水面时剧烈,但是由二阶平均波浪力等低频扰动力引起的垂直面定深稳定性预报问题对于潜艇通气管深度和发射弹道导弹的深度保持具有重要的现实价值。

潜艇耐波性模型试验主要包括水面、近水面状态的规则波试验和不规则波试验,一般采用自航模测试的方式进行,试验结果可直接用于实船耐波性指标的评价。近水面状态的水动力系数测量试验和波浪力测量试验主要用于支撑现阶段潜艇在波浪中近水面航行性能的理论预报工作。

本章主要介绍潜艇耐波性模型试验技术,对于近水面状态的水动力系数和二阶平均波浪力的测量技术只做简要的介绍。

5.1　潜艇耐波性模型试验技术

5.1.1　相似准则与坐标系

1. 相似准则

潜艇耐波性模型试验须遵循模型和实船外形的几何相似、运动相似和动力相似。满足相似条件后,可将模型试验结果换算到实船。

(1)几何相似

几何相似要求船模和实船外形表面对应的线尺度之比为固定值:

$$\frac{L_{\mathrm{s}}}{L_{\mathrm{m}}}=\lambda \tag{5-1}$$

式中　L_{s}——实船外形表面上任一位置特征线尺度的数值,m;

L_{m}——模型对应的线尺度的数值,m;

λ——缩尺比。

(2)运动相似

模型和实船对应点上的速度值成同一比例:

$$\frac{v_{\mathrm{m1}}}{v_{\mathrm{s1}}}=\frac{v_{\mathrm{m2}}}{v_{\mathrm{s2}}}=\cdots=C_v \tag{5-2}$$

式中　v_m、v_s——模型、实船的速度，m/s；

　　下标 1,2…——对应点的位置。

(3)动力相似

在运动相似的条件下，作用在模型与实船对应点的全部外力的比值相同，称为完全动力相似。如前所述，完全动力相似条件在缩比模型的条件下不可能实现，潜艇在波浪中波频运动的主要因素为惯性力与重力，黏性的影响很小，因此，耐波性模型试验中只保证惯性力与重力之间的相似，即满足模型和实船的弗劳德数 Fr(Froude number)相等：

$$\frac{U_m}{\sqrt{gL_m}}=\frac{U_s}{\sqrt{gL_s}}=Fr \tag{5-3}$$

由于潜艇摇荡是非定常运动，所以还应满足非定常流动的相似条件，即斯特罗哈尔数 St(Strouhal number)相等：

$$\frac{U_m t_m}{L_m}=\frac{U_s t_s}{L_s}=St \tag{5-4}$$

式中　U_m、U_s——模型、实船在波浪中的匀速直线运动速度，m/s；

　　t_m、t_s——模型、实船时间(包括运动周期等)，s。

耐波性试验中，模型的运动学参数是主要的测量物理量。因此，除了满足几何外形相似外，还应在船模的全排水量属性方面，即全排水质量、重心位置、惯性矩等方面满足 4.3.2 节中所要求的质量和质量分布特性的相似关系，才能保证模型和实船之间的动力相似条件。

2. 潜艇耐波性模型试验研究采用的坐标系[1]

(1)水面状态情形

所用坐标系与常规水面船舶耐波性研究所用坐标系一致(图 5.1)。通常采用以下三个右手坐标系。

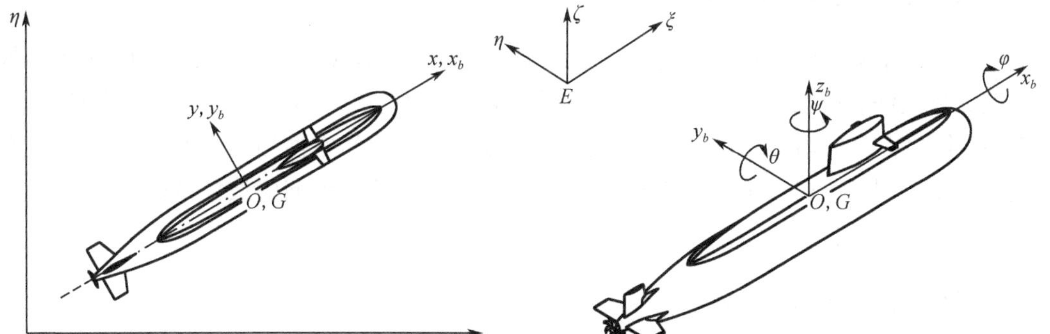

图 5.1　潜艇水面状态耐波性试验坐标系

①空间固定坐标系 $E-\xi\eta\zeta$

空间固定坐标系 $E-\xi\eta\zeta$ 固定于当地的直角坐标系，坐标面 $\xi E\eta$ 与静水面重合，$E\zeta$ 轴垂直于静水面向上,该坐标系用来描述海浪。

②动坐标系 $G-x_by_bz_b$

动坐标系 $G-x_by_bz_b$ 也被称为附体坐标系。坐标原点取在正浮潜艇水面全排水量的重心 G 处,Gx_b 轴在潜艇的纵中剖面内与基线平行,向艏为正;Gz_b 轴在潜艇的纵中剖面内与 Gx_b 轴垂直,向上为正,Gy_b 轴垂直于纵中剖面,向左舷为正。动坐标系与空间固定坐标系用来描述潜艇角位移的单向和往复运动,即以欧拉角作为描述的姿态角变化。

③随船移动的平衡坐标系 $O-xyz$

随船移动的平衡坐标系 $O-xyz$ 又被称为半固定坐标系。当潜艇在静水中以航速 U 匀速直线航行于水面时,它随艇同速移动。xOy 坐标面在静水面上,x 轴正向与航速同向,但是该坐标系不随潜艇做摇荡运动,只保持潜艇的平均速度和原航向运动。一般 O 与未发生摇荡时潜艇的重心 G 并不重合,但为使问题简化,假设 O 与 G 点重合,这样处理并不影响所讨论问题的普遍性。该坐标系用来描述潜艇重心 G 的直线运动,即潜艇遭遇波浪激励所产生的沿该坐标系三个轴的直线振荡——纵荡、横荡和升沉(垂荡)。

可见,用于水面状态耐波性研究的空间固定坐标系和动坐标系与第 4 章用于操纵性研究的相关坐标系的内涵是一致的,仅是坐标轴的正向定义不同,这是历史习惯造成的。

(2)近水面状态情形

潜艇在波浪中的近水面航行,实质上是一种操纵性与耐波性相结合的问题。现阶段理论计算中将潜艇该状态下所受到的水动力分解为由静水近水面水动力系数决定的水动力和由浪向、波高、航速所决定的波浪力(包括一阶波浪力与二阶平均波浪力)之和。

因此,对于近水面状态,用于描述水动力与欧拉角所用的坐标系与潜艇操纵性研究所用的坐标系一致(详见 4.1.1 节的图 4.1)。而对于潜艇的线振荡即纵荡、横荡和升沉,仍然采用随船平衡坐标系来描述,但是这时随船平衡坐标系的原点须取在潜艇水下全排水量的重心 G 处,在线振荡方面通常只考虑 Gz 轴方向上的变化,此时潜艇波频升沉的幅值指的是潜艇水下全排水量重心处的实际潜深与目标潜深的偏离值中与遭遇频率一致成分的振幅。

5.1.2 模型的设计与调试

潜艇在水下航行时,客观上存在零升力和零升力矩,没有深度自动稳定性,必须依靠操纵才能保持定深。波浪中近水面航行时,文丘里效应吸力与二阶平均波浪力引起的吸力同时存在,使得深度的保持更为困难。以上原因导致水面船模经常使用的普通升沉杆式的适航仪不能直接用于潜艇近水面状态的耐波性试验,目前潜艇全浪向耐波性试验一般采用配有自动操舵系统的自航模型。

1. 模型的尺度与功能设计

(1)设计原则

模型的尺度主要依据试验水池的主尺度、造波机所造波长的能力范围与长波的品质来确定。为获取完整的频率响应曲线,规则波试验的波长范围一般为 0.3~4 倍模型长度。此外,还要综合考虑模型测试设备所需的空间要求等因素,一般对于 50 m 级的方形耐波性水池,模型长度通常设计在 3.0~3.5 m。

模型外形与实船满足几何相似，为能够方便模拟实船的水面和水下状态，模型内部的水密壳体与上层建筑非水密区储水容积的设计，应尽量与实船保持一致。通常采用三维建模软件设计上层建筑区域与主体的水密隔舱板，上层建筑区域的储水容积、储水容积中心坐标、储水容积转动惯量，这些量的设计结果将直接参与船模水下状态物理属性的基础调试计算。

为保证模型水面、水下全排水惯量属性在空气中标定结果的准确性，模型的艏、艉非水密区应进行填充设计，尽量减少除上建区域以外的透水空腔。模型船体设计与三维建模时还应仔细反复核算模型的质量、水下及水面稳性高、质量惯性矩等属性的图纸数据，确定模型物理属性的可调节范围，如果图纸数据超出目标数据并无可调节余地，则应该重新进行设计。

模型应具备定向、定速、定深的操纵能力。由耐波性的研究内容限定条件可知，进行耐波性试验测试时，需要在模型艏向角稳定、轴向平均速度稳定、平均潜深稳定的条件下进行波浪运动响应的测量。因此，模型方向舵、升降舵的自动控制算法无须与实船一致，模型螺旋桨的外形和进速系数也无须与实船相似。

(2)模型实例

以笔者团队所研制的自航模为例，介绍潜艇耐波性试验自航模的总体构造与测控系统。

该自航模仍为仿照“基洛”级潜艇主体、甲板和指挥室围壳外形设计的假想潜艇模型，采用围壳舵和“十字”型艉舵的布局方案，推进器为碳纤维材质的 3 叶替代螺旋桨。模型的总长为 3.0 m，总高为 530 mm，最大直径为 278 mm，假定缩尺比为 1 : 27。自航模的总体布置示意图与实物分别如图 5.2 和 5.3 所示。

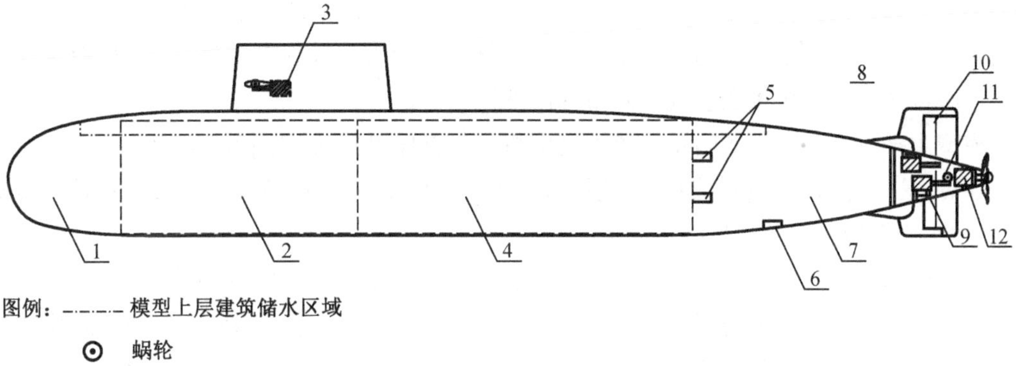

1—艏部水密区(配载填充)；2—压载调节舱；3—围壳舵机；4—测控设备舱；5—水密接插件；6—压力传感器；7—艉部非水密区(配载填充)；8—方向舵机；9—艉升降舵机；10—方向舵轴；11—艉升降舵轴；12—主推电机。

图 5.2　航模的总体布置示意图

模型外形壳体采用碳纤维增强塑料制作(俗称碳纤维玻璃钢)，使用数控机床对潜艇流线外形曲面进行加工，形成一个完全符合设计要求的阳模模具，利用真空导入法在阳模模具上加工碳纤维玻璃钢，待固化成型后，再次利用数控机床对模型的外壳体进行精加工，该种制作工艺保证了设计型线的准确性。模型的舵翼等附体叶采用该种复合材料制作，模具冲压一次成型,保证了舵翼等附体的型线精度。

图 5.3　潜艇耐波性试验自航模实物

模型内共设计了两个水密舱,分别为内测设备舱与压载调节舱。水密舱采用聚丙烯厚壁管材制作,两端采用端面密封形式。此外,在内测设备舱船尾端的端盖上开有一系列螺纹孔,装配水密接插件,用以连接主推电机、方向舵机、升降舵机以及压力传感器、电池组充电系统等仪器设备。

自航模的工控机、动力及控制供电锂电池组、光纤罗经、垂向加速度传感器、压力信号调理器、光纤通信模块等全部测控设备布置在内测设备舱内,并且在各设备布置设计时充分考虑了模型重心位置及转动惯量的模拟要求。压载舱内装有压载调节机构,用来调整模型的物理属性。内测设备舱、压载舱与船模轻外壳平行中体段的内表面密贴,采用自攻螺栓固定。船模中的其余间隙均采用水密的浮力材料或浮力中性材料进行填充,从而保证了模型重心位置及转动惯量在空气中测量的准确性。

模型主推电机为自制的防水直流无刷电机。其具体参数为:工作电压 25~56 V,额度功率 280 W,最大转速 900 rpm;输入调速信号范围:-5 V~5 V,电机直接用支架固定在模型艉部,通过水密电缆连接至模型的内测设备舱。

模型的艏、艉升降舵和方向舵均为联动舵,设计时采用了蜗轮蜗杆减速器的传动方式。由于传动时只能由蜗杆带动蜗轮转动而不能由蜗轮带动蜗杆反向转动,因此利用此自锁性能可以使得舵摆动一定角度后具有保持舵角不变的特性。蜗杆套在电机轴上并与之固定,驱动器驱动步进电机轴转动后经蜗杆将运动传递给蜗轮,蜗轮与舵轴固定连接从而实现舵的摆动,蜗轮蜗杆减速器的减速比为 50 ∶ 1。

自航模由一台基于 PC104 总线的多板卡嵌入式工控机(下位机)负责运动控制和多类型传感器的数据采集与同步融合,通过模型艉部的水密细光缆与 XY 航车内的监控计算机(上位机)进行通信(图 5.6),下位机底层控制程序采用 Win-driver 公司开发的多任务实时操作系统 VxWorks 编制,上位机操作界面软件采用 Windows 平台下的 VC++开发编写。

多板卡嵌入式工控机,包含 CPU 模块(Intel Pentium M 处理器)、串口板卡、A/D 和 D/A

转换板卡、脉冲板卡、I/O 板卡和电源板卡。其与相关传感器和执行机构组成了潜艇耐波性试验自航模的测控系统,图 5.4 给出了测控系统的硬件体系结构。

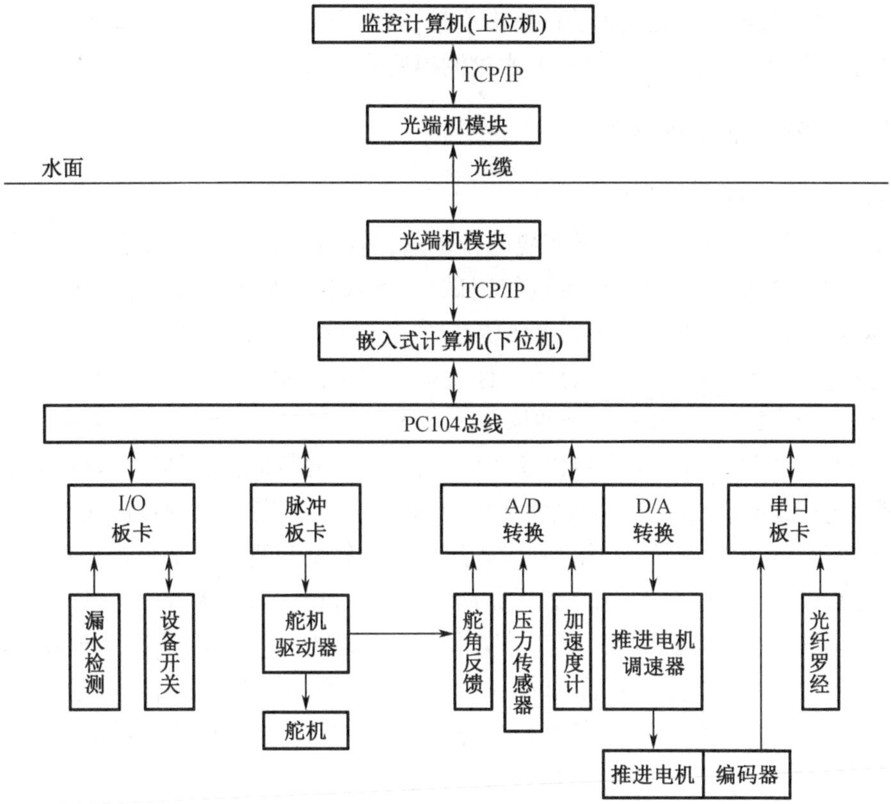

图 5.4　测控系统的硬件体系结构

串口板采用 Diamond 公司开发的基于 PC104 总线的 8 通道串口板 Emerald-MM-8,集成了两个 16 554 异步串行通信接口,具有 64 字节缓冲区,传输最高速率为 460. 8 kbps,允许 8 个串口通道共享一个中断。实际应用时用到了其中的 2 个串口,采集的信息分别来自光纤罗经和主推电机编码器。从系统的安全性和可靠性考虑,串口板与设备之间加入串口隔离模块。

A/D 和 D/A 转换卡采用 Diamond 公司开发的基于 PC104 总线的 A/D 转换板 DMM-16-AT,此板卡除了提供 16/8 路单端/差动模拟输入外,还具有 D/A 转换功能,可提供 4 路电压输出。A/D 模块输入电压范围为-10~10 V,主要用来采集压力(深度)计信息、加速度计信息和舵角反馈信息(深度计输出为模拟输出,深度和输出电压为线性对应关系,舵角反馈输出也为模拟输出,不同电压对应不同的舵角值)。D/A 转换部分输出电压范围为-5 V~5 V,根据控制指令给主推电机发送模拟电压信号驱动电机以指定的转速转动。

脉冲卡同样基于 PC104 总线,共有 6 个通道,其工作方式是由脉冲卡发出 0~5 V 电平的方波,步进电机驱动器根据每次高电平到低电平的下降阶段为一个脉冲信号,以此控制方波的频率来控制脉冲信号的频率。同理,方向信号也是高低电平的转换,高电平为正方向信号,低电平为负方向信号。通过脉冲卡发出脉冲信号和方向信号给相应的水密步进电机的驱动器。

I/O 板卡能提供 16 路输出和 16 路输入,输出部分驱动固体继电器完成设备的是否上电工作,输入部分接收漏水检测模块的输出信息,漏水检测模块输出为高低电平,负责采集耐压舱是否出现漏水信息,当漏水时,漏水检测模块输出高电平给 I/O 板卡。

2. 模型物理属性的基础调试

(1)模型全排水重量和浮态的标定

根据实船的排水量换算出船模相应的排水量,然后利用高精度电子秤,通过增减压铁来完成模型的重量调节;完成模型重量的调试后,下水检查船模的浮态,准备微小固体压载,对船模的浮态进行精细化调节。水面状态时,船模的实际吃水线与目标水线误差不超过±1 mm;水下状态时,模型调节为浮力中性状态,固有纵、横倾角均小于 0.05°。

(2)模型垂向重心和质量惯性矩的标定

若已经给定实船在静水中自由横摇、纵摇固有周期的数值,则可以通过倾斜试验与自由衰减试验进行垂向重心高度和质量惯性矩的标定。由于潜艇水下稳性高较小,载荷纵向移动后,纵倾角的稳定时间较长,因此通常采用横向倾斜试验测定水下全排水量的稳性高。潜艇耐波性自航模尺度较小,难于布置下载荷调节机构设备,因此为方便测试,需要在模型的甲板平面上开展横向倾斜试验。但是,模型甲板的宽度一般有限,难于实现载荷的较大距离的横向移动。为解决这一矛盾,如图 5.5 所示,通常设计一块支撑平板安装于模型甲板平面上,支撑平板的重力应等于支撑平板自身浮力与移动测试压载块的浮力之和。

$$\begin{cases} G_{pl} + G_w + G_m = B_{pl} + B_w + B_m \\ G_{pl} = B_{pl} + B_w \end{cases} \tag{5-5}$$

式中　G_{pl}、G_w、G_m——支撑平板、移动测试压铁、模型的重力;

B_{pl}、B_w、B_m——支撑平板、移动测试压铁、模型的浮力。

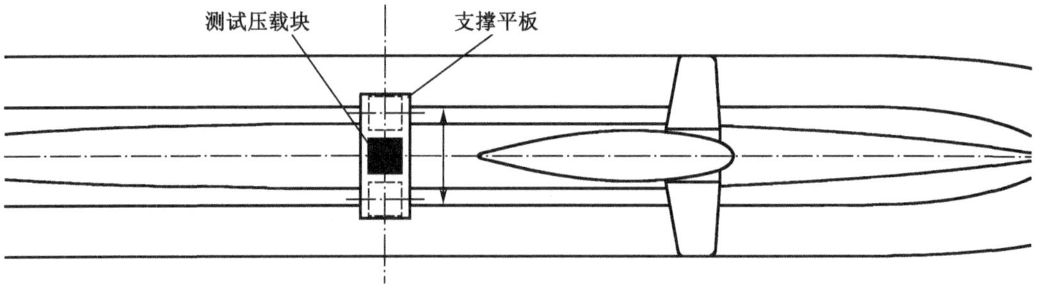

图 5.5　倾斜试验示意图

这样测试完毕后,移除支撑平板,将测试压载块垂直下移至模型内部的水密舱内,支撑平板的重力、支撑平板自身浮力、移动测试压载块的浮力同时消失,模型本身的均衡属性不会发生改变。测试压铁下移引起的重心高变化可按静力学公式(5-7)修正并计入测试值,向船左舷及右舷以固定间距移动压铁块,每次移动完成后,记录光纤罗经输出的横倾角数据，按式(5-6)计算模型的水下稳性高：

$$h = \frac{w \cdot l}{\Delta \cdot \tan\varphi} \tag{5-6}$$

式中　h——模型水下全排水量对应稳性高的测量值；

w——移动测试压载块的质量；

l——测试压载块移动的距离；

Δ——模型的水下全排水量；

φ——模型的横倾角。

$$\Delta h = \frac{w \cdot d}{\Delta} \tag{5-7}$$

式中　Δh——稳性高修正值；

d——测试压铁垂直下移的距离。

每次移动压载块后按式(5-6)和(5-7)计算稳性高，最后取各次稳性高测试值的平均值。若实测稳性高值与目标值有差别，则在压载调节舱内，仅垂向移动压铁，再次进行水下倾斜试验，直至实测稳性高与目标稳性高之间的误差满足要求。

该方法同样适用于水面状态的倾斜试验。但是进行水面状态倾斜试验时，支撑平板和测试压载块均在水面之上，因此应该事先在模型中取出与支撑平板质量相等的压载(支撑平板替代压载)，水面稳性高标定完成之后，将测试压载与支撑平板(替代压载)一并垂向移动至模型的水密舱内，此时式(5-7)中的移动质量应为测试压载块与支撑平板的质量之和。

由耐波性理论可知，潜艇在静水中自由纵、横摇固有周期与相应方向的质量惯性矩呈正相关关系，特别是水下状态时，潜艇没有水线面，纵、横稳性高相等，潜艇静水自由纵、横摇固有周期均可近似为无阻尼的固有周期：

$$\begin{cases} T_{\theta 0} = 2\pi\sqrt{\dfrac{I_y + \Delta I_y}{\Delta \cdot h}} \\ T_{\varphi 0} = 2\pi\sqrt{\dfrac{I_x + \Delta I_x}{\Delta \cdot h}} \end{cases} \tag{5-8}$$

式中　$T_{\theta 0}$、$T_{\varphi 0}$——潜艇水下静水中自由纵、横摇固有周期；

I_y——潜艇水下全排水量纵摇转动惯量；

ΔI_y——潜艇水下纵摇附加转动惯量；

I_x——潜艇水下全排水量横摇转动惯量；

ΔI_x——潜艇水下横摇附加转动惯量。

由式(5-8)可以看到，模型水下自摇周期与该方向的转动惯量、该方向的附加转动惯量、全排水量及稳性高有关，倾斜试验保证了模型稳性高与实船稳性高满足相似关系，而附加转动惯量仅与模型的入水形状有关。因此，缺乏目标周期数据时，可以利用面元法计算附加转动惯量，从而得到水下自摇固有周期。自摇周期的调试准确保证了模型水下纵/横向转动惯量的模拟准确。

将水下稳性高、校准好的模型置于静水中，使模型纵倾(或横倾)一角度，然后任其自由摇摆，通过光纤罗经来测量信号并输出，记录摇摆的衰减曲线。并且需要进行重复性试验。

根据衰减曲线可求出纵摇固有周期及横摇固有周期，若实测周期与目标周期有差别，则在模型水密舱中同一水平面内距船舯纵向/横向对称移动压铁，直到测得的周期满足要求为止。

潜艇在水面状态时，静水自由横摇固有周期可近似为无阻尼固有周期，但是纵摇阻尼较大，计算公式与式(5-8)不同，需要采用给定的周期数据。

如果试验设计输入文件中未给定水面状态静水固有周期属性，那么通过倾斜试验完成模型重心垂向位置的标定后，需要使用专用的惯量调节架标定模型的纵摇惯量。根据实船的惯量换算出船模的惯量并扣除上层建筑储水容积的质量惯性矩，结合惯量调节架自身的物理属性（调节架重量、重心位置及自摇周期）进一步推算出船模在惯量调节架上的目标摇摆周期，从而通过在船模同一水平面内前后对称地纵向移动压铁对纵摇惯量进行调节，使得实测周期与目标周期的误差满足精度要求。

潜艇模型的横向尺度较小，实践证明在惯量调节架上难以测准船模的横摇惯量。因此在未给定静水横摇固有周期情况下进行船模横摇惯量的校准时，需要依据实船横摇惯量数据采用面元法计算横摇附加转动惯量，从而得到静水中自由横摇固有周期，或采用 CFD 方法直接计算得到模型在静水中的横摇固有周期，以此值近似作为模型静水自由横摇衰减试验固有周期的目标值。

5.1.3　试验设备与测试仪器

1. 试验设备要求

(1)试验水池

潜艇耐波性试验一般需要进行相应于实船 0～10 kn 航速条件下，迎浪（180°）至随浪（0°）范围内的全浪向试验，浪向角一般从以下角度中选取：0°、30°、45°、60°、90°、120°、135°、150°、180°。因此，为保证每个航次试验有效记录的连续摇荡次数满足数据处理需要，试验水池的有效长度应大于 50 m，有效宽度应大于 30 m，水深应不小于 4 m。

(2)航车设备

如图 5.6 所示，为方便模型初始状态控制、航速标定、测试完成后的制动回收、试验过程中的意外保护、试验数据的实时传输、搭载自航模上位控制计算机及试验测试相关人员，自航模全浪向试验一般需要水池配有 XY 航车设备进行跟随测试。

(3)造波系统

水池配备的造波系统需具有规则波、指定谱型的长峰不规则波模拟能力。模型试验区域规则波波高模拟误差小于 5%，周期模拟误差小于 3%。不规则波造波频率范围内，成分波个数不少于 100 个，实测谱密度值与目标谱密度值误差小于 10%，有义波高、谱峰周期模拟误差小于 5%。

2. 测试仪器要求

潜艇模型耐波性试验测试参数分为两类：波浪信号与船模运动信号，其中波浪信号通常采用电容式浪高仪定点测量方式，浪高仪的线性度需不低于 0.5%，测量精度需优于

0.5%,通过固定支架安装在距离水池造波板前方 15~20 m,距离池壁不小于 1.5 m 的水池区域内。自航模试验需要测量的船模运动参数与所用的仪器如表 5.1 所示。

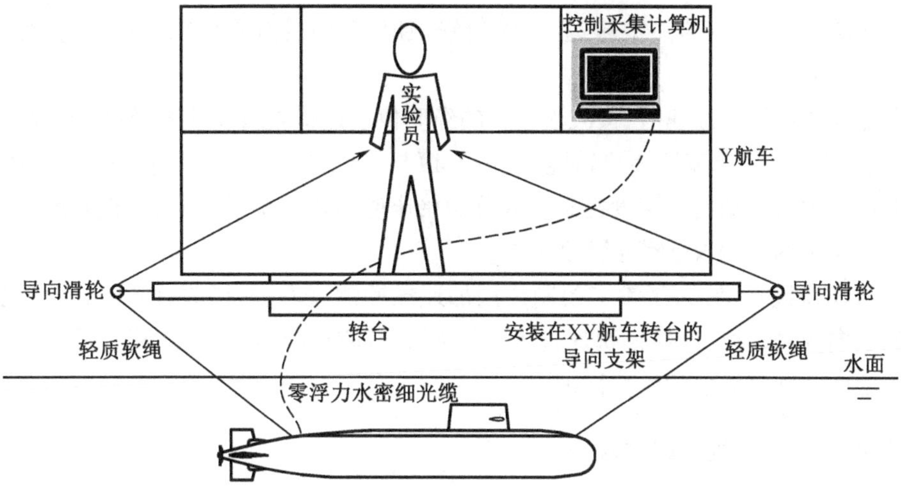

图 5.6　潜艇自航模耐波性试验示意图

表 5.1　潜艇自航模耐波性试验需要测量的船模信号与所用仪器

测试参数	所用仪器	技术指标与相关说明
姿态角、角速度	光纤罗经	纵、横摇角度动态误差<0.2°;艏向角动态误差<0.5°
航速	航车测速轮	速度误差小于 0.1 m/s
潜深	压力传感器	量程 0~100 kPa(0~10 m),误差小于 3 mm,线性度不低于 0.5%
升沉量	光纤罗经/加速度计	光纤罗经的直接输出或依据重心处安装的加速度计测量值的推算结果,采用加速度计测量推算时,所用加速度计技术指标一般为:量程-2 g~2 g,精度 0.1 mg,模拟量输出,带宽 0~100 Hz
指定位置的垂向加速度	加速度计	量程-2 g~2 g,精度 0.1 mg,模拟量输出,带宽 0~100 Hz,安装于试验要求的位置处

5.1.4　试验方法与技术要点[2]

1. 试航试验

静水试航用以检查自航模的推进系统、操纵系统及内测系统是否可靠,同时利用 XY 航车标定船模在静水中的航速,为波浪中的试航试验做准备。

基础物理属性调试好的模型,艏、艉系住两根轻质软绳,软绳通过固定于水池 XY 航车上的导向支架由随车的实验员控制拉紧与释放。设定模型螺旋桨转速和航车速度,模型与航车开始加速运动,在加速过程中,软绳处于人工控制状态。当航车速度、螺旋桨转速、船模艏向和潜深稳定后,释放模型(软绳处于自由状态),观测模型速度和其与航车的相对运动情况,通过几次静水试做,使得模型进入稳速段时与航车保持同步运动,即完成了模型在各直航速度下螺旋桨转数的标定。

波浪中的试航试验用以标定船模在波浪中的直航航速,同时固化试验测试中的各项参数及相关实验员的操作(螺旋桨转速、初舵角修正值、艏向及升降控制参数、船模释放与回收操作等)。

标定船模在波浪中航速时,按波浪增阻的经验值取船模在静水中螺旋桨转速标定值的1.2倍作为初值,反复调节螺旋桨转速,使得船模与XY航车的航行速度一致。此外,波浪中的试航试验中还对艏向及深度控制参数及初始压舵角进行调试,使得船模在航行过程中的艏向误差及平均定深误差满足精度要求。

采用航车跟随运动、人工参与控制模型加速段的测试方法,能够有效防止船模在加速过程中的艏向控制超调,使船模快速进入水平面的匀速直线运动状态,特别适用于在尺度较小的水池中开展自航模的耐波性试验。

2. 静水自由纵、横摇衰减试验

静水无航速情况下的自由衰减试验已在模型基础调试过程中完成。为支撑耐波性的理论预报工作,还需进行有航速情况下的静水自由衰减试验。该项试验在静水试验完成后开展,当模型进入匀速直线运动状态后,可由随车实验员利用长杆对模型施加测试自由度方向上的瞬间扰动,使模型进入有航速下的自由衰减运动状态进行测试。

对于水面状态试验,人工扰动一般不会对除测试自由度以外自由度方向上的运动产生较大的干扰。但是,对于水下状态试验而言,情况会有所不同,如进行自由横摇试验时,一般的做法是将向下的扰动力施加于外突出于主体的艏舵,使模型产生横摇,但此时也对模型施加了垂向力和纵倾力矩,模型的水下稳性高较小且处于定深控制的过程中,垂直面的突然施扰,极易造成模型的纵倾和潜深的控制超调。因此,应该尽量采用水平施扰的方式进行试验,如可向模型围壳顶端施加横向的瞬时扰动力。

3. 水面状态耐波性试验

(1)有航速试验

将模型调试为与实船水面状态一致的相似属性。试验过程中,模型的螺旋桨转速按标定好的相应直航速度设定,艏、艉升降舵始终处于零位,采用方向舵自动控制模型的艏向,当船模速度与艏向稳定后,释放模型,数据记录的时长满足后处理需求后,停止试验,通过拉紧艏、艉软绳实现模型的制动。试验内容包括规则波试验与不规则波试验。

规则波试验用于获取潜艇在指定测试航速和浪向角状态下的幅频响应算子,简写为RAO(response amplitude operator)。试验时,波长范围通常为0.3~4.0倍的模型长度,波高应满足微幅线性波假设条件,一般按波陡值的1/50设定波高值。对于每个航速和每个浪向角,波长的个数不宜少于9个,且在共振点附近要适当加密试验点。每个航次试验有效记录的连续振荡次数应不少于10次。

在进行某一航速下的测试时,使船模在一系列频率的规则波中航行,并同步记录横倾角、纵倾角、垂向加速度等数据。实际试验时，驱动造波设备，由低频到高频，逐一造出二元规则波。在完成一个频率的试验后，等待池端消波器将该次试验的波消除后再进行下一个频率的试验。规则波波高、周期等数据采用定点浪高仪的实测结果。

不规则试验主要用于直接预报潜艇在较为真实的海况下的运动响应，概率事件特别是稀少概率事件的发生情况。由于目前水池能够制造出的短峰波的有效范围较小，现阶段主要开展的是不同航速和浪向角下的长峰不规则波试验。

当有实测波谱资料时，应模拟实测波谱；当无实测波谱资料时，可按 ITTC 双参数谱或 JONSWAP 谱进行模拟，这两个典型海况的能量谱密度表达式如以下各式所示。

ITTC 双参数谱表达式为

$$S(\omega)=\frac{173\zeta_{w1/3}}{T_1^4\omega^5}\exp\left(-\frac{691}{T_1^4\omega^4}\right) \tag{5-9}$$

式中　$\zeta_{w1/3}$——波浪有义波高，m；

T_1——波浪平均周期，s；

ω——波浪圆频率，rad/s。

在用有义波高和谱峰周期为特征参数表达 ITTC 双参数谱时，式(5-9)中的平均周期与谱峰周期 T_p 之间的关系为

$$T_1=0.772T_p \tag{5-10}$$

JONSWAP 谱表达式为

$$S(\omega)=\frac{155\zeta_{w1/3}}{T_1^4\omega^5}\exp\left(-\frac{944}{T_1^4\omega^4}\right)\cdot\gamma^{\exp\left\{-\left(\frac{0.19T_1-1}{\sqrt{2}\sigma}\right)^2\right\}} \tag{5-11}$$

式中　γ——谱峰升高因子；

σ——谱峰形状因子，表达式为：

$$\sigma=\begin{cases}0.07 & \omega\leqslant\dfrac{5.24}{T_1}\\ 0.09 & \omega\geqslant\dfrac{5.24}{T_1}\end{cases} \tag{5-12}$$

在用有义波高和谱峰周期为特征参数表达 JONSWAP 谱时，式(5-11)中的平均周期与谱峰周期 T_p 之间的关系为

$$T_1=0.834T_p \tag{5-13}$$

不规则波浪试验测试前，需要对波谱进行标定，使得试验波浪的参数满足技术要求。采用线性迭代方法，修正造波板位移信号，得到满足精度要求的波浪谱。

不规则波试验时，运动信号的采样时间间隔需满足采样定理的最低要求，常用采样频率范围为 20 Hz~50 Hz。对于每个航速和浪向角，每航次试验有效记录的连续振荡次数应不小于 20 次，为得到足够个数的振荡用于数据分析，一般需要累计几个航次进行试验。各航次的积累有效振荡次数，用于运动响应的统计应不小于 200 次，用于概率事件的统计应不少于 400 次。

水面状态时，稀少概率事件一般包括螺旋桨出水、艏部甲板上浪、底部抨击和出水等。稀少概率事件的试验，应保持较长的不重复的波浪时间历程，对应的实船时间一般为 1 h

以上。

船模的艏向角、纵摇角、横摇角通过光纤罗经测量，各位置处的垂向加速度由单轴加速度计测量，光纤罗经属于数字信号传感器，通过串口与内测舱内的控制计算机通信，加速度计是模拟量信号传感器，通过信号线与控制计算机的 A/D 板卡连接，由工控机完成数据的同步融合采集。

(2)零航速试验

零航速时，自航模的方向舵没有舵效，因此不能采用自航的方式完成零航速耐波性试验。可以采用水面船模所用的普通升沉杆式的适航仪进行试验，但是此时升沉测量装置需要贯穿模型外壳，安装至模型的重心处。采用这种试验方法时，需要针对该试验状态专门设计模型的接口，模型的物理属性也需要额外专门设计与调试保证。因此，这种试验方式的模型通用性较差。

可以采用海洋工程(FPSO、半潜平台等)耐波性模型试验常用的水平系泊的测量方式，在不改变潜艇自航模装配方案的前提下实现零速 RAO 的测量。该种测量方式还可以获取无恢复力的纵荡、横荡与艏摇的幅频响应函数。

如图 5.7 所示，可将水面属性调试好的潜艇自航模，由四根加装同样刚度系数轻质弹簧的软绳对称水平布置系泊于水池中央。水平系泊线限制了模型在水平面的慢漂，但不影响其波频运动，弹簧刚度系数的选取原则如下：

$$\omega_k = \sqrt{\frac{k}{a}} \ll \omega_{0\min} \tag{5-14}$$

式中　a——模型及其附加质量之和；

ω_k——由弹簧刚度系数 k 决定的系泊系统的固有圆频率；

$\omega_{0\min}$——规则波试验中最小的波浪圆频率。

实际试验时，需满足 ω_k 小于 $\omega_{0\min}$5 倍以上，不规则波试验时，一般低于造波机不规则波的低频截止频率即可。

通常情况下，在一系列的规则波中进行模型试验，测得模型在某一自由度(如升沉)运动的幅值，由此得到各频率对应的 RAO 是正确可靠的。然而，这样进行试验不仅过程烦琐，而且需要反复补点以捕捉正确的峰值频率，使得试验周期变长，试验成本增加。

近年来，国际上先进的耐波性水池(如荷兰 MARIN、巴西 LABOCEANO)采用白噪声不规则波进行试验，以提高零航速试验的效率。白噪声波谱的不规则波浪，在实际的海洋环境中并不存在，其特点是在试验研究的频率范围内，造波机生成波浪的波能谱曲线基本上是平直的(图 5.8)，有效避免了采用“窄谱”试验时在高频和低频段 RAO 的失真。目前，白噪声试验中分析得到的 RAO 在相当宽广的频率范围都已被证实是正确可靠的，零航速耐波性试验通常采用以白噪声波谱不规则试验为主，以关键波频点的规则波试验作为补充、校验的测试方法，试验效率较单纯的规则波试验显著提高。

为获取准确的幅频响应函数，白噪声不规则波的有义波高不宜过大，通常取为 50～70 mm。为得到准确的运动谱，波浪与模型运动信号的采样要求与常规不规则试验一致，即用于谱分析的时域数据的记录长度，应至少有 200 次的完整振荡，并且采样的时间间隔需满足采样定理的要求。可见，对于尺度有限的耐波性水池而言，白噪声不规则波的试验方法只能较好地应用于零航速试验,对于有航速的 RAO 测量试验,仍以规则波试验作为主要测试手段。

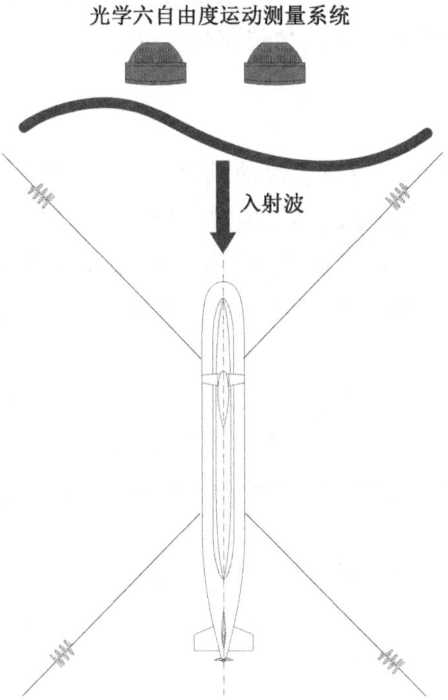

(a) 布置示意图

(b)Qualisys 六自由度测量系统

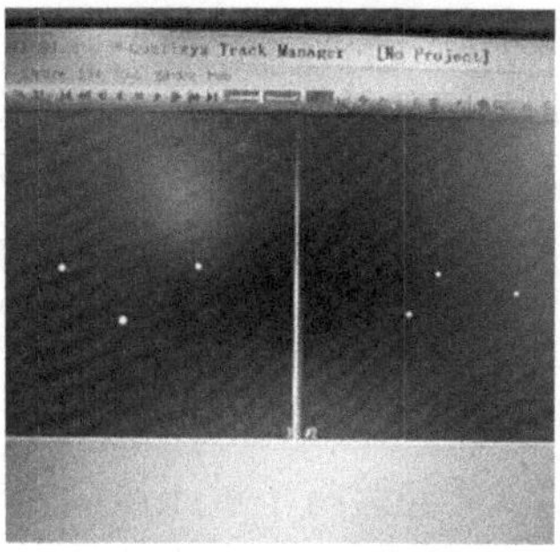

(c) 运动数据采集界面

图 5.7　水面状态零航速试验的布置与运动测量仪器

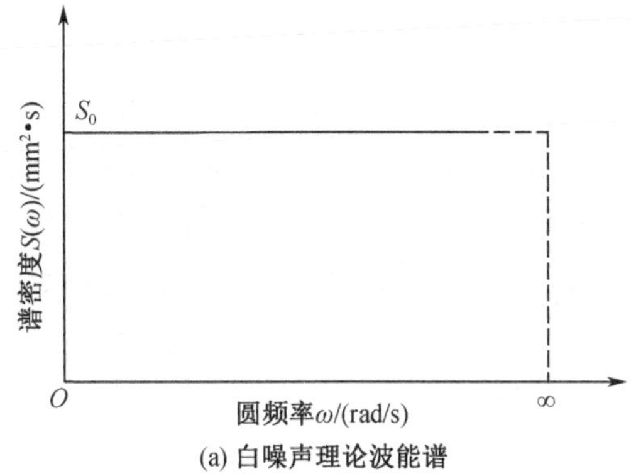

(a) 白噪声理论波能谱

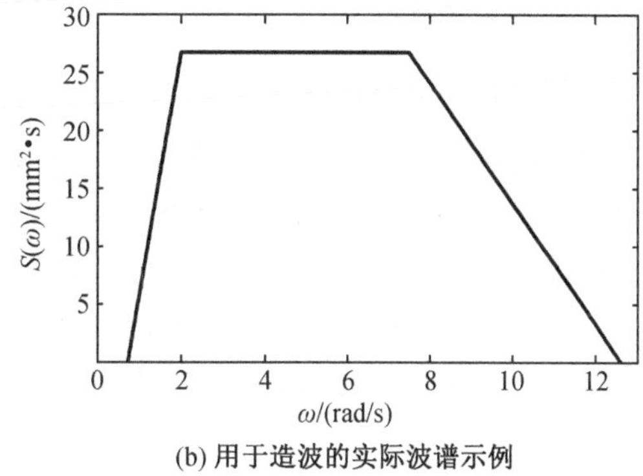

(b) 用于造波的实际波谱示例

图 5.8　白噪声不规则波波谱

对于模型运动数据的测量,可以采用海洋工程模型试验常用的光学非接触式运动测量系统,如图 5.7(b)(c)所示。非接触式光学运动测量系统使用高像素红外捕捉摄像头,跟踪测量固定在模型上的至少 3 个反光光球(称为标志),红外摄像机发出红外光照射到标志球上,标志球会将红外光反射,摄像机再次捕捉到,这样就记录到标志点随模型运动的准确三维空间坐标数据。视觉系统将识别和处理这些数据,系统定标后,相机连续拍摄被测物体的运动,并将图像序列保存下来,然后再进行分析和处理,识别其中的标志点,并计算其在每一瞬间的空间位置，进而得到模型的运动轨迹、速度、姿态角等运动学数据。目前，国内各水池较多采用瑞典 Qualisys 公司开发的 Marine Track 非接触式光学六自由运动测量系统，在 2 m×2 m 的测试区域内，线位移精度可达 0.2 mm，角位移精度可达 0.2°。

4. 近水面状态耐波性试验

对于近水面状态，现阶段利用自航模方法仅进行有航速的试验。模型调试至与实船水下均衡状态一致的相似属性。试验过程中，模型的螺旋桨转速按相应的试航试验标定结果设定，利用艏、艉升降舵自动控制模型的潜深，方向舵自动控制模型的艏向，但升降舵的操舵频率不宜过高，即依靠升降舵保持期望的平均深度，尽量使得模型在一阶波浪扰动力作用下依次波面做波频运动。

近水面状态试验数据的采集内容与水面状态有航速试验状态一致。规则波试验时，波高可较水面状态的波高适当提高，以便能够测得较为准确的运动参数。近水面状态不规则波试验预报的稀少事件一般包括通气管浮阀上浪、指挥室围壳顶端及围壳舵出水等，因定深不稳定而导致船体露出波面的“露背”现象不是稀少事件。

若近水面试验某航次发生船体垂直面定深运动不稳定而引起“露背”现象，则可以作为稳定性分析数据，对该航次的波频运动试验来说，需要依据实船近水面航行时额外的压载水量或前期试验经验将小量压铁（通常约为水下全排水量的 1%~2%）固定于模型水下全排水量的重心附近处，并增加试验次数。

5.1.5 试验数据的处理

1. 静水衰减试验

通过静水中的自由衰减试验，得到模型自由衰减时历曲线。以静水零速自由横摇为例，介绍数据处理方法。图 5.9 为 5.1.2 中潜艇模型水面状态零速自由横摇衰减曲线，图中峰值点以下标 $2n$ 作为标记，谷值点以下标 $2n+1$ 作为标记（$n=0,1,2,\cdots$），从图中横摇衰减曲线可以看出，横摇幅值是按指数规律随时间而衰减，相邻两个横摇峰值（如 φ_{A0}，φ_{A2}）或谷值（如 φ_{A1}，φ_{A3}）之间的时间间隔即为横摇的固有周期 $T_{\varphi0}$。

另外，依据线性横摇理论假设，从相邻峰、谷值半个周期的时间间隔内，横摇幅值的变化为

$$\left|\frac{\varphi_{A2n}}{\varphi_{A2n+1}}\right| = e^{-\nu\frac{T_{\varphi0}}{2}} = e^{-\mu\pi} \tag{5-15}$$

式中 φ_{A2n}、φ_{A2n+1}——相邻的峰值与谷值（$\varphi_{A2n}>\varphi_{A2n+1}$）；

ν——线性阻尼横摇衰减系数，单位 s^{-1}；

μ——线性横摇无因次衰减系数：

$$\mu = \frac{\nu}{\omega'_{\varphi}} \tag{5-16}$$

式中 ω'_{φ}——计及水阻尼后的横摇固有圆频率，其与无阻尼横摇固有圆频率 ω_{φ} 很接近：

$$\omega'_{\varphi} \approx \omega_{\varphi} \tag{5-17}$$

则由式（5-15）~（5-17）可得到

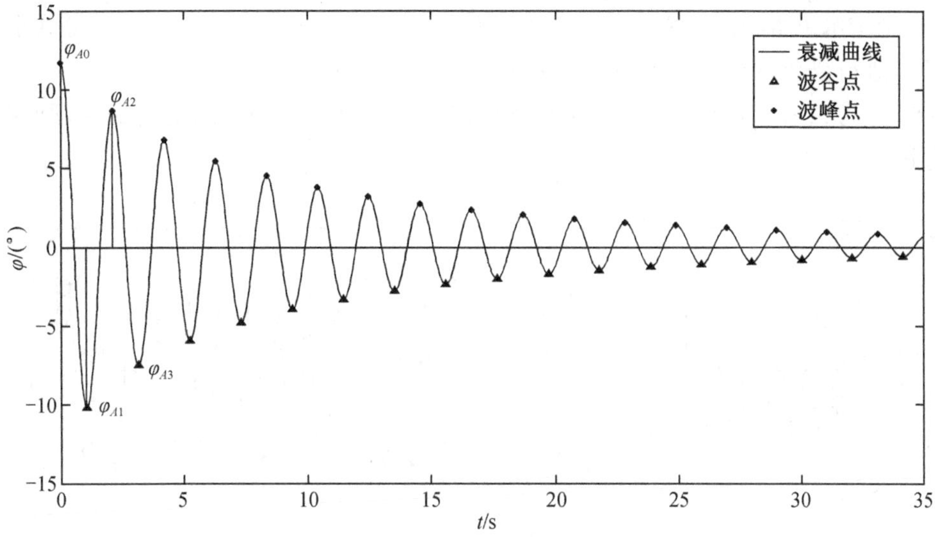

图 5.9　潜艇模型零速自由横摇衰减典型曲线

$$\mu = \frac{1}{\pi}\ln\left|\frac{\varphi_{A2n+1}}{\varphi_{A2n}}\right| \tag{5-18}$$

实际处理时,应编制程序求出图 5.9 中各峰值点(标记为 *)和谷值点(标记为△)数值及其对应时刻,固有周期 $T_{\varphi0}$ 应取为相邻峰值点(或谷值点)时间间隔的平均值,μ 应取为小角度横摇区间内,按式(5-18)所计算出每对相邻峰、谷值的无因次衰减系数的平均值。

2. 规则波试验

对规则波试验得到的各参数时历曲线相应于试验的平稳段,进行傅里叶分析,得到各自由度运动响应的主要频率成分。以各频率成分代表的波动项作为拟合基函数,采用最小二乘拟合方法,求出与遭遇频率一致频率成分的幅值,作为波频运动的响应幅值。对于近水面状态试验,纵摇角、升沉数据中一般含有定深操纵造成的极低频成分,可采用高通滤波处理后,再进行拟合求解。

(1)升沉幅值的测求方法

这里介绍一种测求自航模规则波试验时升沉幅值的实用方法。微幅规则波试验时,模型近似为线性系统,因此,波频运动的升沉曲线为简谐函数形式:

$$z = z_a \sin\left(\omega_e t + \varepsilon\right) \tag{5-19}$$

则垂向加速度为

$$\ddot{z} = -z_a \omega_e^2 \sin\left(\omega_e t + \varepsilon\right) \tag{5-20}$$

式(5-19)(5-20)中　z——波频升沉量;

z_a——波频升沉幅值;

$\ddot{z}$——波频升沉加速度;

ω_e——遭遇圆频率。

可见，微幅规则波激励时，升沉运动加速度与位移同频率，幅值是位移的 ω_e^2 倍。因此，可将模型全排水量重心处安装的单轴加速度计所测数据经重力及倾角修正后得到垂向加速度，之后进行谱分析与拟合，即可得到该频率下的升沉幅值。

图 5.10 为 5.1.2 中潜艇模型水面状态有航速迎浪试验重心处的垂向加速度曲线，图 5.11 为其谱分析的结果。

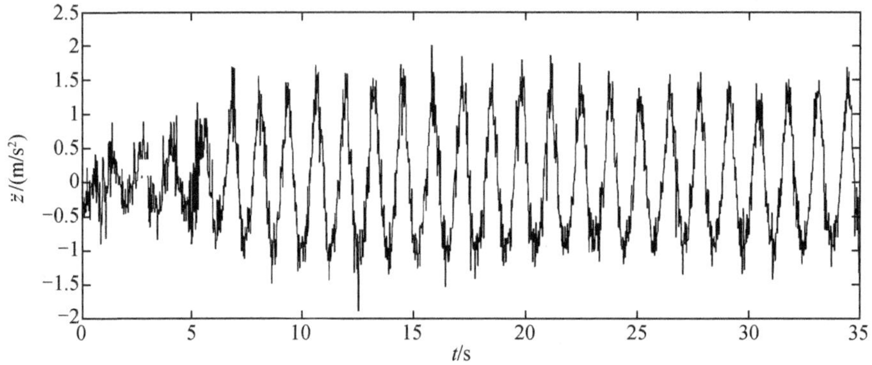

图 5.10　规则波中的垂向加速度曲线(波高 38 mm，ω_e=4.750 8 rad/s)

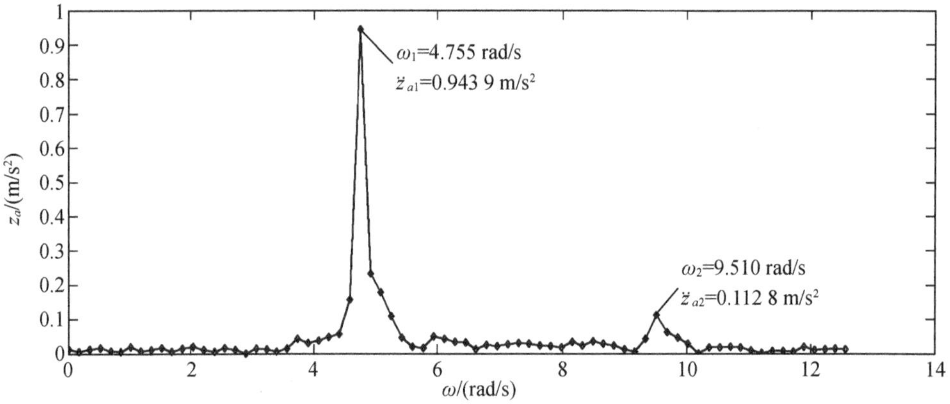

图 5.11　谱分析结果

由图 5.11 可以看到，垂向加速度数据的主要频率成分是与遭遇频率(激励)一致的基频和较小的倍频成分，与现有耐波性理论分析的结果相符。由时域采样频率和采样周期确定的频域内的最小频率在现实中不可能被实际的激励频率整除，因此会造成一定的频率泄露，导致分析给出的幅值较真值偏小，频率也会有微小的偏差。

为获得较为准确的波频响应幅值，可直接以真值基频波动项和倍频波动项作为拟合基函数：

$$\ddot{z} = A_1\sin\left(\omega_e t + \varepsilon_1\right) + A_2\sin\left(2\omega_e t + \varepsilon_2\right) + A_0 \tag{5-21}$$

式中　A_1、A_2、A_0、ε_1、ε_2——拟合待定系数，A_1 的拟合结果即为波频运动的幅值。

图 5.12 给出了图 5.10 中的平稳数据段按式(5-21)的拟合效果，主要拟合结果为：$A_1 = 1.101\ \text{m/s}^2$，$A_2 = 0.166\ 3\ \text{m/s}^2$。获取规则中升沉波频加速度幅值后，即可按式(5-20)

计算出波频升沉的幅值 z_a。

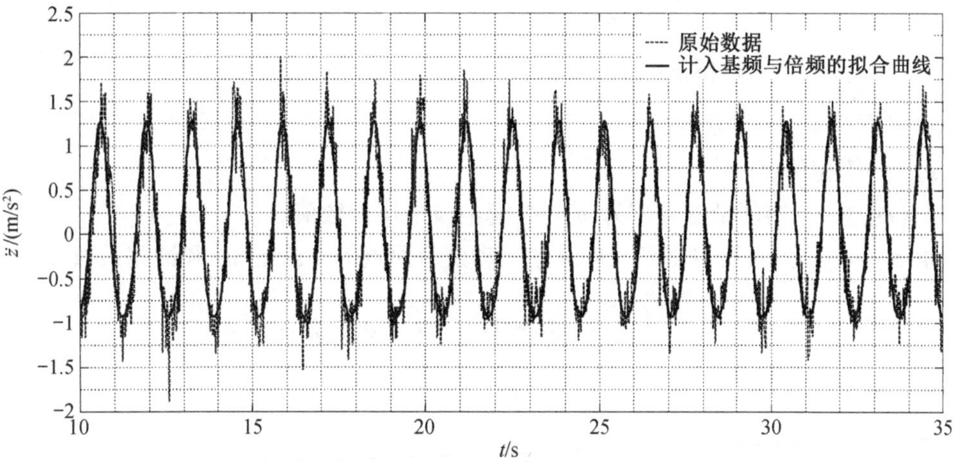

图 5.12 模型重心处升沉加速度测量数据的最小二乘法拟合结果

上述的分析与拟合方法,同样适用于自航模其他自由度运动数据幅值的处理。

(2)试验数据的表达方法

规则波试验结果以幅频响应算子函数 RAO 曲线的形式表达,一般以入射波浪的无因次圆频率 $\omega_0\sqrt{gL}$ 为横坐标(ω_0 为实尺度波浪圆频率,L 为实船船长),以响应结果为纵坐标绘制响应曲线。现阶段规则波试验各方向运动响应的具体表达形式如表 5.2 所示。

表 5.2 规则波试验各运动响应具体表达式

序号	名称	表达式	备注
1	纵荡振幅/波幅	x_a/ζ_a	水面状态零航速试验
2	横荡振幅/波幅	y_a/ζ_a	
3	艏摇振幅/波倾角振幅(无因次)或 艏摇振幅/波幅(有因次)	$\psi_a/k\zeta_a$ 或 ψ_a/ζ_a	
4	升沉振幅/波幅	z_a/ζ_a	水面、水下各航速状态全部试验
5	纵摇振幅/波倾角振幅(无因次)或 纵摇振幅/波幅(有因次)	$\theta_a/k\zeta_a$ 或 θ_a/ζ_a	
6	横摇振幅/波倾角振幅(无因次)或 横摇振幅/波幅(有因次)	$\varphi_a/k\zeta_a$ 或 φ_a/ζ_a	
7	无因次加速度	$AL/g\zeta_a$	

利用各自由度运动的幅频响应函数,结合相关海浪谱,可以获取潜艇在不规则波中的运动谱,从而可以进行潜艇在中等海况下运动统计特性的预报。

例如：对于以 θ_a/ζ_a 为表达的纵摇 RAO，实船纵摇的运动谱为

$$\begin{cases} \text{RAO}_{(\theta_a/\zeta_a)s}(\omega_{es}) = \dfrac{1}{\lambda}\text{RAO}_{(\theta_a/\zeta_a)m}(\omega_{em}) \\ S_{\theta s}(\omega_{es}) = [\text{RAO}_{(\theta_a/\zeta_a)s}(\omega_{es})]^2 S_{\zeta s}(\omega_{es}) \end{cases} \tag{5-22}$$

式中　第二下标 s——实船值；

m——模型值；

$S_{\zeta s}(\omega_{es})$——实船遭遇频率为 ω_{es} 时，海浪波能谱函数值。

获取 $S_{\zeta s}(\omega_{es})$ 之后，可以得到实船纵摇运动谱对原点的 n 阶矩 m_n 和谱宽系数 ε：

$$m_n = \int_0^\infty \omega_{es}^n S_{\theta s}(\omega_{es}) d\omega_{es} \quad n = 0,1,2,\cdots \tag{5-23}$$

$$\varepsilon = \sqrt{1 - \frac{m_2^2}{m_0 m_4}} \tag{5-24}$$

当谱宽系数 ε>0.4 时，需要对运动谱的零次矩进行修正：

$$m_0' = \left(1 - \frac{\varepsilon^2}{2}\right) m_0 \tag{5-25}$$

从而可以得到以下常用的预报结果：

平均纵摇幅值 $=1.25\sqrt{m_0'}$；

有义纵摇幅值 $=2.00\sqrt{m_0'}$；

十分之一纵摇幅值 $=2.55\sqrt{m_0'}$；

平均过零周期 $=2\pi\sqrt{\dfrac{m_0}{m_4}}$。

实际计算时，定积分可以采用梯形法则计算，频率区间可取 0.15~3.0 s^{-1}，频率间隔可取 0.05 s^{-1}。

3. 不规则波试验

(1) 功率谱密度函数的计算[3]

注意以下过程非严格的数学推导，目的仅为更好地理解功率谱密度函数的求取过程。

以求取波浪谱为例，入射不规则波 $\zeta(t)$ 的傅里叶变换为

$$Z(\omega) = \int_{-\infty}^{+\infty} \zeta(t) e^{-j\omega t} dt \tag{5-26}$$

式中，j 为虚数单位。

如图 5.13 所示，设入射不规则波截尾时距为 T，则入射不规则波的功率谱密度函数的定义为

$$S(\omega) = \lim_{T\to\infty} \frac{1}{\pi T} |Z(\omega)|^2 \tag{5-27}$$

目前广泛采用离散傅里叶变换（discrete Fourier transform，DFT）方法求取波浪或运动时历的功率谱密度函数。设入射不规则波时域采样的时间间隔为 Δt，采样点个数为 N（取为

偶数)，则式(5-26)的离散形式为

$$Z(k\Delta\omega)=\sum_{i=0}^{N-1}\zeta(i\Delta t)\mathrm{e}^{-\mathrm{j}\frac{2\pi ki}{N}}\Delta t,\ k=0,1,2\cdots \tag{5-28}$$

式(5-28)中，$\Delta\omega$ 为频率分辨率。

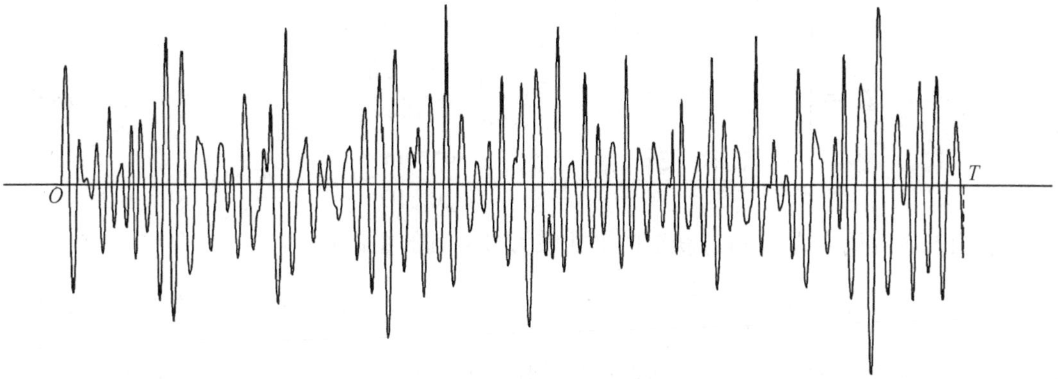

图 5.13　不规则波在 0~T 时间内的截断

时域数据记录的总时间长度为 T，$T=N\Delta t$，这是组成波的最大周期，其频率为 $f=\dfrac{1}{N\Delta t}$，是离散傅里叶分析所能检测到的最小频率。因此：

$$\begin{cases}\Delta\omega=\dfrac{2\pi}{N\Delta t}\\ \omega t=k\Delta\omega\cdot i\Delta t=\dfrac{2\pi ki}{N}\end{cases} \tag{5-29}$$

由采样定理及离散傅里叶变换理论可知，由于离散截断，离散傅里叶分析能检测到的最大频率为采样频率的 1/2，即 k 的最大值只能取到 $2/N$，故式(5-28)的完整表述应为

$$Z(k\Delta\omega)=\sum_{i=0}^{N-1}\zeta(i\Delta t)\mathrm{e}^{-\mathrm{j}\frac{2\pi ki}{N}}\Delta t,\ k=0,1,2,\cdots,\frac{N}{2} \tag{5-30}$$

因此，式(5-27)的离散形式为

$$S(k\Delta\omega)=\frac{\Delta t}{\pi N}\left|\sum_{i=0}^{N-1}\zeta(i\Delta t)\mathrm{e}^{-\mathrm{j}\frac{2\pi ki}{N}}\right|^2,\quad k=0,1,2,\cdots,\frac{N}{2} \tag{5-31}$$

可见，若将 $i\Delta t$ 记为 i，即将 $\zeta(i\Delta t)$ 记为离散序列 ζ_i，$k\Delta\omega$ 记为 k，则 $\sum\limits_{i=0}^{N-1}\zeta(i\Delta t)\mathrm{e}^{-\mathrm{j}\frac{2\pi ki}{N}}$ 可改写为

$$Z_k=\sum_{i=0}^{N-1}\zeta_i\mathrm{e}^{-\mathrm{j}\frac{2\pi ki}{N}} \tag{5-32}$$

式(5-32)即为 Matlab、Origin 等常用数学工具软件中离散傅里叶变换的标准形式，利用软件即可快速获取结果。但是，数学软件中将 k 的取值定为 $0,1,2,\cdots,N$，复序列 Z_k 对应于离散圆频率 $\dfrac{2\pi}{N\Delta t}\cdot\left(-\dfrac{N}{2}+1\right),\dfrac{2\pi}{N\Delta t}\cdot\left(-\dfrac{N}{2}+2\right),\cdots,-\dfrac{2\pi}{N\Delta t},0,\dfrac{2\pi}{N\Delta t},\cdots\dfrac{2\pi}{N\Delta t}\cdot\left(\dfrac{N}{2}-1\right),\dfrac{\pi}{\Delta t}$，即通常所谓

的双侧变换,实际利用工具软件求解式(5-30)时应注意双侧谱密度与单侧谱密度的数量关系。

为减小频率泄露效应,需要对时域数据进行加窗处理,通常取余弦数据窗函数,对数据序列做余弦削尖,即建立一个新的数据序列 ζ_i',使得

$$\zeta_i' = \begin{cases} \zeta_i \cos\left(\dfrac{\pi}{2} - \dfrac{5\pi i}{N}\right) & i = 0,1,\cdots,\dfrac{N}{10} \\ \zeta_i & \dfrac{N}{10} < i < \dfrac{9N}{10} \\ \zeta_i \cos\left[\dfrac{\pi}{2} - \dfrac{5\pi}{N}(N - i)\right] & i = \dfrac{9N}{10},\dfrac{9N}{10} + 1,\cdots,N - 1 \end{cases} \tag{5-33}$$

将式(5-33)代入式(5-31)获取的谱曲线为带毛刺的粗谱:

$$S'(k) = \frac{\Delta t}{\pi N \cdot 0.875}\left|\sum_{i=0}^{N-1} \zeta_i e^{-j\frac{2\pi k i}{N}}\right|^2, \quad k = 0,1,2,\cdots,\frac{N}{2} \tag{5-34}$$

式(5-34)中系数 0.875 是由于对数据做余弦削尖处理后使数据方差变小而引入的修正系数。粗谱是高分辨率的,也是不光滑的,为得到较光顺的谱密度曲线,对于粗谱还要进行平滑处理,通常采用频率平滑方法。频率平滑方法是对以某一 k 为中心的频率,取其 L 个谱值进行平均,并将平均后的值作为该频率的谱值,表示为

$$S(k) = \frac{1}{L}[S'(k) + S'(k + 1) + \cdots + S'(k + L - 1)] \tag{5-35}$$

图 5.14 以白噪声不规则为例给出了经修正造波后的实测波谱的求解结果与目标谱的对比。

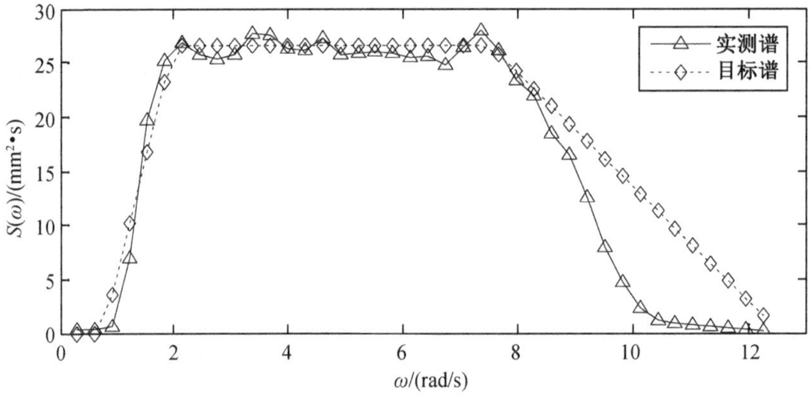

图 5.14　水池造波机生成的白噪声不规则实测波谱的计算结果(有义波高 65 mm)

(2)白噪声不规则波试验 RAO 的计算

对于白噪声不规则试验,对测量得到的模型各自由度运动的时域曲线进行功率谱密度函数,得到运动谱密度。依据线性系统理论,某一运动自由度的 RAO 可按下式计算:

$$\mathrm{RAO}(\omega_i) = \sqrt{\frac{S_{运动谱}(\omega_i)}{S_{波浪谱}(\omega_i)}} \tag{5-36}$$

式中，$\omega_i=\dfrac{2\pi i}{N\Delta t}$，其中，$i=0,1,2\cdots,\dfrac{N}{2}$，$N$ 为数据样本点的个数(偶数)，Δt 为时域采样的时间间隔。

对于纵摇、横摇和艏摇而言，由式(5-36)计算得到的 RAO 为有因次的角振幅/波幅的形式。

(3)海况不规则波试验的结果表达

海况下不规则波试验结果的分析，可采用时域分析和频域分析两种方法。时域分析依据不规则波或响应记录的时间历程做统计分析，可求得平均值、有义值、最大值等。频域分析根据试验记录的时间历程数据采用如上所述的谱分析方法进行分析。

不规则波中试验结果的表达宜给出波浪及运动谱形图、时域和频域分析统计值，包括有义幅值、平均周期等，且结果均需换算至实船尺度。耐波性事件一般以频度的形式表达，并换算至实尺度，例如“次/小时”。

5.1.6　典型试验结果举例

以 5.1.2 中所述的潜艇自航模开展的耐波性试验为例，给出相关的典型试验曲线与试验结果分析。

1. 试验内容与工况

该自航模主要开展了水面状态和近水面状态的规则波试验，并且在水面状态试验中，对比了不同吃水的影响，试验工况如表 5.3 所示，图 5.15 和 5.16 分别给出了水面状态和近水面状态的试验场景。

表 5.3　潜艇模型耐波性试验工况(参数以实船值表述)

吃水状态	试验内容	浪向/(°)	航速/kn
正常吃水(6.15 m)	静水横摇自由衰减	—	0
	规则波中运动测试	180	0、4、10
		135	0、4、6、10
		90	0、4、10
		45	4、10
		0	0、4、10
改变吃水Ⅰ(5.95 m)	规则波中运动测试	180	10
改变吃水Ⅱ(5.75 m)	规则波中运动测试	180	10
近水面状态	静水横摇自由衰减	—	0
	规则波中运动测试	180	10
		135	10
		90	10

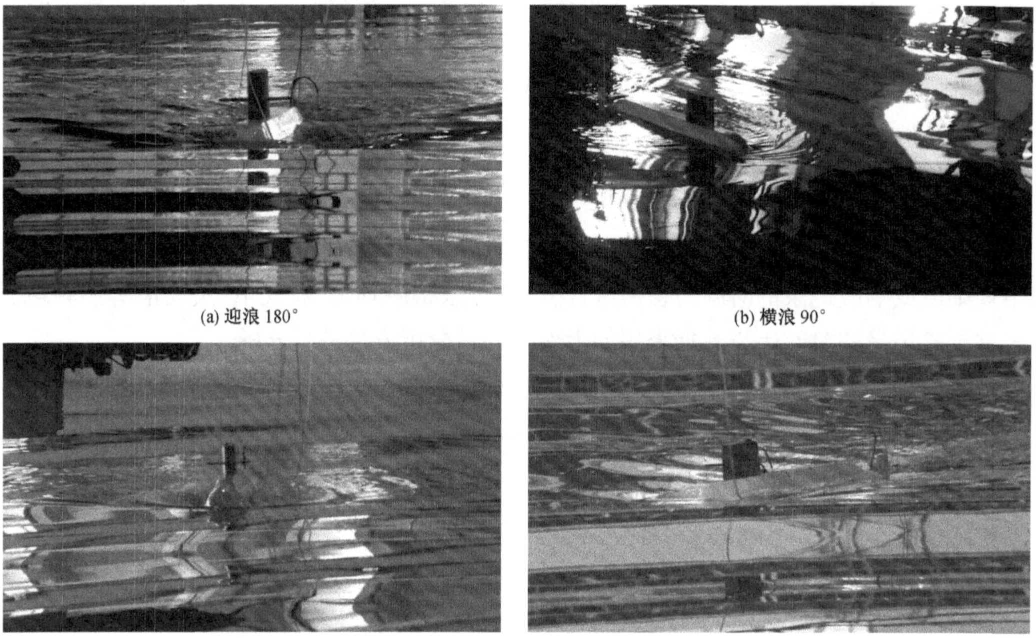

(a) 迎浪 180°　　(b) 横浪 90°

(c) 艏斜浪 135°　　(d) 艉斜 45°

图 5.15　水面状态规则波试验场景

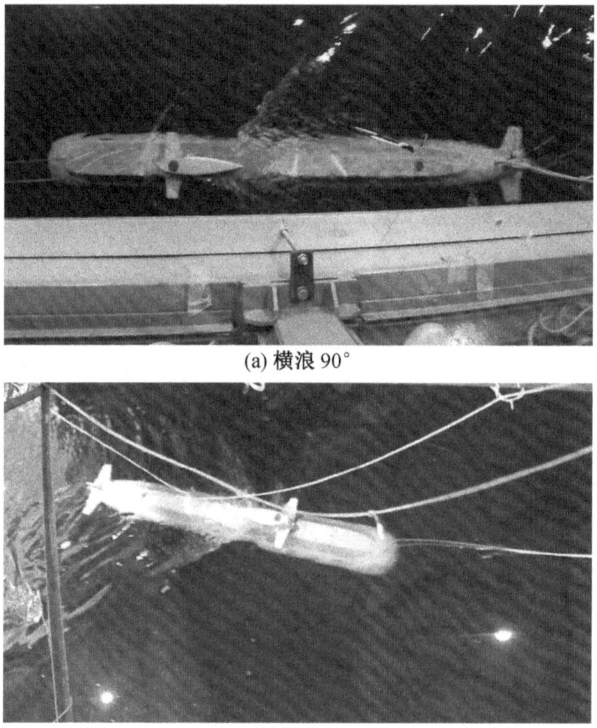

(a) 横浪 90°

(b) 艏斜浪 135°

图 5.16　近水面状态规则波试验场景(随车拍摄)

2. 典型试验曲线与结果分析

水面状态的试验结果分别以迎浪 180°和横浪 90°为例,给出主要参数的 RAO 曲线,如图 5. 17~5. 19 所示。

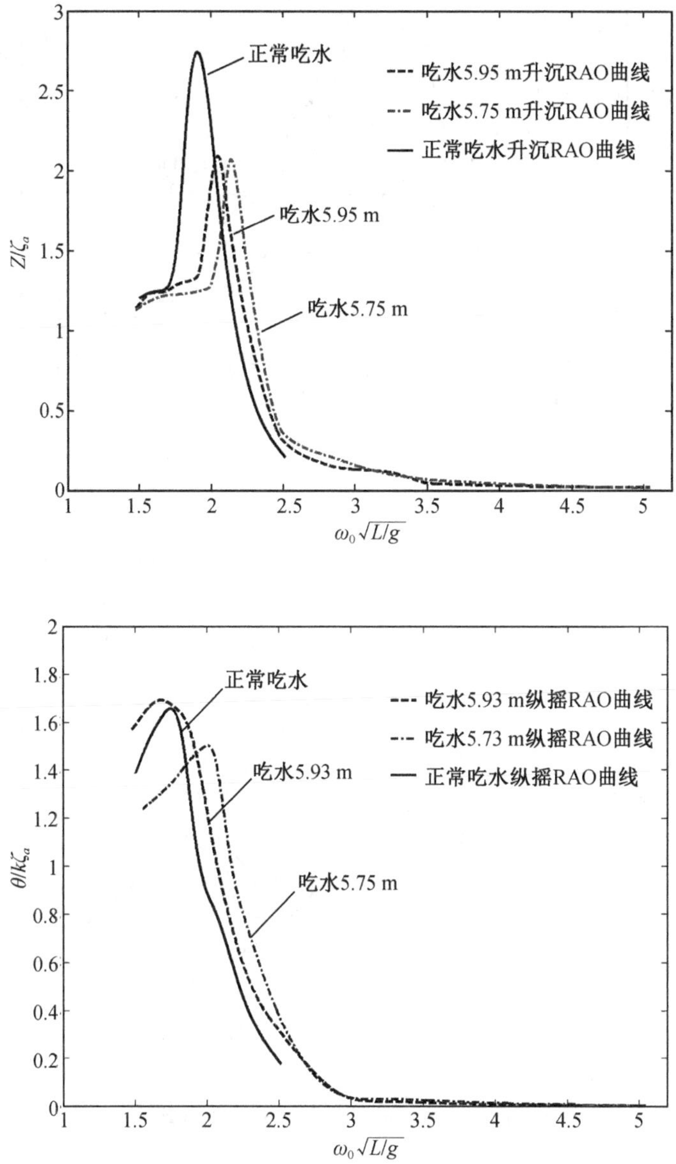

图 5. 17　吃水对水面迎浪 180°状态的影响

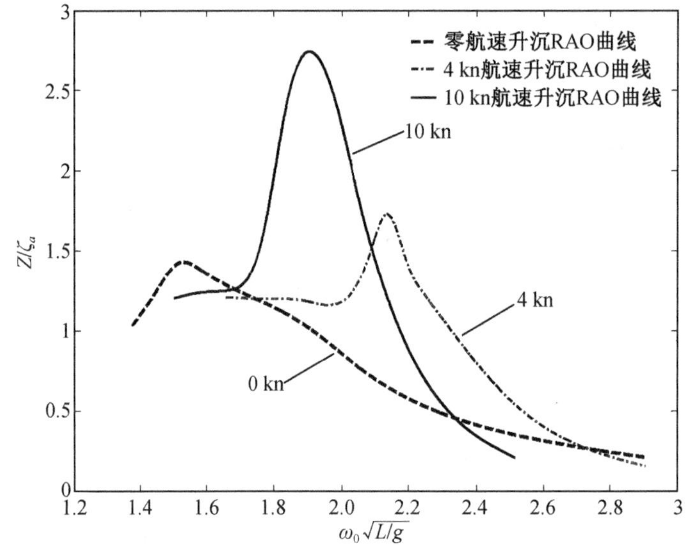

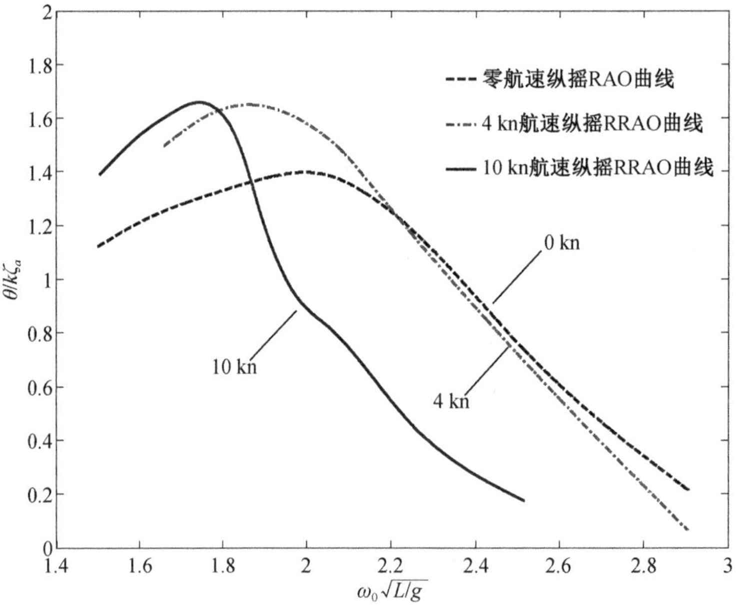

图 5.18　航速对水面迎浪 180°状态的影响

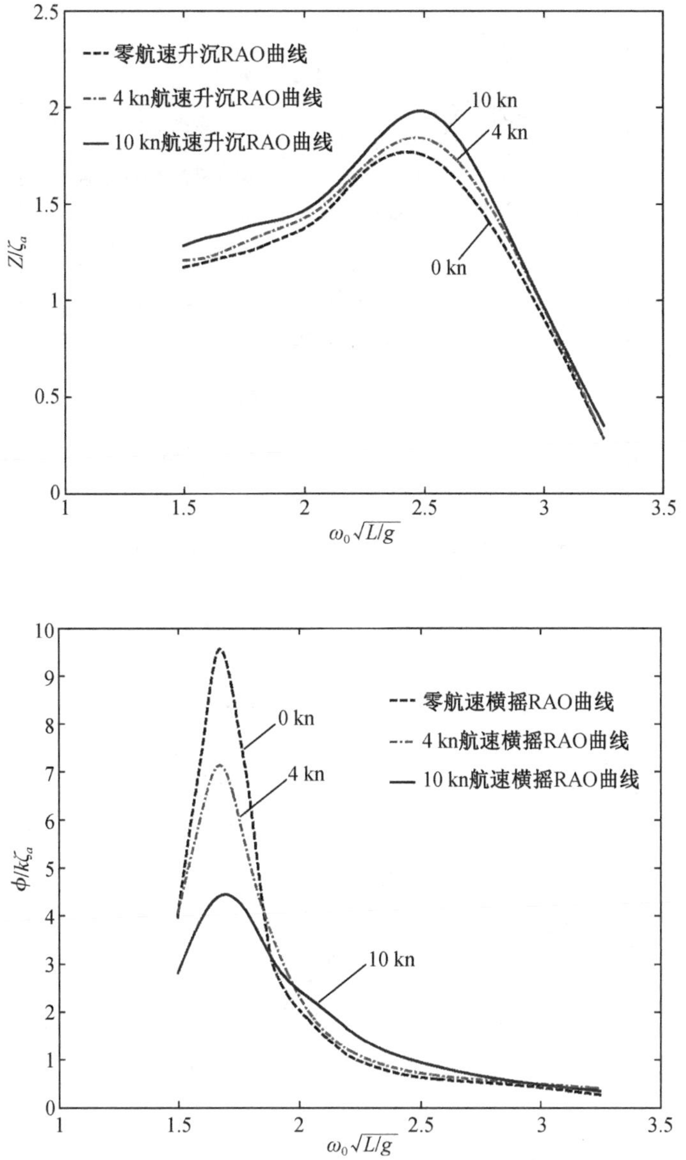

图 5.19　航速对水面横浪 90°状态的影响

近水面状态的试验结果也分别以迎浪 180°和横浪 90°为例，给出主要参数的 RAO 曲线，如图 5.20~5.21 所示。

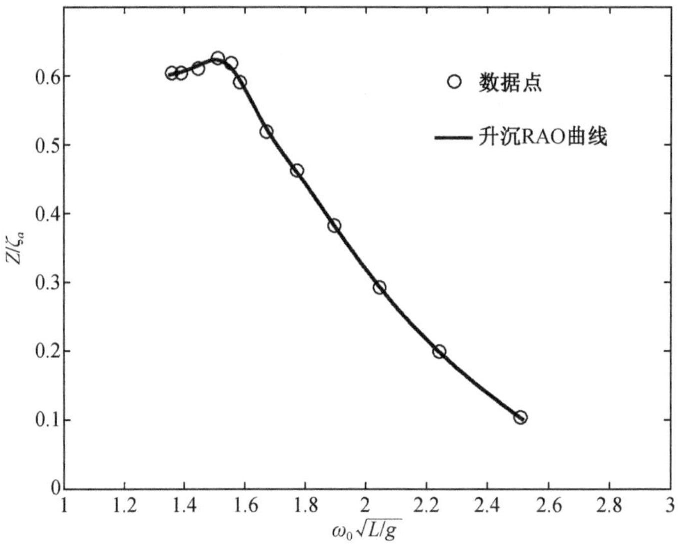

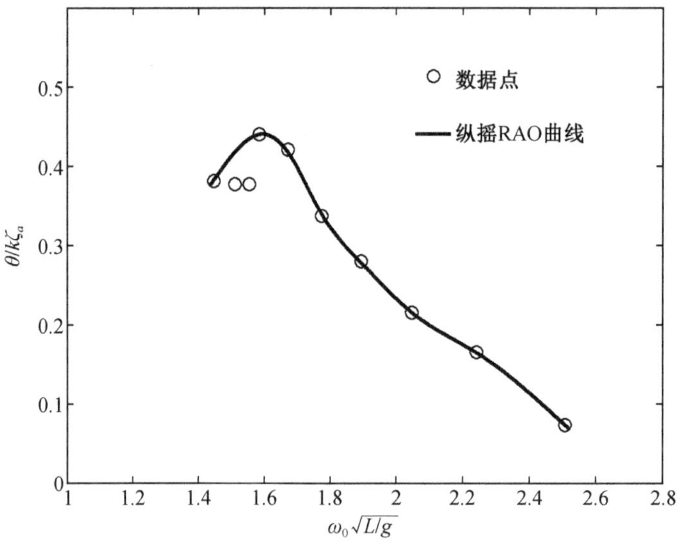

图 5.20　近水面迎浪 180°状态的升沉与纵摇 RAO 曲线

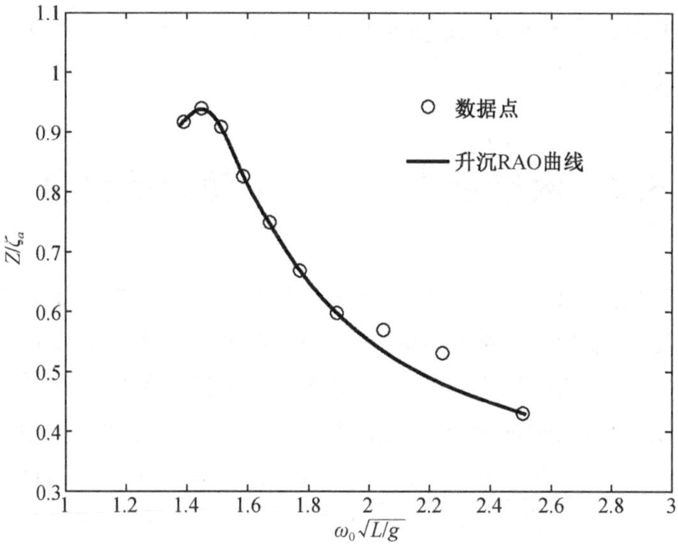

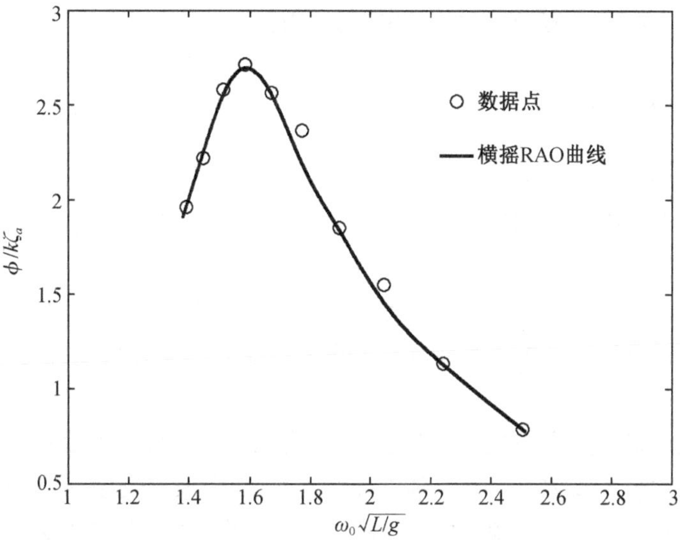

图 5.21　近水面横浪 90°状态的升沉与横摇 RAO 曲线

通过以上的对比曲线，可得本试验研究潜艇的耐波性规律：

（1）水面迎浪航行时，吃水越大，潜艇在共振区域内的升沉运动响应越大，且峰值点向高频区移动，吃水 5.95 m 升沉峰值较吃水 5.75 m 增大了 1.06%，正常吃水升沉峰值较吃水 5.75 m 增大了 32%。

（2）水面迎浪航行时，航速越大，潜艇纵摇及升沉运动的响应峰值越大，且峰值点向高频区移动，4 kn 航速纵摇峰值较零航速纵摇峰值增大了 18.2%，10 kn 航速纵摇峰值较零航速纵摇峰值增大了 18.9%，4 kn 航速升沉峰值较零航速纵摇峰值增大了 23.6%，10 kn 航速纵摇峰值较零航速纵摇峰值增大了 91.4%。

（3）水面横浪航行时，航速越大，横摇响应峰值越小，升沉的响应峰值越大。

(4)近水面的波频幅值响应显著小于水面状态,低频段响应值的趋近值为小于 1 的常数,这与潜艇依次波面做波频运动的现象是吻合的。但是,横浪状态时,升沉和横摇响应较水面状态的削弱程度小于迎浪。

5.2 潜艇近水面状态水动力的测量

波浪中近水面主要对潜艇的垂直面运动产生影响,使得潜艇可能出现定深不稳定问题。现阶段将潜艇波浪中近水面航行时所受到的水动力按静水中近水面自由液面影响下的水动力与波浪作用力的线性组合计算[4]。静水中自由液面影响主要表现为文丘里效应和兴波对深水状态水动力系数的影响。波浪作用力主要由一阶波频波浪力和二阶平均波浪力组成。近水面的水动力系数值、一阶波浪力和二阶平均波浪力均可由相应的模型试验获取。本节主要对静水近水面水动力系数和规则波中二阶平均波浪力的测量方法做一简介。

5.2.1 静水近水面状态水动力系数的测量

1. 模型的支撑方式

静水近面直航定深航行时,自由水表面是一界面,潜艇和自由表面之间有水的加速流动,而流体的动压力比静水小,船体上、下部表面的压差便产生向上的水动力(吸力),这就是文丘里效应。吸力随下潜深度的增加呈指数规律衰减。

另一方面,潜艇静水近水面航行时,会对静水面产生兴波扰动,随着潜深的增加,兴波亦呈指数规律衰减。可见,潜艇近水面水动力系数的改变是文丘里效应与兴波共同影响的结果。

因此,与通气管状态阻力、自航试验的情况一致,进行静水近水面水动力测量试验时,模型也必须正装,常用的支撑方式有双剑支杆背支撑、单剑支杆背支撑和艉支撑三种,为下面内容的表述方便,将双剑和单剑支撑的示意图再次绘出,如图 5.22 所示。

艉支撑的方式在之前相关章节中已有介绍,该种类型的支撑方式虽然干扰较小,但是不能进行带桨状态的测量试验,模型较大时也易出现有害的抖动,多用于小尺度模型的原理性研究。采用单剑背支撑方式试验时,单剑支杆由模型的围壳深入内部与内置测力天平连接,支杆干扰小于双剑情况,但是单支杆的支撑刚度较小,并且难于实现模型的纯俯仰运动,多用于之前介绍过的试验航速不高的通气管状态快速性试验和后面将介绍的全拘束状态的波浪力测量试验。目前,测求静水近水面带桨状态的水动力系数时,仍然较多使用垂直型平面运动机构结合双剑支杆的背支撑方式,当所用机构的支杆间距较小时,可以采用将前支杆后移至由模型的围壳处深入,如图 5.22(b)所示。

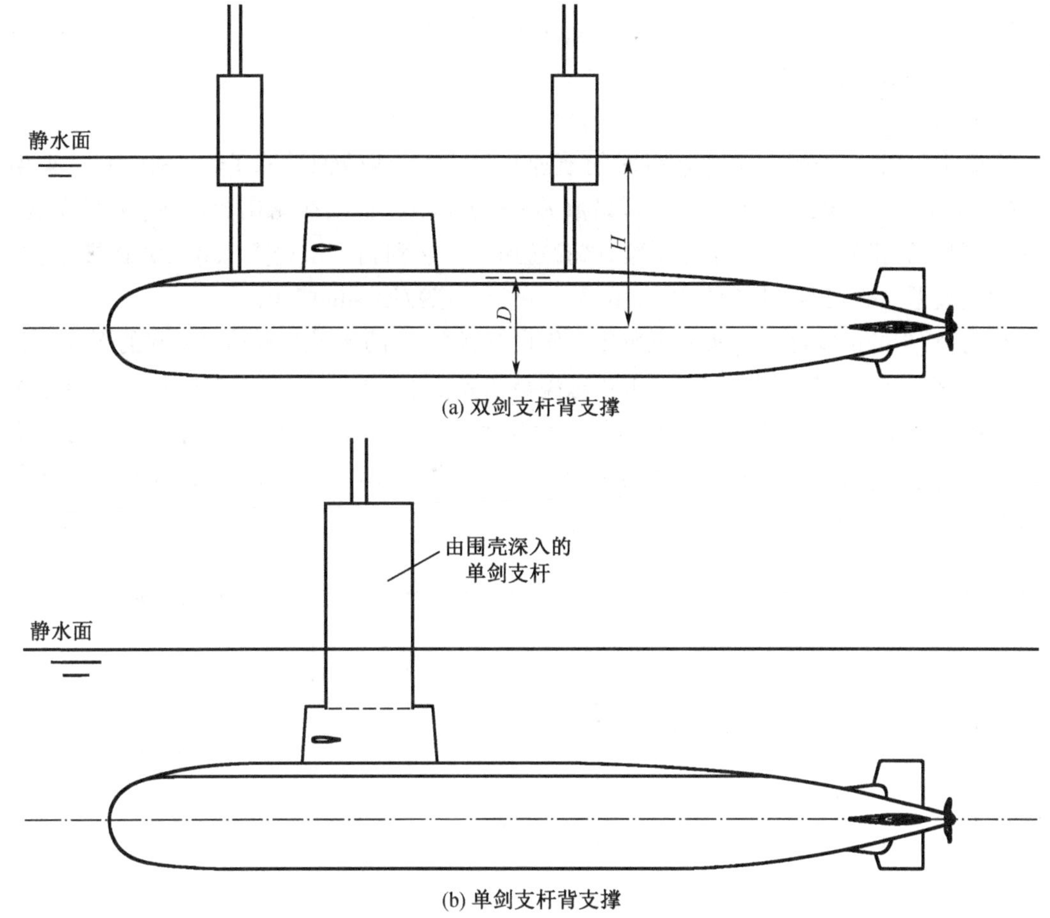

图 5.22　静水近水面水动力系数测量试验模型的支撑方式

2. 试验方法

(1)试验参数的选取

潜艇静水近水面航行时,存在文丘里效应与兴波。文丘里效应与兴波均属于惯性力与重力占主导的动力学行为,所以模型与实船之间需要遵循弗劳德 Fr(Froude number)相似率。进行静水近水面水动力系数测量试验时,需要首先计算实船以近水面典型航速航行时的弗劳德数 Fr,按模型与实船弗劳德数相等,确定模型试验的航速。

如前所述,兴波影响随潜深 H(潜艇主体轴线至静水面距离,如图 5.22(a)中所示)呈指数规律衰减。理论计算表明:对于常规尺度的潜艇,潜深 H 与潜艇主体最大直径 D 之比大于 3.0 以上时,已无明显的自由面和兴波效应。具体试验时,通常在 $H/D=1.0\sim3.0$ 范围内选取 5~6 个潜深状态进行水动力系数测量试验,用于考察潜深对水动力系数的影响。模型螺旋桨的转速通常与按实船通气管状态而定的自航点确定。

(2)数据的处理与表达

依据指数衰减的理论假设,通常将不同潜深试验测得的水动力系数拟合成如下的表达形式：

$$C = A_0 + A_1 e^{-H/A_2} \quad (5-37)$$

式中　C——水动力系数；

A_0、A_1、A_2——拟合系数。

需要指出的是，潜艇近水面航行时的航速较低，通常弗劳德数 $0.1 \leqslant Fr \leqslant 0.15$。采用 5 m 级模型按 $Fr=0.15$ 进行试验时，雷诺数 Re 约为 5×10^6，而实船雷诺数仍在 10^8 的量级。可见，按弗劳德相似开展的近水面试验，试验航速并未达到临界雷诺数 1.0×10^7 的要求，为使得测试数据能够较准确地应用于实船，需要进行雷诺数影响的修正。

目前，常用的试验修正方法如下所述。假设雷诺数 Re 的差异对水动力系数的影响不随潜深而变化。基于这个假设，利用深水状态满足临界雷诺数要求的高航速试验结果与深水状态遵循弗劳德相似的低航速试验结果之差，作为雷诺数影响的修正量，将各深度的试验结果均按此增量进行修正，相当于试验结果曲线进行了"深水"差值的平移。图 5.23 给出了某艇近水面变攻角试验垂向力系数曲线修正的示意。

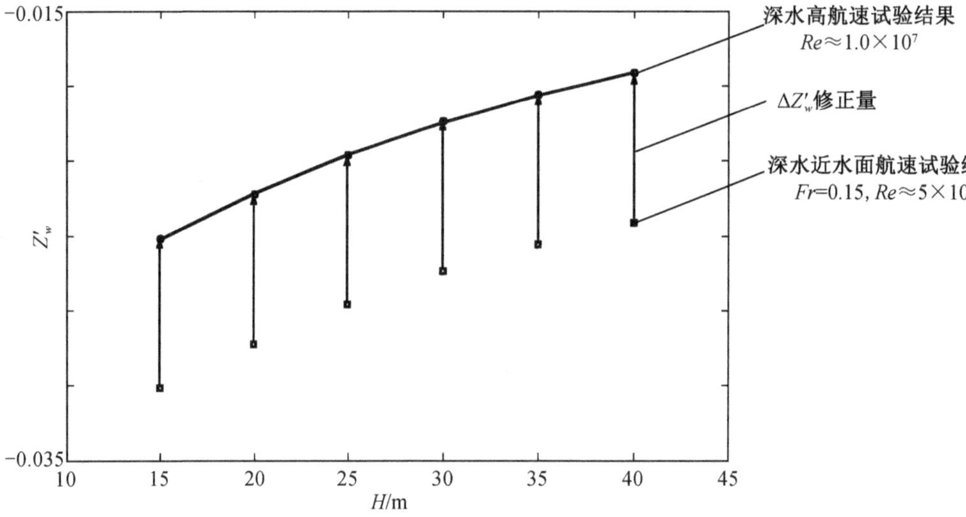

图 5.23　静水近水面水动力系数测量结果的修正示意

5.2.2　规则波近水面波浪力测量技术简介

现阶段的潜艇耐波性理论将近水面波浪作用力量化为波频波浪力（一阶波浪力）与二阶平均波浪力之和。

一阶波浪力频率与入射波的频率一致，是波高、浪向、水深和航速的函数，一般仍以幅频响应算子函数表示，并采用潜艇长度 L、最大直径 D 和入射波幅 ζ_a 作为无因次化参数，如垂直面主要的一阶垂向波浪力与纵摇波浪力矩的无因次化表示为

$$Z'_{RAO} = \frac{Z_{RAO}}{\rho g L \zeta_a},\ M'_{RAO} = \frac{M_{RAO}}{\rho g L D \zeta_a} \quad (5-38)$$

式中，下标 RAO 表示波频力的幅值。

二阶平均波浪力是二阶波浪力的定常部分，是波高平方、浪向、水深和航速的函数，常用力符号加下标“mean”表示。仍以垂直面内的主要参数为例，二阶垂向平均波浪力和二阶纵摇平均波浪力矩的无因次化表示为

$$Z'_{\mathrm{mean}}=\frac{Z_{\mathrm{mean}}}{\rho gL\zeta_a^2},\ M'_{\mathrm{mean}}=\frac{M_{\mathrm{mean}}}{\rho gLD\zeta_a^2} \tag{5-39}$$

目前，潜艇波浪中近水面的二阶平均波浪力的测量技术还在不断探索与完善过程中，现阶段的主要试验方法有全拘束状态测量和迎浪状态下的半拘束状态测量两种。下面结合两个著名案例，分别介绍这两种试验方法。

1. 全拘束状态试验案例[5]

以挪威海洋科技研究中心（MARINTEK）于 2006 年采用欧洲合作计划 EUCLID 10.17 潜艇型线方案开展的规则波近水面波浪力测量试验为例，介绍全拘束试验的测量方法与主要结果。

所用的潜艇采用玻璃钢材质制作，模型总长 3 m，缩尺比为 1∶24.75，没有安装螺旋桨。模型采用如图 5.22(b)所示的单剑伸入围壳的支撑方式，模型及支撑剑体实物照片如图 5.24 所示。

图 5.24　用于全拘束测量的 EUCLID 10.17 模型

该项试验主要开展了相对潜深 $H/D=1.25$，零航速，$Fr=0.14$、0.2 状态下，迎浪、艏斜浪 150°、横浪、艉斜浪 30°各浪向的微幅规则波测试。

由于模型为全拘束状态，因此，在力（力矩）测量曲线的平稳段中，波频成分的振荡幅值即为一阶波浪力，整数倍波频周期内测量值的平均值扣除相应航速下的静水测量值即为二阶平均波浪力。

下面以迎浪状态为例，给出试验结果。图 5.25 和 5.26 分别给出了零速和 $Fr=0.2$ 时一阶波浪力与二阶平均波浪力的无因次结果曲线，图中以波长—船长比 λ/L 为横坐标。

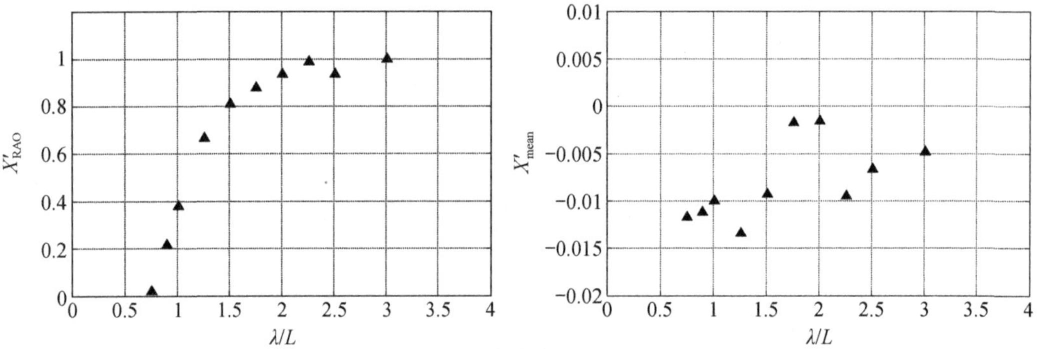

(a)纵应力

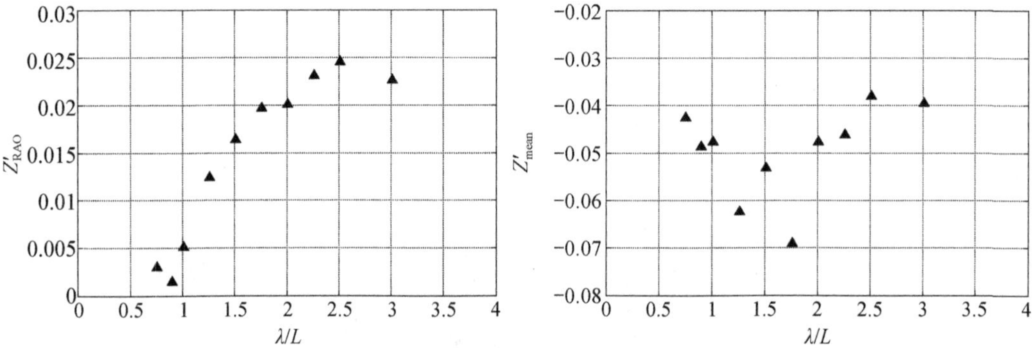

(b)垂向力

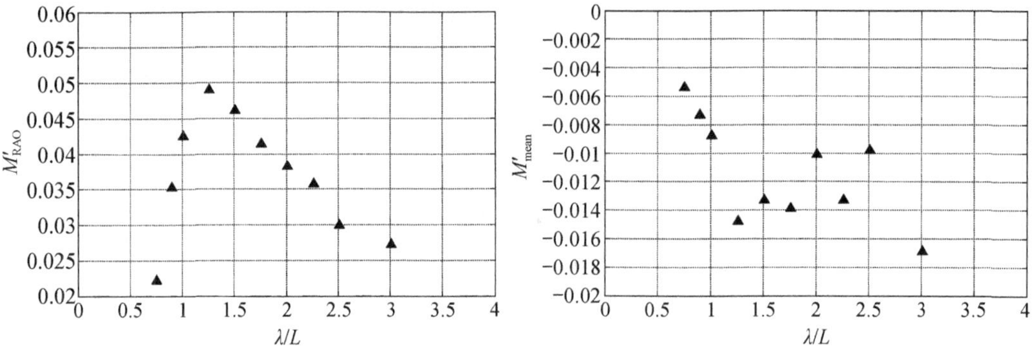

(c)纵摇力矩

图 5.25 近水面规则波迎浪零航速状态下的一阶波浪力和二阶平均波浪力

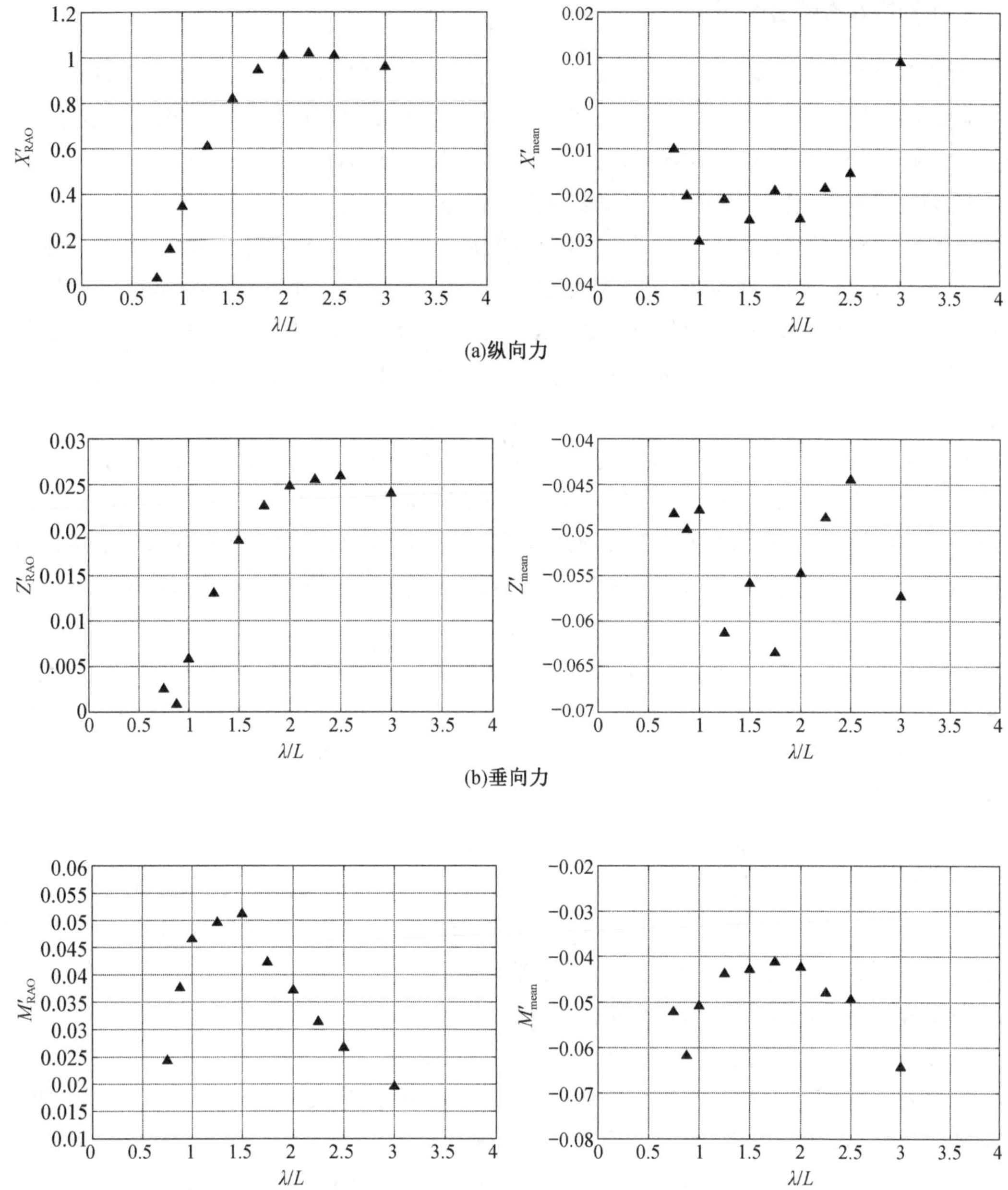

(a)纵向力

(b)垂向力

(c)纵摇力矩

图 5.26　近水面规则波迎浪 $Fr=0.2$ 状态下的一阶波浪力和二阶平均波浪力

全拘束的试验状态与潜艇波浪中近水面的实际航行状态并不相符。全拘束时,模型没有波频运动,因此忽略了一阶波频运动的存在对二阶平均波浪力的影响。但是,全拘束状态的试验测试与数据处理相对简单,也便于实施全浪向的试验。另一方面,假设潜艇在近水面定深航行,不计辐射速度势的势流计算也相对容易,便于进行数值计算方法有效性的检验。

2. 半拘束状态试验案例[6]

为获取计及一阶波频运动影响下的二阶平均波浪力，试验装置需要既不影响模型的一阶波频运动，又能拘束模型的慢漂效应，可以考虑采用如5.1中所述的类似海洋工程模型试验所用的拉线加软弹簧的测试方案。但是，潜艇波浪中近水面非迎浪航行时，六个自由度的二阶平均波浪力是同时存在的，这使多自由度的系泊测力系统在现阶段还难于实现。考虑到在现实中，垂向的二阶平均波浪力对于潜艇近水面的定深影响是主要的，并且迎浪是主要的航行状态，英国QinetiQ国防科技公司于2013年在戈斯波特(Gosport)的哈斯拉尔(Haslar)流体动力试验中心的270 m拖曳水池，通过在普通适航仪升沉杆上加装弹簧测力机构的方式，开展了波浪中近水面迎浪状态EUCLID 10.17模型二阶平均波浪力的测量试验。

该项试验中，所用EUCLID 10.17模型的缩尺比为1∶15，总长4.95 m，水下全排水量为1 225 kg，水下全排水量对应的稳性高为0.026 m，纵摇惯性半径为1.23 m。在相对潜深$H/D=1.25$，零航速和$Fr=0.14$状态下分别开展了微幅规则波、双频规则波和相应于3级海况的ITTC谱型长峰不规则波试验。下面介绍该项试验中较为成功的微幅规则波试验的主要技术要点。

如图5.27所示，模型通过两只带翼型整流罩的支杆铰接支撑，与支杆同步升沉，模型可绕前后支点处的铰接轴转动实现纵摇。支杆具有一定的体积，其质量与排水体积参与系统整体的均衡计算，当模型在静水中静止时，模型与支杆组成的整体系统是重力-浮力平衡的。

模型升沉和纵摇时，前后支杆的水下体积会发生变化，系统的浮力会发生变化。因此在数据处理过程中，应对每个支杆的浮力变化进行修正。浮力变化以零航速静水条件下，分别计算前后支杆在不同吃水位置时的浮力并回归成浮力-垂向位移线性系数，以供后续数据处理使用。该系统前后支杆浮力变化系数如下：

前支杆浮力变化系数：125.8 N/m；

后支杆浮力变化系数：111.9 N/m。

拖曳测试系统完全抑制了模型的水平面与横摇运动，前后支杆都配备了不影响模型波频运动的弹簧测力机构，以实现在垂直平面上抑制模型的非线性运动的同时测得抑制力。

双支杆连接在水池拖车的适航仪升沉机构上，为了限制模型的垂向吸力，每个支杆的上端均有一套弹簧测力机构，当模型受到吸力上浮时，如图5.28所示，弹簧将压缩以提供恢复力，压缩弹簧同时将向测力传感器施加等值的力，使用前、后弹簧组件的测力传感器数据，结合适航仪升沉杆上端安装的线性差动变压式电感传感器(LDVT)测得的升沉数据，通过简单的几何计算，即可以得出平均垂向力和纵摇力矩。支杆的上端还装有一个限位环，以防止弹簧被压缩超过其弹性极限，导致过载和损坏测力元件。

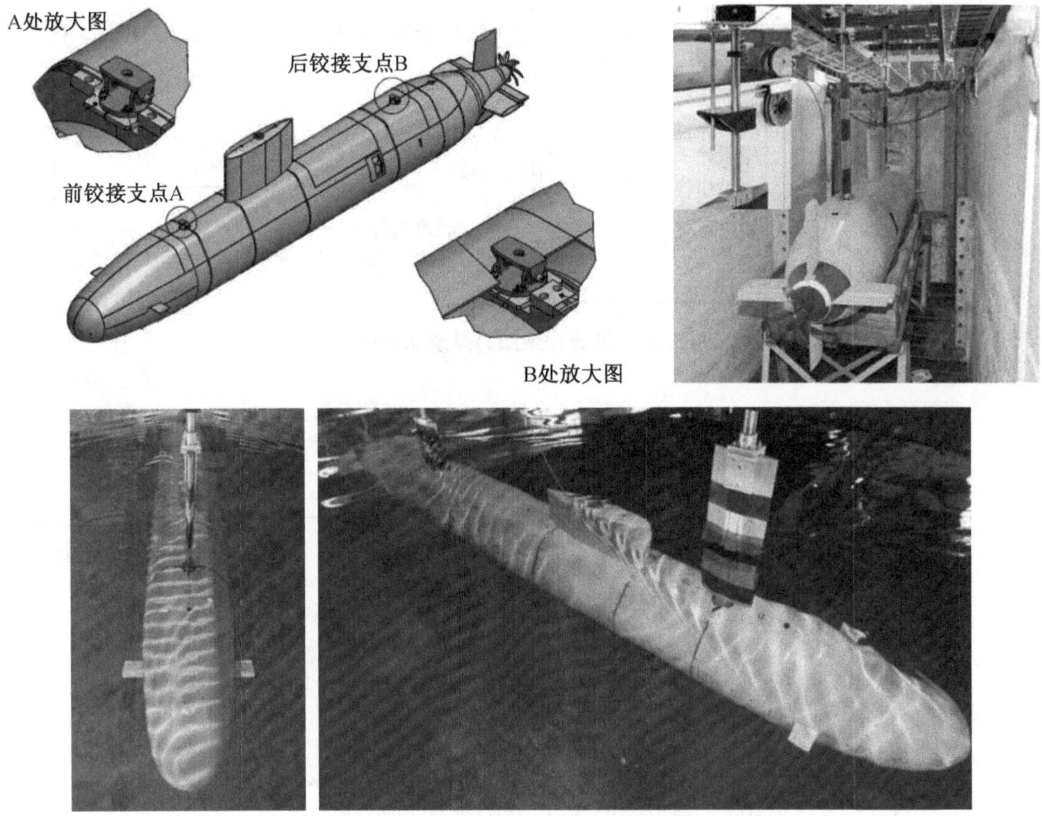

图 5.27 模型的支撑与安装状态

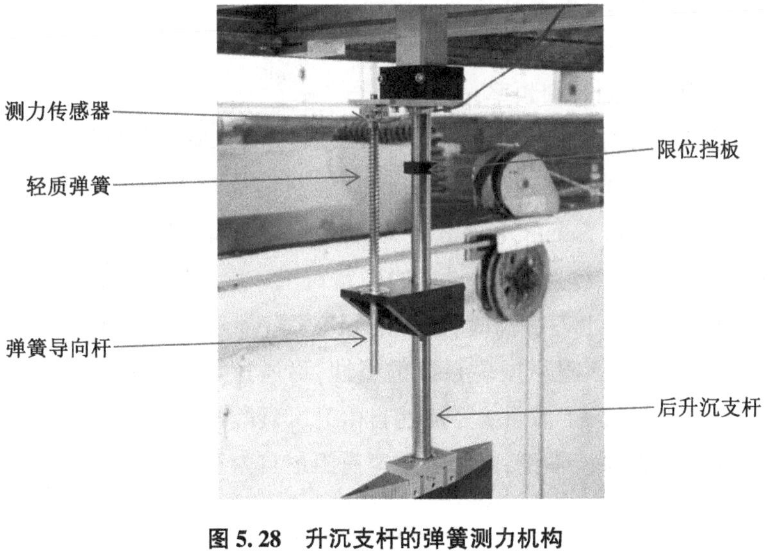

图 5.28　升沉支杆的弹簧测力机构

为使模型的波频运动不受影响,必须合理选择弹簧的刚度系数,依据海洋工程模型试验理论和经验,由弹簧的刚度系数、系统质量和附加质量、系统阻尼决定的系统自由振荡固有圆频率低于试验中的最小激励圆频率(最小波浪圆频率)的5倍以下时,测力结果中波频成分的幅值可以忽略,也即波频运动受到的干扰可以忽略,干扰影响可按式(5-40)计算。

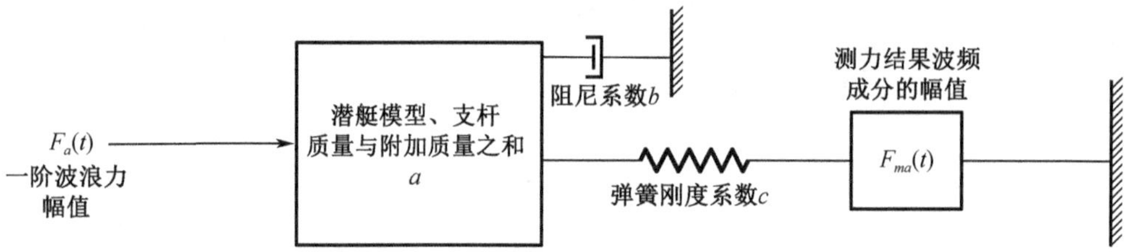

图5.29 弹簧拘束测力系统示意图

$$\begin{cases}\dfrac{F_{ma}}{F_a}=\dfrac{1}{\sqrt{(1-\Omega^2)^2+\eta^2\Omega^2}}\\ \Omega=\dfrac{\omega}{\omega_{\mathrm{d}}}\\ \eta=\dfrac{b}{2\sqrt{ca}}\end{cases}\tag{5-40}$$

式中 F_a——入射波产生的一阶波浪力的幅值;

F_{ma}——测力传感器测量数据中波频成分的幅值;

a——模型-支杆振荡系统的质量(包括其附加质量),kg;

b——系统的阻尼系数,$\mathrm{N\cdot m^{-1}\cdot s}$;

c——系统的刚度系数,N/m;

η——系统的无因次衰减系数;

ω——波浪圆频率,rad/s;

ω_{d}——系统有阻尼固有圆频率,rad/s。

然而,如果弹簧刚度过低,那么将可能无法承受预期的二阶平均波浪力,进而会导致阻止弹簧达到其压缩极限而无法完成试验。QinetiQ经过估算与尝试,实际试验中选定的前、后弹簧的刚度系数为0.238 N/mm,估算出的系统无阻尼固有圆频率ω_*为0.503 rad/s,而试验中规则波的最小圆频率约为2 rad/s,此时弹簧对于一阶运动的估算影响小于7%。

事实上,模型及支杆在水下振荡时,系统的固有频率会受到阻尼和支杆入水体积变化的影响。因此,为准确得到该阻尼振荡系统的属性,可通过零航速静水自由衰减试验曲线回归近似得到。图5.30给出了该系统零航速自由升沉衰减试验曲线。

依据二阶有阻尼振荡系统理论,静水零航速有阻尼自由升沉曲线满足如下关系:

$$z=z_a e^{-\frac{t}{\tau}}\cos(\omega_{\mathrm{d}}t)\tag{5-41}$$

式(5-41)中,有如下关系:

$$\tau=\frac{2a}{b},\omega_{\mathrm{d}}=\omega_*\sqrt{1-\eta^2},\eta=\frac{b}{2\sqrt{ca}},\omega_*=\sqrt{\frac{c}{a}}\tag{5-42}$$

式(5-42)中,τ 为系统升沉的衰减系数,其余符号定义与式(5-40)中一致。

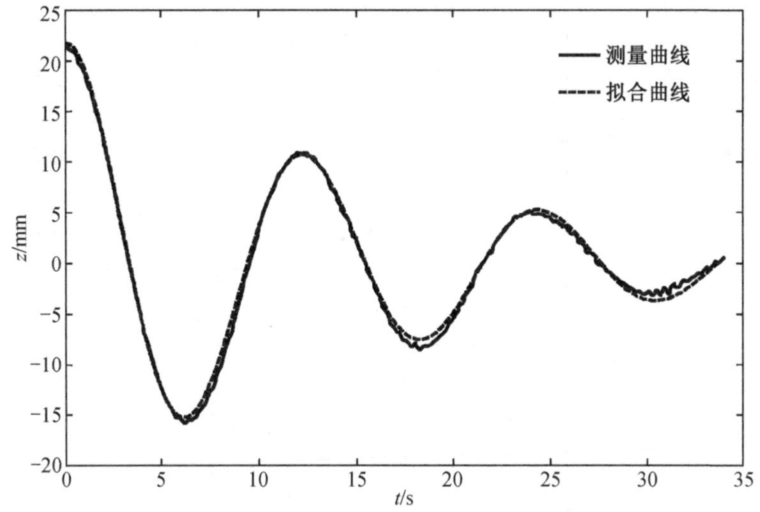

图 5.30　近水面二阶平均波浪力测量系统零航速自由升沉衰减试验曲线

由衰减曲线的时域处理(详见 5.1.5 节第 1 部分)可以得到:$\omega_d = 0.524$ rad/s,$\eta = 0.112$。进一步按式(5-42)拟合,即可回归出系统各固有属性参数。

可见,水的阻尼和支杆浮力的变化改变了系统的固有频率,而支杆浮力的变化实质上相当于增加了系统的刚度系数。试验规则波的最小圆频率约为 ω_d 的 3.89 倍,即 $\Omega=3.89$。此时,测量装置对于波频运动的影响小于 8%。

需要指出的是,实际试验时,支杆浮力的变化是由波浪激励造成的,状态不同于自由衰减。因此,QinetiQ 在修正单根支杆浮力变化对于测力结果的影响时,采用了如下的修正公式:

$$F_S = -c'z_S - b\frac{dz_S}{dt} \tag{5-43}$$

式中　下标 S——支杆;

z_S——支杆的升沉位移,向上为正;

c'——弹簧与浮力变化共同引起的刚度系数;

b——仍取为自由衰减试验获取的系统阻尼系数;

F_S——计及弹簧和支杆吃水变化产生的支杆力。

式(5-43)的实质是将每根支杆均视为一阶阻尼振荡系统。

下面首先给出 QinetiQ 规则波试验波频运动响应曲线与其数值计算结果的对比情况,然后给出其二阶平均波浪力的测量结果与 MARINTEK 全拘束模型试验结果的对比。

表 5.4 给出了规则波试验工况,图 5.31(a)(b)分别给出了零航速、$Fr=0.14$ 状态下升沉波频运动响应试验结果与势流理论计算结果的对比,图 5.32(a)(b)分别给出了零航速、$Fr=0.14$ 状态下升沉二阶平均波浪力的测量结果与 MARINTEK 全拘束模型相应状态下测量结果的对比。

表 5.4 规则波试验工况

波长/船长(λ/L)	波频 ω/(rad/s)	波幅/m
0.75	4.07	0.033
0.88	3.77	0.034
1.00	3.53	0.030
1.25	3.16	0.027
1.50	2.88	0.029
1.75	2.67	0.031
2.00	2.50	0.028
2.25	2.35	0.031
2.50	2.23	0.032
3.00	2.04	0.033

由图 5.31 可以看到,无论是零航速还是有航速的情况,波频运动响应试验结果均与势流理论计算的结果吻合较好,说明该二阶平均波浪力测量机构在试验规则波的范围内未对模型的一阶波频运动产生明显的抑制,一阶响应的测量结果是可信的。由图 5.32 可以看到,半拘束试验所测得的二阶平均波浪力与全拘束试验的测量结果除极个别的点外,两者的基本趋势是一致的,但是计及波频运动后,半拘束试验所测吸力结果显著小于全拘束试验,这与物理直观现象与能量守恒的规律是相吻合的。

QinetiQ 较好地测量了微幅规则波迎浪状态下的二阶平均波浪力,但该试验方法在不规则波试验中由于差频成分激励导致的动态放大问题还没有得到较好地解决。此外,作为尝试性的试验研究,受到测量传感器量程与试验机构的设计局限性,该试验装置目前还不能开展高海况的试验研究。关于以上两个方面问题的详细讨论,请参阅文献[6]。

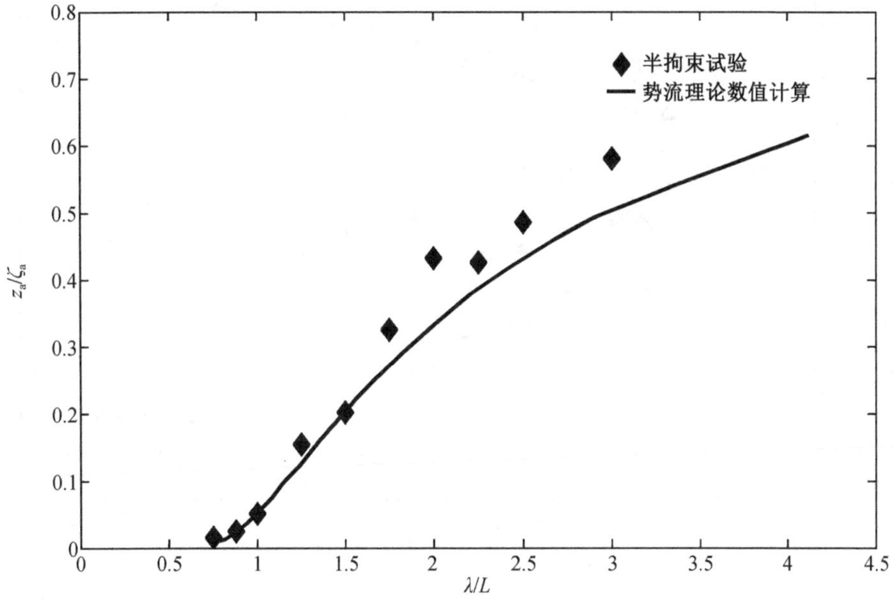

(a) 零航速

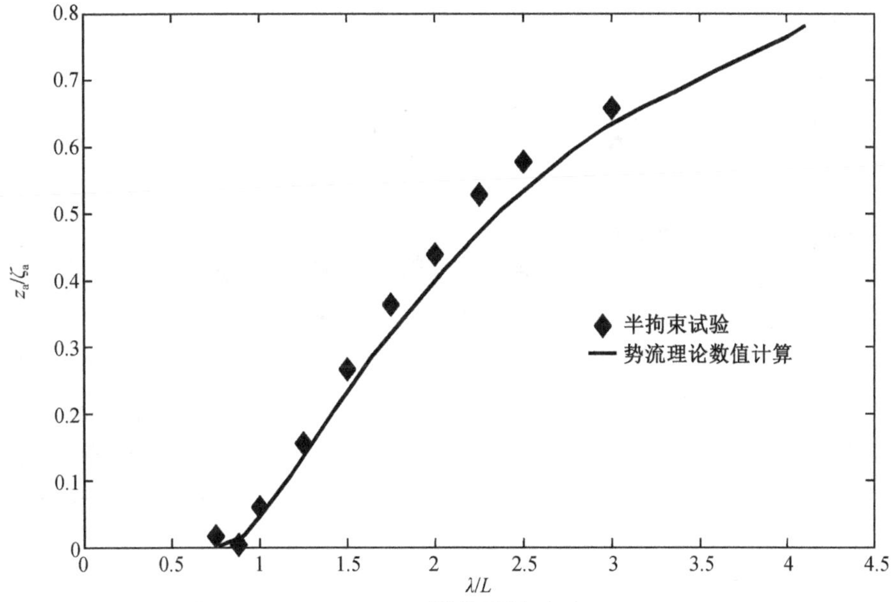

(b) Fr=0.14

图 5.31　半拘束模型规则波升沉 RAO 试验与势流理论计算结果的对比

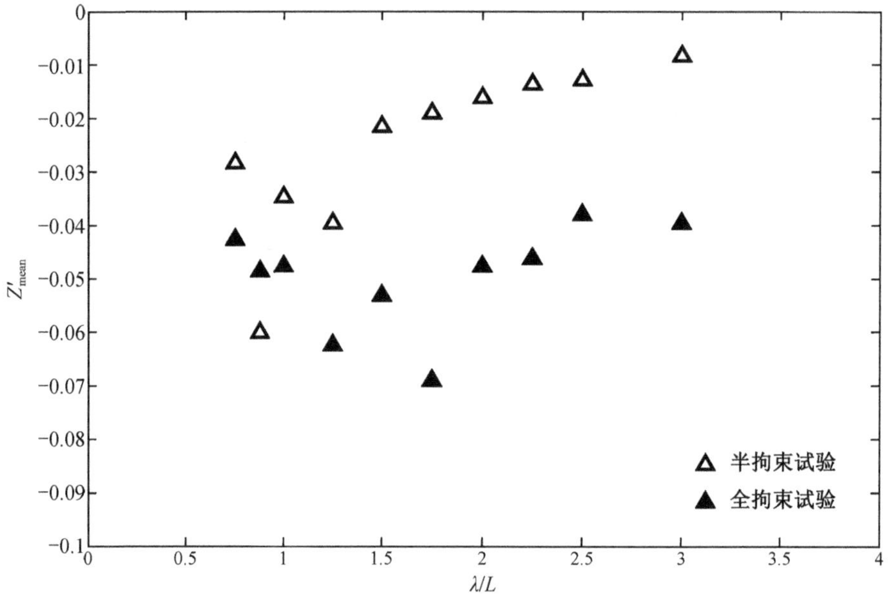

(a) 零航速

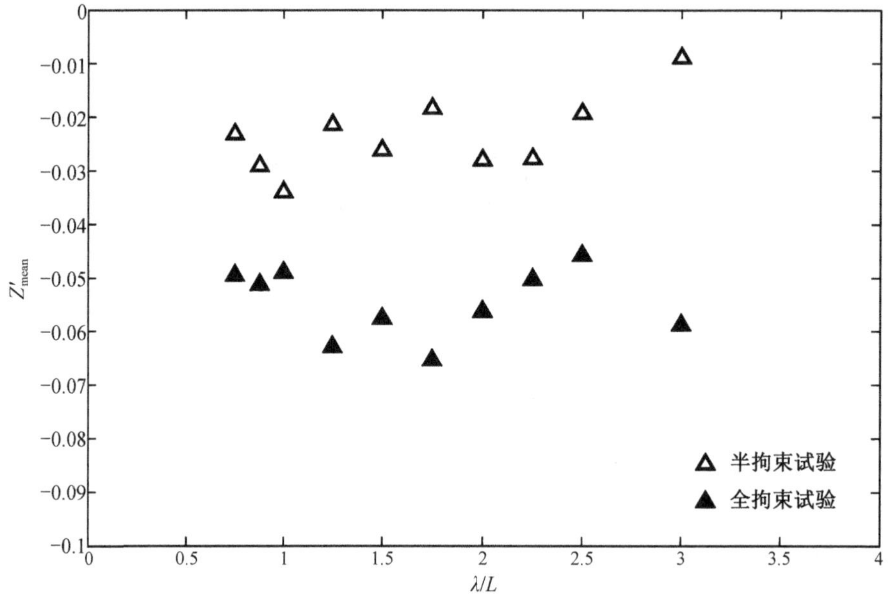

(b)Fr=0.14

图 5.32　半拘束试验与全拘束试验升沉二阶平均波浪力测量结果的对比

参 考 文 献

[1] 苏玉民,庞永杰. 潜艇原理[M]. 哈尔滨:哈尔滨工程大学出版社,2005.
[2] 中华人民共和国国家标准化管理委员会. 潜艇耐波性模型试验规程:GB/Z 20012—2012[S]. 北京:中国标准出版社,2012.
[3] 俞聿修. 随机波浪及其工程应用[M]. 3 版. 大连:大连理工大学出版社,2003.
[4] 中华人民共和国国家军用标准. 潜艇耐波性计算方法:GJB/Z 206—2001[S]. 北京:总装备部,2001.
[5] CROSSLANDP. Profiles of excess mass for a generic submarine operating under waves[C]. International Maritime Conference Pacific 2013, Sydney, Australia, Oct 2013.
[6] PAUL C. Hydrodynamic control of a submarine close to the sea surface[D]. London: University College London, 2022.

第6章　潜艇非常规模型试验技术案例

现代潜艇对于各项性能指标的需求大幅提升，其中最迫切的是要提高潜艇的机动性、隐身性与应急安全性能。对于潜艇现阶段的总体设计任务而言，则要求能够较准确地预报出潜艇在各种极端工况下的安全界限。

潜艇极端工况条件下的物理场景复杂，如潜艇应急上浮过程中会受到以非定常分离流动为显著特性的时变流体动力载荷的作用。目前对于潜艇极端工况性能的准确预报，还主要依赖于非常规的模型试验。模型试验预报可靠性的关键在于能否对潜艇在各种现实因素影响下的力学行为进行等效的物理模拟，正确揭示各影响因素之间的作用关系与影响规律，从而能够成为指导实船的设计依据。

本章通过潜艇应急上浮试验、潜艇救生舱水下浮力发射试验等两个典型的非常规模型试验案例，介绍潜艇非常规模型试验中一些具有代表性的技术方法与分析方法。

6.1　潜艇应急上浮模型试验[1-3]

6.1.1　潜艇应急上浮的运动特点与现实问题

由于海洋环境极其复杂，对潜艇在水下安全航行性能和操纵性能的研究一直备受重视。水下航行的潜艇会面临诸如螺旋桨停车、操纵面卡舵、舱室破损进水、火灾等紧急情形。发生上述突发状况时，潜艇通常难以保持定深航行甚至发生快速下潜。此时，为了防止处于危险的潜艇超过极限潜深或撞沉海底，可以通过吹除压载水舱，甚至吹除的同时抛弃固体可弃压载实施应急上浮，这是保障潜艇生存的重要措施。此外，为了躲避鱼雷的攻击，可以选择在有动力保障的前提下，将推进器功率调至最大，并调整水平舵使潜艇产生艉纵倾，使得操舵前进上浮与应急吹除上浮同时进行，作为一种有效的战术手段。

潜艇应急上浮是一个强制机动过程，其出水前一直处于大攻角状态，受到非定常水动力的作用。潜艇实施应急上浮是十分危险的动作，尤其对于通常具有非轴对称艏部和相对较大围壳的常规型潜艇而言，其指挥室围壳相对于主艇体的比例远远大于大型潜艇的围壳比例，而潜艇上浮时的横倾力矩主要来源于围壳处的侧向水动力。因此，常规潜艇在应急上浮出水前更容易发生过度的横倾（从安全性的角度考虑，将超过30°的横倾定义为过度横倾），如果操纵稍有不慎，就有可能造成出水后潜艇的倾覆。

潜艇的应急上浮从潜艇在较大剩余浮力的作用下开始运动直至静浮于水面的整个过程可分为以下两个运动阶段：

第一阶段为水下运动与紧急穿水运动过程（从纯粹水下状态到穿出水表面最高点的强

制运动阶段）。这一阶段的运动特征是由初始条件、剩余浮力、惯性力、垂向流阻力、横倾水动力矩和恢复力矩等因素作用下的运动。在紧急穿水过程中，由于惯性，潜艇围壳及其上层建筑非水密容器内的水还没开始剧烈地流出来（图 6.1（a）），但是潜艇在每个瞬时的吃水，还有纵倾角等垂向运动的参数都对下一阶段的运动具有重要的意义。

第二阶段为潜艇在水面的自由振荡（垂荡、横摇、纵摇）过程。从相应于第一阶段最高点的位置处潜艇开始往下运动，上层建筑中的水通过流水孔急速流出（图 6.1（b））。此时潜艇还未达到平衡状态，开始进行周期性振荡，垂向振荡的特征接近于自由振荡，纵摇的振荡衰减很快，表现得比较明显的是横摇，直至重力、浮力、惯性力及阻尼力互相平衡，潜艇最终静浮于水面为止。上层建筑及围壳内的未流出水量将造成潜艇出现短时的“背水”现象，在“背水”时，潜艇的稳性变差，对振荡增大程度的影响很大。横摇可以是向减小方面变化，也可向增大方面变化，但更多时候表现为出水后第一次横摇幅值较出水时横倾角的增大，取决于出水时的垂向速度所决定的垂向振荡和相应于这些振荡的浮力变化（恢复力矩），以及由上述原因引起的耦合作用。

(a) 美国洛杉矶级潜艇伯明翰号应急上浮出水　　(b) 俄罗斯亚森级攻击型核潜艇应急上浮出水后上层建筑流水孔的排水

图 6.1　实船应急上浮运动情况（图片来源于网络）

如图 6.1（b）所示，早期设计通常在上层建筑的下边缘布置较多的流水孔，使得上层建筑内的水能够在水面振荡过程中尽快排出，保证潜艇快速恢复水面稳性。

目前在与潜艇隐蔽性密切相关的“减声降噪”方面，减少上层建筑的各种冗余开孔是降低潜艇水动力噪声的有效途径。然而，由于某些特殊的需要，现代潜艇上层建筑的容积一般较大，若单方面考虑“减声降噪”的需求而盲目地缩减排水孔的数量，会使得潜艇应急上浮出水后运动过程的“背水”加剧，稳性进一步变差，影响到潜艇应急上浮出水后的安全性。可见，潜艇应急上浮安全性的研究同时也是实施“减孔”设计的基础。

目前，潜艇应急上浮水下大攻角状态的水动力构型仍然是基于准定常理论建立的，还不能准确地预报潜艇应急上浮出水前横倾的不稳定性，也难以对潜艇穿水过程中变化的水动力系数进行建模。基于 CFD 的数值计算虽然能够对各种条件下的应急上浮运动进行全过程的模拟，但是受到现阶段湍流模型对于非定常大攻角分离流状态流体动力求解精度的限制，其计算结果的有效性仍然需要模型或实船试验的检验与校核。

6.1.2 潜艇应急上浮模型试验的理论基础

在实船海试之前,必须通过理论分析和模型试验的方法,进行预报和评估,获得可行的结论和安全预案。在现阶段,潜艇应急上浮的预报首要解决的是紧急穿水后振荡过程中的安全性预报问题,因此最有效直观的评价方法是采用自由运动的模型试验方法。

流体力学中的相似理论,是指导模型试验研究以及预报实体水动力性能的基本理论。理论上,模型和实体的两个系统应该满足几何相似、运动相似、动力相似条件。然而,实践证明,要完全满足所有性质的力学相似(称为完全相似)是不可能的。因此,根据潜艇应急上浮过程中主要关心的特征量及流体作用机理的影响提出了如下的相似准则:

(1)模型的主、附体外形与实船几何相似。

(2)由于上层建筑内储水属性与流水孔形式对潜艇应急上浮过程中的姿态具有重要影响,因此,在模型设计时还应特别注意遵循以下的相似原则:

①模型的上层建筑储水容积、上层建筑内储水容积中心的位置、上层建筑内储水容积的纵/横向惯性矩与实船相似;

②模型流水孔的中心位置、布置与实船相似,各种孔型的流量与实船相似。

(3)吹除压载水前,模型与实船的全排水重量、重心、惯性矩相似;吹除的压载水容积相似、容积中心的位置相似、惯性矩相似;吹除速率相似,吹除规定压载水后,模型的水面浮态、稳性高与实船相似。

受到潜艇的特点与模型尺度的限制,模型难以实现与实船严格相似的压载水舱与高压气吹除设备的设计。因此,目前采用浮力等效的原则,在模型中设计出与实船吹除压载水容积相似属性的固体载荷,调节好模型与实船吹除前的静力属性相似后,移除这些载荷体即相当于假设实船瞬间获得了满足需求的正浮力。这即需要试验水池具备既能够实现在水下指定深度处拘束住带有较大剩余浮力的模型,又能够在测试条件满足后瞬间释放模型的专用试验设备。由于模型试验不能模拟实船压载水舱的吹除过程,而实船压载水舱高速吹除是需要一段时间过程的,实船的上浮力较模型有所减缓,上浮速度也小于模型试验。因此,由模型试验预报的应急上浮结果是偏于危险与恶劣的,相当于增大了实船的安全性储备裕度。

如果移除载荷后模型水面状态的静态横稳性高可以与实船匹配或接近(偏差3%以内时),可以直接进行应急上浮的全过程模型试验。但是,多数船型的模型校核结果表明,由于模型尺度、材料及制作成本、方便试验实际操作因素等的限制,导致模型不能完全表征实际潜艇水面状态时内部水密船体水线面的特点,在一般情况下,模型很难同时精确地模拟实船水下和水上两种特定静浮状态的稳性高。

需要指出的是,在一般情况下,虽然模型移除浮力载荷后,不能精确模拟实船水面状态的静浮特性,但是如果能保证模型移除浮力载荷后水密船体(对应于空气中重量)的垂向稳定力矩与实船吹除后水面状态的垂向稳定力矩相似,即可以有效模拟实船应急吹除全部规定水量后的水密船体的水下和出水运动的全过程。

因此,移除浮力载荷后,如果模型水面状态的静态横稳性高不能与实船匹配,则采用模型移除浮力载荷后的水面稳性高的测量值为基础,通过调整模型水密船体重心的垂向高度，保证取出浮力载荷体后模型水密船体的垂向稳定力矩与实船吹除后水密船体的垂向稳定力矩相似。同时，也可以开展水下稳性高对准后，直接移除浮力载荷的试验，作为实船稳性高变化对于应急上浮运动影响的对比性试验结果。

(4)模型与实船需满足弗劳德(Froude)相似准则，即模型和实船的弗劳德数(Fr)相等，以保证模型和实体之间重力和惯性力的正确关系。潜艇穿水后的自由振荡过程中，潜艇的运动和受力带有周期变化的性质，模型和实体还必须保持斯特罗哈尔数(St)相等，以保证模型和实体之间自由振荡特性的正确关系。这显然是自由运动模型试验特性决定的相似准则。

(5)对于黏性力的相似问题，严格的雷诺数相等在水池中是不可能实现的，这也是本项试验设计的难点。模型试验的雷诺数比实船的小，使得上浮过程的阻力系数偏大。因此，必须尽量使得上浮出水时的雷诺数大于临界雷诺数，以减小尺度效应。在潜艇应急上浮的研究中，主要研究的是接近垂直的上浮运动，水流接近于横向绕流。研究表明：水池横向(或垂向)拖曳试验临界雷诺数 Re 取 $(3\sim5)\times10^5$ 为宜(以回转体直径 D 为特征长度)。因此，在船模尺度设计、浮力选择(从而影响上浮速度)方面，应急上浮模型试验设计时应注意尽可能提高试验过程的雷诺数。

6.1.3　潜艇应急上浮模型试验的具体实施案例

下面以笔者团队参考俄罗斯“基洛级”潜艇的相关公开资料，自行设计的一种包含上层建筑透水区域的潜艇模型为案例，介绍潜艇应急上浮模型试验的具体实施方法。

潜艇模型的型线方案与第 4 章所介绍的循环水槽操纵性试验模型基本一致，模型主要尺度参数如图 6.2 所示，其中平行中体处基线至甲板上平面的距离 $D=628.8$ mm，模型总长 $L=5\ 030.2$ mm。

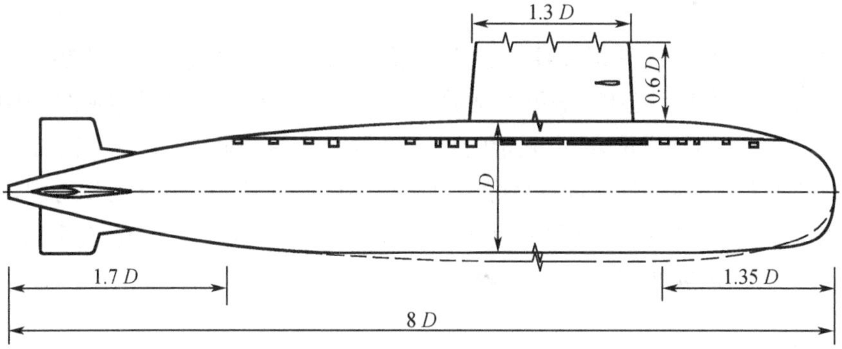

图 6.2　模型主尺度参数示意图

图 6.2 中虚线为甲板上边缘线关于艇体轴线的对称线。对比可知，模型艏部在中纵面内的投影为钝形曲线，即模型具有非轴对称的艏部。模型主艇体由非轴对称艏部、轴对称平行中体、非水密上层建筑以及锥形回转体艉部四部分组成，同时安装两对呈十字形布置的艉翼、围壳以及围壳舵等附体。为了使得非水密上层建筑中的储水顺利排出，在模型上层建筑下边缘设置了一排流水孔。

假想实船主要属性参数换算至模型尺度下的具体数值如表 6.1 所示。按照实船应急上浮典型吹除水容积的情况,制定了三个上浮力方案,相应属性换算至模型尺度下的具体数值如表 6.2 所示。

表 6.1　模型水下状态主要静力学参数的设计值

参数	设计值
水下全排水量	1 147.24 kg
水下全排水量稳性高	13.42 mm
水下全排水量横摇转动惯量	52.37 kg · m^2
水下自由横摇固有周期	4.52 s
水下全排水量纵摇转动惯量	1 713.85 kg · m^2
水下自由纵摇固有周期	30.35 s

表 6.2　模型上浮力属性的设计值

上浮力方案	吹除容积 /(dm^3)	容积纵向位置 /mm	容积垂向位置 /mm	容积纵向转动惯量 /(kg · m^2)	容积横向转动惯量 /(kg · m^2)
方案一	44.886	7.5%L	13.42	65.25	2.52
方案二		11.5%L	13.57	65.85	2.59
方案三		15.5%L	13.65	66.86	2.55

表 6.1、表 6.2 和后续的相关表格中,用于描述位置和惯性矩属性相关物理量的数值以随船坐标系表达。本项试验中,潜艇模型随船坐标系的原点位于主船体轴线与中横剖面的交点处,x 轴与主船体轴线重合,由艉指向艏,z 轴位于中纵剖面内,垂直 x 轴向下,y 轴指向右舷,用于描述潜艇的姿态角(如横倾角)、水动力角(如漂角)和操纵相关物理量的符号与第 4 章所用的符号保持一致。为了表述方便,仅将上浮攻角定义为正值,其余运动参数正方向的定义均与潜艇操纵性的研究习惯保持一致。

1. 潜艇模型的详细设计

为了使模型的穿水姿态和在水面的摇荡运动与实船相似,分别基于相似理论和孔口出流理论对上层建筑透水容积属性、流水孔形状进行了详细设计。同时提出了通过替换模型内部不同材质的浮力载荷模块形成剩余浮力的设计思路来模拟实船紧急吹除压载水过程结束后的状态,将实船吹除压载水舱产生的上浮力等效设计为模型内部浮力载荷模块的替换。此外所设计的模型还需具有预置艉舵舵角的功能,能够模拟带舵角的应急上浮状态。模型的运动姿态数据由内测系统采集,通过模型艉部伸出的水密零浮力细光缆实时传送给上位监控计算机。

(1)模型上层建筑的等效设计

模型外形与假想实船需要满足最基本的几何相似。不考虑假想实船内部的复杂布置，首先根据一定的缩尺比，将假想实船外形缩小到模型尺度。在几何相似的前提下，进一步进行模型上层建筑储水容积的等效设计。

实船上层建筑中存在大量复杂的管线，且围壳内存在潜望镜、雷达天线桅杆等升降装置，而缩小后的模型上层建筑空间内全部是透水区域，这使得模型的上建储水容积大于假想实船透水容积对应的缩比值。因此，依据假想实船的上层建筑和指挥室相关设备的布置资料，对模型上层建筑透水属性进行等效设计。将假想实船上层建筑内各种复杂装置占用的储水空间等效为模型上建内部的填充物，并且采用水密中性浮力材料来制作填充物。

首先求得上层建筑储水容积的各个静水力参数在模型尺度下与目标值之间的偏差，即储水容积、容心位置、转动惯量等偏差，进而在 Catia 软件中基于该属性偏差设计填充物的形状和大小，并直接测量减去填充物之后的剩余上建储水的静水力参数是否满足目标值。通过反复修改形状，确定最终的填充物尺寸及分布，如图 6.3 所示。图片显示了基于 Catia 软件设计的上层建筑设计效果图以及围壳横截面图。

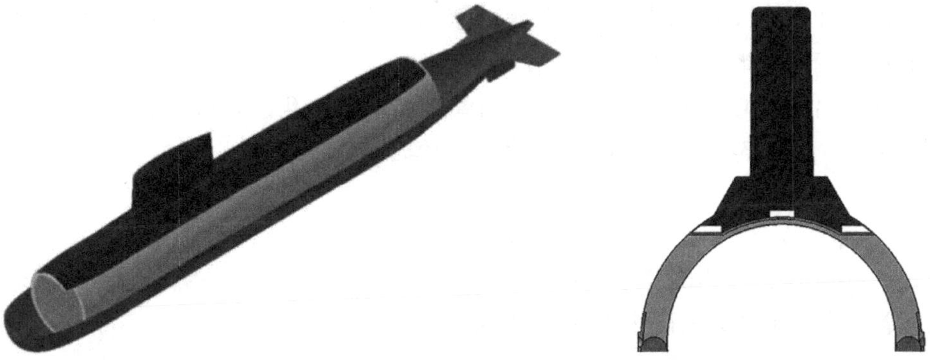

图 6.3　上层建筑等效设计效果图以及围壳横截面示意图

表 6.3 给出了潜艇模型上层建筑透水属性的等效设计结果，将全尺度假想实艇的属性值换算到模型尺度，便于对比模型静水力参数设计的误差。对比可知上层建筑的储水容积等静水力参数的相对误差都很小，由此可见，通过该种对上层建筑的等效设计方法，保证了潜艇模型上层建筑透水容积的静水力参数与假想实艇之间的完全等效，使得模型能够准确模拟潜艇出水后在水面的摇荡过程。

表 6.3　模型上层建筑等效设计结果

静力学参数	设计目标值	设计结果	相对误差
上层建筑储水容积/m^3	0.093 50	0.093 44	0.06%
储水容心距船艏纵向位置/m	0.532	0.531	0.19%
储水容心距模型基线高度/m	0.617	0.616	0.16%

表 6.3(续)

静力学参数	设计目标值	设计结果	相对误差
上层建筑储水纵向转动惯量/(kg·m^2)	108.50	107.64	0.79%
上层建筑储水横向转动惯量/(kg·m^2)	10.36	10.28	0.77%

(2)模型流水孔的等效设计

在进行缩比模型设计时,严格遵循几何相似原则将参考假想实船放缩到模型尺度,从而最大程度保证了艇体外围流场的相似性。然而,假想实船上的流水孔严格按照缩尺比进行缩小时,原假想实船尺度上相对高度较大的流水孔,会由于绝对尺度的缩小,变成模型尺度上相对狭窄的流水孔。换言之,由于尺度效应的影响,全尺度下的水头较大的大孔流动变为模型尺度下的狭缝流动,严重阻塞了流水孔内外流体的交换,使得流水孔内外的流动特性发生变化。

由于流水孔开口大小直接影响潜艇上层建筑内透水的排放速度,进而决定了潜艇应急上浮后的姿态。因此,为了尽可能减小几何缩比造成的流动不相似的影响,在模型设计时还需要特别注意对模型流水孔进行等效设计。因此,在设计流水孔时,应优先满足流量相似。通过改变开孔的长宽比,保证流水孔的流量相同,同时满足开孔形心位置相似,从而实现流水孔在固定缩尺比下的改形设计。

基于孔口出流理论,采用非定常的数值计算方法对流水孔预开口大小进行计算。出口的理论速度为 v,由伯努利方程可得,重力驱动出流时,有

$$\frac{v^2}{2} = gH \tag{6-1}$$

式中 H——自由液面平均距离流水孔中心的高度差。

考虑流水孔对流体的阻碍作用后,流水孔的流量系数可写为

$$C = \frac{Q}{A\sqrt{2gH}} \tag{6-2}$$

式中 Q——流水孔的实际体积流量;

A——流水孔面积。

为了验证基于数值计算对流水孔的优化是否满足流量相似,进一步利用潜艇模型开展流量测试。首先将数值计算得出的优化尺寸缩减 20%进行预开孔,然后根据流量测试结果逐渐扩大开孔,直至模型与假想实艇流水孔流量相似,最后检验模型的开孔尺寸是否与数值优化尺寸一致。

进行流量测量试验时,模型正置于水平托架上,在模型上层建筑内布放高精度深度计,用于测量上层建筑内液位高度随时间的变化。首先用强力胶贴封堵全部预开的流水孔,然后通过某一通气孔向模型的上层建筑内注水,启动数据采集系统,采样频率为 50 Hz。待上层建筑注满水时(水位与通气孔下沿齐平),瞬间撕开两舷被测孔的强力胶贴,获取上层建筑内水位变化的时历曲线。试验结束后,利用 3 维建模软件量取每 0.1 s 内水位下降对应的体积变化 Q_i,利用式(6-3)计算这段微曲线内的流量系数 C_i,全部微曲线段的流量系数

计算完毕后，取平均值，作为该流水孔的平均流量系数。

$$C_i = \frac{Q_i}{A\sqrt{2gH_i}} \tag{6-3}$$

式中　A——被测流水孔的实际开孔面积；

g——重力加速度；

H_i——第 i 时间步开始时液面到流水孔中心的高度。

如图 6.4(a)所示，第 i 时间步内流水孔的流量 Q_i 为第 i 时间步和第 $i+1$ 时间步开始时水位线之间的体积。

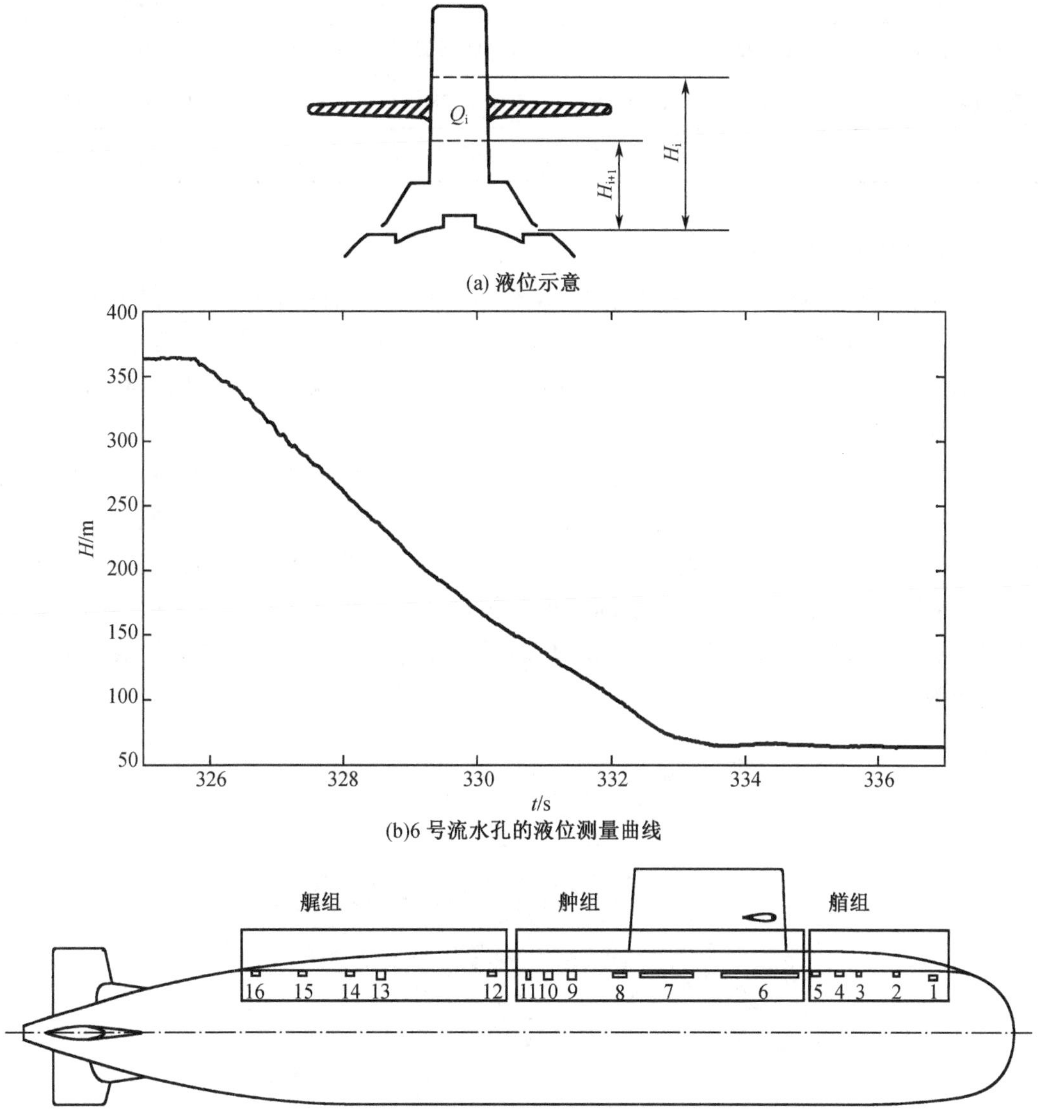

(a) 液位示意

(b)6 号流水孔的液位测量曲线

(c) 模型流水孔总体布置图

图 6.4　模型流水孔流量系数的测量

作为举例,表 6.4 给出了对模型几何缩比值较狭长的 6 号孔进行改形设计的结果。由表格数据可知,对于流水孔的改形设计实现了流水孔布置、流量同时与假想实船相似。虽然没有满足局部几何相似,但对模型与假想实船之间的等效模拟基本无影响,从而保证了潜艇模型出水过程中的重心、浮心以及稳性高等静水力参数的变化规律与假想实船相似。图 6.4(c)给出了潜艇模型 16 对流水孔的详细分布情况。

表 6.4　模型流水孔部分等效设计结果

	流水孔长度 /m	流水孔弧高 /m	流水孔面积 /m^2	流量系数	流量 /(m^3/s)
直接缩比目标值	0. 392	0. 005 6	0. 0021 952	0. 790	0. 001 734 208
实际测量修正值	0. 392	0. 009 0	0. 003 528 0	0. 499	0. 001 760 472
实用偏差	0%	+61%	+61%	-36. 84%	+1. 51%

(3)实船舷间液舱的等效设计

与上层建筑的等效比拟原理类似,对潜艇舷间液舱储水属性的等效也是保证模型与假想实艇运动最大程度相似的重要设计因素。通过详细查阅“基洛级”实船液舱布置资料,然后利用 Catia 建模软件对假想实船的液舱进行建模,可以直接测量各个不同压载水舱的储水容积等属性。

作为举例,图 6.5 给出了对假想实船部分舷间液舱的建模示意图。由图 6.5 可知,在假想实船的液舱划分中,通常在假想实船的艏艉区域存在一些形状不规则的水舱。利用建模软件可以直接测量获得这些不规则水舱的储水属性,并进一步将其等效为模型外壳与耐压舱之间的水密中性浮力填充材。对舷间液舱等效设计的关键在于估算填充材料的纵向分布长度,从而使得填充材料的形心纵向位置、转动惯量等参数与假想实船舷间液舱注满水时基本等效。

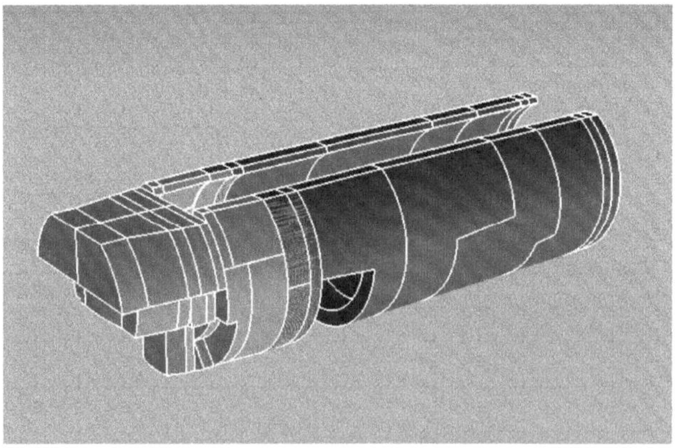

图 6.5　假想实船舷间液舱建模图

此外,由于试验技术条件的限制,模型不能模拟实船应急上浮时全部可行的吹除压载水舱方案。因此,仅选择典型位置的水舱进行完全吹除或部分吹除的等效设计。利用 Catia 软件可以直接测量假想实船紧急吹除指定水舱中水容积的位置和大小,进而计算假想实船吹除后产生的上浮力大小和作用位置,最终等效到模型浮力载荷设计中。如图 6.6 所示,给出了模型的舷间液舱等效设计的横截面示意图。

图 6.6　模型典型舷间设计横截面图

(4)吹除压载水容积的等效设计

模型试验通过产生剩余浮力的方式来模拟实船吹除压载水舱后的应急上浮运动过程。如 6.1.2 所述,受到模型尺度的限制,现阶段还难以实现同时模拟实船全部吹除方案的吹除过程。目前通用的方案是采用浮力等效的原则,设计模型的各种预置正浮力方案属性。

鉴于目前通用的大型摇摆式惯量调节测试台的测量误差很大(重心高测量绝对误差 3 mm,纵摇惯量测量相对误差 10%以上,横摇惯量测量相对误差 30%以上,且误差刻度并不线性)。因此,对于非常重要的吹除压载水容积属性的设计,不能采用属性差值的标定方法(以惯量台测出的移除载荷前模型的纵摇、横摇惯量、重心位置作为目标值,移除上浮力载荷对应的压铅质量,反复调整剩余压铅位置,利用惯量台进行复核测量,使得移除载荷前后模型纵摇、横摇惯量的差值以及移除载荷后模型的重心位置满足上浮力各方案要求)标定上浮力载荷。

为了使模型自主产生能够比较精确地模拟实船不同吹除方案的剩余浮力,基于力矩平衡原理和相似准则,建立了如下的等效方法来设计吹除压载水容积(浮力载荷)模块的布置方案。

对浮力载荷的设计可概述为如下过程:将实船吹除不同位置下的压载水舱产生的上浮力大小等效成模型尺度下不同位置和大小的浮力载荷体的替换。潜艇吹除的压载水主要来自艏组水舱、舯组水舱和艉组水舱三类。对应于此种分类,利用 Catia 软件设计了三组不同位置处的浮力载荷体。

浮力载荷移除前,它们分别是位于艏部的铁质球缺体、位于平行中体左右舷侧的铁质圆柱体、以及位于艉部的铁质圆饼体和铁质锥形体,如图 6.7 所示。其中,对于平行中体两侧总长为 3 464 mm 的圆柱形铁质载荷体模块,分别由长 606 mm、686 mm 和 1 172 mm 三段组成,可以进行多种组合方案的装配设计。比如基于吹除浮力大小和吹除纵向位置的不同,可以调整彼此的装配顺序。然后进一步替换不同位置、不同长度的铁质圆柱,从而产生与实船吹除压载水舱等效的剩余浮力。

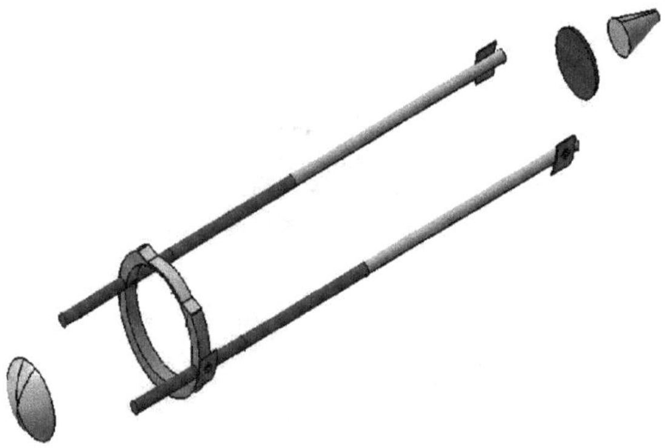

图 6.7　浮力载荷等效设计图

铁质载荷体移除后,采用相同几何外形的聚丙烯圆柱填充体及回转填充体替换原铁质载荷体。采用这种浮力载荷设计方法,能够保证浮力载荷移除前后模型的固定浮容积不变,也保证了模拟吹除后模型水密船体的重量不变。这时移除的铁质载荷体与聚丙烯填充体的安装位置及两者的横摇、纵摇惯量的差值精确满足实船各上浮力方案中的吹除容积位置、质量惯性矩属性要求,并且铁质填充体与聚丙烯填充体之间的重量差值满足实船各上浮力方案中吹除容积载荷的重量要求。

设计这些浮力载荷模块时,受模型空间的限制,可能会产生一定的纵向位置设计误差,载荷体装配时也会产生一定的纵向装配误差。为消除设计与装配误差,可在模型艏部及艉部的非水密区内,距船舯近似等距处预先装配一定量的压铅载荷(一般情况下:艏部 6~8 kg,艉部 8~10 kg),通过艏艉载荷大力臂地移动(如从艉部非水密区移至艏部非水密区),可以很容易地消除纵向作用位置误差。由于艏艉部非水密区距船舯的距离近似相等,故载荷大力臂移动引起模型的纵摇惯量的变化可忽略。

采用这种浮力载荷设计方案,可以将实船各种吹除方案中水容积相应的重量、纵向位置、垂向位置的模拟误差控制在 1% 以内,横向、纵向惯性矩属性的模拟误差控制在 5% 以内。

(5)模型物理属性调节机构的设计

潜艇模型的物理属性(稳性高、自由摇摆周期等)是通过船模舯部及艏部调节舱内压载铅的重量及位置分布进行调节的。正式试验之前需要根据浮态调整试验、倾斜试验、水中自由摇摆试验结果反复调整舯部及艏部调节舱内压载铅的重量及分布位置,直至模型的物理属性满足目标要求。为方便精确调节模型的重心高度及重心纵向位置,在舯部调节舱内专门设计了压载垂向调节机构,在艏部调节舱内专门设计了压载纵向调节机构,物理属性调节舱及压载调节机构实物如图 6.8 所示。

(a) 艏舱及压载纵向调节装置

(b) 舯舱及压载垂向调节装置

图 6.8　模型物理属性调节机构实物

(6)模型变舵角机构的设计

为了模拟实船带艉舵角(操上浮舵辅助或出现卡下潜舵的险情)实施应急上浮的情形,模型的艉舵必须具有预置舵角的能力。由于试验条件和模型艉部空间的限制,需要设计一种简单可靠的机构来实现艉舵角的固定角度的偏转,并保证舵角定位的准确性。

借鉴内啮合齿轮机构的设计思路,设计了内外两个紧密结合,并且能通过齿牙啮合的圆盘机构,如图 6.9 所示。为了精确控制舵角偏转的角度,内外圆环上每个齿牙的间隔角度均为 3°,对应于水平舵角的偏转范围,设计了-20°~20°范围内的齿牙。外部圆环安装于模型艉部空间,而内部圆盘通过舵轴与可活动舵部分固联在一起。在进行具有升降舵角的应急上浮试验中,将内部圆盘偏转到固定角度后,将外环螺栓紧固,使得内、外环齿牙紧密啮合,从而实现目标舵角的固定偏转。本机构既避免了复杂舵机系统的安装,又能精确控制舵角的偏转角度,单纯的机械设计保证了舵角改变的简单可靠。

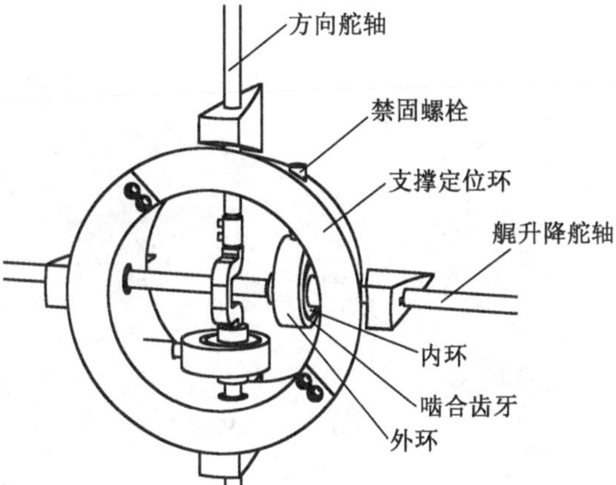

图 6.9　舵角偏转机构示意图

(7)模型内测系统的设计与传感器的选型

采用基于 PC104 总线的嵌入式系统进行数据采集和通信。数据采集系统主要包括一个电源模块、嵌入式处理器模块、串口板模块、A/D 板模块以及光端机模块。为了方便数据后期处理,使用嵌入式处理器模块针对不同的传感器建立统一的数据格式。此外,该模块还兼任数据转换、上传等任务;光纤罗经的通信是通过串口板模块传递信息的,而深度传感器及漏水检测是利用 A/D 卡模块实现的。光端机模块负责与上位机之间的数据传递。电源模块给上述各个模块供电。基于多种不同的模块,数据采集系统的通信能力和精度明显提高了。如图 6.10 给出了内测系统的硬件结构图以及实物图。

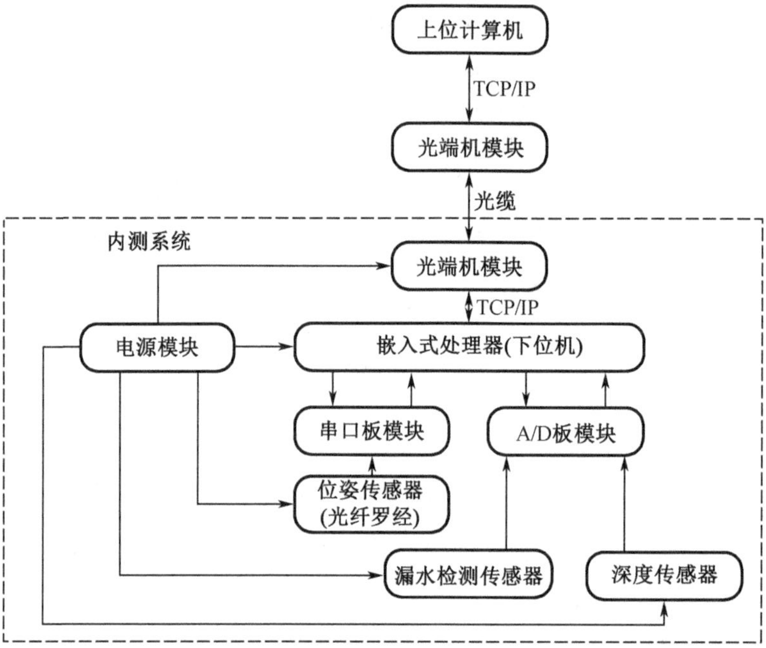

(a) 内测系统的硬件结构

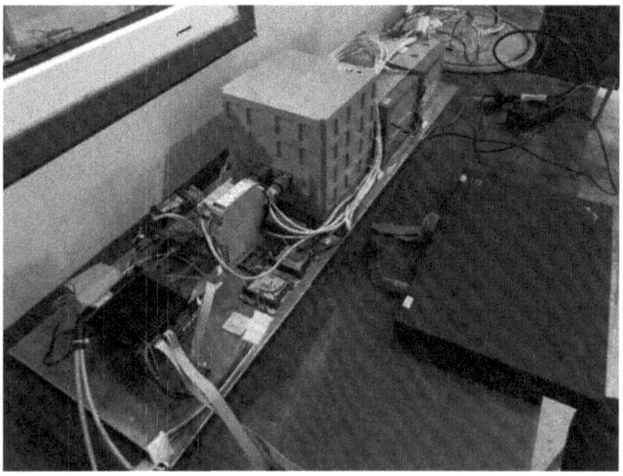

(b) 内测系统实物照片

(c) 内测系统水密舱

图 6.10　内测系统

为了准确获得潜艇模型应急上浮全过程中六自由度上的线位移、角位移及其各自的速度、深度等信息,本试验采用光纤罗经等仪器对潜艇的运动信息进行实时测量。表 6.5 给出了模型试验的主要测量参数及所用仪器,图 6.11 显示了测量仪器的实物图。

表 6.5　测试参数与所用仪器

测试参数	所用仪器	数据形式
纵倾角/横倾角/艏向角	光纤罗经	实时曲线
横倾/纵倾/艏摇角速度		
攻角/漂角		
纵向位移/横向位移		
对地垂向速度	压力传感器	低通滤波处理曲线
深度		实时曲线

(a) 光纤罗经　　(b) 压力传感器

图 6.11　模型内安装的测量仪器实物图

光纤罗经和压力传感器的安装位置及其测量精度分别如下：

①光纤罗经安装在模型艉部的耐压舱内，关于中纵剖面对称，并且位于模型船舯向后 896 mm。对艏向角和纵、横倾角的测量精度分别为 0.1°和 0.02°，采样频率 100 Hz。可实时获取模型三轴线加速度、角度及其角速度，并且通过积分解算空间位移。

②压力传感器安装在模型艉部透水区域的中纵剖面内，位于模型船舯向后 1 643 mm，基线向上 54.27 mm；量程 0~10 m，绝对精度 2.19 mm，输出带宽 0~15 Hz 的模拟信号。综上所述，可见试验所采用的仪器测量精度和测量参数均满足模型试验的要求。

（8）模型的加工和总体装配

设计的潜艇模型严格模拟了假想实船的上层建筑、舷间液舱的储水属性，基于流量相似原理对流水孔进行了改形设计，基于力矩平衡原理实现了浮力载荷的等效设计，从设计角度最大程度保证了模型可以同时满足水下和水面稳性高与假想实船相似。

潜艇模型外形按实船型线缩比制作，模型艇轻外壳壁厚为 5 mm。潜艇模型的外形采用玻璃钢材料制作，采用数控车床对潜艇流线外形曲面进行加工，形成一个完全符合设计要求的阳模模具，在车床夹持状态下，按设计壳体厚度直接裱糊玻璃丝布，待固化成型后，再次利用数控车床按外表面型值进行精车，精车后对模型的凹点处进行手工补料（原子灰）并精细研磨，最后利用水浸法脱开阳模模具成型为潜艇模型轻外壳，该制作工艺保证了潜艇原设计型线的准确率。潜艇舵翼等附体采用碳纤维、环氧树脂及玻璃微珠混合材料制作，采用模具冲压一次成型，保证了舵翼等附体的型线精度。模型实物图和总体装配图如图6.12所示。

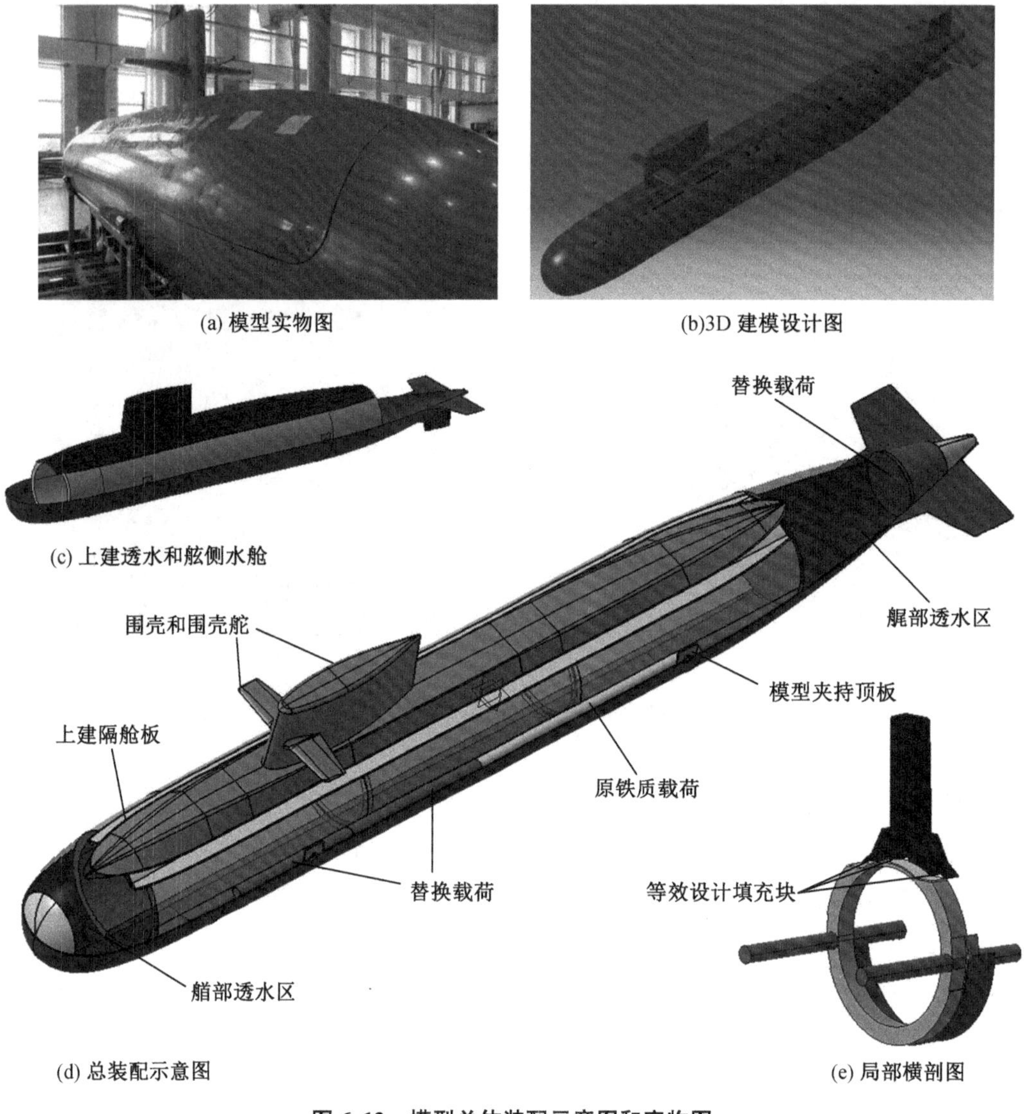

(a) 模型实物图　(b)3D 建模设计图

(c) 上建透水和舷侧水舱

(d) 总装配示意图　(e) 局部横剖图

图 6.12　模型总体装配示意图和实物图

2. 试验水池与试验设备

本案例中的潜艇应急上浮模型试验在哈尔滨工程大学的综合试验水池组织实施。综合试验水池长 50 m，宽 30 m，水深 10 m，可用来模拟复杂的海洋环境，如图 6.13(a)所示。水池配有 X-Y 航车，多方向造波系统等大型试验设备，可开展各种船舶与海洋工程设备的操纵性、耐波性等综合试验项目。

(a) 综合试验水池

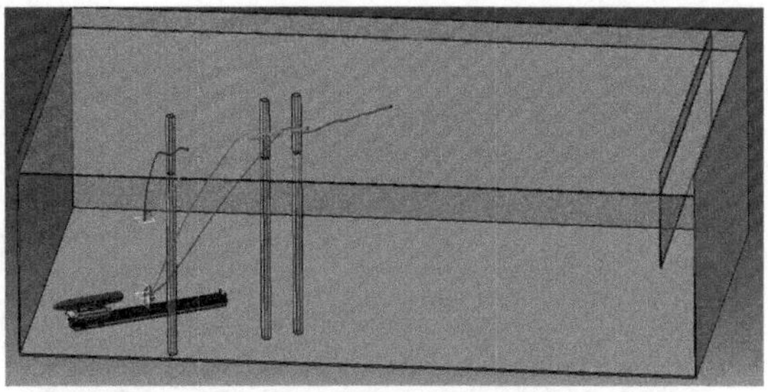

(b) 试验设备布置示意图

图 6.13　试验水池与试验设备的布置

为了验证模型在水池长度内是否能够完成出水过程并获得至少三个完整的水面横摇周期,首先基于 CFD 计算手段对大潜深、高航速下的潜艇应急上浮过程进行计算。数值计算结果表明:在潜深 8 m 条件下,模型以初始航速 1. 15 m/s 上浮时,各吹除状态下,最大的前向航行距离约为 30 m。考虑到模型的加速距离以及预留一定的安全距离,采用水池斜对角线作为模型的前进方向,因此水池长度和深度均能满足试验要求,可以开展多种工况条件下的应急上浮模型试验。

试验的关键设备主要有潜艇模型、模型水下拖曳释放系统设备、照明摄像设施等。物理属性及浮力载荷标定好的潜艇模型由释放机构夹持在模型水下拖曳承载车上。当进行一次试验时,启动小车调速装置,使得夹持模型的承载车在拖曳桥的轨道上行走加速,当模型速度达到试验要求时,启动释放机构,即实现潜艇模型有初始航速的应急上浮。上浮过程的测量数据由模型内测系统记录,通过零浮力细光缆传送至上位采集计算机,照明摄像设施记录潜艇上浮及出水过程的影像资料,图 6. 13(b)给出了潜艇应急上浮模型试验装置的布置示意图,图 6. 13(b)中的曲线为潜艇模型不同初始参数条件下应急上浮时的水密船体的重心轨迹 CFD 计算结果,立柱为水下照明与摄像设备承载架的示意。

(1)模型水下拖曳释放系统设备

本试验设计的潜艇模型是无动力的自由上浮模型,为了使模型获得一定的初始速度,需要专门设计一种适用于水下环境的模型拖曳设备。同时为了精确控制模型的释放,拖曳设备应具备自动释放功能。

①水下拖曳车系统的设计与实现

为了进行拖曳小车的设计,首先分析拖曳小车的运动规律如下:在指定距离内达到模型的期望航速,并以此速度匀速运动一定距离,并在匀速运动期间自动释放模型,模型释放后,小车在一定距离内逐渐减速停止。为了实现对模型的平稳加速,尽可能减小机械振动、摇摆等环境扰动对模型初始状态的影响,需要将拖曳车在平直轨道上加速。同时为了避免拖曳车在水下加速时发生滑动,拖曳装置主体采用齿轮齿条机构实现运动加速。从而使得加速运动过程更加平稳可控,尽可能避免了相对滑动。然后,考虑到模型需要获得的速度大小以及加速、匀速和减速运动的距离,进一步估算小车运动轨道的总长度。最后,估算模型和小车水下运动的总阻力以及自重等关键参数,进而对小车的动力系统和控制系统进行详细设计。水下拖曳释放设备的总体示意图如图 6. 14 所示。

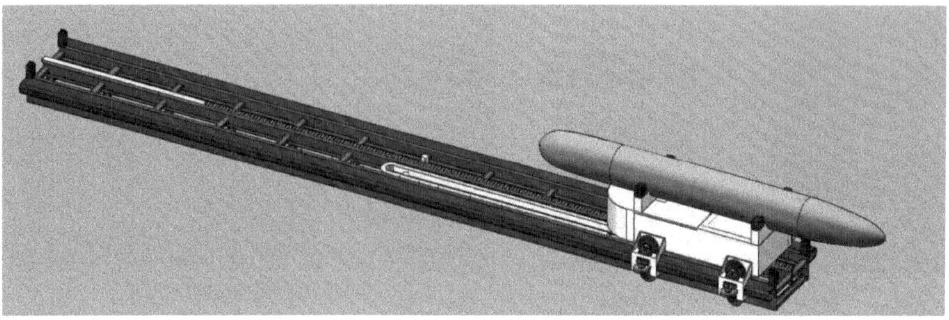

图 6.14　模型水下拖曳车系统总体示意图

拖曳小车车体尺寸设计为 2 m×1 m×0.5 m，车体下部带有四组导向轮系，如图 6.14、6.15 所示。每组导向轮包括三套轮，夹持在轨道的上、下、侧面，从而提高了小车运动的稳定性。驱动装置安装在小车前半部的密封箱内，通过变频电机带动减速机及传动轮系，进而通过齿轮齿条机构带动小车在轨道上做直线加速运动。小车行进方向前端安装弧形导流罩，以减少水流阻力。在传动轮系轴上安装了光码盘，通过采集此处的数据，可计算出电机带动小车行走的距离。同时在轨道上安装多个位置开关，可监测小车的实际位置，与从光码盘处采集的数据相对照，从而正确判断小车的位置。

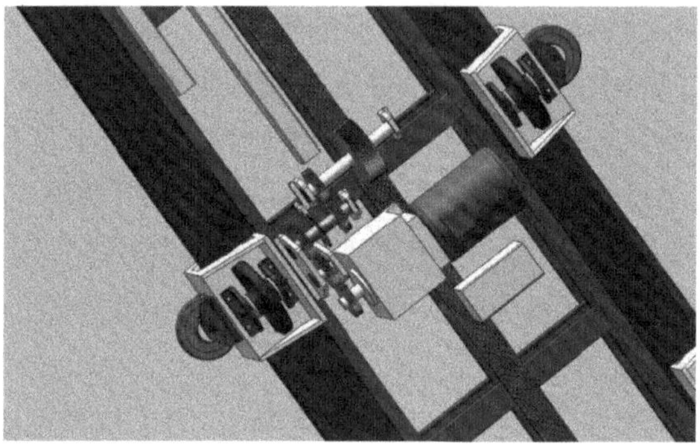

图 6.15　小车驱动系统及其导向轮示意图

为了实现模型在匀速运动段的释放，设计小车的匀速运动距离为 4 m，加速和减速距离设计均为 2 m，小车自身长为 2 m，因此轨道总长设计为 12 m。小车匀速运动最大速度设计为 1.2 m/s，齿轮直径为 240 mm，小车总重 1 t，计算得齿轮转速为 80 rpm，负载力矩约为 200 N·m。电机选取 4 极变频调速电机，电机转速为 1 400 rpm，因此减速比为 17.5。由此估算电机功率为 1.86 kw。考虑到小车要在 2 s 内加速(减速)至 1.2 m/s，最后选定功率为 5.5 kW，额定转矩为 36.5 N·m 的电机。经实际校核，电机带动小车时可在 0.2 s 内达到所需的转速。

由于拖曳小车的动力装置是通用型电机和减速机，因此对密封箱的密封极为重要。密封箱需要密封的位置包括：齿轮轴穿箱壁孔、电源线穿壁孔、信号线穿壁孔、各导向轮轴以及密封箱上盖。密封处应能够承受 8 m 水深处的压力。由于电机及变频器安装在密封箱体内随小车一起运动,因此在轨道框架上安装走线拖链,拖链位于两轨道与齿条之间,在车底部随小车运动。为了避免限位开关出现故障而使小车失控,在轨道框架的两端设置机械限位机构,以便在小车失控时,阻止小车继续前行。

拖曳小车通过一套反馈测控系统,实现小车运动的控制和相关参数的数据采集、状态显示、故障报警、安全连锁等功能。

如图 6.16 所示,拖曳控制系统由地面控制器、可编程控制器、变频器、光码盘、检测开关、限位开关等组成。地面控制器用来下达小车的启动指令,同时显示小车的运行状态。控制系统以可编程控制器(PLC)作为中心控制器,通过变频器、光码盘、检测开关来实现小车的启停和速度控制,同时负责与地面控制器的信号传递。其中,变频器用来驱动变频电机,使小车按事先设定好的程序运行。光码盘通过测量减速机输出轴转过的圈数,将信号送入可编程控制器,通过程序计算出小车运动到指定位置时所需的时间及运动的位移。检测开关用于检测小车是否运动到指定位置。限位开关用于检测小车是否到达限位,对系统起保护作用。最后,为了保证系统运行过程的安全性,在地面控制箱上设置了紧急停止按钮,用于控制驱动电机的紧急停止,同时在地面控制上设置了对变频器运行状态的检测和故障报警。

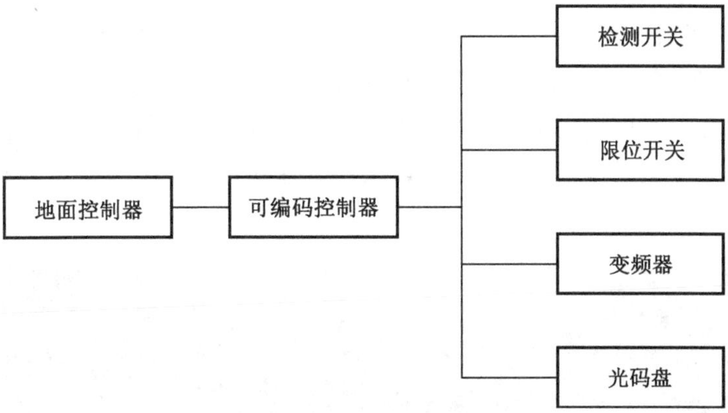

图 6.16　水下拖曳车运动控制系统框架图

此外,为了精准控制运动距离和加减速时间,驱动电机采用变频电机和矢量变频器形成闭环,以便精确的调速控制。利用变频器对交流电动机进行调速控制有许多优点,可以实现大范围内的高效连续调速控制、高频度的启停运转、电动机进行高速驱动,可以适应各种工作环境;变频器的矢量控制方式具有能对电机转矩进行精确控制、系统响应快、调速范围广、加减速性能好等特点。上位机通过 PLC 模拟量输出 4~20 mA 电流信号控制电机启停及转速。

②模型夹持-释放机构

模型的应急上浮是通过预留储备浮力,模型以正浮力状态瞬间释放进行比拟的。为了实现模型在小车匀速运动期间的自动释放,设计了 4 个相同的电磁弹簧夹持-释放机构,并安装在模型承载架的两侧,每个机构外面均安装有整流罩,如图 6.17 所示。利用 4 个舷侧电磁弹簧夹持机构将模型挤靠于拖曳承载车的中线处,模型速度达到目标值时,断开电磁力,在释放弹簧的拉力作用下,瞬间松开夹持机构,实现模型带有初始航速的瞬间释放,避免了环境扰动和人为控制因素的影响。

图 6.17　夹持-释放机构示意图和实物

此外,该水下拖曳释放装置仍然兼顾零速释放功能,零速试验时,将小车直接开到适合影像记录的释放点并依靠电磁机构锁固。直接手动启动夹持释放装置即实现模型零速的释放。

(2)试验设备的安装

为保证设备吊装的安全与稳定性,专门设计了长为 6.5 m、两侧各有 4 个吊钩的吊装梁,如图 6.18(a)所示。为保证水下拖曳车轨道梁体的水平并且能够开展不同初始潜深的试验,专门设计了不同高度的水下垫高基座,保证了各潜深状态试验时,每次试验模型均在同一物理位置释放。从而提高了试验数据的可靠性与重复性。进行试验前,首先在岸上进行水下拖曳车与基座的对接调试,调试完成后,将基座按图 6.13(b)所示的布置位置,吊装于水下,过程如图 6.18(c)所示。

(a) 水下拖曳设备的吊装梁　　(b) 水下拖曳释放设备在不同高度基座上的调试

(c) 基座的入水安装　　(d) 水下拖曳释放设备与模型的入水安装

图 6.18　水下拖曳释放系统设备的调试与吊装安装

为了避免水下拖曳释放系统设备吊装安装时出现小车侧翻或移动,造成损坏,在水下拖曳车轨道梁上安装了一套小车锁紧装置。锁紧装置由一套电磁装置组成,一部分安装在轨道框架中部,另一部分安装在小车底部。当设备与模型整体吊装前,将装有模型的小车移动到轨道框架中部,启动锁紧装置,电磁铁吸合,使拖曳车固定在轨道框架的中部。拖曳车和轨道梁整体吊装入水后与水池底预先布置的基座对接。安放好后关闭锁紧装置,电磁铁脱开,启动小车,使小车回到试验起点进行试验。一次试验结束后,将小车移动到轨道框架中部,通过框架上的位置开关判断小车大概位置,通过水下摄像机观察小车锁紧装置是否对正,对正后锁紧小车后,将设备整体吊装出水面,安装好模型后继续进行试验。基座、装有模型的水下拖曳释放系统设备吊装入水的情况如图 6. 18(d)所示。

照明与摄像设施是记录模型应急上浮水下运动过程与出水过程影像的必备设施。本试验的照明与摄像设施由 3 套承载架以及水下(面)摄像机组成,水下(面)摄像机均安装固定于承载架上。承载架长 11 m,3 套承载架分别安装有 4 个、3 个、2 个摄像设施,由吊车吊装下水,分别布置在潜艇模型的上浮路程中的右侧(如图 6. 13(b)所示)。摄像设施实物如图 6. 19(b)(c)所示。

(a) 承载架　　(b) 水下摄像机　　(c) 实时监控屏幕

图 6. 19　水下照明与摄像设施

3. 应急上浮模型试验方法

模型与实船之间静水力属性的标定主要是通过调整模型内部不同位置的压载来实现的。因此,在试验开始之前,需要根据一系列测试的标定结果反复调整压载的质量及分布位置,直至模型的静水力参数满足试验设计目标值,才能进行模型的释放测试。因此,提高模型试验可靠性的重点就在于水下释放测试之前的模型静水力参数的校准。图 6. 19 给出了一般的情况下的潜艇应急上浮模型试验技术流程图。

根据图 6. 20 右侧的静水力参数的校准过程,本试验的流程可概括为如下 8 个步骤:

①采用本节第 1、2 部分所述的设计方法设计潜艇模型以及配套的试验装置,并进行模型加工、拖曳系统和摄像系统的安装调试。同时完成模型内部耐压舱、浮力载荷和调节压载的总体装配。

②进行吹除前模型均衡状态时浮态属性的精确调整。后续每次改变模型内部压载的布置状态后,都要进行横倾浮态的校核。浮态调整的方法和要求详见本部分后面的第(1)条目。

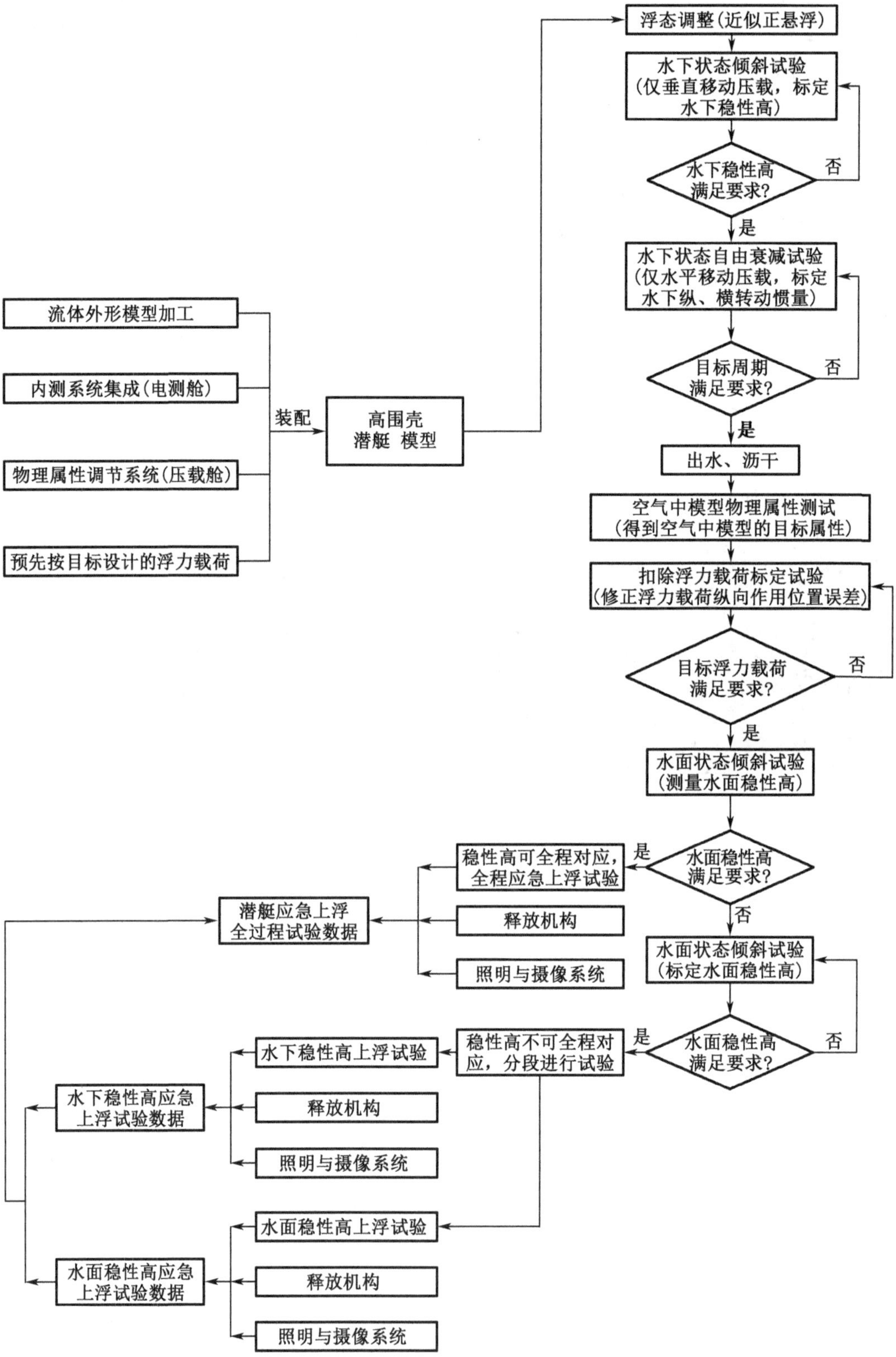

图 6.20　潜艇应急上浮模型试验技术流程图

③根据稳性高设计方案，进行模型水下状态倾斜测试，保证模型的水下初始稳性高满足设计目标值，具体校准方法详见本部分后面的第(2)条目。

④进行水下状态自由衰减试验，保证模型的水下纵、横摇转动惯量满足设计目标值，具体校准方法详见本部分后面的第(3)条目。

⑤根据浮力载荷纵向位置设计方案，替换浮力载荷体并测量模型的质量和重心，进而标定吹除位置满足设计目标值，详见本部分后面的第(4)条目。

⑥进行水面状态倾斜测试，看检验模型的水面状态的稳性高是否满足设计目标值，若不满足需按测试要求进行稳性高的调节，具体校准方法详见本部分后面的第(5)条目。

⑦模型满足静力对准后，将模型吊装到水下拖曳装置上，进行水下释放测试，详见本部分后面的第(6)条目。在同一稳性高和吹除位置下，分别完成不同初始航速、不同升降舵角、以及不同流水孔封闭状态下的应急上浮测试。

⑧根据模型试验方案，进一步改变初始稳性高、浮力载荷纵向作用位置以及水下拖曳系统设备的高度，重复⑥⑦步，进行其他状态下的应急上浮试验，直到完成全部的试验方案。

(1)模型浮态的调整

浮态调整是进行模型试验的第一步，在静止状态下，模型达到无纵倾、无横倾的静平衡状态是开展船模试验的首要原则。尤其是对于潜艇的应急上浮试验，由于模型的运动响应对于初始状态更加敏感，为了尽可能削弱非平衡因素对模型上浮姿态的影响，所以对于本类型试验模型的浮态调整提出了更高的要求。在后续的标定试验环节中(如改变稳性高和标定自摇周期试验)，当改变压载布置位置时，也要时刻注意模型的横倾浮态。进行浮态调整时，应保证模型处于完全的水下状态，模型的总重量应与模型的固定浮容积排水量相一致，且模型既无纵倾也无横倾。利用罗经读取模型的姿态角，然后精细调整舱内载荷，直至模型水下静浮的姿态角偏差均在 0.1°以下。

(2)水下稳性高的校准

为了标定模型的水下稳性高是否达到设计目标值，采用移动压载法进行水下倾斜试验，然后再反复调整耐压舱内部压铅的垂向位置，直至水下稳性高达到目标值。具体校准方法与第 5 章 5.1 节关于耐波性试验自航模调试所用的方法一致。表 6.6 给出了本案例模型水下稳性高的标定结果。

表 6.6　模型水下稳性高的标定结果

静水力参数	目标值	实际标定值	相对误差
水下稳性高/mm	13.48	13.65	1.26%

(3)水下转动惯量的校准

为了校准模型在水下均衡条件下的纵摇、横摇转动惯量是否满足要求，对标定完水下稳性高的潜艇模型进一步开展水下自由纵、横摇衰减测试。首先将模型静置于水下，人为给定潜艇适当的初始纵倾角或横倾角，然后自由释放模型，使模型在水下自由摇摆并逐渐恢复平衡。利用光纤罗经测量模型的纵倾和横倾衰减曲线。为了提高测试准确度,进行多次重复自由衰减测试。利用水下自由纵、横摇衰减试验校准模型水下惯量的原理与方法与第5章5.1节中所用的方法一致。表6.7给出了本案例模型水下自由衰减试验标定结果。

表6.7 模型水下自由衰减试验标定结果

静水力参数	目标值	实际标定值	相对误差
水下自由横摇周期/s	4.52	4.60	1.77%
水下自由纵摇周期/s	30.35	30.70	1.15%

(4)浮力载荷的校准

在完成模型的水下静水力参数校准之后,将进一步开展对水面状态潜艇的属性校准。首先,将完成水下均衡属性校准的模型进行沥干,然后利用电子秤测量移除浮力载荷前的模型总质量,并基于力矩平衡原理,测量模型的纵向重心位置。测量的数据结果作为浮力载荷纵向作用位置校准的参考基准。

采用按设计结果替换不同材质的浮力模块结合纵向位置实际调整的方法实现对浮力载荷的校准。

为了获得表6.2中所列浮力载荷的目标属性,依次将设计装配好的,位于平行中体两侧,长为606 mm、686 mm的铁质圆柱体以及艉部的铁质圆饼体替换为同外形的聚丙烯材质的浮力模块,此时两种不同密度材质的载荷体之间的质量差值、横摇、纵摇的惯量差值等属性参数都能精确满足设计载荷大小要求,但是浮力的作用纵向位置存在设计偏差与可能的安装误差,如相应于7.5%L、11.5%L纵向作用位置的设计偏差分别为54 mm和−146 mm。为了消除此偏差,如前所述,利用模型艏、艉非水密区域预先装配的压载的大力臂移动,再次经模型的纵向重心位置检验测量,可以很容易地消除浮力纵向作用位置的偏差,如本例中消除7.5%L浮力作用位置偏差时,最终将0.67 kg压载由艉部非水密区移至艏部非水密区(间距为3 600 mm)。由于艏、艉部非水密区距船舯的距离近似相等,因此小量载荷大力臂移动引起模型的纵摇惯量的变化可以忽略。表6.8给出了浮力载荷的标定结果。

表6.8 浮力载荷的标定结果

上浮力载荷方案	参数	目标值	标定值	相对误差
方案一	质量	44.886 kg	44.90 kg	0.03%
	纵向作用位置	377.87 mm	378.60 mm	0.19%
	垂向作用位置	−13.42 mm	−13.30 mm	0.89%
	纵向转动惯量	65.25 kg·m^2	67.88 kg·m^2	4.00%
	横向转动惯量	2.52 kg·m^2	2.62 kg·m^2	4.00%

表 6.8(续)

上浮力载荷方案	参数	目标值	标定值	相对误差
方案二	质量	44.886 kg	44.90 kg	0.03%
	纵向作用位置	578.47 mm	579.30 mm	0.14%
	垂向作用位置	−13.57 mm	−13.30 mm	1.99%
	纵向转动惯量	65.85 kg·m^2	67.88 kg·m^2	3.08%
	横向转动惯量	2.59 kg·m^2	2.62 kg·m^2	1.16%
方案三	质量	44.886 kg	44.90 kg	0.03%
	纵向作用位置	779.68 mm	782.20 mm	0.32%
	垂向作用位置	−13.65 mm	−13.30 mm	2.56%
	纵向转动惯量	66.80 kg·m^2	67.88 kg·m^2	1.62%
	横向转动惯量	2.55 kg·m^2	2.62 kg·m^2	2.75%

(5)水面稳性高的检验与校准

在完成浮力载荷校准后,将模型吊入水池中,模型将自由漂浮于水面,等效于模型应急出水后的状态。因此可以进一步开展水面倾斜试验以校准模型的水面稳性高。

基于与水下稳性高校准相同的原理,校准潜艇水面状态的横倾稳性高是否与假想实船匹配。这里需要说明的是,基于潜艇的特点,潜艇静力学对于半潜状态水面稳性高的一般计算方法为:首先计算排水量为半潜状态水密船体排水量时的稳性高数值,然后再按照力矩等效的方式折算到排水量取为水上正常排水量时的对应值(全部压载水吹除后状态水密船体的排水量)。模型无压载水舱(液舱容积用水密浮力中性材料等效),因此,将实船应急吹除后水面状态的稳性高按相似准则与力矩等效原理折算到模型移除浮力载荷后水密船体重量的对应值,作为模型水面状态稳性高的目标值。

表 6.9 给出了模型水面状态静态横稳性高的实测结果。因为在模型的等效设计中,较好地模拟了假想实船的耐压船体、舷侧液舱和非水密区域的布置,所以本案例中,模型水面状态的稳性高可以与假想实船基本匹配,实现了对水下稳性高和水面稳性高的同时等效模拟。

表 6.9　水面稳性高的测量结果

静水力参数	目标值	实际测量值	相对误差
水面稳性高/mm	22.30	22.88	2.60%

(6)水下释放测试及数据预处理

潜艇模型经水面稳性高检验,验证了模型水下稳性高和水面稳性高同时满足与假想实船吹除前后的稳性高相似,从而保证了模型穿水过程中姿态变化的相似。因此可以进一步开展模型水下释放自由上浮试验,以模拟实船应急上浮的全过程。为提高试验测量的可信度,每个试验方案至少重复进行 3 次。图 6.21 显示了试验过程的影像截图。

(a) 模型释放瞬间　(b) 水下上浮过程

(c) 模型出水时状态　(d) 模型穿水过程

图 6.21　潜艇应急上浮模型试验过程影像截图

每次释放测试均生成两个数据文件,分别存储了模型夹持位置下的初始姿态数据以及应急上浮测试过程中的运动数据。模型吊装就位后,等待水面平静过程中,利用光纤罗经获取 60 s 左右的模型初始姿态信息。一方面检测数据采集系统的运行状态,另一方面是求取预采集时间内的姿态角及其角速度的平均值作为参数初值,便于后期纠正初始偏差。在水下释放测试开始时,同时进行数据采集,当模型在水面完成 2~3 个横摇周期后停止采集,并将运动信息写入第二个数据文件。按以下过程对测试数据进行预处理。

①将纵倾角、艏向角、横倾角及其各自的角速度参数减去预采集的姿态初值,从而消除光纤罗经和潜艇模型的安装误差,得到各时刻模型实际的运动姿态变化增量。

②以中纵剖面内的围壳纵向中点作为模型的出水点。根据纵倾角时历曲线,将深度计(即压力传感器)测量的安装点的水深换算为模型的基线深度和围壳出水点的深度。图 6.22 给出了潜深换算关系的示意图,式(6-4)(6-5)分别表示基线深度和出水点深度的换算关系式。

$$d = d_1 + \frac{l_2}{\cos\theta} + l_1\sin\theta - l_2\tan\theta\sin\theta \tag{6-4}$$

$$d_0 = d - \frac{l_3}{\cos\theta} + l_4\sin\theta + l_3\tan\theta\sin\theta \tag{6-5}$$

式(6-4)(6-5)中　d_0——出水点的深度；
d_1——深度计安装点的深度；
d——模型基线深度；
l_1——深度计距船舯的纵向距离；
l_2——深度计距基线的垂向距离；
l_3——出水点距基线的垂向距离；
l_4——出水点距船舯的纵向距离。

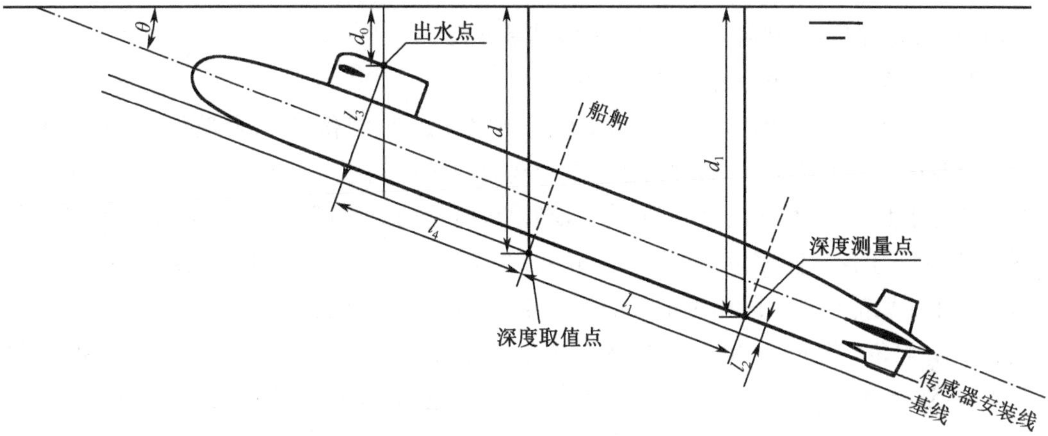

图 6.22　潜深关系换算示意图

通过换算可以得到基线深度及出水点深度的时历曲线。

③将基线深度的时历曲线进行微分，即可得到模型的垂向上浮速度。但是由于深度计是基于压力传感器获得的模拟量信号，直接对深度时历曲线进行微分得到的垂向上浮速度具有明显的高频噪声干扰。因此，设计了 2 Hz 的数字低通滤波器对上浮速度曲线进行平滑滤波，从而得到较平滑的垂向上浮速度曲线，便于读取最大垂向上浮速度。

④在出水点深度的时历曲线上读取深度为 0 的时间点，即可得到模型的出水时刻，从而在模型的其他运动参数时历曲线上可以方便地获取模型在出水前后以及出水时刻等关键时间点上的运动姿态和最大幅值信息。

4. 试验方案与试验结果分析

作为举例，下面以研究本案例潜艇在流水孔全部开启状态下于深水（模型初始潜深为 8 m）应急上浮时，艉升降舵角、初始航速等操纵因素对其横倾特性的影响规律为例，给出以浮力载荷纵向作用位置作为首要因素时，艉升降舵角与初始航速之间的工况组合，如表 6.10 所示。

表 6.10 模型应急上浮试验方案

试验方案	浮力载荷纵向吹除位置	初始航速 u_0/(m/s)	艉升降舵角 δ_s/°
方案一	7.5%L(上浮力方案一)	1.15	-9,-6,-3,0
方案二	11.5%L(上浮力方案二)		-6,-3,0
方案三	15.5%L(上浮力方案三)		-3,0,3,6,9,12
方案四	11.5%L(上浮力方案二)	0,0.6,0.75,0.95,1.15	-3

(1)艉升降舵角对横倾特性影响的试验结果分析

①7.5%L 吹除位置时艉升降舵角的影响

图 6.23(a)(b)分别给出了在 7.5%L 纵向吹除位置下,0°和-3°升降舵角对应的典型姿态角时历曲线。为了便于对比分析,将模型释放时间对齐到第 5 s,垂直虚线标识了模型围壳中部穿出水面的时间,即出水时刻。由模型出水时刻的对比可知,在给定-3°上浮舵角条件下,模型水下上浮时间缩短了 0.96 s。此外,在模型经历了前期的迅速抬艏阶段后,两者的纵倾变化曲线都具有一段相对平缓的平台期,但是-3°上浮舵角工况下水下纵倾角最大值相比于 0°舵角工况增大 20%,对应的纵倾角保持相对稳定的时间也较长。由此说明,艉升降舵的上浮舵角有助于增大并延长纵倾角平台期,进而有利于延迟水下初始横倾的发展和增长。显而易见,-3°上浮舵角对模型产生的艉倾力矩,使得模型纵倾角增大,更有利于模型获得上浮力载荷的加速作用,使得应急上浮时间缩短 8%,在一定程度上减小了发生过度横倾的概率。

另一方面,对比两种升降舵角下的横倾角曲线可知,无论是否给定上浮舵角,两种工况下的最大横倾角都大于 60°,即发生了明显的过度横倾。由此说明,即使上浮舵角能在一定程度上延缓水下初始横倾的形成和发展,但是在吹除载荷位置靠近船舯的 7.5%L 吹除位置下,较小的-3°上浮舵角对过度横倾的改善效果是微不足道的。需要考虑进一步增大上浮舵角或采取其他操纵措施来避免过度横倾的发生。

此外,由漂角与横倾角两条曲线的近似同步变化可知,漂角与横倾角存在着显著的单调正相关关系。一方面是由于模型具有微小的初始横倾(如模型的横向安装误差)时,垂直于围壳左右两舷侧面的横向速度分量 v,受到吹除载荷的垂向上浮力加速作用而逐渐增大,进而导致围壳处的漂角增大。另一方面,由于模型加工的微小几何不对称以及纵向安装误差,使得模型纵向中轴线与拖曳装置的前进速度之间客观存在微小初始艏向角偏差,因此模型释放后逐渐向左舷或右舷的单一方向摇艏,并由于模型缺乏艏向控制能力,使得艏向角偏差持续累积,并诱导了漂角的形成和发展。随着艏向角的持续增大,漂角逐渐增大。而漂角的增大在围壳左、右舷侧引起的水动力压差增大,反过来进一步促使初始横倾角逐渐增大。因而在模型出水前漂角、横倾角与艏向角曲线具有相似的增长趋势,三者的绝对量值具有明显的正相关性。

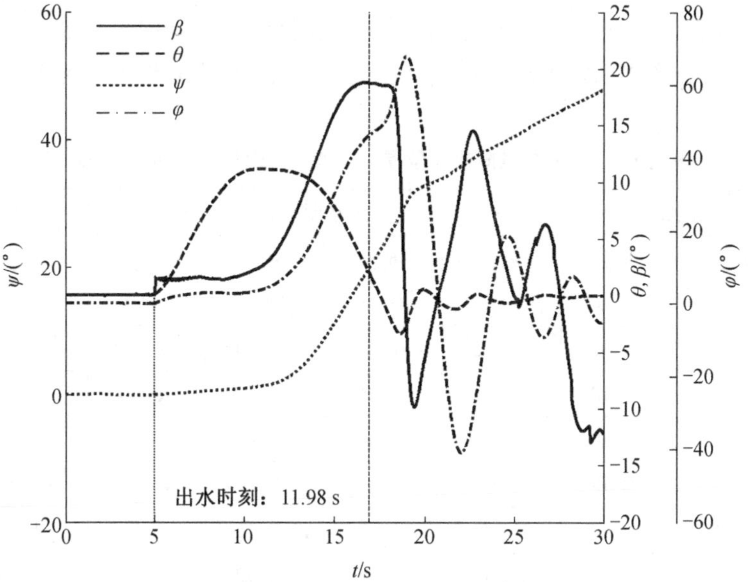

(a)0°艉升降舵角典型姿态曲线

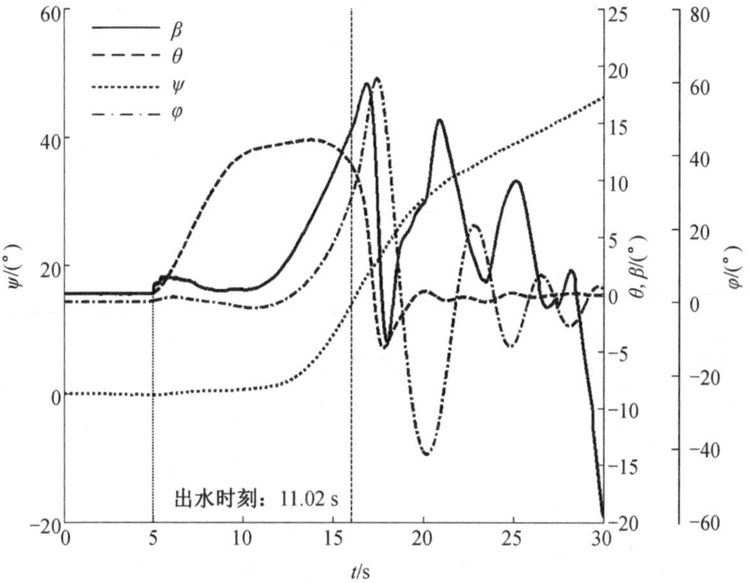

(b)−3°艉升降舵角典型姿态曲线

图 6.23　7.5%L 纵向吹除位置工况下典型姿态曲线

综上分析可知，漂角、艏向角和横倾角是相互影响、彼此强化的。但问题的关键在于，在三种角度都较小的初期变化中，三个参数中的哪一项受何种因素影响而首先打破平衡，继而进入彼此强化的恶性循环中。仅仅根据一次试验的姿态角曲线很难分辨到底是哪一项诱导或加剧了另一项的初始形成和发展。换言之，以漂角为中间因素，横倾和摇艏运动之间存在复杂的耦合效应。分析横倾与摇艏之间的耦合效应问题，就是探索过度横倾的水动力根源问题。

如表 6.11 和表 6.12 所示，测试编号 a1～a5 和 b1～b5 分别对应 $\delta_s=0°$ 和 $\delta_s=-3°$ 两种工况下的 5 次重复试验的关键参数。根据出水前后的时刻划分，分别获取水下、穿水时刻以及水面状态的关键姿态参数，表中下标 out 表示出水时刻，V 代表对地上浮速度。

表 6.11　7.5%L 纵向吹除位置，$\delta_s=0°$ 工况下试验数据统计表

	出水前		出水时刻				出水后	
试验次数	θ_{max} /(°)	V_{out} /(m/s)	t_{out} /s	θ_{out} /(°)	q_{out} /(°/s)	ϕ_{out} /(°)	θ_{max} /(°)	ϕ_{max} /(°)
a1	11.14	-0.82	12.12	6.79	-9.54	-22.05	-4.91	-32.67
a2	10.12	-0.79	12.16	4.53	-0.57	40.59	-3.15	71.06
a3	11.11	-0.80	11.98	1.24	1.03	47.00	-3.38	67.87
a4	10.74	-0.78	11.94	2.20	0.29	46.22	-3.05	73.01
a5	10.52	-0.80	12.08	5.56	-3.16	31.51	-4.47	54.88
均值	10.73	-0.80	12.06	4.06	-2.92	37.47	-3.79	59.90

表 6.12　7.5%L 纵向吹除位置，$\delta_s=-3°$ 工况下试验数据统计表

	出水前		出水时刻				出水后	
试验次数	θ_{max} /(°)	V_{out} /(m/s)	t_{out} /s	θ_{out} /(°)	q_{out} /(°/s)	ϕ_{out} /(°)	θ_{max} /(°)	ϕ_{max} /(°)
b1	13.52	-0.90	11.02	6.24	-5.05	49.29	-4.72	61.00
b2	13.04	-0.87	10.98	5.95	-16.36	-17.66	-5.92	-22.63
b3	12.29	-0.82	10.96	5.32	-0.76	46.57	-3.85	65.19
b4	11.67	-0.82	11.02	5.29	1.38	-43.61	-2.10	-66.76
b5	12.87	-0.89	10.96	7.03	-5.09	-38.61	-4.17	-51.00
均值	12.68	-0.86	10.99	5.97	-5.73	-39.15	-4.15	-53.32

对比表 6.11 和表 6.12 可知，b1～b5 所表示的-3°升降舵角下的最大横倾角等参数平均值均略有减小，而最大纵倾角平均值增大 16.5%。由此说明，操纵艉上浮舵只是在很小程度上减小最大横倾角，而对水下最大纵倾角的影响更为明显。此外，两种工况下的最大横倾角均表现出随机离散特性，从试验角度验证了过度横倾状态下不稳定横倾角的多样性和离散性。确切地说，在试验样本范围内，无论是否给定上浮舵角，在 7.5%L 纵向吹除位置下发生过度横倾的概率都是 80%。这对于实施应急上浮机动的潜艇而言是非常危险的情形，即潜艇应尽量避免在此状态下的应急上浮。

纵向吹除位置位于船舯向前 7.5%L 的条件下，应急上浮会以极大概率发生过度横倾，而较小的上浮舵角对改善横倾所起到的作用微乎其微。进一步按 3°角度增量增大上浮舵角，分别得到-6°和-9°舵角下的典型试验曲线如图 6.24 所示。

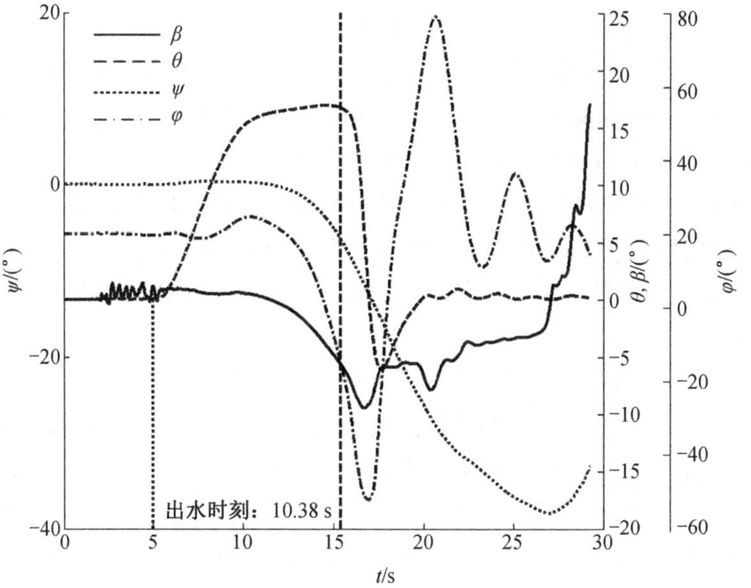

(a) δ_s=−6°试验典型姿态曲线

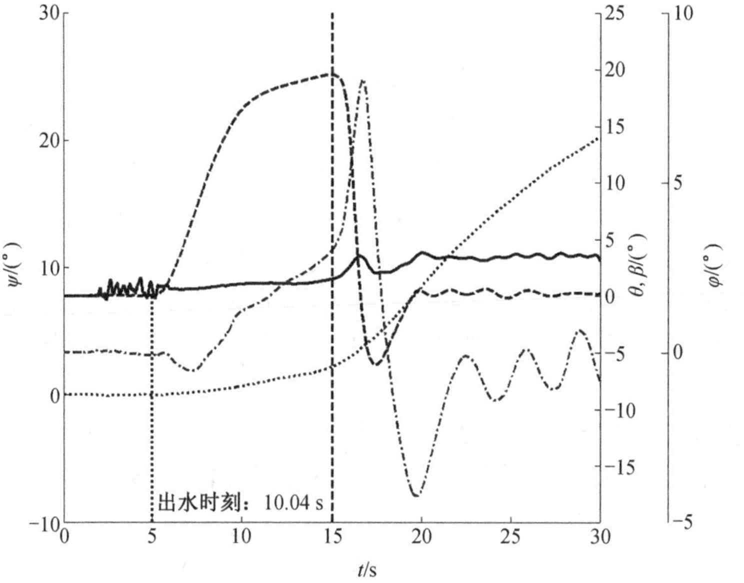

(b) δ_s=−9°试验典型姿态曲线

图 6.24　7.5%L 纵向吹除位置工况下增大升降舵角时应急上浮典型姿态曲线

对比图 6.24(a)(b)两种状态下的纵倾曲线可知，-9°舵角下的模型最大纵倾角比-6°模型的纵倾角增大 2.5°，并且两者均表现为在出水前的纵倾角持续增长，体现了上浮舵角的舵效影响。通过两者的横倾曲线对比可知，在 6°上浮舵角工况下，模型的最大横倾角减小到 18.04°，并在 9°上浮舵角下，最大横倾角进一步减小到 8°，对应的上浮时间缩短 0.34 s。由此可知，通过增大上浮舵角，模型的横稳性明显增强。

此外，对比两种状态下漂角和艏向角的变化趋势可知，两者表现出较明显的一致性关系,并与各自状态下的横倾角曲线具有相似的变化趋势。具体而言,-6°舵角状态下的模型出水时的漂角为5°,艏向角改变量为9°;而9°舵角工况下的出水漂角仅1.8°,出水时的艏向角偏差为2°。由此可知,通过增大上浮舵角,直观地增大了模型纵倾角的同时,使得模型的艏向也逐渐增强,从而限制了模型水下漂角的增长,并最终使得模型的最大横倾角从平均值20°减小到平均值10°以内,即模型的横稳性得到增强。

综上分析可知,在船舯向前7.5%L纵向吹除位置下,增大上浮舵角有利于增强模型横稳性,并且能保证模型不发生过度横倾的最小上浮舵角是-6°。此外,通过对比分析横倾、艏向和漂角曲线的变化趋势,进一步反映了横倾幅值与模型出水时的艏向角偏差、漂角之间的正相关关系。

②7.5%L吹除位置时姿态角时历曲线的特征

为了对比分析应急上浮过程中横倾与摇艏之间的动态响应关系,选择7.5%L纵向吹除位置,$\delta_s=-3°$上浮舵角工况下的3次重复试验的曲线为研究对象,详细分析横倾与摇艏之间的耦合效应,得到如图6.25所示的3条典型曲线对比图。图6.25中的黑色点线标记了模型发生紧急状况时实施应急上浮的初始时刻为$t=5$ s。红色的虚线标记了3种状态下的平均上浮时间为10.99 s,与图6.23(b)的上浮时间11.02 s基本一致。图6.25中,标识“-3°-1.15”代表上浮舵角为3°与初始航速为1.15 m/s,标识“ET:t_e”代表释放时刻,标识“OT:t_o”代表平均出水时刻。

由于试验中垫高基座存在横向倾斜安装误差,使得模型具有0.3°的初始横倾角。因此,在模型释放后前5 s内,大多数试验的横倾曲线经历轻微的左右横向振动,而模型艏向角基本上持续向潜艇右舷一侧偏转。在模型释放后的5~10 s内的快速抬艏阶段,摇艏和横摇之间的相互影响基本可以忽略不计。模型的艏向角偏差可能是由于模型左右两侧的微观几何不对称以及模型和垫高基座在纵轴线方向上的纵向安装误差引起的。然而,当纵倾角达到最大值之后,3个试验的横倾角曲线表现出明显的离散分布特性,如图6.25(b)中虚线所示。需要指出的是,实船由于制造、吹除不均匀性等客观因素,初始微小的不对称性也是普遍存在的。

纵向对比图6.25(c)(d)可知,漂角、艏向角曲线两者基本同步且明显地表现出与横倾角一致的变化趋势。相比之下,横倾角与漂角、艏向角、艏向角速度之间的正相关性十分明显,尤其是对于T1和T2曲线而言。

随后,在模型以艉倾状态前进上浮过程中,在$t=12$ s左右时,随着模型向右舷侧的摇艏角度进一步增大,围壳左舷的迎流侧受到斜向下的轴向入射流的冲击,形成正的横倾力矩。当围壳处的轴向入射流形成的右倾横倾力矩大于横向流在围壳舵和艉升降舵处产生的左倾横摇力矩时,模型逐渐形成向右舷横倾的发展趋势。

此外值得注意的是,模型水下稳性高提供的静态恢复力矩的作用方向与瞬时横倾角方向相反。对于图6.25(b)(c)中的T2和T3曲线而言,$t=12$ s处的静态恢复力矩与漂角引起的右倾横倾力矩方向恰好相同。由于明显的艏向角偏差和较大的艏向角速度,使得漂角被迅速放大,并与静恢复力矩相耦合,导致了与潜艇水下回转中相类似的突倾现象。因此,使得模型转向右舷侧方向,并伴随着向同一方向的过度横倾。换言之,艏向角偏差引起的突倾,使得横倾角迅速恶化为过度横倾。

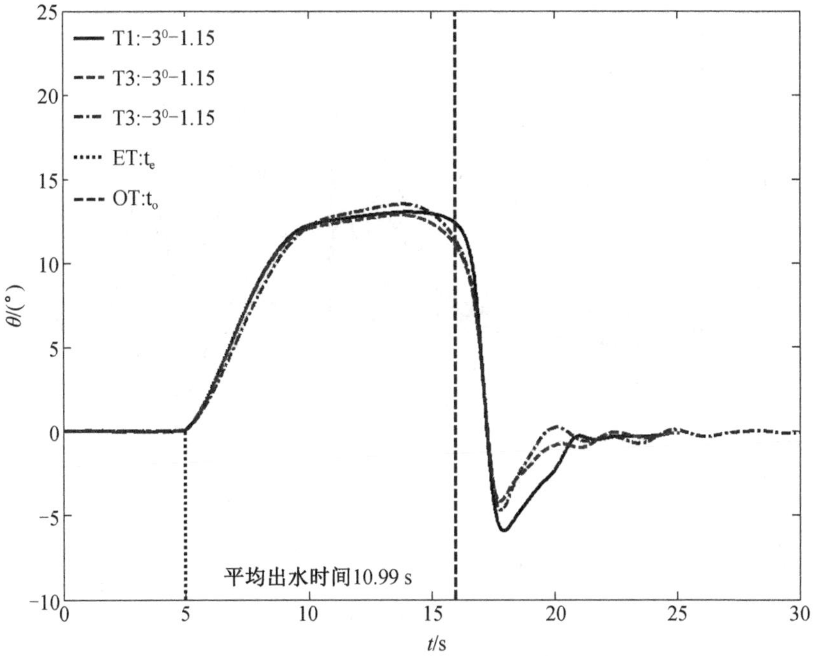

(a) 纵倾角曲线

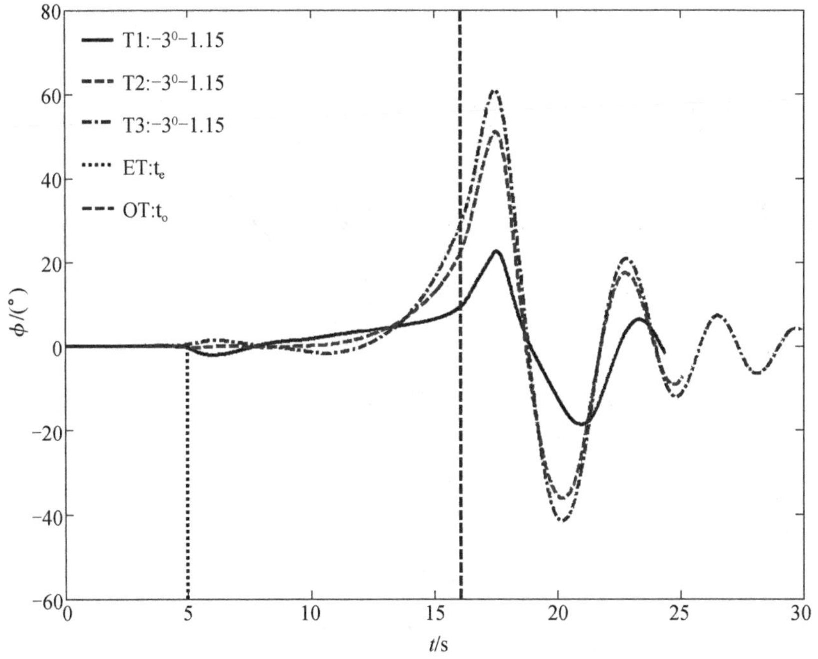

(b) 横倾角曲线

图 6.25　7.5%L 纵向吹除位置,$\delta_s=-3°$工况下各次试验曲线的对比

图 6.25 彩色版

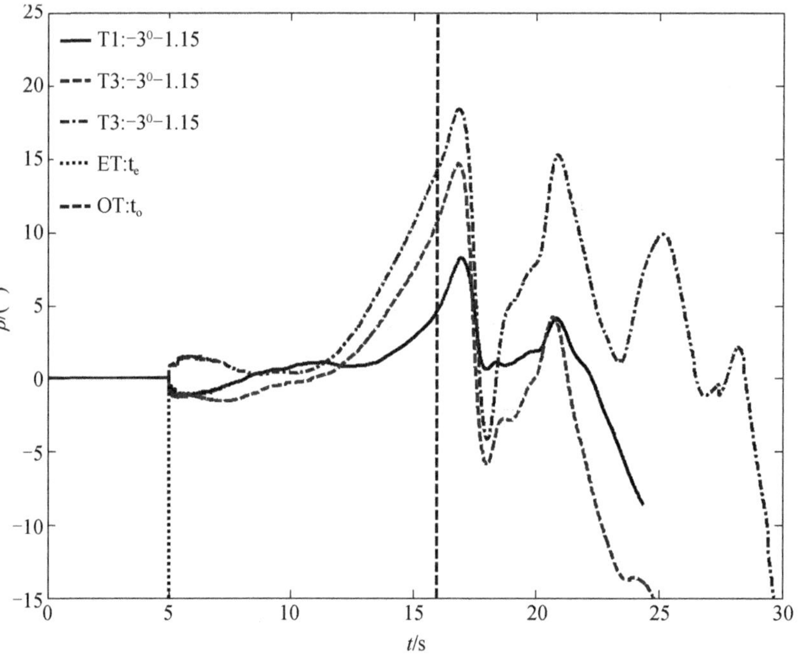

(c) 漂角曲线

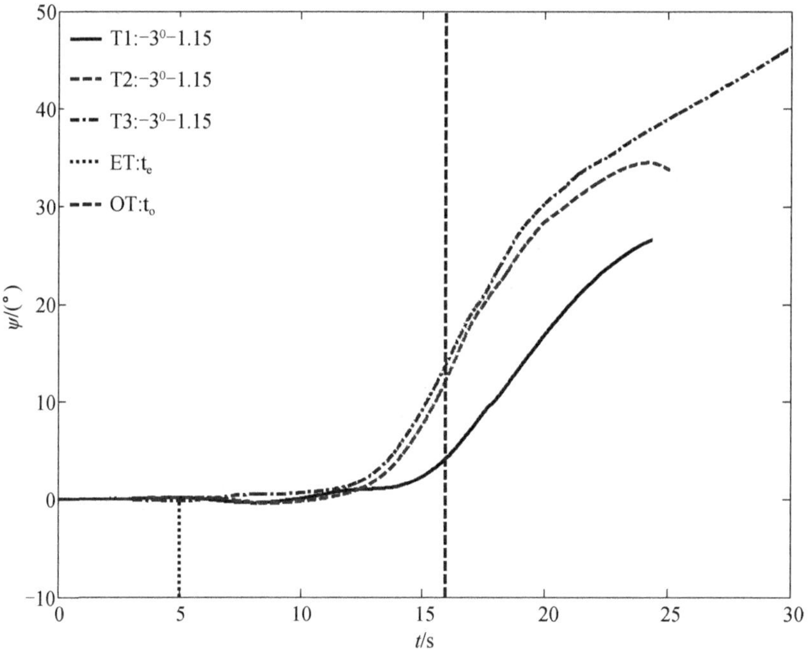

(d) 艏向角曲线

图 6.25(续)

通过上述分析可知,以 $4\%\Delta_{\downarrow}$($\Delta_{\downarrow}$ 为水下全排水量)的吹除容积,采用 $7.5\%L$ 的纵向吹除位置在深水上浮时,仅仅给定较小的 3° 上浮舵角,不能避免过度横倾的发生。然而可以肯定的是,横倾与艏摇之间表现出具有显著的相互影响的耦合效应,并且艏向不稳定性是导致模型突倾的根本原因。当突倾方向与此时的横倾方向相同时,使得横倾进一步增大,超过静态恢复力矩与阻力力矩之和,从而发生持续增大的横倾。因此,可以推断:通过保持尽可能小的艏向角有助于延迟突倾的形成,从而有助于减小最大横倾角的幅值。

③增大吹除位置时升降舵角的影响

如图 6.26 所示,分别给出 11.5%L,15.5%L 两种纵向吹除位置下,艉升降舵角为-3°时,应急上浮运动姿态变化曲线。

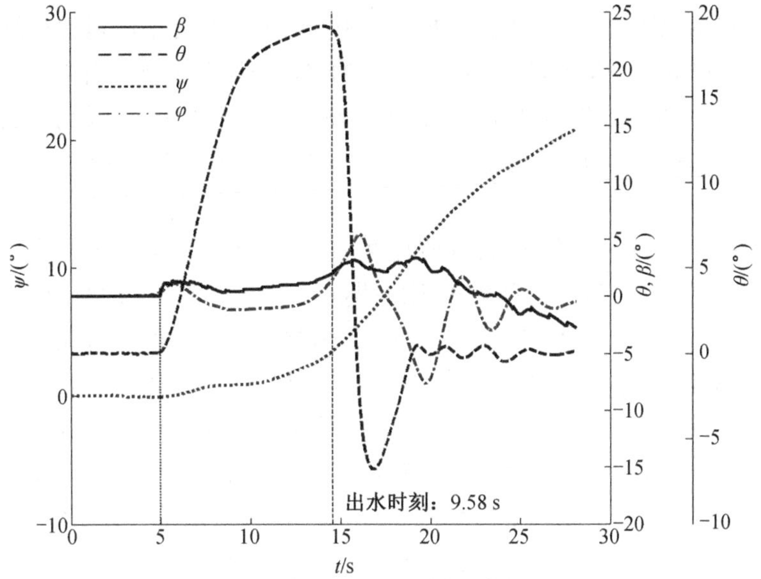

(a) 11.5%L 纵向吹除位置典型姿态曲线

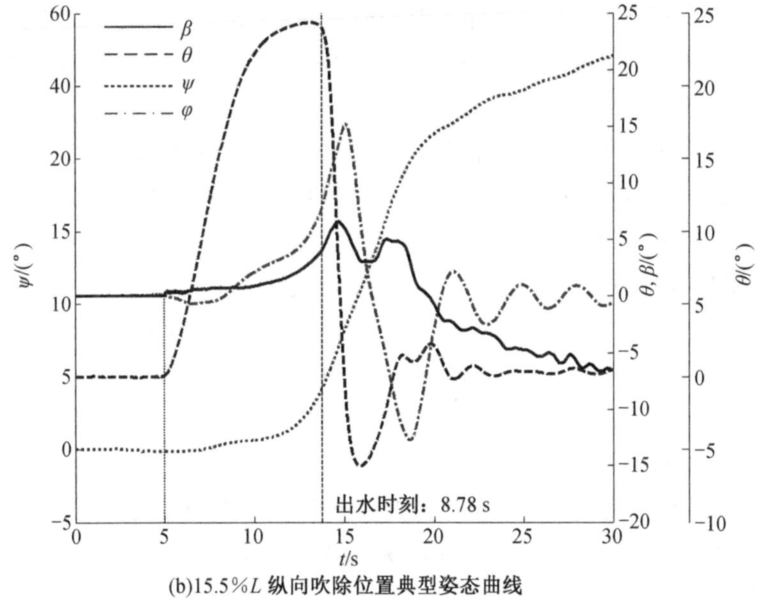

(b)15.5%L 纵向吹除位置典型姿态曲线

图 6.26　11.5%L 和 15.5%L 纵向吹除位置,δ_s=-3°典型姿态曲线

根据图 6.26 所示的模型应急上浮典型姿态曲线可知,两种工况下的纵倾角在完成迅速增长的后期均表现出相同的缓慢增长趋势,这是由于在释放初期,模型主要受到浮力载荷的上浮力作用而迅速抬艏;在上浮后期,模型逐渐受到 3°上浮舵角形成的较小艉倾力矩的影响,因而纵倾角继续缓慢增长。具体来说,15.5%L 工况下的模型水下最大纵倾角为 24.12°,比 11.5%L 吹除位置下增大了 27%,使得上浮速度也略有增大,进而使得模型的水下上浮时间缩短了 0.8 s。

就横倾角变化而言,两种纵向吹除位置下模型出水之前的最大横倾角均在 20°以内,亦即两者都没有发生明显的水下横倾。尽管在模型出水后,横倾角幅值略有增加,但它们仍处于可接受的安全限度内,没有发生过度横倾。但 15.5%L 状态下的最大横倾角平均值比 11.5%L 状态下的横倾角平均值增大 54%。较大的水面横倾角主要是由于上层建筑透水区域内的滞留水所导致的暂时性静稳性损失。上层建筑的剩余水量排除较慢,这暂时提高了模型的重心,使得模型稳性暂时较差。随着上层建筑的水逐渐排除,模型经过水面摇摆之后会重新恢复正常的静稳性。

此外,由图 6.26 中的漂角曲线对比可知,两种状态下的模型出水前的最大漂角均在 4°以内,而且各自的漂角和横倾角之间均表现出明显的正相关关系。同时值得注意的是,两种状态的纵倾角之间存在较大偏差,正好对应于两者横倾角之间的较大偏差。由此说明越靠近船艏的吹除位置,上浮力对模型的轴向加速作用越明显,从而客观上放大了作用于模型的各项水动力及其不稳定力矩的绝对量值。而且模型受到上浮力做功使得自身系统的总能量增大,进而导致模型的最大纵倾角、最大横倾角均相对增大。说明过大的吹除载荷纵向位置,虽然避免了模型发生过度横倾,但是对模型最大横倾角的抑制作用较弱,反而容易使得模型最大纵倾角显著增大。因此,对于靠近船首的 15.5%L 吹除位置而言,应该操纵下潜舵角来抑制纵倾增长。

为了进一步直观对比不同升降舵角下对潜艇运动姿态的影响,分别提取两种不同吹除位置下的多次模型试验的运动参数平均值,得到升降舵角对关键运动参数的影响曲线,如图 6.27 所示。

为了衡量横倾角的离散程度,求取多次重复试验的各个参数最大值的标准差,并在绘图中使用柱状线表示该标准差。艏向角最大改变和漂角的绝对量值较小,标准差相对较大,为了便于观察,没有绘制对应的柱状偏差。对比图 6.27(a)(b)中的标准差柱状图可知,平均纵倾角的标准差明显小于横倾角标准差,由此说明多次重复试验对于纵倾角的测试更加稳定。而由于模型自身的横稳性较差,对于横倾角的测试存在一定的离散性,但不会改变其自身是否稳定的性质,因而横倾角平均值可以准确地反映模型的横稳性。

对比图 6.27(a)纵倾变化曲线可知,对于 11.5%L 吹除位置而言,随着上浮舵角从 0°逐渐增大到 6°,纵倾角基本呈线性增大关系。与此类似,对于 15.5%L 吹除位置而言,随着舵角从−3°逐渐增大到 12°,最大纵倾角基本线性减小。由此可知,上浮舵角和下潜舵角对潜艇应急上浮时最大纵倾角的影响均是呈正相关的线性关系,这反映了升降舵在 12°舵角范围内操舵响应的线性特性。

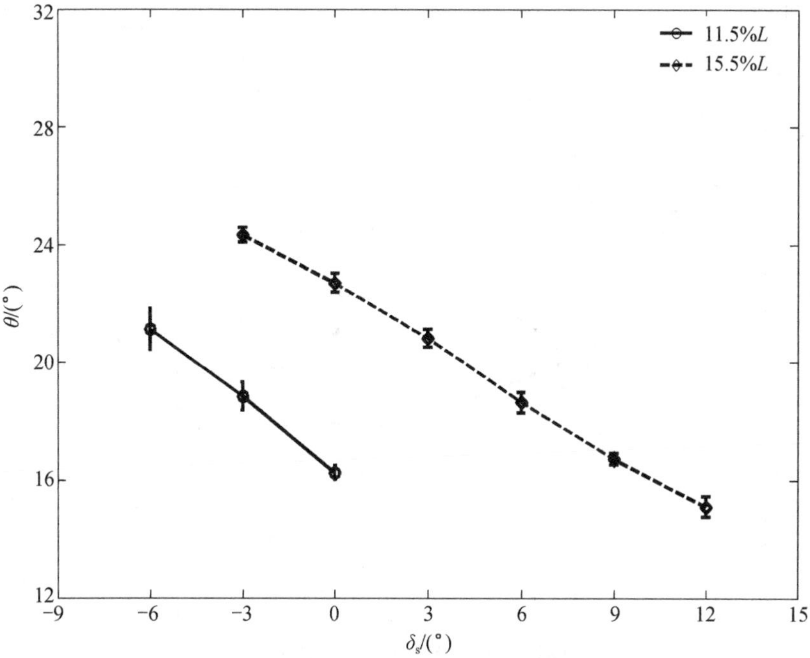

(a) 纵倾角最大值平均值对比曲线

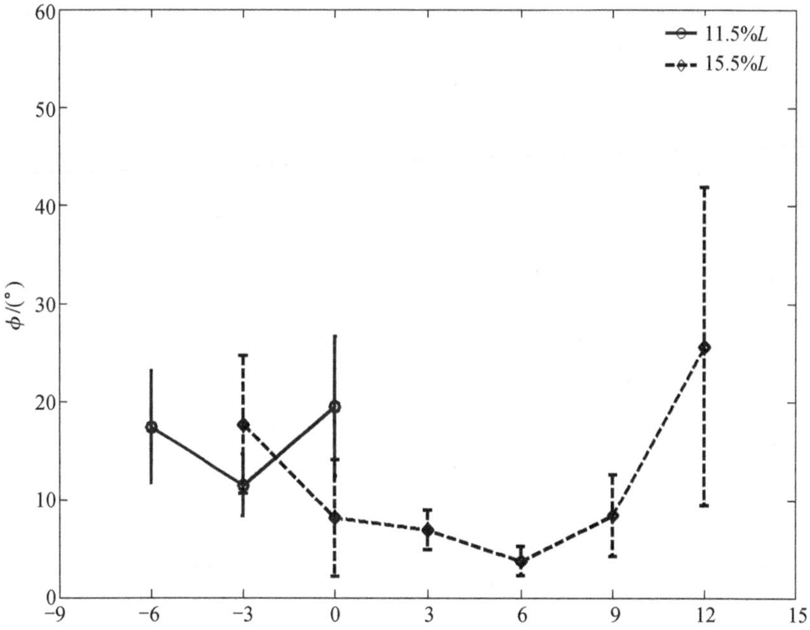

(b) 横倾角最大值平均值对比曲线

图 6.27　11.5%L 和 15.5%L 纵向吹除位置,不同舵角工况对应的参数平均值对比曲线

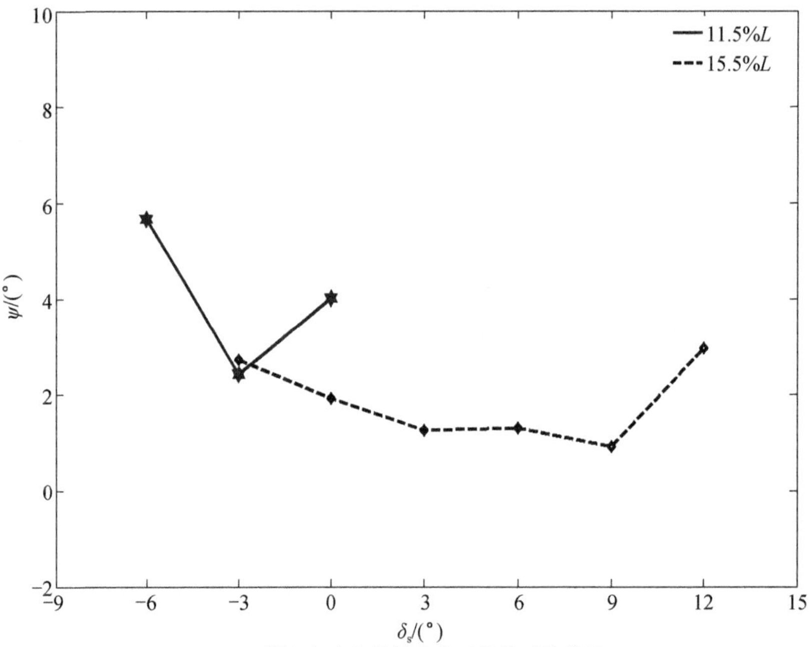

(c) 艏向角改变量最大值平均值对比曲线

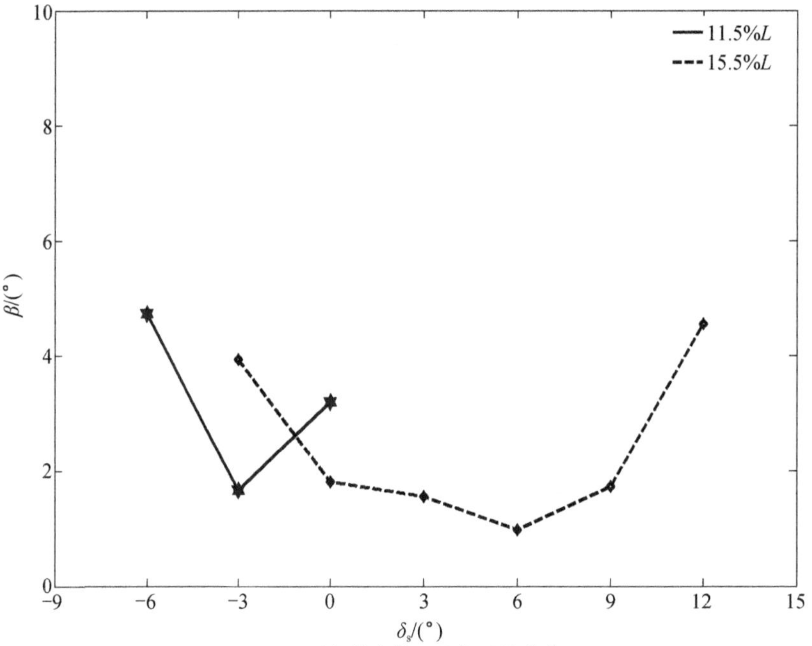

(d) 漂角最大值平均值对比曲线

图 6.27(续)

分析图 6.27(b)的横倾变化曲线可知，在 11.5%L 吹除位置下，当上浮舵角为 3°时，横倾角最大值的平均值具有最小值；而增大或减小舵角，横倾角均表现出增大趋势，但 3 种上浮舵角下均没有发生过度横倾。由此可见在 11.5%L 吹除位置下，模型具有较强的横稳性。与此同时，在 15.5%L 吹除位置下，舵角对横倾角的影响具有类似的影响趋势，即在 6°下潜舵角下对应的横倾角最小。由此可知，纵向吹除位置与升降舵角之间存在最优组合。此外需要注意的是，对于 15.5%L 吹除位置而言，给定 12°下潜舵角时，横倾角平均值虽然没有超过 30°，但是相对于 9°下潜舵角的横倾幅值有显著的增长趋势，而且具有较大的横倾角标准差。可见，过大的下潜舵角虽然能将纵倾减小到 20°以内，但对横稳性具有不利影响。总之，对于 1.15 m/s 的高航速状态而言，11.5%L 位置下的 6°上浮舵角以及 15.5%L 位置下的 12°下潜舵角，均使得横倾角有增大趋势。由此说明在高航速下，要谨慎操纵升降舵角，过大的舵角对于横稳性具有不利影响。

综上分析可知，随着吹除位置的增大，模型的横稳性均明显增强。与此同时，在相同的吹除位置下，单就横倾角绝对量值而言，不同的舵角表现出相似的影响特性，即存在某一最佳舵角使得横倾幅值最小。此外，由于 15.5%L 吹除位置靠近船首极易导致纵倾角过大，因此通常操纵较大的下潜舵角来抑制纵倾增长。需要给定大于 6°小于 12°的下潜舵角才能在较小的纵倾下抑制横倾增长。但是下潜舵角过大，既浪费潜艇上的能源，同时在较高的航速下操纵较大的下潜舵角也存在明显的安全隐患。由此可知，针对本部分的研究工况而言，存在最合适的吹除位置。例如，对于给定的 4%$\Delta_{\downarrow}$ 吹除载荷下，当纵向吹除位置位于船舯向前 15.5%L，同时给定 3°上浮舵角时，模型具有最佳的应急上浮横稳性。

④增大吹除位置时姿态角时历曲线分析

为了进一步对比分析在不同的纵向吹除位置下横倾与摇艏之间的耦合效应，选择相同的-3°升降舵角下的典型试验曲线进行纵向对比，得到各参数对比曲线如图 6.28 所示。

对比图 6.28(a)中的纵倾曲线斜率可知，最大纵倾角及其抬艏角速度随着吹除载荷纵向质心从船舯向船首的移动而逐渐增大。针对 15.5%L 纵向吹除位置工况而言，由于吹除载荷质心远离艇体重心，上浮力作用力臂较大，相同大小的吹除载荷所形成的艉倾力矩随之增大，使得模型具有较大的抬艏角速度和纵倾角，进而使得流线型的艇体受到更加明显的上浮力加速作用，模型轴向速度和对地垂向上浮速度均相应增大，进而放大了导致艇体初始横倾的水动力绝对量值，导致模型在出水后的最大横倾角略有增大，如图 6.28(c)所示。

由上述分析可知，如果模型潜深进一步增大，则在 15.5%L 纵向吹除位置情况下模型有可能仍然会发生过度横倾。因此，当吹除载荷纵向质心太靠近艏部时，反而会加剧不稳定倾覆水动力矩的增长，使得潜艇出水时的横倾角有恶化趋势。

从系统能量守恒及能量转化角度考虑，当吹除载荷作用位置远离艇体重心时，形成的较大艉倾力矩对系统做功较多，系统总能量比吹除作用位置靠近船舯位置的系统能量增大。因此，模型水下最大纵倾角明显增大的同时，向横倾方向转化的系统能量相对更多，使得横倾角也表现出略有增长的趋势。

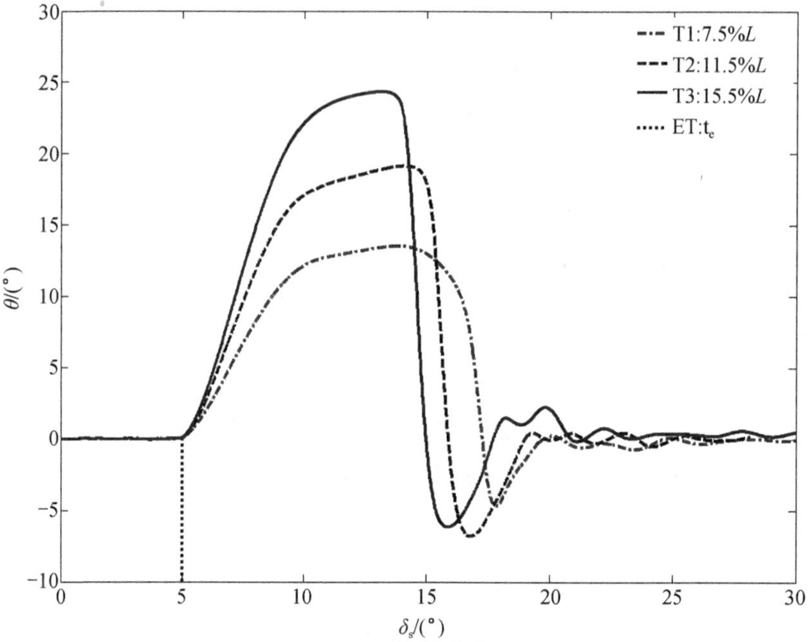

(a) 纵倾角曲线

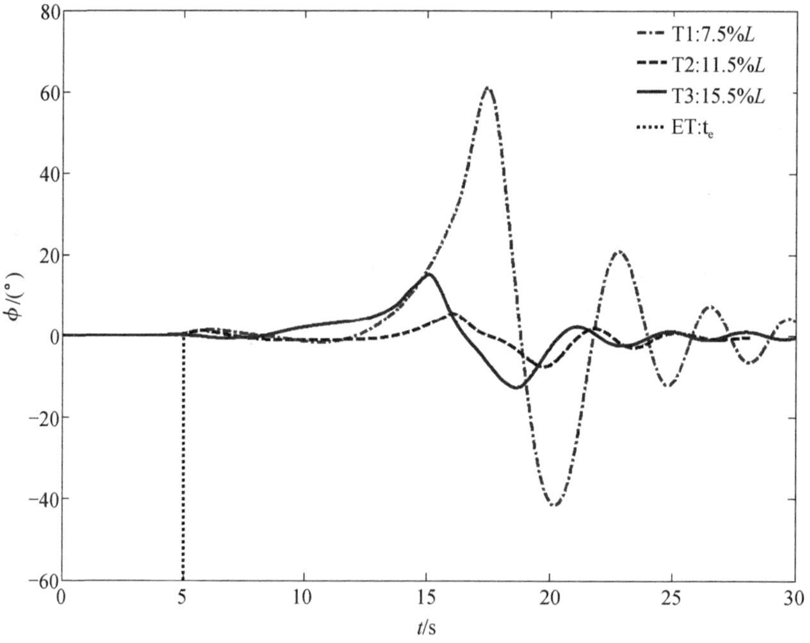

(b) 横倾角曲线

图 6.28　不同纵向吹除位置下的试验曲线对比

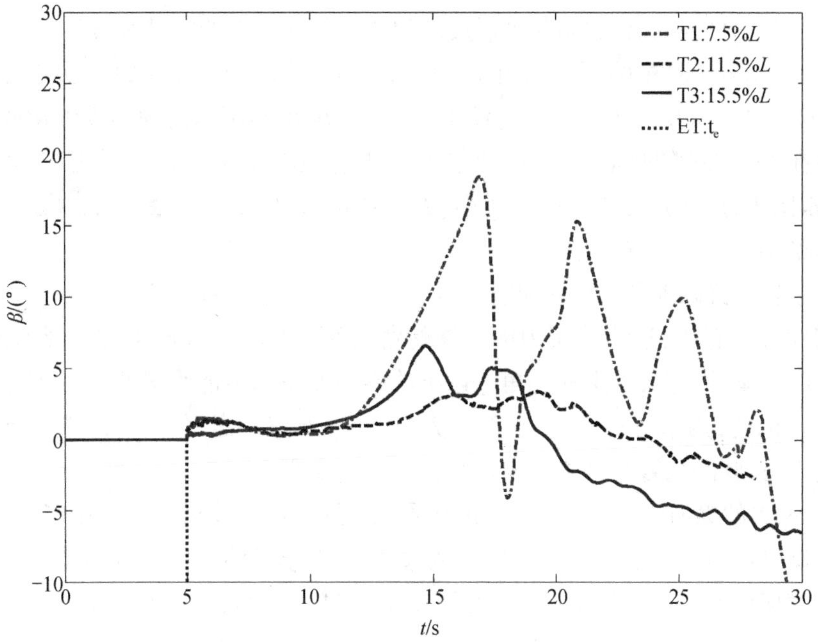

(c) 漂角曲线

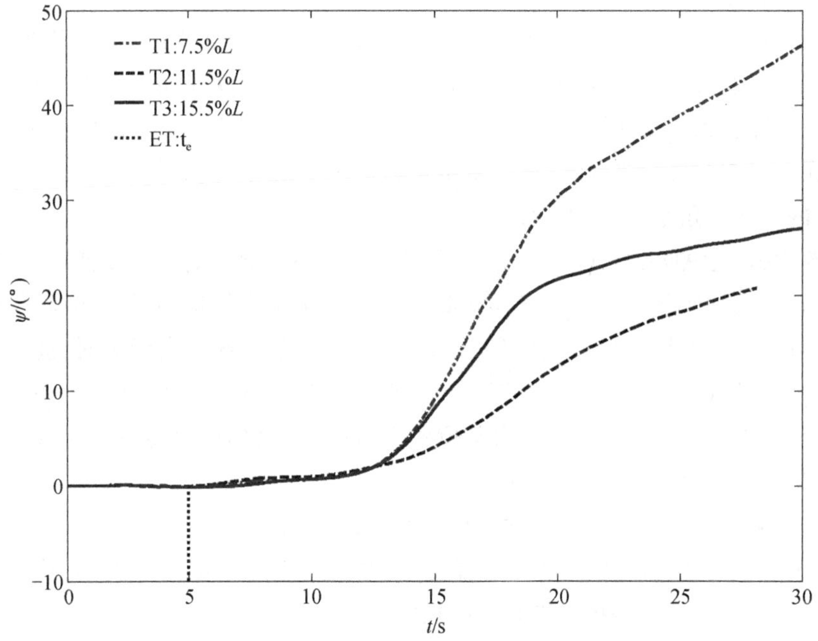

(d) 艏向角曲线

图 6.28(续)

由图6.28(a)纵倾角曲线可知，在15.5%L纵向吹除位置的情况下，水下上浮过程中横倾角基本保持恒定。在此工况下，模型已达到保持稳定水下横倾角的理想状态。由此分析可知，选择适当的纵向吹除位置是保证潜艇获得最佳的横稳性的关键因素。

根据图6.28(c)(d)中的漂角和艏向角曲线对比可知，7.5%L纵向吹除位置的最大漂角远大于11.5%L和15.5%L状态下的漂角，由此说明，漂角可以直观地反映横倾角的变化趋势。并且在11.5%L的吹除位置下模型艏向角偏差最小，亦即存在最佳的艏向保持能力。总而言之，相比于过大(15.5%L)或者过小(7.5%L)的纵向吹除位置，11.5%L是保证模型具有最优横稳性的理想位置。

⑤吹除位置与升降舵角的优化组合

在不同吹除位置下，适当范围内的上浮舵角均对增强横稳性产生有利影响，但是考虑到实船操纵的安全性，过大的上浮舵角或过小的下潜舵角均不能将纵倾角尽可能限制在较小的范围内。因此，当水下稳性高、上浮力大小、初始航速一定时，对于应急上浮横摇角量值的最小化而言，吹除位置与升降舵角之间存在最优组合。

对于7.5%L的纵向吹除位置而言，由于浮力载荷相对于潜艇重心的作用力臂较小，因此通常需要操纵适当的艉上浮舵角以增大艉倾力矩，使模型尽快达到合适的艉倾状态，进而提高模型的横稳性。通过开展不同舵角下的对比试验可知，在7.5%L吹除位置下，避免发生过度横倾的最大安全舵角是-6°，即最小上浮舵角6°。当上浮舵角增大到9°时，横倾角进一步减小，横稳性显著增强，同时纵倾角在适当的范围内，因此在7.5%L吹除位置下的最佳舵角是9°上浮舵角。

对于11.5%L的纵向吹除位置而言，由于浮力载荷具有适当的上浮力作用力臂，潜艇能够获得良好的艉倾上浮状态，同时在多种舵角下的应急上浮过程均没有发生过度横倾，但是在给定6°上浮舵角时，横倾角有增大趋势，同时纵倾明显增大，因此不利于潜艇穿水安全性。因此，在11.5%L吹除位置下，不宜给定过大的上浮舵角，同时能够在较小的纵倾下抑制横倾增长的最佳舵角是3°上浮舵角。

对于15.5%L的纵向吹除位置而言，由于浮力载荷的上浮力作用力臂进一步增大，因此潜艇基本以较大的艉倾状态上浮。虽然在此位置下横倾角平均幅值进一步减小，但是考虑到在纵倾尽可能小的前提下抑制横倾增长，因此对于吹除位置远离船舯时，通常操纵一定的下潜舵角，以限制模型最大纵倾角的增长。在6°下潜舵角下，平均横倾角最小而且纵倾角在适当的范围内。因此在15.5%L吹除位置下，同时满足横倾稳定和尽可能较小的纵倾的最佳舵角是6°下潜舵角。

综上所述，升降舵角对应急上浮横稳性最有效的作用是通过控制模型的最大纵倾角来体现的。对于在一定范围内的横倾角量值而言，通过给定适当的升降舵角，可以在一定程度上减小横倾幅值，对于增强横稳性具有积极意义。

(2)初始航速对横倾特性影响的试验结果分析

①7.5%L吹除位置时初始航速的影响

为进一步分析不同的初始航速对7.5%L吹除位置下横倾幅值的影响，将上浮舵角保持-9°不变，以0.2 m/s的步长间隔逐渐降低初始航速，从而分析得到保证模型不发生过度横倾的最小初始航速。

如图 6. 29 所示，分别显示了在固定的 7. 5%L 吹除位置和固定的−9°上浮舵角条件下，分别以不同的初始航速实施应急上浮过程中，多次重复试验得到的运动响应参数最大值的平均值对比曲线。图 6. 29(a) 中的横倾角曲线直观地显示了模型出水后的最大横倾角平均值与初始航速之间存在明显的单调性关系。即随着初始航速的增大，横倾最大值逐渐减小，亦即潜艇的横稳性增强。

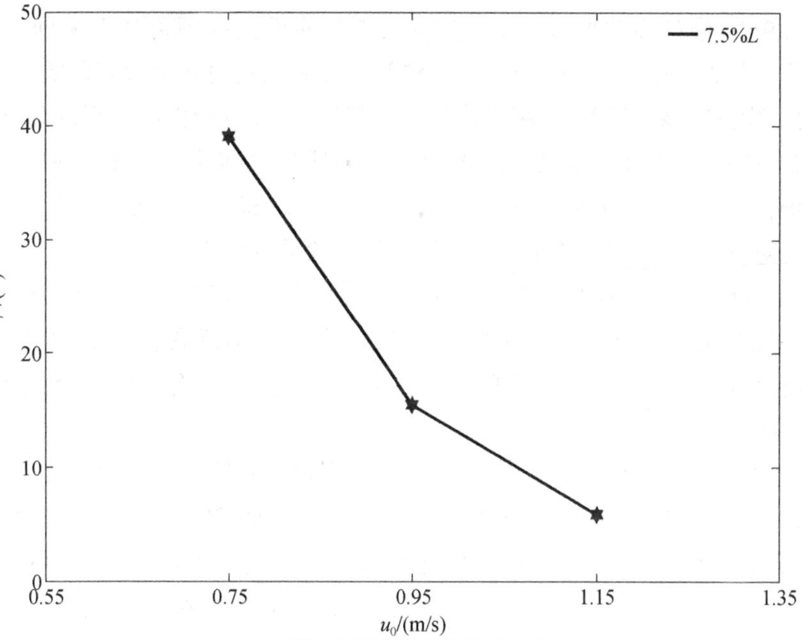

(a) 横倾角最大值平均值对比曲线

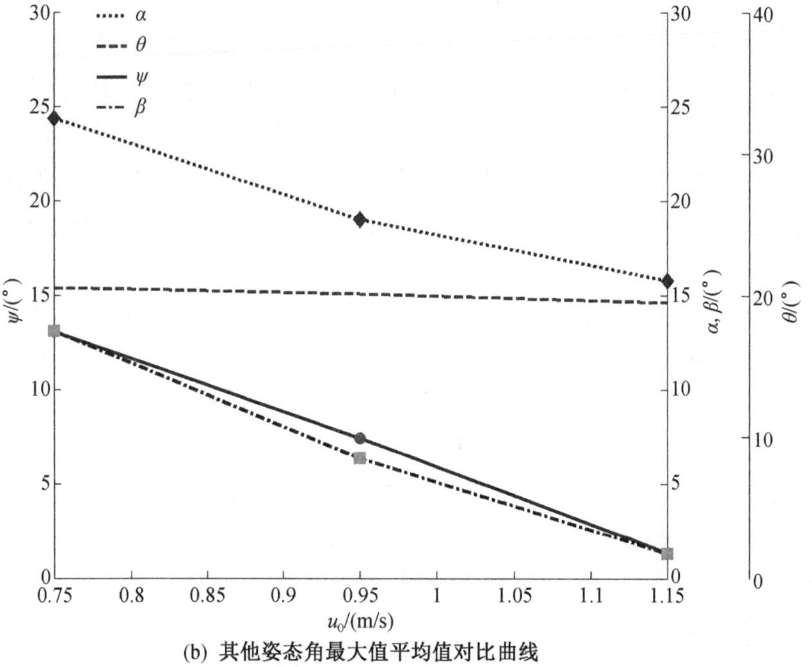

(b) 其他姿态角最大值平均值对比曲线

图 6. 29　7. 5%L 吹除位置时不同初始航速工况主要运动响应参数最大值的平均值对比曲线

分析图 6.29(a)中的横倾角曲线可知,在 0.75 m/s 航速下,各次试验横倾最大值的平均值约为 40°,存在明显的过度横倾,航速仅增加 0.2 m/s,横倾最大值的平均值就减小了 62.5%,横倾最大值平均值仅为 15°。并且在航速增大到 1.15 m/s 时,横倾角最大值的平均值进一步减小。利用线性插值方法,可以预测使得横倾角最大值平均值小于 30°的航速约为 0.85 m/s。换言之,针对 7.5%L 吹除位置,-9°上浮舵角的应急上浮工况下,保证模型不发生过度横倾的最小航速约为 0.85 m/s。

由图 6.29(b)中的纵倾曲线可知,不同航速下的最大纵倾角基本相同,平均值均为 20°。由此说明在 7.5%L 吹除位置下,初始航速对最大纵倾角基本没有影响。主要是因为浮力载荷的吹除位置靠近船舯,作用力臂较小,同时潜艇具有较大的上浮舵角,随着航速的增大,上浮舵角导致的艉倾力矩较大,亦即舵效十分明显,从而掩盖了初始航速对水下最大纵倾角的影响。此外,随着初始航速的增大,模型最大攻角从 24.35°逐渐减小到 15.8°。由此可见,增大初始航速,有利于减小应急上浮过程中的最大攻角。

②11.5%L 吹除位置时初始航速的影响

在 11.5%L 吹除位置下,-3°升降舵角对应的横倾角平均值最小。为了尽可能排除纵向位置、升降舵角对横倾幅值的干扰影响,重点分析在固定的-3°上浮舵角下,不同初始航速对该吹除位置应急上浮横倾特性的影响。

由图 6.30(a)最大纵倾角平均值曲线可知,在固定的吹除位置和恒定舵角下应急上浮时,模型的最大纵倾角随着初始航速的增大而逐渐减小,而且航速对纵倾角最大值的影响基本呈线性负相关关系。同时,由最大纵倾角标准差柱状图的偏差均很小可知,模型试验对纵倾角的预报具有很好的重复性,说明模型试验对纵倾值的预报十分稳定。

由图 6.30(b)横倾角最大值的平均值变化曲线可知,随着航速增大,最大横倾角逐渐减小,说明模型的横稳性逐渐增强。而且在航速从 0.6 m/s 增大到 0.75 m/s 时,最大横倾角从平均 38°迅速减小到平均 15°以内。仅仅 0.15 m/s 航速的改变,使得横稳性显著增强。而且根据多次重复试验数据可知,在 0.6 m/s 航速下,不发生过度横倾的试验次数占比约为 50%。由此说明,0.6 m/s 航速是模型在此工况下过度横倾的临界速度点。此外,由横倾的标准差柱状图可知,越是在横倾平均值较大的工况下,多次模型试验的横倾偏差越大,这进一步说明了在发生过度横倾的情形下,横倾角最大值表现出明显的离散性。反之,随着横稳性的增强,模型试验对最大横倾角的重复性越来越强。

对比图 6.30(c)(d)的漂角和艏向角平均值变化曲线可知,两者具有几乎完全一致的发展趋势,幅值也基本相同。由此说明在潜艇水下上浮过程中,漂角直接反映了艏向角的变化。与此同时,两者均随着初始航速的增大而表现出相同的减小趋势。尤其是在 0.6 m/s 航速增大到 0.75 m/s 航速下,漂角和艏向角均显著减小。这种迅速减小趋势与横倾角发生突变的速度点相对应,由此说明随着横稳性的增强,艏向保持能力逐渐增强。速度仅仅增大 0.15 m/s,使得横倾特性显著提高。根据两者之间的横倾角突变以及大于 0.75 m/s 航速下较明显的线性关系得出,在 11.5%L 吹除位置下,能够实施安全上浮的初始航速的安全下限估计值约为 0.7 m/s。

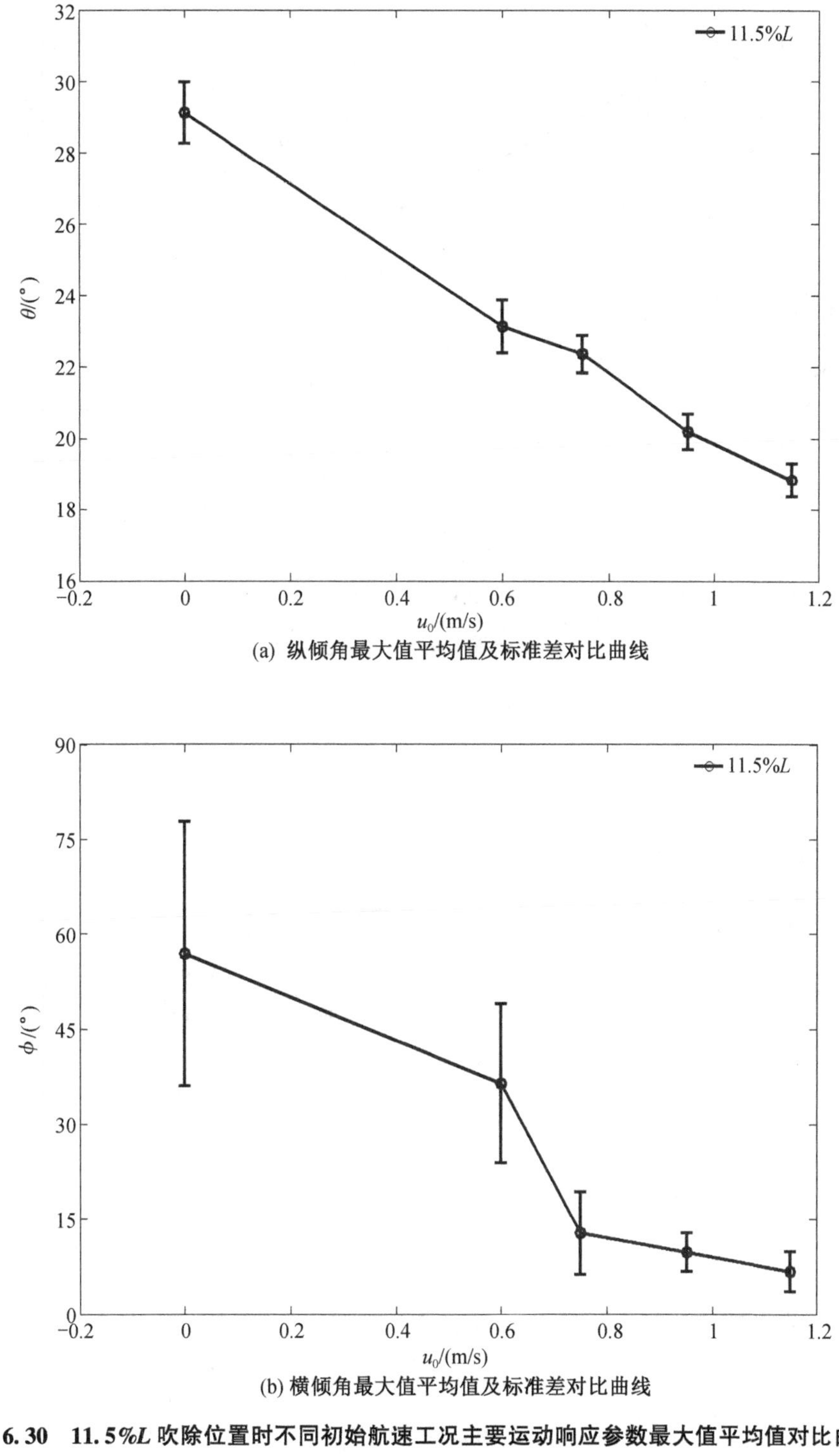

(a) 纵倾角最大值平均值及标准差对比曲线

(b) 横倾角最大值平均值及标准差对比曲线

图 6.30　11.5%L 吹除位置时不同初始航速工况主要运动响应参数最大值平均值对比曲线

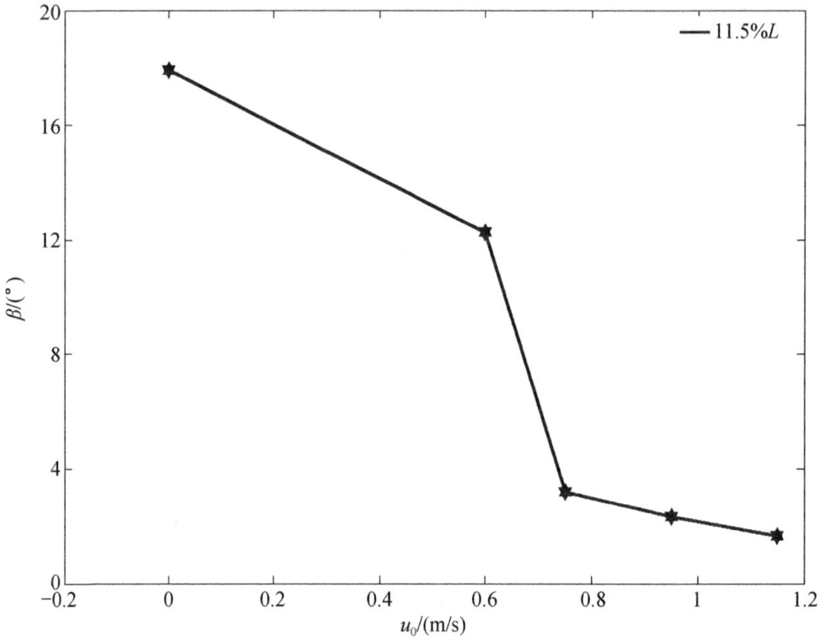

(c) 漂角最大值平均值对比曲线

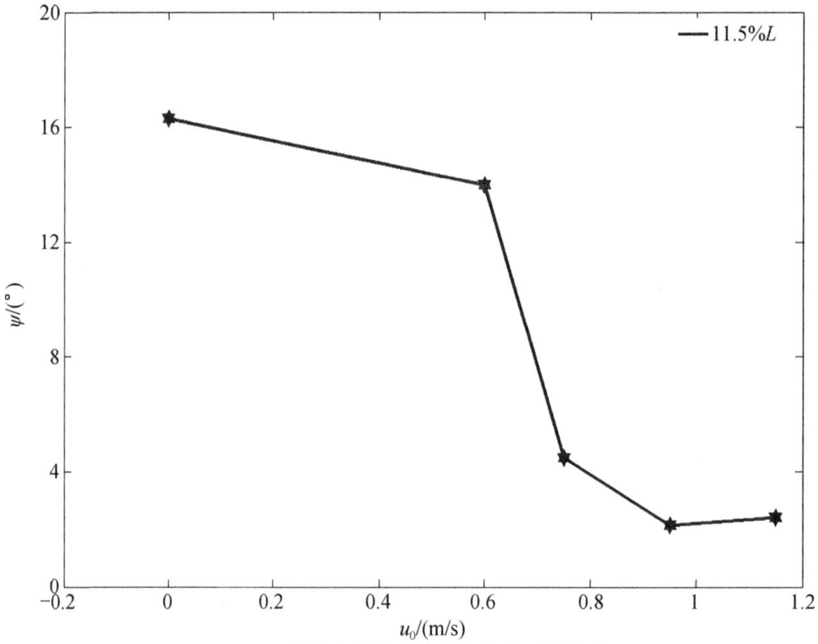

(d) 艏向角最大改变量平均值对比曲线

图 6.30(续)

③11.5%L 吹除位置时姿态角时历曲线分析

在固定的 11.5%L 吹除位置，-3°艉升降舵角，选取不同航速下的模型试验得到的典型姿态角时历曲线进行对比，以定性分析横倾与摇艏之间的耦合效应。图 6.31 中，例如“0.6v-11.5%L”的标识代表初始航速 0.6 m/s，吹除位置为 11.5%L。

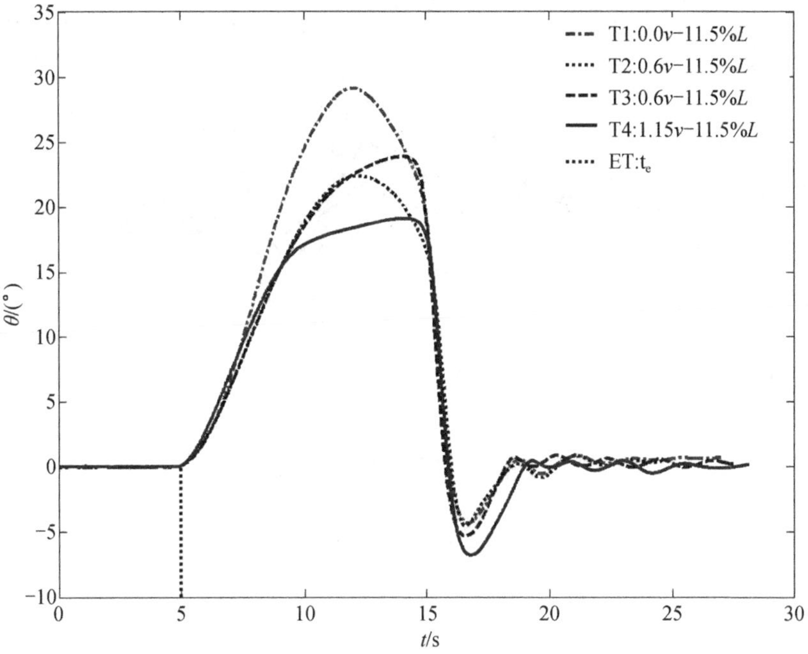

(a) 纵倾角曲线

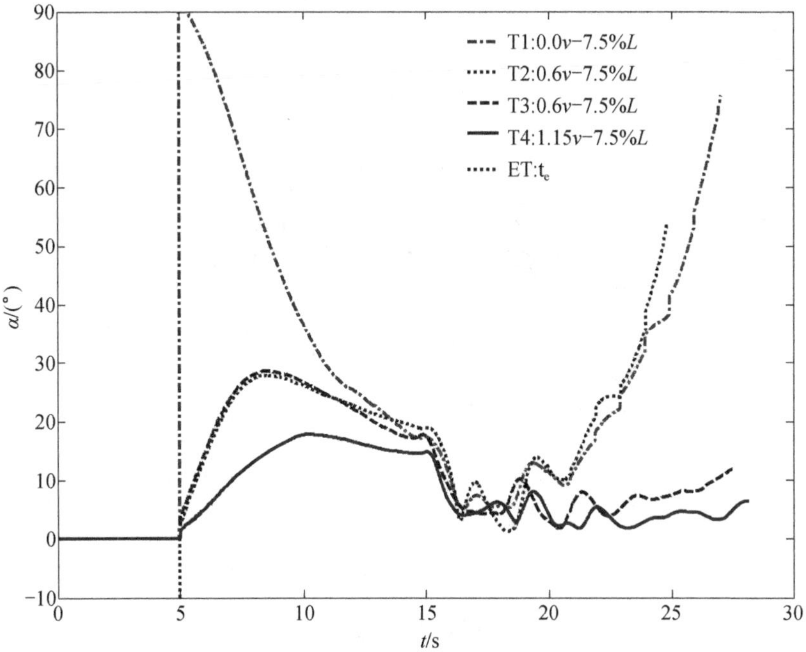

(b) 攻角曲线

图 6.31　11.5%L 吹除位置，δ_s=-3°不同初始航速试验曲线的对比

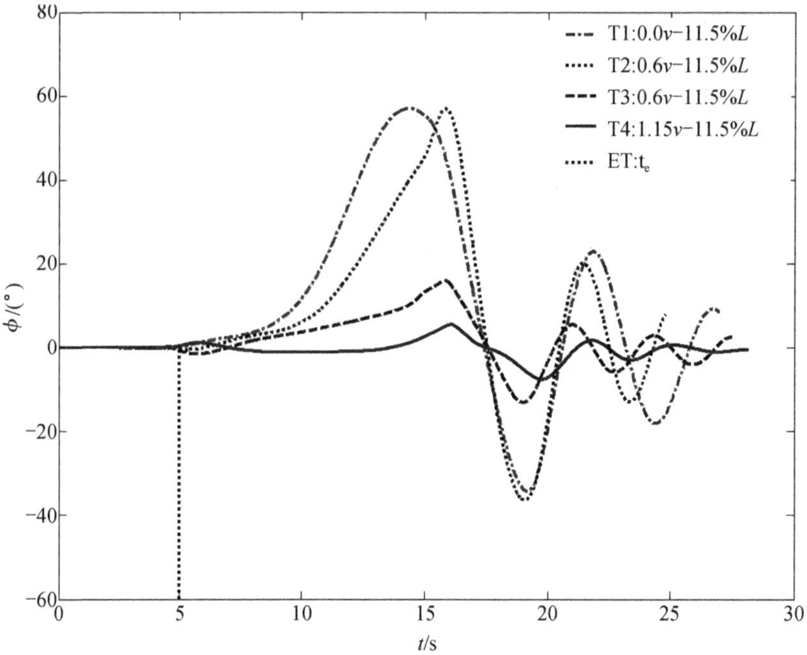

(c) 横倾角曲线

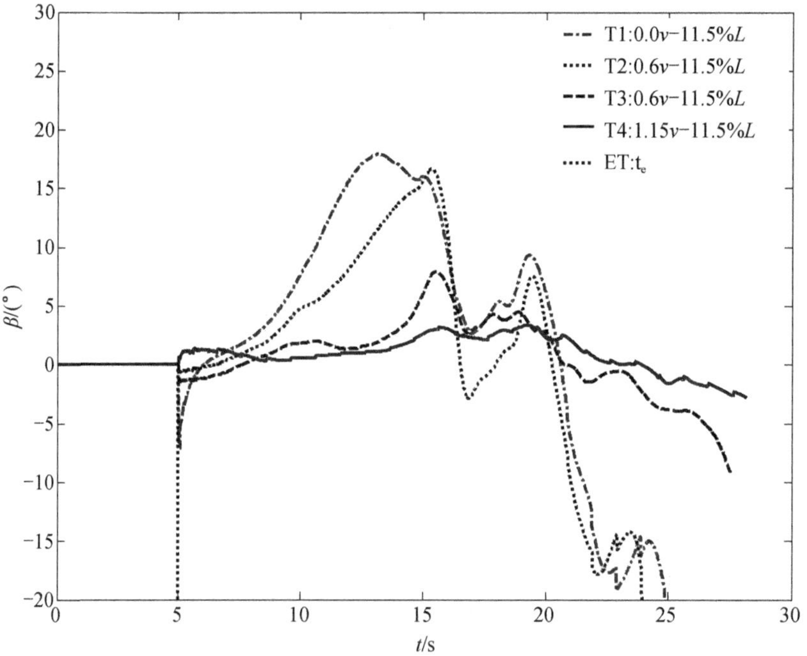

(d) 漂角曲线

图 6.31(续 1)

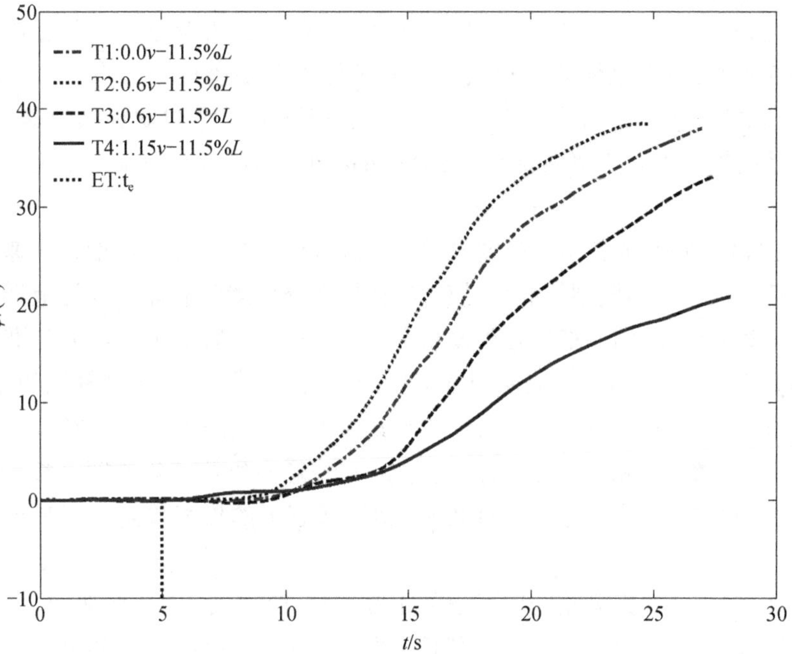

(e) 艏向角曲线

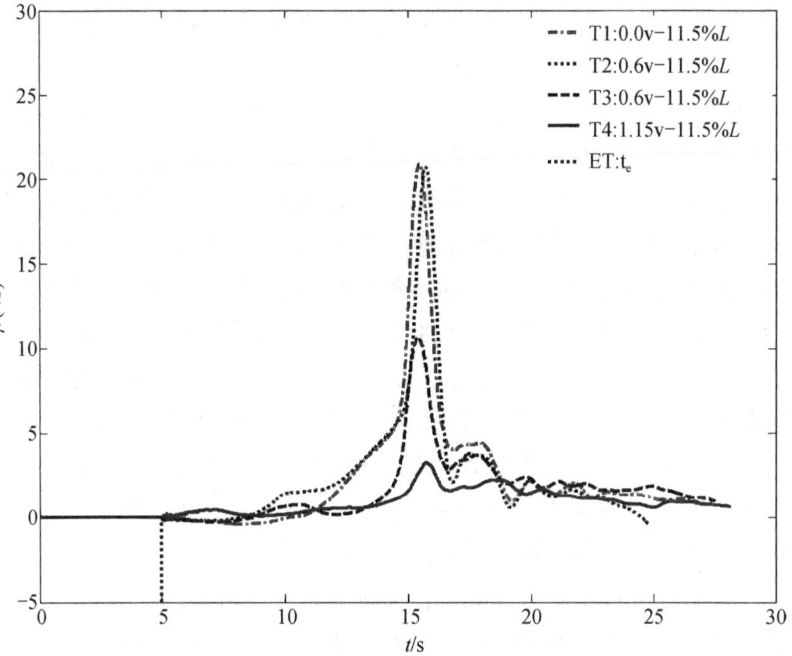

(f) 艏向角速度曲线

图 6.31(续 2)

通过比较图 6.31 中三种不同初始航速下的纵倾曲线可知,最大纵倾角随着释放速度的增大而减小。这是由于潜艇上浮过程中受到的纵倾水动力矩正比于轴向速度的平方。在模型释放后,随着轴向速度的增大,由吹除载荷产生的上浮力艉倾力矩与艇体的纵向艏倾水动力矩相互平衡,使得纵倾角在速度较大的条件下逐渐接近于一个较小的渐近值。此外,进一步由纵倾曲线斜率对比可知,三种初始航速下的上浮初期纵倾角速度基本相同。这意味着上浮初期的纵倾速率主要由吹除载荷的纵向位置决定,而基本不受初始释放速度的影响。

如图 6.31(b)所示,随着初始速度的增大,攻角显著减小,即通过增大航速有利于减小潜艇应急上浮的攻角。当模型从静止状态释放时,在释放瞬间艇体主要受上浮力垂向分量的作用而近似垂直起浮,因而形成近似 90°的初始攻角。随后由于上浮力与潜艇重心之间存在作用力臂而形成艉倾力矩,使模型逐渐抬艏。同时上浮力沿艇体轴线的作用力分量,最终使得模型逐渐获得轴向速度。因此,初始的 90°大攻角随着模型纵倾角和轴向速度的增大而迅速降低。然而,除攻角之外,其他诸如漂角、艏向角及其角速度等参数的变化趋势与 T1 测试的参数曲线非常相似。由此可见,初始状态下的极大攻角并不是导致过度横倾的唯一因素。

另一方面,对比两次完全相同工况下的重复测试 T2 和 T3 的横倾曲线可知,两者在出水之前的水下攻角曲线几乎完全重合,然而,两种状态下的横倾角和漂角曲线具有显著差异,其中 T2 测试发生明显的过度横倾,而 T3 测试的最大横倾角明显小于 20°。这意味着依据入射角变化来评估模型是否发生过度横倾是不可靠的。相反,对比图 6.31(c)与图 6.31(d)的横倾角和漂角变化曲线可知,横倾与漂角之间具有明显的正相关性,因而漂角能准确、直观地反映横倾角的发展变化趋势。

对比 T2 和 T3 测试的横倾角和漂角曲线可知,在 t 为 9~10 s 的时间段内,T2 和 T3 之间的漂角首先形成约 3°的初始偏差,而在对应时间段内,两者的横倾角基本相同。基于偏差形成的时间历程分析可知,T2 和 T3 之间横倾角偏差的形成滞后于两者之间漂角偏差的形成。换言之,T2 和 T3 之间首先形成漂角偏差,进而导致了横倾角偏差的增大。随后,在 t 为 10~13 s 的时间段内,随着 T3 测试的横倾角线性增长,对应的漂角反而减小,这意味着横倾角的增长没有导致漂角的必然增大。恰恰相反,是漂角受其他因素的影响而形成一定的减小趋势,间接反映了横向倾覆水动力力矩的发展受到抑制,进而使得横倾角呈线性增大,与 T2 测试的横倾曲线形成显著差别。与此形成鲜明对比的是,T2 试验中漂角曲线的增长对应 T2 测试横倾角的迅速增大,直到发生过度横倾。通过以上同一工况下不同试验次数 T2 和 T3 的对比分析可知,不同的漂角发展趋势决定了模型是否发生过度横倾,同时,漂角也受到其他因素的影响形成与横倾角不一致的变化趋势。

进一步对比图 6.31(d)和图 6.31(f)中的漂角和艏向角速度曲线可知,漂角的发展具有与艏向角速度基本一致的变化趋势,并且两者基本保持同步变化。尤其值得注意的是,T2 测试的艏向角速度在 t 为 10~12 s 相对较大,对应的漂角逐渐增大,而 T3 测试的艏向角速度具有与漂角相似的减小趋势。由此可知,漂角的增长与艏向角速度的变化密切相关。而艏向角速度的大小反映了艏向的稳定性,并可通过积分得到艏向角偏差。因此,通过定义艏向角偏差的绝对量值来衡量艏向保持能力是合理的。综上可知,漂角的变化趋势直接受到艏向角速度的影响，进而与艏向角改变的大小息息相关。

进一步纵向对比 T4 测试在 1.15 m/s 航速下的横倾、漂角、艏向角速度曲线可知，模型在水下上浮过程中基本保持很小的稳定横倾角 1.1°，出水后最大横倾角仅 5.43°，具有很强的横稳性，与此相对应的漂角、艏向角速度均很小。进一步反映了在增大航速时，横倾、漂角与艏向角度率具有与上述分析相同的正相关关系。

基于以上分析可得出如下结论：漂角的增长与艏向角速度的变化密切相关；同时，通过尽可能减小摇艏偏差有助于限制漂角的增加，进而避免过度横倾。

④初始航速的安全界限评估

通过分析初始航速对横倾幅值的影响规律可知，在潜深、升降舵角等其他因素一定时，在不同的纵向吹除位置下，初始航速具有不同的影响特性。一般而言，对于靠近船舯的吹除位置，适当增大航速有利于减小入射角，提高横稳性。但对于较靠近船首的吹除位置，较大的初始航速反而会使横倾有增大趋势，如 15.5%L 吹除位置，1.15 m/s 初始航速下的情形。因此，对于不同的吹除位置，避免发生过度横倾的初始航速的安全界限不同。

针对 7.5%L 的纵向吹除位置，重点分析了 9°上浮舵角下不同航速的影响。由于上浮舵角较大，因而掩盖了航速对最大纵倾角的影响，纵倾角基本都在 20°左右。而随着航速降低，在此条件下，保证模型不发生过度横倾的最小航速约为 0.85 m/s。

针对 11.5%L 的纵向吹除位置，重点分析了 3°上浮舵角下不同航速的影响。由于上浮舵角较小，航速对最大纵倾角的影响比较明显，随着航速增大，最大纵倾角逐渐减小。在此条件下，能够实施安全上浮的初始航速的安全下限估计值约为 0.7 m/s。

针对 15.5%L 的纵向吹除位置，由上面的分析可知，在 1.15 m/s 的初始航速下，操纵上浮舵角使得横倾角略有增大，同时存在明显的纵倾过大现象。若进一步降低航速，则根据航速与纵倾角的普遍规律，会使得纵倾角进一步增大。因此，只有操纵适当的下潜舵，如 6°~12°的下潜舵角，才能在抑制纵倾的同时减小横倾角。综合两方面的分析，可以认为在此条件下，能够实施安全上浮的初始航速的安全下限估计值约为 1.15 m/s。

(3)横倾与摇艏耦合效应分析

通过上述对不同升降舵角和初始航速下应急上浮横倾特性的分析可知，存在多个工况条件下，最大横倾角与出水艏向角改变量之间具有明显的正相关性，然而这种正相关性是基于不同工况下单次试验的时历曲线进行分析的。为了分析在多次重复试验之间，是否仍具有类似的相关性，现选取具有近似相等攻角下的多个工况进行纵向对比，从而直观地分析不同工况下最大横倾角与出水艏向角之间的关系，进而说明攻角不是决定有航速潜艇是否发生过度横倾的关键因素。

现选择攻角基本都等于 20°的试验工况进行对比分析。表 6.13 第一列中的编号表示试验工况的具体条件。以 8-7.5%L-0-1.15 为例，表示试验工况为潜深 8 m，7.5%L 吹除位置，艉升降舵上浮舵角 0°以及初始航速 1.15 m/s。表 6.13 中列出的工作条件下最大横倾角之间的对比曲线如图 6.32 所示，其中 x 坐标从左到右标记为试验编号①~⑤。

表 6.13　近似相等攻角下有无过度横倾的数据对比

测试 工况	α_{max} /(°)	θ_{max} /(°)	ϕ_{max} /(°)	t_{out} /(s)	ψ_{out} /(°)	β_{out} /(°)	V_{out} /(m/s)
①8-7.5%L-0-1.15	19.24	10.98	53.49	11.96	14.11	15.53	-0.66
②8-7.5%L-3-1.15	19.53	13.24	50.87	11.03	13.61	13.54	-0.87
③8-7.5%L-9-0.95	18.98	20.10	15.42	10.21	7.43	6.36	-1.02
④8-11.5%L-3-0.75	20.37	26.13	24.16	9.33	8.94	8.90	-1.20
⑤8-11.5%L-3-0.75	19.68	26.46	9.57	9.07	3.32	2.51	-1.22

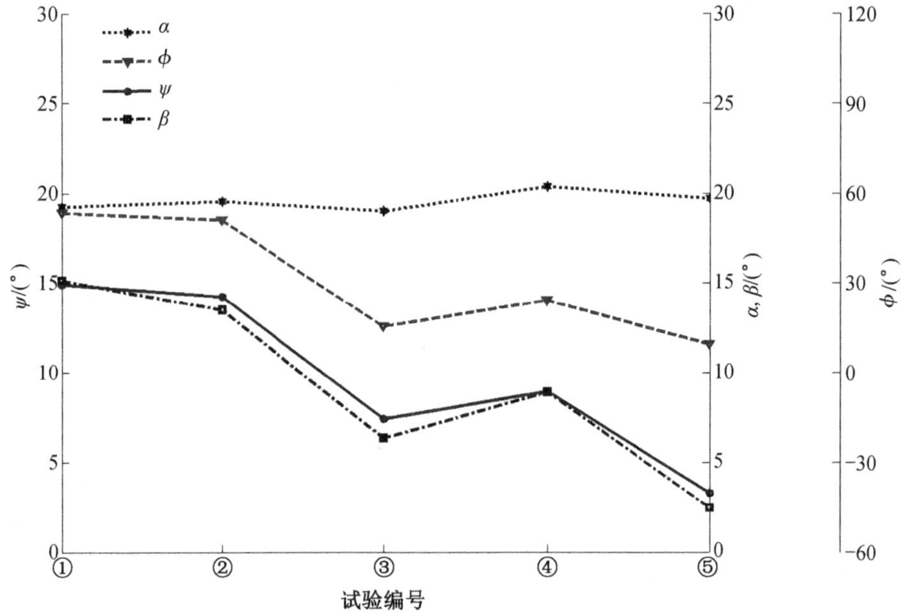

图 6.32　横倾与摇艏耦合效应分析

由图 6.32 可以看出，在攻角（黑色虚线）近似相等的前提下，横倾角、艏向角和漂角三条曲线之间具有明显的线性相关趋势。当摇艏从 15°减小到小于 5°时，最大横倾角从 60°逐渐减小到 30°以内。同时艏向角和漂角曲线近似重合，说明摇艏运动导致漂角的同步变化。

表 6.13 列出了有航速应急上浮试验条件下，最大攻角均为 20°左右的测试工况的关键姿态信息（多次试验平均值的统计数据）。值得关注的是，模型水下最大攻角近似相等的条件下，试验工况①和②的横倾角最大值均大于 50°，发生剧烈的过度横倾；而工况③～⑤条件下，均没有发生过度横倾（ϕ_{max}<30°）。此外，由流体力学相关理论可知：攻角在 5°～30°时，主艇体背流面、指挥台围壳泻出的分离涡是对称的。显然，在有航速条件下的应急上浮，攻角并不是导致过度横倾的决定性因素。与此形成鲜明对比的是，模型出水前的最大横倾角与出水前最大漂角和艏向角变化呈现明显的正相关性。通过不同工况下的试验结果对比，进一步验证了应急上浮运动中横倾与摇艏之间的强耦合效应。

基于以上对模型试验结果的分析，进一步推断出在中等攻角（$\alpha_{max}<30°$）的条件下，艏向角偏差所导致的漂角增大是导致十字舵潜艇应急上浮时发生过度横倾的根本原因。

潜艇应急上浮运动的影响因素与研究内容众多，涉及初始潜深、初始水下稳性高、初始航速、初始姿态、上浮力大小及作用位置、吹除速率与不均匀性、过程中的操纵控制、流水孔方案、风浪中出水后的安全性等诸多方面，关于潜艇应急上浮的试验研究和理论研究仍在不断地发展与完善中。本书仅详细地介绍现阶段比较重要的吹除水容积纵向位置、初始航速、升降舵操纵等方面对应急上浮横倾影响的试验研究成果，将来在综合因素影响规律的研究方面仍有大量的工作要做。

6.2　潜艇救生舱浮力发射模型试验

大型潜艇失事后具备全员逃生能力的设计理念多年来一直备受关注[4]。集体救生舱是事故潜艇艇员最有效的自主逃生装具，而各国现有潜艇救生舱的装载能力有限，不能做到全体艇员集体逃生，因而救生舱的大型化设计显得尤为重要。目前，救生舱大型化研究尚处与探索阶段，现阶段主要倾向于采用导弹发射井内安装导向发射筒，依靠剩余浮力发射具有椭球曲面艏部外形的圆柱形救生舱的设计方案，作为技术储备，相关部门组织实施了大量的方案设计与计算工作[5-6]。

圆柱形救生舱能否在浮力的驱动下顺利离艇，特别是当导向发射筒口处于海流或艇速的影响下，发生出筒过程中的“卡死”现象时，需要多大的外力顶推救生舱出筒是需要事先确定的重要参数。救生舱离艇后的运动是一个强非线性过程，其水下弹道与姿态特性、出水后的回落特性对救生舱内的人员安全具有重要影响。这两个重要方面的设计问题还不能完全依靠理论计算来解决。

本模型试验案例充分利用现有技术与设备，开展了救生舱水下发射模型试验研究工作，较为全面地研究了浮力驱动救生舱水下发射、水下上浮和出水运动特性，以及初始释放环境对运动规律的影响[7]。此外，本案例所介绍的模型试验技术对于潜射运载器的无动力发射试验研究也具有一定的参考价值。

6.2.1　试验目的与理论基础

1. 试验目的

设计救生舱模型与发射试验台架，匹配救生舱模型的物理属性（浮态、重心）后，开展不同导向筒倾角、外部横流以及救生舱壁与导向筒内壁导轨间的导向间隙下的救生舱发射出水模型试验。获得救生舱出筒、上浮及出水过程的水弹道特性；获取发射角度、横流对出筒和水下弹道的影响，判断有发射角度及横流情况下是否发生“卡死”，一旦发生“卡死”后，启动顶推模拟机构，辅助救生舱出筒上浮，并测定顶推力。

试验完成后，对测试数据进行处理与分析，获取能够全面评价救生舱水下浮力发射过程、水下上浮过程、出水过程的运动姿态和安全性的数据，为最终权衡确定救生舱的水下浮力发射实施方案提供技术支撑。

2. 试验机理

该项试验主要是研究救生舱在浮力载荷作用下，导向筒内、出导向筒过程、水下及穿水运动过程和出水后的自由振荡过程中的姿态变化规律。可见，该项试验与潜艇应急上浮模型的机理是相似的，即模型和实体遵循几何相似，满足弗劳德（*Fr*）和斯特罗哈尔（*St*）相似率，并且试验设计时需要尽可能地提高试验过程的雷诺数，即模型的尺度不宜过小。与应急上浮不同的是，救生舱以轴向的运动为主导，特征长度宜取为模型的长度 L。

3. 救生舱运动姿态的描述

采用如图 6.33 所示的随体右手直角坐标系描述救生舱模型的运动姿态。随体坐标系的原点取在位于救生舱主体轴线上的重心处，z 轴竖直向下与救生舱模型轴向重合。由于现阶段的救生舱外形方案为无任何附体的全回转体，因此 x 轴的指向可以是任意的，为了实际使用方便，可以指定某一水平面内用于定位的销孔中心与模型在该水平面处截面的圆心连线方向作为 x 轴，确定 z 轴和 x 轴后，y 轴的方向按右手定则确定。

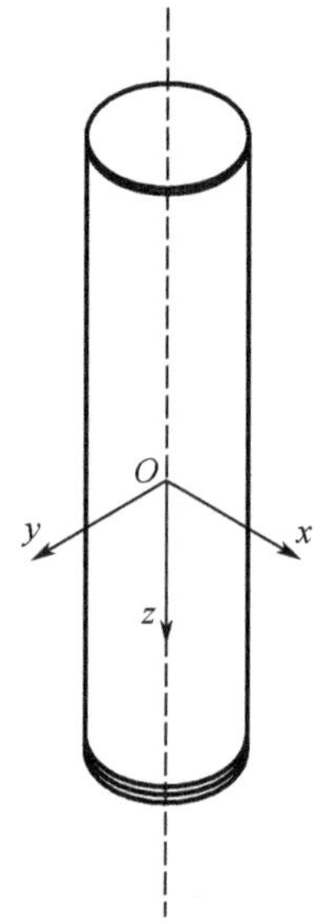

图 6.33　救生舱的随体坐标系示意图

救生舱模型与导向筒的外形均是轴对称的回转体，不能严格保证救生舱每次安装于导向筒时的艏向（模型 x 轴在当地水平面的投影与正北方向的夹角）一致。因此，一般意义下的纵倾角（模型 x 轴和当地水平面的夹角）和横倾角（通过模型 x 轴和 z 轴的平面与当地水平面的纵向铅垂面之间的交角）不能有效表征救生舱的姿态特性。

鉴于轴对称回转体的特性，采用救生舱模型轴线与当地水平面法线之间夹角描述模型的倾斜程度，定义这个角为救生舱的倾斜角 Θ，范围 0°～180°，同时定义救生舱的出水点为顶部的顶点处，如图 6.34 所示。

按导航原理，救生舱的倾斜角 Θ 与其纵倾角 θ、横倾角 φ 之间的计算关系为

$$\Theta = \arccos(\cos\theta\cos\varphi) \tag{6-6}$$

由图 6.34 不难得到

$$d_0 = d - L\cos\Theta \tag{6-7}$$

式(6-7)中，d 为深度测量点潜深；d_0 为出水点潜深，当 $d_0=0$ 时，表示模型出水，当 $d_0<0$ 时，$|d_0|$ 即为模型出水后顶部顶点距离静水面的距离，即出水高度。通过换算可以得到出水点潜深随时间的变化曲线。

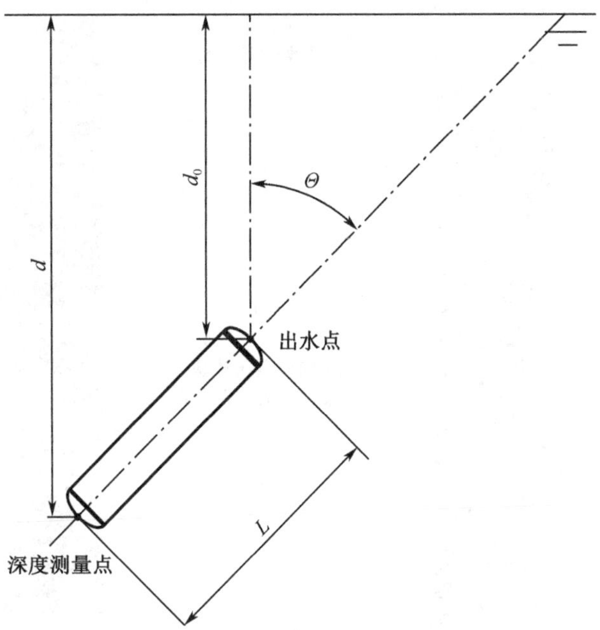

图 6.34　潜深和倾斜角的定义

6.2.2　救生舱模型与试验台架

1. 救生舱模型

(1)模型的设计

模型总长 2 500 mm,圆柱段长 2 250 mm,直径 500 mm,上下端的外形均为椭球曲面。

模型的椭球形艏部采用高密度雪弗板材料制作,利用数控雕刻机对救生舱的艏部外形曲面进行加工并刷树脂胶处理,形成一个完全符合型线要求的艏部水密实体。模型的等径直段为圆柱形水密壳体,壁厚为 5 mm,材质为 Q235 钢。救生舱在导向发射筒内运动时会与导向发射筒内壁的导向导轨之间发生接触与摩擦,会对救生舱出筒前的运动姿态产生影响。因此,救生舱模型等径直段的制造材料、表面油漆材质和着漆工艺需要和拟设计实体的制造材料、工艺一致。舱体的艏部、艉部密封盖也采用 Q235 钢制作。密封舱内部装配压载调节笼,以保证模型具备垂向重心精调能力。模型的椭球形艉部为浮力中性的聚丙烯材料制作的水密实体。

通过严格的三维设计和模型装配后的精确调试,保证模型的重量、重心等属性与实体相似。图 6.35 给出了救生舱模型三维装配示意图,表 6.14 给出了救生舱模型的设计结果。

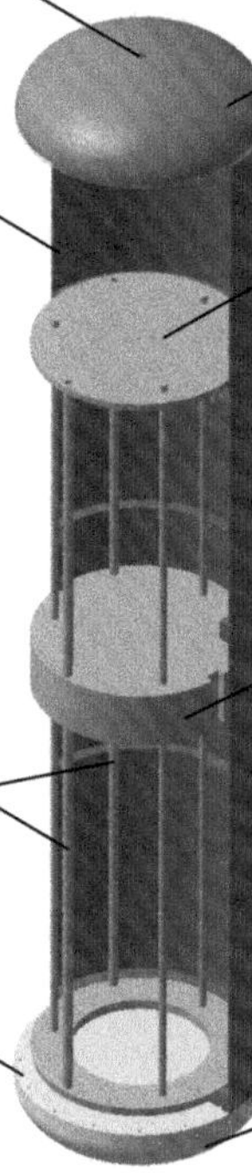

图 6.35 救生舱模型三维示意图与实物

表 6.14 救生舱模型的设计结果

部件	材质	重量 /kg	重心垂向位置 /mm	I_{xx} /(kg · m²)	I_{yy} /(kg · m²)	I_{xz} /(kg · m²)
艏封头	雪弗板	8.16	2421.845	47.972	47.972	0.205
艏封盖	钢	5.273	2 369.996	29.702	29.702	0.164
密封舱	钢	179.28	1 201.42	349.778	349.778	10.595
压载笼	钢	47.561	1 088.127	81.359	81.361	1.459
压载笼固定楔块	钢	0.144	1 819.996	0.484	0.478	0.006
垂向位置可调压载	钢	131.13	1 100	160.325	160.369	3.076
内测系统	—	30.00	1 200	36	36	0.7
艉封盖	钢	16.537	148.91	0.643	0.643	0.551
艉部	聚丙烯塑料	18.604	88.878	0.413	0.413	0.485
总和	—	436.689	1 108.40	706.676	706.716	17.241
目标	—	442.114	1 111	709.20	709.34	17.46

注:①表中用于三维设计的坐标原点位于救生舱模型底部椭球封头顶点,z 轴竖直向上与救生舱模型轴向重合,x 轴与指向模型筒壁与内部压载笼的定位销孔中心与模型在定位销孔水平面处截面圆心的连线方向平行。

②设计时预留约 5.4 kg 的质量裕度,为装配螺栓和调平压载块的质量。

(2)模型属性的调试与标定

模型完成加工与装配后,首先进行水面浮态的精细调整。在后续的标定试验环节中(如标定重心),当改变压载布置位置时,也要时刻注意模型的浮态。实际调整时,逐步精细加载调平压载块,直至模型吃水与设计干舷水线相平,通过光纤罗经纵/横倾读数反馈调整调平压载块的位置,直至模型的纵/横倾角均小于 0.05°。

模型浮态调整完成后,利用高精度电子秤测量模型的质量。将救生舱模型水平横置,利用力矩平衡法测量模型的垂向重心,如果模型垂向重心与目标值有差别,则利用模型内部的压铁垂向调整机构按力矩等效法调节压铁,调整完成后再次测量模型的垂向重心,直至模型垂向重心的实测值满足误差要求。表 6.15 给出了模型质量测量结果与垂向重心标定结果。

表 6.15　救生舱模型质量测量结果与垂向重心标定结果

属性参数	目标值	实测/标定值	相对误差
正浮于设计水线时的质量/kg	442.114	442.2	0.02%
垂向重心位置/mm	1 111	1 110.67	0.03%

2. 试验台架

导向筒采用钢板卷制焊接后加工而成,壁厚为 6 mm,导向筒内壁布置 6 根贴塑导轨和 2 根顶推导轨,导轨的布置如图 6.36 所示。导向筒中部伸出耳轴,耳轴插入试验台架立桩上安装的轴承内,底部为顶推装置与释放机构,救生舱模型的发射位置通过牵引钢丝绳的长度保证。

试验台架底座采用钢材焊接制作,立桩与底座为螺栓连接(图 6.37)。试验台架底座装有丝杠运动铰接副,能够实现筒倾角在 0~45°范围内连续可调。

漂舱的水下出筒上浮试验是通过预留储备浮力,模型以正浮力状态瞬间释放进行比拟的。因此,需要一套简单有效的释放机构。本次试验设计的模型释放机构由导向管、带弹珠的销轴、模型牵引释放绳组成,模型牵引释放绳为细钢丝绳。锁定状态时,带弹珠的销轴穿过模型的 3 根牵引绳释放端的钢环,销固在 U 型释放叉件的销孔内,释放时,由电磁铁瞬间断电拽拉弹珠销轴的牵引绳(释放绳),使得带弹珠销轴瞬间脱离销孔,完成模型释放。

如图 6.38 所示为顶推测力装置示意图,为测量救生舱模型出筒过程中由于卡滞而产生的出筒阻力,在导向筒顶部双侧安装定滑轮,一条细钢丝绳索穿过顶推托盘上安装的双侧滑轮后,两端从导向筒顶部双侧安装的定滑轮引出,与测力计连接后,经发射筒底端外部安装盘的导向滑轮,系于水下电机的收绳盘上。发射筒侧壁装有顶推托盘的导轨,可保证顶推托盘沿发射筒轴线顺畅行走。救生舱模型靠正浮力驱动上浮时,绳索处于适度预紧状态,不妨碍救生舱模型的上浮;救生舱模型发生卡滞时,通过发射筒外部托盘安装的水下电机旋转收绳索,提拉顶推盘顶推模型出筒,由外测数采测量细钢丝绳的拉力曲线。

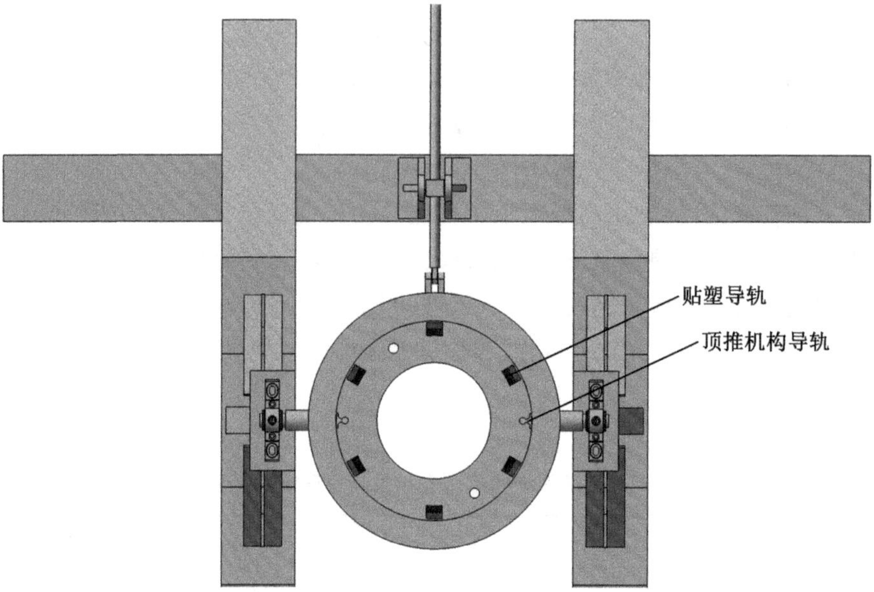

图 6.36　导向筒内导轨布置示意图

图 6.37　救生舱模型发射试验台架

6.2.3　试验方案

1. 试验装置的总体布置

试验于哈尔滨工程大学综合实验水池实验室开展，水池净长 50 m×净宽 30 m×净深 11 m，水深 10 m。

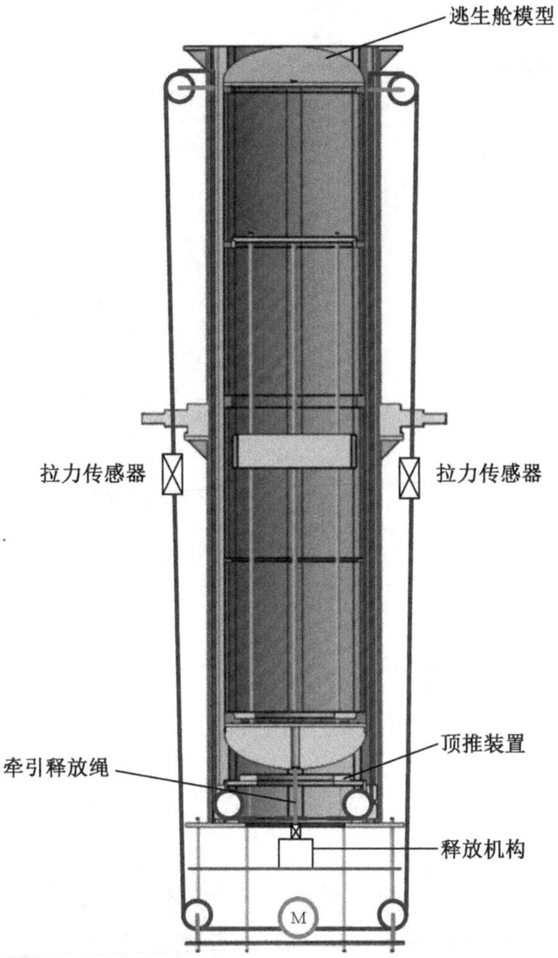

图 6.38　顶推测力装置示意图

进行救生舱水下出筒上浮试验时,将物理属性标定好的救生舱模型安装于导向筒模拟装置内,模型底部与发射筒模拟装置释放机构之间由 3 根细钢丝绳连接,模型布置如图 6.39 所示。当进行救生舱水下出筒上浮试验时,释放机构保证了模型底部系泊 3 点的同步释放,救生舱模型上浮过程的测量数据由内测系统记录,通过浮力中性细光缆传送至上位采集计算机,照明摄像设施记录救生舱模型上浮及出水过程的影像资料。

救生舱模型的内测系统硬件体系结构与 6.1.3 节所介绍的潜艇应急上浮模型内测系统一致(图 6.10(a)),主要传感器为光纤罗经和深度计。

内测系统安装在密封舱内可调压载块的上端面上,模型重心完成标定后,光纤罗经坐标系原点在模型轴线上,距离模型重心 55 mm,罗经的天轴(z 轴)与模型轴线相和,罗经的 x 轴、y 轴与模型随体坐标系的 x 轴、y 轴平行。深度计安装于模型的艉部顶点处,其水密数据线缆经模型的艉封头和艉封盖连接到内测系统的 A/D 转换模块。

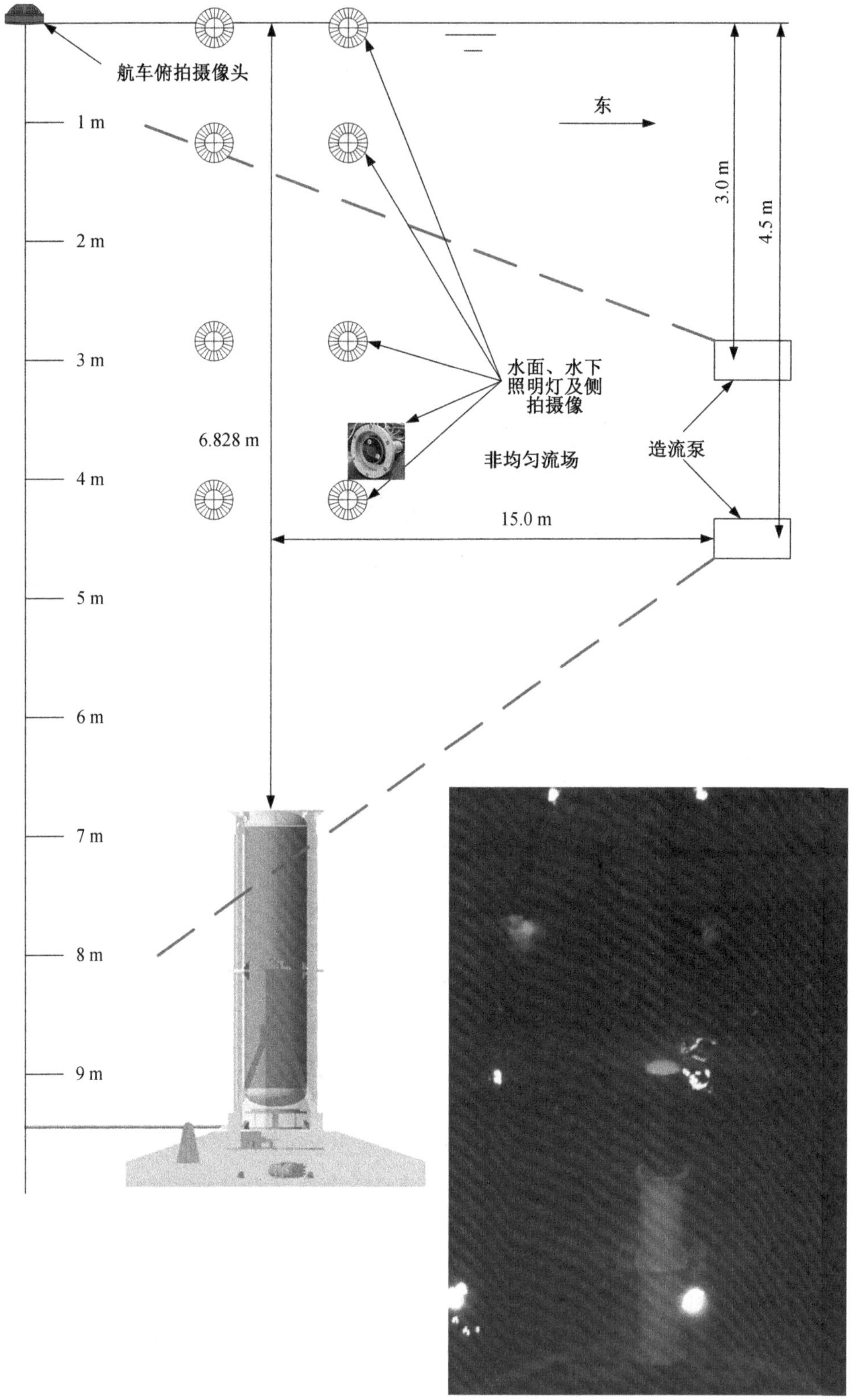

图 6.39　救生舱模型水下出筒上浮试验装置总体布置示意与影像截图

2. 横流的模拟

采用水池局部造流装置模拟水下横流。局部造流装置由 10 个潜水轴流泵阵列组成,试验时安装在水池宽边池壁一侧,如图 6.40 所示。通过喷泵的局部射流可在水池内形成水下垂向 3 m、宽 12 m、长 25 m 的内循环流场。

图 6.40　局部造流装置

在横流状态试验之前,需要通过多普勒流速仪的实测值反馈调节造流系统,对救生舱模型上浮路径各深度处的平均流速进行标定。图 6.41 给出了平均流速 U 沿水深 H 的标定。

(a) 标定场景

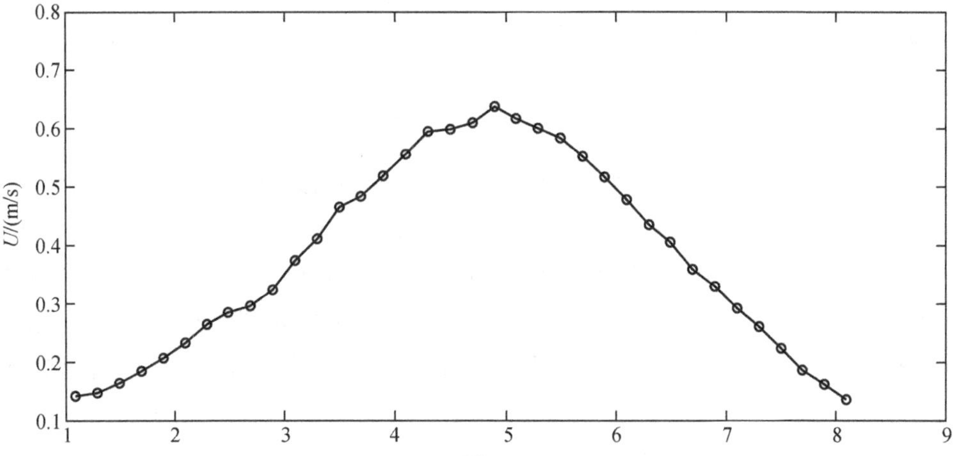

(b) 模型位置处平均流速沿水深的变化

图 6.41　流场的标定

表 6. 16 给出了导向筒口至水面范围内各深度处的平均流速及从导向筒口起(导向筒倾角为 0°时)至救生舱模型长度深度范围内整体的平均流速。

表 6. 16　导向筒口起至模型长度深度范围内的平均流速标定结果

水深/m	4. 295	4. 495	4. 695	4. 895	5. 095	5. 295	5. 495	5. 695	5. 895	6. 095	6. 295	6. 495	6. 695	6. 895
平均流速/(m/s)	0. 595	0. 598	0. 610	0. 638	0. 616	0. 600	0. 583	0. 552	0. 518	0. 479	0. 434	0. 405	0. 360	0. 330
区域内整体平均流速/(m/s)												0. 52		

3. 试验工况

根据潜艇紧急情况下的最大倾角、救生舱装备不同载荷时与发射筒内壁间的间隙,以及出筒时遭遇外部海洋环境的流场状态,现阶段开展了静水出筒上浮出水和横流出筒上浮出水两种典型工况的试验,具体试验工况如表 6. 17 所示。

表 6. 17　试验工况表

序号	导向筒倾角 α/(°)	导向间隙 G_d/mm	环境流速 U/(m/s)
1~4	0,15,30,45	2	0
5~8	0,15,30,45	4	0
9~12	0,15,30,45	6	0
13~16	0,15,30,45	2	0. 5
17~20	0,15,30,45	4	0. 5
21~24	0,15,30,45	6	0. 5

试验主要测试救生舱出筒上浮运动全过程的倾斜角、位移、速度等,试验中为了测试恶劣工况下的逃生能力,增大出筒难度,横流工况下将导向筒的筒口朝向迎流方向,考察救生舱能否顺利出筒,以及不同环境参数下运动规律。试验过程中,通过救生舱的内测系统对各运动参数进行同步测试,当救生舱发生卡筒时,通过水下拉力传感器与动态信号测试系统测量顶推装置的拉力。试验中每个工况进行 2 次试验,最终试验结果取 2 次试验的平均值。

6.2.4　试验结果与分析

1. 救生舱出筒上浮运动特性

本试验中,各个工况均未出现卡筒现象,救生舱模型顺利出筒,即出筒预留的储备浮力在救生舱径向方向的升力大于出筒阻力。典型工况下(导向间隙 2 mm,导向筒倾角 $\alpha=0°$、$\alpha=45°$,静水与 0.5 m/s 横流)救生舱倾角 Θ 与对地垂向上浮速度 V 随时间变化过程分别如图 6.42、6.43 所示,出水过程的关键时间点如表 6.18 所示,图 6.44 给出了静水导向筒垂直释放救生舱模型不同时刻模型照片。

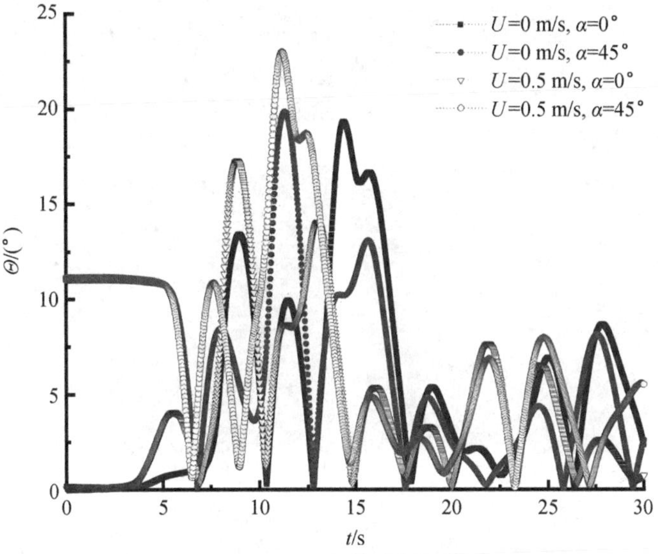

图 6.42　倾斜角随时间变化曲线

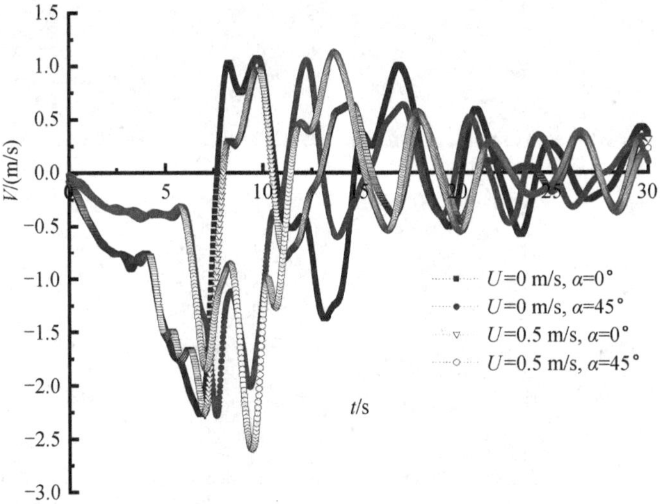

图 6.43　对地垂向上浮速度随时间变化曲线

表 6.18　上浮过程关键时间点

工况名称	出筒时刻 T_{tong}/s	出水时刻 T_{shui}/s
U=0 /s,α=0°	4.06	6.74
U=0 /s,α=45°	5.88	9.36
U=0.5 m/s,α=0°	4.04	6.88
U=0.5 m/s,α=45°	5.80	9.50

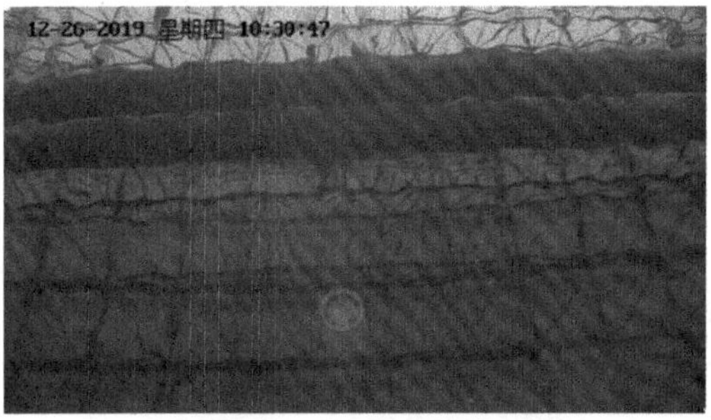

(a) 模型置于导向筒中等待发射

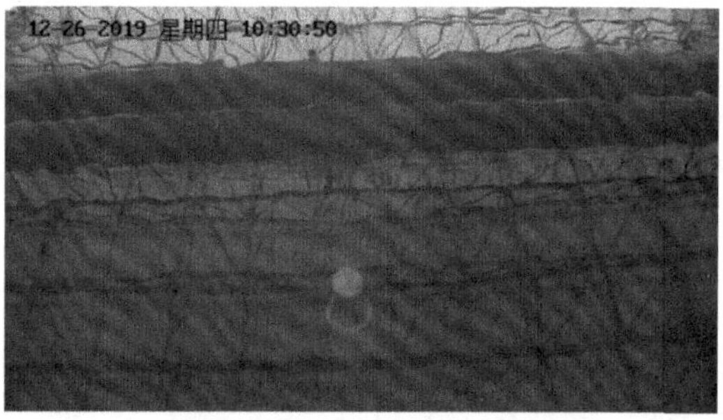

(b) 发射后模型在导向筒中加速上浮

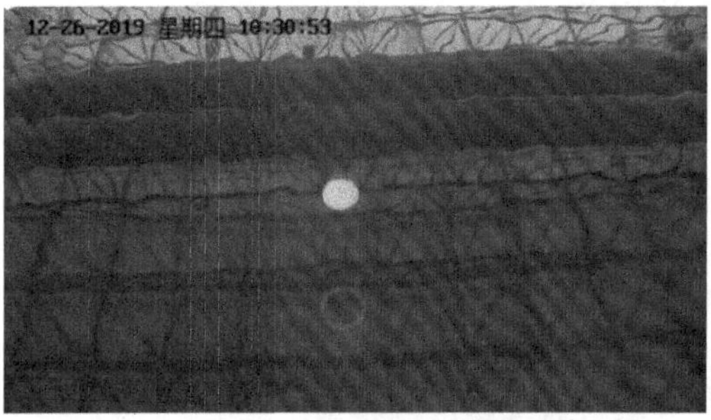

(c) 模型置于导向筒中等待发射

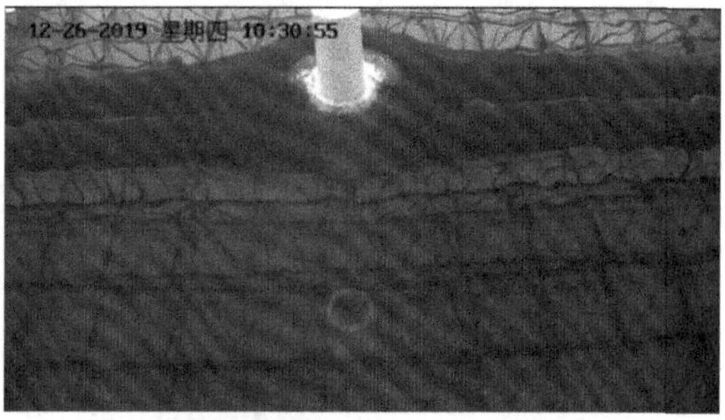

(d) 发射后模型在导向筒中加速上浮

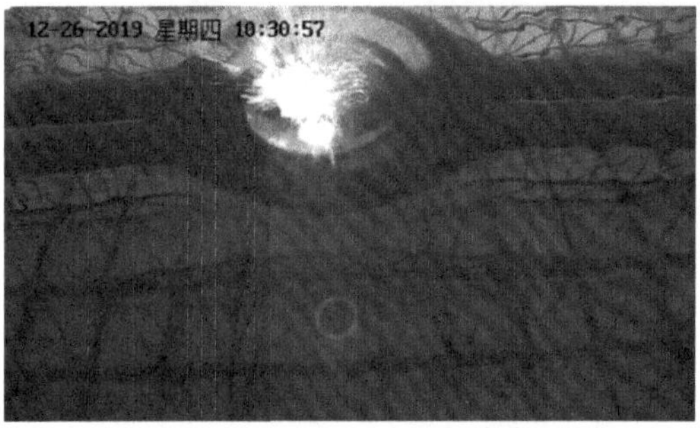

(e) 模型置于导向筒中等待发射

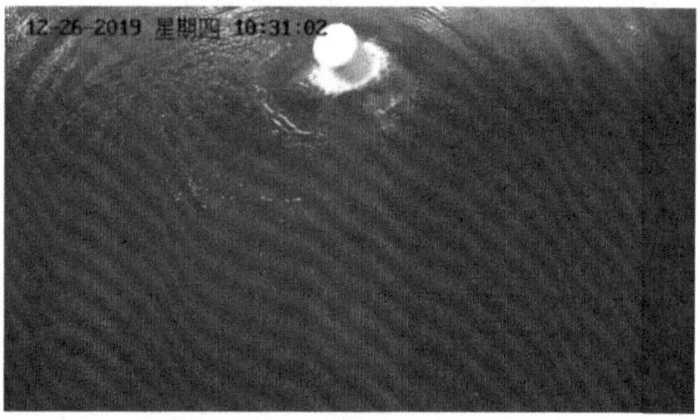

(f) 发射后模型在导向筒中加速上浮

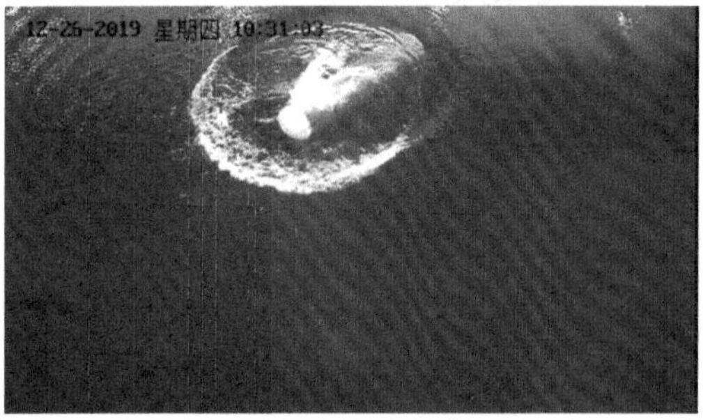

(g) 模型置于导向筒中等待发射

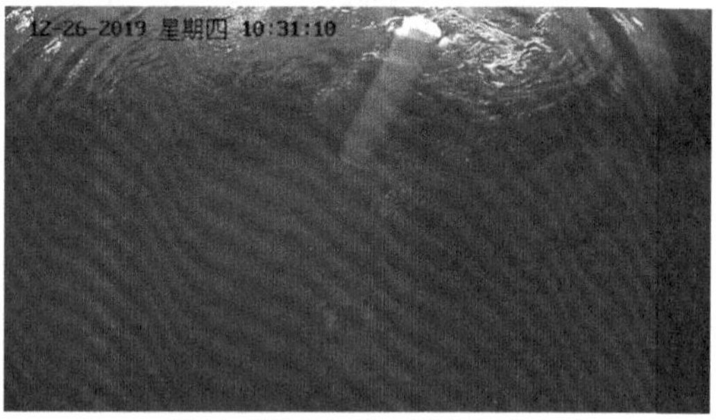

(h) 发射后模型在导向筒中加速上浮

图 6.44　救生舱发射出水过程

当导向筒垂直释放救生舱模型时($\alpha=0°$),在储备浮力作用下的驱动模型上浮,筒内运动过程中,Θ 缓慢增大,V 受筒壁摩擦力的影响,模型做加速度减小的加速运动;完全出筒后,救生舱模型加速上浮,V 随时间急剧增大,静水工况下 Θ 受初始状态影响随时间单调递增,而在横流工况下,刚出筒时由于横流产生偏转力矩使得 Θ 快速增大,随后偏转力矩减小,Θ 随之减小;出水后在惯性的作用下模型继续向上运动,吃水减小,重力的影响增大,因此垂向速度迅速减小至 0 m/s,并随后向下加速。由于出水后浮心迅速下移,重力、浮力以及水动力作用下产生较大的偏转力矩,Θ 迅速增加并很快达到极值,横流影响下 Θ 极值较静水工况大,相应的 V 较静水工况小。本次试验中救生舱模型自首次出水后将在水面附近做 2~3 个周期的剧烈垂荡与摇荡耦合运动,此过程中会产生 Θ 和 V 的最大值,受首次出水时倾斜角和径向速度以及加速度的综合影响,最大值的出现周期没有明显的规律。

当导向筒带角度释放救生舱模型时(以 $\alpha=45°$为例),筒内运动过程中受导向筒约束以及重力和浮力的偏转力矩的影响,运动初期 Θ 略小于导向筒倾角,随着模型逐渐出筒,Θ 快速减小,垂向速度与垂直释放时类似,模型做加速度减小的加速运动。Θ 变大,筒壁摩擦力相应变大,导致 V 较垂直释放时小。出筒后在较大的偏转力矩作用下 Θ 继续减小至 0°,并且由于惯性,Θ 随即增大,模型在平面内做摆荡运动,直至出水,横流工况下产生的附加水动力使得摆动幅值增大,周期减小,V 在出筒后迅速增大,当 Θ 达到局部最小值后,V 达到局部最大值,随后与倾斜角曲线变化类似,垂向上浮速度曲线呈周期性变化,局部极值滞后约 0.5 s 出现;救生舱模型首次出水后同样会在水面附近做 2~3 个周期的剧烈垂荡与摇荡运动,运动规律与静水工况相似。

2. 初始环境参数对运动特性的影响

救生舱从释放出筒到出水的运动过程是一个非线性过程,涉及姿态角度、位移、速度等强非线性变化,选取对救生舱安全性影响较大的状态参数分析初始环境参数对运动特性的影响。图 6.45 给出了救生舱在出筒、上浮、穿水运动及水面自由振荡过程中不同环境参数下出筒时,地上浮速度 V_t、出水前最大倾斜角 Θ_{sq-max}、出水时倾斜角 Θ_s、出水时对地上浮速度 V_s、出水后最大倾斜角 Θ_{sh-max} 和最大出水高度 d_{sh-max} 等典型运动参数随导向筒倾角 α 的变化曲线。

(1)导向间隙 G_d 的影响

本试验中导向间隙会使得在救生舱释放后产生一定的倾角,对于静水工况,由于不同导向间隙之间差值并不大,因此试验中不同导向间隙下的运动参数值差距相对较小;而对于横流出水工况,附加的横向作用力放大了初始倾角对于后续运动的影响,尤其是对 Θ_s 影响较大,同时对 Θ_{sq-max} 和 Θ_{sh-max} 以及 d_{sh-max} 参数在部分角度(15°和 30°)影响相对较大。

(2)横流 U 的影响

由于试验中遭遇的横流为不均匀流,因此试验数据具有一定的离散性。在横流作用下,对 V_t 影响较小,Θ_{sq-max} 值大于静水工况,随着导向筒倾角 α 增大,不同工况下偏差逐渐减小。横流对 Θ_s 影响较为明显,由于导向筒朝向迎流方向,出筒后在横流产生的倾斜力矩作用下救生舱向顺流方向偏转,在 α 为 0°和 45°时横流工况的 θ_s 值大于静水工况。横流对

于 V_s、Θ_{sh-max} 和 d_{sh-max} 的影响主要在导向筒角度 $\alpha>15°$ 以后,随着角度的增大,横流工况与静水工况偏差迅速增大,其中横流工况 V_s 和 Θ_{sh-max} 的数值明显大于静水工况,而 d_{sh-max} 受出水后倾斜角的影响,横流工况时小于静水工况。

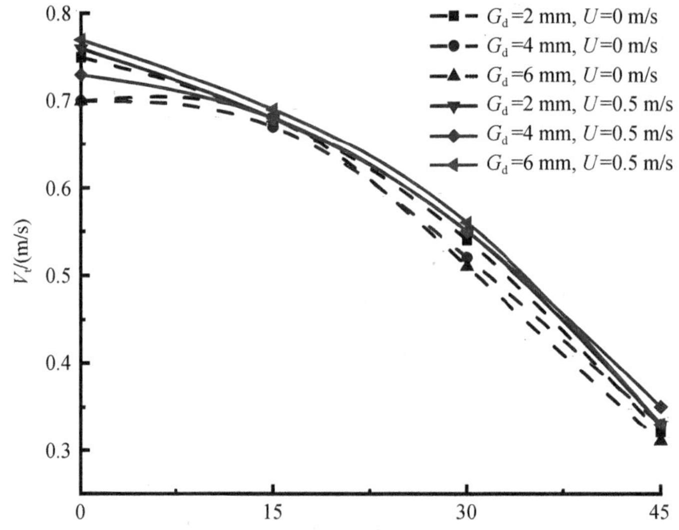

(a) 出筒时对地上浮速度

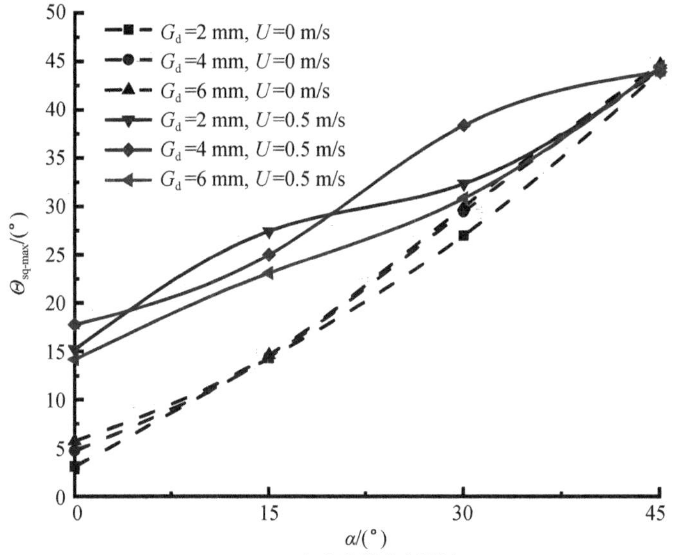

(b) 出水前最大倾斜角

图 6.45 救生舱在出水过程中不同条件下运动参数随导向筒倾角变化曲线

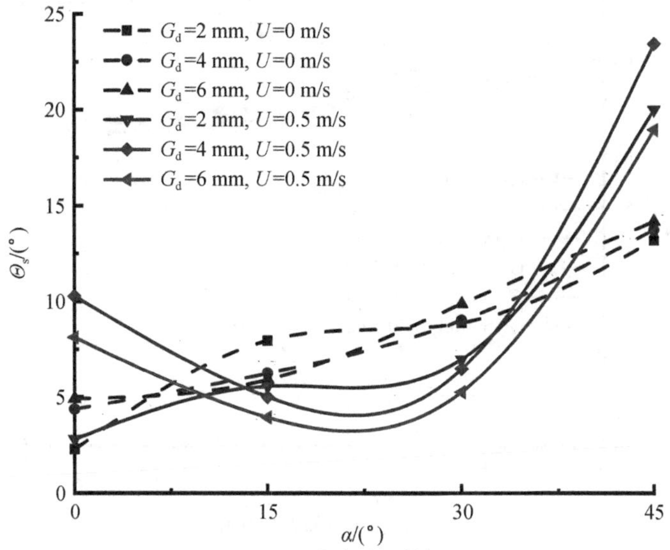

(c) 出水时倾斜角

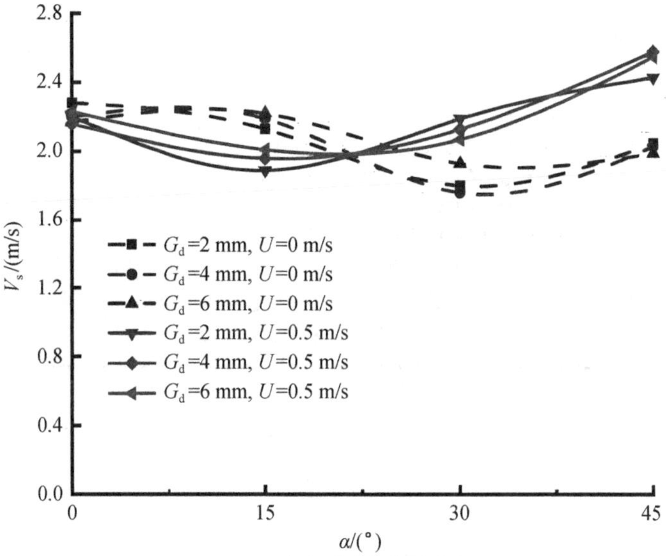

(d) 出水时对地上浮速度

图 6.45(续 1)

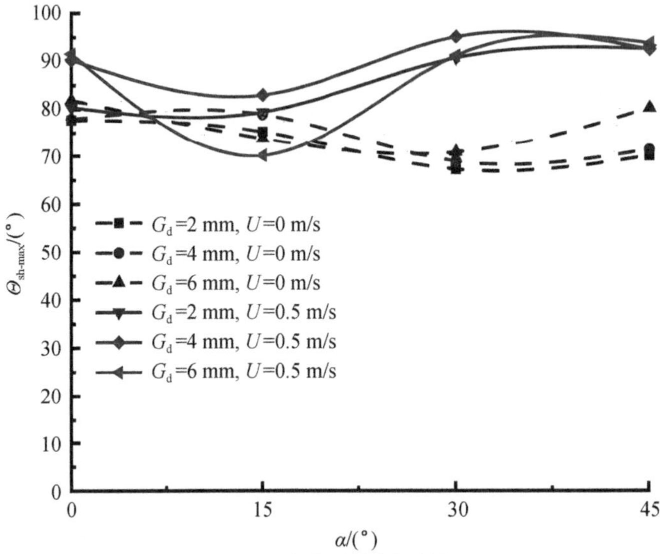

(e) 出水后最大倾斜角

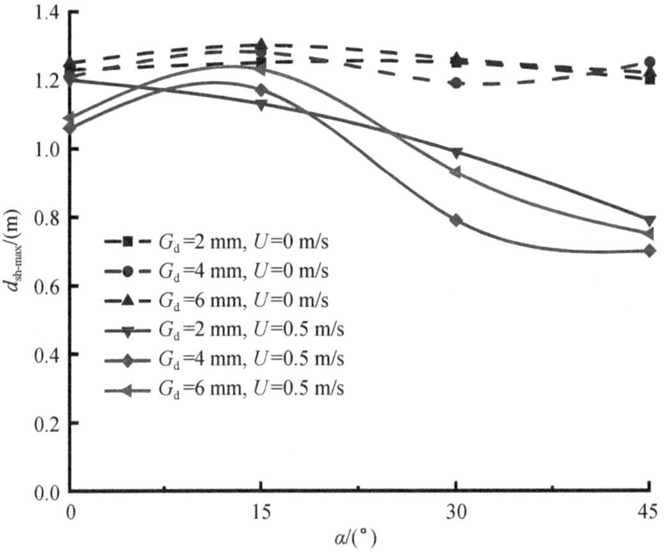

(f) 最大出水高度

图 6.45(续 2)

(3)导向筒倾角 α 的影响

导向筒倾角是影响本次试验结果的主要环境因素,救生舱释放初期在静浮力、重力以及筒壁摩擦力作用下加速上浮,摩擦力随 α 增大单调增加,因此 V_t 随 α 的增大而减小。Θ_{sq-max} 随 α 的增大线性增加,θ_s 在静水工况和横流工况具有不同的变化规律,静水工况下,Θ_s 随 α 增大而增大,而横流工况下,θ_s 随 α 增大逐渐减小,但在 $\alpha>30°$ 后,迅速增大。V_s、θ_{sh-max} 和 d_{sh-max} 数值曲线在静水工况中随 α 的增大类似正弦曲线规律变化,其中 $\alpha=15°$ 时,出现局部极大值,当 $\alpha=30°$ 时,出现局部极小值。而在横流条件下,V_s 和 d_{sh-max} 曲线类似抛物线规律变化，当 α 增大到 15°时，V_s 出现局部极小值而 d_{sh-max} 出现局部极大值，进一步增大 α，V_s 单调增大，而 d_{sh-max} 单调减小，主要是 θ_s 随之迅速增大导致。Θ_{sh-max} 曲线随 α 变化规律类似，受 Θ_s 与 V_s 的综合影响，随着 α 的增大，在 $\alpha=15°$时，会出现极小值，当 $\alpha \geqslant 30°$ 时，Θ_{sh-max} 的增幅减小。

6.2.5　试验结论

（1）救生舱在导向筒中运动时会由于初始倾角、导向筒倾角以及外部横流的影响产生偏转，从而与筒壁摩擦产生额外的摩擦阻力，储备浮力设计需要考虑该因素的影响，保证救生舱在无外力作用下顺利出筒。

（2）救生舱垂直释放时，在储备浮力作用下出筒后加速上浮，并以一定的倾斜角和垂向速度出水，横流会使得模型在水下运动过程中发生摆荡；当救生舱以一定角度释放时，在导向筒中受筒壁约束和阻力的影响，倾斜角与垂向上浮速度增加缓慢，出筒后加速上浮，倾斜角受出筒姿态的影响相应增大，横流中出水前救生舱在水下上浮的同时做周期性的摆动运动，倾斜角与垂向上浮速度呈周期性变化；模型出水后救生舱会在水面做剧烈的无规律的垂荡与摇荡耦合运动，产生较大的角加速度和垂向加速度，对逃生产生不利影响。

（3）导向筒倾角是影响救生舱出水安全性重要因素，一方面会增大出筒难度，另一方面影响出筒时的姿态，使得出水前产生周期性的摆动，较大的出水倾斜角和垂向速度会加剧出水后水面运动剧烈程度。横流会对救生舱产生附加力矩，影响出筒时的倾斜角，同时还会增大水下运动时的横向运动幅值，是影响出水安全性的次要因素。导向间隙主要影响救生舱在导向筒中的倾斜角，静水工况对运动特性的影响较小，横流工况下对出水倾斜角与最大出水高度等参数影响相对较大。

从提高逃生安全性角度出发，有必要减小救生舱上浮过程中的倾角与垂向速度，从而降低救生舱在出水后水面附近的耦合摇荡运动的剧烈程度。因此，如何利用本次试验研究中得到的规律信息，采用主动或者被动控制方法对水下运动过程中的姿态与速度进行控制将是未来进一步研究的重点。

参 考 文 献

[1] 闫学琳，姚国健. 潜艇带固有初始横倾应急上浮安全性研究[J]. 舰船科学技术，2009，31(12)：18-21.

[2] ZHANG S, LI H, PANG Y, et al. Experimental investigation on roll stability of blunt-nose submarine in buoyantly rising maneuvers[J]. Applied Ocean Research, 2018, 81：34-46.

[3] CHEN Q, LI H, PANG Y, et al. Investigation of the excess roll problem of an emergent buoyantly rising submarine[J]. Journal of Fluids and Structures, 2019, 91：102720.

[4] 张万波. 潜艇集体逃生舱技术综述[J]. 船海工程，2002(1)：6.

[5] 黄祥兵，黄兴玲，董云飞. 潜艇集体逃生舱上浮水动力性能[J]. 海军工程大学学报，2013，25(3)：4.

[6] 焦玉超,肖昌润.新型潜艇逃生舱概念设计[J].船海工程,2017,46(6):5.
[7] 孙华伟,李宏伟,常文田.浮力驱动逃生舱上浮运动特性试验研究[J].哈尔滨工程大学学报,2023,44(6):932-938.